HEYNE ‹

TARIQ ALI

Fundamentalismus im Kampf um die Weltordnung

Die Krisenherde unserer Zeit und ihre historischen Wurzeln

Aus dem Englischen von Gabriele Gockel,
Petra Hrabak, Sonja Schuhmacher und Rita Seuß

Erweiterte und aktualisierte Ausgabe

WILHELM HEYNE VERLAG
MÜNCHEN

HEYNE SACHBUCH
19/863

Die englische Originalausgabe erschien 2002
unter dem Titel
THE CLASH OF FUNDAMENTALISMS –
CRUSADES, JIHADS AND MODERNITY
bei Verso, London

Umwelthinweis:
Dieses Buch wurde auf
chlor- und säurefreiem Papier gedruckt.

Taschenbucherstausgabe 06/2003

Für Tahira

Inhalt

»Die Ehre großer Völker ist nach ihrer Wohltätigkeit und Hilfe für Völker niedrigeren Ranges einzuschätzen oder aber überhaupt nicht. Und die von ihnen begangenen Gewalttätigkeiten, Unterdrückungen und Beleidigungen werden durch die Größe dieser Völker nicht gemildert, sondern erschwert, da sie es am wenigsten nötig haben, sie zu begehen. Die Folgen der Parteinahme für die Großen nehmen diesen Verlauf: Straflosigkeit bewirkt Übermut, Übermut Haß, und Haß das Bestreben, alle unterdrückende und kränkende Größe niederzureißen ...«

Thomas Hobbes, »Leviathan«, 1651

Die Welt bewegt sich
nur vorwärts auf Grund derer,
die sich gegen sie stemmen.

Frei nach Johann Wolfgang von Goethe

Vorwort zur erweiterten und aktualisierten deutschen Ausgabe

Für den Menschen, der irgendwo
in den Vereinigten Staaten
im Dunkeln sitzt.

Vom ersten Erscheinen dieses Buches bis heute sind die Auswirkungen des 11. September 2001 an mehreren Fronten sichtbar geblieben. Meine Behauptung, dass der gefährlichste »Fundamentalismus« – die »Mutter aller Fundamentalismen« – gegenwärtig die unanfechtbare militärische Macht der Vereinigten Staaten ist, ist in dieser Zeit voll und ganz bestätigt worden. Ohne jeden Zweifel will sich die Führung der Vereinigten Staaten nach der Wahl ihrer Feinde beurteilen lassen und nicht nach dem tatsächlichen Zustand der Welt, ganz zu schweigen von einer wirklich ernst zu nehmenden Bilanz des »Kriegs gegen den Terror«.

Psychologisch betrachtet hat das amerikanische Imperium einen neuen Feind konstruiert: den islamischen Terrorismus. Die, die ihn ausüben, sind böse und bedrohen die ganze Welt, und deshalb müssen Bomben fallen, wo und wann es nötig ist. Auf außenpolitischer Ebene haben die Vereinigten Staaten schon früh beschlossen, die Tragödie als moralischen Hebel zu benutzen, um die Welt neu aufzuteilen. Ihre Militärbasen sind heute auf allen Kontinenten zu finden. In 120 der 189 Mitgliedsländer der Vereinten Nationen ist US-Militär stationiert. Auf innenpolitischer Ebene hat die Regierung Bush den desolaten Zustand der US-Wirtschaft mit der so genannten Bedrohung der Sicherheit kaschiert. Eine Reihe besonderer Maßnahmen, deren Hauptziel die Unterwerfung unter das Diktat des Weißen Hauses unter Führung von CBR (Cheney-Bush-Rumsfeld) war, wurde in die Wege geleitet. Cheney, Bush und Rumsfeld verlangten und erhielten neue Machtbefugnisse, um im Ausland Krieg führen und gleichzeitig Verdächtige, insbesondere Araber und Südasiaten, nach Gutdünken in Untersuchungshaft halten und aus dem Land weisen zu können.

Was für ein Einheitsbrei die offizielle Politik ist, veranschaulicht einmal mehr die Tatsache, dass die Demokraten nicht den mindesten Widerspruch gegen diese Maßnahmen erhoben. Im Gegenteil, die feige Rhetorik der ehemaligen First Lady, Hillary Rodham Clinton (deren Mann ins Büßerkloster verbannt worden war), und des ehemaligen Kandidaten für das Amt des Vizepräsidenten, Jo Lieberman, zielte darauf, Cheney, Bush und Rumsfeld von rechts zu überholen.*

All dies löste, unterstützt durch den Kleinmut der gleichgeschalteten Medien, im ganzen Land einen reaktionären Rausch aus. Abweichende Stimmen wurden als »un-« oder »antipatriotisch« etikettiert, und die Patrioten in den Universitäten wurden aufgefordert, Studenten mit unpatriotischen Ansichten auszuspionieren und über sie Bericht zu erstatten. Dies wiederum rief eine bescheidene Opposition auf den Plan, die wuchs, als die Leute merkten, in welchem Ausmaß Cheney, Bush und Rumsfeld die Ereignisse des 11. September ausgeschlachtet hatten, um den Vereinigten Staaten eine traditionelle, extrem rechte republikanische Politik aufzuoktroyieren.

---

* Al Gore, der ehemalige Präsidentschaftskandidat, war der einzige altgediente Demokrat, der vor einem Krieg im Irak und der zunehmenden Wirtschaftskrise warnte, aber das passte nicht ins Konzept. Er wurde gezwungen, seine Kandidatur für das Präsidentenamt zurückzuziehen. Warum? Weil die Gelder nicht fließen wollten. Auf einem Markt, der von den Freunden Israels – die es gar nicht abwarten können, dass es zum Irak-Krieg kommt – dominiert wird, ließ sich Gores liberale Haltung nicht in bare Münze umwandeln.

In Westeuropa hat sich die öffentliche Meinung scharf gegen den Krieg gewandt. Über 60 Prozent der Bevölkerung Italiens, Deutschlands und Frankreichs haben ihren Widerstand deutlich zum Ausdruck gebracht. Auch Großbritannien war, zum ersten Mal seit 1956, völlig gespalten. Die Mehrheit sprach sich gegen den Krieg aus, aber der New-Labour-Premierminister Tony Blair (der nie so recht weiß, ob er wie ein Priester oder wie ein grinsender Diskjockey auftreten soll) gehörte zu den führenden Kriegstreibern. In dieser Situation stellte sich der deutsche Bundeskanzler Gerhard Schröder unmissverständlich auf die Seite der Mehrheit der Europäer. Er hatte im Wahlkampf deutlich gemacht, dass er gegen den Krieg war, selbst wenn der Sicherheitsrat der Vereinten Nationen ihn befürworten sollte – das strikteste »Nein«, das ein europäischer Politiker äußerte. Doch gleich nach dem Wahlsieg flog er nach London, um mit Bushs trojanischem Esel Tony Blair zu sprechen und ihn zu bitten, dem Weißen Haus freundliche Grüße auszurichten. Joschka Fischer wurde entsandt, um das Gleiche in New York und Washington zu tun. Doch die Weigerung der Vereinigten Staaten, einen Kompromiss anzubieten, machte es Fischer schwer, ihnen entgegenzukommen, und bei einer öffentlichen Auseinandersetzung mit Rumsfeld auf der Münchener Sicherheitskonferenz machte er seinem Ärger Luft.

Auch die Franzosen drohten, ein Veto gegen eine Kriegsresolution im Sicherheitsrat einzulegen, sodass Blair aufgeschmissen war. Am 15. Februar 2003 wurde klar, dass es die Kriegsbefürworter unter den europäischen Politikern waren, die sich vom Volk isoliert hatten. Fast zwei Millionen Menschen gingen in London gegen den Krieg auf die Straße (die größte Demonstration in der Geschichte Großbritanniens) und verlangten einen Regierungswechsel im eigenen Land. In Rom demonstrierten drei Millionen, in Madrid zwei Millionen und in Berlin 500 000 Menschen. Diese an Größe und Ausmaß nie da gewesenen Demonstrationen stärkten die Antikriegsfraktion unter den Politikern. Sollten Chirac und Schröder jetzt einen Rückzieher machen und angesichts eines Krieges schweigen, würden sie einen hohen politischen Preis dafür bezahlen.

Das Problem der Europäer besteht darin, dass die Vereinigten Staaten in der Vergangenheit immer das Recht für sich Anspruch genommen haben, wenn nötig auch allein zu handeln, während sie gleichzeitig überall Verbündete suchten. Die NATO konsultierte die Vereinten Nationen nicht, als sie 1999 Jugoslawien angriff – in einem Krieg, an dem sich alle europäischen Verbündeten beteiligten, die jetzt die Notwendigkeit einer Autorisierung durch den Sicherheitsrat anmahnen. Und 90 Prozent derjenigen, die jetzt Einspruch gegen die Pläne für den Irak erheben, unterstützten diesen Krieg. Wenn es richtig war, Milosevic mit Gewalt zu beseitigen, der keine Massenvernichtungswaffen besaß und sogar eine Opposition tolerierte, die ihn schließlich bei der Wahl schlug, wie kann es dann falsch sein, Saddam Hussein mit Gewalt zu beseitigen – einen weitaus gefährlicheren Tyrannen, der in Sachen Menschenrechte viel schlechter abschneidet, in ein Nachbarland einmarschiert ist, chemische Waffen eingesetzt hat und keinerlei Opposition duldet? Auf jeden Fall erlaubt die UNO-Resolution 1441 den Mitgliedern des Sicherheitsrats, mit Gewalt gegen Saddam vorzugehen, die Rechtmäßigkeit eines Angriffs steht also nicht infrage. Daher ist eine grundsätzlichere Position gegen den Krieg unabdingbar, will man den Vereinigten Staaten wirksam entgegentreten. Die Millionen Menschen, die gegen den Krieg protestieren, sind davon überzeugt, dass mit der Besetzung des Irak ein neues Stadium in der fortschreitenden Entwicklung des amerikanischen Imperiums erreicht wäre. Sie haben Recht, und auch Europa muss sich politisch neu formieren.

Inzwischen scheinen die Vorbereitungen für einen totalen Krieg gegen einen unabhängigen arabischen Staat, den Irak, sowie für dessen Besetzung das Endstadium erreicht zu haben, ohne dass dagegen echter Widerstand im US-Senat oder im Repräsentantenhaus sichtbar geworden wäre. Trotz erheblichen Unbehagens im politisch-militärischen Establishment der USA und Europas und trotz der klaren Gegnerschaft einer Mehrzahl von Bürgerinnen und Bürgern fast überall auf der Welt wird der Krieg stattfinden, es sei denn, es treten unvorhergesehene Umstände ein. Die Charta der Vereinten Nationen rechtfertigt diesen Krieg übrigens durch keinen Artikel, aber juristische Feinheiten haben den Sicherheitsrat nach dem Kalten Krieg selten gestört.

Die Frage lautet: Warum ist das gegenwärtige Regime in den Vereinigten Staaten so entschlossen, diesen Krieg zu führen? Drei Dinge sind dabei zu berücksichtigen. Erstens: Der Irak, ein wichtiger Öllieferant, ist immer noch nicht unter der Kontrolle der Vereinigten Staaten. Zweitens: die Größe der irakischen Armee – inzwischen ist sie die einzige Streitmacht in der Region, die ein »Großisrael« bedrohen könnte. Und drittens gibt es innenpolitische Gründe. Den Demokraten ihre prozionistisch-jüdische Wählerschaft abspenstig zu machen, ist ein wichtiges taktisches Ziel, und die christlichen Fundamentalisten der Republikanischen Partei machen keinen Hehl daraus, dass sie unerschütterlich jede israelische Gräueltat gutheißen. Schließlich heißt es im Alten Testament, dass das Land Israel den Juden gehört.

Die Monate nach dem ersten Jahrestag des 11. September waren beherrscht von der Dynamik zweier aufeinander einwirkender Entwicklungen: die Vorbereitung auf einen Krieg gegen den Irak und die Verschlechterung der Wirtschaftslage. Die Wechselwirkung zwischen diesen beiden Entwicklungen wird die globale Situation der nächsten Jahre bestimmen. Der Präsident, der große Denker im Weißen Haus, und seine extremistischen Berater scheinen entschieden mit den Phrasen Clintons in den neunziger Jahren gebrochen zu haben: amerikanische Vorherrschaft plus Unterstützung der Verbündeten plus fortgesetzte Deregulierung ist gleich weltweite Herrschaft begleitet von einem hohlen

Geschwätz über einen Dritten Weg. Diese Formel hat man inzwischen offenbar verworfen. Lässt man einmal die moralische Frage beiseite, warum ein ungerechter Krieg ein gerechter werden sollte, wenn ihn der Sicherheitsrat unterstützt, ist es für die Vereinigten Staaten leicht möglich, die Unterstützung des UN-Sicherheitsrats für eine Invasion des Irak zu gewinnen. Franzosen und Russen werden bestochen werden, und den Chinesen wird man irgendwelche unbedeutenden Zugeständnisse in der Taiwan-Frage machen, um sich ihre Zustimmung oder Enthaltung zu sichern. Aber Cheney und Rumsfeld halten solche Methoden zweifellos für verabscheuungswürdig. Sie wissen nur zu gut, dass die angloamerikanischen Bombardierungen des Irak in den letzten 15 Jahren ungestraft am Sicherheitsrat vorbeigingen. Sie sind die Führer des einzigen Imperiums der Welt, und in dem unwahrscheinlichen Fall, dass der Sicherheitsrat ein Veto einlegt, werden sie sich entsprechend verhalten.

Seit der Oberste Gerichtshof der USA den Wahlsieg von Cheney, Bush und Rumsfeld sanktioniert hat, scheint die Kontrolle über die weltweiten Ölvorkommen die ganze Energie des amerikanischen Staatsapparats zu beanspruchen. Dies ist der Hauptgrund für den Krieg gegen den Irak. Bei all dem Gerede über »Massenvernichtungswaffen« handelt es sich um Märchen, die die Kinder/Bürger im eigenen Land und in Westeuropa ängstigen sollen. In Europa glauben nur wenige, dass der Irak für irgendein anderes Land eine Bedrohung darstellt. In den achtziger Jahren hat er zum letzten Mal chemische Waffen gegen den Iran und die eigene kurdische Bevölkerung eingesetzt. Diese Waffen wurden von den Vereinigten Staaten zur Verfügung gestellt, und Ronald Reagan hatte einen Sondergesandten nach Bagdad geschickt, um die Zustimmung des Weißen Hauses zu signalisieren. Dieser Sondergesandte war ein gewisser Mr. Donald Rumsfeld, der gegenwärtig das Pentagon leitet.

Und während in der europäischen Presse viele Apologeten der USA heftig abstreiten, dass es sich hier um einen Krieg um Öl und nicht für die Demokratie handelt, geben sich ihre Kollegen in den Vereinigten Staaten solchen Illusionen nicht hin. Hören wir den unbeeindruckten Thomas Friedman, den obersten Bluthund der US-Medien, der sich weigert, die Wirklichkeit vollkommen zu verschleiern.

> »Ist der Krieg gegen den Irak, den die Bush-Mannschaft vorbereitet, wirklich ein Krieg ums Öl? Meine Antwort lautet kurz und bündig: Ja. Jeder Krieg, den wir im Irak anzetteln, ist natürlich – zum Teil – ein Krieg um Öl. Das zu leugnen ist lächerlich … Ich sage, dass dieser Krieg zum Teil ein Krieg um Öl ist, weil man das Verhalten der Bush-Mannschaft anders nicht erklären kann. Warum gehen sie Saddam Hussein mit der 82. Luftlandedivision an und Nordkorea mit diplomatischen Samthandschuhen – wo doch Nordkorea bereits über Atomwaffen und Trägerraketen verfügt, angeblich gefährliche Waffen an jeden liefert, der zahlungsfähig ist, 100 000 US-Soldaten in der Reichweite seiner Raketen stationiert sind und das Land einen Führer hat, der noch grausamer mit seinem Volk verfährt als Saddam?«*

Heißt das, dass Mr. Friedman gegen einen solchen Krieg ist? Vergessen Sie's: »Ich habe kein Problem mit einem Krieg um Öl – wenn er von einem echten Energiesparprogramm begleitet wird.« Zielte diese Kolumne darauf ab, die deutschen Grünen in einen Krieg gegen den Irak zu ziehen? Wenn ja, so war dieser Anreiz überflüssig. Nur wenige ihrer opportunistischen Wortführer fordern das Versprechen von »Energiesparmaßnahmen«. Sie sind gern bereit, jeden Zirkus mitzumachen, solange vorher »humanitäre« Versprechungen abgegeben werden.

---

* Thomas L. Friedman: »A War for Oil?«, *The New York Times*, 5. Januar 2003.

In Wirklichkeit hätte Friedmans Blick gar nicht bis ins ferne Ostasien schweifen müssen, um einen Schurkenstaat zu entdecken, der gegenwärtig viel gefährlicher ist als der Irak. Im Nahen Osten, gar nicht weit entfernt vom Irak, gibt es ein echtes Paradebeispiel. Es handelt sich um ein Land, das regelmäßig in Nachbarländer einfällt, Resolutionen des UN-Sicherheitsrats missachtet, Gebiete, zu deren Aneignung es kein Gesetz ermächtigt hat, kurzerhand besetzt, die Bewohner dieser Gebiete wie Untermenschen behandelt und ein Arsenal von Atom- und Chemiewaffen besitzt. Aber Israel ist der große Unberührbare der amerikanischen Politik. Nach dem 11. September stimmten sowohl der Kongress als auch der Senat Resolutionen zu, mit denen das israelische Regime einen Blankoscheck erhielt und schon im Voraus sämtliche Aktionen gebilligt wurden – so ein Geschenk haben sie selbst ihren eigenen Präsidenten noch nie gemacht. Die Folge all dessen sind zahme US-amerikanische Medien, die kaum über die tagtäglichen Leiden der Palästinenser berichten. In der israelischen Presse gibt es mehr kritische Berichte über das Vorgehen des eigenen Landes als in den Vereinigten Staaten.

Auch die arabischen Regierungen bleiben von Kritik im eigenen Land nicht verschont. So ist es für die saudische Monarchie oder den ägyptischen Präsidenten nicht leicht, öffentlich einen Krieg gegen den Irak zu befürworten. Wie Syrien und das israelische Protektorat Jordanien werden sie nichts unternehmen, um ihn aufzuhalten, aber in der arabischen Welt herrscht Nervosität: Weder auf den Straßen noch in den Palästen wird ein neuer Ölkrieg befürwortet. In Kairo und Abu Dhabi, den beiden arabischen Hauptstädten, die ich nach dem 11. September besucht habe, habe ich niemanden getroffen, der sich für einen Präventivschlag gegen den Irak mit der Begründung ausgesprochen hätte, Saddam Hussein könne irgendwann einmal die Herstellung von Atomwaffen in Auftrag geben. Die gesamte arabische Welt sieht in dieser Argumentation die klassische imperiale Doppelmoral bestätigt.

Die Araber wissen, dass das einzige Land in der Region, das sowohl Atom- als auch Chemiewaffen besitzt, Israel ist. Seit Jahrzehnten ist die öffentliche Meinung in den arabischen Ländern nicht so einhellig gewesen. Und ein Fernsehsender, Al-Dschasira (»die Halbinsel«), hat entscheidenden Anteil an dieser Einigkeit und ist zu ihrem Symbol geworden. Indem der Sender auch die Mängel in der arabischen Welt einer schonungslosen Analyse unterzieht, hat er das Bewusstsein der Massen in der Region gefördert.

Einheit war das immer wiederkehrende Thema der nationalistischen Periode in der politischen Geschichte Arabiens. Zuerst kam Nasser mit seinem Traum von einer vereinigten arabischen Republik. Dann die Niederlage im Krieg. Dann die Klagen im Exil lebender Dichter – des Syrers Nizar Qabbani, des Palästinensers Mahmoud Darwish und des Irakers Muthaffar al-Nawab. Die ägyptische Diva Um Kalthoum sang deren Gedichte und wurde verehrt. Dann kam die Dunkelheit. Der Golfkrieg von 1991 demoralisierte und atomisierte die arabische Welt. Säkulare Dissidenten trafen sich auch weiterhin in den Cafés von Damaskus, Bagdad, Beirut und Kairo, konnten sich aber nur hinter vorgehaltener Hand unterhalten. Andernorts wurden Moscheen zu Organisationszentren des religiösen Widerstands gegen die Neue Ordnung und den Großen Satan, der sie stützte.

Die staatlichen Sender brachten weiterhin Propaganda der plumpesten Art; eine Kritik an der Regierung war nirgendwo zu hören. Dann tauchte 1996 Al-Dschasira auf, ein Nachrichtensender, der sich über Tabus und Verbote hinwegsetzt. Über Nacht kehrten arabische Zuschauer den staatlichen TV-Sendern den Rücken, und Nachrichtensprecher und Talkshowmaster von Al-Dschasira wurden mit einem Schlag berühmt.

Seit Anfang der sechziger Jahre hatte es so etwas nicht gegeben. Damals hatten nationalistische Radiosender in Kairo, Bagdad und Damaskus ihre Zuhörer täglich dazu angestiftet, alle gekrönten Häupter der Region zu stürzen. Der jordanische König wäre fast abgesetzt worden, und die saudische Monarchie geriet ernsthaft ins Wanken. In beiden Ländern trug westliche Hilfe dazu bei, die nationalistischen Aufstände niederzuschlagen. Al-Dschasira aber verfolgt solche Ziele nicht: Die Leute, die den Sender leiten, sind sich nur allzu bewusst, dass ihnen ein gekröntes Haupt, der exzentrische Emir von Katar, das Geld und die Räume für ihre Arbeit zur Verfügung stellt. Der Emir hat den Vereinigten Staaten auch erlaubt, die größte Militärbasis in der Region zu errichten. Diese Basis rühmt sich einer kürzlich fertig gestellten, vier Kilometer langen Rollbahn für schwere Jagdbomber. Ohne Zweifel werden von hier aus Angriffe auf den Irak geflogen werden, während die Kommentatoren bei Al-Dschasira die US-Aggression verurteilen.

Die Idee zu einem halb unabhängigen arabischen TV-Sender stammte ursprünglich von Journalisten des BBC World Service und wurde vom britischen Außenministerium unterstützt. Später wurde mit Orbit Radio und Television Service ein Vertrag für ein Nachrichtenprogramm in arabischer Sprache für den Nahostkanal von Orbit unterzeichnet. Doch Orbit gehörte den Saudis, und seine Geldgeber waren nicht bereit, Nachrichten zuzulassen, die Kritik am saudischen Königshaus übten. Im April 1996, als ausführlich über eine öffentliche Hinrichtung berichtet wurde, stellte man den Sender ein. Die BBC zog sich beleidigt zurück, und die arabischen Journalisten, die nun auf der Straße standen, suchten nach einer neuen Heimat. Sie hatten Glück. Ihre Suche fiel in eine Zeit, als es in dem Kleinstaat Katar gerade zu einem Machtwechsel gekommen war.

1995 war der alte Emir, ein Traditionalist, von seinem Sohn Hamad bin Khalifa al-Thani, der versprach, das kleine Land zu modernisieren, abgesetzt worden. Mit einer dramatischen Geste entließ er als Erstes den Informationsminister. Als er vom Scheitern des BBC-Projekts erfuhr, bot er den Journalisten ein Hauptquartier in Doha und 140 Millionen US-Dollar zur Wiederaufnahme ihrer Arbeit an. Sheikh Hamads Vater und sein Großvater hatten zusammen 452 Autos besessen, von denen einige eigens für sie von Hand gefertigt worden waren. Ein Fernsehsender ist dagegen wahrscheinlich billig, und außerdem verlieh er dem Scheichtum mehr Präsenz und Prestige, als es je zuvor hatte. Ermutigt durch die positive Resonanz auf sein Vorgehen erteilte Hamad den Frauen im Jahre 1999 das aktive Wahlrecht sowie das Recht auf Kandidatur bei Kommunalwahlen. Dies war ein Affront gegen die Saudis und wurde auch als solcher aufgefasst.

Praktisch keiner der Journalisten, die für den neuen Sender arbeiteten, war ein Einheimischer. Der aus Syrien stammende Faisal al-Kasim, der umstrittenste Moderator bei Al-Dschasira und inzwischen einer der anerkanntesten Journalisten in der arabischen Welt, war Schauspielschüler in Hull und arbeitete zehn Jahre lang als Moderator beim Arabian Service der BBC. In seiner Talkshow mit dem Titel »Die andere Seite« werden politische Debatten und Streitgespräche mit einer Intensität geführt, wie man sie in westlichen Sendern nur selten sieht. Als ich ihn in Abu Dhabi kennen lernte, hatte er gerade ein Interview mit der Lokalzeitung geführt und wehrte andere Journalisten und Bewunderer ab. Ich fragte ihn, ob die Klagen über seine Show nachgelassen hätten: »Das hört nie auf«, erwiderte er. »Die Leute können nicht glauben, dass ich die Gäste und die Themen selbst auswähle. Keine Behörde hat je versucht, mich zu beeinflussen oder zu zensieren, und ich habe viel mehr Freiheiten, als ich sie je bei der BBC hatte.«

Anfänglich ging bei der Regierung von Katar täglich mindestens eine Beschwerde einer befreundeten arabischen Regierung über den Sender ein – allein im ersten Jahr waren es 500. Gaddafi zog seinen Botschafter aus Katar ab, nachdem der Sender ein Gespräch mit einem libyschen Oppositionsführer ausgestrahlt hatte. Der Irak beschwerte sich darüber, dass der Sender bekannt gegeben hatte, wie viel Geld Saddam Husseins Geburtstagsfeier gekostet hatte; Tunesien war verärgert, weil es der Verletzung der Menschenrechte bezichtigt wurde; iranische Zeitungen nahmen dem Sender »Verunglimpfungen« Ayatollah Khomeinis übel; Algerien schaltete in mehreren Städten den Strom ab, damit die Bewohner die Sendung nicht sehen konnten, in der die Armee der Mittäterschaft bei mehreren Massakern beschuldigt wurde; Arafat erhob Einspruch, als Hamas-Führer interviewt wurden, und Hamas geriet über den Auftritt israelischer Politiker und Generäle bei der Sendung »Die andere Seite« in Rage. In Gaza verhafteten die palästinensischen Behörden 2003 einen Korrespondenten von Al-Dschasira wegen seiner kritischen Äußerungen.

Die Regierungen von Saudi-Arabien und Ägypten waren aufgebracht über die Kritik, die Regimekritiker bei Al-Dschasira verbreiten durften. Als loyale Verbündete haben beide Länder bisher im Westen eine relativ gute Presse gehabt. Vor dem 11. September geriet Saudi-Arabien lediglich dann in den Blickpunkt, wenn mal jemand aus dem Westen dort umkam, und auch dann war es mit der Aufregung schnell wieder vorbei. In den letzten zehn Jahren haben die Saudis Hunderte Millionen Pfund aufgewendet, um sich die westlichen und arabischen Medienkonzerne und ihre Angestellten gewogen zu halten. Al-Dschasiras massive Attacken betrachteten sie als Verrat. Riad und Kairo übten massiven Druck auf Katar aus, den Sender mundtot zu machen, aber der Emir ignorierte die Proteste, und seine Regierung bestritt, dass der Sender ein Instrument ihrer Außenpolitik sei.

In seinen Anfangsjahren wurde Al-Dschasira in Washington und Jerusalem herzlich begrüßt. Thomas Friedman überschüttete den neugeborenen Sender förmlich mit Lob: Er markiere die Morgendämmerung arabischer Freiheit. Vor zwei Jahren sang Ehud Ya'ari im *Jerusalem Report* eine ähnliche Lobeshymne: »In einem bescheidenen, niedrigen Fertigbau, fünf Autominuten vom Diwan des Emirs entfernt, produziert das kleine Scheichtum

Katar nun eine Ware, die in der arabischen Welt sehr gefragt ist: Freiheit.« Die »starken Fernsehsignale« des Senders, so fuhr er fort, »verändern allmählich die kulturelle und politische Ordnung im Nahen Osten«.

Der 11. September setzte diesen Elogen ein Ende, besonders nachdem Al-Dschasira Interviews mit bin Laden und seinem ägyptischen Stellvertreter al-Zawahiri gebracht hatte. Die Interviews mit bin Laden wurden im westlichen Fernsehen verboten, angeblich, weil sie verschlüsselte Anweisungen für zukünftige terroristische Anschläge enthalten könnten. Tatsächlich war der Grund der, dass bin Ladens weiche Züge seine Darstellung als Verkörperung des Bösen unterlaufen hätten.

Katar geriet nun unter starken Druck, etwas gegen Al-Dschasira zu unternehmen. Die US-Botschafterin Maureen Quinn reichte eine harsch formulierte Beschwerde beim Außenminister ein. Mit wenig Erfolg. Im Oktober wurde Colin Powell entsandt, um den Emir einzuschüchtern, der erneut die Pressefreiheit verteidigte und betonte, der Staat könne nicht in ein, wie er sich ausdrückte, »privatwirtschaftliches Unternehmen« eingreifen. US-amerikanische Regierungsmitglieder, die sich mit Mitarbeitern von Al-Dschasira trafen, wurden höflich angehört. Man teilte ihnen mit, der Sender wäre erfreut, den amerikanischen Präsidenten oder von ihm genannte Vertreter zu interviewen. Condoleezza Rice, Tony Blair und Colin Powell bekamen unbegrenzt Redezeit, um ihren Standpunkt zu erläutern. Zu sagen, dass die Wirkung dieser Sendungen auf die öffentliche Meinung in den arabischen Ländern verschwindend gering war, wäre eine Übertreibung.

Als die Bombardierung Afghanistans begann, war Al-Dschasira der einzige Fernsehsender, der regelmäßig Berichte brachte. Damit begann sein Schwindel erregender Aufstieg. Seine Aufzeichnungen wurden von CNN, BBC und allen großen europäischen Sendern begierig nachgefragt, gekauft, sorgfältig redigiert und ausgestrahlt. Dann wurde das Gebäude in Kabul, das der Sender als provisorisches Studio benutzte, in dem Augenblick bombardiert, als ein BBC-Reporter, der die Al-Dschasira-Einrichtungen benutzte, einen Live-Bericht sendete. Er stürzte zu Boden, wir konnten die »irrtümliche Bormbardierung« im Fernsehen live mitverfolgen. Als 1999 ein Fernsehsender in Belgrad von Streitkräften der NATO ins Visier genommen wurde, räumten Clinton und Blair ein, die Bombardierung sei absichtlich erfolgt. Sie rechtfertigten es damit, dass dort »gezielte Desinformation« betrieben worden sei. Katar aber konnte kaum als Feind gelten, und so waren die politischen PR-Manager sehr viel vorsichtiger, als es darum ging, die Bombardierung in Kabul zu erklären. Das Gebäude sei deshalb getroffen worden, so behaupteten sie, weil es »Berichten« zufolge Al-Qaida-Verdächtige beherbergte. Man habe nicht gewusst, dass es sich um eine Station von Al-Dschasira gehandelt habe.

Die bedeutendste Wirkung hat Al-Dschasiras Berichterstattung aber an der zweiten Front des »Kriegs gegen den Terror« erzielt. Nachdem israelische Panzer bei einem ihrer vielen Überfälle seit dem 11. September in Nablus eingerollt waren, strahlte der Sender einen Bericht über den folgenden Vorfall aus (die Schilderung stammt von LAW, einer palästinensischen Menschenrechtsorganisation):

»Khaled Sif (41), verheiratet und Vater von vier Kindern, erhielt einen Anruf auf seinem Mobiltelefon. Um einen besseren Empfang zu haben, trat er auf seinen Balkon. In dem Moment schossen israelische Streitkräfte ihm in den Kopf und töteten ihn. Als Muhammad Faroniya, verheiratet und Vater von sechs Kindern, den Schuss hörte, ging er auf den Balkon. Israelische Streitkräfte eröffneten das Feuer auch auf ihn und trafen ihn in Brust und Unterleib. Mahmoud Faroniya, Muhammads Bruder, versuchte, seinen Bruder zu retten, aber israelische Soldaten richteten ihre Gewehre auf ihn und hielten

ihn davon ab. Muhammad verblutete. Laut Augenzeugenberichten
ließen die israelischen Soldaten Muhammad Faroniya bewusst ein-
einhalb Stunden blutend daliegen.«

Solche Art der täglichen Berichterstattung bei Al-Dschasira steht
im Gegensatz zu dem, was in Europa oder gar in den Vereinigten Staaten gezeigt wird. CNN machte sich im Golfkrieg einen
Namen durch die Arbeit seines Korrespondenten Peter Arnett,
der in Bagdad blieb und dessen Berichte von zivilen Opfern und
der Bombardierung nicht militärischer Ziele die USA in Rage
versetzten – mit dem Ergebnis, dass die westlichen Regierungen
jetzt in Kriegszeiten den Zugriff auf Informationen einer viel
strengeren Kontrolle unterziehen. Und sie suchen mit allen Mitteln zu verhindern, dass andere über die Ereignisse berichten, die
sie selbst verschweigen.

Nachdem es den USA jedoch nicht gelungen ist, den Einfluss von Al-Dschasira einzudämmen, versuchen sie nun, seine
Erfolge zu kopieren. Angesichts eines wohl unmittelbar bevorstehenden Krieges im Irak – eines Krieges, der den Westen zutiefst
spaltet und der keinerlei Unterstützung in der arabischen Welt
findet – gibt es Pläne, einen vom US-Geheimdienst finanzierten
Satellitensender einzurichten, der in arabischer Sprache sendet
und sich zusätzlich der Fachkenntnisse von CNN und BBC World
bedienen kann. Die Israelis haben bereits einen ähnlichen Sender, der jedoch kaum Wirkung hat. Die Vorstellung, dass die Araber einer Gehirnwäsche unterzogen wurden und man ihnen bloß
regelmäßig eine Dosis Bush und Blair verabreichen müsse, um sie
auf Linie zu bringen, geht völlig an der Realität in der Region vorbei. Aber der Plan ist bereits weit fortgeschritten.

»Wie wird der Sender heißen?«, fragte ich Faisal al-Kasim.
»Das Imperium?«

»Nein«, antwortete er. »Sie haben bereits einen Namen dafür.
Al-Haqiqat.«

Auf Russisch heißt das so viel wie »Prawda«, zu deutsch »Wahrheit«. Aber es gibt noch eine andere Möglichkeit. Sobald Cheney, Bush und Rumsfeld den Irak besetzt haben, wird »Prawda« nicht mehr notwendig sein. Mit ein paar wenigen Anpassungen wird aus der schroffen Stimme Bagdads die süße »Stimme Amerikas«.

Wie gesagt, findet dieser Krieg in der arabischen Welt keinerlei Unterstützung. Es herrscht die nahezu einhellige Meinung, dass ein Sieg keineswegs abschreckend auf terroristische Gruppen wirken, sondern ihnen im Großen und Ganzen eine stärkere Unterstützung durch die Massen bescheren würde. Selbst Kuwait hat ernste Bedenken geäußert und darauf hingewiesen, dass ein Krieg im gegenwärtigen Klima ein Akt politischer Unvernunft wäre. Dies hat einen einfachen Grund. Das große Leid der Palästinenser ist aus arabischer Sicht nicht nur das Werk Israels. Viele arabische Intellektuelle sehen in Israel den biblischen Esel, dessen Kinnbacken sich der amerikanische Samson ausgeliehen hat, um die wahren und die eingebildeten Feinde des Imperiums zu zerstören. Diese Ansicht wird vom Volk geteilt. Die Eröffnung einer dritten Front in dem endlosen Krieg könnte weitaus schwer wiegendere Folgen haben als der faule Zauber in Afghanistan, der bereits Südasien und Saudi-Arabien destabilisiert hat. Die Auswirkungen eines Einmarsches in einen an Öl reichen arabischen Staat mit dem Ziel, ein Marionettenregime zu errichten, sind nicht zu ermessen.

Wie sieht die Bilanz des »Krieges gegen den Terror« aus? Mit der Hilfe seiner pakistanischen Schöpfer wurde das Taliban-Regime ohne nennenswerten Widerstand gestürzt. Allerdings kamen etwa 3000 unschuldige afghanische Männer, Frauen und Kinder im Bombenhagel um. Für den Westen waren diese Menschenleben nicht halb so viel wert wie die der US-Bürger, die in New York und Washington starben. In Kabul wird es keine Denkmäler zu

Ehren der unschuldigen Opfer geben. Die Folterung und Massenhinrichtung von Kriegsgefangenen lässt viele liberale Befürworter »humanitärer Kriege« ungerührt. Doch trotz alledem wurde das zentrale Ziel der Militäroperation, die Gefangennahme (»tot oder lebendig«) Osama bin Ladens und seiner Verbündeten sowie die Auslöschung Al-Qaidas, noch nicht erreicht. Am 16. Juni 2002 berichtete die *New York Times*:

> »Geheime Ermittlungen von FBI und CIA über das Ausmaß der Bedrohung durch Al-Qaida haben ergeben, dass der Krieg in Afghanistan die Bedrohung für die Vereinigten Staaten nicht vermindert hat, heißt es von offizieller Seite. Stattdessen könnten die Maßnahmen gegen den Terrorismus durch den Krieg noch komplizierter geworden sein, weil durch ihn potenzielle Angreifer auf ein breiteres geografisches Gebiet verstreut wurden.«

Auch hat die imperialistische Besetzung Afghanistans weder Stabilität noch Frieden oder Wohlstand in der Region gebracht. Den Charakter der afghanischen Regierung veranschaulicht die Tatsache, dass der von den USA unterstützte Premierminister Hamid Karsai eine Leibwächtergarde erbat und auch erhielt, die ausschließlich aus US-Soldaten besteht. Er hätte sich nicht sicher gefühlt, wenn Afghanen seines eigenen Stammes seinen Schutz übernommen hätten. Dieser Mangel an Vertrauen besteht auf beiden Seiten. Die Splittergruppen der Nordallianz, die außerhalb von Kabul die Macht innehaben, können Karsai nicht ausstehen und würden ihn über Nacht ins Jenseits befördern, wenn sie damit nicht die Vergeltung durch Bombenangriffe heraufbeschwören würden. Um dieses Regime zu halten, werden die Vereinigten Staaten ständige militärische Präsenz zeigen müssen. Mit anderen Worten: Demokratie, Menschenrechte und soziale Rechte sind so fern wie eh und je.

Zu dem »breiteren geografischen Gebiet« gehört auch das benachbarte Pakistan. Washingtons engster Verbündeter ist der neue Militärdiktator des Landes. Am 19. September 2001 trat General Pervaiz Musharraf vor die Fernsehkameras, um dem pakistanischen Volk mitzuteilen, dass sein Land bei der Bombardierung Afghanistans Schulter an Schulter mit den Vereinigten Staaten stehen – oder besser fliegen – würde. Sichtlich blass, nervös blinzelnd und schweißgebadet, wirkte er wie ein Mann, der soeben sein eigenes Todesurteil unterzeichnet hatte. Seither hat es zwei Attentate auf ihn gegeben, und im Oktober 2002 wurden in den beiden an Afghanistan grenzenden Provinzen die Islamisten ins Parlament gewählt.*

Während der »Krieg gegen den Terror« Südasien destabilisiert hat, hat er Israel noch weiter bestärkt. Wenn die Vereinigten Staaten es mit ihrem häufig geäußerten Wunsch ernst gemeint hätten, den Zulauf zu Organisationen wie Al-Qaida zu stoppen, hätten Bush, Cheney und Rumsfeld Ariel Sharon nicht bei seinem Versuch unterstützen dürfen, die politische Identität der Palästinenser auszulöschen – was ein israelischer Regimekritiker, der Soziologe Baruch Kimmerling, als Politizid bezeichnet hat. Der Blankoscheck, den der US-amerikanische Senat und das Repräsentantenhaus Israel ausgestellt haben, ist in der neueren Geschichte ohne Beispiel. Das Resultat war imposant. Seit September 2001 sind über 100 000 Palästinenser nach Jordanien geflohen. Sharon versucht nicht einmal zu verbergen, dass er die Palästinenser mit einer umfassend angelegten ethnischen Säuberung (einem »Transfer«) aus der Westbank vertreiben will. Gaza wird in eine Art moderne Indianerreservation verwandelt werden, indem man unmittelbare physische Gewalt anwendet und gleichzeitig das Alltagsleben der Palästinenser in den besetzten Gebieten unerträglich macht.

---

* Ich habe ein neues Kapitel mit dem Titel »Die Farbe Khaki« eingefügt, um die Folgen für die pakistanische Politik und ihre Beherrschung durch das Militär zu erläutern, siehe S. 392 ff.

Selbst wenn diese Pläne Erfolg haben, ist die Vorstellung, dass sie zur Zerschlagung des »Terrorismus« beitragen, ein übler Scherz. Die grausame Strafe, die den Palästinensern auferlegt wird, weil sie sich weigern, die israelische Oberhoheit anzuerkennern, kann die gesamte arabische Welt tagtäglich im Sender Al-Dschasira mitverfolgen. Bis jetzt haben die Araber schweigend zugesehen und gelitten, aber diese Passivität täuscht. In allen arabischen Hauptstädten wächst die Wut, Anzeichen für Unruhe mehren sich. In Saudi-Arabien und Ägypten hat es bereits große Demonstrationen gegeben. Wenn der »Krieg gegen den Terror« auf den Irak ausgeweitet wird, könnte die ganze Region explodieren.

Und dann ist da noch Oberst Putins ganz eigener »Krieg gegen den Terror« in Tschetschenien. Dies ist das Paradebeispiel eines kleinen Landes, dem jene Rechte verweigert werden, die ehemaligen Mitgliedern der Sowjetunion gewährt wurden. Wenn Kirgistan, die Ukraine, Weißrussland, Georgien, Armenien und Aserbaidschan das Recht haben, unabhängige marktwirtschaftliche Staaten zu werden, warum nicht auch Tschetschenien? Zum Teil ist es das Öl, zum Teil großrussischer Chauvinismus, den eine schwache und korrupte politische Klasse an den Tag legt, um das Land im Griff zu behalten. Die Zerstörung Tschetscheniens ist weitaus schlimmer als alles, was im Kosovo vor und nach dem Krieg der NATO gegen Jugoslawien geschehen ist. Die Hauptstadt des Landes, Grosny, wurde dem Erdboden gleichgemacht, wovon sowohl ihre tschetschenischen als auch ihre russischen Einwohner betroffen sind. Von Schulen, Krankenhäusern, Bibliotheken und Wohnhäusern sind nur noch Ruinen geblieben. Die Zahl der zivilen Opfer beläuft sich auf mindestens 15 000, wenn nicht doppelt so viel. Verzweifelte tschetschenische Nationalisten, die durch Terrorakte auf ihre Sache aufmerksam machen, werden erschossen, nachdem man sie mit Chemiewaffen außer Gefecht gesetzt hat. Viele russische Geiseln kamen durch Chemiewaffen um, die ihre eigene Regierung eingesetzt hat, um sie gegen die Terroristen zu »schützen«. Und in dieser auf den Kopf gestellten amoralischen Welt bekommt Putin öffentlichen Beifall vom großen Bush und vom kleinen Blair. Schulter an Schulter im »Krieg gegen den Terror«.

Nach dem 11. September erhielten die Vereinigten Staaten nahezu weltweite Unterstützung von Ländern, Regierungen und westlichen Intellektuellen, als sie in Afghanistan Krieg führten. Diese Einheitsfront, durch Differenzen in Bezug auf Palästina nur leicht beschädigt, steht nun, da die Zeit für einen neuen Krieg gegen den Irak naht, vor schwer wiegenden Problemen. Anders als in Bosnien, im Kosovo und in Afghanistan ist der Westen in dieser Sache gespalten. Abgesehen von Berlusconi und Aznar sind nur wenige europäische Staatschefs scharf auf dieses Projekt. Sie werden die Vereinigten Staaten wohl kaum vom Krieg abhalten können, und einige werden am Ende das Abenteuer doch noch gutheißen, aber sie wissen auch, dass es in Europa eine breite Antikriegsbewegung gibt. Diese ist in Italien, Spanien und Großbritannien größer als anderswo, hat aber das Potenzial, sich auf dem ganzen Kontinent auszubreiten.

Und wie steht es mit jenen ehemaligen Kritikern des Imperialismus, die unter den Trümmern des 11. September begraben wurden? Viele von ihnen sind inzwischen die lautstärksten Anhänger dieses Imperialismus. Ich meine in diesem Fall nicht die *Belligerati* (»Kriegsliteraten«) – Salman Rushdie, Martin Amis und Freunde –, die in der liberalen Presse auf beiden Seiten des Atlantik stets gegenwärtig sind. Sie könnten durchaus erneut das Lager wechseln. Rushdies Entscheidung, für das Titelblatt einer französischen Zeitschrift in die amerikanische Flagge gehüllt zu posieren, könnte auf eine vorübergehende geistige Verwirrung zurückzuführen sein, und seine neu entdeckte Liebe zum Imperium könnte sich als genauso kurzlebig erweisen wie seine Konversion zum Islam. Man kann noch hoffen.

Was mir mehr Sorgen macht, sind jene Männer und Frauen, die sich einst intensiv an linken Aktionen beteiligt haben. Für einige von ihnen war es ein kurzer Marsch: von den äußeren Rändern radikaler Politik zu den Vorzimmern des US-Außenministeriums. Wie viele Konvertiten legen sie eine aggressive Überheblichkeit an den Tag. Ihre polemischen und ideologischen Fähigkeiten, die sie sich in der Linken erworben haben, verwenden sie nun gegen ihre alten Freunde. Deshalb sind sie zu nützlichen Idioten des Imperiums geworden. Man wird sie benutzen und dann fallen lassen. Ein paar von ihnen träumen immer noch davon, das somalische, pakistanische, irakische oder iranische Pendant der afghanischen Marionette Hamid Karsai zu werden. Auch sie könnten enttäuscht werden. Die Reihe ist lang, und transkontinentale Transplantationen sind teuer. Ihre Unternehmungen könnten fehlschlagen. Und, was noch wichtiger ist, nur erprobte Agenten können mit Macht ausgestattet werden. Die meisten ehemaligen Marxisten/Maoisten/Trotzkisten finden noch keine Zustimmung. Dazu müssen sie erst ihre ganze Geschichte umschreiben und eingestehen, dass es ein Irrtum war, die alten Feinde des Imperiums in Kuba, Vietnam, Angola, Indonesien, Afghanistan, im arabischen Osten usw. je unterstützt zu haben. Mit anderen Worten, sie müssen erst den David-Horowitz-Test bestehen. Horowitz, der Sohn von Altkommunisten und Biograf des verstorbenen Isaac Deutscher, unterzog sich nach den siebziger Jahren der erstaunlichsten Selbstreinigung in Amerika. Heute ist er ein führender Polemiker der Rechten, der gemäßigte Liberale ständig als Brücke zu den finsteren Gestalten der Linken verunglimpft. Im Vergleich zu ihm erscheint Christopher Hitchens immer noch als marginale und etwas frivole Figur, obwohl sein gegenwärtiger Kumpan Kanan Makiya den Horowitz-Test zweifellos bestehen würde. Im Gegensatz zu Hitchens, der gegen den Golfkrieg von 1990 heftig opponierte, lief Makiya, ein angloirakischer Liebling des Richard-Perle-Flügels im US-Außenministerium, genau in jenem Jahr über. Immerhin ist er konsequent: Er befürwortete schon damals eine amerikanische Besetzung des Irak im japanischen Stil und war entsetzt, dass Bush senior sich weigerte, die Rolle des Befreiers zu spielen, und Saddam im Amt beließ, weil dies den amerikanischen Interessen seinerzeit förderlich schien. Sollte ihn dieser Verrat damals schwer enttäuscht haben, so lässt Makiya sich zumindest nichts anmerken, während er in Fernsehtalkshows und Nachrichtensendungen jenseits des Atlantiks als die Stimme des Irak präsentiert wird. Doch er droht schon wieder enttäuscht zu werden und meinte sich mit einem grotesken und erbärmlichen Appell in echter Quislingmanier Bush junior andienen zu müssen.

In der liberalen Londoner Tageszeitung *The Guardian* verkündete »der herausragendste Regimekritiker des Irak«: »In Bezug auf das, was man erreichen kann, hat der 11. September völlig neue Maßstäbe gesetzt. Wenn man im Terrorismusgeschäft ist, fängt man an, in großen Kategorien zu denken, und dazu braucht man Verbündete. Und wenn man im Terrorismusgeschäft Verbündete braucht, fragt man den Irak.«

Von einem herausragenden Gedanken ist dies weit entfernt; es handelt sich vielmehr um ein reines Lügenmärchen, für das sich die meisten Geheimdienstmitarbeiter, die ein bisschen Selbstachtung besitzen, auf beiden Seiten des Atlantiks schämen würden. Aber Makiya kennt inzwischen keine Rücksichten mehr. Er ist so darauf erpicht, an der Seite der Männer der 82. Luftlandedivision zu fliegen, dass er immer tollkühnere Spiralen aus absurden Behauptungen dreht, die allesamt auf keinerlei empirischen Fakten beruhen. Durch die fantastische Erfahrung des Schwebens ist ihm so schwindelig geworden, dass er jeden Sinn für Verhältnismäßigkeit verloren hat. Kein US-amerikanischer Geheimdienst konnte dem Irak irgendeine Verbindung zu den Ereignissen vom 11. September nachweisen. Blairs Versuche, den britischen Geheimdienst zur Erstellung eines Dossiers zu zwingen, das eine solche Verbindung belegt, scheiterten kläglich. Vielleicht hätten sie »den herausragendsten Regimekritiker des Irak« fragen sollen. Gerade weil solche Verbindungen nicht existieren, sind Cheney, Bush und Rumsfeld zu anderen Themen wie etwa dem Besitz von »gefährlichen Waffen« übergegangen, um den Krieg zu rechtfertigen.

Hitchens schrieb noch am 13. September 2001 einen nachdenklichen Artikel, in dem er zwar befand, dass das »analytische Moment ... auf unbestimmte Zeit verschoben werden« müsse, aber dennoch eine Verbindung zwischen den Anschlägen und der bisherigen Politik der Vereinigten Staaten herstellte und Bush kritisierte, weil er einen terroristischen mit einem kriegerischen Akt verwechsle. Kurz darauf prangerte er dann jene an, die ähnliche, nur viel schärfere Kritik anmeldeten, und sprach von den angeblichen »faschistischen Sympathien der gemäßigten Linken« – Noam Chomsky, Harold Pinter, Gore Vidal, Susan Sontag, Edward Said und andere. Neuerdings wirkt er bei seinen Fernsehauftritten eher wie ein auf vornehm machender Langweiler als wie der feine, kritische Geist, der einst die Heiligenscheine Kissingers, Clintons und Mutter Teresas hinwegfegte.

Nun erinnert er immer mehr an jene aufgeblasenen Neokonservativen, die er früher verhöhnte, und so ist er auf den Erfolg versprechenden Zug des vom Pentagon besonders favorisierten irakischen Exilanten und Liebling der US-amerikanischen Ölindustrie, Ahmed Chalabi, aufgesprungen. Im Auftrag des Irakischen Nationalkongresses (INC) erhielt dieser alte Schurke Anfang der neunziger Jahre 60 bis 70 Millionen Dollar vom CIA. Danach warf das Außenministerium dem INC vor, er sei nicht in der Lage, verantwortungsvoll mit dem Geld umzugehen, er verwende zu viel davon für die ständigen Reisen der INC-Führer und den Lebensstil, an den sie sich gewöhnt hätten. Die Familie Chalabi hatte den Irak 1958 verlassen, nachdem die Revolution

den von den Briten errichteten Thron und seinen haschemitischen Inhaber gestürzt hatte. Arnaud de Borchgrave, ein Kom-
mentator der alten Garde, der nicht gerade für seine radikalen
Ansichten bekannt ist, schilderte, wie Chalabi seine eigene jordanische Bank betrogen hat:

>»Niemand erregt sich wohl mehr über die Idee, Chalabi zu Washing-
>tons Mann in Bagdad zu machen, als die Führung Jordaniens – die
>vergangene wie die gegenwärtige. Am 9. April 1992 wurde er von ei-
>nem jordanischen Militärgericht in 31 Fällen der Unterschlagung,
>des Diebstahls, des Missbrauchs von Kontogeldern und der Spe-
>kulation mit dem jordanischen Dinar für schuldig befunden und zu
>22 Jahren Schwerarbeit verurteilt. Auch gegen 16 weitere Personen,
>darunter mehrere Brüder und enge Verwandte, die dem Vorstand von
>Chalabis Petra Bank angehörten oder Besitzer von Tochterunterneh-
>men waren, verhängte das Gericht hohe Strafen und Geldbußen.
>Chalabi, einst Günstling von König Husseins Hof, hatte sich bereits
>im Kofferraum eines Wagens aus dem königlichen Palast nach Sy-
>rien abgesetzt. Chalabi sagt, der ehemalige Kronprinz Hassan habe
>ihn zur Grenze gefahren. Sowohl der Fahrer als auch dessen Freun-
>din, die die Flucht organisierten, leugnen dies ...
>Nicht zu leugnen war hingegen, dass Chalabis Petra Bank, die dritt-
>größte in Jordanien, pleite gegangen war und etwa 300 Millionen
>Dollar Spareinlagen plötzlich verschwunden waren ...
>In den zwölf Jahren zwischen Chalabis Gründung der Bank und
>ihrem Bankrott erwarb sich dieser Spross einer wohlhabenden und
>mächtigen irakisch-schiitischen Familie den Ruf, Kontakte zur
>höchsten Ebene zu unterhalten. Als 1988 der freie Wechselkurs
>des Dinar abstürzte, war in Amman allgemein bekannt, dass die Pe-
>tra Bank beim Kauf von Dollars besonders aktiv war. Doch als der
>Präsident der Zentralbank, Mohammed Said Nabulsi, die Forderung
>durchsetzen wollte, dass die Banken 30 Prozent ihrer Devisenbe-
>stände bei der Zentralbank hinterlegten, um auf diese Weise die

Währung zu stützen, war die Petra-Bank nicht in der Lage, dieser Forderung nachzukommen.«*

Disqualifiziert ihn irgendetwas von alledem als Statthalter eines besetzten Irak? Das Gegenteil ist der Fall. Der von Hitchens und Konsorten favorisierte, in Filz verstrickte Chalabi eignet sich gut als Spitzenpolitiker eines neuen, der Marktwirtschaft verpflichteten Irak. Chalabi hat bereits zwei »Reformen« für die Zeit nach der »Befreiung des Irak« und seiner Ernennung zu dessen Führer (wie er glaubt) angekündigt. Erstens: Das irakische Öl werde privatisiert und amerikanischen Unternehmen übereignet. Zweitens: Er werde binnen drei Monaten Israel anerkennen. Zumindest macht sich dieser alte Gauner keine Illusionen, was die wahren Kriegsziele seiner Herren betrifft.

Die neuen Anhänger des Imperiums eint der Glaube, die militärische und wirtschaftliche Macht der Vereinigten Staaten stelle trotz gewisser Makel das einzige emanzipatorische Projekt dar, das gegen alle, die diese Macht in Frage stellen, verteidigt werden müsse. Einige wenige ziehen Clinton als Cäsar Bush vor, erkennen diesen Wunsch aber letztlich als geschmäcklerisch. Tief in ihrem Inneren wissen sie, dass das Imperium stets über seinen Führern steht.

Aber sie vergessen, dass Imperien immer im eigenen Interesse handeln. So wie das britische Empire die Kampagnen der Gegner der Sklaverei geschickt auszunutzen wusste, um Afrika zu kolonisieren, macht sich Washington heute das humanitäre Händeringen nichtstaatlicher Organisationen und der *bien pensants* zu Nutze, um seine neuen Kriege zu führen. Das amerikanische Imperium hat den 11. September unverhohlen dazu missbraucht, die Welt neu einzuteilen. Die pietätvollen Bedenken des

---

* Arnaud de Borchgrave: »Commentary«, *The Washington Times*, 29. November 2002.

kontinentalen Europa ärgern Cheney und Rumsfeld allmählich. In Washington lacht man nur, wenn man hört, dass europäische Politiker die Vereinten Nationen wiederbeleben wollen.

Die Macht des Imperiums wird gestärkt durch die Schaffung von Satrapenstaaten, die dessen wirtschaftliche Prioriäten und militärische Kontrolle akzeptieren. Eine neoliberale Wirtschaft, installiert von den Mullahs des Internationalen Währungsfonds, hat Länder auf allen Kontinenten in große Armut gestürzt und ihre Einwohner an den Rand der Verzweiflung getrieben. Die Sozialdemokratie, die während des Kalten Krieges noch als attraktiver Weg erschien, existiert nicht mehr. Die Ohnmacht der demokratischen Parlamente und der Politiker, die in diesen Parlamenten sitzen, um etwas zu verändern, hat die Demokratie in Misskredit gebracht. Vetternwirtschaft kommt auch gut ohne sie aus.

Zu einer Zeit, da ein Großteil der Welt – Lateinamerika und Südkorea sind die auffälligsten Beispiele – es allmählich satt hat, von den Vereinigten Staaten »befreit« zu werden, sind viele Liberale in dumpfes Schweigen verfallen. Eine der attraktivsten Eigenschaften der Vereinigten Staaten bestand immer darin, dass unter der Oberfläche die verschiedensten abweichenden Ideen heranreiften. Die Getreuen des neuen Imperiums, die gegenwärtig dazu beitragen, diese Tradition auszulöschen, schaffen die Grundlage für weitere Rückschläge. Ihre Gegner sollten mehr tun, als wütende E-Mails oder böse Leserbriefe an Zeitungen oder Zeitschriften zu schicken. Das Vorbild dafür, was die anders Denkenden heute tun müssen, liefert das letzte Jahr des 19. Jahrhunderts.

Vor über hundert Jahren schlug Mark Twain, entsetzt über die chauvinistische Reaktion auf den Boxeraufstand in China und die Besetzung der Philippinen durch die Vereinigten Staaten, Alarm. Der Imperialismus sei das Problem. Ihm müsse man sich widersetzen. Daraufhin kam es 1899 zu einer Mammutveranstaltung in Chicago, bei der die Antiimperialistische Liga Amerikas gegründet wurde. Ihre Mitgliederzahl stieg innerhalb von zwei Jahren auf eine halbe Million. Zu ihren Gründern gehörten Mark Twain und T. W. Higginson, der das erste schwarze Regiment im Bürgerkrieg befehligt hatte. Twain und Higginson richteten ihren Kampf gegen L. E. Wright, den zweiten Generalgouverneur der Philippinen. Er hatte einst für die Konföderation gekämpft und wusste, wie man mit den Filipinos umzugehen hatte.

Die Zeitschriften und Pamphlete der Liga enthielten Beiträge der begabtesten Schriftsteller und Denker Amerikas. Zu ihnen gehörten Henry und William James, W. E. B. Dubois, Charles Elliot Norton, William Dean Howells und Frederick Douglas junior. Sie schrieben Essays, Kurzgeschichten und Gedichte und erhoben Seite an Seite mit Twain Einspruch gegen die imperialistischen Kriege. Im November 1916, am Vorabend des Eintritts der USA in den Ersten Weltkrieg, erschien in *Harper's Monthly* – das damals wie heute vernünftigen Stimmen aus dem Irrenhaus ein Forum bietet – posthum eine beißende Kritik von Mark Twain. Die »lautstarke Hand voll«, über die er schrieb, sitzt immer noch im Weißen Haus:

»Die lautstarke Hand voll wird – wie üblich – nach Krieg schreien. Die Geistlichkeit wird sich – mit Vorsicht und Bedacht – widersetzen – zunächst; die große, dumpfe Masse des Landes wird sich schläfrig die Augen reiben und sich fragen, warum es einen Krieg geben sollte, und sie wird ernsthaft und entrüstet erwidern: ›Er ist ungerecht und unehrenhaft, und es besteht keinerlei Notwendigkeit dazu.‹

Dann wird die Hand voll lauter schreien. Ein paar anständige Menschen auf der anderen Seite werden in Rede und Schrift gegen den Krieg argumentieren, und anfangs wird man ihnen zuhören und Beifall spenden. Aber das wird nicht lange so bleiben. Jene anderen werden sie übertönen, und bald werden die Kriegsgegner immer weniger sein und an Popularität verlieren.

Es wird nicht lange dauern, und man wird etwas Merkwürdiges feststellen: Die Redner werden mit Steinen beworfen und die freie Rede von Horden wütender Männer abgewürgt, die insgeheim immer noch einig sind mit jenen gesteinigten Rednern – wie früher –, aber sie trauen sich nicht, es zu sagen. Und nun wird das ganze Land – inklusive der Prediger – in das Kriegsgeschrei einstimmen, und es schreit sich heiser und fällt über jeden ehrlichen Mann her, der es wagt, den Mund aufzumachen; und bald werden auch diese Stimmen verstummen.

Als Nächstes werden die Politiker billige Lügen erfinden, die Schuld dem Land geben, das angegriffen wird, und jedermann wird froh sein über diese das Gewissen beruhigenden Unwahrheiten. Man wird sie eifrig studieren und sich weigern, die Widerlegung dieser Lügen zu prüfen; und so wird jeder nach und nach davon überzeugt sein, dass der Krieg gerecht ist, und Gott für den besseren Schlaf danken, den er nach diesem Prozess grotesker Selbsttäuschung genießt.«*

---

* Zitiert in: Philip S. Foner: *Mark Twain – Social Critic*, New York 1958.

Prolog

Über Tragödien wird stets gesprochen, als hätten sie sich im leeren Raum zugetragen, aber in Wirklichkeit hat jede Tragödie lokale und globale Ursachen. Die Ereignisse des 11. September 2001 bilden da keine Ausnahme. Es existieren keine exakten, unanfechtbaren Indizien dafür, wer die Anschläge in New York und Washington angeordnet hat und wann der Plan dazu zum ersten Mal diskutiert wurde. Dieses Buch befasst sich nur am Rande mit der Frage, was an diesem Tag geschehen ist. Schließlich haben die Bilder und die Berichterstattung ausgiebig dafür Sorge getragen, dass diese Gewalttaten in einer in den letzten fünfzig Jahren nie da gewesenen Weise für die ganze Welt gleichzeitig sichtbar und anschaulich gemacht wurden.

Ich möchte hier vielmehr die Hintergründe aufzeigen und die historischen Entwicklungen, die diesen Ereignissen vorangegangen sind. Ich möchte über eine Welt berichten, die angesichts eines immer enger gefassten Kulturbegriffs tabuisiert wird, möchte jenen davon erzählen, die die Tugend der Unwissenheit feiern, einen Kult des Stumpfsinns pflegen und die Gegenwart ohne Alternative preisen: Wir alle leben zurzeit in einem Konsumparadies, in dem Enttäuschung zuerst Frustration und schließlich Apathie hervorbringt und in dem deshalb eskapistische Fantasien aller Art gefördert werden. Die Selbstgefälligkeit, die in dieser Welt zelebriert wird, ist durch die Ereignisse des 11. September zutiefst erschüttert worden. Die sorgfältig geplanten Terroranschläge auf die Symbole der US-amerikanischen Militär- und Wirtschaftsmacht – ein Ereignis, das in keinem Planspiel der Strategen im Pentagon vorgesehen war – haben die Illusion zerstört, der nordamerikanische Kontinent sei unangreifbar. Noch nie wurde Amerika psychologisch so schwer getroffen. Nun schlägt die Weltmacht zurück.

Ich möchte die Frage aufwerfen, warum so viele Menschen in nicht-islamischen Weltgegenden von den Ereignissen ungerührt geblieben sind und warum so viele gefeiert haben, dass, wie Osama bin Laden es schauerlich formulierte, »Amerika von Allah, dem Allmächtigen, an seinem Lebensnerv getroffen« wurde. In Managua, der Hauptstadt Nicaraguas, umarmten sich die Leute schweigend. In Porto Alegre, tief im Süden Brasiliens, machten junge Konzertbesucher ihrem Ärger Luft, als ein schwarzer Jazzmusiker aus New York darauf bestand, zu Beginn seines Auftritts eine Version von »God Save America« zu spielen. Die Jugendlichen intonierten »Osama, Osama!«. Das Konzert wurde abgesagt. Auf den Straßen Boliviens wurde gefeiert. Die argentinischen Mütter, die seit Jahren demonstrierten, um herauszufinden, unter welchen Umständen das argentinische Militär ihre Kinder hatte verschwinden lassen, weigerten sich, an den offiziell angeordneten Trauerfeierlichkeiten teilzunehmen. In Griechenland verbot die Regierung die Veröffentlichung einer Meinungsumfrage, die zeigte, dass eine große Mehrheit die Anschläge befürwortete, und die Zuschauer in Fußballstadien missachteten die Schweigeminuten.

In Peking traf die Nachricht spät nachts ein, sodass nur ein paar wenige Freudenfeuerwerke gezündet wurden. Während sich das Politbüro über vierundzwanzig Stunden lang nicht zu einer Stellungnahme durchringen konnte, brachte Xinhua, die offizielle chinesische Nachrichtenagentur, einen Videomitschnitt der Ereignisse vom 11. September, untermalt mit Hollywood-Musik, sodass man den Augenblick genüsslich auskosten konnte. Ein zweites Video mischte die Bilder der Terroranschläge mit Ausschnitten aus »King Kong« und anderen Katastrophenfilmen. Pekinger Studenten, die vom »New Yorker« interviewt wurden, bekundeten offen ihre Freude und erinnerten den schockierten Journalisten an die zurückhaltende Reaktion des Westens, als NATO-Flugzeuge die chinesische Botschaft in Belgrad bombardierten. Dort waren zwar nur sechs Menschen getötet worden und nicht etwa dreitausend wie in New York, aber die Studenten meinten, diese sechs seien für sie genauso wichtig wie die dreitausend.

Wenn ich eine Erklärung für diese Reaktionen suche, will ich keineswegs die Gräuel des 11. September rechtfertigen. Ich will nur versuchen, die Verzweiflung zu verstehen, die Menschen dazu treibt, ihr Leben zu opfern. Wenn westliche Politiker die Ursachen außer Acht lassen und mit ihrer Politik fortfahren wie bisher, ist mit weiteren Anschlägen zu rechnen. Moralische Empörung hat zwar therapeutischen Wert, ist als politische Strategie aber nutzlos. Auch kaum kaschierte Rachefeldzüge, im momentanen Zorn ausgetragen, halten nur den Teufelskreis der Gewalt in Gang.

Der Kapitalismus hat einen einzigen Markt geschaffen, ohne aber die Kluft zwischen den beiden Welten zu schließen, die sich im 18. Jahrhundert auftat und sich im 19. Jahrhundert verfestigte. Im 20. Jahrhundert wurden immer wieder Anstrengungen unternommen, diese Kluft durch Revolutionen, nationale Befreiungskriege und eine Kombination aus beidem zu überwinden, aber letztendlich erwies sich der Kapitalismus als listenreicher und stärker. Sein Triumph hat dazu geführt, dass die erste der beiden Welten Reichtum hortet und über unbegrenzte Militärmacht verfügt. Die zweite Welt, mit Ausnahme von Kuba, wird von Eliten regiert, die der ersten entweder dienen oder sie zu imitieren suchen. Diese Erstarrung von Politik und Wirtschaft hat fatale Konsequenzen. Ein entmachtetes Volk aber wird unaufhörlich an seine Schwäche erinnert. Im Westen reagiert man darauf in der Regel durch Rückzug in die Routine des Alltags. Anderswo auf der Welt fühlen sich die Menschen zunehmend hilflos und unsicher. Wut, Frustration und Hoffnungslosigkeit greifen um sich. Vom Staat können sie nicht länger Hilfe erwarten, denn die Gesetze begünstigen die Reichen. Um ihrem Dasein einen Sinn zu geben oder einfach um der Monotonie zu entfliehen, leben die Verzweifelten nach ihren eigenen Gesetzen.

An willfährigen Rekruten wird es nicht mangeln. Die Propaganda der Tat – die Reverenz, die den Starken von den Schwachen erwiesen wird – ist zählebig. Sie ist die Reaktion des vereinzelten Individuums auf eine Welt, die nicht mehr zuhört, auf Politiker, die austauschbar geworden sind, auf Großunternehmen, die sich von wachsenden Gewinnen blenden lassen, und auf ein globales Mediennetzwerk, das eben jenen Unternehmen gehört und zu den Politikern in einer Beziehung gegenseitiger Abhängigkeit steht. Das ist die intellektuelle Misere, die Unsicherheit hervorbringt und tödlichen Hass schürt. Wenn der Notstand nicht behoben wird, ist auch weiterhin mit Gewaltausbrüchen zu rechnen.

Gewaltakte werden ebenso wenig allein durch den Willen eines einzelnen Anführers diktiert, so charismatisch er sein mag, wie durch die Struktur einer einzelnen Organisation. Auch die Existenz eines ganz bestimmten Landes oder der Fanatismus einer unheilvollen Religion, deren Anhänger durch die Verheißung eines ruhmreichen Lebens nach dem Tode zur Tat getrieben werden, bieten hinreichend Gründe für Terrorakte diesen Ausmaßes. Bedauerlicherweise ist Gewalt allgegenwärtig, sie nimmt lediglich in verschiedenen Teilen der Welt unterschiedliche Gestalt an. Auch trifft es nicht zu, dass sich die Gewalt im Wesentlichen nur gegen die Vereinigten Staaten richtet. Religiöse Fanatiker jeder Couleur gehen mit aller Brutalität gegen Glaubensbrüder und -schwestern vor, deren Gesinnung suspekt erscheint oder die weniger eifrig nach Gott suchen und daher Aberglauben und leeren oder bedeutungslosen Ritualen kritisch gegenüberstehen.

Es gibt eine universale Wahrheit, die sich Philosophen und Politiker gleichermaßen eingestehen müssen: Sklaven und Bauern gehorchen nicht immer ihren Herren. Seit den Tagen des Römischen Imperiums wurde die Welt immer wieder von Aufständen erschüttert, und ein Zusammentreffen bestimmter Ereignisse hat zu völlig unerwarteten Ausbrüchen geführt. Warum sollte es im 21. Jahrhundert anders sein?

Ich möchte über den Islam schreiben, seine Entstehungsmythen, seine Ursprünge, seine Geschichte und seine Kultur, seinen Reichtum und seine Spaltungen. Warum hat er keine Reformation erlebt? Was hat zu seiner Erstarrung geführt? Darf die Auslegung des Koran nur Religionsgelehrten vorbehalten sein? Und wofür steht islamistische Politik heute? Welche Vorgänge führten zum Aufstieg dieser radikalen und gewaltbereiten Strömung in der Welt des Islam? Dies sind einige Fragen, die hoffentlich weitere Gespräche und Debatten innerhalb und außerhalb des Islam anregen werden.

Um Missverständnisse zu vermeiden, ist ein kurzes Bekenntnis angebracht. Religiöse Überzeugungen haben in meinem Leben keine Rolle gespielt. Als Fünf- oder Sechsjähriger wurde ich zum Agnostiker, als Zwölfjähriger zum standhaften Atheisten, und ich bin es wie viele meiner Freunde aus meiner Jugendzeit bis heute geblieben. Aber ich bin in jener religiös geprägten Kultur erzogen worden, und sie hat mein Leben bereichert. Es ist durchaus möglich, einer Kultur anzugehören, ohne sich zu ihrem Glauben zu bekennen.

Der Historiker Isaac Deutscher hat sich als nicht-jüdischen Juden bezeichnet und sich mit einer langen Tradition des intellektuellen Skeptizismus identifiziert, für den Spinoza, Freud und Marx stehen. Ich habe lange darüber nachgedacht und mich gelegentlich als nicht-muslimischen Muslim bezeichnet, aber diese Bezeichnung passt nicht ganz. Sie hat einen unbeholfenen, wenig überzeugenden Beiklang. Es verhält sich aber keineswegs so, dass es in der Welt des Islam keine säkularen Intellektuellen und Künstler gäbe. Allein im letzten Jahrhundert sind Nazim Hikmet, Faiz Ahmed Faiz, Abdelrahman Munif, Mahmud Darwish, Fazil Iskander, Nagib Machfus, Nizar Qabbani, Pramoedya Ananta Toer, Djibril Diop Mambety und noch viele andere zu nennen. Aber sie sind Dichter, Romanciers, Filmemacher. In den Gesellschafts- und Sozialwissenschaften haben sie kein Äquivalent. Kritik an der Religion wird immer im Verborgenen geübt. Das intellektuelle Leben ist verkümmert, sodass aus dem Islam eine statische, an der Vergangenheit orientierte Religion geworden ist.

Obwohl ich nicht glaube, wurde ich doch als Muslim geboren. Ein Onkel mütterlicherseits, der – irrtümlich – annahm, der Islam sei die wesentliche Quelle moralischer Kraft für die verarmten Bauern, die auf dem Landgut meiner Familien arbeiteten, flüsterte mir die heilige Anrufung Gottes ins rechte Ohr. Das trug sich im Jahre 1943 in Lahore zu, das damals unter britischer Herrschaft stand. Lahore war eine kosmopolitische Stadt: Muslime stellten die Mehrheit, dicht gefolgt von Sikhs und Hindus. Moscheen, Tempel und die Gotteshäuser der Sikhs beherrschten die Silhouette der alten Stadt. Eine Tragödie bahnte sich damals an, aber niemand nahm es zur Kenntnis. Sie kam vier Jahre später in Gestalt eines Monsuns aus rotem Regen.

Ich war noch keine vier Jahre alt in jenem August, als sich die britische Imperialmacht schließlich aus dem indischen Subkontinent zurückzog und Indien geteilt wurde. Pakistan wurde den Muslimen Indiens zugestanden, obwohl die meisten von ihnen keinen großen Wert darauf legten oder keine Vorstellung davon hatten, was das bedeutete. Pakistan heißt wörtlich »Das Land der

Reinen«, was überall, vor allem aber unter den freiwillig zuge-
zogenen Flüchtlingen, große Heiterkeit auslöste. Ich habe keine
Kindheitserinnerungen an die Teilung des Landes. Keine Einzige.
Die ethnischen Säuberungen, die in jenem Jahr im Zuge der Aufteilung des gewaltigen Subkontinents nach Religionszugehörigkeit den Norden und Osten Indiens erschütterten, berührten
meine Kindheit zwar nicht, aber Lahore veränderte sich vollkommen. Viele Sikhs und Hindus wurden von ihren Nachbarn ermordet. Die Überlebenden flohen nach Indien. Den Muslimen in
Nordindien erging es nicht besser.

Viele Jahre später erinnerte sich die Amme meines Vaters,
eine ausgesprochen liebe und sehr fromme Frau, die auch über
meine Kindheit wachte, wie sie mich auf die Straßen Lahores geführt hatte, um Muhammad Ali Jinnah zu begrüßen, den Begründer Pakistans. Sie hatte mir ein Fähnchen mit dem grün-weißen
Halbmond, dem Hoheitszeichen des neuen Staates, gekauft und
behauptete, ich hätte es begeistert geschwenkt und gerufen »Pakistan Zindabad«, »Lang lebe Pakistan«. Wenn dem wirklich so
war, so hatte ich glücklicherweise nie mehr die Gelegenheit, diese patriotische Erfahrung zu wiederholen. Gegen religiösen Nationalismus war ich von jeher allergisch.

1947 lebten wir in der Race Course Road in einem »geschütz-
ten« Teil der Stadt, jenem Viertel, das die Briten als *civil lines* bezeichneten. Es lag jenseits der Stadtmauern des dicht besiedelten
Stadtkerns, der rund um die Festung errichtet worden war, lange
bevor der letzte Großmogul Aurangseb die Badshahi-Moschee,
die königliche Moschee, erbaute. In der Altstadt befanden sich
einige uralte Hindu-Tempel, und hier war auch die Asche des großen Sikh-Herrschers Maharadscha Ranjit Singh beigesetzt. In all
den Jahren war Lahore ganz langsam gewachsen, ein Ring von
Vorstädten hatte sich um die Altstadt gelegt. Unweit der neuen
Bahnhöfe baute man eigens Viertel für die Eisenbahnarbeiter.
Rundum entstanden Werkstätten, dann folgten die Einkaufsarka-

den, die Obersten Gerichtshöfe und das Regierungsgebäude, und jenseits davon die *civil lines* mit ihren hübschen Bungalows und den großen Rasenflächen. Dieses Lahore war das Verwaltungszentrum der alten Provinz Pundjab, die die Briten »unseren Schwertarm« oder »unser Preußen« nannten.

Viel aufregender hingegen war die Altstadt mit ihren engen Straßen und Basaren, die sich alle auf verschiedene Waren spezialisiert hatten. Sie hatte sich seit dem Mittelalter praktisch nicht verändert, und wir Kinder malten uns oft die Elefantenprozession aus, die den Mogulkaiser in seinen Festungspalast brachte, während die Ladenbesitzer um die Gunst des Kaisers wetteiferten, der am Abend die Köstlichkeiten dieser Stadt probierte.

Das, so glaubte man, war das echte Lahore. Und hier wütete der rasende Mob bei den Massakern von 1947 am schlimmsten. Wir waren damals weit weg. Die Schreie der Opfer hörte man nur gelegentlich am Rand der *civil lines*, und viele Geschichten berichteten von blutüberströmten Sikh-Männern und -Frauen, denen gutherzige Muslime Zuflucht gewährten. Ich aber hörte keine Schreie und sah kein Blut, und die Geschichten wurden erst später erzählt.

Aus meiner Familie blieben alle am Leben. Wir mussten auch nicht wegziehen. Wir teilten nicht das Schicksal der Flüchtlinge, die in beiden Richtungen über die Grenze strömten. Wir hatten Glück gehabt. Von jeher waren wir in dieser Gegend ansässig gewesen, die jetzt zum Land der Reinen gehörte. Uns blieben die Traumata, Tragödien und die grenzenlose Not erspart, die in dieser schrecklichen Zeit Millionen Sikhs, Muslime und Hindus erlebten.

Nur wenige Politiker auf beiden Seiten sahen diese Ereignisse voraus. Jawaharlal Nehrus romantischer Nationalismus stellte die Unabhängigkeit als lange verzögertes »Stelldichein mit dem Schicksal« dar, aber er hätte sich nie träumen lassen, dass dieses Stelldichein in Blut ertränkt würde. Mohammed Ali Jinnah, der Begründer Pakistans, glaubte aufrichtig, der neue Staat werde ähnlich aussehen wie das laizistische Indien – nur mit einem Unterschied: Hier würden die Muslime die größte Gruppe sein und Sikhs und Hindus loyale Minderheiten stellen. Er glaubte sogar, er werde jedes Jahr einige Zeit in seinem großen Herrenhaus in Bombay verbringen können.

Jinnah war sogar noch Ende Juni 1946 bereit, eine föderative Lösung in Erwägung zu ziehen, die von einer durch die Labour-Regierung nach Indien entsandten Kabinettsdelegation vorgeschlagen wurde. Es war die indische Kongresspartei, die sich gegen diese Lösung stellte. Das Scheitern dieses Vorschlags hatte zur Folge, dass genau ein Jahr vor der Teilung in Ostindien die Krawalle zwischen Hindus und Muslimen begannen. Im August 1946 wurden innerhalb von vier Tagen 5000 Menschen in Bengalen getötet und dreimal so viele verwundet. Die Stimmung im Pundjab war äußerst gespannt, und schließlich siegte die Angst über die Vernunft.

Jinnah war von dieser Orgie der Barbarei erschüttert, aber Gandhi bezahlte den Preis. Weil er nach der Teilung die Rechte unschuldiger Muslime in Indien verteidigte, wurde er ermordet. Er, der zutiefst religiöse Führer der Nation, der sich der hinduistischen Bildersprache bediente, um sich den Bauern verständlich zu machen, starb durch die Hand des Attentäters Nathuram Godse, eines fundamentalistisch-hinduistischen Fanatikers. Diese Vergangenheit untergräbt die Gegenwart und zerstört die Zukunft. Die politischen Erben des hingerichteten Godse haben die Kinder von Nehru und Gandhi beiseite gestoßen. Heute sitzen sie in Neu-Delhi und haben als mächtigste Partei, als BJP, die Macht übernommen.

Ich liebte Lahore. Als ich die weiterführende Schule besuchte, zogen wir aus der Race Course Road in einen großen Wohnblock um, den mein Großvater väterlicherseits für seine fünf Kinder errichtet hatte. Unsere neue Wohnung lag in der Nicholson Road, aber von hier war es nicht weit zu den winzigen Straßen und Läden von Qila Gujjar Singh, einem alten Sikh-Viertel, das rund um eine kleine Sikh-Festung gewachsen war. Die Straßennamen hatte man beibehalten. Aber ich bin nie auf die Idee gekommen zu fragen, was mit all den Sikhs geschehen war. Als kleiner Junge ließ ich am liebsten Drachen steigen und spielte mit den Straßenjungen Kricket. Erst viel später wurde mir klar, dass Basant, das Drachenfest, bei dem am Himmel von Lahore Drachen aller Farben und Formen miteinander kämpften, eine Jahrtausende alte Tradition der hinduistischen Mythologie ist. Für uns war damals nicht der Ursprung und die Tradition der Drachenkämpfe wichtig, sondern die Qualität der Schnur. In der Altstadt fand man Experten, die sich darauf verstanden, Spezialschnüre für die Drachen zu präparieren. Die Schnur wurde mit Klebstoff umhüllt, der fein zermahlene Glassplitter enthielt, und über Nacht zum Trocknen liegen gelassen. Ich hatte nur eins im Kopf: wie ich das Geld für die beste Drachenschnur auf dem Markt auftreiben sollte – über die Vergangenheit machte ich mir keine Gedanken.

Die Einsicht kam nur langsam. Meine Familie stammte aus dem äußersten Norden des Pundjab, der Gegend südlich von Peshawar und dem Khyber-Pass unweit der uralten Stadt Taxila. Als Landbesitzer mussten meine Vorfahren wie andere in ähnlicher Lage während der Machtkämpfe Nordindiens Farbe bekennen. In seinen Erinnerungen klagt Kaiser Jahangir über die Bewohner jener Region, über ihr grobes, ungehobeltes Auftreten, ihre Arroganz und, schlimmer noch, ihre hartnäckige Weigerung, den ihm zustehenden Tribut zu entrichten. Die Beschreibung klingt zutreffend. Meine Familie war sich in der Frage, wer das Pundjab regieren sollte, oft uneins; Teile der Familie unterstützten jeweils gegnerische Parteien. Dadurch war garantiert, dass – ganz gleich wer an die Macht kam – der Grund und Boden im Familienbesitz blieb. Ob dies nun die kollektive Klugheit eines

Großgrundbesitzerclans war oder das Ergebnis blutiger Fehden um den Landbesitz, lässt sich heute nicht mehr sagen. Vielleicht beides. Fest steht, dass in den vierziger Jahren des 19. Jahrhunderts die beiden Brüder Sardar Karam Khan, mein Ururgroßvater, und Sardar Fateh Khan im Streit lagen und schließlich der jüngere den älteren ermordete.

Die beiden machten einen Jagdausflug, der in einen Hinterhalt führte. Karam Khans Pferd kehrte mit Blut auf dem Sattel heim. Die Leiche wurde wenige Stunden später gefunden. Als sich die Nachricht von dem Mord verbreitete, gewährte ein benachbarter Grundbesitzer, der um das Leben der Erben Karam Khans fürchtete, der Witwe und ihren fünf Söhnen Zuflucht. Außerdem veranlasste er, dass Fateh Khan einem Racheanschlag zum Opfer fiel. Eine Woche später nahm sich General Abbot der Söhne Karam Khans an und stellte sie unter britischen Schutz. Der älteste von ihnen, Sardar Muhammad Hayat Khan, mein Urgroßvater mütterlicherseits, blieb den neuen Herrschern treu und führte eine Kavallerieeinheit von Stammeskriegern in den Zweiten Afghanistankrieg, wo er Schulter an Schulter mit den Briten kämpfte. In diesem Buch werde ich nicht allzu ausführlich auf ihn eingehen.

Der andere Zweig der Familie, Kains Erben, die in der Familienlegende die »kleineren Khans« heißen, waren zuvor gemeinsam mit den Sikhs in die Schlacht gegen die Briten gezogen und untergegangen. Muhammad Hayat Khan, mittlerweile Familienoberhaupt, sorgte dafür, dass diese Niederlage nicht in Vergessenheit geriet. Die dankbaren Kolonialbehörden bestätigten ihm urkundlich seinen Anteil an der Beute. Doch der Erfolg stieg ihm zu Kopf. Bisher war es in der Familie Brauch gewesen, dass die Landbesitzer nicht mit ihrem Reichtum protzten, sondern bescheiden lebten. Muhammad Hayats Bruder Gulab Khan wollte an dieser Tradition festhalten, konnte sich aber nicht durchsetzen. Im Herzen des alten Dorfes Wah wurde ein großes zweistöckiges

Haus errichtet, das die Bauern im Umkreis von vielen Meilen sehen konnten. Mein Vater hat mir einmal von einer Begegnung mit einer alten Bauersfrau erzählt, die Muhammad Hayat als »Angeber, Großtuer und Aufschneider« bezeichnete, was mein Vater für eine ziemliche Untertreibung hielt.

Indien konnte zur Zeit der Briten nur mit Zustimmung der einheimischen Anführer und Herrscher befriedet werden. Die Mogulkaiser hatten diese Lektion schnell gelernt. Als die Briten mit dem Albtraum konfrontiert waren, Indien tatsächlich zu regieren, sahen sie bald ein, dass sie sich trotz ihrer überlegenen Kriegstechnik ohne verlässliche Verbündete nicht lange würden halten können. Die Raj wurde mit einer sehr geringen britischen Präsenz aufrechterhalten: 1805 belief sich die Zahl der bleichgesichtigen Eroberer auf 31 000, 1911 war sie auf 164 000 angewachsen, und 1931 betrug sie 168 000. Mit anderen Worten, die Briten stellten in Indien nie mehr als 0,05 Prozent der Bevölkerung.

Mein Großvater, Sikandar Hyat Khan, der Führer der Unionistenpartei, ein Zusammenschluss muslimischer, hinduistischer und Sikh-Grundbesitzer, wurde 1937 zum Premierminister des Pundjab gewählt – eine von zwei Regionen, in denen die indische Kongresspartei Gandhis und Nehrus keinen Fuß auf den Boden bekam. Er war ein überzeugter Verfechter eines föderalen Indien mit Schutzgarantien für alle Minderheiten. Im Dezember 1942 starb er mit nur neunundvierzig Jahren an einem Herzinfarkt; in seinem letzten Amtsjahr hatte er einen Vertrag mit Jinnah unterzeichnet, der verhindern sollte, dass die Muslim-Liga primitive religiöse Emotionen schürte. Wäre er am Leben geblieben, hätte er alles Erdenkliche unternommen, um die Teilung des Landes abzuwenden. Aber wäre es ihm gelungen?

Im April 1947 war meine Mutter, aktives Mitglied der Kommunistischen Partei und hochschwanger mit meiner Schwester, allein zu Hause. Plötzlich hörte sie ein energisches Klopfen an der

Haustür. Rasch öffnete sie die Tür, und als sie vor sich einen hünenhaften Sikh sah, bekam sie es mit der Angst zu tun. Dann begriff sie, dass er sich lediglich nach einem Haus in der Nachbarschaft erkundigen wollte. Meine Mutter zeigte ihm den Weg. Er bedankte sich freundlich und ging. Sie empfand brennende Scham. Wie hatte ausgerechnet sie so reagieren können?

Lahore war viele Jahrhunderte lang eine wahrhaft multikulturelle und kosmopolitische Stadt gewesen, und auf einmal drehten ihre Bewohner durch.

Jinnah wollte in Pakistan ein ungeteiltes Pundjab, ein ungeteiltes Bengalen sowie Sindh, Belutschistan und die North-West Frontier Province vereinen. Das hätte bedeutet, dass die Bevölkerung des Pundjab zu 40 Prozent aus Hindus und Sikhs und die von Bengalen zu 49 Prozent aus Hindus bestanden hätte. Diese Lösung war utopisch. Sobald die konfessionellen Leidenschaften aufflammten und Nachbarn einander massakrierten (so wie fünfzig Jahre später in Bosnien), war es schwierig, die beiden Provinzen ungeteilt zu erhalten.

»Mir ist es gleich, wie wenig Sie mir geben«, soll Jinnah im März 1947 zu Lord Mountbatten, dem letzten Vizekönig, gesagt haben, »solange Sie es mir vollständig geben.«

Der Preis, der für die Teilung bezahlt wurde, war hoch. Zwei Millionen Tote. Elf Millionen Flüchtlinge. Saadat Hasan Manto, ein herausragender Urdu-Schriftsteller aus Indien, verfasste ein vierseitiges Meisterwerk mit dem Titel »Toba Tek Singh«, das in einem Irrenhaus von Lahore zur Zeit der Teilung spielt. Wenn ganze Städte ethnisch gesäubert werden, wie sollen da die Anstalten unangetastet bleiben? Man teilt den Hindus und Sikhs unter den Irren mit, dass sie in indische Kliniken verlegt würden. Die Insassen rebellieren. Weinend umarmen sie einander. Mit Gewalt werden sie in die Lastwägen geschleppt, die für den Abtransport nach Indien bereitstehen. Einer von ihnen, ein Sikh, ist so von Zorn überwältigt, dass er sich weigert, die Grenze zu überschreiten, und an der Demarkationslinie stirbt, die jetzt das neue Pakistan vom alten Indien trennt. Wenn in der Welt draußen der Irrsinn ausbricht, findet man Normalität nur noch in der Anstalt. Die Irren begreifen besser, was für ein Verbrechen hier geschieht, als die Politiker, die ihre Zustimmung dazu gaben.

Ein Jahr später, 1948, sollte ein anders gearteter, aber vergleichbarer Prozess die arabische Welt umgestalten: die Gründung Israels. Wieder setzten sich partikularistische Bestrebungen gegen den Universalismus durch. In beiden Fällen, in Pakistan wie in Israel, kümmerten sich die Staatengründer nicht viel um Religionspolitik. Mohammed Ali Jinnah machte keinen Hehl aus seiner agnostischen Einstellung und brach viele Tabus seiner Religion. Ben Gurion und Moshe Dayan bekannten sich zum Atheismus. Dennoch war die Religion ein zentrales Motiv bei der Gründung dieser beiden Staaten.

In Palästina gab es nicht so viele Tote zu beklagen wie in Südasien, aber die aggressive, skrupellose Brutalität, mit der die Palästinenser aus ihren Dörfern und von ihrem Land vertrieben wurden, schlug eine Wunde, die nicht mehr heilen konnte. So grauenhaft die Teilung des Subkontinents war, die Flüchtlinge fanden einen neuen Staat und eine neue Heimat. Sie wurden in Indien beziehungsweise Pakistan aufgenommen und erhielten vielfach eine gewisse Entschädigung für ihren verlorenen Besitz.

Die von den zionistischen Siedlern vertriebenen Palästinenser wurden hingegen zu einem Volk ohne Staat, das seine Existenz im Exil oder unter den desolaten Bedingungen eines Flüchtlingslagers fristen musste. Auf Pakistan hatte all das kaum Auswirkungen, bis Gamal Abdel Nasser in Ägypten an die Macht kam. Erst als Israel sich an der britisch-französischen Invasion Ägyptens im Jahr 1956 beteiligte, wurde mir klar, was dieser neue Staat im Nahen Osten für die Region bedeutete. Zuvor hatte der Genozid an den Juden dazu verleitet, die Not der Palästinenser zu übersehen oder zu unterschätzen.

Das ganze Ausmaß der Katastrophe wurde mir erst bewusst, als ich 1967, ein paar Wochen nach dem Sechs-Tage-Krieg, die palästinensischen Flüchtlingslager in Jordanien und Syrien besuchte. Ich war zutiefst erschüttert über die Verwundungen, die man palästinensischen Kindern zugefügt hatte, über die Bedingungen, unter denen die Flüchtlinge leben mussten, und über die Geschichten, die Mütter, Schwestern und Ehefrauen zu berichten wussten. Keine der Frauen, mit denen ich in den Lagern sprach, war verschleiert; nur wenige trugen ein Kopftuch.

Damals machte ich mir zum ersten Mal Gedanken über diese zweifache Tragödie. Für die Leiden der europäischen Juden, von den Pogromen im zaristischen Russland bis zu den Schlachthäusern von Auschwitz und Treblinka, war eine deformierte bürgerliche Zivilisation verantwortlich. Die Araber Palästinas mussten für diese Verbrechen bezahlen, während der Westen Israel bewaffnete und sich ein reines Gewissen erkaufte.

Jahrzehnte später wurde ein Gespräch zwischen mir und Edward Said in New York aufgezeichnet. Wir waren uns einig, dass im Jahr 1917 die Weichen für das 20. Jahrhundert gestellt wurden. Für mich war das prägende Ereignis die Oktoberrevolution. Für ihn die Balfour-Deklaration, mit der der englische Außenminister den Juden das Recht auf eine Heimstätte in Palästina zusicherte. Der Zusammenbruch des Ersteren und der Triumph des Zweiteren standen auch in einem indirekten Zusammenhang mit den Ereignissen in New York und Washington am 11. September.

Mullahs und Häretiker

I

»Große und mächtige Reiche gründen sich auf eine Religion. Denn allein durch Sieg kann Herrschaft gesichert werden, und siegreich ist die Partei, die in ihren Absichten die meiste Solidarität und Einigkeit zeigt. Mit Gottes Hilfe sind die Herzen der Menschen nun geeint und durch eine gemeinsame Religion miteinander verbunden ...«

Ibn Chaldun (1332–1406), »Das Muqaddimah«

»Wenn du träumst, daß du mit einem unbekannten jungen Mann Unzucht treibst, so ist dies ein Zeichen des Sieges über deine Feinde ... wenn du aber träumst, daß du mit einer Frau schläfst, während du in Wirklichkeit eine geschlechtliche Beziehung mit einem Mann hast, so wird das, was du dir von diesem Mann wünschst, in Erfüllung gehen, auch wenn er dich in der Vergangenheit gedemütigt hat ... Vom Geschlechtsverkehr mit einem Tier zu träumen ist ein Zeichen für Wohlstand und ein langes Leben ...«

Ibn Sirin (634–704), »Die Traumdeutung«

1 Eine atheistische Kindheit

Ich habe nie wirklich an Gott geglaubt. Nicht eine einzige Woche lang. Und auch nicht im Alter zwischen sechs und zehn. Dieser Unglaube hat weniger mit Philosophie als vielmehr mit Instinkt zu tun. Ich war überzeugt, dass da draußen nichts war als das leere All. Vielleicht fehlte es mir einfach nur an Fantasie.

In den lauen, vom Jasminduft erfüllten Sommernächten, lange bevor an den Moscheen Lautsprecher angebracht wurden, genügte es, der Stille zu lauschen, zu dem sich ständig verwandelnden, von Sternen großartig erleuchteten Himmel hinaufzublicken und beim Einschlafen die Sternschnuppen zu zählen. Der frühmorgendliche Ruf des Muezzin war wie eine wohlklingende Weckuhr.

Ein Ungläubiger zu sein hatte viele Vorteile. Die Androhung göttlicher Strafe durch das Dienstpersonal, durch nähere oder fernere Verwandte – »Wenn du das tust, wird Allah böse« oder »Wenn du das nicht tust, wird Allah dich bestrafen« – ließ mich ungerührt. Soll er mich doch in aller Härte bestrafen, sagte ich mir. Aber er tat es nie, und ich glaube, es war diese Passivität, die mich in meinem Glauben an seine Nicht-Existenz bestärkte: ein frühes Beispiel für den Skeptizismus, als Auswuchs eines naiven Empirismus.

Auch meine Eltern waren nicht gläubig, ebenso wie übrigens die meisten ihrer engen Freunde. Religion spielte in unserer Fa-

milie nur eine geringe Rolle. Natürlich gab es andere, die sich
zum Glauben bekannten, aber auch sie taten es stillschweigend
und ohne viel Aufhebens. In der zweiten Hälfte des letzten Jahrhunderts erkannte ein Großteil der gebildeten, für die Moderne
aufgeschlossenen Schichten der islamischen Welt, dass die institutionalisierte Religion ein Anachronismus war. Dennoch wurden die alten Gewohnheiten beibehalten. Wer nach Tugend
strebte, verrichtete seine Waschungen und trottete zum Freitagsgebet in die Moschee. Manche fasteten zwar jedes Jahr, aber
nur ein paar Tage – gewöhnlich unmittelbar vor Neumond, der
ohnehin das Ende des Ramadan anzeigt. Ich bezweifle, dass
mehr als ein Viertel der städtischen Bevölkerung einen ganzen
Monat lang fasteten. Das Leben im Kaffeehaus ging weiter seinen gewohnten Gang. Viele jedoch behaupteten, gefastet zu haben, um Anspruch auf die kostenlose Mahlzeit zu erwirken, die
am Ende jedes Fasttags von den Moscheen oder den Küchen der
Reichen verteilt wurde. Auf dem Land war die Zahl der Fasten-
den noch niedriger, weil man ohne ausreichend Nahrung
schwer arbeiten konnte, und erst recht ohne Wasser, wenn der
Ramadan gar in die Sommermonate fiel. Das Ende des Ramadan
wurde jedoch von allen gefeiert.

Eines Tages – ich glaube, es war im Herbst 1956 – belauschte
ich zu Hause nach dem Abendessen ein Gespräch. Kinder hielt
man wie Bedienstete für taub und unsichtbar, aber das war unser
Vorteil, weil wir auf diese Weise alles Mögliche mitbekamen, was
nicht für unschuldige Ohren bestimmt war. An jenem Abend forderte man meine Schwester, unsere Cousins und Cousinen und
mich freundlich auf, in ein anderes Zimmer zu gehen und uns
dort zu beschäftigen.

Wir mussten kichern, als wir im Nebenraum hörten, wie eine
ausgesprochen dämliche Tante und ein spindeldürrer Onkel laut
flüsternd auf unsere Eltern einredeten:

»Wir wissen, dass ihr Ungläubige seid, aber wenigstens den

Kindern solltet ihr doch die Möglichkeit geben … Sie müssen in ihrer Religion unterrichtet werden.«

Ich hatte zu früh gelacht. Ein paar Monate später engagierte man einen Privatlehrer, der mich im Koran und in islamischer Geschichte unterrichten sollte. »Du lebst schließlich hier«, sagte mein Vater. »Du solltest die Schriften studieren und unsere Geschichte kennen. Später kannst du dann machen, was du willst. Selbst wenn du eines Tages einmal alles ablehnst, weißt du dann immerhin, was genau du ablehnst.«

Ein durchaus vernünftiger Rat, der mir aber damals heuchlerisch und verräterisch vorkam. Wie oft war zu Hause von abergläubischen Dummköpfen, nicht selten Verwandten, die Rede gewesen, die einen Satan hassten, den sie nie gesehen hatten, und einen Gott anbeteten, an dem zu zweifeln sie einfach zu einfältig waren! Und jetzt wurde ich gezwungen, mich mit dieser Religion abzugeben. Ich nahm es meinem Vater sehr übel und war entschlossen, den Unterricht zu sabotieren.

Es kam mir seinerzeit nicht in den Sinn, dass dieser Entschluss meines Vaters mit einem Ereignis aus seinem eigenen Leben zusammenhängen könnte. Vielleicht hatte er sich an die religiöse Erfahrung erinnert, die er etwa in demselben Alter wie ich hatte machen müssen.

1928, mit zwölf Jahren, war er mit seiner Mutter und seiner Amme auf die große Wallfahrt, die Hadsch, gegangen. Frauen konnten damals wie heute Mekka nur in Begleitung eines Mannes oder eines Jungen besuchen, der älter war als zwölf Jahre. Die älteren Männer in unserer Familie hatten es jedoch rundweg abgelehnt, die beiden zu begleiten. Meinem Vater als dem jüngsten männlichen Familienmitglied blieb jedoch keine andere Wahl. Sein ältester, recht religiöser Bruder sorgte dafür, dass mein Vater diese Wallfahrt nie vergaß. Denn seine Briefe an ihn trugen stets den Namenszusatz »al-Hadsch« (der Pilger), was zu Hause beim Nachmittagstee oft Anlass zur Erheiterung gab.

Jahrzehnte später, als die Poren der saudischen Elite Petrodollars schwitzten, erinnerte sich mein Vater an die Armut, die er im Hedschas mit eigenen Augen gesehen hatte, und an die besorgten Schilderungen zahlreicher nicht-arabischer Pilger, die auf dem Weg nach Mekka ausgeraubt worden waren. Damals waren die alljährlich eintreffenden Pilger Haupteinnahmequelle der Einheimischen gewesen. Häufig besserten sie ihr mageres Einkommen mit gut organisierten Überfällen auf die Unterkünfte der Pilger auf. Der Brauch verlangt zwar, dass die Pilger nur mit einem schlichten weißen Tuch bekleidet sind und alle Wertsachen zurücklassen. Einheimische Banden hatten sich jedoch darauf spezialisiert, den Pilgern Uhren und Gold abzuknöpfen. Bald erkannten die erfahreneren unter den Pilgern, dass die »reinen Seelen« von Mekka gar nicht so unschuldig waren, und trafen entsprechende Vorsichtsmaßnahmen.

Die Reise zu den heiligen Stätten beeindruckte meinen Vater nicht sonderlich. Oder vielleicht doch, denn Jahre später wurde er ein orthodoxer Kommunist und blieb es für den Rest seines Lebens. Sein Mekka wurde Moskau. Womöglich dachte er, wenn ich mich in jungen Jahren mit der Religion beschäftigte, hätte dies einen ähnlichen Geisteswandel zur Folge. Ich will gern glauben, dies sei sein wahres Motiv gewesen, und nicht eine Willfährigkeit gegenüber den dümmlicheren Mitgliedern unserer Familie, deren Gesellschaft er selten suchte und deren Anwesenheit ihm immer Verdruss bereitete. Er fand es merkwürdig, dass diese gesunden jungen Männer und Frauen so viel Energie für derartige Belanglosigkeiten verschwendeten – ohne darüber nachzudenken und dann noch bis ans Ende ihres Lebens.

In späteren Jahren bewunderte ich meinen Vater dafür, dass er

mit der, wie er es nannte, »leeren feudalen Welt«* gebrochen hatte. Er hatte begonnen, sich für politische Theorie und für eine politische Partei zu interessieren, die ihn für die Realität empfäng-
licher machte – eine Möglichkeit, die in der islamischen Welt
heute so nicht mehr gegeben ist.

Da ich nicht Arabisch lesen konnte, musste ich notgedrungen
den Koran auswendig lernen. Das missbilligte mein Vater, aber sein
Gegenvorschlag machte die Tortur nur noch schlimmer. Er schlug
nämlich vor, ich solle zuerst die Sprache Gottes lernen und anschließend einen Koran-Kurs machen. Ich weigerte mich rundweg
und rechtfertigte mein Banausentum ausgerechnet damit, dass
das Arabische ja eben ausgerechnet die Sprache Gottes sei. Das habe ich längst bereut, aber meine Versäumnisse niemals nachgeholt.

Mein Lehrer, Nizam Din, kam am vereinbarten Tag zu uns
nach Hause. Dank seiner tapferen Bemühungen kann ich noch
heute die Eröffnungszeilen des Koran in der Sprache Gottes rezitieren: »Alif, lam, mim« und dann den entscheidenden Satz:
»Dies Buch, daran ist kein Zweifel, ist eine Rechtleitung für die

---

* Leer war diese feudale Welt sicherlich in mehrfacher Hinsicht, aber ihre Klas-
seninteressen wusste sie stets zu verteidigen. Die Mitgliedschaft meines Vaters in
der Kommunistischen Partei Indiens (Communist Party of India; CPI) verursachte sehr viel weniger Wirbel, als er sich vorgestellt hatte. Sein Vater und seine Verwandten boten ihm vielmehr bei den Wahlen zur Punjab Legislative Assembly
(der gesetzgebenden Versammlung des Pundjab) im Jahr 1946 einen sicheren Sitz
an – sicher in dem Sinn, dass dieser Sitz wie mehrere andere in der Region von
unserer Familie kontrolliert wurde; nach der Gründung Pakistans im Jahr 1947
war es dieses Gremium, das über die Zusammensetzung der Constituent Assembly, der verfassunggebenden Versammlung, die Entscheidung traf.
Mein Vater trug diesen Vorschlag dem Politbüro der CPI vor. Die Genossen
überlegten lange und angestrengt. Der Gedanke eines Sitzes war zwar verlockend, aber am Ende beschlossen sie, das Angebot aus Prinzip abzulehnen. Der
Mann, der ausersehen wurde, für die CPI zu kandidieren, hieß Fazal Elahi Qur-
ban. Er war ein altgedienter Kämpfer der Arbeiterklasse, der es auf ein paar hundert Stimmen brachte, nachdem meine Eltern für ihn die Trommel gerührt hatten.
Der eigentliche Sieger jedoch war ein entfernter Verwandter, an dessen Namen
ich mich nicht erinnere.

Gottesfürchtigen.« Nizam Din war zu meiner großen Freude selbst nicht sonderlich fromm. Im Alter zwischen neunzehn und Ende zwanzig hatte er sich einen Bart wachsen lassen. Jedoch rasierte er sich plötzlich den Bart, gab die Religion zugunsten der antiimperialistischen Sache auf und wurde ein begeisterter Anhänger linker Politik. Wie so viele andere war auch er für kurze Zeit in einem Kolonialgefängnis gewesen und dort noch radikaler geworden. Aber den Koran vergaß er nie. Noch im Dezember 2000 sagte er, dass Wahrheit an sich zwar ein sehr überzeugendes Prinzip sei, aber nie in die Praxis umgesetzt worden sei, weil die Mullahs den Islam zerstört hätten.

Schon früh erkannte Nizam Din, dass es mich langweilte, Koran-Verse auswendig zu lernen. Deshalb unternahm er nicht einmal mehr den Versuch, mir die islamische Geschichte beizubringen. Schade. Vielleicht hatte er eine ungewöhnliche Betrachtungsweise, aber vielleicht – und das ist sehr viel wahrscheinlicher – wusste er selbst nicht viel über die tatsächlichen historischen Ereignisse.

Die Unterrichtsstunde verbrachten wir gewöhnlich damit, dass wir über neuere Geschichte diskutierten: über den nationalistischen Kampf gegen den britischen Imperialismus, über die Ursprünge des Terrorismus in Bengalen und im Pundjab, über den Heroismus des Sikh-Terroristen Bhagat Singh, der in die gesetzgebende Versammlung der Provinz Pundjab eine Bombe geworfen hatte, um gegen die repressive Gesetzgebung und das Massaker von Jallianwallah Bagh im Jahr 1919* zu protestieren. Nach seiner Verhaftung lehnte er ein Gnadengesuch ab. Im Gefängnis schwor er dem Terrorismus als Strategie ab und näherte sich einem traditionellen Marxismus an. Er wurde in einem ge-

---

* Die Vorfälle sind auch unter dem Namen »Amritsar-Massaker« in die Geschichte eingegangen. Fast 10 000 unschuldige Menschen wurden im Jallianwallah-Park von britischen Soldaten niedergemetzelt – einer der vielen Auslöser für die zunehmend antibritische Haltung in Indien.

heimen Prozess abgeurteilt und von den Briten im Zentralgefängnis von Lahore hingerichtet, fünfzehn Minuten Fußweg von dem Ort entfernt, wo Nizam Din mir diese Geschichte erzählte. »Wenn er am Leben geblieben wäre«, sagte Nizam Din immer wieder, »wäre er ein politischer Führer geworden, den die Briten wirklich gefürchtet hätten. Und wir? Wir haben diesem Märtyrer nicht einmal ein Denkmal gesetzt, nur weil er ein Sikh war.«

Er erzählte von den guten Zeiten, als alle Dörfer im heutigen Pakistan von Hindus und Sikhs bewohnt wurden, die friedlich miteinander lebten. Viele seiner nicht-muslimischen Freunde waren nach Indien geflohen. Wir diskutierten oft über die Politiker und die nie enden wollende politische Krise Pakistans.

»Das sind Zwerge«, sagte Nizam Din mit leicht erhobener Fistelstimme. »Verstehst du, was ich sage, Tariqji? Zwerge! Schau dir Indien an. Erkennst du den Unterschied? Gandhi war ein Riese. Jawaharlal Nehru ist ein Riese.«

Mit den Jahren erfuhr ich von Nizam Din sehr viel mehr über Geschichte, Politik und das Alltagsleben, als ich jemals in der Schule lernte. Vieles davon war Grundwissen, auf das ich bis auf den heutigen Tag zurückgreife. Aber meine Familie kam bald dahinter, dass es ihm nicht gelang, mich für Religion zu interessieren, und unternahm einen neuen Versuch.

Ein Onkel mütterlicherseits, der sich schon als junger Mann einen Bart wachsen ließ und sein Heil in der Religion suchte, erklärte sich bereit, diese Aufgabe zu übernehmen. Seine wöchentlichen, unangekündigten Besuche bei uns zu Hause – immer unmittelbar nach meiner Rückkehr von der Schule – ärgerten mich maßlos. Während wir im Garten auf und ab gingen, breitete er in salbungsvollem Ton eine Lesart der islamischen Geschichte vor mir aus, die so unüberzeugend und langweilig war wie er selbst. Er erzählte Geschichten von überwältigendem Heroismus, von einem Propheten, den er in den Rang einer Gottheit erhob, und von einem strafenden Allah.

Während er schwadronierte, schaute ich den am nachmittäglichen Himmel dahingleitenden Drachen zu, die sich ineinander verhedderten, spielte im Geist ein Murmelspiel, bei dem ich verloren hatte, noch einmal durch oder dachte an das erste Kricketspiel, das Pakistan gegen Westindien zu bestehen hatte. Alles Mögliche ging mir durch den Kopf, nur nicht Religion. Auch er gab nach wenigen Wochen auf und verkündete, meine erbliche Veranlagung zum Unglauben sei zu stark verwurzelt, um ausradiert werden zu können. Insgeheim hegte die falsche Schlange die Hoffnung, dass vielleicht doch einiges von dem, was er mir erzählt hatte, hängen bleiben würde. Er irrte sich. Nichts blieb hängen.

In den Sommermonaten, wenn die Hitze in der Ebene unerträglich wurde und die Schulen für mehr als zwei Monate schlossen, flüchteten wir an den Fuß des Himalaya, nach Nathiagali – damals eine kleine, abgelegene Sommerfrische am Rand eines dichten Kiefernwalds und überragt von den Gipfeln der erhabenen Berge. Die Natur war übermächtig und gewaltig. Hier schloss ich Freundschaften mit paschtunischen Jungen und Mädchen aus den Grenzstädten Peshawar und Mardan. Sogar die Kinder aus Lahore, die ich in den Wintermonaten kaum zu Gesicht bekam, wurden in diesen Sommermonaten meine Freunde.

Enge Freundschaften wurden in der Tat geknüpft, denn in den Bergen gab es keinerlei soziale Beschränkungen, man gab sich entspannt. Ich spürte das erste Mal vollkommene Freiheit und kam auf den Geschmack. Wir alle hatten unsere Lieblingsplätze, wo wir uns versteckten, unter anderem geheimnisvolle Friedhöfe mit Grabsteinen, auf denen englische Namen eingraviert waren. Ich war immer wieder erschüttert, dass diese Menschen in so jungen Jahren gestorben waren. Dort stand auch eine verlassene gotische Holzkirche, die nach einem Blitzschlag ausgebrannt war. Von dort aus hatte man einen wunderbaren Blick hinunter ins Tal, und gelegentlich verabredete man sich hier zu einem Rendezvous.

Und dann waren überall diese verkohlten Häuserruinen. Warum waren sie verbrannt?, fragte ich die Einheimischen. Die beiläufige Antwort lautete: »Sie gehörten Hindus und Sikhs. Unsere Väter und Onkel haben sie angezündet.« Aber warum? »Damit die Bewohner nicht zurückkehren natürlich.« Aber warum? »Weil wir jetzt Pakistan waren. Ihre Heimat aber war Indien.« Aber warum bloß, beharrte ich, wo sie doch jahrhundertelang hier gelebt hatten, genau wie eure Familien, und dieselbe Sprache sprachen, auch wenn sie andere Götter hatten. Die einzige Antwort war ein dümmliches Grinsen und ein Schulterzucken.

Der Gedanke, dass hier Hindus und Sikhs gelebt hatten, dass sie hier unten in den Dörfern getötet worden waren, befremdete mich. In dieser idyllischen Umgebung erschien unserem kindlichen Verstand das Morden und Häuseranzünden eigentümlich abstrakt. Wir hatten zwar von den Ereignissen gehört, aber wir konnten sie nicht so recht begreifen und dachten erst sehr viel später über diese schrecklichen Geschehnisse nach. Die Freunde aus Peshawar erzählten von Paschtunen, Hindus und Sikhs, die nach Indien ausgewandert waren. Und dass in den Stammesgebieten – dem Nomadenland zwischen Afghanistan und Pakistan –, geschützt von den Stammesregeln, noch relativ viele Hindus lebten. Dasselbe traf für Afghanistan selbst zu (bis die Mudschaheddin und die Taliban kamen).

Einer meiner Lieblingsplätze in Nathiagali befand sich zwischen zwei riesigen Eichenbäumen. Von hier aus konnte man die Sonne hinter dem Nanga Parbat untergehen sehen (dem dritthöchsten Gipfel nach dem Mount Everest und dem K2). Der Schnee auf dem Gipfel färbte sich zuerst orange-, dann karmesinrot. Die kalten Nächte waren bisweilen noch eindrucksvoller, denn der Himmel und die Sterne erschienen einem hier sehr viel niedriger als unten in der Ebene. Wenn der Vollmond den schnee-bedeckten Gipfel des Nanga Parbat beschien, durchflutete er mit seinem Licht das gesamte Tal. Hier atmeten wir die Luft aus China, blickten in Richtung Kashmir und bewunderten den Mond. Was scherte uns bei all dieser Pracht die Vorstellung eines aus mehreren Sphären bestehenden Himmels, geschweige denn das entscheidende siebte Gefilde, das ausschließlich uns vorbehalten war, das islamische Paradies.

Diese Naturschauspiele erfüllten uns mit romantischen Fantasien, nicht mit religiösen Gefühlen. Tagsüber kletterte unsere Clique – Mädchen und Jungen – auf Berge und versuchte, unter den wilden Affen einen Krieg mit Pinienzapfen anzuzetteln, mit denen wir sie bombardierten. Die Einheimischen warnten uns immer wieder davor, sie mit Steinen zu bewerfen. Sie erzählten die Geschichte von einem britischen Kolonialoffizier im 19. Jahrhundert, der einen Affen erschossen hatte. Als er eines Tages alleine spazieren ging, lauerten ihm die Affen auf und steinigten ihn zu Tode. Sein Tod ist zwar bezeugt, aber die Sage von den mörderischen Affen war schwer zu glauben. Die Frauen in dieser Region waren attraktiv und unverschleiert, und es war sehr viel wahrscheinlicher, dass der Engländer eine von ihnen belästigt hatte und von ihren männlichen Verwandten dafür hart bestraft wurde. Aber dies bestritten die *Paharis* (Bergmenschen) stets mit aller Entschiedenheit. »Ihr glaubt doch nicht, dass wir einen Weißen hätten umbringen und mit dem Leben davonkommen können?« Es blieb ein ungelöstes Geheimnis, das im darauf folgenden Sommer erneut diskutiert wurde.

Erschöpft und hungrig kehrten wir mittags nach Hause zurück. Nachmittags wurde Tennis und Bridge gespielt, man ging spazieren, und natürlich gab es auch Teenagerromanzen. Nachts durchstreiften Geparden und Leoparden die Wälder auf der Suche nach Beute. Die Religion hatte mit all dem nichts zu schaffen.

Eines Tages sagte mir meine Mutter zu meinem Entsetzen, dass sie mit dem hiesigen Mullah aus einem benachbarten Bergdorf vereinbart habe, er solle mich im Koran unterrichten. Meinen Einwänden nahm sie sogleich den Wind aus den Segeln. Er würde mir erklären, was die einzelnen Verse bedeuteten. Es war eine wahre Folter. Der ganze Sommer würde mir dadurch verdorben sein. Ich jammerte. Ich stöhnte. Ich protestierte, flehte und tobte. Zwecklos. Meine Freunde bemitleideten mich, waren aber machtlos. Die meisten von ihnen hatten sich derselben Prozedur unterziehen müssen.

Mullahs, und besonders die ländliche Variante, waren eine Zielscheibe des Spotts, sie wurden weithin als unredlich, verlogen und faul angesehen. Viele glaubten, dass sie sich nicht aus religiöser Inbrunst Bärte wachsen ließen und diesen Weg gewählt hatten, sondern um sich ihren Lebensunterhalt zu verdienen. Sofern nicht an eine Moschee angeschlossen, waren sie auf freiwillige Zuwendungen angewiesen, auf Entgelt für den Koran-Unterricht und kostenlose Mahlzeiten.

Der erdichtete Mullah der Geschichtenerzähler und Puppenspieler, die von Dorf zu Dorf zogen, war in Wahrheit ein habgieriger Lüstling und Erzschurke, der sich die Religion für die Befriedigung seiner Begierden und Ambitionen zunutze macht. Er demütigt und betrügt den armen Bauern, während er vor dem Grundeigentümer und den Machthabern katzbuckelt. Und die Witze, die über sie im Umlauf waren, handelten von ihren sexuellen Gelüsten und insbesondere von ihrer Vorliebe für kleine Jungs. In all diesen Geschichten waren Tugend und Reinheit das natürliche Deckmäntelchen des Lasters.

An dem gefürchteten Tag kam der Mullah und nahm ein herzhaftes Mittagessen ein. Unser alter Diener Khuda Baksh (Gott möge ihn segnen), der schon im Haus meines Großvaters gedient hatte und uns oft in die Berge begleitete, stellte ihn mir vor. Aufgrund seines Rangs und seines Alters genoss er ein Vertrauen, das anderen versagt blieb. Khuda Baksh trug ebenfalls einen Bart: Er war fest überzeugt von der Vorrangstellung des Islam, verrichtete seine Gebete und fastete regelmäßig, stand aber den Mullahs, die er als Diebe, Perverse und Schmarotzer ansah, zutiefst feindselig gegenüber.

Trotzdem konnte er sich ein Lächeln nicht verkneifen, als der Mullah, ein mittelgroßer Mann Ende fünfzig, mich begrüßte. Der Himmel war wolkenlos, und die schneebedeckten Himalaya-Gipfel schienen klar in der Ferne. Wir setzten uns an einen Gartentisch in die warme Sonne. Ich sog den köstlichen Duft der sonnenverbrannten Kiefernnadeln und der wilden Erdbeeren ein. Die Vögel zwitscherten. Die Aussicht war großartig, was folgte, widerwärtig.

Als der Bärtige anfing zu sprechen, bemerkte ich, dass er fast keine Zähne mehr hatte. Die gereimten Verse verloren auf einmal ihren Zauber. Ich fragte mich, ob – und hielt in dem Gedanken inne, aber da war es auch schon passiert: Vor lauter gespielter Emotion hatte sich der Mullah derart ereifert, dass ihm seine falschen Zähne aus dem Mund auf den Tisch fielen. Er lächelte, nahm sie und setzte sie wieder ein. Zuerst konnte ich mich beherrschen, aber dann hörte ich von der Veranda ein unterdrücktes Kichern und machte den Fehler, mich umzudrehen. Khuda Baksh hatte sich hinter dem großen Rhododendron versteckt, um den Unterricht zu belauschen, und wurde jetzt von einem lautlosen Lachanfall geschüttelt. Ich entschuldigte mich und rannte ins Haus. Damit war die erste Stunde zu Ende.

In der folgenden Woche stiftete Khuda Baksh mich an, dem Mullah eine Frage zu stellen, noch bevor er mit dem Unterricht beginnen konnte. »Hat dir der Metzger aus dem Dorf deine falschen Zähne besorgt?«, fragte ich mit Unschuldsmiene und ausgesprochen höflicher Stimme. Der Mullah forderte mich auf zu gehen und verlangte, meine Mutter unter vier Augen zu sprechen. Wenige Minuten später ging auch er und kam nie wieder.

Am späteren Nachmittag schickte man ihm einen Umschlag mit Geld als Entschädigung für meine Unverschämtheit. Khuda Baksh und ich feierten sein Verschwinden im Kaffeehaus des Basars mit einem köstlichen Bergtee und hausgemachten Keksen.

Es wurde kein weiterer Versuch mehr unternommen, mich im Islam zu unterrichten. Von nun an bestand meine einzige religiöse Pflicht darin, einmal pro Jahr meinen Vater zu vertreten und die männlichen Bediensteten unseres Hauses zum Gebet am Ende des Ramadan in die Moschee zu begleiten, eine Aufgabe, die mir nun wirklich kein großes Opfer abverlangte.

Die Sache hatte aber eine Kehrseite. Meine Kenntnisse der islamischen Geschichte blieben kümmerlich. Daran hätte sich jedoch trotz Unterricht nichts geändert, denn diejenigen, die sie fleißig studierten und sogar einen Universitätsabschluss machten, schienen auch nicht viel mehr zu wissen als ich. Mit den Jahren wurde Pakistan immer rückschrittlicher. Ende der siebziger Jahre wurde der Islam als Pflichtfach in den Schulen eingeführt, und selbst jetzt war das Wissen, das man den Kindern vermittelte, äußerst dürftig: wenig historische Fakten, dafür aber jede Menge Märchen und Mythen.

Mein Interesse am Islam schlummerte bis zum Dritten Ölkrieg (auch bekannt unter dem Namen Golfkrieg) im Jahr 1990. Dieser Krieg war von einer Welle primitiver antiarabischer Propaganda begleitet. Das Ausmaß der Ignoranz, die die meisten Experten und Politiker an den Tag legten, war erschütternd. Ich fing an, mir Fragen zu stellen, die mir bis dahin nicht relevant erschienen waren.

Warum hatte der Islam keine Reformation erlebt? Warum war das Osmanische Reich von der Aufklärung vollkommen unberührt geblieben? Um Antworten auf diese Fragen zu finden, musste ich Stunden um Stunden in der Bibliothek verbringen. Ich fing an, mich intensiv mit islamischer Geschichte zu beschäftigen, und bereiste später auch die Regionen, in denen der Islam entstanden war; ich interessierte mich hauptsächlich für die Konflikte des Islam mit dem westlichen Christentum. Meine Studien und Reisen, die mir enorm halfen, die ersten drei von fünf geplanten Romanen zu schreiben, sind noch nicht abgeschlossen.*

---

* Eine Reise nach Spanien inspirierte mich zu der Reihe historischer Romane, die als »Islam-Quintett« bekannt wurden. »Im Schatten des Granatapfelbaums«, »Das Buch Saladin« und »Die steinerne Frau«. Am 5. September 2001 fing ich an, *The Night of the Golden Butterfly* zu schreiben. Doch wenige Tage später wurde die Arbeit abrupt unterbrochen.

2 Die Ursprünge des politischen Islam

Zum Zeitpunkt ihrer Entstehung waren Judentum, Christentum und Islam Spielarten dessen, was wir heute als politische Bewegungen bezeichnen würden. Die herrschende Politik und Kultur führte geradewegs zur Schaffung glaubwürdiger religiöser Systeme, entweder um Unterdrückung Widerstand zu leisten oder um ein verstreutes Volk zu sammeln oder gar beides. In diesem Licht betrachtet, weicht auch die Geschichte des frühen Islam nicht von diesem Muster ab. Sein Prophet ist ein visionärer politischer Führer, und seine Siege sind die Bestätigung seines politischen Programms. Der Philosoph Bertrand Russell, der den frühen Islam einmal mit dem Bolschewismus verglich, meinte, beide seien »praktisch, sozial, ohne Spiritualität und ganz auf die Weltherrschaft ausgerichtet«. Demgegenüber beschrieb er das Christentum als »persönlich« und »kontemplativ«. Ob diese Aussage auf die Frühzeit des Christentums zutrifft, darüber lässt sich streiten, unhaltbar aber ist sie für die konstantinische Zeit. Als das Christentum zur Staatsreligion geworden und auf eigene Eroberungen aus war, folgte seine Entwicklung dem altbekannten Prinzip. Die Analogie, die sich hingegen aufdrängt, ist vielmehr die zwischen dem Feuereifer der Inquisition und den deformierten Abkömmlingen des Bolschewismus: Die Sprache der Opfer der spanischen Inquisition im Mittelalter und die der Opfer der stalinistischen Schauprozesse in den dreißiger Jahren des 20. Jahrhunderts weisen erschreckende Ähnlichkeiten auf.

Trotzdem hat Russell intuitiv erkannt, dass in den ersten beiden Jahrzehnten des Islam eine deutlich jakobinische Grundstimmung herrschte. Das ist wohl richtig. Es gibt Passagen im Koran, die in ihrem Elan an das Gründungsmanifest einer neuen politischen Organisation erinnern. Der Tonfall gegenüber den jüdischen und christlichen Rivalen ähnelt bisweilen dem einer politischen Splittergruppe. Und gerade dieser Aspekt des Islam und die Geschichte seiner raschen Ausbreitung machen ihn interessant.*

Es gibt zahllose Möglichkeiten, die Entwicklung des Islam aufzurollen, aber ich möchte den herkömmlichen Anfang überspringen und mit dem Jahr 629 beginnen. Es ist das Jahr 8 des neuen islamischen Kalenders, auch wenn dieser zum damaligen Zeitpunkt noch gar nicht existiert. Zwanzig bewaffnete Reiter sind unterwegs zum Heiligtum der weithin verehrten mekkanischen Göttin Manat. Die Männer und ihr Anführer, Sa'ad bin Zayd, waren vom Propheten beauftragt, die Statue der Göttin des Schicksals zu zerstören. Acht Jahre lang hatte Muhammad mit Unbehagen das Nebeneinander des heidnischen Gottes Allah und seiner drei Töchter al-Lat, al-Uzza und Manat geduldet. Während al-Uzza (der Morgenstern, Venus) von dem Stamm der Kureisch, dem Muhammad angehörte, verehrt wurde, war Manat (Schicksal) in der gesamten Region populär; an sie glaubten drei mekkanische Stämme, die Muhammad unbedingt für die neue Religion gewinnen wollte. Lokalpolitische Erwägungen hatten ihn zu einem achtjährigen Waffenstillstand gezwungen.

---

* Der lebhafte akademische Diskurs über die Frage, ob die neue Religion im Hedschas, in Jerusalem oder anderswo entstand, ist im Grunde genommen nur von archäologischem Interesse. Tatsache ist, dass sie entstand, dass sie sich mit phänomenaler Geschwindigkeit ausbreitete, dass sie auf allen Kontinenten Fuß fasste, zwei große benachbarte Reiche eroberte und bald darauf auch die Atlantikküste erreichte. Auf dem Gipfel ihrer Macht beherrschten drei muslimische Reiche große Gebiete der Erde: die Osmanen mit ihrer Hauptstadt Istanbul, die Safawiden Persiens und die Mogul-Dynastie in Indien.

Im Jahr 8 jedoch hatte er drei wichtige militärische Siege gegen rivalisierende heidnische und jüdische Kräfte errungen. In der Schlacht von Badr hatte Muhammad trotz seiner zahlenmäßigen Unterlegenheit gegen die mekkanischen Stämme gesiegt. Die Stämme waren von der Muskelkraft der neuen Religion beeindruckt gewesen. Weitere ideologische Zugeständnisse erachtete er wohl von nun an als unnötig. Und so geschah es, dass eines Spätnachmittags, als schon die Dämmerung hereinbrach und Schatten die Wüste umfingen, Sa'ad bin Zayd mit einem Trupp von zwanzig Reitern anrückte, um den neuen Monotheismus zu etablieren.

Das Heiligtum der Göttin Manat lag in Qudayd auf halbem Weg zwischen Mekka und Medina. Der Tempelwächter sah die Reiter nahen, blieb aber stumm, als sie abstiegen. Es wurden keine Grußworte gewechselt. Das Verhalten der Männer ließ darauf schließen, dass sie nicht gekommen waren, um Manat zu verehren oder ihr eine Opfergabe darzubringen. Der Wächter stellte sich ihnen nicht in den Weg. Der islamischen Mythologie zufolge tauchte in dem Augenblick, als Sa'ad bin Zayd auf die vollendet gemeißelte Statue der Manat zutrat, wie aus dem Nichts eine nackte schwarze Frau auf. Der Wächter rief ihr zu: »Los, Manat, zeige, zu welcher Wut du fähig bist!« Manat raufte sich in ihrer Verzweiflung die Haare und schlug sich an die Brust. Dabei verfluchte sie ihre Peiniger. Sa'ad schlug sie tot. Dann und erst dann traten seine Begleiter zu ihm. Gemeinsam hieben sie auf die Statue ein, bis sie völlig zerstört war. Mit al-Lat und al-Uzza verfuhren sie in gleicher Weise, wahrscheinlich noch am selben Tag. Ob Allah weinte? Ob er protestierte? Die Legende berichtet jedenfalls von keiner Meinungsverschiedenheit.

Noch einige Monate vor diesem Ereignis hatte Muhammad im Anschluss an eine Offenbarung den folgenden Vers rezitiert:

»Was meint ihr von al-Lat und al-Uzza
Und Manat, der dritten daneben?

Dies sind die hochfliegenden Schwäne.
Auf ihrer Fürsprache ruht unsere Hoffnung.
Sie werden nicht mißachtet.«

Nach der Zerstörung der Heiligtümer dieser drei Göttinnen wurden die letzten drei Zeilen getilgt, und jetzt lautete der Vers folgendermaßen:

»Was meint ihr drum von al-Lat und al-Uzza
Und Manat, der dritten daneben?
Sollen euch etwa die Söhne vorbehalten sein und Ihm die Töchter?
Das wäre sicher eine ungerechte Verteilung!
Wahrlich, Namen sind es bloß, die ihr ersonnen habt,
ihr und eure Väter.
Allah sandte keine Ermächtigung dazu hinab.
Sie folgen nur einer Wahnvorstellung und ihren Wünschen,
obwohl die Rechtleitung ihres Herrn zu ihnen gekommen ist.«

(53,19–23)*

Die offizielle Erklärung für diese Veränderung – der Satan habe die früheren Verse hineingeschmuggelt, und Allah habe sie später gestrichen – muss zur damaligen Zeit wenig überzeugend geklungen haben. Die Geschichte mit den »satanischen Versen« führte zu viel gewundener Apologetik seitens Theologen und Islam-Historikern.

Die Wirklichkeit war viel einfacher. Ein Prophet konnte im 7. Jahrhundert nicht der wahre spirituelle Führer einer Stammesgemeinschaft sein, wenn er nicht auch politische Macht ausübte und auf der Arabischen Halbinsel die Kunst des Reitens, des Fechtens und der militärischen Strategie beherrschte. Es war der

---

* Alle Zitate aus dem Koran nach der Übersetzung von Max Henning, überarbeitet und herausgegeben von Murad Wilfried Hofmann, München 1999.

Politiker wie der Prophet, der die Notwendigkeit erkannte, nur dann endgültig mit dem Polytheismus zu brechen, wenn er und sein Gefolge die Oberhand hatten. Rein taktisch gesehen war es sinnvoll, die Anhänger der drei weiblichen Gottheiten erst dann vor den Kopf zu stoßen, wenn die Zeit dafür reif war. Daher das Zögern und Lavieren, von dem das erste Jahrzehnt des neuen Glaubens gekennzeichnet war.

Sobald man die Entscheidung getroffen hatte, einen strengen Monotheismus auszurufen, wurden keine Zugeständnisse mehr gemacht. Sechshundert Jahre vorher war die christliche Kirche zu einem dauerhaften Kompromiss mit ihren heidnischen Vorgängern gezwungen gewesen und hatte ihre Mythologie dementsprechend korrigiert. Den neuen Anhängern wurde eine Frau präsentiert, die angebetet werden konnte – nicht irgendeine Frau, sondern eine, die ein Kind von Gott empfangen hatte. Obwohl ihre Empfängnis unbefleckt und von Zeus' sexuellen Abenteuern deutlich abgegrenzt war, hatte man einsehen müssen, dass man unmöglich völlig mit dem Paganismus brechen konnte.

Auch Muhammad hätte eine oder alle Töchter Allahs in sein neues religiöses Glaubenssystem aufnehmen können. Damit hätte er womöglich leichter neue Anhänger gewonnen, aber hier gaben parteipolitische Überlegungen den Ausschlag. Eine neue religiöse Partei musste sich von ihren wichtigsten monotheistischen Konkurrenten in aller Deutlichkeit abgrenzen, gleichzeitig aber auch das zeitgenössische Heidentum mit seinen Verlockungen ausgrenzen. Die ausschließliche Verehrung eines einzigen patriarchalischen Gottes Allah erschien als die attraktivste Option. Nicht nur, um die Schwäche des Christentums zu demonstrieren, sondern auch, um mit den herrschenden kulturellen Praktiken der Arabischen Halbinsel definitiv zu brechen – eine bewusste Tilgung aller Verbindungen zur Polyandrie und zu einer matrilinearen Vergangenheit.

Muhammad selbst war der dritte und jüngste Ehemann seiner ersten Frau Khadidscha gewesen. Da Scheidung weit verbreitet war und die Frauen das Recht hatten, ihren Ehemann zu verstoßen, wird angenommen, dass Khadidscha sich von dem einen Ehemann hatte scheiden lassen und den anderen durch Tod verloren hatte. Aber dafür gibt es keine ausreichenden Belege, und nach dem Sieg Muhammads wurde das Thema nicht weiter vertieft. Khadidscha starb drei Jahre vor der Entstehung des islamischen Kalenders.

Der Einfluss dieser frühen Traditionen darf nicht unterschätzt werden. Was die späteren Islam-Historiker nach Muhammads Vorbild als Dschahilija (Zeit der Unwissenheit) bezeichneten, war zwar realistischer, zugleich aber auch einschränkender als die damals existierenden monotheistischen Religionen. Denn bei den vorislamischen Stämmen war die Vergangenheit das Reich der Dichter, die sich zugleich nebenbei als Historiker betätigten und Mythen und Fakten in gereimter Prosa geschickt miteinander verflochten, um dem Stammesegoismus Genüge zu tun. Die Zukunft wurde als irrelevant betrachtet. Einzig und allein die Gegenwart war entscheidend.

In frappierender Ähnlichkeit zu einer epikuräischen Strömung der Antike stand auch bei den Arabern der Dschahilija der Lebensgenuss im Vordergrund. In einem Gedicht heißt es zum Beispiel:

»Gebratenes Fleisch, das Leuchten glutroten Weins,
Schnell und sicher auf einer Kamelstute dahinreiten,
Während es dein Herz gelüstet, sie noch weiter anzutreiben,
Die ganze Breite und Länge der Talsenke entlang.
Weißhäutige Frauen, Statuen gleich, mit
Prächtigen und kostbaren goldgesäumten Gewändern,
Reichtum, ein leichtes Los, kein drohendes Übel,
Dem klagenden Klang der Laute lauschen –

Das sind die Freuden des Lebens. Denn der Mensch ist
Eine Beute der Zeit, und Zeit birgt Wandel.«*

Dieser Sicht des Lebens setzt der Koran die folgende Offenbarung entgegen:

»Sie aber sagen: ›Es gibt nur unser irdisches Leben.
Wir sterben und wir leben;
Und nur der Zeitablauf macht uns zunichte.‹ Sie haben aber
kein Wissen, sie vermuten nur.
Wenn ihnen Unsere deutlichen Verse vorgelesen werden,
ist ihr einziger Einwand zu sagen: ›Bringt uns unsre Väter
zurück, wenn ihr die Wahrheit sagt.‹
Sprich: ›Allah macht euch lebendig, dann lässt Er euch sterben.‹«
(45,24–26)

Der Humanismus, den die Stämme in vorislamischer Zeit praktizierten, besaß zwar viele durchaus ansprechende Züge, man war aber nicht in der Lage, ihm ein theoretisches Korsett anzulegen, mit seiner Hilfe die Stämme zu einigen oder gar eine universale Lebensphilosophie zu formulieren. Ein Grund dafür war die Vielzahl von Göttern und Göttinnen. Diese waren zwar nur übernatürliche Verkörperungen des Menschen, doch der Glaube an sie zementierte die Spaltungen und Streitigkeiten zwischen den Stämmen, die allerdings viel eher in Handelsrivalitäten begründet waren. Die Welt jener Zeit war beherrscht von Handelskarawanen, und im Mittelpunkt des Diskurses stand stets der Handel. Streitigkeiten zwischen den Kaufleuten waren an der Tagesordnung.

Muhammad kannte diese Welt genauestens. Er gehörte zum Stamm der Kureisch, der auf seine Genealogie stolz war und seine Herkunft auf Ismail zurückführte. Im Altarabischen bedeute-

---

* C. J. Lyall: *Translations of Ancient Arabian Poetry*, London 1930.

te »quraish« nichts anderes als »Kaufmann«. Vor seiner Heirat war Muhammad als einer der zuverlässigsten Angestellten von Khadidscha in einer Handelskarawane tätig gewesen. Er bereiste fast die gesamte Region und traf auf Christen, Juden, Magier und Heiden jeglicher Couleur. Sicherlich hatte er auf seinen Reisen zahlreiche Einblicke gewonnen und seinen Horizont beträchtlich erweitern können.

Ob Mekka selbst damals Knotenpunkt einer Handelsroute war, ist heute Gegenstand hitziger akademischer Diskussionen. Doch selbst wenn dies nicht der Fall war, so gab es doch zahlreiche Händler in Mekka, und diese hatten es mit zwei mächtigen Nachbarn zu tun: mit den Christen des Byzantinischen Reichs und den Feuer anbetenden Zoroastriern Persiens. Um in beiden Kulturkreisen erfolgreich Handel treiben zu können, durften sie keinem der beiden angehören. Es gab zwar in der Region auch mehrere jüdische Händlerfamilien, aber die Selbstdefinition des Judentums als Religion der »Auserwählten« ließ es als eine ernsthafte Alternative nicht in Betracht kommen. Es war ja gerade diese befremdliche Geschlossenheit gewesen, die eine Reformbewegung in Gestalt des Christentums hervorgebracht hatte, und es ist unwahrscheinlich, dass sich heidnische Araber ausgerechnet zum Judentum hingezogen fühlten, obwohl es die Möglichkeit, Anhänger zu rekrutieren, durchaus gab.

Muhammads spirituellem Impetus lagen nicht zuletzt soziale und wirtschaftliche Motive zugrunde, die Notwendigkeit, die Position der Araber als Händler zu stärken und verbindliche Regeln aufzustellen.* Seine Vision war eine Stammeskonföderation, die

---

* Einige davon sind im Koran enthalten. Es sind Regeln, die für ein heiliges Buch bisweilen erstaunlich praktisch sein können und die das gesellschaftspolitische Umfeld widerspiegeln, in dem es entstanden ist. Zum Beispiel in der zweiten Sure (2,282):

»O ihr, die ihr glaubt! Wenn es bei euch um eine Schuld auf einen bestimmten Termin geht, so schreibt es auf. Und ein Schreiber schreibe es euch auf, wie es

durch gemeinsame Ziele geeint war und einem gemeinsamen Glauben anhing, welcher freilich neu und universell zu sein hatte. Der Islam wurde für Muhammad der Kitt, der die arabischen Stämme zusammenhielt und von Anfang an den Handel als die einzige vornehme Tätigkeit ansah.

Die neue Religion etablierte sich in einem Gebiet, das nomadisch und städtisch zugleich war. Die Bauern hingegen, die das Land bearbeiteten, wurden als Sklaven und als untergeordnet angesehen. Ein höchst aufschlussreicher Hadith zitiert die Worte des Propheten beim Anblick einer Pflugschar: »Diese gelangt niemals ins Haus des Gläubigen, ohne dass zugleich die Entwürdigung Einzug hält.« Auch wenn diese Überlieferung erfunden sein sollte, so spiegelt sie doch die Realität ihrer Zeit wider.

Die neuen Regeln und Gebote konnten auf dem Land freilich unmöglich befolgt werden. Das fünfmalige tägliche Gebet beispielsweise war von grundlegender Bedeutung, um militärische Disziplin durchzusetzen und die anarchisch-nomadischen Instinkte der neu gewonnenen Anhänger zu brechen. Die Einhaltung dieses Rituals schuf auch eine Gemeinschaft von Gläubigen in den Städten, die nach dem Gebet zusammenkamen und nützliche Informationen austauschten. Keine moderne politische Bewegung – auch nicht die Jakobiner und die Bolschewiken – hätte es sich leisten können, sich täglich in politischen Klubs oder Zellen zu treffen.

Rechtens ist. Und kein Schreiber weigere sich zu schreiben, wie Allah es ihn gelehrt hat. Er schreibe denn, und der Schuldner diktiere, und er fürchte Allah, seinen Herrn, und lasse nichts weg...«

Oder später, in der Sure »Die Frauen« (4,11):

»Allah schreibt euch hinsichtlich euerer Kinder vor, dem Knaben zweier Mädchen Anteil zu geben. Sind es aber (nur) Mädchen, mehr als zwei, sollen sie zwei Drittel des Nachlasses erhalten. Gibt es nur ein Mädchen, soll es die Hälfte haben. Und jeder Elternteil soll den sechsten Teil des Nachlasses haben, wenn er ein Kind hat. Hat er jedoch kein Kind und seine Eltern beerben ihn (voll), soll seine Mutter den dritten Teil haben...«

Für die Bauern indes war es unmöglich, ihren Arbeitsrhythmus mit den strengen Vorschriften des neuen Glaubens in Einklang zu bringen. Sie waren die letzte gesellschaftliche Schicht, die den Islam übernahm, und einige der frühesten Abweichungen vom orthodoxen Islam entstanden in den ländlichen muslimischen Gebieten.

3   Das Weltreich

Die militärischen Erfolge der ersten muslimischen Armeen waren in jeder Hinsicht bemerkenswert. Das Tempo ihres Vorstoßes hatte die mediterrane Welt aufgeschreckt. Der Gegensatz zum frühen Christentum hätte kontrastreicher nicht sein können. Innerhalb von zwanzig Jahren nach Muhammads Tod im Jahr 632 hatten seine Anhänger im Gebiet des Fruchtbaren Halbmonds die Grundlagen des ersten islamischen Reiches gelegt. Von dieser Basis aus wurde dann die Ausbreitung des Islam in der gesamten Region vorangetrieben. Beeindruckt von diesen Erfolgen, übernahmen ganze Stämme die neue Religion. Mitten in der Wüste wuchsen Moscheen empor. Und entsprechend stießen auch die Truppen immer weiter vor. Ihre raschen Siege wurden als ein Zeichen für Allahs Allmacht und seine Parteinahme für die Gläubigen angesehen.

Ein Zusammenspiel mehrerer Faktoren aber war letzten Endes ausschlaggebend für diese bemerkenswerten Triumphe. Im Jahr 628 n. Chr. befanden sich das Persische und das Byzantinische Reich schon seit fast hundert Jahren im Krieg: ein gewaltiger Konflikt, der beide Seiten geschwächt und die unterworfenen Völker entfremdet hatte. Damit boten sie den neuen Eroberern Angriffsfläche. Syrien und Ägypten waren Teil des Byzantinischen Reiches. Der Irak wurde vom sassanidischen Persien regiert. Jetzt fielen alle drei Reiche der Übermacht und dem Eifer einer geeinten Stammesmacht zum Opfer.

Die Triumphe der Araber über die erfahrenen und erprobten Kriegsmaschinen dieser beiden Großreiche lassen sich nicht durch zahlenmäßige Übermacht oder durch eine ausgeklügelte Militärstrategie allein erklären. Die Fähigkeit der muslimischen Generäle, ihre Kamelreiterei im Wechsel mit ihrer Infanterie einzusetzen – eine effektive Guerillataktik –, war zweifellos dazu angetan, einen Feind zu verwirren, der bis dahin nur kleine nomadische Überfälle gekannt hatte und mit einem derart geballten Vorstoß noch niemals konfrontiert gewesen war. Aber das allein hätte nicht ausgereicht, um die Niederlage herbeizuführen. Ein entscheidender Faktor war zweifellos die Sympathie, die ein beträchtlicher Teil der einheimischen Bevölkerung den Invasoren entgegenbrachte. Die Mehrheit blieb zwar passiv und wartete ab, welche Seite den Sieg erringen würde, war aber nicht mehr bereit, für die alten Mächte zu kämpfen.

Der Eifer der vereinigten arabischen Stämme lässt sich nicht einfach nur mit der Anziehungskraft der neuen Religion oder mit dem Versprechen ungeahnter Freuden im Paradies erklären. Es waren vielmehr die Tröstungen der diesseitigen Welt, die Zehntausende motivierten, unter dem Befehl von Chalid bin Walid zu kämpfen und an der Eroberung von Damaskus teilzunehmen. Abu Tamman, ein Weber und Dichter des 9. Jahrhunderts, drückte dies in seinen Versen folgendermaßen aus:

> »Nein, nicht für das Paradies hast du das Nomadenleben aufgegeben,
> Sondern vielmehr, weil es dich nach Brot und Datteln verlangt hat.«

Eine Sicht, die von Ahmad al-Baladuri bestätigt wird, einem berühmten arabischen Historiker aus demselben Jahrhundert, dessen Geschichtsschreibung der arabischen Eroberungen allgemein anerkannt wird. Er zitiert den besiegten persischen General Rustum, der sein Land gegen den arabischen Angriff verteidigte, wie er zu einem arabischen Gesandten sagt: »Ich habe gehört, dass das, was ihr getan habt, einzig durch euer spärliches Auskommen und durch Armut erzwungen wurde.«

Im Jahr 638, bald nach der Eroberung Jerusalems durch die muslimischen Truppen, besuchte der Kalif Omar die Stadt, um die Friedensbedingungen in Kraft zu setzen. Der maronitische Patriarch von Jerusalem, Sophronius, der ihn begrüßte, war entsetzt über die Gewöhnlichkeit des Muslims und den fehlenden Pomp. Omar war, wie andere muslimische Führer jener Zeit, bescheiden gekleidet. Sein Gewand war staubig von der Reise, sein Bart war nicht gestutzt. Die Ärmlichkeit seiner äußeren Erscheinung überraschte den Patriarchen. Die Chroniken berichten, Sophronius habe sich an einen Bediensteten gewandt und in griechischer Sprache gesagt: »Das ist wahrhaftig der verächtliche Mensch am heiligen Ort, von dem der Prophet Daniel sprach.«

Der »verächtliche Mensch« hielt sich nicht lange in Jerusalem auf. Die strategischen Siege gegen die Byzantiner und die Perser waren so leicht errungen worden, dass die Gläubigen sehr selbstsicher und von einem Gefühl der eigenen Bestimmung erfüllt wurden. Schließlich waren sie das Volk, dessen Führer die letzte Botschaft von Gott empfangen hatte. Mit der Eroberung Persiens war eine Dynastie gestürzt worden, die zwölf Jahrhunderte lang geherrscht hatte. Die Araber erbten deren Reichtum und deren Kultur. Hier lernten sie zum ersten Mal das gelbe Metall, Gold, kennen. Baladuri erzählt von einem arabischen Soldaten, der eine junge Frau von hoher Abstammung, seine Kriegsbeute, verkaufte, und zwar für den lächerlichen Betrag von 1000 Dirhem. Als man ihn fragte, wie er nur so dumm sein konnte, antwortete er, er »hätte nie gedacht, dass es eine Zahl über zehnhundert« gebe.

Die germanischen Stämme, die seinerzeit Rom erobert hatten, hatten sich an der Macht gehalten, indem sie zwar soziale Privilegien in Anspruch nahmen, sich aber der überlegenen Kultur vollständig unterwarfen und sich später zum Christentum bekehrten.

Die Araber, die Persien eroberten, sahen sich einer Vielzahl von fremdartigen sozialen und kulturellen Praktiken gegenüber. Auch sie bewahrten sich ihr Machtmonopol, indem sie den Militärdienst sich selbst vorbehielten und die Heirat mit den Einheimischen zeitweilig einschränkten. Auch wenn sie von den Herrlichkeiten Persiens fasziniert gewesen waren, erlagen sie doch nie der Versuchung, ihre Identität, ihre Sprache oder den neuen Glauben aufzugeben. Muhammads Vision einer universalen Religion als Vorläuferin eines universalen Staates beflügelte die Fantasie der Stämme und verhieß materielle Reichtümer. Es verlockte sie nicht, die herrschende Elite eines christlichen oder persischen Weltreichs zu werden und das Arabische zugunsten des Griechischen oder Persischen aufzugeben.

Das bedeutete aber keineswegs, dass sie sich nicht anpassten oder von der Zivilisation lernten, die sie in die Knie gezwungen hatten. Vielmehr legte die kulturelle Synthese nach den arabischen Eroberungen, die Verschmelzung der verschiedenen Kulturen, den Keim für eine islamische Zivilisation. Die schönen Künste, die Literatur und Philosophie Persiens wurden schon bald Teil eines gemeinsamen Erbes. Mit ihrer Hilfe gelang es der kosmopolitischen Gruppierung innerhalb des Islam (den Abbasiden), den engstirnigen Nationalismus der Omajjaden zu besiegen, wenngleich der letzte Omajjaden-Prinz nach Andalusien flüchtete und in Cordoba ein Kalifat gründete, das mit Bagdad als kosmopolitischem Zentrum wetteiferte.

Die Entwicklung im Bereich der Medizin, wo die Muslime bald schon herausragende Leistungen erbrachten, ist ein interessantes Beispiel dafür, wie im ersten Jahrtausend die Wissenschaft weitergetragen wurde. Zweihundert Jahre vor dem Islam hatte sich die Stadt Gondeschapur im Südwesten Persiens (dem heutigen Chusistan) den Ruf eines Refugiums für anders denkende Intellektuelle und für Freidenker erworben, die in ihrer Heimat unter Repressionen zu leiden hatten. Die Nestorianer Edessas waren im

Jahr 489 hierher geflohen, als ihre Schulen geschlossen wurden.
Vierzig Jahre später verfügte der byzantinische Kaiser Justinian per
Dekret die Schließung der Schule der neuplatonischen Philoso-
phen in Athen. Daraufhin machten sich auch die neuplatonischen
Schüler und Lehrer auf die lange Reise nach Gondeschapur. Die
Nachricht von dieser Stadt der Gelehrsamkeit verbreitete sich in
den benachbarten Ländern. Gelehrte aus Indien und offenbar so-
gar aus China strömten herbei, um mit Griechen, Juden, Arabern,
Christen und Syrern angeregt zu diskutieren. Es ging um alle möglichen Themen, aber die Medizin gewann die meisten Anhänger.

Neben theoretischem Wissen wurden auch praktische Kenntnisse in einem *bimaristan* (Krankenhaus) vermittelt, weshalb die
Bürger von Gondeschapur die weltweit beste medizinische Be-
treuung genossen. Der erste Araber, der sich als Arzt bezeichnen
durfte, war Harith bin Kalada. Er wurde später an den Hof des
persischen Herrschers Chosrau Anuschirwan berufen, und ein
Gespräch zwischen den beiden wurde von Schreibern aufgezeichnet. Demzufolge empfahl der Arzt dem Herrscher, Völlerei
und unverdünnten Wein zu meiden, täglich viel Wasser zu trinken und auf Geschlechtsverkehr im Zustand des Rausches und
auf Bäder nach dem Essen zu verzichten. Er soll als Erster bei
extremer Verstopfung Einläufe verwendet haben.

Als die arabischen Truppen im Jahr 638 die Stadt eroberten,
gab es dort bereits eine alteingesessene medizinische Tradition.
Diese wurde von Arabern weitergeführt, die in den medizinischen Schulen ausgebildet wurden und dann anderswo im ex-
pandierenden islamischen Reich wirkten. Auch Traktate und andere Schriften kamen in Umlauf. Ibn Sina und al-Razi, die beiden
größten muslimischen Ärzte und Philosophen, waren sich sehr
wohl bewusst, dass der Ursprung ihres medizinischen Wissens in
einer kleinen Stadt in Persien lang.

Während die Saat aus Edessa und Athen in Gondeschapur
aufging und zu einer Blütezeit des medizinischen Wissens führ-

te, blieben die Nachfolger Omars an der militärischen Front nicht untätig. Von Ägypten aus zogen sie weiter nach Nordafrika. Im nördlichen Marokko wurde eine Basis errichtet und befestigt. Karthago wurde zu einer muslimischen Stadt. Musa bin Nusair, der arabische Gouverneur von Ifriqiya, nahm die ersten Kontakte mit dem europäischen Festland auf. Als er das Land jenseits des Mittelmeers ins Auge fasste, bot Graf Julian, der Statthalter von Septem (Ceuta), ihm seine Unterstützung an. Musas erster Offizier Tarik bin Ziyad, ein junger Berber, sammelte ein Expeditionsheer von 7000 Soldaten und setzte mit Hilfe von Schiffen des Grafen Julian an die europäische Küste über – unweit des Felsens, der seither seinen Namen trägt, Dschabal Tarik.* Dies geschah im April 711. Weniger als 100 Jahre waren seit dem Tod Muhammads vergangen. Und auch hier kam den muslimischen Truppen die Tatsache zu Hilfe, dass die einheimischen Herrscher (in diesem Fall die westgotische Elite) verhasst waren. Im Juli desselben Jahres wurde König Roderich von Tariks Truppen besiegt. Abermals strömte die einheimische Bevölkerung zu den Fahnen der Armee, die sie von einem tyrannischen Herrscher befreit hatte. Im Herbst fielen Cordoba und Toledo. Als klar wurde, dass Tarik entschlossen die Halbinsel erobern wollte, brach der neidische Gouverneur Musa bin Nusair mit 10 000 Mann von Marokko auf, um sich seinem siegreichen Untergebenen in Toledo anzuschließen.

Gemeinsam marschierten die beiden Heere nach Norden und eroberten Saragossa. Jetzt war ein Großteil Spaniens unter ihrer Kontrolle, in erster Linie deshalb, weil sich die Bevölkerung hartnäckig weigerte, das alte Regime zu verteidigen. Die beiden muslimischen Führer wollten die Pyrenäen überqueren und nach

---

* Der heute bekannte, verballhornte Name lautet Gibraltar. Graf Julians Rolle führte in der spanischen Geschichtsschreibung zu heftigen Kontroversen. Der spanische Romancier Juan Goytisolo jedoch zeichnet in seinem gleichnamigen Roman Julian als das Inbild eines ehrenwerten Spaniers.

einem langen Marsch durch Frankreich Paris erobern. Das war ihr Traum, aber ihr andalusisches Abenteuer war eine eigenmächtige Initiative gewesen.

Anstatt beim Kalifen von Damaskus die Erlaubnis einzuholen, hatten sie ihn lediglich von ihrem Vorstoß informiert. Verärgert über diese Missachtung seiner Autorität, entsandte der Kalif Boten nach Spanien und rief die Eroberer in die Hauptstadt zurück. Doch anstatt die beiden Männer zu ehren, fielen sie in Ungnade und waren für den Rest ihres Lebens geächtet. Europa sahen sie nie wieder. Unbedeutendere Männer führten an ihrer Stelle den Kampf weiter, aber der anfängliche Elan war erloschen. Der Vormarsch des Islam war bald gestoppt. In der Schlacht von Poitiers im Oktober 732 besiegelte die Streitmacht Karl Martells das Ende des ersten muslimischen Jahrhunderts und brachte den Soldaten des Propheten eine ernüchternde Niederlage bei. Der Islam blieb damit auf die Iberische Halbinsel begrenzt. Hundert Jahre später eroberten die Araber Sizilien und bedrohten den Stiefelabsatz, wurden aber aufgehalten. Palermo wurde eine Stadt mit hundert Moscheen, Rom jedoch blieb sakrosankt. Bis zum heutigen Tag bezeichnen fremdenfeindliche Norditaliener die Sizilianer als »Araber«, ein Spitzname, der keineswegs als Kompliment gemeint ist wie seinerzeit in Andalusien.

Als im Jahr 958 Sancho aus seiner kalten und windigen Burg im nördlichen Königreich Navarra aufbrach, um Heilung für seine Fettleibigkeit zu suchen, begab er sich nach Süden, in die Hauptstadt des westlichen Kalifats. Cordoba war damals keineswegs die staubige Provinzstadt, die sie heute ist. Kalif Abderrahman III. hatte seine Stadt zu einem europäischen Kulturzentrum ausgebaut. Doch ihr schärfster Rivale lag nicht in Europa, sondern im fernen Mesopotamien, wo ein Kalif aus einer anderen Dynastie Bagdad beherrschte. Cordoba und Bagdad waren gleichermaßen berühmt für ihre Schulen und Bibliotheken, Musiker und Dichter, Ärzte und Astronomen, für ihre

Mullahs und Häretiker und nicht zuletzt auch für ihre Tavernen und Tänzerinnen.

Cordoba wurde jedoch bald berüchtigt für seine Dissidenten und Skeptiker. Denn die Tatsache, dass die islamische Hegemonie der Bevölkerung nicht aufgezwungen wurde, hatte zu ernsthaften Debatten zwischen den drei Religionen geführt und eine andalusische Synthese hervorgebracht, von der auch der Islam in seinem Ursprungsland profitierte. In Bagdad sprach man halb bewundernd, halb ängstlich von der »andalusischen Häresie«.

Die andalusische Leidenschaft für das Experiment zeigt sich nicht zuletzt in der Architektur. Das Innere der Großen Moschee in Cordoba beispielsweise flößt dem Betrachter Ehrfurcht ein. Der Eindruck eines unendlichen Raumes und der Säulenwald konnten nur das Werk von Architekten sein, die ein Gefühl für diese Stadt besaßen und an deren geistiger Regsamkeit Anteil hatten. Unwillkürlich fragt man sich, wie dieser Raum wohl aussah, bevor er durch einen katholischen Altar, eine Orgel und barocke Bilder, durch pausbäckige Cherubime schwere Holzschnitzereien und wuchtige Schmiedeeisen verunstaltet wurde. Der Innenraum hat sich so verdüstert, denn das Licht kann nicht mehr ungehindert den Raum durchfluten.

Was empfanden wohl die Bewohner von Cordoba, als die Moschee umgebaut wurde, um den Sieg des katholischen Glaubens über ihren eigenen zu feiern? Vielleicht hatten sie gar keine Zeit, sich den Schrecken zu vergegenwärtigen. Denn auch ihr Leben war ein anderes geworden. Viele traten zum Christentum über, um in der Stadt bleiben zu können. Andere gingen lieber ins Exil und bestiegen Schiffe, die sie nach Marokko brachten. Das Schicksal der Moschee war von untergeordneter Bedeutung. Von den Spionen der Inquisition überwacht, mieden viele konvertierte Muslime ihre alten Versammlungsorte. Aber nachdem die Kathedrale fertig war, mussten sie darin beten, um ihre Loyalität zu bekunden.

Als Karl I. von Spanien im Jahr 1526 Cordoba besuchte, wies er die Priester scharf zurecht: »Ihr habt gebaut, was es auch anderswo gibt, und zerstört, was einmalig ist.« Die Bemerkung zeugte zwar von großmütiger Gesinnung, aber Karl hatte offensichtlich vergessen, dass die Moschee eigentlich nur deshalb erhalten geblieben war, weil die Kirche sie sich angeeignet hatte.

Im Laufe der Jahre habe ich fast alle großen Moscheen der islamischen Welt gesehen, ich habe viele Kirchen besichtigt und Synagogen teils in einem höchst ungewöhnlichen Umfeld bewundert. Aber nichts hat mich so tief beeindruckt wie die Moschee von Cordoba. Aufgrund ihrer geografischen Lage, ihrer Offenheit und damit ihrer Verbindung zur realen Welt haftet dieser Moschee etwas Magisches an. Und dann natürlich ihre Geschichte: Vielleicht ist es die Geschichte, die mich beeindruckt, aber ich wehre mich gegen diese Erklärung. Die Antwort liegt ganz gewiss in der Architektur.

Die Architekten, die diese Moschee erbauten, taten dies mit großer Sorgfalt, aber sie müssen auch von einer ganz bestimmten Vorstellung beherrscht worden sein. Dieses Bauwerk sollte eine Kultur repräsentieren, die das genaue Gegenteil jener anderen Kultur ist, die den Raum mit Heiligenbildern voll stopft. Die Moschee ist ein absolut leerer Raum. In Cordoba wird diese Leere durch die verschwenderischen Details überdies betont. Alle Wege führen ins Nichts. Die Wirklichkeit wird durch ihre Negation bestätigt. In diesem von Menschen geschaffenen leeren Raum existiert nur das Wort, aber in Cordoba (und natürlich nicht nur in Cordoba) wurde die Moschee als politischer und öffentlicher Raum geschaffen, nicht nur für das Wort Gottes.

Hier hallten Debatten wider, harsche und skeptische Wortwechsel, wenn der Koran diskutiert und analysiert wurde. Der Philosoph und Dichter Ibn Hazm saß in diesem sakralen Raum inmitten der Säulen und geißelte mit scharfen Worten die Gläubigen, die sich weigerten, die Wahrheit der religiösen Ideen durch Argumentation zu beweisen. Man hielt ihm entgegen, dass Dialektik nicht erlaubt sei. »Wer hat sie verboten?«, fragte Ibn Hazm zurück und meinte damit, dass derjenige, der die Dialektik verboten hat, – und nur der – der eigentliche Feind des wahren Glaubens sei. Der Versuch, Vernunft und göttliche Wahrheit miteinander zu versöhnen, wurde zu einer Besonderheit des andalusischen Islam, was in Bagdad und Kairo allerdings mit großem Argwohn verfolgt wurde.

Es dauerte noch mehrere hundert Jahre, bis die Reconquista, die Rückeroberung der Iberischen Halbinsel durch christliche Heere, diese Kultur auslöschte und eine »reine« europäische Identität schuf. Der Fall Granadas im Jahr 1492 markierte den Abschluss dieses Prozesses. Die erste in Europa angestrebte »Endlösung« war die ethnische Säuberung der Halbinsel von Muslimen und Juden.*

Das heißt aber nicht, dass dadurch eine perfekte Welt zerstört wurde. Es gab keine perfekten Welten. Andalusien war durch religiöse, innerislamische Bürgerkriege geschwächt gewesen. Ein strenger berberischer Fundamentalismus, der an den Puritanismus der Wahhabiten späterer Jahrhunderte erinnert, hatte Paläste und Bauwerke zerstört und Christen, Juden und Muslime getötet. All dies zeigt, dass so etwas wie ein monolithischer Glaube gar nicht existiert. Gegensätzliche Strömungen gab es in allen drei Religionen. Im islamischen Spanien jedoch herrschte durchaus ein »goldenes Zeitalter«, und es ist dieses goldene Zeitalter, das in unserer Erinnerung bestehen bleibt, ganz gleich, woher wir jeweils kommen.

---

* Ein Ergebnis dieser Säuberungen war der Niedergang der körperlichen Hygiene. Da Bäder mit dem Islam in Verbindung gebracht und als Brutstätten der Sinnlichkeit betrachtet wurden, ordneten die katholischen Herrscher Spaniens deren Zerstörung an. Die Muslime waren gezwungen zu konvertieren, wenn sie nicht vertrieben werden wollten, und die Häscher der Inquisition überwachten sehr genau, ob die Konvertiten auch weiterhin Bäder nahmen und Waschungen durchführten.

Wie bereits beschrieben, wurde der Islam durch die Auseinandersetzung mit anderen Traditionen stets befruchtet. Er entstand in engem Kontakt mit Judentum und Christentum. Seine frühesten Verteidiger verwendeten Methoden der Darlegung, die von den kosmopolitischen Philosophen der alten Schulen von Alexandria entwickelt worden waren. Die Wechselbeziehungen beispielsweise zwischen den Neuplatonikern und dem Sufismus waren unmittelbar und unbewusst zugleich. Nur wenigen ist bekannt, dass es nach dem Niedergang der klassischen Kultur der Antike die islamische Renaissance des Frühmittelalters war, die das Denken der alten Griechen bewahrte und weiterentwickelte. Ihre Leistungen in den angewandten Künsten und Wissenschaften bildeten ein paar hundert Jahre später die geistige Brücke zur europäischen Renaissance und zu den Ideen, die das Abendland bis heute geprägt haben. Das aus der Vermischung der Kulturen zur Zeit des Kalifats von Cordoba und des islamischen Sizilien entstandene Gedankengut hinterließ Spuren, sowohl in islamischen Ländern als auch im christlichen Europa. Der Weg vom antiken Griechenland ins abendländische Europa führte über den langen Umweg durch die Welt des Islam.

4 Jerusalem, Jerusalem

Wie reagierte das Christentum auf die phänomenalen Erfolge des aufstrebenden Rivalen? Die vorrückenden arabischen Streitkräfte waren im Kampf um die Vorherrschaft in der mediterranen Welt zu einer dynamischen Kraft geworden.

Man sollte sich nochmals vor Augen führen, dass sich zu Beginn des ersten Jahrtausends die islamische Welt von Zentralasien bis hin zur Atlantikküste erstreckte. Bald nach dem blutigen Sieg der Abbassiden war jedoch die politische Einheit auseinander gebrochen. Es entstanden drei Machtzentren – Bagdad, Cordoba und Kairo – mit jeweils einem eigenen Kalifat. Schon kurz nach dem Tod des Propheten und Religionsstifters hatte sich der Islam in zwei große Parteien gespalten: eine sunnitische Mehrheit und eine schiitische Minderheit. Die Sunniten beherrschten Andalusien, Teile des Maghreb, den Iran, den Irak und die Gebiete jenseits des Oxus. Der fatimidische Kalif in Kairo gehörte der schiitischen Richtung an, die ihre Abstammung vom vierten Kalifen Ali und seiner Frau Fatima, der Tochter des Propheten, behauptete; daher der Name der Dynastie. Die ersten vier fatimidischen Kalifen hatten Teile Nordafrikas beherrscht und im Maghreb gelebt, bis ein fatimidisches Expeditionsheer unter dem Kommando des legendären Berber-Generals Dschawar Ägypten eroberte. Die Traditionen in diesen drei Herrschaftsgebieten waren sehr unterschiedlich. Darüber hinaus gab es unterschiedliche materielle Interessen und Bedürfnisse, die wiederum die Bündnis- und Koexistenzpolitik gegenüber der nicht-islamischen Welt bestimmten. Die Religion hatte beim Aufbau des neuen Reiches eine entscheidende Rolle gespielt, aber dessen rapides Wachstum hatte gleichzeitig die Bedingungen für seinen Zerfall geschaffen. Bagdad fehlte es an militärischer Stärke und an einer Bürokratie, die zur Verwaltung eines Reiches dieser Größenordnung notwendig war. Am Fundament hatten auch sektiererische Spaltungen genagt. Zu Beginn des 10. Jahrhunderts, wahrscheinlich schon früher, war jedenfalls das Bild einer monolithischen und übermächtigen islamischen Zivilisation bedeutungslos geworden. Bald würde sie ihre Nagelprobe bestehen müssen.

Das abendländische Christentum rüstete zum Ersten Kreuzzug gegen eine von Bürgerkriegen zerrissene, mehr als selbstgefällige muslimische Welt. Man wollte das Heilige Land erobern, aber auch Reichtümer erbeuten und nach Europa schaffen. Ein dreißig Jahre dauernder Krieg zwischen der Partei der Sunni und der Partei der Schia hatte beide Seiten Kraft gekostet. Bedeutende Herrscher, politische und militärische Anführer in beiden Lagern waren in den Jahren unmittelbar vor dem Kreuzzug gestorben. »Dieses Jahr«, schrieb der Historiker Ibn Tagribirdi 1094, »wird das Todesjahr von Kalifen und militärischen Befehlshabern genannt.« Es kam zu blutigen Nachfolgekriegen im sunnitischen wie auch im schiitischen Lager, was die arabische Welt weiter schwächte. Zwei Jahre später schlugen die Franken zu. Ihre brutale Entschlossenheit erschütterte die gespaltene Welt des Islam, die rasch zusammenbrach.

Im Jahr 1099 eroberten die Kreuzritter nach vierzigtägiger Belagerung Jerusalem. Ein Massaker ungeheuren Ausmaßes traumatisierte das Land. Das Gemetzel dauerte zwei ganze Tage und endete mit der Ermordung eines Großteils der muslimischen Bevölkerung. Die Juden hatten an der Seite der Muslime zwar die Stadt verteidigt, aber der Einzug der Kreuzritter löste Panik aus. Eingedenk alter Rituale versammelten die Ältesten die gesamte jüdische Bevölkerung in der Synagoge und in deren Umkreis zum gemeinsamen Gebet. Dies erwies sich als fataler Fehler. Die Kreuzritter umzingelten das Areal, steckten die Synagoge in Brand und ließen keinen einzigen Juden entkommen. Der Triumph der Niedertracht überschattete die gesamte Region in den nachfolgenden hundert Jahren. Exakt neunhundert Jahre nach diesen Gräueltaten, die zu den schlimmsten Verbrechen gehörten, die im Namen des religiösen Fundamentalismus je begangen wurden, entschuldigte sich der Papst für die Kreuzzüge.

Die Nachricht von dem Massaker in Jerusalem verbreitete sich in der muslimischen Welt nur langsam. Der Kalif al-Mustazir ruhte sich gemächlich in seinem Palast in Bagdad aus, als der hochehrwürdige Kadi Abu Sa'ad al-Harawi, den Kopf zum Zeichen der Trauer kahl geschoren, dort eintraf, die Wachen beiseite schob und in die herrschaftlichen Gemächer stürzte. Er war drei Wochen zuvor von Damaskus aufgebrochen, und die heiße Wüstensonne hatte nicht gerade dazu beigetragen, seine Laune zu verbessern. Die Szene, die sich ihm bot, gefiel ihm gar nicht. Seine Rede, in der er den Kalifen scharf zurechtwies, wurde von arabischen Chronisten aufgezeichnet:

> »Wie könnt ihr es wagen, in selbstzufriedener Sicherheit zu schlafen und ein Leben so leichtfertig wie das der Gartenblumen zu führen, während eure Brüder in Syrien keine Wohnstatt haben außer dem Kamelsattel und den Bauch von Aasgeiern? Blut wurde vergossen! Schöne junge Mädchen wurden geschändet ... Sollen die tapferen Araber Schmach erleiden und die mutigen Perser sich entehren lassen? Niemals zuvor wurden die Muslime derart gedemütigt, niemals zuvor wurde ihr Land so grausam verwüstet ...«

Die Chronisten beschreiben, wie erwachsene Männer zu weinen und klagen begannen, besonders an der Stelle, als der Kadi das Schicksal Palästinas und den Fall Jerusalems beschrieb. Die Schilderung ließ keinen der Zuhörer ungerührt, aber al-Harawi blieb von diesen Emotionen unbeeindruckt: »Die kläglichste Waffe des Mannes ist es, Tränen zu vergießen, wenn Plünderer und Vergewaltiger Krieg schüren.«

In den nachfolgenden hundert Jahren siedelten sich die Kreuzfahrer in der Region an. Viele muslimische Herrscher, die davon ausgingen, dass die Franken sich hier auf Dauer niederließen, arrangierten sich, trieben Handel mit ihnen und kooperierten sogar auf militärischer Ebene. Die sanfte Zivilisation, die die Kreuzfahrer einst angegriffen hatten, begann allmählich ihren Einfluss auszuüben. Einige der Anführer brachen mit dem christlichen Glauben und versöhnten sich mit ihren Nachbarn. Aber die meisten terrorisierten ihre muslimischen und jüdischen Untertanen auch weiterhin, und Berichte über ihre Untaten häuften sich. Es war ein bescheidener kurdischer Krieger, Salah al-Din (Saladin), der die Herrschaft der Fatimiden in Kairo beendete und zum Sultan von Ägypten ausgerufen wurde. Mehrere Monate später, nach dem Tod des hochverehrten Herrschers Nur al-Din, rückte der junge Kurde mit seinem Heer auf Damaskus vor. Er wurde zum Ehrenbürger der Stadt ernannt und zum Sultan ausgerufen. Eine Stadt nach der anderen akzeptierte seine Oberhoheit. Dem Kalifen wurde angst und bang. Er wusste, dass auch Bagdad dem Zauber des jungen Eroberers erliegen würde. Vielleicht würde man ihn sogar zum Kalifen der gesamten islamischen Welt machen. Auch Saladin wusste dies, aber er wusste auch, wie sehr ihm die syrische Aristokratie übel nahm, dass er Kurde und von »niedriger Herkunft« war. Er tat besser daran, sie und ihresgleichen nicht zu provozieren, da es doch auf größtmögliche Geschlossenheit dem Feind gegenüber ankam. Aus diesem Grund wagte er sich niemals in die Nähe Bagdads.

Die Einheit Ägyptens und Syriens, die durch Gebete im Namen ein und desselben Kalifen in den Moscheen von Kairo und Damaskus symbolisch verdeutlicht wurde, legte den Grundstein für einen gemeinsamen Angriff gegen die Kreuzfahrer. In aller Ruhe bereitete sich der kurdische Anführer auf ein Unternehmen vor, das bis dahin als unmöglich angesehen und von seinen Vorgängern gescheut worden war: die Schaffung eines vereinten muslimischen Heers zur Befreiung Jerusalems.

Im Gegensatz zur herrschenden Vorstellung hat die Idee des Dschihad als eines »heiligen Krieges« keineswegs eine lange Tradition. Nach den ersten Siegen des Islam hatte man diese Idee als Slogan zur Mobilisierung fallen gelassen. Es waren also erst die barbarischen und fanatischen Kreuzfahrer, die Saladin halfen, seine Anhänger unter dem Banner des Islam zu versammeln: »Seht euch die Franken an«, ermahnte er seine Soldaten. »Und vergesst nicht, mit welcher Zähigkeit sie für ihre Religion kämpfen, während wir, die Muslime, keine Begeisterung für den heiligen Krieg aufbringen.«

Saladins langer Marsch endete schließlich mit der Eroberung Jerusalems im Jahr 1187. Die Juden erhielten staatliche Hilfe für den Wiederaufbau ihrer Synagoge. Die Kirchen blieben unangetastet. Es wurde kein Mord aus Rache erlaubt. Wie der Kalif Omar fünfhundert Jahre vor ihm verkündete auch Saladin die Offenheit der Stadt für Gläubige aller Religionen. Dass es ihm nicht gelang, Tyrus einzunehmen, sollte sich als schwerer taktischer Fehler erweisen. Papst Urban rief zum Dritten Kreuzzug auf, um die Heilige Stadt zurückzuholen, und Tyrus wurde zur wichtigsten Operationsbasis der Kreuzfahrer. Unter ihrem Anführer Richard Plantagenet eroberten sie Akko zurück, richteten Gefangene hin und ertränkten die Bewohner in Blut, aber Jerusalem blieb verschont und konnte nicht wieder in Besitz genommen werden. In den nachfolgenden siebenhundert Jahren blieb dann die Stadt mit Ausnahme einer kurzzeitigen und folgenlosen Besetzung durch die Kreuzfahrer unter muslimischer Herrschaft. Während all dieser Jahrhunderte wurde kein Blut vergossen.

Die Kreuzzüge haben im Bewusstsein der Europäer und Araber

tiefe Spuren hinterlassen. Im Zuge der Teilungen nach dem Ersten Weltkrieg, der zum völligen Zusammenbruch des Osmanischen Reichs geführt hatte, war Syrien Frankreich zugesprochen worden. Im Juli 1920 übernahm der französische General Henri Guiraud den Oberbefehl in Damaskus. Eine der ersten Amtshandlungen Guirauds nach seinem Einzug in die Stadt war der Besuch von Saladins Grab unweit der Großen Moschee. Er schockierte die gesamte arabische Welt, als er vor dem Grab stramm stand und mit unsäglicher Herabwürdigung verkündigte: »Saladin, wir sind zurückgekommen. Mit meiner Anwesenheit hier erkläre ich die Überlegenheit des Kreuzes über den Halbmond.«

Das 20. Jahrhundert leitete erneut eine Wende ein: Der erfolgreiche, von den Briten unterstützte zionistische Kampf zur Schaffung eines ausschließlich jüdischen Staats destabilisierte Jerusalem ein weiteres Mal. Erzwungener Bevölkerungsrückzug und erneutes Blutvergießen waren die Folge. Es scheint fast, als hätten die zionistischen Siedler die reale Geschichte der Region zugunsten einer imaginierten Vergangenheit verworfen. Zurzeit ist der Status Jerusalems umstritten, seine Bevölkerung geteilt, und an die Stelle der Vernunft ist wieder militärische Gewalt getreten.

Eine eher komische Reminiszenz der Kreuzzüge ist eine Episode, die sich in der französischen Botschaft in Beirut während des libanesischen Bürgerkriegs in den achtziger Jahren des 20. Jahrhunderts zutrug. Eines Tages erschien eine Gruppe christlicher Würdenträger unangemeldet in der Botschaft und verlangte ein Gespräch mit dem Gesandten. Als man es ihnen gewährte, sagte der älteste der Gruppe in nahezu perfektem Französisch, sie alle seien direkte Nachkommen fränkischer Ritter, die im 12. Jahrhundert in dieses rückständige Land gekommen seien. Während dem Botschafter die Geschichte der Familien dargelegt wurde, zeigte er sich wohlwollend. Ein nachsichtiges Lächeln erhellte sein Gesicht. Dies war nicht das erste Mal, dass hier in seinem Amtssitz die Vergangenheit beschworen wurde. Doch dann ließen die Würdenträger die Bombe platzen: Da ihre Vorfahren Franzosen gewesen seien, wollten sie jetzt für sich und ihre Familien französische Pässe beantragen, um in ihr Ursprungsland zurückkehren zu können. Das Verhalten Seiner Exzellenz änderte sich schlagartig.

»Messieurs«, soll der Botschafter gesagt haben, »zu der Zeit, von der Sie sprechen, gab es noch keine Französische Republik. Aus diesem Grund muss ich Ihr Ersuchen ablehnen und unser Gespräch für beendet erklären.«

5   Die Osmanen

Die Kreuzzüge hatten eine Welt vernichtet, die bereits im lang-
samen Niedergang begriffen war. Saladins Siege hatten diesen
Prozess zwar vorübergehend aufgehalten, aber die inneren
Strukturen des Kalifats waren irreparabel beschädigt, und es
drohten neue Invasionen. Im Jahr 1258 belagerte eine mongo-
lische Armee Bagdad. Ihr Anführer Hulagu forderte den Kalifen
zur Kapitulation auf und versprach ihm, in diesem Fall die Stadt
zu schonen. Töricht und eitel bis zuletzt, weigerte sich der Kalif,
dieser Aufforderung nachzukommen. Die mongolischen Truppen machten ihre Drohung wahr und plünderten die Stadt. Das
Kalifat musste unrühmlich abtreten. Eine ganze Kultur versank
in Staub und Asche, als die Bibliotheken in Brand gesetzt wurden. Die Mongolen zeigten auf den Kriegszügen ihren Hass auf
eine fortschrittliche Zivilisation häufig dadurch, dass sie deren
Vormachtstellung in der Wissenschaft zerstörten. Seine Bedeutung als Zentrum der islamischen Kultur erlangte Bagdad jedenfalls nie wieder zurück.

Das Zentrum des Islam verlagerte sich unaufhaltsam in Richtung Bosporus. Mitte des 15. Jahrhunderts hatte sich der Islam
auf drei Kontinenten ausgebreitet. Die Umklammerungsbewe-
gung von Militärmacht und Handel war zwar nicht die Folge
einer ausgeklügelten Strategie, doch das Ergebnis war dasselbe.

Im 8. und 9. Jahrhundert waren muslimische Truppen über
Afghanistan nach Indien vorgedrungen, während zur gleichen

Zeit die Bevölkerungen der Südküste des Subkontinents unter den Einfluss arabischer Händler gelangte. Massenkonversionen fanden statt. Die Unzufriedenheit mit den einheimischen Religionen und die Einfachheit des Islam waren dabei wohl gleichermaßen ausschlaggebend. Muhammads Verschränkung eines monotheistischen Universalismus mit der Gleichheit aller Gläubigen vor Gott war eine attraktive Formel für alle, die vom Kastensystem und von religiösen Hierarchien unterdrückt wurden.

In den nachfolgenden Jahrhunderten vollzog sich an der Schnittstelle der drei großen Handelsrouten in der Region Xinjiang im Nordwesten Chinas dieselbe Entwicklung wie in Indien. Muslimische Handelsflotten erreichten die indonesische Inselgruppe, Südchina sowie die West- und Ostküste Afrikas. Rom blieb verschont, Konstantinopel fiel. Viermal zuvor hatten die Truppen der Kalifen von Damaskus und Bagdad die Hauptstadt der Ostchristen, Konstantinopel, belagert, jedes Mal ohne Erfolg. Ab 1300 breitete sich das angrenzende Emirat Anatolien langsam, aber stetig aus und drang immer weiter in byzantinisches Territorium vor. 1453 wurde ein alter Traum Wirklichkeit. Die alte Stadt Byzantium, später Konstantinopel, fiel und erhielt einen neuen Namen, Istanbul, und einen neuen Herrscher, Mehmet II., dessen Vorfahr Osman mehr als hundert Jahre zuvor die Dynastie gegründet hatte, die seither seinen Namen trug.

Fast gleichzeitig mit dem Zusammenbruch der islamischen Zivilisation auf der Iberischen Halbinsel begann die Dynastie der Osmanen ihre Herrschaft mit der Eröffnung einer neuen islamischen Front im südöstlichen Europa. In den folgenden hundert Jahren eroberten die Osmanen Ungarn, den Balkan und Teile der Ukraine bzw. Polens und bedrohten Wien. Die Katholiken Spaniens fürchteten – und die andalusischen Muslime hofften –, die siegreichen Osmanen würden ihre Flotte in die Häfen Andalusiens entsenden, um ihren Glaubensbrüdern zu Hilfe zu kommen. Aber ein Dschihad auf dem europäischen Festland war ebenso wenig Bestandteil der Pläne der Osmanen wie er niemals Teil von Saladins Strategie gewesen war. Gleichwohl hatte Saladin auf dem Höhepunkt der Kreuzzüge die Mittelmeerküste aufgesucht und einem Berater anvertraut, man müsste die Heimat der Franken erobern und zivilisieren, um der Plage ein für alle Mal ein Ende zu setzen. Jerusalem genügte ihm ebenso, wie Mehmet II. mit Konstantinopel zufrieden war.

Im 15. und 16. Jahrhundert lebte die Mehrheit der Muslime unter der Herrschaft der Osmanen, der Safawiden (in Persien) und der Moguln (in Indien). Der Sultan in Istanbul wurde von der Mehrheit der Muslime als Kalif anerkannt und war der Sachwalter der heiligen Städte Mekka und Medina. Istanbul wurde das neue Zentrum dieser Welt. Die überwältigende Mehrheit der Araber waren jetzt Untertanen des Sultans. Zwar blieb Arabisch die Sprache Gottes, aber Türkisch wurde zur Hofsprache, die von der Herrscherfamilie, von der Verwaltungs- und Militärelite im ganzen Osmanischen Reich gesprochen wurde. Doch das religiöse, wissenschaftliche, literarische und juristische Vokabular war so gut wie vollständig aus dem Persischen und Arabischen entlehnt. Der ureigene türkische Beitrag lag in der Poesie, in Staatsführung und Architektur.

Das Osmanische Reich, das fünfhundert Jahre lang Bestand hatte, war in mehrfacher Hinsicht ein bemerkenswertes Gebilde. Es war ein multireligiöser Staat, der die Rechte von Christen und Juden anerkannte und schützte. Viele der aus Spanien und Portugal vertriebenen Juden fanden Zuflucht im osmanischen Staatsgebiet. Es ist eine Ironie der Geschichte, dass etliche von ihnen in die arabische Welt zurückkehrten, aber nicht etwa nach Istanbul, sondern nach Bagdad, Kairo und Damaskus, wo sie sich in den Dienst des Osmanischen Reichs stellten.

Die Juden waren jedoch nicht die einzigen privilegierten Flüchtlinge. Deutschen, französischen und tschechischen Protestanten – in den Reformationskriegen auf der Flucht vor den katholischen Häschern – wurde ebenfalls Schutz gewährt. Im Fall der Protestanten spielten zudem politische Motive eine Rolle. Der osmanische Staat verfolgte die Entwicklungen im übrigen Europa mit großer Aufmerksamkeit und verteidigte seine Interessen, indem er mit wichtigen europäischen Mächten diplomatische, wirtschaftliche und kulturelle Bündnisse schloss. Der Papst dagegen wurde nicht gerade als ein neutraler Beobachter angesehen, und Aufstände gegen den Katholizismus wurden von der Hohen Pforte mit Wohlwollen betrachtet.

Die den Juden und den Protestanten erwiesene Toleranz erstreckte sich jedoch nur selten auf Häretiker innerhalb der eigenen Reihen. Die Mullahs im Osmanischen Reich sorgten für eine rasche und grausame Bestrafung. »Denk an Martin Luther«, ermahnte der Kadi den Sultan. Die Reformation konnte man ruhig unterstützen, denn sie spaltete die Christenheit. Aber die Vorstellung eines muslimischen Luther war völlig undenkbar.

Der osmanische Sultan seinerseits wurde zu einer populären Gestalt in Europa, oftmals dämonisiert und herabgewürdigt. Er selbst blieb sich aber seiner Stellung in der Welt und Geschichte stets bewusst, wie es die bescheidene Selbstpräsentation in einem Brief Sülemans des Prächtigen an den französischen König bezeugt:

»Ich, Sultan der Sultane, Herrscher der Herrscher, der die Monarchen der Erde krönt, der Schatten Gottes auf Erden, Sultan und oberster Herr des Weißen und des Schwarzen Meeres, Rumeliens und Anatoliens, Karamaniens, des Landes der Rum, von Zulkadria, Diyarbakir, Kurdistan, Aserbaidschan, Persien, Damaskus, Aleppo und Kairo, von Mekka und Medina, von Jerusalem, ganz Arabien, des Jemen und vieler anderer Länder, die meine edlen Vorväter und meine glorreichen Ahnen (möge Allah sein Licht auf ihre Gräber fallen lassen!) aus eigener Kraft erobert haben und die meine Erlauchteste Majestät mei-

nem flammenden Schwert und meiner siegreichen Klinge untertan
gemacht hat, ich, Sultan Süleyman Khan, Sohn Sultan Selims, Sohn
Sultan Beyazids: an Dich, Franz, König des Landes Frankreich.«

Aus Sicht der Mehrheit der Muslime hatten die Osmanen das
Erbe ihrer Religion bewahrt, deren Grenzen erweitert und im
arabischen Osten eine neue und universalistische Synthese
geschaffen: eine osmanisch-arabische Kultur, die mittels einer
staatlichen Bürokratie, einer gemeinsamen Verwaltung und
eines gemeinsamen Finanzsystems die gesamte Region einte.
Selbst wenn die osmanischen Beamten die Macht an sich ris-
sen, wie beispielsweise später der in Albanien geborene Muhammad Ali in Ägypten, blieben die Grundstrukturen des Staates unangetastet.

Aber was war das für ein Staat? Und wie war es ihm angesichts seiner Mängel gelungen, seine Auflösung derart lange
hinauszuzögern? Drei Grundzüge kennzeichneten das Osmanische Reich und in gewisser Hinsicht auch andere muslimische
Reiche jener Zeit: das Fehlen von privatem Grundbesitz auf dem
Land, wo den Bauern die Felder, die sie bebauten, nicht gehörten,
und der Besitzer (d.h. der Staat) das Land nicht selbst bebaute;
die Existenz einer mächtigen, nicht-erblichen Beamtenelite in
den Verwaltungszentren; und schließlich eine gut ausgebildete,
weitgehend aus ehemaligen Sklaven bestehende Berufsarmee.

Die Osmanen schufen die ersten Schulen für Beamte in ganz
Europa. Sie hatten die traditionelle Stammesaristokratie abgeschafft, Grundbesitz verboten und sich auf diese Weise als die
einzige Dynastie des Reiches und als den alleinigen Hort gott-
ähnlicher Macht etabliert. Das war die Theorie, und obwohl in
der Praxis geschickte Beamte nicht selten Mittel und Wege fanden, die Vorschriften zu umgehen, wurden die Grundstrukturen
niemals angefochten. Um den Bedrohungen ihrer Dynastie
durch Beamte etwas entgegenzusetzen, schufen die Osmanen

eine Beamtenschaft, die aus dem gesamten Reich rekrutiert wurde. Das Devschirme-System der Knabenlese zwang christliche Familien auf dem Balkan und anderswo, dem osmanischen Staat einen Sohn zu übereignen. Dieser erhielt Unterkunft, Verpflegung und eine Erziehung und wurde, sobald er alt genug war, als Soldat oder als Beamter ausgebildet. Auf diese Weise stiegen Tscherkessen, Albaner, Slawen, Griechen, Armenier und sogar Italiener häufig in der Staatshierarchie in hochrangige Positionen auf.*

Die traditionelle islamisch-nomadische Abneigung gegenüber der Landwirtschaft bestimmte zweifellos die städtische Ausrichtung der Dynastien, die große Teile der Welt beherrschten. Aber inwieweit war diese Abneigung Grund dafür, dass im muslimischen Herrschaftsgebiet Besitz von Land nicht vorgesehen war? War dies einfach nur eine Folge der jeweiligen lokalen Bedingungen? Tatsache war immerhin, dass sowohl das Kalifat in Cordoba, Bagdad, Kairo und Istanbul sowie später auch das Mogulreich in Indien die Entstehung einer Grund besitzenden Oberschicht oder einer Land besitzenden Bauernschaft nicht förderte. Das eine wie das andere hätte die Akkumulierung von Kapital begünstigt, was früher oder später zur Industrialisierung geführt hätte.

Auf der Suche nach geschichtlichen Zusammenhängen stößt man womöglich auf den Reichtum an landwirtschaftlichen Techniken der Araber in Spanien, um zu belegen, dass die Kultivierung des Landes keineswegs tabu war. Aber in Spanien beschränkte sich die landwirtschaftliche Bebauung auf die unmittelbare Umgebung der Städte, wo die Stadtbewohner intensiven Landbau

---

* Eine solche Figur inspirierte Ivo Andric zu seinem antiosmanischen Meisterwerk, dem Roman »Die Brücke über die Drina«. Ein anderes Beispiel ist der legendäre Chaireddin Barbarossa, ein osmanischer Admiral griechischer Herkunft, der Algerien für das Osmanische Reich eroberte. Von seinen Taten erzählen die Geschichten des Seeräubers Rotbart.

betrieben. Felder auf dem Land wurden durch Mittelsmänner vom Staat gepachtet und von Bauern gegen Bezahlung bearbeitet. Einige dieser Mittelsmänner wurden zwar reich, aber sie lebten in den Städten, wo sie ihren erwirtschafteten Gewinn ausgaben.

Eine streng dynastisch ausgerichtete politische Struktur, die von einer aufrührerischen militärischen Kaste abhängig war, sowie die soziale Unterordnung der ländlichen Gebiete verhinderten, dass das Osmanische Reich der politischen und wirtschaftlichen Herausforderung Westeuropas etwas entgegensetzen konnte. Der Hauptgrund dafür, dass sich die Osmanen noch bis zum Ersten Weltkrieg an der Macht halten konnten, liegt darin, dass sich die drei Großmächte, die gierig nach dieser Beute schielten – das Britische Empire, das zaristische Russland und das Habsburgerreich –, nicht über eine Teilung einig wurden. Die einzige Lösung schien darin zu liegen, das Osmanische Reich in die Knie zu zwingen. Diese jahrzehntelange Agonie rief einen gefährlichen türkischen Nationalismus auf den Plan, der den Niedergang dessen einleitete, was einstmals ein vorbildlicher Vielvölkerstaat gewesen war.

Radikal nationalistische Impulse zeigten sich schon im 18. Jahrhundert im Zentrum und an der Peripherie des Osmanischen Reiches. Unter dem Einfluss der Französischen Revolution und des Philosophen Auguste Comte begannen sich modernistische türkische Offiziere gegen das Regime in Istanbul zu verschwören. Das Ende des Osmanischen Reichs war bereits seit Mitte des 19. Jahrhunderts absehbar.* Doch die schlimmsten Gräueltaten geschahen im Ersten Weltkrieg, als Hunderttausende Armenier ermordet wurden und ihr Besitz konfisziert wurde.

---

* In mehreren seiner Romane beschreibt der türkische Romancier Yaşar Kemal den sozialen Niedergang und die Anarchie dieser bedrohlichen Welt.

6 Die Freuden der Häresie

Der Islam verbietet ausdrücklich einen Klerus. Vor Allah sind alle Gläubigen gleich. In den Moscheen ist keine Hierarchie erlaubt, und theoretisch kann jeder Gläubige nach dem Freitagsgebet aufgefordert werden, sich an die Gläubigen zu wenden. Interessant ist die Frage, wie sich der Islam entwickelt hätte, wenn er sich in den ersten hundert Jahren auf die Wüste hätte beschränken müssen. Aber diese Alternative gab es nie. Vielmehr standen seine Führer bald an der Spitze großer Reiche, wo Improvisation gefragt war. Die maßgebliche Fassung des Korans wurde erst viele Jahre nach Muhammads Tod veröffentlicht, deren Richtigkeit durch den dritten Kalifen Osman garantiert und als authentische Version allgemein anerkannt wurde. Gleichwohl fanden moderne »ungläubige« Wissenschaftler wie Patricia Crone »keine schlüssigen Belege für die Existenz des Korans vor dem letzten Jahrzehnt des 7. Jahrhunderts«.

Ungeachtet aller Datierungsfragen waren die Vorschriften des Korans zwar zu bestimmten Themen sehr detailliert, aber nicht ausreichend, um einen vollständigen Kodex des sozialen und politischen Verhaltens zu liefern, der die islamische Hegemonie in den eroberten Gebieten hätte sichern können. So entstanden die Hadithe (Überlieferungen) darüber, was der Prophet, seine Gefährten oder seine Ehefrau in einer bestimmten Situation gesagt hatten. X erzählte diese Aussprüche an Y weiter, und der wiederum teilte sie jemandem mit, der die »Überlieferung« aufschrieb. Im Christentum gab es eine ähnliche Entwicklung, allerdings beschränkte sich hier das Textkorpus auf vier Evangelien; widersprüchliche Versionen der Wunder Jesu oder anderer Episoden wurden entweder gar nicht aufgenommen oder auf ein Minimum begrenzt.

Dieses wunderbare arabische Flüsterspiel, das auf der Arabischen Halbinsel begann und dann nach Damaskus weitergetragen wurde, ließ sich jedoch nicht auf vier oder fünf schmale Bände begrenzen. Glücklicherweise hatte es der Prophet in bewundernswerter Selbstverleugnung abgelehnt, seine Fähigkeit, Wunder zu vollbringen, unter Beweis zu stellen. Er verstand sich vielmehr als Gesandten, der das geoffenbarte Wort einer größeren Zuhörerschaft weitergab. Damit war die neue Religion von der Pflicht entbunden, Wunderberichte zu produzieren. Eigentlich schade, denn die beeindruckende Fantasie der Araber hätte eine bemerkenswert umfangreiche Wunderliteratur hervorgebracht, die die Wunder Mose, Jesu und all der anderen weit in den Schatten gestellt hätte.

Die Notwendigkeit dieser Überlieferungen für die Legitimation der eigenen Macht führte zur Herausbildung eines neuen Berufszweigs, der im 7. und 8. Jahrhundert Hunderten von Gelehrten und Schreibern zu Lohn und Brot verhalf. Es kam zu erbitterten Auseinandersetzungen darüber, ob bestimmte Überlieferungen authentisch waren. Und es entstanden konkurrierende Gruppierungen innerhalb des Islams mit jeweils eigenen Schreibern; sie legten Überlieferungen vor, die die Version der jeweiligen Konkurrenz in Frage stellten. Später schufen die sufistischen Mystiker ihre eigenen Überlieferungen, in denen sie das in den Vordergrund stellten, was sie gern hören wollten. »Kein Mönchtum im Islam« klingt zwar einigermaßen authentisch, aber sagte der Prophet tatsächlich: »Bete fünfmal am Tag, aber binde zuerst dein Kamel fest«? Und wenn ja, was meinte er damit? Wollte er damit sagen, dass einige Gläubige die Gebetszeit ausnutzen könnten, um das Kamel eines anderen Gläubigen zu stehlen? Wollte er verhindern, dass das Kamel von einem Ungläubigen gestohlen wurde? Oder handelte es sich lediglich um eine Vorsichtsmaßnahme, um zu gewährleisten, dass das Kamel seinem Besitzer nicht in die Moschee folgte und sie verunreinigte?

Der Kampf der Überlieferungen dauert bis heute an und gibt Anlass zu der grundsätzlichen Frage, ob überhaupt irgendeine Überlieferung authentisch ist. Spezialisten diskutieren darüber seit über tausend Jahren, aber ein allgemeiner Konsens wurde bisher noch nicht erzielt, und es scheint auch keiner in Sicht zu sein. Im Laufe der Jahrhunderte jedoch haben die islamischen Gelehrten die Anzahl der akzeptablen Überlieferungen eingeschränkt und die zuverlässigsten Verfasser namentlich angeführt. Das Entscheidende ist jedoch nicht die Authentizität der Hadithe, sondern deren ideologische Funktion in den islamischen Gesellschaften.

Die sunnitische Tradition sagte der schiitischen »Häresie« den Kampf an. Die Ursprünge des Schiitismus liegen in der Kontroverse um die Nachfolge des Propheten. Nach Muhammads Tod im Jahr 632 beschlossen seine Gefährten, einen Nachfolger zu wählen. Sie einigten sich auf Abu-Bakr und nach dessen Tod auf Omar als ihren Anführer. Muhammads Schwiegersohn Ali war darüber zwar verärgert, protestierte aber nicht. Erst die Wahl des dritten Kalifen Osman beschwor Alis Zorn herauf. Osman aus dem Clan der Omajja war ein Vertreter der mekkanischen Stammesaristokratie. Sein Sieg ärgerte die loyalistische alte Garde, die Ali den Vorzug gegeben hätte. Wäre der neue Kalif jünger und energischer gewesen, hätte er vielleicht eine Aussöhnung bewirken können. Aber Osman war schon über siebzig, ein alter Mann, der es eilig hatte, in den neu eroberten Provinzen nahe Verwandte und Clanmitglieder in Schlüsselpositionen zu berufen. Er wurde im Jahr 656 von Alis Anhängern ermordet, die wiederum Ali zum neuen Kalifen ausriefen.

Jetzt kam es zum ersten Bürgerkrieg des Islam. Zwei alte Weggefährten Muhammads, Talha und al-Zubair, sammelten

Truppen, die Osman treu ergeben waren, und riefen zum Krieg. Ihnen schloss sich Aischa an, die streitbare junge Witwe des Propheten. In der Nähe von Basra kam es zum Kampf, und Aischa bestieg ein Kamel und feuerte ihre Truppen an, den »Usurpator« zu schlagen. In dieser so genannten Kamelschlacht siegten Alis Truppen. Talha und al-Zubair starben auf dem Schlachtfeld. Aischa hingegen wurde gefangen genommen und nach Medina zurückgebracht, wo sie praktisch unter Hausarrest gestellt wurde.

In der Folge wurde Ali von seinen omajjadischen Gegnern in einer weiteren Schlacht besiegt. Mit seiner Entscheidung, den Schiedsspruch und die Niederlage hinzunehmen, verärgerte er all diejenigen in den eigenen Reihen, die viel lieber einen härteren Kurs eingeschlagen hätten. Einer seiner Anhänger ermordete denn auch Ali vor einer Moschee in Kufa im Jahr 660. Sein Widersacher, der tüchtige omajjadische General Muawiya, wurde daraufhin zum Kalifen ernannt. Aber Alis Söhne weigerten sich, dessen Autorität anzuerkennen, und wurden von Muawiyas Sohn Yazid in der Schlacht von Kerbela besiegt und getötet. Diese Niederlage führte zu einer dauerhaften Spaltung innerhalb des Islam. Von nun an gründete die Schia (Partei) Alis eigene Staaten und Dynastien, von denen das mittelalterliche Persien und der heutige Iran die eindrucksvollsten Beispiele sind.

Die Schia entwickelte eigene Überlieferungen, von denen einige Aischa und den Omajjaden gegenüber einen extrem beleidigenden Ton anschlagen. Ziel war es, Aischa zu diskreditieren, nachdem sie ein Heer zum Kampf gegen den rechtmäßig gewählten Kalifen Ali angeführt hatte. Die Anhänger Alis beschuldigten den ängstlichen Kalifen Osman, der die erste autorisierte Fassung des Heiligen Buches zusammengestellt hatte, ganze Verse getilgt zu haben, die die Anhänger Alis, die Gegenpartei, in einem positiven Licht zeigten. Einer Aischa zugeschriebenen Überlieferung zufolge empfahl der Koran in der Phase seiner mündlichen Überlieferung bei Ehebruch »Steinigung bis zum Tod«, während Osmans schriftliche Fassung eine tüchtige Tracht Prügel für eine ausreichende Bestrafung hält.

Es würde in der Tat überraschen, wenn in diesem brisanten Klima der Bürgerkriege und geistiger Zwistigkeiten – im Kampf zwischen Überlieferung und Gegenüberlieferung, in der Auseinandersetzung zwischen verschiedenen Interpretationsschulen und in den Disputen über die Authentizität des Koran selbst – nicht zahlreiche Skeptiker und Häretiker ihre Stimme erhoben hätten. Bemerkenswert ist jedoch, dass in den ersten zwölf Jahrhunderten des Islam so viele abweichende Stimmen so lange toleriert wurden. Wer den Koran jedoch in Frage stellte, wurde gefangen genommen und hingerichtet. So beispielsweise im 9. Jahrhundert der jemenitische Ketzer, der Überlieferungen aufstellte, welche man damals als Gotteslästerung empfand; man warf ihm vor, die moralische Integrität des Propheten anzufechten. Tragischerweise wurden mit der Hinrichtung des Verfassers auch die Überlieferungen selbst vernichtet.

Viele Dichter, Philosophen und Häretiker erweiterten die Grenzen der Diskussion und des Dissens auf der Suche nach Erkenntnis und bereicherten dadurch die islamische Kultur. Für die Proteste der Mullahs hatten die Herrscher oftmals kein offenes Ohr – ein Zeichen, dass der Islam zu jener Zeit eine expandierende und selbstbewusste Religion war. Die andalusischen Philosophen führten die Diskussion gewöhnlich innerhalb der vorgegebenen Grenzen der Religion, obwohl der Cordobaner Ibn Ruschd (1126–98) gelegentlich über die Stränge schlug.

Ibn Ruschd, Sohn eines Kadi (des obersten Richters einer muslimischen Stadt), dessen Großvater ebenfalls Kadi sowie Imam der Großen Moschee von Cordoba gewesen war, ist in der westlichen Welt unter dem Namen Averroes bekannt. Er war selbst Kadi in Sevilla und Cordoba gewesen, musste jedoch während einer reaktionären Phase der Mullahs aus Cordoba fliehen, wo seine Bücher verbrannt und ihm der Zutritt zur Großen Moschee untersagt wurde.

Die Auseinandersetzungen mit der Orthodoxie schärften seinen Geist, aber auch seine Wachsamkeit. Als ihn der aufgeklärte Kalif Jusuf nach dem Wesen des Himmels fragte, zögerte der Astronom und Philosoph zunächst mit einer Antwort. Der Prinz aber ließ nicht locker: »Ist es eine Substanz, die seit Ewigkeiten existiert, oder ist es eine endliche Substanz, die einen Anfang hat?« Erst als der Herrscher zu verstehen gab, dass er die Werke der antiken Philosophen kannte, erläuterte Ibn Ruschd die Überlegenheit rationalistischer Methoden gegenüber dem religiösen Dogmatismus. Der Philosoph wusste nur allzu gut, dass er mit seiner Selbsterklärung als Semi-Materialist sein Leben aufs Spiel setzte, aber er hatte beschlossen, seinem Herrscher zu vertrauen, der ihn in seinen Forschungen unterstützte. Als der Kalif sagte, dass ihm einige von Aristoteles' Werken unverständlich seien und er Erläuterungen in einer klaren und verständlichen Sprache wünsche, schrieb Ibn Ruschd mehrere Bücher. Die »Kommentarien« erregten die Aufmerksamkeit christlicher und jüdischer Theologen. Die meisten von Ibn Ruschds Werken in arabischer Sprache sind verloren gegangen oder wurden vernichtet und existieren nur noch in Fragmenten. Erhalten blieben seine Schriften in lateinischer Übersetzung, die in der Renaissance fleißig studiert wurden; aber es handelt sich hierbei nur um den kleineren Teil eines umfassenderen Gesamtwerks. Die »Kommentarien« hatten einen doppelten Zweck. Sie wollten das umfangreiche Werk des Aristoteles systematisieren, einer breiten Leserschaft Rationalismus und Anti-Mystizismus nahe bringen, gleichzeitig aber auch darüber hinausgehen und rationales Denken als eine Tugend an sich propagieren.

Zweihundert Jahre zuvor hatte der in Buchara geborene persische Gelehrte Ibn Sina (980–1037) die Grundlage für das Studium der Logik, Naturwissenschaft, Philosophie, Politik und Medizin gelegt. Aristoteles' »Logik« kritisierte er als abstrakt und deshalb ohne praktischen Nutzen. Die Herrscher von Chorasan und Isfahan, die seine Tüchtigkeit als Arzt zu schätzen wussten, suchten seinen Rat auch in politischen Angelegenheiten. Wie später Machiavelli erteilte Ibn Sina Ratschläge, die den Herrschern nicht immer genehm waren. Mehrmals musste er die Stadt, in der er tätig war, fluchtartig verlassen. Dann verschwand er zeitweilig aus dem öffentlichen Leben und verdiente sich seinen Lebensunterhalt als Arzt. Sein »Kanun fi'l- tibb« (»Kanon der Medizin«) war eine Enzyklopädie des medizinischen Lehrguts seiner Zeit, ergänzt durch Theorien und Heilmethoden, die er durch die regelmäßige Behandlung von Kranken entwickelt hatte. Es wurde zum wichtigsten Lehrbuch der Medizinschulen in der gesamten islamischen Welt; Teile daraus werden noch heute im Iran verwendet. Sein »Kitab al-Insaf» (»Buch des unparteiischen Urteils«), das 28 000 verschiedene philosophische Fragen behandelte, ging bei der Plünderung Isfahans noch zu Ibn Sinas Lebzeiten verloren. Sein einziges Exemplar hatte er in der Bibliothek der Stadt aufbewahrt.

Seine philosophischen Ideen, die auch in seine anderen Werke Eingang fanden, wurden in Fragmenten überliefert. Der Philosoph Ibn Sina erörterte metaphysische Fragen von Substanz und Sein, von Existenz und Essenz. Diese Ideen gelangten in den nachfolgenden Jahrhunderten nach Westeuropa, wo Ibn Sina heftig diskutiert wurde. Er stellte beispielsweise die Auferstehung des Körpers in Frage, aber nicht die der Seele (wahrscheinlich ein Zugeständnis an die islamische Orthodoxie). Dies war einer der Gründe, weshalb 1210 und erneut 1215 das Studium seiner Werke von der Sorbonne per Dekret verboten wurde. Fünfzehn Jahre später hob der gemäßigtere Papst Gregor IX. dieses Verbot auf.

Ibn Hazm, Ibn Sina und Ibn Ruschd verkörperten beispielhaft bestimmte Tendenzen des halb offiziellen Denkens in den ersten fünfhundert Jahren des Islam. Insbesondere Ibn Sina und Ibn Ruschd rieben sich an den Restriktionen der religiösen Orthodoxie, aber wie später Galileo zogen auch sie es vor, am Leben zu bleiben und ihre Forschungen weiterzubetreiben, anstatt Märtyrer zu werden.

Es gab aber andere, die das Denkgebäude des Islam sehr viel expliziter in Frage stellten. Im 9. Jahrhundert schrieb Ibn al-Rawandi, ein Häretiker aus Bagdad, mehrere Bücher, die die Grundprinzipien der drei großen monotheistischen Weltreligionen und ihren Gott im Himmel anzweifelten. Dabei ging er weit über die Sekte der Mutaziliten hinaus, der er einst selbst angehört hatte. Die Mutaziliten glaubten an die Möglichkeit, den Rationalismus und den Glauben an einen Gott miteinander in Einklang zu bringen. Sie lehnten die Offenbarung ab und vertraten die Auffassung, der Koran sei ein von Menschen geschaffenes Buch und keine Offenbarung. Sie kritisierten die fehlerhafte Komposition, die mangelnde Eloquenz und die Unreinheit der Sprache des Koran. Einzig die Vernunft, so sagten sie, gebiete die Verpflichtung gegenüber Gott. Einige der radikaleren Nachfolger dieser Schule bezichtigten den Propheten der Gottlosigkeit und der Vielweiberei. Sie versuchten, die Welt rationalistisch zu erklären, verbanden Fragmente der griechischen Philosophie mit Spekulationen auf der Grundlage eigener Studien und Beobachtungen. Der Koran leistete ihrer Ansicht nach auf diesem Weg keinen Beitrag. Mutazilitische Denker entwickelten Theorien zur Erklärung der physikalischen Welt: Körper wurden als Anhäufung von Atomen betrachtet; es wurde zwischen Substanz und Akzidenz (dem zufälligen Sein) unterschieden; alle Phänomene, so meinten sie, könnten mit Hilfe von Atomen erklärt werden, aus denen die Körper bestünden. Man spekulierte über die Lage und die Bewegungen des Universums. War die Erde unbeweglich? Und wenn ja, warum? Was war die Natur des Feuers? Gab es im Zentrum des Universums einen leeren Raum?

Es ist bemerkenswert, dass diese Sekte in der ersten Hälfte des 9. Jahrhunderts dreißig Jahre lang die staatliche Macht innehatte. Angefangen mit al-Mamun, zwangen drei aufeinander folgende Kalifen Staatsbeamte, Theologen und Kadis zu dem Bekenntnis, der Koran sei von Menschen geschaffen und nicht von Gott geoffenbart. Die Kalifen ordneten die Hinrichtung Dutzender von Theologen an, die sich weigerten, mit der koranischen Orthodoxie zu brechen. Diese Vorgehensweise war allerdings keine überzeugende Demonstration der Macht der Vernunft, und bald war diese Phase zu Ende. Die Mutaziliten zogen sich in andere Teile der islamischen Welt zurück, aber eingedenk der gefährlichen Aussagen ihrer Philosophie wurden sie vorsichtiger.

Der Reiz, darüber zu spekulieren, was geschehen wäre, wenn die Mutaziliten an der Macht geblieben wären, ist unwiderstehlich. Hätten sich ihre Ideen weiterentwickelt, so hätten sie womöglich am Ende sogar die Existenz Gottes angezweifelt. Ein Vergleich mit den islamischen Denkern des 20. Jahrhunderts, deren Schriften in den seriöseren religiösen Schulen und Seminaren in Kairo und Gom gelehrt werden, zeigt, dass die Denker des 9. Jahrhunderts in jeder Hinsicht fortschrittlicher waren. Man muss nur der Armut des zeitgenössischen islamischen Denkens dessen Reichtum im 9. und 10. Jahrhundert gegenüberstellen. Den Imamen, die in den ärmlichen Moscheen und Koran-Schulen in den Städten Westeuropas und Nordamerikas ihren Schülern den Koran durch stures Auswendiglernen beibringen, würde es gewiss schwer fallen anzuerkennen, dass es die Mutaziliten überhaupt je gegeben hat. Dies ist nur eine der Tragödien des »modernen« Islam.

Im fruchtbaren intellektuellen Klima Mitte des 9. Jahrhunderts jedoch überrascht eine kritische Stimme wie al-Rawandis keineswegs. In seinen Reflexionen über Propheten, Prophezeiungen und Wunder sowie über Muhammad kam er zu vernichtenden Urteilen. Für ihn waren religiöse Dogmen grundsätzlich der Vernunft unterlegen, weil allein durch die Vernunft Integrität und morali-

sche Unbescholtenheit erreicht werde. Die Schärfe seiner Angriffe verblüffte, und schon bald schlossen sich islamische und
jüdische Theologen zusammen und stellten ihn erbarmungslos an
den Pranger. Ibn Rawandi legte daraufhin dar, dass Wunder ein
Taschenspielertrick von Zauberern seien. Dabei nahm er seine
eigene Religion von dieser Kritik keineswegs aus, sondern bezeichnete die Offenbarung, auf der der Koran beruht, als offen-
kundige Fälschung. Für ihn war der Koran weder eine Offenbarung noch eine eigenständige Schrift. Er sei alles andere als ein
literarisches Meisterwerk, er bestehe vielmehr aus Wiederholungen und besitze keine Überzeugungskraft. Von einem Gläubigen war er zu einem Atheisten geworden, es muss ein schwerer
und einsamer Weg gewesen sein. Keines seiner Werke hat die Zeit
überdauert. Von ihm und seinen Schriften wissen wir allein durch
die Texte seiner muslimischen und jüdischen Kritiker, die dicke
Bücher verfassten, um seine Irrlehren zu widerlegen.

Ein weiterer, bemerkenswerter Dichter war Abu al-Ala al-
Ma'ari (973–1058). Der Dichter und Philosoph aus Aleppo war
im Alter von vier Jahren nach einer Pockenerkrankung erblin-
det und hatte aufgrund dieser Behinderung ein sagenhaftes
Gedächtnis entwickelt. Sein Wissen über die Welt und sein Bewusstsein von der Fähigkeit der Menschen, einander unsäg-
liches Leid zuzufügen, machten ihn skeptisch, pessimistisch
und – ungewöhnlich für einen Muslim – der Tierwelt mehr zu-
getan als der Welt der Menschen. Diese, so al-Ma'ari, seien »entweder aufgeklärte Schurken oder religiöse Narren«. Zwei Jahre
an der Akademie in Bagdad konnten ihm seine Zweifel nicht
nehmen. Er begann, gereimte Vierzeiler zu schreiben, eine Form,
die später sein persischer Bewunderer Omar al-Chayyam übernahm. Waren Chayyams Verse jedoch überladen und brachte
er seinen Skeptizismus eher indirekt zum Ausdruck, so neigte
al-Ma'ari politischem Skeptizismus zu und übte unverhohlen
Kritik an der Religion:

»Was ist Religion? Eine Magd, die man weggesperrt hat,
damit niemand sie zu Gesicht bekommt;
Die Höhe des Brautgelds aber schreckt ihre Freier ab.
Von all den Lehren, die ich vernommen,
Hat kein einziges Wort mein Herz überzeugt.«

In seinen Ansichten über die Prophezeiung klingt deutlich Ibn al-Rawandi nach:

»Auch die Propheten, die uns belehren wollen,
Sind nicht besser als jene, die von der Kanzel predigen:
Sie predigen, sie morden, sie vergehen, doch
Unsere Übel bleiben wie Kieselsteine am Strand.«

Dass er Ibn al-Rawandis Schriften kannte, beweist sein episches »Prosagedicht Risalat al-Ghufran« (»Der Traktat der Vergebung«), in dem er das Erzählmotiv der Reise durch Paradies und Hölle aufgreift. Im »Risalat« lässt al-Ma'ari Ibn al-Rawandi das Wort an Gott richten:

»Du hast Deinen Geschöpfen die Mittel zum Lebenserhalt zugemessen wie ein Betrunkener, den sein Geiz entlarvt. Hätte ein Mensch dies getan, so hätten wir zu ihm gesagt: ›Du Schwindler! Lass dir das eine Lehre sein.‹«

Al-Ma'aris Entsetzensbekundung ist offensichtlich nur ein Vorwand, um sich zu schützen: »Wenn dieses Reimpaar aufrecht stünde, wäre die Sünde größer als die ägyptischen Pyramiden hoch sind.«

Obwohl er hier sorgfältig darauf bedacht ist, Gott von jeglichem Tadel auszunehmen, hatte er selbst doch ähnliche Kritik geäußert:

»Und wo der Fürst befahl, da hallt jetzt
Der Schrei des Windes durch den Hof des Staates:
›Hier‹, verkündet er, ›hier wohnte ein Herrscher,
Der das Wehklagen der Schwachen nicht hörte.‹«

Sein umstrittenstes Werk, »Al-Fusul wa al-Ghayat« (»Die Kapitel und Reime«), irritierte seine Bewunderer, handelte es sich doch um eine Parodie des Koran, und sie fürchteten um sein Leben. Doch nichts geschah. Der Dichter, der aufgrund seiner Zuneigung zu den Tieren zum Vegetarier wurde, starb im Alter von fünfundachtzig Jahren. Da er gegen die Zeugung von Nachkommen war, blieb sein Werk sein einziges Vermächtnis. Aber lehnte er deswegen auch den Geschlechtsverkehr ab? Seine Gedichte immerhin sind in höchstem Maße unsinnig, was selten ist in jener Zeit.

Die Dichter Bagdads, insbesondere Abu Nuwas, waren dagegen bekannt für ihre sexuelle Ausschweifung und dichteten die frivolsten Verse, die am Hof und in Tavernen gesungen wurden. Viele der »Geschichten aus tausendundeiner Nacht« – in einigen von ihnen tritt Abu Nuwas selbst auf – spielen in dieser Zeit.

In Cordoba schrieb Wallada bint-al-Mustakfi, eine Zeitgenossin al-Ma'aris, freimütig kühne Gedichte an ihren Liebhaber, die sie in die Ärmelränder ihres Kleides gestickt hatte und in der Öffentlichkeit vortrug:

»Muss denn Trennung bedeuten, dass wir uns nicht treffen können?
Ach! Alle Liebenden jammern über ihr Leid.
Für mich ist jetzt Winter, eine Zeit ohne Stelldichein,
Und ich hocke über den heißen Kohlen der Sehnsucht.«

Walladas literarischer Salon wurde zu einem berühmten Treffpunkt von Literaten, Dichter und Philosophen, Männer und Frauen kamen, um dem Vortrag von erotischen und Liebesgedichten zu lauschen, von denen die meisten nie veröffentlicht wurden. Oft wurden hitzige Debatten über nicht-literarische Themen geführt, unter anderem über die Traumdeutung.

Träume spielten in der vorislamischen arabischen Kultur eine wichtige Rolle, und Traumdeuter waren sehr gefragt. Der Islam verbot diese Tradition nicht. Schließlich war Muhammad die erste Offenbarung im Traum zuteil geworden, »im klaren Licht der Morgendämmerung«. Ibn Sirin, der erste bedeutende muslimische Traumdeuter, wurde kurze Zeit nach dem Tod des Propheten geboren. Sein Werk »Die Traumdeutung« wurde wenige Jahre nach seinem Tod im Jahr 704 veröffentlicht und enthielt auch Anekdoten aus seinem Leben und Wirken. Das Buch wird in Freuds Schriften nirgendwo erwähnt, wohl ein Beweis dafür, dass er es nicht kannte.

Ibn Sirins Deutung der Träume ist verblüffend originell und bemerkenswert freimütig. Seine Traumdeutung vermittelt dem Leser ein seltenes Bild der sozialen Sitten und der sexuellen Praktiken des ersten islamischen Jahrhunderts. Homosexualität, Inzest, Sodomie, Transvestitismus tauchen in den von Ibn Sirin entschlüsselten Träumen erstaunlich häufig auf. Nichts schien ihn schockiert zu haben, und mit Ausnahme feuchter erotischer Träume, die er als Werk des Satans ansah, hatte er für alles eine Erklärung. Manchmal kam er der erlaubten Grenze verdächtig nahe, wie die folgende Anekdote zeigt.

»Ein Mann kam zu Ibn Sirin und sagte: ›Ich hatte einen seltsamen Traum, und ich schäme mich, ihn dir zu erzählen.‹ Ibn Sirin bat ihn, den Traum aufzuschreiben. Der Mann schrieb: ›Ich war drei Monate von zu Hause fort, und im Traum sah ich, wie ich zurückkehrte. Ich fand meine Frau schlafend vor, und zwei Widder kämpften mit den Hörnern über ihren Geschlechtsteilen, einer der Rivalen blutete bereits. Seit diesem Traum mied ich meine Frau, und ich weiß nicht, was ich davon halten soll, obwohl ich sie liebe‹. Ibn Sirin erwiderte:

›Meide sie nicht mehr. Der Traum deutet darauf hin, dass sie eine freie und reine Frau ist. Als sie von deiner bevorstehenden Rückkehr erfuhr, wollte sie ihre Scham rasieren und schnitt sich in der Eile mit einer Schere … Geh zu deiner Frau, du wirst es sehen.‹ Der Mann kehrte zu seiner Frau zurück und versuchte, sie zu berühren, aber sie wies ihn zurück und sagte: ›Komm mir nicht nahe, bevor du mir nicht gesagt hast, warum du mich seit deiner Rückkehr gemieden hast.‹ Er erzählte ihr von seinem Traum und von Ibn Sirins Deutung. ›Er hat die Wahrheit gesprochen‹, sagte sie, nahm die Hand ihres Mannes und legte sie auf den Baumwollverband ihrer Wunde.«

Siebenhundert Jahre nach Ibn Sirins Tod schrieb der tunesische Schriftsteller Ibn Muhammad al-Nafzawi das Werk »Der duftende Garten«, eine Sammlung erotischer Geschichten mit Gedichten, medizinischen Ratschlägen und Traumdeutungen. Der Vorwurf der Geistlichkeit, es sei das geistlose und sexbesessene Machwerk eines Verrückten, der »in der Gosse starb«, lässt vermuten, dass es sehr viel subversiver war, als es bei erster Lektüre den Anschein hat. Und sehr zu Recht kritisierte Edward Said die Orientalisten, die dieses Buch als »verführerische Herabwürdigung des Wissens« missverstanden.

»Der duftende Garten« ist ein vielschichtiges Werk und nicht zuletzt eine beißende Kritik an der religiösen Heuchelei, die heute nicht weniger weit verbreitet ist als zur Zeit seiner Entstehung im 15. Jahrhundert. Die einleitende kurze Erzählung handelt von dem schelmischen falschen Propheten Musaylima, der Sadschah verführt, eine selbst ernannte Prophetin aus dem mekkanischen Stamm Tamim. Beide Personen sind historisch verbürgt. Musaylima war ein wichtiger mekkanischer Stammesführer, der behauptete, ebenfalls mit Allah gesprochen zu haben, und deshalb eine Beteiligung an der Macht auf der Arabischen Halbinsel verlangte. Muhammad lehnte diese anmaßende Forderung ab, und seine Nachfolger verunglimpften Musaylima als falschen Propheten. Auch Sadschah war Führerin ihres Stammes und von christlichem Gedankengut beeinflusst, das sie mit heidnischen Vorstellungen verknüpfte. Sie und Musaylima schlossen sich zum gemeinsamen Kampf gegen die Nachfolger des Propheten zusammen, wurden aber besiegt. Musaylima wurde im Kampf getötet, Sadschah kehrte zu ihrem Stamm zurück und wurde Muslimin. Frühe muslimische Geschichtsschreiber sahen ihre politische Allianz als geschlechtliche Vereinigung. In al-Nafzawis Schilderung empfinden die beiden nach ihrer Begegnung eine starke sexuelle Anziehung füreinander, und Musaylima, der sich nicht länger beherrschen kann, macht einen unzüchtigen Vorschlag:

> »Komm, steh auf, und laß mich dich besitzen: Dieses Zelt ist zu diesem Zweck errichtet worden. Wenn es dir beliebt, so magst du dich auf den Rücken legen, aber du kannst dich auch auf Hände und Knie niederlassen oder auch hinknien, so daß deine Stirn den Boden berührt und deine Lenden emporragen. Sprich, welche Stellung du vorziehst, und dein Wunsch wird erfüllt werden!«

Das Buch ist an einen Wesir gerichtet, aber Tonfall und Stil deuten darauf hin, dass es geschrieben wurde, um auf den Straßen und Marktplätzen der Stadt rezitiert und von umherziehenden Geschichtenerzählern vorgetragen zu werden. Selbst ein arabisches Publikum, das die Grundzüge der Geschichte kannte, hielt wohl den Atem an angesichts der Kühnheit von Musaylimas Vorschlag an Sadschah, sich in der Haltung des rituellen islamischen Gebets zu begatten. Das Wissen darum, dass die beiden ja Ungläubige waren, schmälerte nicht den Anstoß, den diese Passage erregte.

»Der duftende Garten« ist zwar kein feministisches Werk, zeigt aber ein Gespür für die weibliche Sexualität. Lesbische Liebe wird akzeptiert, und die Männer werden immer wieder ermahnt, bei ihrem Streben nach Lust nicht nur an sich zu denken. Al-Nafzawi enttäuscht jedoch mit seinen Vorschlägen über aphrodisierende Mittel:

> »Kichererbsen mit Zwiebeln gekocht, mit Zimt, Ingwer und Kardamom bestreut, erhöhen die Fähigkeit zur Begattung in beträchtlichem Maße, wenn man sie ißt.«

Kein Wort wahr!

Khomeinis 1989 gegen Salman Rushdie verhängte Fatwa hat die Literatur und das kritische Denken in der islamischen Welt in die Defensive gedrängt. Bedrückendes Schweigen herrschte allenorten, und in Kairo und Algier wurde die ohnehin eingeschränkte Redefreiheit weiter begrenzt. Sogar London und New York wurden von Angst gepackt. Die Stimmung ähnelte in gewisser Weise derjenigen nach dem 11. September in den USA. Damals wie heute verhängten einzelne Verleger eine Pressezensur im eigenen Haus. Entsetzte Autoren berichten von annullierten literarischen Projekten, von erschreckten, zum Flüstern verdammten Intellektuellen, von gehorsamen Lippen, die sich nicht einmal mehr zu einem Lächeln verzogen. Man hörte sogar von hastigen Namensänderungen: Eine Firma, die Jazzmusik vertreibt und sich »jihad« nannte, taufte ihr Label um: »Dr Jihad and the Intellectual Muslim Guerrillas«, eine muslimisch-amerikanische Rockgruppe, gab sich nach dem Angriff auf das Pentagon einen neuen Namen. Anwar Shaikh jedoch gehört zu denen, die sich von der Angst nicht lähmen lassen. Als junger Mensch war er ein gläubiger, geradezu glühender Muslim. Doch in neuerer Zeit bestimmen Anwar Shaikhs Leben Zwistigkeiten mit der religiösen Führungsschicht. Unbeirrt stellt sich der seit nahezu zwei Jahrzehnten in der walisischen Hauptstadt Cardiff lebende ehemalige Busschaffner im Alleinkampf gegen die »Mullahs und Politiker, die den Is-

lam als Vorwand für ihre schauerlichen Machenschaften benutzen«. Und Anwar Shaikhs Hartnäckigkeit spricht sich herum.

Bis vor einigen Jahren wusste ich nichts über diesen Mann.
Als ein langjähriger Freund aus Lahore, ein Professor für Islami-
sches Recht an einer schwedischen Universität, Großbritannien
besuchte, diskutierten wir über unsere Heimat. Er fragte, ob mir
der Name Anwar Shaikh ein Begriff sei. Als ich verneinte, war er
überrascht: Wie konnte es möglich sein, in derart beunruhigenden Zeiten zu leben und diesen Mann nicht zu kennen? Er verdiene unsere Wertschätzung, denn er verteidige die Werte der
Aufklärung mutig und eindringlich. »Liest du denn nie die
›Daily Jang‹?«, fragte mich mein Freund leicht vorwurfsvoll. Die
»Daily Jang« ist eine konservative, in Urdu verfasste Tageszeitung,
die in London erscheint und die es in allen europäischen Ländern zu kaufen gibt. Auch in Stockholm. Mein Freund las sie, um
über die politischen Ereignisse in Südasien auf dem Laufenden
zu bleiben. Ich erklärte ihm, dass ich mich über meine Kontakte
in Pakistan informiere. Zwar strapazierten die täglichen Telefo-
nate mit meiner Mutter in Lahore den Überziehungsrahmen
meines Kontos erheblich, aber dafür war ich der »Daily Jang« um
einiges voraus. Allerdings musste ich gestehen, dass meine Mutter den Namen Anwar Shaikh noch nie erwähnt hatte. Ebenso
wenig war ihr bekannt, dass Shaikhs Streitschriften in muslimischen Fundamentalistenkreisen Westeuropas und Südasiens für
beträchtlichen Wirbel sorgten.

In den Wochen nach unserem Gespräch beschaffte ich mir
einige der in Urdu veröffentlichten Zeitungsartikel. Offensichtlich
waren nicht nur die Hardliner in heller Aufregung. Auch Muslime in Stockholm, Kopenhagen, Berlin, Paris, Amsterdam sowie
in London, Birmingham, Bradford und Glasgow reisten umher
und diskutierten Shaikhs blasphemische Texte, die hauptsächlich
durch Mundpropaganda weitergetragen wurden. Briefe verärger-
ter Leser an die »Daily Jang« bestätigten die allgemeine Unruhe.

Shaikhs erstes Buch »Eternity« erschien im März 1994. Er hatte die ganze Publikation, Werbung und den Vertrieb aus eigener Kraft und eigenen Mitteln besorgt. Das Buch war allerdings nicht im Handel erhältlich, sondern nur über eine Postfachadresse in Cardiff. Ich ließ mir ein Exemplar schicken. Seine Kernthese war eindeutig: Ähnlich den Mutaziliten im 9. Jahrhundert stellte Shaikh den Offenbarungscharakter des Koran in Frage und zweifelte an dessen Göttlichkeit. Der »Daily Awaz« in London reagierte mit einer ebenso unmissverständlichen Schlagzeile:

»ANWAR SHAIKH AUS CARDIFF IST EIN ABTRÜNNIGER UND VERDIENT DEN TOD.«

In Anbetracht des politischen Klimas innerhalb der muslimischen Gemeinschaft und angesichts dieser Überschrift war ich ehrlich erstaunt über den unerwartet zurückhaltenden Ton, in dem die Leser islamischer Zeitungen Shaikh kritisierten. In seinem Anliegen bestärkt, verfasste Shaikh ein weiteres Pamphlet. Diesmal ließ die Resonanz der Leser keinen Zweifel an der Besorgnis, die in der muslimischen Gemeinschaft herrschte. Am 19. August 1997 veröffentlichte die »Daily Jang« den Brief eines Mr. Abdul Latif aus Oldham, Lancashire. Die Überschrift des Redakteurs – »Eine schmutzige antiislamische Kampagne« – entsprach in keiner Weise dem Ton, in dem der Brief abgefasst war. Es handelte sich vielmehr um einen Hilferuf, der zugleich einen seltenen Einblick in die Denkweise vieler in der Diaspora lebender gläubiger, aber alles andere als fanatischer Muslime war.

»Die ›Daily Jang‹ hat etliche Leserbriefe zu Anwar Shaikhs Buch ›Islam: The Arab National Movement‹ abgedruckt. Ganz gewöhnliche Muslime haben ihre Gelehrten angefleht, sich entschieden und unmissverständlich zu diesem Buch zu äußern, was jedoch überraschenderweise ausblieb. Gibt es denn in Großbritannien keinen muslimischen Geisteswissenschaftler, der in der Lage ist, Anwar Shaikhs Kritik am Islam zu entkräften?

Unsere Gelehrten müssen zur Kenntnis nehmen, dass sich Islamkritiker durch Fatwas längst nicht mehr einschüchtern lassen. Die öffentliche Meinung fordert heutzutage Argumente. Doch noch etwas anderes veranlasst mich zu diesem Brief: Mein Sohn ist Hochschulabsolvent und war bis vor kurzem gläubiger Muslim. Ich habe erfahren, dass ihm ein christlicher Geistlicher Anwar Shaikhs Buch zu lesen gegeben hat. Die Lektüre dieses Buches hat ihn zur Abkehr vom Islam bewogen ...

Die Wahrheit ist doch, dass wir, die Muslime, gegen das verfluchte Buch von Rushdie protestiert haben. Törichterweise. Verglichen mit Anwar Shaikh ist Rushdie nichts. Rushdie hat sich Unwahrheiten bedient, um Leser anzulocken, und wir haben unsere Kinder diesbezüglich eines Besseren belehren können. Anwar Shaikh hingegen belegt seine Behauptungen mit Zitaten aus dem Koran und den Hadithen, den Eckpfeilern unseres Glaubens.«

Der Vergleich aber zwischen Rushdie und Shaikh ist nicht angebracht. Shaikh betrachtet sich als ernsthaften Historiker und nicht als Geschichtenerzähler. Rushdie wurde bezichtigt, ein korrupter Modernist zu sein, ein Produkt von Rugbyschule und Cambridge, ein Mann, der sich vom Leben gewöhnlicher Muslime weit entfernt hat. Shaikh hingegen stammt aus einer bäuerlichen Familie des Punjab und ist im Herzen des indischen Subkontinents aufgewachsen. Er weiß, wovon er spricht.

Eine Woche später veröffentlichte dieselbe Zeitung einen Brief ähnlichen Wortlauts von M. Anwar, einem Muslim aus Amsterdam. Auch dieser Brief war eine dringende Bitte an islamische Geistliche und Gelehrte, Anwar Shaikhs ketzerischen Äußerungen mit scharfer Kritik entgegenzutreten, damit der Bazillus sich nicht auf die Jugendlichen übertragen und sie von ihrem Glauben abtrünnig machen konnte. Dieser verzweifelte Unterton war aus den Briefen an die Urdu-Presse häufig herauszuhören. Die Briefeschreiber aus den meisten westeuropäischen Ländern stellten zwar Shaikh an den Pranger, forderten aber mehrheitlich weder seinen Tod, noch verlangten sie die Verbrennung seiner »blasphemischen« Bücher, sondern riefen die Experten des Islam auf, Shaikhs Thesen zu widerlegen.

Zwar bezichtigten die muslimischen Führer Shaikh der Abtrünnigkeit, eines Verbrechens, auf das gemäß der Scharia die Todesstrafe steht, scheuten sich aber, die Angelegenheit publik zu machen, und wiesen die Gläubigen an, Ruhe zu bewahren. Qari Sayyad Hussain Ahmed aus Leeds meldete sich zu Wort:

>»Man hat uns bereits einmal getäuscht. Der Teufel Rushdie war ein Unbekannter. Wir verhängten eine Fatwa und setzten ein Kopfgeld aus. Hätten wir dies nicht getan, wäre er am Ende gewesen. Mit anderen Worten: Einem Verrückten dieser Sorte ist es vermutlich nicht einmal in den Sinn gekommen, dass er den Propheten beleidigt hat. Rushdie und Shaikh sind aus dem gleichen Holz geschnitzt. Die Menschen sollten nicht protestieren, um zu verhindern, dass Anwar Shaikh weltberühmt wird.«

Zwar wiederholt sich Anwar Shaikh in seinen Schriften, und seine Aussagen sind bisweilen unzusammenhängend, dies kann jedoch durchaus von Vorteil sein, wenn es sich an Leser richtet, die mit Predigten und religiösen Abhandlungen vertraut sind, welche stets einen repetitiven und unzusammenhängenden Charakter haben. Shaikhs Bücher und Pamphlete werden in den muslimischen Gemeinden Westeuropas und Pakistans gelesen wie seinerzeit in der ehemaligen Sowjetunion die *Samisdat*-Literatur oder in den Vereinigten Staaten nach dem 11. September die Cartoons von Aaron MacGruder. Sie werden gelesen, kopiert, weitergegeben und unaufhörlich diskutiert. Das macht Shaikh zu einem gefährlichen Gegner der Strenggläubigen. Er ist der eigentliche Feind. Als ich ihn schließlich kennen lernte, war ich überrascht von seinem Selbstbewusstsein: »Es wird ihnen nicht gelingen, mich mundtot zu machen, denn ich spreche im Namen von Millionen schweigender Muslime.«

Mit seinem Pamphlet »Islam: The Arab National Movement« will er die Grundprinzipien des Islam untergraben, indem er eine Unterscheidung zwischen Muhammad und Allah trifft. Seine Behauptung, damit lediglich einem ausdrücklichen Gebot des Koran Folge zu leisten – »Trage dein Argument vor, wenn du wahrhaftig bist« –, ist unehrlich. In Wahrheit beabsichtigt er, das theologische Gebäude des Islam zum Einsturz zu bringen, sodass die Zwillingstürme – der Koran und der Prophet – gleichzeitig einstürzen. Er greift damit auf den jüdischen Philosophen des 17. Jahrhunderts, Baruch Spinoza, zurück, der das Alte Testament auf ähnliche Weise interpretiert hat und infolgedessen von den Ältesten der Amsterdamer Synagoge exkommuniziert wurde. Als ich Shaikh darauf hinwies, dass es trotz wiederholter Bemühungen jüdischer Gelehrter bis heute nicht gelungen ist, die Exkommunikation aufzuheben, und dass es im Islam keine Exkommunikation, sondern nur das Schwert gibt, lachte er nur glucksend.

In seinen Texten behauptet er, die althergebrachte semitische Tradition der Offenbarung werfe mehr Probleme auf, als dass sie sie löse. Für ihn ist die »Offenbarung das Mittel, durch das ein Mensch (der Offenbarende) Göttlichkeit erlangt, jedoch die Größe Gottes mindert, der dadurch vom Offenbarenden, also dem Propheten, abhängig wird, um seinen Willen auszuführen«. Er zitiert das entsprechende Kapitel mitsamt dem zugehörigen Vers und den Hadithen des Propheten, um zu verdeutlichen, dass Allah als der Allerhöchste die politischen und materiellen Bedürfnisse Muhammeds allzu bereitwillig befriedigt. Für Shaikh ist nicht Allah das Herz des Islam, sondern der Prophet. Ohne sich der Wurzel solcher Überlegungen bewusst zu sein (diese Frage hat nämlich bereits vor tausend Jahren die Gemüter von Ibn al-

Rawandi und der Mutaziliten erhitzt), sieht Shaikh sich als Vor-kämpfer und erklärt: »Meine Argumente sind wie ein Dolch, der sich in das Herz der Fundamentalisten bohrt.«

Nachdem Mufti Muhammad Saeed Ahmad Saeed, Präsident der World Muslim Unity, Shaikh zum Abtrünnigen und Ungläu-bigen erklärt hatte, fügte er hinzu:

> »Anwar Shaikh hat behauptet, er glaube an Gott, aber nicht an den Propheten. Das ist, als würde ich sagen: Ich erkenne meine Mutter an, aber nicht meinen Vater. So ein Mensch gilt gemeinhin als außer-eheliches Kind.«

Allah als Mutter und der Prophet als Vater? Behauptungen dieser Art bestärken Shaikh nur in seiner Überzeugung, der Islam sei eine Religion, in der es drunter und drüber geht.

Wer ist aber nun dieser Anwar Shaikh in Wirklichkeit? Ich hat-te mich mit ihm in Cardiff verabredet, ohne zu wissen, was mich erwarten würde. Vielleicht ein bärtiges Ebenbild der Mullahs, auf die er so gnadenlos einprügelt? Weit gefehlt. Ich traf auf einen unbefangenen Punjabi in vorgerücktem Alter und an seiner Sei-te ein Dobermann, für den er große Zuneigung empfand. Voller Stolz zeigte Shaikh mir seinen weitläufigen, schönen Garten. Der hausgemachte Wein war allerdings eine herbe Enttäuschung. Die Trauben von Cardiff können es mit der Kraft des geschriebenen Wortes nicht aufnehmen. Nachdem wir zu Mittag gegessen hat-ten, sprachen wir über Shaikhs Werdegang.

> »Wie hat alles begonnen?«

Ich hätte es wissen müssen. Seine Schriften verraten den Eifer eines soeben zum Rationalismus Bekehrten. Shaikh wurde 1928 als sunnitischer Muslim in einem kleinen Dorf in der indischen Provinz Punjab geboren, sechs Kilometer von Gujarat entfernt.

Sein Geburtstag fiel auf den Tag der großen Pilgerfahrt, den Hadsch. Er behauptet, er sei »beschnitten zur Welt gekommen, was meine Familie als viel versprechendes Zeichen ansah«. Man gab ihm den Namen Hadschi Muhammad, der später zu Muhammad Anwar Shaikh geändert wurde. Bereits im Kindesalter lernte er den Koran auswendig, und da er schon damals Arabisch beherrschte, verstand er im Gegensatz zu den meisten indischen Muslimen die Bedeutung der Worte.

Im Jahr 1947, dem Jahr der Unabhängigkeit und Teilung Indiens, war der neunzehnjährige Anwar Shaikh Buchhalter am Bahnhof Lahore. Als treuer Muslim empörten ihn die religiösen Säuberungen im Punjab – eine der beiden indischen Provinzen (die andere war Bengalen), die man entlang ihrer konfessionellen Zugehörigkeit getrennt hatte. Das bedeutete, dass der jeweils andere Teil in Indien bzw. Pakistan lag. Sowohl die nicht-muslimischen Minderheiten im westlichen Punjab als auch die Muslime im Osten der Provinz mussten die Dörfer und Städte verlassen, in denen ihre Familien seit Jahrhunderten ansässig gewesen waren. Jede Gemeinde erlitt ihr eigenes Schicksal – unmenschliche Verbrechen, Mord, Hinrichtungen, Vergewaltigungen, Hausplünderungen bis hin zu heldenhaftem Martyrium. In dieser beängstigenden Lage wurde Anwar Shaikh die Teilung nach Religionszugehörigkeit noch deutlicher bewusst. Selbst fünfzig Jahre später erinnerte er sich genau an einen Vorfall im Sommer 1947. Mit Tränen in den Augen erzählte er:

»Täglich trafen im Bahnhof von Lahore Züge aus Indien ein. Ich hörte das Schreien der am Bahnsteig Wartenden. Es drehte einem das Herz im Leib um. Als ich hinauslief, sah ich den Zug. Er transportierte nichts als Leichen. Die muslimischen Flüchtlinge waren bestialisch getötet worden. Die Züge kamen aus beiden Richtungen. Auch Sikhs und Hindus, die aus unserem Gebiet flüchteten, wurden abgeschlachtet.«

Damals konnte der Neunzehnjährige die Ereignisse natürlich nur aus seiner Sicht beurteilen. Getrieben von blinder Wut und dem heftigen Verlangen, den Tod seiner muslimischen Brüder zu sühnen, lief er durch die Straßen von Lahore und brachte drei unschuldige Sikhs um. Zwei von ihnen knüppelte er in der Nähe des Anarkali-Basars nieder, dem aus dem Mittelalter stammenden »Einkaufszentrum« von Lahore. Den Dritten tötete er mit einem Spaten in der Ravi Road unweit des Flusses. Noch Tage danach irrte er wie benommen durch die Straßen. Hatte er Angst, festgenommen und bestraft zu werden?

»Nein. 1947 waren wir alle wie besessen vor Wut. Ich auch. Als ich sie umbrachte, hatte ich nur eines im Sinn: Rache. Ich fürchtete mich nicht davor, festgenommen und selbst getötet zu werden. Ich wusste, ich war für das islamische Paradies ausersehen, in dem mich unzählige Huris erwarteten, siebzig Jungfrauen mit festen Brüsten. Allah würde mich bis zu meinem vierundachtzigsten Lebensjahr mit ausreichend Manneskraft segnen. Was konnte sich ein junger Mann Schöneres wünschen? Sie sehen also, ich war nicht nur unerschrocken, sondern freute mich auch auf den ununterbrochenen Sex im Paradies. Sie glauben mir nicht? Sie müssen mir glauben. Damals war ich davon überzeugt. Ich war jung und leicht zu beeindrucken.«

War er damals tatsächlich davon überzeugt? War ihm dieser Gedanke nicht vielleicht erst später gekommen? Rache, Wahnsinn, Religion – das konnte ich nachvollziehen, nicht aber die siebzig Jungfrauen. Er war damals schließlich erst neunzehn Jahre alt. In diesem Alter sind die Träume sehr wohl romantischer, kreisen aber um maximal einen oder zwei Menschen. Die siebzig Jungfrauen und die achtundzwanzig Jahre währenden Erektionen sind etwas für alte Männer. Vielleicht war ihm dieser Gedanke erst während unseres Gesprächs gekommen. Vielleicht.

Nachdem sich der Aufruhr gelegt hatte und der neue Staat Pakistan gegründet war, normalisierte sich das Leben. Erst jetzt erkannte Anwar Shaikh die Ungeheuerlichkeit seines Verbrechens. Da er wusste, dass er niemals dafür bestraft werden würde, strafte er sich selbst. Kummer und Reue quälten ihn zutiefst. Noch war er ein gläubiger Muslim, doch seine Zweifel mehrten sich. Er wollte nicht länger in Pakistan bleiben. Damals war es ein Leichtes, woanders Arbeit zu finden, und innerhalb des Commonwealth gab es weder Einreisekontrollen noch Visumpflicht. 1956 kam er mit 25 Pfund in der Tasche in Cardiff an, suchte sich einen Job als Hilfskraft und arbeitete später drei Jahre lang als Omnibusschaffner. Da er immer bestrebt war, sich weiterzubilden, schrieb er sich am »Institute of Transport« in London ein und graduierte dort.

Er heiratete eine Waliserin und begann ein neues Leben. Seine Ersparnisse investierte er in Grundbesitz und brachte es innerhalb weniger Jahre – mittlerweile war er Mitte sechzig – zu einem sehr erfolgreichen Grundstücksmakler. Eine echte Erfolgsstory.

Es mangelte ihm an nichts. Er führte ein bequemes Leben, hatte eine Familie und viele Freunde. Er hätte ganz entspannt durch die Welt reisen können, wenn ihn die Vergangenheit nicht immer wieder heimgesucht hätte. Das Trauma saß tief und hinderte ihn daran, den Sommer des Jahres 1947 zu vergessen, die mit Leichen übersäten Straßen und das Blut, das durch die Straßen der Altstadt von Lahore floss. Trotz aller Verdrängungstaktiken gelang es ihm nicht, die traumatischen Ereignisse der Vergangenheit aus seiner Erinnerung zu tilgen.

»Unentwegt musste ich daran denken, dass ich drei unschuldige Leben ausgelöscht hatte. Der Gedanke daran begleitet mich auch heute noch. Die drei Männer wären vielleicht noch am Leben, wenn ich nicht gewesen wäre. Ich weiß nicht einmal, wer sie waren. Dann begann ich zu überlegen. Die Religion war der Auslöser zu meinen Verbrechen gewesen. Ich hatte nie aufgehört, den Koran zu lesen, aber auf einmal las ich ihn besonders aufmerksam. Eines Tages fiel mir etwas ins Auge, das ich bereits hundertmal zuvor gelesen hatte: ›Oh, ihr, die ihr glaubt! Erhebt euere Stimmen nicht über die Stimme des Propheten‹, und ich fragte mich: Warum? Warum sollte Allah einen Menschen über einen anderen erheben? Aber wenn du einmal fragst, warum?, dann fragst du immer weiter. Der Bann war gebrochen.«

Anwar Shaikh wurde von nun an in den Bibliotheken von Cardiff zu einem vertrauten Besucher. Er las Spinoza, Freud und Marx. Er war oft anderer Meinung als der jeweilige Verfasser, doch die breit gefächerte Lektüre erweiterte seinen intellektuellen Horizont. Dann las er erneut den Koran. Aber nicht nur ihn.

Während er mit seiner Lebensgeschichte fortfuhr, nahm er mich am Arm und führte mich noch einmal in den Garten. In einem versteckten Winkel stand dort eine winzige Hütte, in der sich Bücher in arabischer und englischer Sprache sowie Werke in Urdu stapelten. Es waren die Hadithe, die Überlieferungen der Worte und Taten des Propheten, die den Muslimen als Ergänzung des Koran dienen und ihnen Anleitung zur Lebensführung geben.

»Ich habe diese Bücher alle gelesen. Ich weiß mehr über unsere Religion und ihre Traditionen als die meisten dieser verrückten Fundamentalisten. Deshalb können sie mir nichts entgegenhalten. Ich werde sie herausfordern. Ich bin bereit, mit ihnen zu debattieren, wann und wo auch immer. Vielleicht vor einer rein muslimischen Zuhörerschaft. Ich stehe ihnen zur Verfügung. Oder wir diskutieren im Radio oder im Fernsehen. Aber sie wollen nicht. Weshalb?«

Ich überlege. Vielleicht wollen sie verhindern, dass er die öffentliche Aufmerksamkeit auf sich zieht?

»Aber die Mullahs haben mir beim Freitagsgebet in den Moscheen bereits mit Fatwas gedroht. Die Gläubigen wissen also, dass es mich gibt. Nein, sie wollen sich nicht mit mir auseinander setzen, weil das Haus, das sie sich gebaut haben, auf tönernen Füßen steht.«

Shaikhs Feindseligkeit richtet sich gegen die Mullahs und die Politiker, die den Islam zu ihrem eigenen Vorteil missbrauchen. Er ist mit einigen der säkularen Traditionen der islamischen Kultur vertraut und weiß nur zu gut, dass die sprungbereiten christlichen und hinduistischen Fundamentalisten – ganz zu schweigen von den serbischen und kroatischen Fanatikern – seine Bücher für ihre eigenen ruchlosen Vorhaben benutzen. Er ist sich darüber im Klaren, will aber nicht länger schweigen.

»Wir Muslime verbergen uns bereits viel zu lange hinter dem Schleier der Unwissenheit, der uns seit Jahrhunderten in unserer Entwicklung hemmt. Kemal Atatürk war sich dessen bewusst, als er die Modernisierung der Türkei in Angriff nahm, nur fehlte ihm die ideologische Basis, um unsere Kultur zu säkularisieren. Das habe ich mir zum Ziel gesetzt. Ich schreibe nicht nur für die Gegenwart, sondern auch für die Zukunft. Ich will nicht, dass unsere Kinder jemals das tun, was ich 1947 getan habe.«

Er erhält regelmäßig Anrufe, meistens in Punjabi, in denen ihm gedroht wird, dass er mit traditionellen muslimischen Bestrafungen zu rechnen habe. Hat er keine Angst?

»Ich bin 68 Jahre alt. Ich habe eine Herzoperation und sieben Bypass-Operationen hinter mir. Mein Lebenswerk ist vollendet. Was immer geschieht, ich werde ehrenhaft sterben. Mein neuestes Buch habe ich in zwei Safes deponiert. Ich werde froh sein, wenn es erst veröffentlicht ist.«

»Ein neues Buch?«, frage ich.

Shaikh lächelt. »Ich habe es ›Islam und Sexualität‹ genannt. Meiner Meinung nach ist der Islam die sexbesessenste Religion der Welt.«

Kapitel 4 des Manuskripts trägt den Titel »Die Einstellung des Propheten zur Sexualität«. Es handelt von der Genialität des Propheten im politischen und militärischen Bereich, die sein Leben in einem Maß durchdrungen hat, dass er das wahre Glück nur über einen überdurchschnittlichen Sexualtrieb finden konnte. Shaikh schreibt:

> »Da es meine Absicht ist, konstruktiv und erneuernd zu sein, greife ich nicht auf Gerüchte und selbstgefällige Äußerungen zurück. Meine Schilderung stützt sich auf die Hadithe, den Koran und die muslimischen Gelehrten.«

Es folgt eine Anzahl recht deutlicher Zitate aus dem Hadith, in dem die Virilität und die sexuellen Gewohnheiten des Propheten erläutert werden. Die Textstellen sind zwar nicht ganz neu, aber sie sind zum ersten Mal von einem Angehörigen des islamischen Kulturkreises zusammengetragen worden. Das macht Shaikh zu einem gefährlichen Gesprächspartner. Selbst nach den Vorfällen des 11. September bezweifle ich, dass ein Verleger im Westen das Thema »Islam und Sexualität« aufgreifen würde. Shaikh indes hat keine Bedenken. Er publiziert seinen Text gemäß seinen persönlichen Vorstellungen. Niemand kann ihn davon abhalten, auch wenn andere ihn dafür hassen werden. Anfangs ähnelte er einem Schwimmer, der sich in einen Hochwasser führenden Fluss stürzte, ohne zu wissen, ob er das gegenüberliegende Ufer erreichen würde. Jetzt weiß er, dass er es erreicht, und hat Frieden mit sich geschlossen.

> »Was auch geschehen mag, ich kann jetzt im Vertrauen auf meine humanistischen und rationalen Überzeugungen sterben. Und sollten

meine Schriften auch nur ein paar Dutzend Menschen von religiösem Hass und Fanatismus erlöst haben, habe ich meine Fehler zumindest zum Teil wieder gutgemacht. Auch wenn nichts, aber auch gar nichts die Opfer wieder zum Leben erwecken kann. Um mich mache ich mir keine Sorgen. Meine Sorge gilt anderen. Man sehe sich nur an, was wir einander mit bloßen Händen angetan haben. Unter dem Vorwand der Religion könnten die Menschen mit Nuklearwaffen alles zerstören. Sie könnten es, verstehen Sie? Sie könnten es.«

7 Frauen gegen das ewig Männliche

Die Stellung der Frau im Islam ist schicksalhaft vorgegeben. In dieser Hinsicht ist der Koran von unmissverständlicher Deutlichkeit. Das Kapitel »Die Frauen« erkennt die Bedeutung der weiblichen Sexualität an und erachtet es gerade deshalb als notwendig, strenge soziale und politische Regeln aufzustellen, um die Sexualität der Frau im privaten und öffentlichen Raum in die Schranken zu weisen. Manche Stellen im Koran sind zwar durchaus offen für eine großzügigere Auslegung, aber der maßgebliche Abschnitt lässt keinen Zweifel:

> »Die Männer stehen für die Frauen in Verantwortung ein, mit Rücksicht darauf, wie Allah den einen von ihnen mit mehr Vorzügen als den anderen ausgestattet hat, und weil sie von ihrem Vermögen (für die Frauen) ausgeben. Die rechtschaffenen Frauen sind demütig ergeben und sorgsam in der von Allah gebotenen Wahrung ihrer Intimsphäre. Diejenigen aber, deren Widerspenstigkeit ihr fürchtet, warnt sie, meidet sie in den Schlafgemächern und schlagt sie. Und wenn sie euch gehorchen, unternehmt nichts weiter gegen sie; siehe, Allah ist erhaben und groß.« (4,34)

Einige Kapitel später erkennt Allah in seiner grenzenlosen Güte die exklusiven sexuellen Bedürfnisse des Propheten an und stattet ihn in weiser Voraussicht mit einem Blankoscheck aus:

>»O Prophet! Wir erlaubten dir deine Gattinnen, denen du ihre Braut-
gabe gegeben hast, und jene, die du von Rechts wegen besitzt von
denen, die dir Allah als (Kriegsgefangene) gab, und die Töchter deiner Vaterbrüder und deiner Vaterschwestern sowie die Töchter deiner
Mutterbrüder und deiner Mutterschwestern, die mit dir auswander-
ten, und jede gläubige Frau, die sich dem Propheten schenkt, sofern
der Prophet sie zu heiraten wünscht: ein besonderes Privileg für dich,
nicht für andere Gläubige.« (33,50)

Muhammad teilte diese Offenbarung seiner Frau Aischa mit,
einer Frau von großer Intelligenz, die stets ein lebhaftes Interesse an Politik und Staatskunst zeigte. Bei einer früheren Gelegenheit hatte sie ihn gebeten zu erklären, warum Allah davon aus-
gehe, dass alle Gläubigen männlich seien. Diese unerwartete Frage führte dazu, dass von nun an alle zukünftigen Offenbarungen
an Männer *und* an Frauen gerichtet waren. Auf die neueste
himmlische Verkündigung reagierte sie mit einer sarkastischen
Bemerkung, die in einem Hadith überliefert ist: »Dein Herr hat es
wirklich eilig, dir gefällig zu sein.«

Ein von Buchari (Bd. IV, S. 91) gesammelter Hadith zitiert Muhammad nach seiner nächtlichen Himmelsreise. Ihm sei »auf-
gefallen, dass die Hölle vor allem von Frauen bevölkert« sei. In einem anderen Hadith wird diese Sicht bekräftigt: »Wenn ich jemandem befehlen müsste, einem anderen als Allah gehorsam zu
sein, so würde ich den Frauen befehlen, ihren Männern gehorsam zu sein, so groß sind die Rechte des Ehemanns über seine
Frau.« Da die meisten dieser Überlieferungen jedoch frei erfunden sind, ist das Entscheidende hier nicht, ob diese Worte tatsächlich von dem Propheten gesprochen wurden, sondern dass
man glaubte, es seien seine Worte und damit Teil der islamischen
Tradition.

Überlieferungen wie diese zeigen, dass es dem frühen Islam,
der von islamischen Fundamentalisten heute verklärt wird, offen-

bar nicht gelungen war, die Stimmen der Frauen ganz zu unterdrücken. In den so ungeheuer wichtigen verbalen wie militärischen Auseinandersetzungen mit den heidnischen Stämmen spielten Frauen in beiden Lagern eine entscheidende Rolle. In der Schlacht von Uhud 625, in der die Muslime eine schwere Niederlage erlitten, rief beispielsweise Hind bint Utbah, die heidnische Ehefrau eines wichtigen mekkanischen Stammesführers, ihren Truppen zu:

> »Wir lehnen den Verworfenen ab!
> Wir lehnen seinen Allah ab!
> Wir verabscheuen und hassen seine Religion!«

Omar, einer der wichtigen Stellvertreter des Propheten und späterer Kalif, gab die aufschlussreiche Erwiderung:

> »Allah verfluche Hind
> Mit ihrer großen Klitoris,
> Die sie unter allen Hinds auszeichnet,
> Und ihren Ehemann dazu!«

Zu Muhammads Lebzeiten und noch Jahrzehnte nach seinem Tod kämpften die Frauen trotz ihrer angeblichen Unterlegenheit Seite an Seite mit den Männern. Sie kämpften aber auch um die Wahrung ihrer Unabhängigkeit. Sukaina, die Enkelin des vierten Kalifen Ali, auf den der schiitische Islam zurückgeht, wurde einmal gefragt, warum sie so frei und so fröhlich sei, ihre Schwester aber stets streng und ernst. Der Grund dafür, soll sie erwidert haben, sei, dass man sie nach ihrer vorislamischen Urgroßmutter, ihre Schwester aber nach der islamischen Großmutter benannt habe.

Der Islam bekämpfte die politische und sexuelle Anarchie, wie sie während der Dschahilija gang und gäbe war. Muhammads

Begabung lag eher im politischen als im spirituellen Bereich. Und seine Spiritualität setzte er für seine Zwecke ein, wie sein Austausch mit Aischa zeigt. Er brauchte einen Staat, um seinen Glauben zu propagieren. Seine bewaffneten Männer und Frauen waren die erste und primitivste Erscheinungsform dieses neuen Staates. Um jedoch effektiv zu sein, musste die neue Ordnung sakral sein. Angesichts der rivalisierenden heidnischen und monotheistischen Religionen musste die Vernunft in den Hintergrund gedrängt werden. Auch wenn dies gläubige Muslime niemals zugaben oder zugeben werden, bleibt es doch eine Tatsache, dass in diesem neuen System die Verhaltensvorschriften wichtiger waren als der Glaube. Der Glaube war notwendig, um bestimmte Verhaltensweisen durchzusetzen, aber sobald dies erreicht war, würde die neue Identität stark genug sein, um allen konkurrierenden Verlockungen zu widerstehen. In einer Welt ohne Nationen oder Nationalismen war die islamische Identität gleichsam eine universelle »Nationalität«. Wenn sich manche Koran-Stellen wie Dokumente einer Splittergruppe lesen, die sich von Judentum und Christentum entschieden absetzt, so enthalten andere Stellen detaillierte soziale, wirtschaftliche und sexuelle Verhaltensvorschriften, die für den neuen Staat von lebenswichtiger Bedeutung waren.

Im Laufe der Jahrhunderte, in denen der Islam expandierte und vom Atlantik bis zu den Küsten Chinas Reiche und Gemeinwesen begründete, wurden seine Institutionen und Gebräuche ein wesentlicher Bestandteil der muslimischen Identität. Die Kontinuität schuf ein Gefühl der Sicherheit. Dissens war keineswegs unüblich, überschritt aber nur selten die Grenzen des bestehenden politisch-religiösen Gefüges. Es gab keine bessere Welt.

Der Zusammenbruch des Osmanischen Reichs erschütterte dieses Gefüge. Die Scherben konnten nie wieder gekittet werden. In Anbetracht der Moderne, die häufig mit Bajonetten und

Gewehren in die islamische Welt gebracht wurde, waren die Traditionalisten zur Zusammenarbeit mit der Kolonialmacht nur allzu gern bereit. Den Nachfolgern Napoleons in Ägypten lag nicht daran, die Werte der Aufklärung zu verbreiten. Die Werke von Rousseau, Voltaire, Montesquieu, Paine, Fourier, Feuerbach und Marx standen nicht auf dem kolonialen Lehrplan. Nur wer das Privileg einer europäischen Ausbildung genoss – und deren Zahl war begrenzt –, hatte Zugang zu diesen Autoren. Die Wahrung der »kulturellen« Kontinuität des Islam kam beiden Seiten gelegen. Die strengen Vorschriften gewährleisteten die Ungleichheit der Frauen und wurden eifrig gehütet; sie lagen außerhalb des Zugriffs sowohl des alten Kolonialismus wie des neuen Kapitalismus. Die Familie wurde zum absoluten Tabu, zum letzten Hort einer muslimischen Identität (wie es Nagib Machfus mit kritischem Gespür in seinen Romanen darstellt). Die Aufrechterhaltung dieses Aspekts der muslimischen Identität wurde zum fundamentalistischen Schlachtruf gegen die Raubzüge des Imperialismus. Sajjid Kutb wie auch Khomeini lehnten die Freiheiten, die Frauen im Westen genossen, als falsch ab. In ihren Augen war es besser, eine Frau werde vom islamischen Staat geschützt, denn als ein Objekt willkürlicher Sexualität betrachtet zu werden.

In dieser Ansicht kommt die Furcht der Männer vor den Frauen zum Ausdruck – die Angst vor einer unbezähmbaren weiblichen Lust, die als gefährlich gilt und deshalb durch strenge Verhaltensvorschriften geregelt werden muss. Die Übertretung dieser Regeln wird brutal bestraft. Dies war ein expliziter Grundzug des frühen Islam, der auch in einer dem Kalifen Ali zugesprochenen Überlieferung zum Ausdruck kommt: »Allah der Allmächtige schuf das geschlechtliche Begehren in zehn Teilen; neun Teile gab er den Frauen und einen Teil den Männern.« Die Ursprünge dieser Einstellung lagen in der heidnischen arabischen Gesellschaft, wo die Frauen in Handel, Stammespolitik und Sexualität eine zentrale Rolle spielten. Polyandrie war hier, wie gesagt, nichts Ungewöhnliches. Der Islam übernahm diese Tradition und kehrte sie zugleich um. Hieraus erklären sich die Widersprüche.

Einerseits erinnert die Konzentration im Islam auf die Sexualität an Wilhelm Reich. Das Leben ist geradezu durchdrungen von Sexualität, und ein gesundes Geschlechtsleben von Mann und Frau gilt als wesentlich für die Harmonie der Gemeinschaft. Muhammad selbst betont die Bedeutung des Liebesspiels und »des wechselseitigen Genusses des Honigs«. Aber andererseits bestimmen und kontrollieren allein die Männer mit Hilfe der neuen Gebote den sozialen und rechtlichen Raum, in dem der Geschlechtsverkehr erlaubt ist. Sexuelle Lust außerhalb der gesetzlichen Vorschriften ist nicht mehr gestattet. Eine Frau konnte zwar im Bett kühn die Initiative ergreifen, in der Gesellschaft war ihr dies indes verwehrt. Im Gegensatz zum puritanischen Patriarchat des Christentums schwelgte dieses Patriarchat im Hedonismus. In den »Geschichten aus tausendundeiner Nacht« wird am Ende stets darauf geachtet, auch den orthodoxesten Gläubigen zufrieden zu stellen. Aber es gibt auch Stellen, wo sich Eros und Allah fröhlich und unbeschwert mischen, wie beispielsweise in Scheherazades Lobpreis des Orgasmus:

>»Ehre sei Allah,
>Der kein hinreißenderes Schauspiel schuf
>als das zweier glücklich Liebender.
>Trunken von den Freuden der Wollust
>Sind sie auf ihr Lager gebettet.
>Die Arme ineinander verschränkt
>Die Hände umklammert,
>Die Herzen im Gleichtakt schlagend.«
>(»Geschichten aus tausendundeiner Nacht«, »Die Geschichte
>vom jungen Nur und der jungen Kriegerin«)

Das islamische Paradies war die wunderbare Erfüllung aller fleischlichen Gelüste, aber selbst nach dem Tod bleibt die patriarchalische Dominanz gewahrt. Der Himmel ist in dieser Hinsicht eine präzise Widerspiegelung des Lebens, das die Reichen auf Erden führten. Die alten Männer werden belohnt: Ihre Bärte werden geschoren, und sie erhalten siebzig Gewänder, von denen jedes in jeder Stunde siebzigmal die Farbe wechselt. Mit jedem Tag werden sie schöner, bis ihr Alter von ganz allein vergeht. Jeder von ihnen bekommt siebzig Huris (Paradiesjungfrauen) zusätzlich zu den Ehefrauen, die die Auserwählten bereits auf Erden hatten – eine interessante Kombination. Und wie soll der revitalisierte Alte all diese anstrengenden Vergnügungen bewältigen? Keine Bange, lieber Leser, Allah hat auch daran gedacht. Es ist vorherbestimmt, dass im Himmel wie auf Erden Liebe gemacht wird, allerdings mit einem kleinen Unterschied. Der Himmel ist der Ort des unendlichen Orgasmus. Jeder Höhepunkt dauert mindestens vierundzwanzig Jahre. Und was ist mit den alten Frauen? Erhalten auch sie diese Rechte? Gott bewahre!

Je mehr Gebiete der Islam eroberte, desto strenger wurde der patriarchalische Kodex, musste doch die neue Identität gegen ältere und laxere Traditionen mit allen Mitteln verteidigt werden. Die wirtschaftlichen Rechte von Frauen wurden von dem Augenblick an bedeutungslos, als man ihnen den öffentlichen Raum verwehrte, wo sie diese Rechte hätten durchsetzen können.* Sie

---

* Im heutigen Saudi-Arabien liegen 40 Prozent der privaten Reichtümer in der Hand von Frauen: in der Stadt Dschidda beispielsweise etwa 50 Prozent des Grundbesitzes und der Immobilien. Aber die Frauen, denen diese Reichtümer gehören, können ohne die schriftliche Erlaubnis eines männlichen Verwandten weder das Land verlassen noch Auto fahren noch dürfen sie unverschleiert in der Öffentlichkeit auftreten. Wenn sie jedoch ins Ausland fahren, können sie über ihren Reichtum frei verfügen, sie können sich kleiden, wie sie wollen, und tun, was sie wollen. Gewiss ist das ein hochexplosiver Widerspruch, der bald eine Sprengkraft entwickeln könnte – trotz des Schutzes, den der US-Imperialismus dem saudischen Königreich gewährt.

durften mit keinen anderen Männern außer mit ihrem Ehemann und nahen Verwandten in Kontakt treten. Es wurde ihnen verboten (haram), sich in dem Stadtviertel frei zu bewegen, in dessen Häusern und Palästen sie eingesperrt waren. Später wurden in den Behausungen der ärmeren Stadtbewohner Stoffe als Raumteiler benutzt, damit männliche Besucher die Frauen nicht zu Gesicht bekamen. Aus materiellen Gründen musste man auf diese Art von Geschlechtertrennung auf dem Land verzichten. Im 20. Jahrhundert wurde dieses Gebot von den Fundamentalisten in einigen Teilen der islamischen Welt nochmals verstärkt – das beste Beispiel hierfür ist Afghanistan.

Und wie reagierten die Frauen auf diese Restriktionen? Muslimische Frauen in den Städten entwickelten ausgeklügelte Strategien, um die räumlichen und sozialen Beschränkungen zu umgehen. Belege dafür finden sich in zahlreichen Berichten sowie auch in der Literatur der Kulturen, die den Islam übernahmen. In Senegal wurde der Schleier nie sonderlich geschätzt; in Bengalen bedeckte man zwar den Kopf, nicht aber den Bauch; in Java blieben Kopf und Bauch unverhüllt. Überall führten die Frauen ein heimliches Leben, das sie vor Ehemännern und männlichen Verwandten verbargen. Das heißt nicht, das Letztere Unschuldslämmer waren.

Die scharfe Verurteilung der Homosexualität durch den Islam trägt pathologische Züge. Homosexualität, so heißt es, sei unnatürlich, weil sie die auf dem Gegensatz beruhende Harmonie verletze, die die Heterosexualität auszeichne. Der unmännliche Mann und die jungenhafte Frau werden beide als Verstoß und Revolte gegen die Gesetze Gottes abgelehnt. In dieser Hinsicht zumindest sind sich die drei monotheistischen Religionen einig. Einem Hadith zufolge ist Allah über vier Abweichungen erzürnt: über »Männer, die sich als Frauen kleiden; über Frauen, die sich als Männer kleiden; über jene, die mit Tieren schlafen; und über Männer, die mit Männern schlafen.« Männliche Homosexualität wird mit drakonischen Strafen geahndet: mit Folter und Tod. Lesbische Liebe, Nekrophilie, Masturbation und Sodomie dagegen werden nachsichtig behandelt. Hier gilt eine strenge Maßregelung und Warnung als ausreichend.

In Anbetracht der islamischen Beurteilung des Analverkehrs als allerniedrigster Verfehlung, als Mutter aller Perversionen, als Vater aller Lasterhaftigkeit, die mit dem Tod bestraft wird (was Komeini nach der Revolution im Iran vorgeführt hat), würde man annehmen, dass diese Form des Geschlechtsverkehrs in der islamischen Welt keinen Platz hat. In Wirklichkeit war und ist sie gängige Praxis bei Männern und Frauen überall in der islamischen Welt und wurde durch die Beschränkungen auf die Mann-Frau-Beziehung nur noch mehr gefördert. Zwar gibt es Unterschiede zwischen den einzelnen Ländern, aber die Geschlechtertrennung gehört zum Alltagsleben. Die Betonung der Freuden der Heterosexualität und die gleichzeitigen strengen gesetzlichen Beschränkungen für deren Praxis treibt die Menschen geradezu in die Homosexualität. Die Folge ist eine von sexueller Repression und Heuchelei bestimmte Gesellschaft. Unter der Oberfläche jedoch brodelt es.

Der erste muslimische Philosoph, der sich mit den strukturellen Mängeln, die der Islam in Bezug auf die Frauen aufweist, ernsthaft auseinander setzte, war der Andalusier Ibn Ruschd (1126-98). Immer wieder als *zindiq*, als Ketzer, verunglimpft, zog er sich jedoch nie nur auf die Frauenfrage zurück. Sein offenes Denken wurde nicht von Europa beeinflusst, sondern es wirkte seinerseits auf Europa ein, das in der Renaissance erfunden wurde. Ibn Ruschd zufolge hatte die fünfhundertjährige Geschlechtertrennung dazu geführt, dass die Frauen auf den Status von Pflanzen herabgewürdigt worden waren:

>»In diesen (unseren) Staaten jedoch kennt man die Fähigkeit der Frauen nicht, weil man sie dort nur für die Fortpflanzung gebraucht.

Deswegen stellt man sie zur Bedienung ihrer Ehemänner, zum Kinderaufziehen und zum Stillen an. Damit bereitet man all ihren anderen Aktivitäten ein Ende. Weil man in diesen Staaten weitere menschliche Fähigkeiten von Frauen in Abrede stellt, geschieht es oft, dass sie Pflanzen gleichen. Dass sie in diesen Staaten eine Last für die Männer sind, ist einer der Gründe für die Armut in eben diesen Staaten.«*

Es mussten weitere sechshundert Jahre vergehen, bevor das Problem wieder aufgegriffen wurde. Der neue Verfechter der Frauenrechte war Rifaat al-Tahtawi (1801–73). Eine Gruppe von Studenten, darunter auch al-Tahtawi, wurde im Zuge der Modernisierungsbestrebungen Muhammad Alis nach Frankreich geschickt. Hier lernte der junge Ägypter Französisch, studierte die Philosophie der Aufklärung und beobachtete, welche Freiheiten die französischen Frauen genossen. Nach seiner Rückkehr veröffentlichte er zwei Bücher über die Situation der Frauen in Ägypten. Wie Ibn Ruschd forderte auch er die soziale, wirtschaftliche und politische Gleichberechtigung der muslimischen Frauen; der *haram*, so schrieb er, sei ein Gefängnis, das zerstört werden müsse, die Kinderehe müsse verboten und allen Frauen Zugang zur Bildung verschafft werden.

Mehr als fünfzig Jahre später wurden al-Tahtawis Ideen von dem ägyptischen Richter Kasim Amin aufgegriffen, dessen Werke »Die Befreiung der Frau« (1899) und »Die neue Frau« (1901) mittlerweile zu grundlegenden Texten des arabischen Feminismus gehören. Der Nationalismus lag noch ein paar Jahrzehnte entfernt, und noch war es möglich, dem europäischen Fortschritt nachzueifern, ohne die Position des Islam zu gefährden.

Im 20. Jahrhundert entstanden in der arabischen Welt wie auch in Südasien Frauenrechtsbewegungen. Diese ergänzten die

---

* E. I. J. Rosenthal: *Political Thought in Medieval Islam*, Cambridge 1958, S. 190.

erstarkenden antikolonialistischen Kampagnen und später mit die nationalistischen und sozialistischen Spielarten des Antiimperialismus. Die Frauenbewegungen hatten zu unterschiedlichen Zeiten unterschiedliche Schwerpunkte und Ziele. In der ersten Phase forderten sie gleiche politische Rechte, ohne jedoch die religiösen Vorschriften, die das Familienleben bestimmten, in Frage zu stellen.

Später, in der postkolonialen Phase, wurde den Frauen zwar die soziale Gleichstellung und das Wahlrecht gewährt, aber mit Ausnahme der kemalistischen Türkei und Tunesiens blieb die Scharia unangefochten. Die Frauen hatten das Recht auf Bildung und Arbeit sowie die Beteiligung an politischen Wahlen eingefordert. Bildung und Arbeit wurden ihnen in Ägypten, im Irak und in Syrien zugestanden, aber da dies Ein-Parteien-Staaten waren, besaß das Wahlrecht für Männer wie für Frauen keinerlei praktische Bedeutung. Trotz der Tatsache, dass die Frauen Seite an Seite mit den Männern für die Freiheit gekämpft hatten, wurden nach Erlangung der Unabhängigkeit ihre Forderungen nach einer Reform der Zivilgesetzgebung vollkommen ignoriert. Die Wahrung der Rückständigkeit wurde geradezu zum Grundpfeiler der islamischen Identität in der postkolonialen Zeit. Pakistan und Bangladesh wählten zwar Frauen zum Premierminister, aber die Frauen unterstanden auch weiterhin Gesetzen, die sie zu Bürgern zweiter Klasse machten.

Mit der weltweiten Niederlage säkularer, modernistischer und sozialistischer Impulse Ende des 20. Jahrhunderts kam es zu einem Erstarken des religiösen Fundamentalismus. In den Vereinigten Staaten, in Polen, Russland und in der früheren DDR waren einige hart erkämpfte Rechte von Frauen bedroht. Mit dem Sieg der Geistlichen im Iran, der Niederlage der Linken in Afghanistan, dem Fortbestehen des wahhabitischen Regimes in Saudi-Arabien und dem Aufstieg radikalfundamentalistischer Gruppen in Ägypten und Algerien schienen die Hoffnungen der Frauen erneut begraben. In einer Zeit der Globalisierung sieht es so aus, als sei die Verteidigung der eigenen Identität der einzige Weg, um sein Anderssein herauszustellen. Aber wessen Identität wird verteidigt und in wessen Interesse?

Zahlreiche führende Feministinnen der islamischen Welt, die einst der Diktatur der Mullahs und des Militärs mutig entgegengetreten waren, wurden vom Sturm des Fundamentalismus gebeugt. Die Verheiratung von Frauen und der Schleier, so will man uns weismachen, sei der freien Wahl des Ehepartners und dem Ehebruch überlegen – als seien in der muslimischen Welt alle Ehen arrangiert und als würde Ehebruch nie vorkommen. Wenn die osmanische Herrschaft aufgrund der religiösen und kulturellen Ähnlichkeiten eher akzeptabel war, warum verbündeten sich dann die Araber mit den Ungläubigen gegen die Osmanen?

Doch die Geschichte könnte durchaus Überraschungen bereithalten. In den religiösen Diktaturen des Iran und Saudi-Arabiens könnte es zu einer neuen Welle der Auseinandersetzungen kommen. Erfahrung ist noch immer der beste Lehrmeister.

Hundert Jahre Knechtschaft

II

»›Bei Gott, Eure Exzellenz, wir waren so glücklich, wie man nur sein kann, bevor diese Teufel aufgetaucht sind‹, sagte Miteb. ›Aber seit sie in unser Dorf kamen, ist das Leben die reinste Kamelpisse. Mit jedem Tag wird es schlimmer.‹

Der Emir antwortete ihm streng: ›Höre, Ibn Hathal, ich spreche zu dir und allen anderen. Möge der Anwesende es dem Abwesenden mitteilen. Für Unruhestifter haben wir nur eine Medizin: das da.‹

Er wies auf das Schwert, das an der Wand hing, und drohte mit dem Finger. ›Was sagst du dazu, Ibn Hathal?‹

Miteb al-Hathal lachte auf, wie um zu zeigen, dass er noch nicht fertig war. Lastende Stille breitete sich aus. ›Hah ... Also, was sagst du, Ibn Hathal?‹

›Ihr seid die Regierung, Ihr habt die Soldaten und die Gewehre, und Ihr bekommt, was Ihr wollt – vielleicht morgen schon. Wenn die Christen für Euch das Gold aus dem Boden geholt haben, werdet Ihr sogar noch stärker sein. Aber wie Ihr wisst, Eure Exzellenz, tun die Amerikaner das nicht für Gott.‹«

Abdelrahman Munif (geb. 1933), »Cities of Salt«

1 Eine Frühlingserinnerung

April 1969. Lahore. Ein schöner Frühlingstag. Nicht nur weil die Palisanderbäume blühen, sondern weil Studenten und Arbeiter nach fünfmonatigem Kampf eine von Washington unterstützte Militärdiktatur gestürzt haben.* Und zwar aus eigener Kraft, ohne die Hilfe einer ausländischen Macht. Sowohl Washington als auch Peking hatten vergeblich versucht, den Feldmarschall an der Macht zu halten. Die Forderungen der Arbeiter und Studenten – Demokratie und Sozialismus – wurden von Millionen Menschen unterstützt. Die religiösen Fundamentalisten hingegen büßten an Einfluss ein. Ihr Frage-und-Antwort-Singsang »Was bedeutet Pakistan? Es gibt nur einen Allah!« wird vom Volk prompt beantwortet: »Was bedeutet Pakistan? Essen, Kleider und Häuser für alle!« Ich hatte in verschiedenen Teilen des Landes auf Versammlungen gesprochen und kehrte nun nach Lahore zurück, um das »National Thinker's Forum« über die sowjetische Invasion in der Tschechoslowakei aufzuklären – um mich gegen die Panzer auszusprechen, die den »Sozialismus mit menschlichem Gesicht« zerstört hatten, weil er Demokratie versprach.

In der überfüllten Halle hatten sich vor allem Studenten versammelt, aber auch moskaufreundliche Kommunisten und Anhänger des Vorsitzenden Mao, die sich trotz ihres fortgeschritte-

---

* Widerstand und Sieg habe ich ausführlich geschildert in *Pakistan: Military Rule or People's Power?*, London/NewYork 1970.

nen Alters lautstark bemerkbar machten. Damals war ich ein militanter Verfechter der Vierten Internationale von Trotzki, dessen Ansichten zu dieser Zeit in Südasien nicht gerade weit verbreitet waren. Ein von den Maoisten gekaufter Poet hatte versucht, mit ein paar Versen, die die Ermordung Trotzkis priesen, für Stimmung zu sorgen. Die Versammlung nahm das verdutzt zur Kenntnis, während ich die Provokation ignorierte.

Meine Kritik am Einmarsch der Sowjetunion wurde positiv aufgenommen. Ich stellte einen Vergleich zwischen den Aufständischen in Prag und den Roten Garden der Kulturrevolution an, der die Tschechen in ein positives Licht rückte. Viele der jungen Zuhörer solidarisierten sich nach meiner Rede instinktiv mit den Studenten in Prag. Die Moskaufreunde wurden nachdenklich, stellten gelegentlich Fragen, schwiegen aber meist. Die Maoisten hingegen verstiegen sich zu einer wahnwitzigen polemischen Attacke. Sie verurteilten meine Analyse, erklärten, ich sei ein Agent des westlichen Imperialismus, weil ich das Ende des bürokratischen Kommunismus kommen sah und die Überzeugung vertrat, die Invasion in Prag sei einer seiner letzten Sargnägel und der Sozialismus könne nur durch Demokratisierung gestärkt werden. Sie meinten hingegen, der sowjetische »Sozialimperialismus« sei zwar zu verurteilen, der beliebte tschechische Kommunistenführer Alexander Dubcek sei jedoch ein Revisionist, der dem Kapitalismus Tür und Tor öffne. Es folgte eine hässliche Debatte, bis schließlich ein weißbärtiger alter Mann das Wort ergriff.

»Schaut uns an«, redete er den Versammelten ins Gewissen. »Unsere Kinder haben für uns einen großen Sieg errungen. Sie haben einen Diktator gestürzt, und wir, was machen wir, wir gehen aufeinander los!« Dann meinte er in versöhnlicherem Ton: »Hört zu. Die Linke in Pakistan ist schon tief genug gespalten.« Er wandte sich zu den standhaften Moskaugetreuen: »Hier haben wir unsere Sunniten.« Dann blickte er zornig auf die Maois-

ten: »Hier sind unsere Schiiten.« Schließlich schaute er lächelnd
in meine Richtung: »Und jetzt will uns dieser junge Unruhestifter zum Wahhabismus bekehren. Bitte, lieber Freund, haben Sie
Erbarmen mit uns.«

Die Versammlung brach in Gelächter aus, denn der Gedan-
kengang des alten Mannes war wirklich verführerisch. Damals
hatte ich nur eine vage Vorstellung vom Wahhabismus, und noch
weniger wusste ich über seinen Begründer. So viel aber war mir
klar: Der Wahhabismus war ultra-puritanisch, er war die Staatsreligion des Königreichs Saudi-Arabien, und die Saudis förderten
den Dschamaat-i-Islamija, eine kleine, aber finanziell gut ausge-
stattete Fundamentalistenorganisation. Später erfuhr ich, dass die
Wahhabiten zwar die Autorität Muhammads anerkennen, aber
den Heiligenkult um seine Person ablehnen. Sie verachteten generell die Anbetung von Heiligen und Reliquien, orientierten sich
aber an den ersten vier Kalifen – den Gerechten. Nach ihnen hatte, aus wahhabitischer Sicht jedenfalls, die Degeneration des
Islam begonnen.*

---

* Die Analogie mit den Trotzkisten ist nicht ganz abwegig. Auch sie orientierten
sich an der Autorität Lenins, ihnen missfiel aber die exzessive Verehrung und Zur-
schaustellung seines Leichnams, und sie akzeptierten lediglich die Entschlüsse
der ersten vier Kongresse der Kommunistischen Internationale. Danach begann
die Entartung, die schließlich zur völligen Degeneration führte.

2 Die Ursprünge des Wahhabismus

Seit dem 16. Jahrhundert standen die Arabische Halbinsel und der Fruchtbare Halbmond unter der Oberhoheit des Osmanischen Reichs. Kairo, Bagdad, Jerusalem und Damaskus wurden einer osmanisch-arabischen Verwaltung unterstellt, deren Beamte Istanbul einsetzte. Zwar standen Mekka und Medina unter dem unmittelbaren Schutz des Kalifen am Bosporus, aber die Halbinsel selbst war wegen ihrer isolierten Lage und ihrer einfachen Stammesstruktur wirtschaftlich und strategisch bedeutungslos geworden. Der Handel lief längst nicht mehr über die alten Landwege, sondern wurde von Handelsflotten abgewickelt. Folglich wurde die Halbinsel vernachlässigt und nie richtig in das Reich integriert. Das weckte zwar den Unmut der Stämme, doch zugleich suchten sie die fehlende Kontrolle für sich zu nutzen. Die alten Karawanenstraßen wurden jetzt hauptsächlich von Pilgern benutzt, die die heiligen Stätten aufsuchten. Obwohl ihr Bedarf an Unterkunft und Verpflegung die Wirtschaft der Region ankurbelte, reichte es nicht für die ökonomische Unabhängigkeit. Einige Stämme kassierten Schutzgelder von den Pilgern, die aber nicht sonderlich reich waren. Daher wuchs rasch die Rivalität zwischen den Stämmen.

Das war der Stand der Dinge, als die Geburt einer Erweckungssekte zu einem Umbruch in der Region führte. Ihr geistiger Vater war Muhammad Ibn Abdul Wahhab (1703–92), der als Sohn eines Theologen in der kleinen und relativ wohlhabenden

Oasenstadt Ayina zur Welt kam. Muhammads Vater, Abdul Wahhab, der auch das Richteramt ausübte, vertrat eine radikal-orthodoxe, aus dem 8. Jahrhundert stammende Auslegung des islamischen Gesetzes. Als der junge Sohn des Wahhab es müde wurde, Dattelpalmen zu pflegen und Vieh zu hüten, begann er zu predigen und forderte eine Rückkehr zum »reinen Glauben« des 7. Jahrhunderts. Er wandte sich gegen die Anbetung des Propheten Muhammad, verurteilte Muslime, die vor den Schreinen der Heiligen beteten, kritisierte den Kult um heilige Gräber, betonte die »Alleinheit des einen Gottes« und bezeichnete alle nicht-sunnitischen und sogar einige sunnitische Gruppen (einschließlich des Sultan-Kalifen in Istanbul) als Häretiker und Heuchler. All das lieferte eine politisch-religiöse Rechtfertigung für einen ultra-sektiererischen Dschihad gegen andere Muslime, insbesondere die schiitischen Häretiker und das ganze Osmanische Reich.

Die Ansichten waren nicht gerade neu. Der Puritanismus hatte im Islam schon immer Anhänger gefunden. An und für sich wären Ibn Wahhabs Thesen harmlos gewesen. Es waren eher seine sozialen Allheilmittel – der Glaube an die islamische Prügelstrafe, die Steinigung von Ehebrecherinnen, die Amputation der Gliedmaßen von Dieben und die öffentliche Hinrichtung von Kriminellen –, die im Jahr 1740 Widerstand hervorriefen. Die religiösen Führer in der Region erhoben Einwände, als er in die Praxis umsetzte, was er predigte. Verärgert über diesen Unsinn und aus Angst vor einem Volksaufstand wies der Emir von Ayina den Prediger aus der Stadt.

In den nächsten vier Jahren bereiste Ibn Wahhab die Region und besuchte Basra und Damaskus, um sich selbst ein Bild von den lockeren Sitten zu machen, die die Osmanen im Islam eingeführt hatten. Er wurde nicht enttäuscht. Auf jeder Station seiner Reise stellte er Abweichungen vom wahren Glauben fest. Außerdem lernte er gleich gesinnte Kleriker kennen, die ihn in seinen Überzeugungen bestärkten. Ibn Wahhab fasste nun den eisernen Entschluss, den Islam zu seiner ursprünglichen Reinheit zurückzuführen. Dieser ständige Rückgriff auf ein »reines« oder goldenes Zeitalter beruhte zwar auf purer Fiktion, aber schließlich lässt sich eine Erweckungsbewegung nicht ohne eine puristische Rekonstruktion der betreffenden Religion in Gang setzen.

»Aus ihren Träumen«, schrieb der englische Romantiker John Keats, »weben Fanatiker das Paradies einer Sekte.« Keats spielte damit auf die puritanischen Sekten an, die vor, während und nach der englischen Revolution im 17. Jahrhundert entstanden, aber seine Worte treffen ebenso gut auf den Wüstenprediger zu, der in seine Heimat zurückkehrte, um seine Bewegung aufzubauen. 1744 traf Ibn Wahhab in Darija, einem anderen kleinen Oasen-Stadtstaat, ein, der in der Provinz Nedschd liegt. Hier war der Boden fruchtbar, aber die Menschen lebten in Armut. Die Stadt war für ihre Obstgärten bekannt, ihre Dattelhaine und den berüchtigten Emir und Raubritter Muhammad Ibn Saud, der mit Freuden einen von seinem Rivalen vertriebenen Prediger aufnahm. Er begriff sofort, dass Ibn Wahhabs Lehren seinem militärischen Ehrgeiz von Nutzen sein konnten. Die beiden waren wie füreinander geschaffen.

Ibn Wahhab lieferte die theologische Rechtfertigung für nahezu alle Ziele Ibn Sauds: einen permanenten Dschihad, bei dem es vornehmlich darum ging, andere muslimische Siedlungen und Städte zu plündern; die Nicht-Anerkennung des Kalifen; harte Disziplin bei seinen eigenen Leuten und schließlich die Durchsetzung seiner Machtansprüche gegenüber den Nachbarstämmen, um die Halbinsel zu einen. Nach ausführlichen Gesprächen schlossen der Emir und der Prediger einen *mithaq*, einen Pakt, der auch für alle Nachfolger bindend bleiben sollte. Die beiden von Ibn Saud eingefügten Klauseln offenbarten, was er im Sinn hatte: religiöser Eifer im Dienste des politischen Ehrgeizes, aber nicht umgekehrt. Ibn Saud hatte sofort erkannt, dass das Charisma des Predigers ansteckend wirkte. Daher war er entschlossen, sich ein Monopol auf den Mann und seine Lehren zu sichern. Unter keinen Umständen sollte Ibn Wahhab jemals seine religiösen Dienste und seine Loyalität einem anderen Emir der Region anbieten dürfen. So unglaublich es auch scheinen mag, dieser Gottesmann, der die Universalität des Islam mit dem Eifer eines Besessenen verteidigte, ließ sich tatsächlich auf die Vereinbarung ein. Die zweite Forderung des Emir war geradezu zynisch. So schlimm es ihm, Ibn Wahhab, auch vorkommen möge, der Prediger dürfe niemals Einspruch erheben, wenn sein Herrscher Abgaben von seinen Untertanen eintrieb. Auch in diesem Punkt kam Muhammad Ibn Wahhab seinem neuen Schutzherrn entgegen und versicherte ihm, diese Abgaben würden alsbald überflüssig werden, weil »Allah mehr materielle Güter in Form von *ghanima* (Beute) von den Ungläubigen verspricht«.* Schließlich wurde der Vertrag durch eine Ehe besiegelt. Ibn Saud verheiratete seinen Sohn Abd al-Aziz mit Wahhabs Tochter. So wurde die Grundlage für eine in politischer wie konfessioneller Hinsicht enge Beziehung geschaffen, die für die Politik auf der Halbinsel bestimmend wurde. Die Kombination von religiösem Fanatismus, militärischer Skrupellosigkeit, politischer Schurkenhaftigkeit und der Zwangsverheiratung von Frauen, um Bündnisse zu zementieren, wurde zum Grundstein einer Dynastie, die noch heute Saudi-Arabien beherrscht.

Im Jahr 1792 hatten die Saudi-wahhabitischen Streitkräfte den Widerstand der benachbarten Herrscher gebrochen und die Städte Riad, Kharj und Qasim unterworfen. Da es die rivalisierenden Stämme versäumten, sich zu verbünden und den Wahhabiten gemeinsam entgegenzutreten, konnten die Nachfolger Ibn Sauds sogar die heiligen Stätten des Islam bedrohen. 1801 überfielen sie

---

* Ibn Wahhabs Vater und sein Bruder lehnten das neue Dogma übrigens ab. Sein Bruder Suleiman widerlegte die wahhabitische Interpretation systematisch und unterstrich, dass die ersten islamischen Führer andere Muslime niemals als Händler des Polytheismus und des Unglaubens verurteilt hätten.

Kerbela, die heiligste Stadt der Schiiten, töteten 5000 Einwohner, plünderten Häuser und Schreine und kehrten triumphierend nach Hause zurück. 1802 besetzten sie Taif und schlachteten die Bevölkerung ab. Im darauf folgenden Jahr nahmen sie Mekka ein und befahlen dem Sharif von Mekka, die Kuppelbauten über den Gräbern des Propheten und der Kalifen zu zerstören, da nach wahhabitischer Lehre protzige Grabsteine verwerflich sind. Und so geschah es dann auch. Wieder aufgebaut wurden die Heiligtümer erst nach dem Sieg der Osmanen über die Wahhabiten.

Aber wie lange würde Istanbul die Rebellion der Wahhabiten dulden? Die größte Militärbasis des Osmanischen Reiches lag in Ägypten, aber hier war seine Hegemonie von jeher instabil gewesen. Die etablierte Elite am Unterlauf des Nil sorgte ständig für Unruhen, und die Herrscher in Istanbul kamen nie zur Ruhe. Solange die Steuern regelmäßig in die Schatullen des Reiches flossen, ignorierte der Sultan jedoch die Bedrohung durch die Wahhabiten. Zudem geriet er nun gleichzeitig durch neue Entwicklungen in Westeuropa unter Druck, wo der Kapitalismus eine erste Blütezeit erlebte.

Das Zeitalter des modernen Imperialismus hatte begonnen. Neue Welteroberer waren unterwegs. Das vielleicht bemerkenswerteste Unternehmen in der Geschichte des merkantilen Kapitalismus war die Ausdehnung nach Osten. Die Ostindische Gesellschaft war schon im Jahr 1600 gegründet worden. Rund hundert Jahre später liefert uns Don Manuel Gonzales, ein iberischer Reisender, eine Schilderung des ersten Hauptquartiers der Globalisierung:

»Auf der Südseite der Leadenhall Street steht auch, ein wenig östlich von Leadenhall, das Ostindienhaus, unlängst mit steinerner Front zur Straße prachtvoll erbaut; da aber die Front sehr schmal ist, macht sie nicht einen solchen Eindruck, wie es der inneren Pracht des Hauses angemessen wäre, das auf weitläufigem Grund steht; die Büros und

Lagerhäuser sind bewundernswert gut durchdacht, und die Empfangshalle und der Versammlungsraum halten dem Vergleich mit allem stand, was die City in dieser Hinsicht zu bieten hat.«

Die astronomischen Gewinnspannen bei ostindischen Waren veranlassten Adam Smith zu einer sarkastischen Bemerkung in seinem Buch »Untersuchung über die Natur und die Ursachen des Reichtums der Völker« (dt. 1776), in dem er erklärte, das Monopol dieser Gesellschaft werde zwar von den Leuten bezahlt, die die Waren kauften, aber sie bezahlten gleichzeitig »für die außerordentliche Verschwendung, die infolge von Bestechung und Missständen zwangsläufig auftritt, wie sie mit der Verwaltung der Geschäfte einer so großen Gesellschaft stets verbunden sind«.

Solange England und Holland einer Gruppe von Kaufleuten eine semi-souveräne Macht zugestanden (nämlich das Recht, eine eigene Armee zu unterhalten), wurden »Bestechung und Missstände« nach Indien verpflanzt, wo asiatische Kaufleute auf derlei Privilegien verzichten mussten. Übrigens ebenso wie die Kaufleute des Osmanischen Reiches. Da der bewaffnete Handel rasche Fortschritte machte, dehnte die in Kalkutta ansässige Gesellschaft ihr Wirkungsfeld aus und nahm nach der Schlacht von Plassey 1757 ganz Bengalen ein. Nach wenigen Jahren war der Großmogul in der Festung in Delhi zum Pensionsempfänger der Gesellschaft geworden, deren Streitkräfte von Bengalen aus rasch nach Westen vordrangen. Unterdessen hatten die Holländer bereits Teile von Ceylon und die Inseln des indonesischen Archipels besetzt.

Napoleons Vorstoß nach Ägypten im Jahr 1798 war als erster Schritt gedacht, um das Vordringen der feindlichen Briten in Indien zu stoppen. Sobald Ägypten erobert war, wollten die Franzosen weiter nach Osten ziehen und sich mit den antibritischen muslimischen Herrschern von Mysore verbünden; aber dazu sollte es nicht kommen. Nachdem sein Feldzug in Syrien in eine Sackgasse geraten war, kehrte Napoleon nach Frankreich zurück, ließ aber zwei Generäle im Land. Einer fiel im folgenden Jahr einem Attentat zum Opfer, während der andere zum Islam übertrat und fortan Abdallah (Allahs Sklave) Menou hieß. 1801 griff eine britische Streitmacht zugunsten der Osmanen ein, und die Franzosen zogen sich nach dreijähriger Besatzung aus Ägypten zurück. Die neuen europäischen Imperien steckten noch in den Kinderschuhen, aber weitsichtige osmanische Funktionäre sahen bereits den Zusammenbruch ihrer Welt voraus.

Zu ihnen zählte auch Muhammad Ali, ein junger Offizier und Sprössling einer Mischehe: Sein Vater war ein albanischer Offizier in der osmanischen Armee, der eine Mazedonierin geheiratet hatte. Muhammad Ali war 1801 mit der osmanischen Armee als Kommandant eines albanischen Bataillons nach Ägypten gekommen, um gegen die Franzosen zu kämpfen. Hier erfuhr er, dass die Franzosen nach einem Aufstand in Kairo die verfeindeten Eliten übergangen, die einheimischen Kleriker als Volksvertreter eingesetzt und immer wieder zu Rate gezogen und überhaupt eine wohlwollendere Haltung gegenüber dem Volk gezeigt hatten als die Osmanen. Noch wichtiger, die Abgesandten der Französischen Revolution hatten dem verhassten Steuersystem, das die Landbevölkerung in die Armut trieb, den Garaus gemacht.

Die Steuereintreiber des Osmanischen Reiches waren die verhasstesten Vertreter des bürokratischen Apparats. Sie hatten die Aufgabe, bei den Bauern, die das Land bestellten, Steuern zu erheben, benahmen sich aber wie Despoten und behandelten die Bauern wie Leibeigene, während sie selbst in verschwenderischem Luxus lebten. Dieses System des Staatsfeudalismus sorgte für eine wohlgefüllte Staatskasse, und nur darauf kam es an. Napoleon aber erließ kurz nach seiner Ankunft, am 16. September 1798, ein Gesetz, in dem der Preis für Grund und Boden festgelegt wurde, die Bauern das Recht erhielten, das Land, das sie bestellten, zu besitzen und zu vererben, und ein Grundbuchamt eingerichtet wurde.

Die Strukturen der Osmanen und der Moguln waren vergleichbar, aber der Kontrast zwischen der von den Franzosen geschaffenen Ordnung und der Bodenpolitik, die die Briten in Bengalen einführen wollten, hätte nicht krasser sein können. Paris begünstigte den Bauern, London den Großgrundbesitzer.

Muhammad Ali war auch nicht entgangen, dass der Rückzug der Franzosen nur durch das Bündnis zwischen Osmanen und Briten erzwungen worden war. Also schmiedete er Pläne für einen erfolgreichen Staatsstreich. Er knüpfte enge Beziehungen zu zwei führenden Klerikern, die mit den Franzosen kollaboriert hatten, und wartete auf den geeigneten Zeitpunkt. Nach einigen Jahren geschickten Taktierens ergriff er 1804 die Macht. Der Sultan ernannte ihn daraufhin widerstrebend zum *wali* von Ägypten. Obwohl er es nicht zum offenen Bruch mit den höheren Instanzen in Istanbul kommen ließ, war er de facto zum souveränen Herrscher Ägyptens geworden. Wenn nötig, verteidigte er osmanische Interessen, indem er den Plünderungen der Hedschas-Stämme Einhalt gebot. Im Gegenzug ließ ihn der osmanische Herrscher, wenn auch murrend, in Ruhe.

Es waren die Soldaten Muhammad Alis, die 1811 die Wahhabiten schlugen, Mekka und Medina zurückeroberten und sie aus dem Hedschas vertrieben. 1818 besiegte Alis Sohn Ibrahim Pascha die saudi-wahhabitischen Streitkräfte und zerstörte ihre Hauptstadt Darija. Die osmanische Oberhoheit wurde zwar wieder hergestellt, und obgleich die Wahhabiten die Provinz Nedschd zurückeroberten, mussten sie ein Bündnis mit dem mächtigen britischen Empire eingehen, um hundert Jahre später einen Dschihad gegen die »heuchlerischen« Muslime des Kalifats zu führen und sich wieder als Regionalmacht zu etablieren. Eine andere, noch mächtigere Imperialmacht sollte ihnen später die ganze Halbinsel anvertrauen, und der Wahhabismus in Reinform – eine ungetrübte Mischung aus religiösem Rigorismus und politischem Opportunismus – sollte zum Werkzeug der Ungläubigen werden.

3   Das Königreich der Korruption

Ungeduldig, aber mit großer Freude beobachteten die europäischen Imperialmächte den Niedergang des Osmanischen Reiches. Großbritannien, Deutschland und Russland waren eifrig damit beschäftigt, sich gegenseitig die Beute abzujagen. Schon 1830 hatte Frankreich den Osmanen Algerien entrissen. Griechenland hatte die Gunst der Stunde genutzt und seine Unabhängigkeit errungen. Die gierigen Augen Russlands richteten sich auf den Balkan. Die Briten beherrschten bereits Ägypten und durchkämmten die Wüsten der Arabischen Halbinsel auf der Suche nach weiteren Verbündeten. In Westeuropa selbst war der seit dem Ende der Napoleonischen Kriege herrschende Frieden wegen der Rivalität der Imperialmächte in Gefahr. Ausgelöst wurde der Krieg zwar durch ein Attentat in Sarajewo, aber dahinter stand der Machtkampf zwischen Österreich und Russland auf dem Balkan. Deutschland war mit Österreich verbündet. Großbritannien und Frankreich unterstützten Russland.

Der osmanische Sultan hätte neutral bleiben können, entschloss sich aber, während des Ersten Weltkriegs der deutsch-österreichischen Allianz beizutreten. Im Rückblick mag seine Entscheidung unklug erscheinen, aber damals glaubte die ›Pforte‹ mit diesem Schachzug an die gute alte Zeit anknüpfen zu können. Keine Großmacht möchte glauben, dass ihr Untergang unabwendbar ist. Weder die Osmanen noch die Hohenzollern trauten den Vereinigten Staaten den Aufstieg zur Weltmacht zu.

Auch konnten weder sie noch andere den plötzlichen Zusam-menbruch des Zarismus in Russland und den anschließenden Sieg Lenins und der Bolschewiken vorhersehen. Eben dieses Er-eignis war ausschlaggebend für den Eintritt der Vereinigten Staa-ten in den Ersten Weltkrieg. Da die Amerikaner in Deutschland die einzige europäische Macht sahen, die der Verfolgung ihrer Interessen im Wege stehen konnte, schlugen sie sich auf die Seite der Briten und Franzosen. Die Niederlage im Krieg von 1914/1918 besiegelte das Schicksal von Österreich-Ungarn und des Kalifats in Istanbul, die im Lauf der Jahrhunderte einander oft bekämpft hatten. Nun endlich vereint gegen einen neuen Feind, gingen sie gemeinsam zugrunde.

Die Entscheidung über die Zukunft ihrer Länder fiel auf der Konferenz der Siegermächte in Versailles im Jahr 1919. Als Ver-treter eines liberalen Imperialismus versprach Woodrow Wilson jeder Nation das Selbstbestimmungsrecht. Dies und der Aufruf der Bolschewiken zur Rebellion in den Kolonien hatte zur Folge, dass unterdrückte Völker die Bühne der Weltgeschichte betraten. Einem bis dato unbekannten Mann aus Indochina, Ho Chi Minh, gelang es, auf der Versailler Konferenz die Unabhängigkeit seines Landes zu fordern. Eine Teilnahme von Delegierten der ägypti-schen Regierung jedoch hatten die Briten mit ihrem Veto verhin-dert. Dieser Schritt führte zu einem Volksaufstand, der zwar nie-dergeschlagen wurde, aber sein Anführer Saad Saghlul gründete daraufhin die Wafd – die erste wirklich nationalistische Partei der arabischen Welt. Die Siegermächte kamen in Versailles überein, die ehemals osmanischen arabischen Staaten zwar formal in die Unabhängigkeit zu entlassen, sie aber der Vormundschaft oder dem »Mandat« der Imperialmächte zu unterstellen. Der Völker-bund sollte dafür sorgen, dass die Sieger sich nicht gegenseitig die Kriegsbeute streitig machten. Nach dem Zusammenbruch von Deutschland, Österreich und Russland gab es nur noch zwei intakte Mächte. Frankreich und Deutschland waren bereits handelseinig und legten Landesgrenzen nach dem Prinzip des Tauschgeschäfts fest. Großbritannien erhielt das »Mandat« für den Irak und Palästina und sollte über Ägypten wachen, während Frankreich Syrien und als Trostpreis den Libanon erhielt. So wurde Großbritannien der Großteil des Maschrik, des Ostens der arabischen Welt, zugeschlagen und Frankreich der Maghreb, also der Westen sowie Syrien. Das Ende des Kalifats und des Osmanischen Großreichs führte unmittelbar zu einer wahren Explosion von nationalistischen Gefühlen.

Im Irak und in Syrien kam es zu Rebellionen, die von den Imperialmächten niedergeschlagen wurden, was in der ganzen arabischen Welt den schwelenden Zorn nur noch weiter entfachte. Die Araber sahen durchaus, dass sie – anders als neue Länder wie Jugoslawien, Bulgarien, Rumänien und die Tschechoslowakei – nur zum Schein in die Unabhängigkeit entlassen worden waren. Außerdem hatte es in Russland eine Revolution gegeben, die die Welt auf den Kopf gestellt hatte, und es wurde eine Kommunistische Internationale mit dem Ziel einer Weltrevolution ausgerufen. Ihre eigentlich an die »Bauern von Mesopotamien, Syrien, Arabien und Persien« gerichteten radikalen, antiimperialistischen Appelle wurden von den Intellektuellen in Kairo, Bagdad und Damaskus, aber auch in Kabul, Delhi und Djakarta bereitwillig aufgenommen. Doch würden sie auch zu jenen vordringen, die sie eigentlich ansprechen wollten: die muslimischen Massen und die Schwerarbeiter des Ostens? Und Großbritannien und Frankreich machten in ihrem grenzenlosen Selbstvertrauen weiter, als wäre in Europa nicht viel passiert. Sie unterschätzten sowohl den Aufstieg der Vereinigten Staaten als auch die Russische Revolution.

Bereits 1917 hatte die Balfour-Deklaration das britische Empire verpflichtet, die Einrichtung einer »jüdischen Heimstätte« in Palästina »mit Wohlwollen in Betracht zu ziehen«, vorausgesetzt, die Rechte anderer Einwohner würden dadurch nicht verletzt. Dieses Abkommen nutzten die Briten als Vorwand und annektierten kurzerhand Palästina. Das kleine Transjordanien wurde aus Ostpalästina herausgeschnitten und nominell für unabhängig erklärt. Das übrige Palästina blieb direkt den Briten unterstellt, sodass sie dort eine »jüdische nationale Heimstätte« einrichten konnten. Die zionistischen Organisationen in Europa hatten ihr Ziel erreicht, und kurz darauf setzte die jüdische Einwanderung nach Palästina ein.

Briten und Franzosen bevorzugten in ihren quasi kolonialen Protektoraten unterschiedliche Strukturen. Die Imperialisten Frankreichs wollten die Anwesenheit von Emir Faisal in Syrien nicht dulden und baten ihn, Damaskus zu verlassen. Die Briten hingegen machten ihn zum König des Irak. Sein Bruder Abdullah wurde mit einem Thron in Transjordanien ruhig gestellt. Beide waren Söhne von König Hussein, der das Sharifen-Amt von Mekka bekleidete, also Hüter der heiligen Stätten war und aus der direkt vom Propheten abstammenden Familie der Haschemiten kam. Hussein ernannte sich zum König des Hedschas, weil er meinte, die Briten würden diesen Schritt als *fait accompli* hinnehmen. Doch er erwies sich als inkompetenter Herrscher, und nach ein paar Jahren unterstützten die Briten an seiner Statt einen zuverlässigeren und brutaleren Anwärter, Emir Abdal Asis Ibn Saud aus dem Nedschd, dessen Urahn zwei Jahrhunderte zuvor den Pakt mit Ibn Wahhab geschlossen hatte. Ibn Saud benötigte aber keinen Prediger. Die Zeiten hatten sich geändert, die verhassten Osmanen waren für immer verschwunden, und an ihre Stelle waren die Engländer getreten. Ibn Saud hatte sich von seinem großen Bewunderer, dem britischen Arabisten und Gesandten H. A. R. Philby, leiten lassen, der ihn ermutigte, dem Beispiel des Propheten zu folgen und die zerstrittenen Stämme der Halbinsel zu einen.

Balfour und Philby. Von einigen geliebt, von vielen gehasst. Die beiden Namen stehen für Entscheidungen im Sinne imperialer Macht mit tödlichen Folgen. Balfour ebnete den Weg für die Schaffung eines jüdischen Siedlerstaats in Palästina. Philby unterstützte die Entstehung einer feudalen Kleptokratie auf der Arabischen Halbinsel. Balfour wartet noch auf eine Muse, die sich seiner Biografie annimmt, aber der kreativen Intelligenz des saudischen Schriftstellers Abdelrahman Munif haben wir ein eindrückliches Porträt Philbys zu verdanken. Munif versteht sich meisterhaft darauf, das Intellektuelle und das Volkstümliche in Charakteren zu vereinen, die weder das eine noch das andere sind. Seine Stärke beruht auf seiner Fähigkeit, sich über alle lokalen Vorurteile zu erheben. Er ist der Patriarch im Stamm der Schreiber.

Seine Trilogie »Cities of Salt« schildert die Verwandlung Ostarabiens vom Stammland der Beduinen in einen hybriden Ölstaat. Es fehlt zwar bislang ein angemessenes und umfassendes Geschichtswerk über die Halbinsel, aber Munifs inspirierende Trilogie klärt immerhin ein wenig auf, ohne in Nihilismus zu verfallen. Die scharfsichtigen psychologischen Analysen in seinen Romanen erklären, warum er in der arabischen Welt so beliebt ist, aber auch, warum man ihm die saudische Staatsangehörigkeit aberkannte und ihn ins Exil schickte. Er wird nie zum »offiziellen« Schriftsteller avancieren, niemals wird er schreiben, um zu gefallen, und niemals wird er sich die Flagge eines Landes umhängen.

Im ersten Roman der Trilogie erzählt Munif die Geschichte der Wüstenbeduinen, die in Wadi al-Uyoun leben. Über Jahrhunderte hinweg haben die Karawanen ihren Schritt beschleunigt, wenn sie die sanfte, wohltuende Brise der Oase einsogen und das gute Wasser vor Augen hatten. Und dann trifft Anfang der dreißiger Jahre die Moderne in Gestalt von drei Amerikanern ein, die am Bach ihr Lager aufschlagen. Sie kommen von einer Erdölgesellschaft, aber es heißt, sie seien Freunde des Emir und auf der Suche nach neuen Brunnen. »Übt euch in Geduld, und ihr werdet alle reich werden«, erklärt der arabische Übersetzer den Einheimischen. Die Wüstenbewohner sind verblüfft über das Verhalten der Amerikaner: Sie laufen schreiend herum, sammeln unmögliche Dinge in Taschen und Schachteln, schreiben wie besessen bis tief in die Nacht. Das Erstaunen der Menschen nehmen sie nicht zur Kenntnis. Einer von ihnen legt sich praktisch nackt mit geschlossenen Augen vor das Zelt, ohne auf die Kinder zu achten, die ihn beobachten. Die Frauen weigern sich, zum Bach zu gehen.

Das Erstaunen über die Neuankömmlinge weicht der Unruhe, gefolgt von Angst und bösen Vorahnungen. Junge Hitzköpfe schlagen vor, die Ungläubigen zu töten, aber die Dorfältesten verbieten solches Gerede. Die Fremden sind schließlich Gäste des Emir. Später sind auch die Ältesten uneins. Miteb al-Hathal ist von Anfang an gegen die Amerikaner. Ibn Rashed dagegen meint, sie kämen so oder so und machten jeden reich, da könnte man doch von Anfang an mit ihnen zusammenarbeiten. Wenn er bei Amerikanern ist, ist er ein anderer Mensch, vergisst die scharfzüngige, mit Sprichwörtern gespickte Sprache der Beduinen, reibt sich unterwürfig die Hände, übertreibt es mit allem und lacht wie eine Hyäne. »Nur so verstehen sie uns«, erklärt er Miteb. (Bei dieser Schilderung fühlt man sich an die ägyptischen Präsidenten Anwar al-Sadat und Hosni Mubarak in Gesellschaft von US-Präsidenten und israelischen Führern erinnert.)

Die Amerikaner reisen ab, nur um mit noch mehr Leuten und Maschinen zurückzukehren, und eines Morgens werden die Dorfbewohner von dröhnendem Donner aus dem Schlaf gerissen. Die Bulldozer greifen die Obstgärten an »wie ausgehungerte Wölfe, reißen die Bäume aus, türmen sie zu Haufen auf«, und die Menschen bleiben zurück »wie vom Wind zerzauste Vogelscheuchen aus Lumpen und Palmzweigen«. Wadi al-Uyoun gibt es nicht mehr. An seine Stelle tritt ein von Stacheldraht umzäuntes amerikanisches Lager. Das Wasser wird zurück ins Loch gepumpt, wie um den Durst schauerlicher Horden kreischender Dschinns zu stillen, die in unterirdischen Feuern schmoren.

Miteb al-Hathal galoppiert in die Wüste hinaus und wird zur Legende des Widerstands, während der Roman die Geschichte seines Sohns Fawaz in der Küstenstadt Harran aufgreift. Plötzlich dehnt sich der Roman aus wie ein Fluss, der im Meer aufgeht, und die Globalisierung rückt ins Zentrum des Geschehens: Die Millionen von Menschen, die in wenigen, kurzen, chaotischen Jahren ganze Jahrhunderte hinter sich lassen und dabei nicht einmal in der Touristenklasse, sondern im Frachtraum des modernen Kapitalismus reisen.

Ibn Rashed wird nun zum Anwerbeoffizier der amerikanischen Erdölgesellschaft und drangsaliert seine Landsleute. Die Beduinen-Arbeiter, die in engen Firmenoveralls stecken, sind erschöpft und ertragen den Lärm der Traktoren nicht. Beim Schleppen der Holzplanken und Stahlträger sind sie so ängstlich und unsicher, dass sie ständig stürzen, Sachen fallen lassen und alle erdenklichen Fehler machen. Der Zorn der amerikanischen Aufseher ist ihnen unverständlich. Eines Nachts geht ein großes Schiff vor der Küste vor Anker, es erstrahlt im Lichterglanz, laute Musik ertönt, die Luft ist schwül. An Deck drängen sich Männer und Frauen, nur mit bunten Stofffetzen bekleidet, halten sich eng umschlungen, lachen und rufen. Die arabischen Arbeiter sitzen schweigend am Ufer, beobachten voller Bitterkeit und gleichzeitig doch erregt, aber von dem Gefühl geplagt, ausgelacht zu werden, die Szene. Wortlos sehen sie zu, wie die Fremden an Land strömen und sich in Häuser begeben, die von Arabern erbaut wurden, zu denen sie aber keinen Zutritt haben.

»Variations of Night and Day«, der letzte Roman der Trilogie, spielt in einer früheren Epoche, als noch das britische Empire die Region beherrschte. Es sind noch andere Zeiten, und der Engländer beherrscht Arabisch in der reinsten Form, wie es ursprünglich in der Wüste gesprochen wurde, in die man ihn entsandte. Die romanhafte Schilderung der Kriege, die Ibn Saud führte, um die Halbinsel zu erobern, ist realistischer als jede Geschichtsschreibung. Sultan Khureybit und Hamilton sind das fiktionale Pendant zu Ibn Saud und Philby. Während der offiziellen Ratssitzungen des Sultans gibt sich der Engländer einsilbig, denn er weiß, dass ihm die meisten der Anwesenden feindselig und misstrauisch gegenüberstehen, aber, so Munif:

»Abends, wenn sich ihre Beratungen bis spät in die Nacht hinzogen, war Hamilton ein anderer Mensch.

›... Und ihr wisst, Eure Majestät, dass die Regierung Seiner britischen Majestät die Bedingungen in der Region und die hiesigen Reaktionen berücksichtigen muss. Zwar bietet Euch die Regierung ihre vorbehaltlose Unterstützung an, wie durch ihre Hilfe und auch durch meine Anwesenheit deutlich wird, aber Ihr dürft andere nicht zu stark provozieren oder zu Feinden Großbritanniens machen. Daher ist die Regierung insgeheim und stillschweigend damit einverstanden, Maßnahmen zur Ausschaltung Eurer Rivalen zu ergreifen. Wir müssen lediglich ein geheimes und annehmbares Mittel zu diesem Zweck finden.‹

Hamilton sprach diese Worte erst spät und nach gründlichen Nachforschungen aus. Der Sultan, der nur auf dieses Einverständnis gewartet hatte, verlor keine Zeit.

Mit jedem Schritt zeigte sich der Sultan noch mehr geneigt, auf Hamilton zu hören: ›Wenn es möglich ist, diese Region friedlich zu annektieren, indem man die Stämme und Scheichs reich macht, ist das einer gewaltsamen Annexion vorzuziehen. Wenn wir dies insgeheim oder lautlos vollbringen, wäre das besser, als es offen zu tun, was die anderen aufrütteln würde.‹

Monat für Monat, Jahr für Jahr lebten sie eng zusammen wie siamesische Zwillinge, ein Körper, zwei Köpfe. Zwar trennten sie sich zu später Stunde, aber sie hatten den ganzen Tag und den Abend, um wirklich alles zu besprechen: wie die Briten dachten und wie die

Menschen der Wüste dachten. Was die Briten wollten, jetzt und in Zukunft, und was der Sultan wollte …«

Die Halbinsel aber wehrte sich gegen eine lautlose Übernahme. Ein paar Almosen reichten nicht, um die beiden großen Rivalen der Familie al-Saud zu kaufen. Sie mussten militärisch geschlagen werden. Großbritannien lieferte die Waffen, und Ibn Sauds Krieger wussten sie zu nutzen. Nach der Eroberung der Stadt Hail und der Niederlage der mächtigen Emire aus der Familie Raschidi ließ sich Ibn Saud zum Sultan von Nedschd ausrufen. Schon bald hatte er ganz Zentralarabien in seine Gewalt gebracht. Wie seine Vorfahren zwang der neue Sultan die Ehefrauen seiner besiegten Rivalen zur Ehe.

Die Behandlung von Muhammad Ibn Talal, dem ehemaligen Emir von Hail, den Ibn Saud besiegt hatte, gab einen Vorgeschmack auf die Zukunft Saudi-Arabiens. Ibn Talal wurde die Freiheit versprochen, wenn er nach Riad käme. Sobald er eintraf, wurde er für zwei Jahre ins Gefängnis geworfen und anschließend unter Hausarrest gestellt. Als man die Restriktionen aufhob, folgten ihm fünfzig Männer auf Schritt und Tritt. Al Oni, einer der großen Volksdichter Zentralarabiens, stand loyal zu dem abgesetzten Emir, aber Ibn Talal durfte sich nicht mit ihm treffen. Denn Ibn Saud fürchtete, der Poet könnte ein Gedicht zugunsten seines Rivalen verfassen, das, von Mund zu Mund durch die Wüste getragen, einen Sturm entfachen würde.

Als sich dann der Dichter und der gestürzte Fürst heimlich trafen, wurden sie ertappt. Der Dichter wurde im Gefängnis geblendet und unter so schlimmen Haftbedingungen gehalten, dass er starb. Ibn Talal fiel einem Mordanschlag zum Opfer. Die Städte, die Ibn Saud erobert hatte, wurden aber dem wirtschaftlichen und spirituellen Verfall preisgegeben. Aus Angst vor der wahhabitischen Diktatur flohen viele Einwohner in den Irak, nach Syrien und in den Jemen.

Aber die Suche nach Erdöl sollte alles und jeden in der Region verändern. Die Vereinigten Staaten wollten auf keinen Fall zulassen, dass sich Großbritannien das Monopol für das unter der Erde lagernde Öl sicherte. Anfang der dreißiger Jahre trafen Ölsucher aus den USA ein und nahmen Kontakt zu Ibn Saud auf, der ihnen eine Konzession gewährte. Viel mussten sie dafür nicht bezahlen. Standard Oil legte 1933 Gold im Wert von 50 000 Pfund Sterling auf den Tisch. Die amerikanische Regierung, die Konkurrenz aus Großbritannien fürchtete, sorgte für einen Zusammenschluss von Standard Oil mit Esso, Texaco und Mobil; so entstand die Arabian American Oil Company (ARAMCO). 1938 begann die Erdölförderung.

Später, während des Zweiten Weltkriegs, wurde das Bündnis gestärkt, und ein neu geschaffener Luftwaffenstützpunkt der USA in Dharan erschien »zur Verteidigung der Vereinigten Staaten« unabdingbar. Der saudische Monarch erhielt mehrere Millionen Dollar für die »Entwicklung« des Königreichs. Zwar wurde das Regime als konfessionelle Despotie eingestuft, aber diese unattraktive Eigenschaft wurde durch die gewaltigen Ölvorräte unter dem Wüstensand kompensiert. Saudi-Arabien sollte ein wichtiges Bollwerk gegen den Kommunismus und den weltlich ausgerichteten Nationalismus in der arabischen Welt werden. Es überrascht kaum, dass die Vereinigten Staaten ihre eigenen ökonomischen und imperialen Interessen im Auge behielten und das, was innerhalb der Grenzen des Königreichs geschah, ausblendeten.

4 Der Zionismus, der erste Ölkrieg und der Widerstand

Nach dem Ende des Zweiten Weltkriegs setzte in der Region der Prozess der Entkolonialisierung ein. Der Krieg hatte die alten Imperien geschwächt. Der deutsche Imperialismus war niedergeschlagen worden, aber nicht durch Frankreich und Großbritannien. Vielmehr hatte der Widerstand der Sowjets, wie er sich in den Schlachten von Kursk und Stalingrad zeigte, der Wehrmacht das Kreuz gebrochen. Auch die wirtschaftliche und militärische Unterstützung durch die Vereinigten Staaten trug maßgeblich dazu bei, die Kapitulation Deutschlands herbeizuführen. Die Vereinigten Staaten hatten sich als stärkste Wirtschaftsmacht der Welt profiliert, aber Prestige und militärische Stärke der Sowjetunion bereiteten ihnen zunehmend Sorgen. Noch während der Zweite Weltkrieg tobte, nahm der Kalte Krieg seinen Anfang. Die Vereinigten Staaten, die Sowjetunion und Großbritannien waren übereingekommen, Europa in Einflusssphären zu zergliedern. Deutschland sollte geteilt werden. Stalin erhielt Osteuropa und sollte im Gegenzug den kommunistischen Widerstand in Frankreich, Italien und Griechenland im Zaum halten, da diese Länder dem Machtbereich der Vereinigten Staaten und Großbritanniens zugeschlagen werden sollten. Für die übrige Welt und insbesondere für Asien gab es keine Vereinbarungen. Japan hatten die Vereinigten Staaten mit der Atombombe in die Knie gezwungen und hielten es besetzt, aber überall sonst wehrten sich die Völker gegen die Großmächte.

In dieser Situation setzten die Vereinigten Staaten, die Revolutionen fürchteten, eine rasche Entkolonialisierung britischer und französischer Gebiete durch. 1947 zogen sich die Briten aus Indien zurück. Die Kapitulation Japans hatte zu neuerlichen revolutionären Kämpfen in Indochina, Malaysia und Indonesien geführt. Auf dem chinesischen Festland brachten die kommunistischen Streitkräfte den Nationalisten eine Niederlage nach der anderen bei, und 1949 zog Mao Tse-tung in Peking ein und rief die Volksrepublik China aus.

1948 hoben die Vereinten Nationen das britische Mandat in Palästina auf und billigten die Gründung des Staates Israel. Dieses Ereignis erregte anderswo kaum Aufsehen. Die nunmehr unabhängigen muslimischen Staaten Pakistan und Indonesien hatten eigene Sorgen. Der Iran stand der Sache gleichgültig gegenüber. In der arabischen Welt hingegen konnte man diese Staatsgründung kaum gelassen hinnehmen. Ein Ägypter, Iraker, Saudi oder Syrer war zwar nicht in derselben Weise betroffen wie ein palästinensischer Araber, aber alle empfanden diesen Schritt als Verlust. Bisher hatte eine gemeinsame Kultur für muslimische, christliche und jüdische Araber existiert, aber diese Kultur hatte nun einen tiefen Riss bekommen, der später *al-nabka* genannt wurde, die Katastrophe. Der Sieg der Zionisten stellte eine Bedrohung für ein modernes Arabien, dessen Kultur und Geschichte dar.

In Europa, wo linke und liberale Antiimperialisten die Unabhängigkeit Indiens und die Siege in China begrüßt hatten, sorgte die Israel-Frage für Meinungsverschiedenheiten und große Verbitterung. Verständlicherweise war der Völkermord an den Juden der wichtigste Grund für die Befürwortung einer jüdischen Heimstätte, und auch die kommunistischen Parteien in Europa und anderswo (zum Beispiel in Indien) stellten sich hinter Stalins Entscheidung, den neuen Staat zu unterstützen und zu bewaffnen. Angesichts der gesellschaftlichen Strukturen und Regierungsformen der meisten Länder im Nahen Osten sollte ein sozialistisches Israel ein Leitstern fortschrittlicher Werte werden. Kaum jemand warf aber die Frage auf, wie dieser neue Staat konzipiert und realisiert werden sollte. Außerhalb und teilweise auch innerhalb der arabischen Welt wurden die Palästinenser die vergessenen Kinder der Geschichte.

Der junge muslimische Staat Pakistan hing vom Westen ab. Obgleich seine Führer Israel nicht anerkannten, erwähnten sie Palästina und sein entwurzeltes Volk nur am Rande, und auch in den Medien kamen sie nicht vor. Wir alle wussten nicht Bescheid, aber das sollte sich 1956 ändern. Der gemeinsame Angriff Großbritanniens, Frankreichs und Israels auf Ägypten weckte uns in Pakistan auf. Die pakistanische Regierung unterstützte den Westen, aber die Studenten gingen auf die Straße. Sie marschierten durch alle Schulen, so auch durch meine. Die irischen Mönche gaben uns frei und erlaubten uns, an den Massendemonstrationen auf den Straßen von Lahore teilzunehmen. Die Slogans richteten sich gegen unsere eigene Regierung, die wir als Handlanger des Westens bezeichneten. Der ägyptische Führer Gamal Abdel Nasser hingegen wurde unser Held. Er hatte sich gegen die Imperialisten gewehrt, er hatte den Briten klar gemacht, dass er zur Verstaatlichung des Suez-Kanals entschlossen war, und wenn es dem Westen nicht gefiel, dann sollte er doch an seiner Wut ersticken. Die Angreifer versuchten, ihrerseits Nasser die Luft abzudrehen, und scheiterten, und zwar hauptsächlich deshalb, weil Washington über deren eigenmächtiges Handeln entsetzt war. Nasser überlebte die Machtprobe, und wir kehrten auf die Schulbank zurück. Damals rückte Israel zum ersten Mal in mein Bewusstsein. Die Zeitungen hatten diesen Staat als Machwerk des Westens bezeichnet, als Dolch im Herzen der arabischen Welt. Das traf offenbar zu, aber zu der Zeit machte ich mir keine großen Gedanken darüber.

Erst als ich in den sechziger Jahren nach Großbritannien kam, begriff ich allmählich das Ausmaß der Katastrophe, die sich 1948 ereignet hatte. Meine Bildung verdanke ich vor allem Sozialisten, Marxisten und anarchistischen Freidenkern jüdischen Ursprungs: Ygael Gluckstein (der einen revolutionären Sozialismus vertrat und seine Schriften unter dem Namen Tony Cliff veröffentlichte) bezeichnete sich selbst als Palästinenser, der Israel verlassen habe, weil er die Diskriminierung der Araber nicht ertrug, die wiederum die Strukturen des neuen Staates in jedem Bereich prägte. Besonders wütend war er auf die zionistische Arbeiterbewegung, weil sie dem antiarabischen Rassismus Vorschub leistete und ihn rechtfertigte. »Weißt du, warum der Westen Israel braucht?«, fragte er häufig und bestand darauf, seine Frage selbst zu beantworten. »Öl. Öl. Öl. Verstehst du das?« Ich verstand. Genauigkeit, Wiederholung, Klarheit, all das half mir, die Politik des Nahen Ostens zu verstehen.

Akiva Orr, 1931 in Berlin geboren, hatte im Krieg von 1948 gekämpft und sich die Ausstrahlung des kampfgestählten Veteranen bewahrt. Dem israelischen Patriotismus hatte er längst abgeschworen, aber er war Insider gewesen und wusste eine Menge. Orr lebte viele Jahre lang in Großbritannien und kehrte erst 1990 nach Israel zurück. Heute wohnt er bei Jerusalem in enger Nachbarschaft mit palästinensischen Freunden. Wir stehen über Telefon und E-Mail noch in Kontakt. Seine Wut ist im Laufe der Jahre noch heftiger geworden. Allzu gut kennt er den feindseligen Blick jener, die sich Privilegien sichern wollen, sich aber als Linkszionisten ausgeben. Ihre Ideen bekämpft er seit einem halben Jahrhundert, und dank seiner Leidenschaft und seiner Kenntnisse der israelischen Geschichte lehrt er seine Gegner das Fürchten.

Jabra Nicola war Palästinenser christlicher Herkunft, der in Haifa lebte, aber die letzten Jahre seines Lebens im Exil verbrachte. Er glaubte fest an einen binationalen palästinensischen Staat mit denselben Rechten für alle Bürger, der eines Tages Teil einer Föderation arabischer sozialistischer Republiken sein würde.

Kompromisse duldete er nicht. Nur Gesinnungslumpen und Opportunisten akzeptierten Zwischenlösungen. Der Nationalismus war das Problem, nicht die Lösung. Sahen wir denn nicht, was der jüdische Nationalismus in Palästina angerichtet hatte? Die Lösung war nicht, sich für einen Nationalismus der Unterdrückten stark zu machen, sondern ihn vollkommen zu transzendieren. Das klang großartig und utopisch. Ich ließ mich gerne überzeugen.

Zum letzten Mal sah ich ihn Ende der siebziger Jahre. Sein Sohn hatte angerufen und mir gesagt, sein Vater wolle mich dringend sprechen. Als ich zum Hammersmith Hospital in Westlondon kam, regnete es. In der geriatrischen Abteilung fand ich den alten Palästinenser, der im Sterben lag, während die anderen Patienten im Fernsehen Seifenopern ansahen. Da die meisten von ihnen halb taub waren, herrschte eine Kakophonie, die das Gespräch sehr erschwerte. Er nahm meine Hand und hielt sie mit erstaunlicher Kraft fest. »Ich will sterben«, sagte er verbittert. »Ich kann nichts mehr tun.« Und dann ließ er mich los und zeigte mit einer wegwerfenden Handbewegung, welche Verachtung er für die Welt empfand. War ihm das zu verdenken? Der Aufenthalt in diesem Krankenhaus war ihm zuwider. Ich dachte an die Orangenhaine, den blauen Himmel und das Meer seiner Heimat. Wahrscheinlich gingen seine Gedanken in dieselbe Richtung. Ich ergriff wieder seine Hand, sagte, dass er gebraucht werde, eine neue Generation müsse von ihm angeleitet werden, so wie er es für uns getan hatte, aber er schüttelte wütend den Kopf und wandte sich ab. Sentimentalität lag ihm fern, ich glaube, er ärgerte sich, weil ich so tat, als könne er weiterleben. Ein paar Wochen später starb er. Wir beerdigten ihn auf einem Londoner Friedhof. Wieder ein palästinensisches Begräbnis fern der Heimat.

Sie alle hatten verschiedene Geschichten zu erzählen, die von unterschiedlichen Erfahrungen sprachen, aber es gab einen Erzählbogen, der alle drei umspannte. Der Zionismus – ein säkularer jüdischer Nationalismus – war eine Schöpfung atheistischer Juden als Reaktion darauf, dass der europäische Antisemitismus eine individuelle Assimilation unmöglich machte. Sie meinten, Juden könnten sich nur als organisierte Gruppe assimilieren und sollten am besten einen eigenen Nationalstaat gründen. Theodor Herzl, der Gründervater des neuen Credos, hatte keine konkreten Vorstellungen, wo sich der neue Staat befinden sollte. Er war bereit, Argentinien, Mauritius, Uganda oder andere Länder in Betracht zu ziehen. Die radikaleren unter seinen Anhängern versteiften sich jedoch auf die Idee, ein jüdischer Staat könne nur im Zion des Alten Testaments entstehen: Davon leitet sich der Begriff Zionismus ab. Nach biblischer Mythologie war dies das heutige Palästina, das seit über tausend Jahren von Arabern besiedelt war. Herzl kapitulierte vor diesem Wahngebilde, und die Zionisten, eine winzige Minderheit unter den europäischen Juden, sammelten Geld für die Ansiedlung von Juden in Palästina. Alle möglichen Versprechungen und Unwahrheiten wurden verbreitet, um potenziellen Auswanderern den Plan schmackhaft zu machen. Eines der in die Welt gesetzten Märchen lautete, das Land sei unbewohnt.

Einige Jahre vor dem Zustandekommen des zionistischen Projekts hatte der französisch-jüdische Baron Edmond de Rothschild mit Genehmigung des osmanischen Sultans einige jüdische Ansiedlungen in Palästina finanziert. 1891, sechs Jahre bevor Herzl die Zionistische Weltorganisation gründete, schrieb der jüdische Denker Asher Ginzburg nach einem ausgedehnten Besuch in Rothschilds Siedlungen den bemerkenswert hellsichtigen Text »Truth from Palestine«. Darin sagte er voraus, dass eine Fortsetzung der Besiedlung nur zu einem Konflikt mit den Palästinensern führen könne, und warnte vor dem groben, rassistischen Stereotyp des Arabers, das in den jüdischen Gemeinden Europas zirkuliere. Die eigentliche Bedeutung des Artikels liegt in der Tatsache, dass er einen zionistisch-fundamentalistischen Mythos zerstört: Palästina sei »ein Land ohne Volk«, wie geschaffen für die Juden, »ein Volk ohne Land«. Ginzburg schreibt:

»Wir im Ausland glauben gewöhnlich, Palästina sei heutzutage völlig menschenleer, eine Wüste ohne Vegetation, und jeder, der dort Land zu erwerben wünscht, könne kommen und nach Herzenslust kaufen. Das ist in Wirklichkeit nicht der Fall. Im ganzen Land findet man kaum Ackerland, das nicht bestellt wäre. Nur sandige Landstriche und felsige Hänge, die sich höchstens zum Anpflanzen von Bäumen eignen, und auch das nur mit viel Arbeit und hohen Kosten, werden nicht kultiviert, weil die Araber nicht bereit sind, um einer fernen Zukunft willen in der Gegenwart hart zu arbeiten. Deshalb findet man nicht alle Tage gutes Land zu kaufen. Weder die Bauern noch die Großgrundbesitzer verkaufen ohne weiteres gutes und makelloses Land … Wir im Ausland glauben häufig, die Araber seien Wilde aus der Wüste, unwissend wie Tiere, die weder sehen noch begreifen, was um sie herum geschieht. Das ist ein großer Irrtum. Der Araber hat, wie alle Semiten, einen scharfen Verstand und ist sehr schlau …

Die Araber, insbesondere jene, die in den Städten leben, verfolgen unsere Ziele und unsere Aktivitäten in Palästina ganz genau. Sie tun so, als würde es sie nichts angehen, weil sie in uns keine Bedrohung für ihre Zukunft sehen, und sie versuchen auch, Nutzen aus unserem Tun zu ziehen … Die Bauern freuen sich, wenn eine jüdische Kolonie gegründet wird, weil sie dann gute Löhne für ihre Arbeit dort bekommen und von Jahr zu Jahr reicher werden. Die großen Landbesitzer sind auch froh, weil wir für sandigen und steinigen Boden einen hohen Preis bezahlen, den sie sich in der Vergangenheit nie hätten träumen lassen. Wenn aber eine Zeit kommen sollte, in der sich das Leben unseres Volkes in Palästina so weit entwickelt, dass die einheimische Bevölkerung von dem Land, in geringem oder großem Maße, verdrängt wird, dann werden sie ihren Platz nicht ohne weiteres aufgeben.«

An anderer Stelle erklärt Ginzburg, der anvisierte Staat könne nicht als jüdisch gelten, wenn er der »physischen Macht« huldige. Für ihn hatte sich die Diaspora durch »geistige Macht« halten können. Was aber im Hinblick auf Palästina diskutiert werde, unterscheide sich nicht von einer traditionellen Kolonisierung:

»Der Staat der Juden wird schließlich zu einem Staat wie jener der Deutschen oder Franzosen, nur von Juden bewohnt. Ein kleines Beispiel für diesen Vorgang existiert schon heute (1898) in Palästina. Die Geschichte lehrt, dass im Reich von Herodes Israel tatsächlich ein ›Staat der Juden‹ existierte, die jüdische Kultur aber abgelehnt und verfolgt wurde ... Ein solcher Staat der Juden wird unserem Volk ein tödliches Gift sein und seinen Geist in den Staub treten ... Dieser kleine Staat ... wird nur durch diplomatische Intrigen und unablässige Servilität gegenüber den Mächten überleben, die zufällig den Ton angeben ...

Daher wird es in Wirklichkeit, viel mehr als jetzt, ›ein kleines, elendes Volk‹ sein, ein Sklave im Geiste unter der Herrschaft desjenigen, der zufällig Macht besitzt ... Ist es für ein Land, das einst ›das Licht der Völker‹ war, nicht besser, sich ganz aus der Geschichte zu verabschieden, als ein solches Endziel zu erreichen?«*

Asher Ginzburg erkannte, dass es unausweichlich zum Konflikt mit den ursprünglichen Bewohnern kommen würde, sobald ein

---

* Ich bedanke mich bei Akiva Orr, der mich auf diesen Text aufmerksam gemacht hat, den er für sein eigenes Buch *Israel: Politics, Myths and Identity Crises*, London 1994, aus dem Hebräischen übersetzt hat. Orr unterstreicht, dass Ginzburg, der eine kulturelle und keine politische Präsenz in Palästina befürwortete, ein herausragender säkularer Denker und Mentor war und unter anderem den ersten israelischen Präsidenten Chaim Weizmann beeinflusste; gleichzeitig beklagt er aber, dass seine Ideen an Einfluss verloren und sein Werk heute in Israel praktisch unbekannt ist. Die zitierten Textstellen stammen aus der hebräischen Ausgabe der *Collected Works of Ahad-Ha'am*, Jerusalem 1950. Ahad-Ha'am war das von Ginzburg benutzte Pseudonym.

jüdischer Staat den Platz der jüdischen »kulturellen Präsenz« einnahm, und genau das ist eingetreten.

Der Zynismus der atheistischen Pioniere des zionistischen Staates und die skrupellose Brutalität, mit der sie dem kolonialen Großbritannien bei der Niederschlagung der ersten palästinensischen Intifada (1936–39) behilflich waren, ließ Böses ahnen. Der Aufstand der Palästinenser war ein Protest gegen die jüdische Kolonisierung, der sie längst ein Ende gesetzt hätten, wären die Briten nicht gewesen. Dieser Ausbruch des Volkszorns wurde von 25 000 britischen Soldaten und ihren zionistischen Helfern erstickt, unterstützt wurden sie dabei von Bombergeschwadern der Royal Air Force. Die von den Briten aufgestellte Aufstandsbekämpfungstruppe war die größte ihrer Art bis zum Kampf gegen die malayischen Rebellen nach dem Zweiten Weltkrieg. Auf dem Höhepunkt der Offensive gegen die Palästinenser sagte Winston Churchill 1937 vor dem Peel-Ausschuss aus und rechtfertigte die Aktion aufgrund der rassischen Überlegenheit der Juden; dabei verglich er die Palästinenser mit einem notorisch egoistischen Mitglied des Tierreichs:

»Ich bin nicht der Meinung, dass der Hund am Futtertrog das unwiderrufliche Recht auf den Futtertrog hat, auch wenn er dort schon sehr lange liegt. Ich räume ihm dieses Recht nicht ein. Ich räume zum Beispiel auch nicht ein, dass den nordamerikanischen Indianern oder den Schwarzen in Australien großes Unrecht widerfahren ist. Ich räume nicht ein, dass diesen Menschen Unrecht widerfahren ist, weil eine stärkere Rasse, eine höherrangige, eine weltgewandtere Rasse, um es so zu formulieren, gekommen und an ihre Stelle getreten ist.«

Das war die althergebrachte Verteidigung der imperialistischen Piraten. Interessanterweise erwähnte Churchill mit keinem Wort die Ereignisse der ›Kristallnacht‹ in Nazideutschland ein Jahr zuvor, als eine andere »höherrangige« Rasse ihre Überlegenheit zu beweisen suchte. Der Palästinenseraufstand war schließlich niedergeschlagen, als in Europa der Krieg ausbrach. Dankbar für ihre Unterstützung bei der Bekämpfung der Araber versprachen die Briten den Zionisten ihren eigenen Staat – aber erst nach dem Krieg. Um auch die Palästinenser zu befrieden, versprachen sie ihnen eine Beschränkung der jüdischen Einwanderung. Das sorgte für Spannungen mit der Irgun Zwi Leumi, dem rechten Flügel der Zionisten, der die Briten mit Terroranschlägen bekämpfte. Die zionistische Linke unter Ben Gurion unterstützte hingegen Churchill, und Haganah-Kämpfer halfen, Leute aufzuspüren und auszuheben, die der Mitgliedschaft in der Irgun verdächtigt wurden. Der innerjüdische Zwist endete mit dem Zweiten Weltkrieg. Die beiden Splittergruppen verbündeten sich nun gegen die Briten.

1947 gaben die Briten ihr Mandat an die Vereinten Nationen zurück. Diese wiederum beschlossen, geleitet von den Vereinigten Staaten und mit Zustimmung der Sowjetunion, die Teilung Palästinas. Der Plan wurde von den arabischen Staaten abgelehnt und weckte zudem den Unmut Großbritanniens, das damit plötzlich einen Teil seines Einflusses einbüßte. Nun nutzten die Briten ihren Einfluss im Irak, in Ägypten und Transjordanien und bewogen diese Staaten, Armeen zu entsenden, um den Plan zu vereiteln. Die Briten hofften, dass man sie im anschließenden Chaos bitten würde, die Zügel wieder in die Hand zu nehmen und für einen geordneten Übergang in die Unabhängigkeit zu sorgen. Auf Anweisung Moskaus von der tschechischen Regierung bewaffnet, überraschte die israelische Armee die Briten und besiegte die arabischen Legionen. Ben Gurion kaufte buchstäblich den jordanischen König Abdallah, indem er ihm Geld und die Hälfte des Gebiets (das Westufer des Jordans) anbot, das die Vereinten Nationen den Palästinensern zugedacht hatten. Die verbleibende Hälfte wurde von Israel geschluckt. Der haschemitische Herrscher, von den Briten auf seinen Thron gesetzt, direkter Nachfahre des Propheten Muhammad und Sohn des Hüters von Mekka und Medina, nahm das niederträchtige Angebot an. Er forderte Bargeld und teilte dem israelischen Abgesandten mit, dass »einer, der sich betrinken will, nicht die Gläser zählen sollte«; damit war gemeint, als Gegenleistung für die Hälfte Palästinas und Abdallahs Neutralität sollten die Israelis beim Abwiegen der Silberstücke nicht knausern. Die Palästinenser waren verraten und verkauft worden. Eine unheilige Dreieinigkeit aus britischem Imperialismus, dem Sicherheitsrat der Vereinten Nationen und einem arabischen König hatte sie an die Zionisten verschachert, die auf diese Weise ihr Land vergrößerten, ohne den Unmut der Großmächte fürchten zu müssen. Der Handel zwischen Abdallah und den Zionisten hatte den UN-Plan zwar vereitelt, aber der Sicherheitsrat unternahm nichts, um den Vorgang rückgängig zu machen.

Vom Augenblick der Staatsgründung an waren die zionistischen Führer Israels entschlossen, die bisherigen Bewohner dieses Landstrichs zu vertreiben. Sie brauchten ein Land, das dem in Europa verbreiteten Mythos vom »Land ohne Volk« entsprach. Die Palästinenser wurden von nun an zum Nicht-Volk deklariert. Jene, die sich nicht vertreiben ließen, wurden wie Untermenschen behandelt. Viele Juden hatten die unangenehmen Episoden einfach aus dem kollektiven Gedächtnis gestrichen. Mit der Zerstörung palästinensischer Dörfer und der Vertreibung ganzer Gemeinden zogen sich die meisten Bürger des neuen Staats in eine Fantasiewelt zurück. Abgeschnitten vom Rest der arabischen Welt glaubten die Israelis, die Berichte der Palästinenser und die Statistiken der Vertreibung würden sich nie überprüfen lassen. Und tatsächlich gelang es ihnen beinahe ein Jahrzehnt lang, die Verbrechen zu vertuschen, die von ihnen oder in ihrem Namen begangen worden waren.

Yael Oren Kahn, die 1953 in Israel geboren wurde, erzählt eine Geschichte, wie sie sich nicht selten zugetragen hatte. Als

Tochter deutscher Flüchtlinge, die 1937 nach Großbritannien und später nach Palästina entkommen waren, wuchs sie in einer Welt auf, in der Diaspora-Juden unaufhörlich kritisiert wurden. Denn sie hatten nicht vermocht, sich dem Gemetzel der Faschisten zu widersetzen, wohingegen die jungen zionistischen Helden einen neuen Staat gegründet hatten. In dieser Welt waren Palästinenser unsichtbar:

>»Ich erinnere mich, dass ich als kleines Kind auf den Schultern meines Vaters ritt, während wir durch zauberhafte Gärten und Obsthaine wanderten. Dann wieder rannte ich durch Alleen von Kaktusfeigen. So stellte ich mir das Paradies vor. Nur die verstreuten Ruinen störten mich. Ich verstand nicht, warum sie leer standen. Wer würde ein solches Paradies verlassen? Der Ort hieß Basheet. Ich fragte meinen Vater und erhielt keine Antwort. Als dieses Paradies zerstört, mit neuen Häusern bebaut und in Aseret umbenannt wurde, stellte ich keine Fragen mehr. Ich schloss mit den Israelis Freundschaft, die einzogen, und vergaß die Geister der Vergangenheit. Bis ich viele Jahre später die ehemaligen Einwohner von Basheet im Flüchtlingslager von Rafah im Gaza-Streifen kennen lernte. Inzwischen wusste ich, dass Kfar Mordechai, das Heim meiner Kindheit, auf dem Boden von Basheet errichtet war, aber ich lebte nicht mehr dort.
>
>Der Anblick der Flüchtlingsbaracken brachte mich in Verlegenheit. Ich dachte an die neuen Häuser, die auf ihrem Land erbaut worden waren, und empfand den bitteren Schmerz der Hilflosigkeit. Als eine Frau, die aus Yibnee, einer Stadt unweit von Basheet, stammte, sah, wie verzweifelt ich war, tröstete sie mich. Sie hatte so viel Mitgefühl. Später hörte ich, dass ihr Mann auf einer israelischen Baustelle und einer ihrer Söhne durch israelische Gewehrkugeln umgekommen waren.«[*]

---

[*] Yael Oren Kahn: *Secrets and Lies – A Journey to the Truth*, unveröffentlichte Memoiren.

Ben Gurions Gier und Brutalität hinterließen untilgbare Spuren. Wäre er in den damals von den Vereinten Nationen festgelegten Grenzen geblieben – ungeachtet des damit bereits einhergehenden Unrechts –, hätten israelische Führer und ihre Unterstützer in der Diaspora mit einer gewissen Berechtigung behaupten können, sie hätten die Entscheidung der UNO akzeptiert und würden ihre Grenzen gegen jeden Eindringling verteidigen. Stattdessen taten sie genau das Gegenteil. Sie paktierten mit Abdallah, um noch mehr Land an sich zu reißen, als ihnen die Vereinten Nationen zugebilligt hatten. Dann begannen sie mit den ethnischen Säuberungen, die sie bereits Jahre zuvor beschlossen hatten. Sie waren schon immer Bestandteil des zionistischen Projekts gewesen. Bereits 1895 schrieb Herzl folgende Bemerkung in sein Tagebuch:

>»Wir werden versuchen, die mittellose Bevölkerung außer Landes zu bringen, indem wir ihr in den Transitländern Beschäftigung verschaffen, ihr aber in unserem Land jede Beschäftigung verwehren … Sowohl die schrittweise Enteignung als auch die Entfernung der Armen muss diskret und umsichtig durchgeführt werden.«

1938 verteidigte Ben Gurion die geplante »Zwangsumsiedlung« vor dem Vorstand der Jewish Agency mit folgendem Argument: »Ich bin für die Teilung des Landes, weil wir, sobald wir nach der Staatsgründung eine starke Macht sind, die Teilung aufheben und uns über ganz Palästina ausbreiten werden.« Mit einer solchen Aussage wurde die zionistische Position vor allem moralisch unhaltbar. Ben Gurion hoffte, seine Träume durch einen separaten Friedensvertrag mit Abdallah verwirklichen zu können, der eine rasche und endgültige Lösung des Palästinenserproblems mit sich bringen würde. Doch Abdallah wurde 1951 vor den Toren der Al-Aksa-Moschee in Jerusalem von einem jungen Palästinenser erschossen, und damit war Ben Gurions Plan vorläufig gescheitert. Selten hat in der arabischen Welt ein Attentat auf einen Potentaten so unverhohlene Freude ausgelöst.

Die Nachwirkungen des Palästina-Konflikts sorgten auch weiterhin für Aufruhr in der arabischen Welt. Ein Jahr nach der Ermordung Abdallahs schlossen sich national gesinnte Obristen, Majore und Hauptleute zu der Geheimorganisation der Freien Offiziere in der ägyptischen Armee zusammen, überrumpelten ihren korpulenten Monarchen und setzten damit der Dynastie Muhammad Alis ein Ende. Froh, mit dem Leben davongekommen zu sein, ging König Faruk ins Exil an die französische Riviera.

Kurz nach dem Zweiten Weltkrieg hatte der britische General Allenby noch erklärt: »Die Engländer können unbesorgt aus Ägypten abziehen. Sie haben praktisch eine Klasse von Großgrundbesitzern geschaffen, auf deren Treue zur britischen Politik in Ägypten sich Großbritannien verlassen kann.« Aber in der kurzen Zeit britischer Präsenz in Ägypten war es schwierig, das indische Kolonialmodell an die Ufer des Nils zu übertragen. Muhammad Alis Version eines aufgeklärten Osmanentums war noch nicht in Vergessenheit geraten. Die Kinder der reichen Landbesitzer hatten zwar privilegierte Positionen in der ägyptischen Armee bekommen, aber schon 1936 hatte der schlaue, liberal-nationalistische Verteidigungsminister unter dem Vorwand der von Großbritannien diktierten militärischen Abmachungen die Schaffung einer Nationalarmee durchgesetzt. Er änderte die Bestimmungen für die Anwerbung von Offizieren und holte Kadetten aus der urbanen Mittelschicht und aus kleinbürgerlichen Verhältnissen an die Militärakademie. Dadurch wandelte sich nach und nach die Sozialstruktur des Offizierkorps. Die neu Angeworbenen waren von Ideologien geprägt, die dem städtischen Milieu entstammten: Nationalismus, Islamismus, Sozialismus.

Die von 1938 bis 1940 aufgenommenen Kadetten stellten zum Großteil die Kader der Freien Offiziere.

Auch die Machtergreifung der Freien Offiziere 1952 kam nicht wie ein Blitz aus heiterem Himmel. Von 1949 bis 1951 war es auf den großen Landgütern, auch jenen der königlichen Familie, zu zahlreichen Bauernaufständen gekommen. Mehrmals griffen die Bauern private Wachleute und Polizeikasernen mit einem stattlichen Aufgebot moderner Waffen an, die nur von Sympathisanten aus der Armee stammen konnten. Kommunistische Organisationen hatten den militanten Bauern auf den Landgütern Zugang zu den industriellen Zentren und in einem geringeren Maße auch zu den Polizeikasernen verschafft. Von 1944 bis 1948 war es den ägyptischen Kommunisten gelungen, starke Gewerkschaften aufzubauen und Einheitsfrontausschüsse auf dem Land zu gründen, in denen Studenten und Lehrer mit den bäuerlichen Aktivisten zusammenarbeiteten.

Die Freien Offiziere waren zwar nicht an allen diesen Entwicklungen beteiligt, beobachteten sie aber aufmerksam. Ihren Staatsstreich hielten manche in der Bevölkerung für den ersten Schritt zur Sozialrevolution. Die Beseitigung der Monarchie löste eine Reihe von Aufständen aus, die über die Ziele selbst der radikalsten Armeeoffiziere hinausgingen. Am 13. August 1952 schlug das neue Regime einen Arbeiterstreik in von den Briten kontrollierten Fabriken brutal nieder. Die beiden wichtigsten Arbeiterführer wurden vor ein Militärtribunal gestellt, für schuldig befunden und zum Tode verurteilt. Am nächsten Tag wurden die beiden Männer erhängt. Einen Monat später kündigten die radikaleren Mitglieder des regierenden Revolutionsrats eine eingeschränkte Landreform an, um eine Bauernrevolte zu verhindern und gleichzeitig die politische Macht der Großgrundbesitzer zu brechen. Landbesitz wurde auf 300 *feddans* (84 Hektar) begrenzt, und der Staat versprach, den gesamten enteigneten Boden innerhalb der nächsten fünf Jahre an landlose Bauern zu verteilen. Die Landbesitzer schrien entsetzt auf und schleuderten der Regierung Koran-Verse zur Verteidigung des Privateigentums entgegen, was aber folgenlos blieb. Die Reform zeigte die gewünschte Wirkung, doch zehn Jahre später stellte man fest, dass nur zehn Prozent des Landes an zwei Millionen Bauern verteilt worden waren. Ein klägliches Ergebnis.

Damals gab es zwei wichtige Denkströmungen im Land. Der Einfluss der ägyptischen Kommunisten auf Bauern, Arbeiter und wesentliche Teile der Intelligenzia versetzte die Nationalisten in Unruhe. Die Unterdrückung der Kommunisten durch das abgesetzte Regime hatte aber deren Ansehen im ganzen Land gefördert. Da eine kohärente Ideologie fehlte, die gegen die Linken ins Feld geführt werden konnte, wandten sich die Freien Offiziere an die Muslimbruderschaft, zu der einige bereits Kontakte geknüpft hatten.

Die Muslimbruderschaft, die zweite Denkströmung im Land, hatte eine interessante Ahnentafel vorzuweisen. Sie war aus einer Erweckungsbewegung hervorgegangen, die nach dem Zusammenbruch des Kalifats von Istanbul 1924 entstanden war. Kemal Pascha Atatürks mutige Entscheidung, das Kalifat abzuschaffen, spaltete den Islam. Die Modernisierer freuten sich, aber konservative Theologen und traditionelle Gläubige, die ihre Identität gern durch das Tragen des Fez bekundeten, fühlten sich verwaist.

Zu ihnen gehörte auch Hassan al-Banna, ein unzufriedener ägyptischer Lehrer aus Ismailia. Die säkulare Verfassung, die sich Ägypten im Jahr 1923 gegeben hatte, hatte ihn sehr verärgert, und die Abschaffung des Kalifats ein Jahr später brachte das Fass zum Überlaufen. Für ihn fiel damit die Entscheidung gegen die Moderne und all ihre Übel. Bei der Betrachtung der islamischen Welt war er vom Erfolg der Wahhabiten auf der Arabischen Halbinsel beeindruckt. Warum sollte sich dieser Triumph nicht anderswo wiederholen? 1928 gründete er die Muslimbruderschaft, um moralische und politische Reformen durch Bildung und Propaganda voranzubringen. Der Charakter dieser neuen Organisation geht aus ihrem Gründungsmanifest hervor, in dem eine Rückkehr zur Politik des 7. Jahrhunderts vorgesehen ist: »Gott ist unser Streben, der Prophet unser Führer, der Koran unsere Verfassung, der Dschihad unser Weg und für Gott zu sterben unser höchstes Ziel.«

Die Praktiken des Frühislam waren jedoch bereits im 8. und 9. Jahrhundert zugunsten aufgelockerter Sitten aufgegeben worden. Angesichts der Herausforderungen durch die Moderne und das 20. Jahrhundert die Wiederbelebung dieser Praktiken zu fordern war ein gewagtes Unterfangen, signalisierte aber auch einen Rückzug aus der Welt und Flucht vor realen Problemen. Die Muslimbruderschaft reagierte von Anfang an viel gemäßigter auf den äußeren Feind als auf die »Heuchler« und »Abtrünnigen« innerhalb der eigenen Reihen.

Im ersten Jahrzehnt ihrer Existenz widmete sich die Bruderschaft vor allem der Rekrutierung von Kadern und der Propaganda, die sich vornehmlich gegen die Modernisierer und Kommunisten in Ägypten richtete. 1936 waren die Führer extrem nationalistischer Gruppen und der Islamisten, die zu den Grünhemden der Young Egypt Party (Misr al-Fatah) gehörten, als Bruderdelegationen auf dem Kongress der Nationalsozialisten in Nürnberg begrüßt worden. Als Feldmarschall Rommels Armee in El Alamein etwa 70 Kilometer westlich von Alexandria stand, kam es hier zu Massendemonstrationen wegen der Lebensmittelknappheit, die, wie die Leute meinten, von den Briten absichtlich herbeigeführt worden war. Der Slogan der Demonstranten war nicht gerade dazu angetan, die Moral der britischen Soldaten zu heben: »Ila'l-amam ya Rommel!« (»Vorwärts, Rommel!«) Wenn die deutschen und italienischen Streitkräfte die Briten geschlagen hätten und nach Alexandria einmarschiert wären, wären sie zweifellos von der nationalistischen Menge als »Befreier« begrüßt worden – nicht aber von den Muslimbrüdern und den Kommunisten.

Hassan al-Banna hielt seine Organisation von solchen Aktivitäten fern. Zwar verhielt sich die Muslimbruderschaft insgeheim schon beinahe wie eine politische Partei – es gab auch bereits einen bewaffneten Untergrundflügel –, trat aber offiziell als soziale Bewegung auf. In der Kommunistischen Partei Ägyptens sah sie ihren Hauptfeind, und nach dem Krieg kollaborierte sie mit den Briten, um die schlagkräftige antiimperialistische Koalition unter Führung von Linksnationalisten und Kommunisten zu schwächen. Die Muslimbruderschaft schickte ihre Kader in den Kampf gegen die ägyptische Linke und wetterte im Namen des Islam gegen die Volksbewegung. Die Apologeten der Bruderschaft versuchen nach wie vor die Tatsache zu vertuschen, dass Hassan al-Banna in diesem Zeitraum regelmäßig Kontakt mit Brigadier Clayton vom britischen Militärgeheimdienst hatte, der in der britischen Botschaft in Kairo als »Orientberater« tätig war.*

In den Jahren 1945 bis 1948 startete die Bruderschaft eine sorgfältig geplante Terrorkampagne: Attentate auf Führer der Nationalisten und der Linken, Bombenanschläge auf Theater und nach der Gründung Israels wiederholte Sprengstoffattentate auf jüdische Geschäfte. Schließlich folgte im September 1948 ein Angriff auf das Haret el-Yahud (das jüdische Viertel), bei dem zwei Dutzend Menschen getötet und dreimal so viele verletzt wurden. Durch diese Terrorakte sollte die Regierung gezwungen werden, den Notstand auszurufen und die Verfassung außer Kraft zu setzen, was, wie die Brüder meinten, den radikalen Säkularismus in der Gesellschaft schwächen würde. Die Ermordung des ägyptischen Polizeichefs durch die Bruderschaft führte zwar zu schweren Einschnitten in die bürgerlichen Rechte, aber die

---

* Einzelheiten über die Kollaboration der Muslimbrüder mit dem britischen Empire und eine sorgfältige Analyse ihrer öffentlichen Erklärungen aus dieser Zeit finden sich in *The Moslem Brotherhood in the Balance*, Kairo 1945. Dieses Buch war bereits Anfang der sechziger Jahre aus den öffentlichen Bibliotheken verschwunden.

Regierung war auch gezwungen, gegen die Organisation vorzu-gehen, die für die Tat verantwortlich war. Drei Wochen, nachdem er die Bruderschaft verboten hatte, wurde der Premierminister von einem ihrer Mitglieder erschossen. »Wenn Worte verboten sind«, erklärte ihr Anführer, »gehen die Hände ans Werk.« Drei Monate später, am 12. Februar 1949, gingen die Hände abermals ans Werk, aber dieses Mal diejenigen der Gegner, und der Füh-rer der Bruderschaft wurde außer Gefecht gesetzt: Durch eine sorgfältig geplante außergerichtliche Exekution wurde Hassan al-Banna durch einen Agenten der Regierung hingerichtet.

Die Gründe für den islamistischen Dschihad gegen säkulare Nationalisten und Marxisten liegen auf der Hand. Schon allein das Vorhandensein solcher Gruppen in einem muslimischen Land, ganz zu schweigen von der Möglichkeit, dass sie eine breite An-hängerschaft um sich scharen könnten, sahen die Muslimbrüder als Dolch, gerichtet auf das Herz der Bruderschaft. Warum? Weil die Feinde Materialisten waren. Der Materialismus war für Hassan al-Banna und die Brüder einfach nicht hinnehmbar und ist es für ihre zahlreichen Nachfolger bis heute nicht. Dabei geht es nicht um den Materialismus als philosophische Schule oder als politi-sches Programm im engeren Sinne des Wortes, ja nicht einmal als gelegentlich auftretendes Phänomen, sondern als unleugbare Rea-lität. Etwas, das sich nicht ändern lässt, ganz gleich wer den Staat regiert. Die materielle Existenz aller lebenden Geschöpfe – Tiere, Wall-Street-Banker, Politiker, Priester, Nonnen, Mullahs und Rab-bis – wird von denselben unbewussten Instinkten geleitet. Den-kende Menschen suchen in der Materie nach Wahrheit, weil sie wissen, dass sie nirgendwo sonst suchen können.

Aus den letzten freien allgemeinen Wahlen in Ägypten im Ja-nuar 1950 ging eine liberal-nationalistische Mehrheit mit der Wafd als stärkster Partei hervor, aber die britische Militärbesatzung trieb einen Keil zwischen die Nationalisten. Als der neue Premier-minister der Nation mitteilte, er werde demnächst Verhandlungen

mit Großbritannien aufnehmen und »einen Vertrag der Freundschaft, des Handels und der Schifffahrt« mit den Vereinigten Staaten unterzeichnen, rebellierte das ganze Land. Allein 1950 gab es
49 Streiks, und in allen Städten kam es zu Massendemonstrationen. Die Stimmung war eindeutig gegen die Briten gerichtet. Ver-
gebens bat der ägyptische Außenminister die Briten um Verständnis dafür, dass ihre Präsenz im Land eine Situation geschaffen
habe, in der die Menschen nicht mehr »zwischen Patriotismus und
kommunistischer Propaganda« unterscheiden könnten.

Die radikalste Labour-Regierung in der Geschichte Großbritanniens legte in dieser Situation eine imperiale Arroganz an den
Tag, die selbst ihre konservativen Vorgänger in ehrfürchtiges Staunen versetzte. Sie lehnte es ab, sich aus Ägypten zurückzuziehen,
es sei denn, die gewählte ägyptische Regierung trete einer von Washington finanzierten Allianz bei. Aus Furcht vor einer Revolution
wies die Regierung den Vorschlag der Vereinigten Staaten zurück,
sich einer arabischen Erweiterung der NATO anzuschließen (der
unter anderem die Vereinigten Staaten, Großbritannien, Frankreich
und die Türkei angehören sollten). Diese Ankündigung löste in der
Abgeordnetenkammer einen Freudentaumel aus. In Ismailia aber
eröffneten britische Truppen das Feuer auf Demonstranten.

In den Wochen nach dieser Episode bildeten Studenten-,
Arbeiter- und Bauern-Komitees Guerillatrupps, die sich Richtung
Suez-Kanal aufmachten. Nicht alle Kämpfer gehörten zu den
Nationalisten oder zur Linken, an der Aktion waren auch Einheiten der Muslimbruderschaft und der ultranationalistischen Young
Egypt Party beteiligt. Wer würde den Kampf anführen? Die säkularen Nationalisten und die Linke oder die religiösen Nationalisten und die Rechte? Sektionen der ägyptischen Armee bildeten
Freiwillige von beiden Seiten aus. Doch erst als die Bauern in größerer Zahl mobilisiert wurden, intensivierten sich die Kämpfe,
und die Briten mussten sich mehrmals zurückziehen.

Die britische Labour-Regierung war aber just in jenem historischen Moment mit einer Meuterei in den eigenen Rängen konfrontiert. Die von Mauritius eingeflogenen Soldaten stellten klar, dass sie nicht bereit waren, das Feuer auf das ägyptische Volk zu eröffnen. Mehrere hundert Armeeangehörige wurden inhaftiert. Aber auch die kampfbereiten Soldaten waren demoralisiert, und sogar die »Times« musste in ihrem Leitartikel vom 26. Dezember 1950 einräumen: »Die Nerven der britischen Soldaten sind zum Zerreißen gespannt. Sie fragen sich, welchen Zweck es hat, eine Militärbasis zu halten, die wegen feindseliger Gefühle der Bevölkerung ohnehin nutzlos geworden ist …«

In dem Kampf fielen 600 Freiwillige aus allen Städten Ägyptens. Die Wafd-Regierung wusste sehr wohl, dass sie durch einen Volksaufstand gestürzt werden könnte, wenn sie nicht handelte. Also rief sie ihren Botschafter aus London zurück, stellte allen Bürgern, die mit ausländischen Truppen kollaborierten, schwere Strafen in Aussicht, erlaubte ihnen das Tragen von Waffen, drohte, die Beziehungen mit Großbritannien völlig abzubrechen, und streckte die Fühler nach Moskau aus. Außerdem wurde öffentlich die Schaffung einer antiimperialistischen Front in der arabischen Welt diskutiert. Selbst die rechtsgerichtete Presse forderte den Abzug der Briten. Aber die Labour-Regierung in London rückte nicht von ihrer Haltung ab.

Am 25. Januar 1952 kämpfte die ägyptische Polizei in Ismailia gegen britische Panzer und Artillerie, und das ganze Land rechnete damit, dass sich die ägyptische Armee bald in die Auseinandersetzung einschalten würde. Am folgenden Tag legte ein Generalstreik das ganze Land lahm. Arbeiter und Studenten marschierten ins Zentrum von Kairo, wo der Premierminister in einer Ansprache den sofortigen Bruch mit der Regierung Attlee und einen Vertrag mit der Sowjetunion ankündigte. In Grußbotschaften versicherten Moskau und Peking, aber auch Belgrad, Djakarta und Neu-Delhi ihre Solidarität.

Da die Monarchisten und ihre Berater vom britischen Geheimdienst die Bedrohung durch die Linke überschätzten, beschlossen sie, einen Bürgerkrieg zu provozieren. Die Islamisten wurden nun von der Leine gelassen. Die Muslimbruderschaft und ihre Verbündeten setzten das Geschäftsviertel von Kairo in Brand. Später eröffneten sie das Feuer auf Liebespärchen in dunklen Gassen und harmlose Menschen, die aus den vielen Kairoer Bars kamen. Von Panik ergriffen, verhängte die Regierung einen Ausnahmezustand. Am folgenden Tag entließ der König die Regierung. Tausende von Freiwilligen, die gegen britische Soldaten im eigenen Land gekämpft hatten, und linke Oppositionelle wurden festgenommen. Das Feuer in Kairo hatte seinen Zweck erfüllt.

Auf die Frage, welche Werte die Muslimbruderschaft vertrete, antworteten ihre Führer: »... die Rückkehr zum ursprünglichen Islam, eine sunnitische Lebensweise, eine Sufi-Wahrheit, eine politische Organisation, eine Sportgruppe, ein Wirtschaftsunternehmen und eine soziale Idee.« Sechs Monate später übernahmen die Freien Offiziere die Macht. Von den acht wichtigsten Majoren und Obristen, die diese »Militärrevolution« durchführten, gehörten vier der Muslimbruderschaft an (Sadat, Amer, Hussein, Mehanna), drei waren Marxisten (Khaled Mohiedin, Rifaat, Saddik), und einer war Nationalist. Nasser nahm sich aus allen Richtungen, was ihm gefiel: Er begann bei der Wafd-Partei, schloss sich dann der Muslimbruderschaft an und sympathisierte schließlich mit der Linken. Was all diese intellektuellen Offiziere miteinander verband, war ihre Herkunft aus dem Kleinbürgertum und der städtischen Mittelschicht. Sie lasen viel, diskutierten miteinander und hielten Seminare für gleich gesinnte Offiziere ab.*

---

* Dieses Merkmal der ägyptischen, syrischen und irakischen Armee in den fünfziger und sechziger Jahren stand in krassem Gegensatz zu den kolonialen Armeen, die in Südasien und Teilen Afrikas mit größter Sorgfalt aufgebaut wurden. Die Präsenz der Kolonialmächte in der arabischen Welt war relativ kurz, und mit Ausnahme der Beduinen, die von Glubb »Pascha« in Transjordanien bis zur Per-

Als Professor für Geschichte an der Militärakademie hatte Gamāl Abdel Nasser unmittelbaren Einfluss auf die neuen Rekruten. Er hielt vor den Kadetten Vorlesungen über die ersten militärischen Siege der Araber, über das Licht, das die Wissenschaft und die Kultur des frühen Islam bereits ausstrahlte, als Europa noch im Halbdunkel dahindämmerte. Er erzählte ihnen, dass der Islam zu Beginn der Renaissance sein Erbe an die Westeuropäer abgetreten habe, während er selbst in Trägheit versunken und verkümmert sei. Der vergangene Ruhm sei schön und gut, aber er würde nicht wiederkehren. Nun müsse man kreativ darüber nachdenken, wie man das nationale Bewusstsein in der arabischen Welt wieder erwecken und diese Welt vorwärts bringen und modernisieren könne. Für diesen langen Marsch aber seien die wissenschaftlichen Kenntnisse und die Auseinandersetzung mit neuen politischen Konzepten notwendig.

Bald nach dem Sieg der Freien Offiziere im Jahr 1952 musste ihr Anführer Muhammad Nagib, der einzige an dem Coup beteiligte General, Nasser Platz machen, der de facto zum Herrscher Ägyptens wurde. Dies wiederum erreichte er nur durch die Isolation der säkularen Linken und eine Allianz mit der Muslimbruderschaft. Gegen die Linke wurde unter anderem das Argument ins Feld geführt, sie habe 1948 den Krieg gegen Israel nicht unterstützt. Arabische Kommunisten hatten auf Anweisung Moskaus das Existenzrecht Israels aufgrund der nationalen Selbstbestimmung anerkannt. Viele von ihnen wurden daraufhin interniert oder verhaftet. Als Israel aber gemeinsam mit Abdallah von Transjordanien fremdes Territorium in Besitz nahm, änderte sich die Sicht der ägyptischen Linken vollständig. Von nun an be-

---

fektion trainiert wurden, konnten die Briten und Franzosen in Ägypten, Syrien, im Irak und selbst in Saudi-Arabien keine verlässlichen Streitkräfte aufbauen. Das hatte zur Folge, dass in Syrien und besonders im Irak die jungen Kadetten in der Offizierslaufbahn von verschiedenen antiimperialistischen Ideologien beeinflusst wurden.

trachteten sie Israel als imperialistisches Transplantat, aber verziehen hat man ihnen dennoch nicht. Die Propaganda der Muslimbrüder sprach unentwegt von diesem »Verrat der Kommunisten«.

Die ägyptischen Kommunisten neigten von jeher zur Zersplitterung. Seit den zwanziger Jahren existierten drei rivalisierende Gruppen, und die internen Kämpfe weckten in Moskau so viel Unmut, dass man die Ägypter 1930 aus der Kommunistischen Internationale (Komintern) ausschloss. Als sie in den folgenden Jahren Besserung versprachen, wurden sie wieder zugelassen, aber Moskau ernannte die neue Führung selbst. Im März 1932 gaben die ägyptischen Kommunisten von Moskaus Gnaden einen Programmentwurf heraus, der sehr farbig und mit Schmähreden gespickt war, aber in der »konkreten Analyse der realen Verhältnisse« eher dürftig ausfiel. Ägypten wurde als große britische Baumwollplantage bezeichnet, auf der Sklaven schufteten, wobei Großgrundbesitzer und der Monarch als Sklaventreiber und Zwischenhändler fungierten. Die Wafd repräsentiere einen »konterrevolutionären nationalen Reformismus der Bourgeoisie und der Grundbesitzer«.

Zwei Monate später ging das Wochenblatt »Inprekorr«, das offizielle Organ der Komintern, auf die surrealen Züge des ägyptischen Entwurfs ein, leugnete die eigene Verantwortung und lieferte eine finster anmutende Erklärung: »…infolge der derzeitigen Schwäche der Arbeiterbewegung in Ägypten ist es Polizeiprovokateuren und kleinbürgerlichen Abenteurern gelungen, die Tätigkeit der ägyptischen KP zu desorganisieren, sie von den Arbeitern zu distanzieren und vom revolutionären Massenkampf zu entfremden.«

Zehn Jahre später normalisierte sich zwar wieder das Verhältnis zwischen der Mutterpartei und der KP Ägyptens, aber ein Faktor änderte sich nicht: Der Einfluss der ägyptischen Kommunisten auf breite Bevölkerungsschichten übertraf immer ihre tatsächliche Stärke. Die Partei selbst hatte nie mehr als 2500 Mitglieder, während ihre konfessionellen Opponenten in der Muslimbruderschaft auf 250 000 Mitglieder kamen. Auch wenn man davon ausgeht, dass diese Zahl nicht nur harte Kader, sondern auch Sympathisanten umfasst, sticht der Unterschied ins Auge. Natürlich bestand die Bedeutung der Kommunisten in ihren Verbindungen zu den Staatsapparaten in Peking und Moskau, aber ihre Schwäche an der Basis erklärt, warum Nasser nach seiner Machtergreifung sie ohne weiteres fallen lassen konnte, um stattdessen mit der Muslimbruderschaft zu paktieren. Im Rückblick erstaunt vor allem die Zurückhaltung der Bruderschaft. Sie gingen nicht auf die Straße, um die Macht zu erringen; vielmehr kollaborierten sie, jedenfalls bis zum Februar 1954, bereitwillig mit den Freien Offizieren; überdies lehnte ihr Oberster Führer Sajjid Kutb das Angebot ab, Erziehungsminister zu werden.

Nachdem Nasser der durch den Kalten Krieg gespaltenen Welt demonstriert hatte, dass er kein Kommunist war, wandte er sich auch gegen die Muslimbruderschaft. Den Konflikt provozierten die Islamisten selbst, als sie forderten, das neue Ägypten gemäß der Scharia zu regieren und ihr alle säkularen Gesetze unterzuordnen. Die Offiziere, die bisher fröhlich von der islamistischen Rhetorik Gebrauch gemacht und das Prestige der alten sunnitischen Universität von al-Azhar durch großzügige Geldgaben aufgebessert hatten, sträubten sich gegen dieses Ansinnen – und reagierten in typischer Weise: Die Muslimbruderschaft wurde verboten.

Sieben Monate später, am 23. Oktober 1954, verübte ein Mitglied der Bruderschaft einen Mordanschlag auf den Staatschef. Nasser entging der Gewehrkugel. Der Attentäter und fünf Komplizen wurden verhaftet, verurteilt und hingerichtet. Mehrere tausend Brüder wanderten ins Gefängnis. Es hieß, die Bruderschaft mache wieder gemeinsame Sache mit den Briten, um einen Führer zu beseitigen, der imperialistischen Interessen feindlich gesinnt sei. Durch diese Wendung der Ereignisse rückten die Regierung und die Linke enger zusammen, auch wenn Nasser und seine Kollegen es erneut vorzogen, radikale Intellektuelle in ihre eigenen Machtstrukturen einzubinden. Rivalisierende Organisationen wurden nicht geduldet. All diese Entwicklungen fanden in einer international höchst angespannten Atmosphäre statt. Die neue Regierung war ebenso wenig wie ihre Vorgängerin bereit, eine Sicherheitsallianz mit dem Westen einzugehen. Stattdessen strebte sie eine »positive Neutralität« im Kalten Krieg an – übrigens genau wie der indische Premierminister Jawaharlal Nehru, der in den Jahren 1952 bis 1956 Ägypten häufig besuchte und Nassers Kampagne gegen die britische Besetzung der Suez-Kanalzone öffentlich unterstützte.

Im Jahr 1955 zeigte sich Nasser auf der Bandung-Konferenz der afrikanischen und asiatischen Staaten, die unlängst in die Unabhängigkeit entlassen worden waren, beeindruckt von der Unterstützung, die er aus China und Indien erhielt, während ihn die servile, prowestliche Haltung der Politiker aus Pakistan, Thailand und von den Philippinen schockierte. Auf dem Heimweg besuchte er Neu-Delhi, Karachi und Kabul. Wieder machte Nehru großen Eindruck auf ihn. Ein paar Monate später traf er zum ersten Mal mit dem jugoslawischen Staatschef Josip Tito zusammen, der Nehrus Argumente bekräftigte. Tito und Nehru überzeugten Nasser, sich von den Blöcken des Kalten Kriegs fern zu halten und gleichzeitig die Briten unter Druck zu setzen, sich auf unbegrenzte Zeit aus Ägypten zurückzuziehen.

Die ägyptische Führung sah, dass die Welt des Islam tief gespalten war. 1956 waren die meisten Regierungen der muslimischen Welt Handlanger Washingtons und Londons: die Türkei, Pakistan, der Iran, Saudi-Arabien, Jordanien und der Irak. Syrien war teilweise abhängig. Nur Indonesien und Ägypten waren willens, einen unabhängigen Kurs einzuschlagen, und beide sollten für ihr Aufbegehren hart bestraft werden.

Die erste Abstrafung Ägyptens war schon vorbereitet. Mehrere Monate lang hatte die ägyptische Regierung mit den Vereinigten Staaten und der Weltbank die Finanzierung des Assuan-Staudamms ausgehandelt. Schließlich war das Geld bewilligt worden, und das Angebot lag auf dem Tisch. Doch plötzlich zog die Regierung in Washington die Zusage zurück. Sie zeigte sich empört über Nassers Auftritt auf der Weltbühne. Die »New York Times« behauptete, treue Verbündete wie Pakistan, der Iran und die Türkei hätten lautstark gegen »das größte Einzelprojekt der US-Entwicklungshilfe« für ein Land protestiert, das »nicht nur neutral, sondern gelegentlich aktiv antiwestlich« sei. Die drei Handlanger meinten, sie hätten größeres Anrecht auf die zugestandenen Mittel.

Am 19. Juli 1956 teilte US-Außenminister John Foster Dulles Ägypten diese Entscheidung mit. Nassers Unmut spiegelte die Stimmung im Volk wider. Am 26. Juli 1956 prangerte der ägyptische Präsident in einer Ansprache in Alexandria den Erpressungsversuch der Amerikaner an: »Sollen die Imperialisten an ihrer Wut ersticken«, drohte er und verkündete der begeisterten Menge, Ägypten habe beschlossen, den Suez-Kanal zu verstaatlichen. Die Einnahmen aus dem Kanal sollten den Staudamm finanzieren, und Ägypten würde die Souveränität über seine Wirtschaft und sein Territorium zurückerlangen. Mit dieser Rede schleuderte Nasser dem hinfälligen britischen Empire vor den Augen der Öffentlichkeit den Fehdehandschuh ins Gesicht.

Über Nacht wurde Nasser der Held der arabischen und der antiimperialistischen Welt. In den Armeen der arabischen Welt kam es zu Spaltungen. Gekrönte Häupter befürchteten das Schlimmste. Für prowestliche Politiker, die die Stimmung im Volk beobachteten, begann eine Zitterpartie. Wie würde der Westen reagieren? Der britische Premierminister Sir Anthony Eden beschimpfte den ägyptischen Führer als »diesen Hitler am Nil«. Nasser aber kannte die Briten. Ihm war klar, dass sie instinktiv mit Kanonenbootdiplomatie reagieren würden. Und er wusste, dass der Westen Israel benutzen würde. Also schickte er eine Nachricht an den israelischen Premierminister David Ben Gurion und bot ihm ein umfassendes Friedensabkommen an, vorausgesetzt, die Israelis hielten sich aus dem heraufziehenden Konflikt heraus. Das Angebot wurde verächtlich zurückgewiesen.*

Ohne Washington um Erlaubnis zu fragen, planten der konservative britische Premierminister Anthony Eden, sein sozialistischer französischer Komplize Guy Mollet und ihr williger zionistischer Mitläufer Ben Gurion eine Invasion in Ägypten. Am 29. Oktober 1956 griff die israelische Armee die Sinai-Halbinsel an. Zwei Tage später landeten die Fallschirmspringer eines englisch-französischen Expeditionstrupps in der Suez-Kanalzone. Diese Aktion wurde von der Türkei, dem Iran und Pakistan verbal unterstützt.**

Da die ägyptische Armee unter Druck geriet, stellte die Sowjetunion den drei Besatzungsmächten ein Ultimatum. Schon am nächsten Tag wurde die Militäraktion gestoppt. In der darauf folgenden Woche griff US-Präsident Eisenhower die drei Länder öffentlich an, weil sie es gewagt hatten, hinter seinem Rücken einen solchen Vorstoß zu unternehmen. »Wir können und werden eine bewaffnete Aggression nicht verzeihen.« Am 22. Dezember 1956 zogen die britischen und französischen Truppen aus Port Said ab.

Nasser hatte die Schlacht verloren, aber den Krieg gewonnen. Sein Neujahrsgeschenk an die Ägypter war die Verstaatlichung aller ausländischen Banken und Versicherungsgesellschaften so-

---

* Maurice Orbach, der links gerichtete Labour-Abgeordnete aus Willesden im Nordwesten Londons, der die Botschaft von Kairo nach Tel Aviv brachte, wurde von den dortigen Zionisten für seine mutige Tat scharf kritisiert.
** Die britische Labour Party, glücklicherweise in der Opposition, unterstützte dieses Mal den Krieg nicht, spaltete die öffentliche Meinung und schuf so in den Medien und anderswo Raum für kritische Stimmen.

wie der Handelsagenturen, die sich im Besitz ausländischer Firmen befanden. Der polnische Wirtschaftswissenschaftler Oscar Lange hatte Kairo zwei Jahre vor dem Suez-Krieg besucht und die militärischen Führer davon überzeugt, dass Planwirtschaft dem Land und der Mehrheit der Bevölkerung nützen werde. Die Entwicklungen nach der Suez-Invasion boten eine doppelte Chance: die NATO-Mächte – Großbritannien, Frankreich und die Türkei – durch Konfiszierung ihrer Unternehmen zu bestrafen und damit zugleich eine Basis für die Planwirtschaft zu schaffen. Auf den Straßen wurde gefeiert. In Kairo erinnerte man sich der Worte des Dichters Ahmed Shawqi: »Der Morgen der Hoffnung vertreibt die Finsternis der Verzweiflung, jetzt kommt der lang ersehnte Tagesanbruch.«

Die Ziele des ersten Ölkriegs waren klar umrissen. Großbritannien und Frankreich wollten die nationalistische Alternative beseitigen, die Nassers Ägypten darstellte, um ihre Interessen in der übrigen Region zu schützen. Großbritannien fürchtete zudem den Verlust des Irak. Frankreichs größte Sorge war das Erstarken einer nationalistischen Unabhängigkeitsbewegung in Algerien. Das zionistische Regime in Israel wollte Ägypten schwächen und eine Ausbreitung nationalistischer Ideen verhindern. Das Debakel hatte jedoch die gegenteilige Wirkung erzielt. Im Februar 1958 schlossen sich Ägypten und Syrien zur Vereinigten Arabischen Republik zusammen. Mit Hilfe eines ähnlichen Bündnisses hatte im 12. Jahrhundert Saladin die Araber geeint und Jerusalem zurückerobert. Das historische Gedächtnis der Araber reicht weit zurück, und die Nachricht bewegte die Herzen vieler Muslime. Der Jemen und der Libanon bekundeten Interesse an der Föderation.

Aber der Westen hatte schon eine Alternative parat. Die jordanische Monarchie, die damals wie heute als langer Arm des britischen und des amerikanischen Außenministeriums fungierte, versuchte sofort, eine Allianz zwischen den haschemitischen

Herrschern Jordaniens und des Irak mit den Wahhabiten in Saudi-Arabien zu schmieden. In Riad beobachteten die Wahhabiten die Wendung der Ereignisse mit großer Sorge. Der König ließ sich überreden, die Macht an den Kronprinzen, Emir Faisal, abzutreten, dem man zutraute, ein Abkommen mit Nasser auszuhandeln, wenn es die Umstände erforderten. In Kairo und Damaskus war von einer neuen Zukunft die Rede, einer veränderten politischen Landschaft, wenn auch nur ein großes Öl exportierendes Land der Vereinigten Arabischen Republik beitreten würde. Eine solche Kombination würde die Halbinsel polarisieren und ein starkes Fundament für eine geeinte arabische Nation schaffen, deren Ölreichtum die Bedürfnisse des arabischen Volks befriedigen würde. Das war der Traum, ein scheinbar utopischer Wunsch, und doch wäre er beinahe erfüllt worden, und zwar eher, als vermutet.

Im Juli 1958 wurde die Monarchie im Irak durch eine nationalistische Revolution gestürzt. Der haschemitische König Faisal und sein verhasster Onkel wurden hingerichtet. Die Menschen feierten auf den Straßen von Bagdad die Machtergreifung durch Abdel-Karim Kassem und eine Gruppe radikal-nationalistischer Offiziere. Der Westen und seine Verbündeten waren vollkommen verblüfft. Ihre Sicherheitspläne für die Region, der so genannte Bagdadpakt, war mit dem Sturz der Monarchie hinfällig geworden. Eine Kairo-Damaskus-Bagdad-Achse rückte jetzt in den Bereich des Möglichen. Politische Agitatoren nutzten die Rundfunksender der drei Hauptstädte, um die jordanische Bevölkerung zur offenen Rebellion anzustacheln. Die Botschaft stieß auf offene Ohren: Erhebt euch und stürzt eure Monarchie, die Geld von den Zionisten genommen und Palästina verraten hat. Sie ist eine Schachfigur des westlichen Imperialismus und muss abgesetzt werden.

Die jordanische Monarchie konnte sich vor allem deshalb halten, weil die Westmächte hinter den Kulissen intervenierten, doch die Bevölkerung war aufgebracht und verbittert. Nur wenige Anhänger der Monarchie bezweifelten, dass die Nationalisten mit überwältigender Mehrheit an die Macht gekommen wären, hätte es jemals freie Wahlen gegeben. Doch der Mangel an Verantwortung zeichnete nicht nur die prowestlichen Monarchien aus. Die bonapartistischen Militärregierungen, die in Ägypten und im Irak mit massiver Unterstützung des Volkes an die Macht gelangt waren, hatten zwar dringend erforderliche wirtschaftliche und soziale Reformen durchgesetzt, die den Armen zu Gute kamen. Auf der politischen Ebene aber etablierten sie rigide Einparteiensysteme. Hierfür führten sie drei Gründe an. Erstens sei die bürgerliche Demokratie eine Farce, da dort das Geld das wichtigste Kriterium sei, und angesichts der strategischen Bedeutung des Nahen Ostens werde mit imperialistischem Geld jede sich bietende Absatzmöglichkeit in den arabischen Ländern genutzt. Zweitens verwiesen sie auf die Beispiele Chinas und Jugoslawiens, um zu zeigen, dass eine alternative Staatsstruktur durchaus praktikabel sei, die den echten Bedürfnissen der Menschen weitaus mehr diene als selbst die indische Demokratie. Drittens habe der Westen nach dem Ersten Weltkrieg das System der Schahs, Sultane und Emire zunächst geschaffen und dann, nachdem in deren Herrschaftsgebieten das Erdöl entdeckt worden sei, sie tatkräftig unterstützt. Als 1952 im Iran eine Demokratie entstanden sei und dem Westen die Stirn geboten habe, hätten Briten und Amerikaner den populären, gemäßigten Nationalisten Mossadegh gestürzt und den Schah zurückgeholt, der geflohen war. Die angebliche Vorliebe des Westens für die Demokratie sei daher bloß ein Mittel zum Zweck und schöner Schein, denn die Mehrzahl ihrer Vasallenstaaten auf allen Kontinenten – ausgenommen Europa – seien heruntergewirtschaftete, korrupte und brutale Diktaturen, die nur den Wohlstand der Oligarchie sicherten.

Nicht alle diese Argumente entbehrten einer Grundlage, und doch gingen sie über die wirklichen Bedürfnisse der arabischen Völker hinweg, zumal damals permanent eine vereinigte arabische Republik zur Debatte stand. Nassers Popularität als antiimperialistischer Politiker stand in der gesamten arabischen Welt außer Zweifel. Sein Porträt hing in palästinensischen Flüchtlingslagern, in Privathäusern im Hedschas, in den Kasbahs des Maghreb und überall sonst in der arabischen Welt. Doch diese Popularität bedeutete nicht, dass sein Vorgehen in Ägypten oder Syrien oder auch seine Forderungen an das neue irakische Regime uneingeschränkte Unterstützung fanden. Mit seiner Agitation gegen den Westen, hätte er bei jeder Volksbefragung eine überwältigende Mehrheit bekommen. Bei innenpolitischen Belangen allerdings hätte er viel weniger Unterstützung erfahren.

Seine eigene Partei, die Arabische Sozialistische Union, vertrat einen populistischen »dritten Weg« zwischen Kapitalismus und Sozialismus, und sprach nicht für eine bestimmte Klasse, sondern im Interesse des »ganzen Volkes«. Die einzige Möglichkeit zu entscheiden, ob das Volk diesen Standpunkt akzeptierte, bestand darin, freie Parlamentswahlen zuzulassen. Die gegen die Muslimbruderschaft und die Linke gerichteten Repressionen, die strikte Kontrolle der Massenmedien und die teilweise Bevormundung der Intelligenz zeugten von der Unsicherheit des Regimes, und das war eine schlechte Voraussetzung für eine umfassende Union arabischer Staaten. In Syrien und im Irak gab es noch andere Organisationen, die die Unterstützung des Volkes genossen und als antiimperialistisch galten: die sozialistische Baath-Partei und die Kommunisten. Selbst wenn diese erwogen hätten, in eine sozialistische Union arabischer Staaten einzutreten, wären damit die innenpolitischen Probleme nicht gelöst gewesen. Aber eine solche Übereinkunft kam ohnehin nicht zu Stande.

In Ägypten selbst wäre die Regierung beinahe durch die Muslimbruderschaft destabilisiert worden. Die Bruderschaft verübte 1964 drei Attentatsversuche auf Nasser. Das Regime reagierte darauf mit äußerster Härte: Zunächst kam es zu Masseninhaftierungen, denen dann 1965 die Hinrichtung Sajjid Kutbs und anderer Anführer folgte. Kutb war wegen seiner Kompromisslosigkeit, seiner Ehrlichkeit und Integrität und wegen seiner asketischen Lebensführung selbst in nicht-religiösen Kreisen hoch angesehen. Die Gläubigen schätzten darüber hinaus seine Klugheit, und sein letztes Buch, »Maalim fit-tarik« (»Wegezeichen«), das er im Gefängnis fertig stellte, wurde nach seinem Tod zum Bestseller. Dieses dünne Bändchen, eine Zusammenfassung seiner Ideen, wird heute noch von Gläubigen eifrig gelesen und in weiten Kreisen als Handbuch zur Ausbildung islamischer Kader verwendet. Es gehört zu den heiligen Texten des Islamischen Dschihad und ähnlicher Gruppierungen, die die Muslimbruderschaft in der übrigen islamischen Welt hervorgebracht hat. Inhaltlich gesehen ist das Buch voller Wiederholungen, banal, wenig anregend und eine Zumutung für jeden vernunftbegabten Menschen. Dennoch hat es eine eminente Wirkung auf zwei Generationen von Muslimen ausgeübt, und das allein macht eine Auseinandersetzung mit den Ideen Kutbs notwendig.

Kutbs Hauptargumente lassen sich folgendermaßen zusammenfassen; erstens: Die einzigen Muslime, denen nachzueifern sich lohnt, sind die der ersten Generation des Islam, denn nur sie waren rein im Denken und Glauben. In drei aufeinander folgenden Abschnitten werden mehrmals die »klaren Quellen« erwähnt, die einzigen Orte, wo Muslime »ihren Durst stillen«. Die klaren Quellen, das ist der Koran. Kutb betont in seinem Buch immer wieder, dass der Koran und nur er Quelle des Wissens und Anleitung für das Alltagsleben sein kann. Er zitiert ein Hadithe von Aischa, der jüngsten Braut des Propheten, die, als sie gebeten wurde, den Charakter ihres verstorbenen Ehemanns zu beschreiben, erwiderte: »Sein Charakter war der Koran.«* Kutb betont, dass zu einer Zeit, da die Kultur der Griechen, Römer und

---

* Natürlich kann man diese Antwort auf verschiedene Weise interpretieren. Es bestand nie Zweifel an Aischas lebhaftem Geist, und ihre Bemerkung – sollte sie sie tatsächlich gemacht haben – könnte, ohne den Mutaziliten zu nahe treten zu wollen, auch bedeuten, dass das Buch nie geoffenbart wurde.

Perser sich über die ganze Welt ausgebreitet hatte, die »einzigartige Generation« alles andere ignoriert und sich nur auf die Worte des Koran gestützt habe. Da der Einfluss dieser Kulturen zur *dschahilija* (Unwissenheit) geführt habe und um sich davon zu befreien, mussten sie den Koran studieren und nichts weiter.

Zweitens: Wenn Muhammad ein arabischer Nationalist gewesen wäre, hätte er die Stämme mit plumpen nationalistischen Motiven vereinen und so die römischen und persischen Besatzungsmächte vertreiben können. Doch er tat es im Namen Allahs als universellem Gott, der ohne weiteres Perser, Römer, Afrikaner und jeden anderen in die neue Gemeinschaft aufnahm, die Muhammad in seinem Namen gründete – sofern sie Allah und seinem Propheten Treue schworen.

Drittens hätte Muhammad mit den Habenichtsen leicht eine soziale Bewegung ins Leben rufen, die Wohlhabenden besiegen und ihren Reichtum an die Armen verteilen können. Danach hätten sich die Armen ohne großes Zureden um die Fahne Allahs geschart. Doch, so lässt Kutb den Leser wissen, Allah führte den Propheten auch nicht auf diesen Weg, weil er einem dritten Weg den Vorzug gab: »Er wusste, dass eine Gesellschaft nur dann zu wahrer sozialer Gerechtigkeit findet, wenn alle Angelegenheiten den Gesetzen Gottes unterworfen sind und die Gesellschaft als Ganzes bereit ist, die gerechte Verteilung des Reichtums, die Er vorschreibt, zu akzeptieren ...« Der Niedergang des Islam begann mit der zweiten Generation, die nicht mehr der Reinheit des Islam diente und von den vergifteten Quellen anderer Kulturen und Traditionen trank. Hieraus folgt, dass nur die Rückkehr zum wahren Glauben den Islam vor der absoluten Katastrophe retten kann.

Lassen wir einmal die Tatsache, dass der Koran aus mehreren Teilen zusammengesetzt ist, und seinen Bezug zum Alten Testament beiseite. Kutb war in einen politischen Kampf verwickelt, in dem es um Leben oder Tod ging. Als kaum verschleierte Polemik gegen Nassers Vision von einer panarabischen Welt und gegen die Kommunisten erfüllte Kutbs Buch durchaus seinen Zweck, aber als politische Alternative war seine Botschaft widersprüchlich und trostlos. Es redete einer Rückkehr zum ursprünglichen Islam das Wort, wie er im Koran dargelegt wird. Um dieses Ziel zu erreichen, war ein Dschihad in zwei Stufen unabdingbar: »Diese Bewegung bedient sich der Predigt und der Überzeugung, um Ideen und Glaubenshaltungen zu reformieren. Und sie bedient sich physischer Kraft und des Dschihad, um die Organisationen und Autoritäten der Unwissenden zu zerstören, die die Menschen davon abhalten, ihre Ideen und ihre Glaubensüberzeugungen zu erneuern, und sie zwingen, ihren Irrwegen zu folgen und menschlichen Herren zu dienen anstatt Allah, dem Allmächtigen.« Für Kutb ist der Dschihad Überzeugung und Gewalt in einem, und der Verfasser zieht den Schleier über alles, was nicht in sein Konzept passt. Was aber, wenn die Mehrheit des Volkes gar nicht wie die erste Generation leben oder das Gesetz des Koran als Verhaltenskodex annehmen will? Was, wenn alle Überzeugungsversuche scheitern? Die Antwort ergibt sich von selbst. Man wird sie zwingen müssen. Kutbs Kämpfer im islamischen Dschihad, die sich mit Osama bin Ladens Aufgebot wahhabitischer Araber zur al-Qaida zusammenschlossen, glauben, dass das »Emirat von Afghanistan« das einzige Beispiel des wahren Islam ist. Das Taliban-Regime als Abbild der Vergangenheit wie der Zukunft.

Es lässt sich nur schwer sagen, ob Kutb sich dieser Gruppierung angeschlossen hätte. Jedenfalls konnten sein Tod und das Verbot der Muslimbruderschaft die Probleme des ägyptischen Regimes nur vorübergehend lösen. Nasser aber war sich seiner Sache vollkommen sicher. Nachdem er dem religiösen Extremismus einen schweren Schlag versetzt hatte, entwarf er nun eine Strategie, um seine Konkurrenten im linken Lager auszuschalten. Die ägyptischen Kommunisten waren Mitte der sechziger Jahre entweder in die staatlichen Strukturen integriert oder für alle Zeiten demoralisiert. Die stärkste Bedrohung für die Hegemonie Nassers stellten die Anhänger der Baath-Partei dar.

Da verschiedene Splittergruppen dieser Partei fast ein halbes Jahrhundert lang Syrien und den Irak beherrscht haben, ist die Frage nach ihren Ursprüngen keine rein akademische Angelegenheit. Geistiger Vater der Baath (Wiedergeburts)-Partei war Michel Aflak, ein links gerichteter nationalistischer arabischer Intellektueller griechisch-orthodoxer Herkunft, der 1910 in einer nationalistisch gesinnten Familie in Damaskus geboren wurde. Beide Eltern waren politisch engagiert. Sein Vater hatte unter den Osmanen und ihren französischen Nachfolgern im Gefängnis gesessen. Michel Aflak studierte an der Sorbonne, verliebte sich in die Stadt Paris, gründete eine arabische Studentenvereinigung und entdeckte Marx. Nach seiner Rückkehr nach Syrien im Jahr 1932 arbeitete er eng mit den dortigen Kommunisten zusammen und schrieb Artikel für ihre Zeitschrift. Wie viele andere ging auch er davon aus, dass die Kommunistische Partei Frankreichs für die Unabhängigkeit der französischen Kolonien eintrat. Doch diese Illusion wurde 1936 zerstört, als die Volksfrontregierung die kolonialen Strukturen beibehielt und sich die syrischen Kommunisten nicht dagegen zur Wehr setzten.

Viele Jahre später sagte er in einem Interview:

>»In dieser Zeit bewunderte ich die Härte, mit der die Kommunisten gegen die Franzosen kämpften. Ich habe die Zähigkeit der jungen Männer in der kommunistischen Partei immer bewundert. Nach 1936, als die Leon-Blum-Front in Frankreich die Regierung übernommen hatte, verlor ich meine Illusionen und fühlte mich verraten.«

Damals kam er zu dem Schluss, dass die Kommunisten seines Landes nicht einer Idee anhingen, sondern vielmehr den außenpolitischen Interessen der Sowjetunion dienten und deshalb in einem längeren Kampf unzuverlässige Verbündete darstellten. Diese Erfahrung bewirkte, dass sich Aflak, sein enger Gefährte Salah Bitar und andere junge, idealistisch gesinnte arabische Nationalisten von jedem Internationalismus distanzierten. Der »imperialistische Charakter« des europäischen Sozialismus und Kommunismus hatte sie entsetzt. Für sie lautete die Schlüsselfrage, wie ihre Länder Freiheit und Unabhängigkeit erreichen konnten. Alles andere war diesem Ziel untergeordnet.

Während des Zweiten Weltkriegs entwickelte Aflak dann die Theorie, die ihm viele Anhänger verschaffte – die Theorie von der einen arabischen Nation und dem einen arabischen Volk, die eine geeinte arabische Republik notwendig machten. Diese Einheit leitete Aflak aus der Geschichte ab. Der Islam und sein Prophet hatten die Araber geeint, was zuvor noch niemandem gelungen war, und diese historische Erfahrung ist das gemeinsame Erbe aller Araber, nicht nur der Muslime. In der ersten Phase galt Aflaks Hauptaugenmerk folglich der Nation und der Nationalität. Solche Überlegungen und seine vollständige Desillusionierung über die europäische Linke, die sich als prokolonialistisch entpuppt hatte, führten dazu, dass er den Zweiten Weltkrieg durch eine rein nationalistische Brille sah. Eine Niederlage des britischen und französischen Imperiums wäre der arabischen Sache dienlich.* Nationalisten, zum Beispiel die Menschenmengen, die in Alexandria demonstrierten, hofften, dass Rommel ihnen die Arbeit leichter machen würde.

Die Baath-Partei wurde folgerichtig genau ein Jahr nach der Niederlage Rommels in El Alamein (1942) gegründet. Nach der Unabhängigkeit Syriens im Jahr 1947 arbeitete sie eng mit nichtkommunistischen Sozialisten zusammen und übte in der ganzen

---

* Die Nationalisten im indischen Nationalkongress gelangten zu einer ähnlichen Sicht und riefen im August 1942, auf dem Höhepunkt des Zweiten Weltkriegs, eine Bewegung des zivilen Ungehorsams gegen die Macht der Briten ins Leben.

arabischen Welt wachsenden Einfluss aus. In Jordanien und im Irak entstanden Untergrundparteien, im Hedschas und im Jemen operierten einzelne Zellen. Nur Syrien und der Libanon ließen zu verschiedenen Zeiten die Partei zu. In Syrien wurde die Partei erstmals verboten und Aflak inhaftiert. Zwischen 1949 und 1954 saß er viermal im Gefängnis. In Paris hatte ihn die Zähigkeit der französischen Kommunisten beeindruckt. In Syrien gab er nun diese Disziplin und Härte an die neuen Mitglieder, zumeist Studenten, weiter.

Als Generalsekretär der Baath-Partei – von 1943 bis 1965 – sorgte Aflak dafür, dass die Partei den Ruf einer panarabischen Organisation genoss, und bestimmte sowohl ihre Politik als auch ihre Organisationsstruktur. Aflak lehnte alle Insignien der Macht ab und widmete sich ausschließlich seiner Arbeit in der Partei. Er war auch die treibende Kraft hinter dem ägyptisch-syrischen Bündnis von 1958, doch die gegenseitige Abneigung zwischen ihm und Nasser erwies sich als unüberwindbar. Beide Männer waren antiimperialistische Modernisierer und Nationalisten, die in ihr Programm antikapitalistische Elemente aufnahmen. Beide waren leidenschaftliche Idealisten, doch während Aflak hauptsächlich ein Parteimensch war, der nach innen zu wirken suchte, war Nasser eine Führerpersönlichkeit und trat gern an die Öffentlichkeit. Sein Name galt als Symbol des Antiimperialismus schlechthin. Es störte ihn, dass er Aflak wie einen gleichberechtigten Partner behandeln sollte. Während der syrische Ideologe bereit war, die Macht zu teilen, strebte Nasser eine Monopolstellung an. Das anmaßende Gebaren Abdel Hakim Ameas, des ägyptischen Prokonsuls in Damaskus, bereitete dem Bündnis schließlich ein Ende.

Hinter diesen Differenzen steckte jedoch eine konkrete Wirklichkeit neueren Ursprungs: Seit der Niederlage und dem Zusammenbruch des Osmanischen Reichs nach dem Ersten Weltkrieg führten die neuen, von den imperialistischen Mächten geförderten Staaten eine zweite heimlich nationalistische Existenz, die auf einer Mischung aus Modernität und regionaler Geschichte sowie Tradition beruhte. Die Osmanen hatten den arabischen Osten von außen geeint, es jedoch versäumt, Strukturen zu schaffen, die diese Einheit von innen stützten. Und wie wir gesehen haben, genoss Ägypten nach der kurzen Besetzung durch Napoleon eine eingeschränkte Unabhängigkeit. In der Folge aber reichte die einigende Kraft der nationalistischen Ideologie nicht aus, um die regionalen Rivalitäten im Zaum zu halten. Dies war besonders dort der Fall, wo die von den Imperialisten vorgenommenen geografischen Grenzen höchst ungeschickt gezogen waren wie beispielsweise in Syrien und im Libanon.

Auf der Arabischen Halbinsel sah die Situation insgesamt anders aus. Vom Osmanischen Reich von jeher ignoriert, hatten Stammeskonflikte in dieser Region etliche kleinere Reiche geschaffen. Obwohl die von Großbritannien unterstützte al-Saud-Dynastie schließlich die Halbinsel an sich riss, waren es die Entdeckung des Erdöls, die Schaffung des US-amerikanischen Erdöl-Giganten ARAMCO und der riesige Stützpunkt der US-Airforce in Dharan, die die Einheit Saudi-Arabiens garantierten und es zur Bastion der arabischen Reaktionäre machten. Imperialismus, Erdöl und – nach 1948 – Israel waren die drei Faktoren, die dem Nationalismus einen enormen Schub verliehen. Die Existenz der Sowjetunion stellte einen Stützpfeiler dar, an dem man sich in schwierigen Zeiten festhalten konnte. Wenn es den zionistischen Staat nicht gegeben hätte, wäre das Phänomen wahrscheinlich mit dem Rückzug der Briten und Franzosen aus der Region verschwunden, und jedes Land hätte stattdessen lediglich seine eigenen Interessen verteidigt.

Die Rivalität zwischen Ägypten und der Baath-Partei in Syrien und im Irak schwächte alle drei Staaten. Der endgültige Schlag gegen den arabischen Nationalismus aber wurde in Tel Aviv vorbereitet.

5 Randbemerkungen zu einem Kapitel der Niederlagen

Nach der *nakba* (Katastrophe) von 1948 waren die Palästinenser ohne Führung und in alle Winde zerstreut. Ihr Schicksal hing in jeglicher Hinsicht von den arabischen Staaten ab. Fünfzehn Jahre dauerte es, bis die Arabische Liga endlich der Gründung der Palästinensischen Befreiungsfront (PLO) zustimmte, doch die palästinensischen Einheiten waren letzten Endes in die Armeen von Syrien, Irak, Jordanien und Ägypten integriert. Radikalisiert durch die Ereignisse von 1956 und die darauf folgende Polarisierung trat jetzt eine neue Generation von Palästinensern auf den Plan – junge Männer und Frauen, die Kinder von 1948, die keine unmittelbare Erinnerung an die ethnische Säuberung mehr hatten. Sie waren mit Geschichten über die Katastrophe groß geworden und verfügten über ein kollektives Gedächtnis, das umso mächtiger war, als es nicht dem direkten Erlebnis der Niederlage entsprang.

Wie die übrige arabische Welt teilten auch sie sich in Nationalisten und Marxisten, obwohl es innerhalb des palästinensischen Volkes im Gegensatz zu den arabischen Ländern nur eine verschwindend geringe Zahl von religiösen Strömungen gab. Dies war die Zeit, in der die *Fatah* (Sieg) entstand, auf der Linken flankiert von der Volksfront für die Befreiung Palästinas (PFLP) und später der Demokratischen Volksfront für die Befreiung Palästinas (PDFLP). Die Gruppen unterschieden sich hauptsächlich in der Frage der Strategie: Die Fatah favorisierte direkte und autonome militärische Einsätze palästinensischer Guerillaeinheiten gegen Israel, ihre Rivalen vertraten die Ansicht, man könne Palästina nicht ohne sozialistische Revolutionen in den arabischen Ländern gewinnen.

1965 begann die Fatah-Guerilla, unterstützt von der syrischen Baath-Partei, Aktionen in Israel durchzuführen, woraufhin sich die zionistischen Führer zu einer Offensive entschlossen. Mit der wirtschaftlichen und militärischen Hilfe (einschließlich chemischer Waffen) seitens der Vereinigten Staaten und Westdeutschlands hatten sie die stärkste Luftstreitmacht in der Region aufbauen können. Die Truppenstärke hatte proportional zur Bevölkerungszahl zugenommen. Das israelische Oberkommando war sich sicher, den restlichen Teil Palästinas erobern zu können, ohne dadurch die Existenz Israels zu gefährden. Inzwischen unterzeichneten Syrien, Ägypten und Jordanien ein Militärabkommen, das einen Beistandspakt enthielt. Am 5. Juni 1967 griffen die Israelis Ägypten an und zerstörten dessen gesamte Luftwaffe. Innerhalb von sechs Tagen hatten israelische Panzer Jerusalem und das Westjordanland eingenommen, die Golanhöhen im Süden Syriens und Sinai bis zum Suez-Kanal in Ägypten besetzt. Es war eine vollständige Niederlage, eine zweite *nakba*, mit noch weiter reichenden Folgen.

Jerusalem war gefallen. Wichtige heilige Stätten der Christen und Muslime befanden sich nun unter jüdischer Kontrolle. Israels militärische Schlagkraft beeindruckte das Pentagon und das amerikanische Außenministerium – der zionistische Staat hatte sich als stabilerer und stärkerer Partner in der Region erwiesen, als man sich das hatte träumen lassen. Folglich erfuhren die Beziehungen zwischen den Vereinigten Staaten und Israel eine dramatische Veränderung. Israel wurde der zuverlässigste Verbündete der USA in der Region, und zudem erfolgte nun die Hinwendung der jüdischen Bevölkerung in den Vereinigten Staaten zum Staat Israel.

Und die Palästinenser? Die Besetzung durch die Israelis bedeutete, dass sich die letzten Bastionen Palästinas – Jerusalem, Gaza und das Westjordanland – nun unter direkter Herrschaft Tel Avivs befanden. Nach ihrem raschen Sieg hätte die israelische Regierung eine Lösung vorschlagen können, die ein unabhängiges Palästina einschloss, aber sie war zu berauscht von ihrem Erfolg. Die unter einem Kriegstrauma leidenden arabischen Staaten reagierten mit der Weigerung, die Besetzung anzuerkennen. Eine große Zahl von Palästinensern floh in hastig errichtete Flüchtlingslager in Jordanien und Syrien.

Der Krieg von 1967 versetzte dem Nasserismus als populärer antiimperialistischer Kraft im Nahen Osten einen schweren Schlag. Wie reagierte Ägypten auf die Niederlage? Am 9. Juni 1967, als das Ausmaß der katastrophalen Niederlage in der gesamten arabischen Welt absehbar war, marschierten von der Muslimbruderschaft angefeuerte Banden zur sowjetischen Botschaft. Sie machten Moskau für das Desaster verantwortlich und steckten die Botschaft in Brand – dies war für sie lediglich das Vorspiel zur Restauration konservativer Werte. Die alten Herrschereliten verschwendeten keine Zeit und beteiligten sich an Verschwörungen mit höheren Offizieren der Armee.

Zwei Jahre zuvor hatte in Indonesien das Militär dafür gesorgt, dass die Linke des Landes vernichtet wurde. Die größte kommunistische Partei in einem nicht-kommunistischen Land war ausgelöscht worden, was einer Million Menschen das Leben kostete. Dieses Ereignis hatten die Islamisten und die Geheimdienste der Vereinigten Staaten in aller Welt freudig begrüßt.

In Kairo träumte die Muslimbruderschaft von Rache am Sozialismus. Jetzt schien die Zeit gekommen, den Pharao zu stürzen und seine Unterstützer umzubringen. Konservative rechts gerichtete Gruppierungen wollten »fünfzehn Jahre Sozialismus« rückgängig machen. Sie wussten, dass der Westen ihnen mit Geld unter die Arme greifen würde, um das Öl zu »sichern«, um Ägypten zurückzuerobern und dann Syrien und den Irak zu bestrafen, bis sie in den Schoß der Familie zurückkehrten.

An jenem schwarzen Freitag sprach Nasser im Fernsehen zum ägyptischen Volk, und seine Rede wurde in der ganzen arabischen Welt übertragen. Er wirkte wie ein gebrochener Mann. Er weinte. Er suchte nicht nach Sündenböcken, sondern übernahm die volle Verantwortung für das Debakel. Er trat zurück. Seine Feinde jubelten und bereiteten sich auf den Wechsel vor, und sie waren überzeugt, dass ein geschlagenes Volk sich nicht wieder erheben würde.

Was nun folgte, war nicht nur in der arabischen Welt ohne Beispiel. Die lyrische Beschreibung des ägyptischen Historikers Anouar Abdel-Malik, wie die Leute auf den Straßen Arabiens auf Nassers Rücktritt reagierten, hat bis heute nichts von ihrer Kraft eingebüßt:

>»Nach wenigen Augenblicken des Zögerns erhob sich das ganze Land: Zweieinhalb Millionen Menschen drängten sich auf den Straßen Kairos. Die gesamte Bevölkerung Tantahs im Zentrum des Nildeltas marschierte in Richtung Hauptstadt. Dasselbe in Port Said, wo die Menschen jedoch in einem verzweifelten Versuch, die Stadt nicht zu entvölkern, zurückgerufen wurden. Von allen Großstädten, Städten und Dörfern, von Alexandria bis Assuan, von der westlichen Wüste bis Suez, setzte sich eine ganze Nation in Bewegung. Und ihre Schlachtrufe waren unmissverständlich: ›Kein Imperialismus! Keine Dollars!‹, ›Keiner kann uns führen außer Gamal‹. Nach der Krise vom Mai 1967 hatte die Bevölkerung von Kairo und Alexandria instinktiv das populäre Schlachtlied der Revolution von 1919 wieder angestimmt – ›Biladi, biladi, fidaki dami!‹ (›Mein Vaterland, o Vaterland, Dein ist mein Blut!‹) –, und jetzt entlud sie sich wie ein Gewitter, setzte sich über alle Intrigen und Verschwörungen hinweg, bahnte sich den Weg zum staatlichen Sender und beschwor Ägyptens Souveränität und eine nationale Lösung …

Vorbei waren die Tage der Passivität. Vorbei war das Gefühl, nicht dazuzugehören. Vorbei war die mangelnde Identifikation eines Volkes mit seinem Vaterland.«

Nasser durfte nicht zurücktreten, aber er wusste, dass dieser Krieg einen Wendepunkt markierte. Als Militärhistoriker erkannte er das Ausmaß der Niederlage. Als Politiker begriff er, dass sich in der arabischen Welt etwas ändern musste. Drei Jahre später war er tot. Seiner Beerdigung wohnten Millionen bei, die ahnten, dass sie nicht nur Nasser Lebewohl sagten, sondern auch seinem Traum von einem geeinten Arabien.

Die Sowjetunion füllte die Arsenale der ägyptischen Armee und der Luftwaffe wieder auf, und Nassers Nachfolger Anwar al-Sadat sorgte für eine Überraschung, als er 1973 Israel zurückdrängte und seine Luftwaffe ausschaltete. Israel erholte sich zwar von dem Schlag, aber es war ein weiterer Höhepunkt in den kriegerischen Auseinandersetzungen zwischen Ägypten und Israel erreicht worden, und die Vereinigten Staaten und die Sowjetunion erzwangen ein Patt. Denn beide Großmächte waren entschlossen, eine Niederlage ihres jeweiligen Partners nicht zuzulassen. Die seltene Einigkeit der beiden und das zeitweise verhängte Ölembargo kam Ägypten zu Hilfe.

Doch es ging nicht nur um die Frage, möglichst moderne Waffen von den Großmächten zu erwerben. Es gab ein tiefer gehendes Problem, das in der arabischen Welt selbst begründet lag. Formuliert wurde es von dem großen syrischen Dichter Nizar Kabbani, dessen Gedichte in Basaren und Salons gleichermaßen rezitiert wurden. 1956 hatte er das Heldentum des gemeinen Soldaten gepriesen, denn trotz der militärischen Niederlage Ägyptens damals war die politische Stimmung optimistisch gewesen. Ein Jahrzehnt später hatte sich die Landschaft verändert.

Unmittelbar nach dem Krieg von 1967 schrieb Kabbani zwanzig Verse mit dem Titel »Hawamisch 'ala Daftar al-Naksah« (»Randbemerkungen zu einem Buch der Niederlagen«), in denen er die gesamte arabische Führerschaft geißelte und dabei keinen Sultan und keinen Oberst schonte. Politischer Protest von Dichtern ist keine Seltenheit in Kulturen, die die freie Meinungsäußerung nicht zulassen, doch selten hatte ein einziges Gedicht eine solch explosive Wirkung. Insbesondere Strophe 17 empörte die Journalisten in den Vereinigten Staaten und die Geheimpolizei in sämtlichen arabischen Hauptstädten.

Obwohl linke wie rechte Kritiker das Werk verurteilten, blieb der Dichter unbeugsam. Er wusste, dass er nicht allein dastand, sondern die Verzweiflung von Millionen zum Ausdruck brachte, ohne ihr zu erliegen. Er wusste, dass Verzweiflung zu Passivität oder kopfloser Gewalttätigkeit führt. Hoffnung aber, die in seinen politischen Gedichten stets gegenwärtig ist, ist eine schöpferische Kraft, die zum Handeln aktiviert. Alle Bilder, die Kabbani für die Hoffnung findet, sind voll jugendlichem Elan und an zukünftige Generationen gerichtet. Er schreibt:

1
Freunde,
Die alte Welt ist tot.
Die alten Bücher sind tot.
Unsere Rede, voller Löcher wie abgetragene Schuhe, ist tot.
Tot ist der Geist, der zur Niederlage geführt hat.

2
Unsere Poesie ist bitter geworden.
Das Haar der Frauen, die Nächte, Vorhänge und Sofas
sind bitter geworden.
Alles ist bitter geworden.

3

Mein betrauertes Land,
In einem einzigen Augenblick
hast Du aus mir, dem Poeten, der Liebesgedichte verfasste,
einen Dichter gemacht, der mit einem Messer schreibt.

4

Was ich empfinde, dafür gibt es keine Worte:
Wir sollten uns unserer Gedichte schämen.

5

Aufgerührt vom orientalischen Schwulst,
Vom großtuerischen Gehabe, das nicht einmal einer Fliege
etwas zu Leide tat,
angetrieben von der Fiedel und der Trommel,
Zogen wir in den Krieg
Und verloren.

6

Unser Rufen ist lauter als unser Handeln,
Unsere Schwerter sind größer als wir,
Das ist unsere Tragödie.

7

Kurz
Wir tragen den Mantel der Zivilisation
Aber unsere Herzen leben im Steinzeitalter.

8

Man gewinnt keinen Krieg
Mit Schalmei und Flöte.

9
Unsere Ungeduld
Kostet uns fünfzigtausend neue Zelte.

10
Verflucht nicht den Himmel
Wenn er euch verlässt,
Verflucht nicht die Umstände.
Gott gibt den Sieg, wem er will.
Gott ist kein Schmied, der Schwerter schlägt.

11
Es schmerzt, die Nachrichten am Morgen zu hören.
Es schmerzt, das Bellen der Hunde zu hören.

12
Unsere Feinde haben nicht unsere Grenzen überschritten
Sie schlichen sich durch unsere Schwächen wie Ameisen.

13
Fünftausend Jahre
Wachsende Bärte
In unseren Höhlen.
Unsere Währung ist unbekannt,
Unsere Augen sind ein Hort für Fliegen.
Freunde,
Schlagt die Türen zu,
Wascht euer Gehirn,
Wascht eure Kleider.
Freunde,
Lest ein Buch,
Schreibt ein Buch,
Züchtet Wörter, Granatäpfel und Trauben,

Segelt zum Land des Nebels und des Schnees.
Niemand weiß, dass ihr in Höhlen lebt.
Die Menschen halten euch für einen Wurf von Bastarden.

14
Wir sind ein dickhäutiges Volk
Mit leeren Herzen.
Wir verbringen unsere Tage mit Hexenkünsten,
Spielen Schach und schlafen.
Sind wir die »Nation, mit der Gott die Menschheit
 gesegnet hat«?

15
Das Öl unserer Wüste hätte
als Dolche aus Feuer und Flammen auflodern können.
Wir sind eine Schande für unsre edlen Vorfahren:
Wir ließen unser Öl durch die Zehen der Huren fließen.

16
Wir rennen wild durch die Straßen
Zerren die Menschen an Stricken,
Zerschlagen Fenster und Schlösser.
Wir lobpreisen wie Frösche,
Schwören wie Frösche,
Machen Zwerge zu Helden,
und Helden zu Abschaum:
Wir halten niemals inne und denken nach.
In den Moscheen
Hocken wir untätig herum,
Schreiben Gedichte,
Sprichwörter,
Bitten Gott um den Sieg
Über unseren Feind.

17

Wenn ich wüsste, dass ich keinen Schaden erleide
und könnte den Sultan aufsuchen,
Dann würde ich dies sagen:
»Sultan,
Deine wilden Hunde haben meine Kleider zerrissen
Deine Spione verfolgen mich
Ihre Augen verfolgen mich
Ihre Nasen verfolgen mich
Ihre Füße verfolgen mich
Sie stellen mir nach wie die Schicksalsgöttin
Fragen meine Frau aus
Und schreiben die Namen meiner Freunde auf.
Sultan,
Als ich mich deinen Mauern näherte
Und von meinen Qualen sprach,
Traten mich deine Soldaten mit ihren Stiefeln,
Zwangen mich, meine Schuhe zu essen.
Sultan,
Du hast zwei Kriege verloren.
Sultan,
Die Hälfte deines Volkes ist ohne Zunge,
Was machst du mit einem Volk ohne Zunge?
Die Hälfte deines Volkes
Ist zwischen Mauern gefangen
Wie Ameisen und Ratten.«
Wenn ich wüsste, dass ich keinen Schaden erleide
Würde ich sagen:
»Du hast zwei Kriege verloren
Du hast den Kontakt zu den Kindern verloren.«

18
Wenn wir nicht unsere Einheit begraben hätten
Wenn wir nicht ihren jungen Leib mit Bajonetten zerrissen hätten
Wenn wir sie im Auge behalten hätten
Hätten die Hunde unser Fleisch nicht so arg zugerichtet.

19
Wir wollen eine wütende Generation
Die den Himmel pflügt
Die die Geschichte sprengt
Die unsere Gedanken sprengt.
Wir wollen eine neue Generation
Die keine Fehler verzeiht
Die sich nicht beugt.
Wir wollen eine Generation von Riesen.

20
Kinder Arabiens,
Ähren der Zukunft,
Ihr werdet eure Ketten sprengen.
Tötet das Opium in unseren Köpfen,
Tötet die Wahnbilder.
Kinder Arabiens,
Lest nicht über unsere unterdrückte Generation,
Wir sind ein hoffnungsloser Fall.
Wir sind wertlos wie die Schale einer Wassermelone.
Lest nicht über uns,
Ahmt uns nicht nach,
Akzeptiert uns nicht,
Akzeptiert nicht unsere Ideen,
Wir sind eine Nation von Gaunern und Schwindlern.
Kinder Arabiens,
Frühlingsregen,

Ähren der Zukunft,
Ihr seid die Generation
Die die Niederlage überwinden wird.

Das Gedicht löste einen Sturm in der ganzen arabischen Welt aus. Wie um Kabbani zu bestätigen, verbot die ägyptische Regierung alle seine Bücher, einschließlich der Lieder, die Umm Kalsum sang. Kabbani wurde die Einreise verweigert. Einige verlangten sogar, Kabbani in Abwesenheit den Prozess zu machen. Wenige Monate später wandte sich der Dichter direkt an Nasser. Alle Restriktionen gegen ihn wurden aufgehoben, und damit wurde ein Schlussstrich unter die Angelegenheit gesetzt.

Aber der Dichter hatte einen Nerv getroffen. Zum ersten Mal hörte ich im Juli 1967 von ihm. Als Mitglied einer fünfköpfigen Delegation der Bertrand Russell Peace Foundation stattete ich damals Amman, Beirut und Damaskus einen Besuch ab. Während einer Sitzung des Tribunals in Stockholm erreichte uns die Nachricht, dass es im Nahen Osten wahrscheinlich zum Krieg kommen würde.

Nach dem sechstägigen Blitzkrieg im Juni teilte man mir mit, ich solle mich auf eine Reise in den Nahen Osten vorbereiten. Wir sollten die Palästinenserlager inspizieren und über die Bedingungen dort berichten. An einem Sonntag im August brachen wir Richtung Amman auf. Ich weiß noch, dass ich mir am Flughafen den »Observer« kaufte und so vom Tod des marxistischen Historikers Isaac Deutscher erfuhr, der am Tag zuvor in Rom gestorben war.

Ich hatte ihn zuletzt in Stockholm getroffen, wo er zu den Richtern des Kriegsverbrechertribunals gehörte und mir ziemlich zusetzte, weil ich in einer Randbemerkung hatte durchblicken lassen, dass die intensive und unterschiedslose Bombardierung Nordvietnams durch die Vereinigten Staaten einen gewissen Rassismus offenbare. Deutscher fragte mich, ob man in Europa anders bombardieren würde, wenn man eine Revolution niederschlagen wolle. Ich erwiderte, dort würde man mit mehr Umsicht vorgehen, woraufhin er mich regelrecht herunterputzte, als ich im Zeugenstand war. Anschließend nahm er mich beiseite, um mich von dem nationalistischen Abweichlertum zu bekehren, das er in meiner Zeugenaussage entdeckt hatte. Jetzt war er tot. Sein scharfer Verstand würde keine Gelegenheit mehr haben, den Krieg von 1967 zu analysieren. Ich fühlte mich ziemlich elend, als ich in das Flugzeug nach Amman stieg.

Es überraschte kaum, dass bei unserer Ankunft in der Hauptstadt eines vom Krieg gezeichneten Landes Kabbanis Gedicht immer noch Gegenstand hitziger Debatten war. Die Palästinenser, die wir kennen lernten, konnten mehrere Strophen rezitieren – was den uns begleitenden Beamten sichtlich peinlich war. Dasselbe geschah in Damaskus und Beirut. In der syrischen Hauptstadt hingegen erzählte mir Mowaffak Allaf vom Außenministerium von dem Gedicht, und er behauptete, mit dem Dichter befreundet zu sein. Der radikalste Flügel der Baath-Partei war an der Macht, und die syrischen Regierungsbeamten betonten wiederholt, dass Kabbani die Situation in Ägypten außerordentlich treffend beschrieben habe.

In den jordanischen Lagern erhielt ich meine erste Lektion in Sachen palästinensischer Geschichte. Im selben Jahr hatte unsere Delegation auch Vietnam besucht, und dort hatte ich bereits sehr viele Kriegsopfer gesehen, aber sie befanden sich im eigenen Land, ihre eigenen Ärzte kümmerten sich um sie, und sie bekamen medizinische und andere Hilfe aus der ganzen Welt. Auch in den Palästinenserlagern sah und fotografierte ich Kinder, die Napalmverbrennungen erlitten hatten, aber hier handelte es sich um ein staatenloses Volk, das von der arabischen Welt vergessen worden und dem Verfall preisgegeben worden war. In der westlichen Welt wussten nur wenige Politiker davon oder kümmerten sich darum. Von schlechtem Gewissen geplagt wegen des Völkermords an den Juden im Zweiten Weltkrieg, waren sie blind für die Gräueltaten der Israelis.

Im Krankenhaus in Damaskus sah ich weitere Opfer chemischer Waffen. Mehrere Patienten waren von Napalm verbrannt. Man erzählte uns von den verschwundenen Ärzten: Die Israelis hatten fünf Ärzte in einem Sanitätszelt an der Front gefangen genommen und erschossen. Ich unterhielt mich mit Muhammad al-Mustafa, einem siebzehnjährigen Hirten aus Kuneitra, der mir erzählte, wie er mit seinen Kameraden von israelischen Soldaten angehalten worden war, als sie ihre Herden hüteten. Sein zwölfjähriger Cousin war vor Schreck davongelaufen. Man erschoss ihn von hinten. Auch Muhammad war von einer Kugel getroffen worden und hatte um medizinische Hilfe gebeten. Aber man ließ ihn liegen und nahm seine zwei jüngeren Brüder mit. Ich hörte zahllose Geschichten dieser Art. In Vietnam hatte mich die Wut gepackt, hier fühlte ich mich nur deprimiert.

Auch der syrische Premierminister Dr. Jussif Zujjain konnte mich nicht aufmuntern, obwohl er genau das sagte, was man damals hören wollte. Er war Doktor der Medizin und hatte während seiner Ausbildung in Krankenhäusern in Wales und Schottland gearbeitet. Eines Nachmittags hatte ich Gelegenheit zu einem Gespräch mit ihm. Er versicherte mir, Syrien werde bald das Kuba des Nahen Ostens sein. Die Tage der saudischen Monarchie seien gezählt. Die Revolution der Baath-Partei würde fortschreiten, bis der Kapitalismus vollständig besiegt sei. »Ich kann Sie beruhigen«, sagte er. »Sie brauchen sich keine Sorgen zu machen. Das arabische Volk wird nicht in den Jemen auswandern und in Zelten leben. Wir werden uns den Israelis widersetzen, und am Ende werden wir siegen. Wir müssen vom Widerstand der Chinesen gegen Japan lernen und einen Bürgerkrieg gegen die Besatzer führen. Was die Waffen betrifft, können wir nicht mit ihnen oder Helfern aus Washington und London konkurrieren. Dieser Krieg kann nur vom Volk gewonnen werden, nicht mit noch teureren Waffen. Es wird ein langer Kampf sein …« In den folgenden Monaten wurden die »Ultraradikalen« in der syrischen Regierung nach einem nicht sonderlich energisch geführten Kampf von Gemäßigten gestürzt, hinter denen die Autorität Aflaks und die Baath-Partei stand.

In Beirut begegnete ich zum ersten Mal palästinensischen Intellektuellen, und im Garten des alten Hauses von Walid Khalidi erhielt ich nützlichen Geschichtsunterricht. Viele dieser Intellektuellen standen unter Schock, sie waren von der Niederlage wie gelähmt und kaum in der Lage, in die Zukunft zu blicken. Andere, die ich in Restaurants und Cafés traf, waren realistischer, sprachen sich für einen Kampf ohne die Sultane und Colonels aus und meinten, man könne aus dem Beispiel anderer lernen. Und dann stets die unvemeidliche Frage am Ende: Haben Sie schon von Kabbanis neuestem Gedicht gehört?

Als ich nach London zurückkehrte, besuchte ich Isaac Deutschers Witwe Tamara, um ihr mein Beileid auszusprechen. Sie erzählte mir, wenige Wochen vor seinem Tod habe Deutscher Peter Wollen von der »New Left Review« ein langes Interview über den Sechstagekrieg gegeben. Beide Eheleute hatten viele Mitglieder ihrer Familie durch den Völkermord an den Juden verloren. Deutscher ließ nur selten Gefühle über den Verstand siegen. Dennoch hegte er natürlich eine gewisse Sympathie für den Staat Israel als Zufluchtsort, nicht aber für den Staat, der andere wiederum zu Flüchtlingen machte. Ich erwartete mir nicht besonders viel von dem Interview. Aber da täuschte ich mich. Deutscher bezeichnete die Israelis als »Preußen des Nahen Ostens« und sprach eine schockierende, prophetische Warnung aus:

»Die Deutschen haben ihre Erfahrungen in dem bitteren Satz zusammengefasst: ›Man kann sich totsiegen!‹ … Genau das haben die Israelis getan. In den eroberten Gebieten und in Israel gibt es inzwischen fast eine Million fünfhunderttausend Araber, also weit über 40 Prozent der Gesamtbevölkerung. Werden die Israelis all diese Araber vertreiben, um sich in den eroberten Gebieten ›ungefährdet‹ halten zu können? Dies würde ein neues Flüchtlingsproblem schaffen, ein gefährlicheres und größeres als das alte. Werden sie die eroberten Gebiete aufgeben? Nein, sagen die meisten israelischen Politiker. Ben Gurion, der böse Geist des israelischen Chauvinismus, drängt auf Schaffung eines ›arabischen Palästinenserstaates‹ am Jordan, der unter israelischem Protektorat stünde. Kann Israel davon ausgehen, dass die Araber ein solches Protektorat akzeptieren würden? Dass sie es nicht bis aufs Messer bekämpfen? Keine der israelischen Parteien ist bereit, einen binationalen arabisch-israelischen Staat auch nur in Erwägung zu ziehen ... Ja, dieser Sieg ist für Israel schlimmer als eine Niederlage. Er bringt Israel keine größere Sicherheit, ganz im Gegenteil, er stürzt es in noch größere Unwägbarkeiten. Die Israelis haben die Rache der Araber und die Auslöschung ihres Staates gefürchtet, aber sie haben sich verhalten, als wollten sie um jeden Preis ein unbestimmtes feindliches Objekt in eine echte Bedrohung verwandeln.«*

Wie Isaac Deutscher es prophezeit hatte, löste der Sieg der Israelis im Jahr 1967 das Problem wahrlich nicht. Das Volk der Palästinenser weigerte sich, seinen Platz in der Geschichte aufzugeben. Eine neue Generation führte einen neuen Kampf für nationale Selbstbestimmung, einen der letzten in einer Reihe von Befreiungskriegen, der Anfang des 20. Jahrhunderts begann. Israel ist heute die einzige Kolonialmacht, die am Modell des 19. und 20. Jahrhunderts festhält. Die Geschichte der Palästinenser ist noch lange nicht zu Ende erzählt.

---

* Wenn man das Interview mit Deutscher (New Left Review I, 44, Juli/August 1967) nach vierunddreißig Jahren noch einmal liest, ist man verblüfft über dessen Hellsichtigkeit und Mut.

6 Der Antiimperialismus der Narren

Nach dem Krieg im Jahr 1973 blieb es noch weitere vier Jahre bei dem Patt zwischen Israel und Ägypten. Angeblich sprach sich Jimmy Carter, der neue demokratische Präsident im Weißen Haus, dafür aus, auf beide Seiten Druck auszuüben, um eine Einigung über Palästina zu erreichen. Doch noch bevor er den ersten Schritt tun konnte, versetzte die ägyptische Regierung die Welt durch die Entscheidung in Staunen, ohne weitere Absprache einen separaten Frieden mit Israel zu schließen: Im November 1977 flog der ägyptische Präsident Sadat nach Jerusalem, umarmte vor den Augen der Öffentlichkeit den israelischen Premierminister Menachim Begin und unterzeichnete einen Friedensvertrag. Die Israelis räumten die besetzten Gebiete, die zu Ägypten gehörten, und beide Länder tauschten Botschafter aus. Es schien – wenn auch nur für einen Augenblick –, als ob dieses Schauspiel den Weg für eine mühelose Lösung der anderen Probleme geebnet hätte. Doch schon damals ließ Israel keinen Zweifel daran, dass es seine Politik, jüdische Siedlungen in den eroberten Gebieten zu bauen, weder beenden noch aussetzen würde.

Sadat verfolgte mit diesem diplomatischen Schritt eine doppelte Absicht. Die *infitah,* die Politik der offenen Tür, markierte den offiziellen Bruch mit den Hauptzielen der Staatspolitik Nassers aus der Vergangenheit. Außenpolitisch bedeutete sie das Ende der Neutralität Ägyptens und der militärischen Unabhängigkeit und gleichzeitig den Wiedereintritt in den Kreis der westlichen Nationen.

Doch nicht minder verblüffend waren die Folgen dieser Politik für die soziale Geografie des Landes. Der stark ausgebaute öffentliche Sektor hatte der Mehrzahl der Ägypter eine gewisse Sicherheit in Hinblick auf die Lebensmittelversorgung, Wohnungen, Gesundheit und Bildung verschafft. Auch wenn es längst nicht ausreichte, war es besser als das, was ihnen nun blühte. Die Unterschiede zwischen Arm und Reich waren während der ganzen Ära Nasser relativ gering geblieben. Übel genommen wurden vor allem die Korruption und die politische Unterdrückung. Sie waren der Hauptgrund für die Entfremdung von der alten Regierung.

Sadat beschloss, das Land zu privatisieren, ohne die politischen Strukturen zu liberalisieren. Mit anderen Worten: Kritik war nicht erwünscht. Die ägyptische Linke murrte hinter vorgehaltener Hand, war aber zu schwach und zu demoralisiert, um zu protestieren. Und die nicht religiösen Liberalen beschlossen, die neuen Maßnahmen zu unterstützen, weil sie glaubten, sie würden am Ende mehr Demokratie mit sich bringen. Doch nichts dergleichen geschah. Die Privatisierungen und die Öffnung für ausländisches Kapital führten zu einer starken Polarisierung der Klassen, die sich so gut wie gar nicht in der Verwaltungsstruktur und dem politischen Leben des Post-Nasser-Staates niederschlugen. Auch das vorherige Regime hatte eine dirigistische Politik betrieben, aber die klar voneinander abgegrenzten Splittergruppen innerhalb der Arabischen Sozialistischen Union spiegelten immerhin die verschiedenen sozialen Schichten in der Bevölkerung wider. Nun gab es auch dies nicht mehr. Die Opposition wurde in den Untergrund abgedrängt.

Die Organisationen, die über ein großes Reservoir an Erfahrungen in der Untergrundtätigkeit verfügten, waren die Muslimbruderschaft und ihre radikalen Ableger. Sie hatten die Armee infiltriert und beschlossen jetzt, mit einer spektakulären, öffentlichen Aktion ihre Feindschaft gegenüber der Regierung zu demonstrieren. Als der ägyptische Präsident am 6. Oktober 1981, vier Jahre nach der *infitah*, eine Militärparade abnahm, senkten vier Soldaten ihre Waffen und durchlöcherten das VIP-Podium mit Maschinengewehrkugeln. Sadat wurde getötet, mehrere seiner Mitarbeiter verwundet. Die Elite trauerte. Das Land aber reagierte gleichgültig. Der Gegensatz zu Nassers Beerdigung hätte nicht krasser sein können.

Die Mörder wurden gefasst, vor Gericht gestellt und hingerichtet. Von da an war scharfe Munition bei feierlichen Anlässen verboten. Doch an den innen- und außenpolitischen Verhältnissen, die zu den islamistischen Terrorakten geführt hatten, änderte sich nichts. An die Stelle Sadats trat Mubarak, der den religiösen Extremisten bald Zugeständnisse im sozialen und kulturellen Bereich machte, um seine bereits hinfällige Diktatur aufrechtzuerhalten. Dies stärkte die Extremisten und verschaffte ihnen wachsende Unterstützung in der Bevölkerung. Angeregt wurde dieser neuerliche Ausbruch politisch-religiösen Fanatismus jedoch von einem Ereignis, das sich außerhalb der arabischen Welt zugetragen hatte.

Die symbolischen Schlachtlinien waren 1971 gezogen worden, als ein eitler, übertrieben selbstbewusster und von der Verehrung in- und ausländischer Opportunisten geblendeter Monarch nicht zur Kenntnis nahm, dass er von seinem Volk isoliert war. Er wünschte ein Geburtstagsfest zu Ehren Kyros' des Großen und zur Feier der 2500 Jahre dauernden Monarchie. Wie alles an diesem Ereignis war auch das Datum umstritten. Doch der Grund für die beabsichtigte überdimensionierte Feier war offensichtlich: Die Zweifel an der Genealogie des »Lichts der Arier«, wie der Schah sich gerne selbst bezeichnete, sollten ausgeräumt werden. Als Ort der Veranstaltung wurde eine historische Stätte gewählt: die Ruinen der alten persischen Hauptstadt Persepolis.

Die meisten Geladenen erschienen. Die Kaiser Haile Selassie aus Äthiopien und Hirohito aus Japan, weniger hoch gestellte Könige aus den Benelux-Ländern und Skandinavien und, noch unbedeutender, die Könige von Marokko, Jordanien und Nepal, Charles Windsor, der britische Thronfolger, und verschiedene Politiker jeglicher Couleur. Hierzu gehörte der korrupte Politiker Spiro Agnew, der damals Vizepräsident war genauso wie der Vorsitzende des Obersten Sowjet, Nikolai Wiktorowitsch Podgorny, und ein hoch stehender Repräsentant des chinesischen Politbüros. Von den europäischen Politikern hielt sich nur der französische Präsident Pompidou fern. Dank der Barrikadenkämpfe vom Mai 1968 in seiner eigenen Hauptstadt sah er vielleicht die Zukunft klarer als seine Kollegen in aller Welt. Ebenfalls anwesend waren zahlreiche Berühmtheiten aus der akademischen und der Filmwelt der Vereinigten Staaten und Europas, darunter der bekannte Politikwissenschaftler Sir Isaiah Berlin aus Großbritannien, dessen erfrischender Essay »Two Concepts of Liberty« erst kurz zuvor in Teheran erschienen war und viel Beifall von den Höflingen bekommen hatte. Der große Mann hatte aus diesem Anlass eine Vorlesung in Teheran gehalten. Über das Honorar schwieg man sich aus.

Den Medienberichten zufolge amüsierten sich alle Anwesenden prächtig. Das Essen und 25 000 Flaschen Wein waren aus Paris eingeflogen worden. Die einzige einheimische Spezialität auf der Speisekarte war iranischer Kaviar aus dem Kaspischen Meer. Die Kosten beliefen sich auf gerade einmal 300 Millionen Dollar – worin wohl die »Spesen« der anwesenden Nicht-Politiker ebenfalls enthalten waren. Mit diesem Geld hätte man die gesamte Bevölkerung eines Landes der Dritten Welt mehrere Monate lang ernähren können.

Der Höhepunkt der Darbietungen war, passend zum Anlass,

purer Kitsch. Als die Flutlichter eingeschaltet wurden und den viel zu pompös gekleideten Inhaber des Pfauenthrons anstrahlten, der vor dem Grab von Cyrus steht, hielten die Gäste den Atem an. Den Schah überfiel Lampenfieber, als er den Satz sprach, den er unendlich oft geprobt hatte: »Schlafe ruhig, Kyros, denn wir sind wach.«

Bei ihrer Rückkehr in die prosaische Welt des amerikanischen Campus berichteten Orientalistikstudenten schwärmerisch, nach den magischen Worten des Schahs habe sich plötzlich ein Wüstenwind erhoben. Aber niemand merkte, dass zu diesem Zeitpunkt ganz andere Winde tobten. Während der Schah von Staatsmännern aus West und Ost gefeiert wurde, sprach ein iranischer Geistlicher, den außerhalb des Iran niemand kannte, eine hellsichtige Warnung aus. Aus seinem Exil im Irak ließ Khomeini die Sirene erklingen:

> »Soll das iranische Volk die Herrschaft eines Verräters am Islam und an muslimischen Interessen feiern, der Israel Öl liefert? Die Verbrechen der iranischen Könige haben die Seiten der Geschichtsbücher verdüstert ... Selbst die, die in dem Ruf standen, ›gut‹ zu sein, waren grausam und gemein. Der Islam steht in einem fundamentalen Gegensatz zur Monarchie ... Ständig wenden sich Menschen aus dem ganzen Iran an uns und bitten um die Erlaubnis, die vom Islam geforderten mildtätigen Abgaben für den Bau von Badehäusern zu verwenden, denn sie haben keine Bäder. Was ist aus all den goldenen Versprechen geworden, aus jenen anmaßenden Behauptungen, der Iran halte Schritt mit den entwickelteren Ländern der Welt und das Volk lebe in Wohlstand und Zufriedenheit. Wenn sich diese jüngsten Exzesse fortsetzen, wird noch schlimmeres Unglück über uns kommen ...«

Im Iran, wo Khomeini sowohl bekannt als auch gefürchtet war, bemerkte man, dass sich sein Ton verändert hatte. 1963 hatte der Ayatollah – verärgert, weil die Mullahs und ihre armen Studen-

ten in den Medresen als »Parasiten« bezeichnet worden waren –
von seiner Festung in Gom aus seinen verschwenderischen
Herrscher gewarnt, er solle sich vor falschen Freunden hüten und
seine Politik ändern:

> »Ich möchte Ihnen einen Rat geben, Mr. Schah! Lieber Mr. Schah,
> ich rate Ihnen, abzulassen ... Ich möchte nicht, dass sich das Volk
> bedankt, wenn Ihr fremder Herr eines Tages beschließen sollte, dass
> Sie gehen müssen. Ich möchte nicht, dass Sie wie Ihr Vater wer-
> den ... Im Zweiten Weltkrieg sind die Sowjetunion, Großbritannien
> und Amerika in den Iran einmarschiert und haben unser Territorium
> besetzt. Das Eigentum des Volkes wurde preisgegeben, und seine Eh-
> re war in Gefahr. Aber Allah weiß, dass alle glücklich waren, weil der
> Pahlawi (der Vater des Schahs) weg war! ...Wissen Sie nicht, dass
> Sie unter den Menschen in Ihrer Umgebung keine Freunde mehr ha-
> ben werden, wenn es eines Tages zum Aufruhr kommt und das Blatt
> sich wendet?«

Dieser weise Rat fand keine Beachtung, und der Geistliche, der
ihn im Namen der Reform aussprach, wurde aus dem Land vertrieben. Im Exil im Irak und später in Frankreich zeichnete
Khomeini seine zersetzenden Botschaften auf Tonbänder auf, die
dann im ganzen Land kursierten. Gelegentlich wurden sie nach
dem Freitagsgebet in Moscheen abgespielt.

Achtzehn Monate lang war der Iran von einer vorrevolutionä-
ren Stimmung erfasst worden, die mit jeder Woche eskalierte. Im
Februar 1979 triumphierte im Iran die Revolution – und scheiterte paradoxerweise. Ein Kampf der Massen gegen einen brutalen
und korrupten Schützling des Westens gipfelte im Sturz der
Monarchie. Im entscheidenden Augenblick weigerte sich die iranische Armee, auf das Volk zu schießen. Die Eliteeinheiten, geschaffen, um das Regime vor solchen Erhebungen zu schützen,
waren in sich gespalten. Der Schah floh ins Exil und beendete

damit die kürzeste Dynastie in der Geschichte des Iran. Die Gefängnisse wurden gestürmt. Die politischen Gefangenen, gefoltert und wie betäubt, konnten kaum glauben, dass sie endlich gewonnen hatten.

Auf den Straßen triumphierten die Massen. Überall begeisterte Menschen. Man kennt diese Euphorie aus der Geschichte. Die Pariser Massen vor der Bastille im Jahre 1789. Die Arbeiter von Petrograd, die 1917 darauf warteten, dass ihr radikalster Anführer am Finnland-Bahnhof aus dem Zug stieg. Die zaristischen Regimenter, die sich weigerten, das Feuer zu eröffnen, um zu verhindern, dass Kameraden zu den Bolschewiken überliefen. Der Oktober 1949 in Peking, das erregt und begierig darauf wartete, dass Mao Tse-tung und seine Truppen in die Stadt einmarschierten und den Sieg der chinesischen Revolution verkündeten. Havanna 1959: Der Diktator und seine Mafia fliehen aus dem Land, und die Guerillaarmee zieht triumphierend in die Stadt ein. Saigon im April 1975: Die vietnamesischen Kommunisten erreichen die Stadt, die amerikanische Flagge wird entfernt, und Hubschrauber der Vereinigten Staaten fliegen die Botschaftsmitglieder aus.

Teheran sah im Jahre 1979 nicht anders aus. Viele ließen sich von den vertrauten Bildern täuschen, insbesondere die Linken und Liberalen im Iran, aber auch anderswo: In ganz Westeuropa (vor allem aber in Westdeutschland) hatte es seit Anfang der sechziger Jahre Solidaritätskampagnen für die politischen Gefangenen im Iran gegeben, und immer, wenn der Schah ins Ausland reiste, kam es zu Demonstrationen gegen ihn. Daher war es nur selbstverständlich, dass angesichts der Nachrichten aus Teheran unter den Intellektuellen Europas große Aufregung herrschte.

Sicher, die Ikone dieser Revolution war ein bärtiger Geistlicher, der von einem Pariser Vorort aus die Reise in den Iran antrat, aber er würde sich gewiss nicht lange halten. Er war ein Girondin, ein

Vater Gapon, ein Kerenskij, der sicherlich bald auf dem Abfall-
haufen der Geschichte landen würde. An die Stelle des Klerus
würden die Arbeiterräte und Bürgerkomitees treten oder die
Linke in einer Allianz mit den Liberalen der Nationalen Front
oder radikalisierte Armeeoffiziere oder was auch immer. Jeder
konnte es schaffen, nur nicht Khomeini.

Die Linke im Iran war außer Stande, sich vorzustellen, dass
dieselben Menschen, die in einer ungeheuren Massenbewegung
die Revolution zum Sieg geführt hatten, es ernst meinten, als sie
»Allahu Akbar« (»Gott ist groß«) oder »Lang lebe Khomeini«
sangen und die mit Turbanen bekleideten Geistlichen bejubel-
ten, die von der Schaffung einer islamischen Republik sprachen.
Naive westeuropäische Linke, die an den verhängnisvollen Ereignissen teilnahmen, ließen sich imstrumentalisieren und von
der Leidenschaft und der Erregung mitreißen. Sie sangen dieselben Slogans, um ihre Solidarität mit den Iranern zu bekunden.
Da sie nicht an diese Slogans glaubten, gingen sie davon aus,
dass sie von den Massen im Land ebenfalls nur aus Opportunismus nachgeplappert wurden. Für sie war dieses ganze religiöse
Zeug nur bedeutungsloser Firlefanz, den bald fortschrittlichere
und stärkere Winde fortblasen würden. Es handelte sich um eine
Form des falschen Bewusstseins, das bald durch einen anständigen Klassenkampf korrigiert werden würde. Khomeinis politisches Programm war ohne Substanz, auf seine Taten würde es
ankommen. Natürlich entsprach das nicht der Wirklichkeit, aber
viele machten sich etwas vor.

Nach drei Monaten aber zeichneten sich die Konturen des
neuen Regimes ab: Es war das strenge und undurchdringliche
Gesicht des islamischen Jakobinismus. Seit dem Sieg des protestantischen Fundamentalismus im England des 17. Jahrhunderts
hatte es so etwas nicht mehr gegeben. Dies war eine Revolte gegen die Geschichte, gegen die Aufklärung, gegen die »Euro-
manie« und die »Verwestlichung«, gegen den Fortschritt. Es war

eine postmoderne Revolution, bevor der Postmodernismus überhaupt in Mode kam. Foucault, der zu den Ersten gehörte, die diese Affinität erkannten, wurde der profilierteste Verteidiger der islamischen Republik. Wie war es dazu gekommen?

Der Vater des entthronten Schahs hatte versucht, den Klerus durch Unterdrückung zu vernichten: Jeder Widerspruch von Seiten der Kleriker war mit öffentlichen Auspeitschungen bestraft worden. Der Sohn war vorsichtiger vorgegangen und hatte nicht ohne Erfolg versucht, die Geistlichen mit Zuwendungen zu kaufen. Aber das eigentliche Problem stellte nicht der Klerus dar, sondern die Bedingungen, unter denen die Mehrheit der Bevölkerung in der Stadt und auf dem Land lebte. In den Wohnzimmern der gehobenen Gesellschaftsschichten war die Religion vielleicht nur Beiwerk, dem nicht viel Bedeutung beigemessen wurde, aber in den Vierteln der Hausangestellten beherrschte sie den Alltag. Die schiitische Orthodoxie förderte den Eskapismus. Die Ankunft eines Imam, der den Beginn einer neuen Zeit ankündigt – ein schiitischer Messias –, wurde auf dem Land, wo die Bauern durch Unterdrückung und Ungerechtigkeit niedergehalten wurden, sehnlichst erwartet. Die Revolution aber war fast ausschließlich ein städtisches Phänomen. Der Schah hatte sogar ein gewisses Maß an Unterstützung seitens der Bauern im Kampf gegen den Mob auf der Straße mobilisieren können. Dies lag unter anderem an der Landreform in den sechziger Jahren, bei der einige Bauern Land erhalten hatten, der Rest aber zu einem mehr oder weniger armseligen Leben in der Stadt gezwungen worden war. Ihrer Heimat beraubt, um als Arbeitskräfte für die Industrialisierung des Landes eingesetzt werden zu können, konnten dennoch die meisten nicht in den Fabriken unterkommen. Sie wurden zu einer gesellschaftlichen Randgruppe und führten ein erbärmliches Dasein. Kein Wunder, dass diese enteigneten ehemaligen Bauern zur Speerspitze der Revolution in den Städten wurden.

Die Moschee im Dorf und alles, was damit zusammenhing, bot den einzigen Kontakt zu einer Welt jenseits der ländlichen Umgebung. Sie blickten zum Himmelsgott und seinen irdischen Anhängern, die ihnen ein besseres Leben nach dem Tod versprachen. Dabei mussten sie nicht einmal unbedingt alle Vorschriften befolgen. Am Ende einer Woche von der Arbeit erschöpft, suchten sie häufig Trost in einer Flasche Arrak, achteten aber darauf, sich nachher sorgfältig den Mund abzuwaschen für den Fall, dass sie auf ihrem Heimweg einem Mullah begegneten. Im Gegensatz zu seinem sunnitischen Gegenstück wurde im Schiismus auch Ehebruch bestraft, aber die Strafe wurde gemildert durch die Institutionalisierung der Liebe für eine Nacht: auf dem Weg zu einem Bordell oder einem Hotelzimmer konnten sich die Männer ein spezielles religiöses Dokument besorgen, das die »zeitlich begrenzte Ehe« absegnete.

Die iranische Wirtschaftskrise von 1975/76 zeugte vom Scheitern der viel gepriesenen »Reformen« des Schahs. Der parasitäre Staatsapparat verschlang einen großen Teil der Einnahmen aus dem Erdölexport. Zu einer Zeit, da eine Million Menschen arbeitslos waren und die Inflationsrate auf 30 Prozent kletterte, stiegen die Rüstungsausgaben gleichzeitig in schwindelnde Höhen. Die Händler auf den Basaren fühlten sich als Opfer einer restriktiven Kreditvergabe durch die Banken und der Lockerung der Importkontrollen. Und so beschlossen auch sie, den Klerus durch Spenden zu unterstützen, um das Regime zu stürzen.

Das Versprechen des Klerus, sozialer Ungerechtigkeit und Korruption ein Ende zu bereiten und das Land in kultureller Hinsicht zu säubern, kam bei den Armen in den Städten gut an. Die Geistlichen betonten, dass sie die einzige Alternative zur derzeitigen Regierung seien, und verwiesen auf das Scheitern sowohl des Nationalismus als auch des Kommunismus, wie man es an

Ägypten beziehungsweise Kambodscha sehen könne. Also blieb nur der Islam. Er könne wieder auferstehen, wenn das Volk den Klerus unterstütze. Bei ihrer Propaganda bedienten sich die Islamisten aber schamlos des kommunistischen Vokabulars. So hörte man häufig den Begriff »klassenlose Gesellschaft« aus dem Munde der radikaleren Imame. Die glühendsten Verfechter der klassenlosen Gesellschaft waren die Mudschaheddin – eine einzigartige Entwicklung in der islamischen Welt. In den Gefängnissen weigerten sie sich, sich mit den Mullahs und anderen aus religiösen Gründen Inhaftierten zu verbrüdern, die wiederum nicht mit den »unreinen« Linken an einem Tisch sitzen und essen wollten. Es gab sogar eine Zeit, da sich die Mudschaheddin dem Marxismus so weit angenähert hatten, dass sie sowohl inner- als auch außerhalb der Gefängnismauern den Islam verwarfen und sich zu revolutionären Marxisten erklärten. Diese Gruppe, die Peikar, bildete die drittgrößte Gruppe innerhalb der iranischen Linken.

Zusammen genommen bildeten die Händler, die Arbeiter und Arbeitslosen sowie die Schiiten mit ihrer Erlösungsideologie eine Macht, die unüberwindbar zu werden drohte. Im Februar 1979 ergriffen die Geistlichen schließlich die Gelegenheit beim Schopf. Dieses Mal konnten sie sicher sein, dass der Schah niemals mehr wieder zurückkehren würde. In den folgenden anderthalb Jahren errichteten sie ihre repressiven Staatsorgane, zu denen auch die Revolutionswächter gehörten, und säuberten Fabriken, Büros, Schulen und Armeeeinheiten von jedem erdenklichen linken Einfluss. Und während dies geschah, stand die Tudeh-Partei immer noch ohne zukunftsfähiges tragfähiges politisches Programm da und applaudierte stattdessen der Unterdrückung der »Ultralinken«.

1951, als die Linke und die liberalen Nationalisten gewonnen hatten, war es anders gewesen. Damals war Mossadegh Ministerpräsident geworden. Der Schah floh zwar ins Exil, aber der Regierung gelang es nicht, öffentliche Unterstützung zu mobilisieren, um Mossadegh vor dem Gegenputsch von CIA und britischem Geheimdienst zu bewahren. 1953 entschied sich schließlich Mossadegh gegen eine Kraftprobe. Seine Leibwache kämpfte bis zum Schluss. Auch der alte Mann wollte eigentlich nicht kampflos aufgeben und hoffte, die Tudeh-Zellen innerhalb der Armee – eine wunderbare Geheimwaffe – würden sich zeigen und ihn verteidigen. Aber ihr Eingreifen war zu halbherzig und scheiterte deshalb. Einige Parteispitzen glaubten, wenn Mossadegh erst aus dem Weg geschafft worden sei, könnten sie die Macht übernehmen, doch dies war ebenso sektiererisch wie dumm. Der Westen setzte den Emporkömmling wieder als Herrscher ein und zerstörte damit die einzige Chance des Iran auf Fortschritt ohne fremde Hilfe. Sobald der Schah zurückgekehrt war, wurden die Tudeh-Zellen in der Armee auf brutale Art und Weise vernichtet. Die Partei erholte sich nie mehr ganz von diesem Schlag.

Der CIA hatte prowestlichen Geistlichen fünf Millionen Dollar gegeben, um den Mob zu mobilisieren. Am Ende stürzte Mossadegh. Er hatte dasselbe Verbrechen begangen wie Nasser und die Verstaatlichung des Öls angeordnet. Das weckte den Unmut der britischen Regierung. Mossadegh hingegen hatte gehofft, die Vereinigten Staaten würden London vor einer Intervention warnen, und eine Zeit lang spiegelten Truman und Acheson tatsächlich Neutralität vor und rieten beiden Seiten, sich ruhig zu verhalten. Macmillan schrieb in sein Tagebuch: »Acheson appelliert an Großbritannien und Persien, ruhig zu bleiben! Als wären wir zwei Balkan-Staaten, die sich 1911 von Sir Edward Grey belehren lassen mussten!«

Das war noch nicht der Fall, sollte sich aber bald ändern. Dieses Mal setzte sich London noch durch, weil es sich die Ängste Washingtons im Kalten Krieg zunutze machte. Die Briten kolportierten, die iranischen Kommunisten stünden fest hinter der Regierung Mossadegh und ihr Sieg sei in der Zukunft nicht auszuschließen. Der alte Mann wurde aus seinem Amt entfernt und unter Hausarrest gestellt. Nachdem so die laizistisch-nationalistische Alternative ausgeschaltet war, hatte der Schah freie Hand, vorausgesetzt, er wahrte Washingtons Interessen in der Region. Und das tat er. Sein Hauptangriffsziel waren die Kommunisten und ihre Sympathisanten. Massenverhaftungen und Folter wurden zum Markenzeichen des Regimes.

In den fünfziger Jahren flohen Tausende iranische Studenten und Intellektuelle ins Exil. Dann kam in den sechziger Jahren die »weiße Revolution« des Schahs, die die Landreformen einleitete und Frauen das Wahlrecht gab. Khomeini sprach sich gegen beide Maßnahmen aus. Er steckte hinter den Unruhen im Jahr 1963, in deren Folge er aus dem Land geworfen wurde. Im buchstäblichen Sinn des Wortes: Man brachte ihn zur irakischen Grenze und setzte ihn auf der anderen Seite aus. Aber er war ein Exilant, der seine erzwungene Ausreise zu nutzen wusste.

Die Hoffnungen vieler Intellektueller, Liberaler und linker Studenten sowie eines Teils der religiösen Bewegung selbst wurden jedoch bald nach der Revolution im Jahre 1979 zerstört. Das Regime Khomeinis hatte die Macht an sich reißen können, weil die Menschen unter den sozialen, politischen und ökonomischen Verhältnissen litten. Hoffnungen aber, dass sich die radikalen Kleriker nicht lange halten würden, erwiesen sich als falsch. Die Linken bezahlten einen hohen Preis für das Versäumnis, vor einer Diktatur des Klerus gewarnt zu haben. Andere Gruppierungen, die erklärt hatten: »Die Revolution ist tot, lang lebe die Revolution«, mobilisierten tatsächlich Leute gegen den Klerus. Eine dieser Gruppen erhielt in Teheran bei den einzigen relativ freien Wahlen zur verfassunggebenden Versammlung 150 000 Stimmen. Das Problem dieser Gruppen war nicht so sehr, dass sie den Charakter des klerikalen Regimes nicht durchschauten, sondern vielmehr die Tatsache, dass sie die Bedeutung demokratischer Reformen in Staat, Gesellschaft und Partei nicht begriffen hatten.

Die Kommunisten der Tudeh-Partei und die Liberalen der Nationalen Front waren in der Massenbewegung praktisch nicht vertreten. Doch dies erwies sich als Schwierigkeit und nicht als Vorteil, wie einige weiter links stehende Gruppierungen hofften. Denn nun waren die Mullahs die einzige organisierte Kraft in der Bewegung, und ihre Ideologie gewann die Vorherrschaft. Damit war das Schicksal all derer besiegelt, die geglaubt hatten, für demokratische Rechte, gegen die Unterdrückung ethnischer und religiöser Minderheiten und für die Rechte der Frauen zu kämpfen. Der Zusammenbruch des zentralistischen Pahlawi-Staates weckte autonomistische Bestrebungen, und es entstanden Unabhängigkeitsbewegungen in Chusistan, Kurdistan, Belutschistan und Aserbaidschan, die vom Klerus heftig bekämpft wurden.

Unmittelbar nach der Revolution erblühte die Demokratie. Es gab eine Fülle von Pamphleten, Büchern, Zeitungen, unzählige öffentliche Versammlungen, Diskussionen und Komitees. Allein ihre Existenz – wenn schon nicht die Inhalte – stellte die Vorstellung des Klerus von einer islamischen Republik inklusive »göttlichem Recht« der Geistlichen, zu regieren, in Frage. Daher beschlossen sie, diese Gefahr ein für alle Mal zu bannen, wobei ihnen die unkritischen Proklamationen der Säkularisten halfen.

Die opportunistischen Interventionen der Tudeh-Partei nach dem Februar 1979 waren, gelinde gesagt, ineffektiv. Sie versuchten, mit dem Klerus gemeinsam eine Volksfront ins Leben zu rufen, und diskreditierten sich damit selbst. Im März gab Khomeini ein Edikt heraus, das den Schleierzwang einführte. Nach vierundzwanzig Stunden demonstrierten 20 000 Frauen gegen das Edikt. Die Tudeh-Partei verurteilte die Frauen, weil sie gegen Khomeini auf die Straße gegangen waren. Sie machte ihre ehemaligen liberalen Verbündeten in der Nationalen Front nieder, weil sie die Freiheit der Presse verteidigten, und übten scharfe Kritik an den Kurden, weil sie sich gegen den Klerus zur Wehr setzten. Auch die extrem linken Gruppen verteidigten die »parfümierten« Frauen nicht.

Bald aber sollten sie allesamt zerschlagen werden. 1981 wurden die Mitglieder der radikalen Linken und die Mudschaheddin verhaftet. Die Gefängnisse waren voller als zur Zeit des Schahs und quollen schier über. 1983 wurden Anführer und andere Mitglieder der Tudeh-Partei genauso inhaftiert wie die Frauen, die revolutionären Linken, Kurden und Turkmenen, über deren Kampf die Partei vor kurzem noch gespottet hatte. Systematische Folter und Prügelstrafe, von Anfang der zwanziger bis zum Ende der sechziger Jahre im Iran verboten, waren unter dem Schah wieder eingeführt worden. Seine Geheimpolizei Savak war in der ganzen Welt berüchtigt und jedes Jahr von Amnesty International wegen grober Verletzung der Menschenrechte und der menschlichen Würde an den Pranger gestellt worden. Religiöse Gefangene und Kommunisten hatten gleichermaßen unter dem Regime gelitten und sich im Gefängnis nicht selten eine Zelle teilen müssen. Jetzt wandte der Klerus dieselben Methoden gegen seine »Feinde« an.

Der Schah hatte sich gelegentlich mit Geld oder dem Exil seiner Gegner entledigt. Der Klerus hingegen wollte die öffentliche Demütigung und inszenierte Schauprozesse. Gefangene wurden gefoltert, bis sie sich einverstanden erklärten, im Fernsehen Reue zu bekunden. Eine der traurigsten Episoden in der modernen iranischen Geschichte ist der Anblick der alten Tudeh-Führungsriege, Veteranen zahlreicher Schlachten, die im Fernsehen auftraten, ihre satanische Vergangenheit verurteilten und dem Islam und seinen schiitischen Wächtern die Treue schworen. Sie entschuldigten sich, führende Geistliche als »Reaktionäre«, »verrückt gewordene Kleinbürger« und »Repräsentanten des Landadels« bezeichnet zu haben. Und sie verleugneten, was sie einst selbst geschrieben hatten.* Man darf die Folteropfer nicht für ihr Handeln verurteilen, obwohl ich mich oft gefragt habe, ob diese übertriebene Art der Selbstverdammung sich nicht eigentlich subversiv gegen den Schiismus richtete, der zahlreiche Märtyrer hervorgebracht hat. Die Weigerung der Tudeh-Kader, sich zu Märtyrern stilisieren zu lassen, war ein deutlicher Hinweis darauf, dass bei den meisten von ihnen die »Bekehrung« nur vorgetäuscht war.

Tausende linker Aktivisten hatten sich mutig am Sturz des Schahs beteiligt. Auch sie wurden gefoltert. Viele von ihnen weigerten sich jedoch zu bereuen und wurden mit Massenhinrichtungen bestraft.

Dies war das wahre Gesicht der klerikalen Diktatur, und doch genoss sie in den ersten Jahren die Unterstützung vieler. Beim Referendum im März 1979 sprach sich die Mehrheit für die Islamische Republik aus. Einige wollten mit ihrer Stimme ihre Opposition gegen den Schah zum Ausdruck zu bringen. Die radikale Linke rief zu einem Boykott des Referendums auf. Das Regime aber bastelte an seiner Legitimierung. Dies ereignete sich bereits einen Monat nach der Revolution, und es sprach

---

* 1984 trat Ehsan Tabari, der wichtigste Theoretiker des iranischen Kommunismus, der ein halbes Jahrhundert zuvor Marxist geworden war, im Fernsehen auf. Sie hatten die Vergangenheit aus ihm herausgeprügelt: »Der historische Materialismus kann – im Gegensatz zum Schiismus – Phänomene wie Spartakus und Pugatschew nicht erklären.« Anders als seine Genossen, die den Klerus für seinen »Antiimperialismus« gelobt hatten, flocht Tabari in seinen Widerruf immer wieder Lobeshymnen auf den Islam und seine schiitischen Denker ein. Trotzdem hielten sie ihn in Einzelhaft. Er schrieb sogar Bücher, um seine Bekehrung zu rechtfertigen. In seinen antimarxistischen Memoiren, deren Plumpheit sogar die etwas selbstständiger denkenden Angehörigen des Klerus in Erstaunen versetzte, bezeichnete er seine alten Genossen als sowjetische Agenten, Mörder, Landesverräter, Spione für Saddam Hussein etc. Die Memoiren erschienen dann als Fortsetzung in der regierungstreuen Presse. Schuld daran trugen die physischen und psychischen Qualen, die er bei der Folter erlitten hatte. Tabari starb als gebrochener Mann, ohne dass er jemals die Gelegenheit gehabt hätte, sein »und sie bewegt sich doch« zu sagen.

Bände. Die weltlichen Kräfte waren vollständig in Auflösung begriffen. Gerade die Unterstützung aber durch die Mehrheit ermöglichte dem Klerus, den Terror als revolutionären Ausdruck des Volkswillens zu rechtfertigen: Saint-Just und Trotzki warfen ihre Schatten.

Der Sturz des Schah-Regimes war zweifellos ein Schlag gegen die US-Interessen in der Region, doch es gab einen qualitativen Unterschied zwischen diesen Ereignissen und beispielsweise dem Sieg der Sandinisten in Nicaragua. Denn der Kalte Krieg war noch nicht zu Ende und die Bedrohung, die von Havanna, Hanoi und Managua ausging, war in einer Weise systembedingt, wie es die Islamische Republik nie sein konnte. Die Gefahr, die aus Teheran drohte, betraf die Vereinigten Staaten nur indirekt. Wenn Teheran aber im Irak, in Saudi-Arabien und in den Golfstaaten schiitische Aufstände schürte, konnte es ernsthafte Probleme geben.

Die Außenpolitik der Islamischen Republik versetzte die Islamisten in aller Welt in Aufregung. Sie schwor, bis auf den Tod gegen den Großen Satan (die Vereinigten Staaten) und die Sowjetunion zu kämpfen. Erstere waren die Beschützer Israels und anderer Feinde des wahren Islam wie etwa Saudi-Arabien, Letztere waren der Urquell des Atheismus und Materialismus. Beide Kampfansagen hatten zwar ihre Berechtigung, aber das Hauptziel des Klerus bestand darin, Tausende vor der US-Botschaft zusammenzutrommeln und die Rückkehr des Schahs zu fordern, damit man ihn vor Gericht stellen konnte. Dem folgten eine spektakuläre Besetzung der US-Botschaft und Geiselnahmen. Es war episches Theater: das Bedürfnis nach Rache an einem verhassten Herrscher hatte aber nichts mit Antiimperialismus zu tun. In Wirklichkeit war dieser Massenaufruhr vor der Botschaft nur ein Deckmantel, um reaktionäre Maßnahmen durchzusetzen, die bald zur Hinrichtung von Ehebrecherinnen und Homosexuellen führten. Und darüber hinaus zu einem scharfen Vorgehen gegen die Linken, die ethnischen Minderheiten (in Kurdistan war der Krieg wieder aufgeflammt) und die Mudschaheddin.

Wie war es möglich, dass sich der Imperialismus durch solch ein auf fanatischem Irrationalismus beruhendes Regime bedroht sah? Die wahren Feinde des Imperialismus wollten die Herrschaft des Marktes überwinden und hatten auf dem Höhepunkt ihrer Stärke den kapitalistischen Spielraum drastisch eingeschränkt: Die Sowjetunion und die Volksrepublik China waren verbotenes Terrain für den Weltkapitalismus. Nur wenige Meilen vor dem Festland der USA hatte Kuba ihm einen schweren Schlag versetzt und sich der Sphäre des Mafia-Kapitalismus entzogen. Diese Staaten strebten allesamt ein überlegenes Sozial- und Wirtschaftssystem an. Ihre Existenz stellte eine Bedrohung für den Imperialismus dar. Im Iran hingegen gab es nur den Antiimperialismus der Narren, von denen auf lange Sicht keine ernste Bedrohung ausging.

Und ein System, das von sich behauptet, den Segen Gottes zu besitzen, und in dem Geistliche dessen alleinige Interpreten sind, hat Narrenfreiheit. Jeder Abweichler innerhalb oder außerhalb des Klerikerstandes widersetzt sich damit den Befehlen Allahs, der wiederum keiner anderen Autorität verpflichtet ist. Als Khomeini faktisch die gesamte Macht an sich riss, ergriffen liberaler gesinnte Islamisten wie der erste gewählte Präsident Bani Sadr die Flucht, und Ayatollahs, die von Khomeinis Linie abwichen, wurden praktisch unter Hausarrest gestellt. Wie lange konnte sich so ein Regime, das auf einem fanatischen Irrationalismus beruhte, halten? Welche sozialen Kräfte konnten mobilisiert werden, um es zu stürzen? Doch während man in den Gefängnissen und zu Hause hinter verschlossenen Türen gerade erst anfing, diese Fragen zu stellen, tauchte bereits eine noch schlimmere Gefahr am Horizont auf.

Der Westen hatte zwar eine direkte militärische Intervention nicht in Betracht gezogen, war aber durch die destabilisierende

Wirkung des Regimes in Teheran verunsichert. So wandte er sich einem feindlich gesinnten Nachbarn zu. Saddam Hussein galt als einigermaßen zuverlässiger Kandidat in einer unsicheren Region. Im Irak selbst war mit seiner Hilfe die kommunistische Partei ausradiert worden, und in der Baath-Partei hatte er die radikalen Elemente an den Rand gedrängt. Nur allzu gern ließ er sich auf einen Handel mit den Vereinigten Staaten und Großbritannien ein. Seit dem Sturz des Schahs genoss der Irak in Washington und London den Status eines meistbegünstigten Landes.

Washington fürchtete um die Sicherheit der Emire und Scheichs, die in den Golfstaaten regierten, doch seine besondere Sorge galt der »Stabilität« der Saudi-Monarchie. Die einzige Legitimation dieser Herrscher war der Segen, den sie von Washington erhielten.

Weil alle Emire ohne Ausnahme im Dienst Amerikas standen, mussten sie befürchten, die iranische Revolution könnte auf die eigene Bevölkerung überspringen. Und wenn der Widerstandsgeist von ihrem Volk erst Besitz ergriff, konnte ihr Regime stürzen – trotz der Amerikaner und trotz der sektiererischen Trennung zwischen sunnitischem und schiitischem Islam, die sich fremde Mächte rücksichtslos zu Nutze gemacht hatten, um zu teilen und zu herrschen. Wenn Washington nicht in der Lage war, den mächtigen Schah zu beschützen, wie konnte es dann sie beschützen? Diese entsetzten Männer wedelten nun mit ihren dicken Brieftaschen vor den gierigen Augen des Diktators in Bagdad. Sie umschmeichelten Saddam. Sie badeten ihn in Goldmünzen. Ein Chor von Opportunisten, angeführt von einem Spross der kuwaitischen Herrscherfamilie, der Dichterin Souad el-Sabah, sang ein Loblied in Versen auf ihn und pries ihn als das »Schwert des Irak«. Sie flehten ihn an, den Klerus im Iran zu vernichten, erinnerten ihn daran – als ob das nötig gewesen wäre –, dass die Schia im Irak in der Mehrheit war, dass Kerbela, die heiligste der heiligen Stätten, die vor Jahrhunderten mit dem Blut des Märtyrers Hussein getränkt worden war, im Irak lag. Wenn die Iraner Bahrain und Kuwait einnahmen, würden sie im Irak einen Aufstand anzetteln und Riad bedrohen. Saddam Hussein zeigte Verständnis, blieb aber zurückhaltend. Erst als ihm Washington grünes Licht für den Krieg gab und der größte Flugzeugträger der USA für eine eventuelle Offensive des Irak in Alarmbereitschaft versetzt wurde, erklärte Hussein dem Iran den Krieg. Wie die Herrscher am Golf, so glaubte auch Saddam ernsthaft, die Amerikaner hätten an alles gedacht.*

Der iranisch-irakische Krieg war ein erbitterter Kampf und dauerte von 1980 bis 1988. In seinen Schlachten, die an den Ersten Weltkrieg erinnerten, fielen auf beiden Seiten zwei Millionen Menschen. Als das Regime in Teheran 1982 alle Gebiete zurückeroberte, die der Irak 1980 besetzt hatte, traf sich in Bagdad die Führung der Baath-Partei und isolierte Saddam Hussein. Sie schlug einen umfassenden Waffenstillstand vor, der den iranischen Forderungen voll und ganz entsprach. Wäre es dazu gekommen, wäre Saddam gestürzt. Berauscht von seinen militärischen Erfolgen, lehnte Khomeini jedoch das Angebot ab. Er befürchtete eine Implosion der islamischen Revolution, wenn sie sich nicht weiter ausbreiten konnte. – Und viele Intellektuelle, die das Regime unterstützten, sprachen dies öffentlich aus.

Saddam konnte sich halten, schaltete die Opposition im eigenen Land aus und setzte den Krieg fort. US-amerikanische Kriegsschiffe trafen in der Region ein, mischten sich in die Kampfhandlungen ein und zerstörten die iranische Marine. In einem Akt des Terrorismus, der nicht zu rechtfertigen ist, schossen die Vereinigten

---

* Nur Israel blieb neutral. »Wenn ein Goi einen Goi tötet«, erklärte Begin, »können wir nur zuschauen.« Natürlich meinte er damit, zuschauen und applaudieren. Dennoch betrachtete Israel den Irak mit seiner großen Armee als viel größere potenzielle Bedrohung als den Iran. Und so lieferte es in einem entscheidenden Stadium des Krieges Ersatzteile an den Iran, dessen Panzer und Kampfjets von der US-amerikanischen Waffenindustrie stammten.

Staaten ein Flugzeug der Iranian Airlines ab, das mit Zivilisten besetzt war. Der Iran, dem jetzt endgültig klar wurde, dass hinter Saddam die Schlachtschiffe Washingtons und die funkelnden Waffen der Briten standen, bat schließlich um Frieden. Aber das Regime blieb. Der Würgegriff des Klerus wurde zeitweise verstärkt, obwohl nun sogar in den eigenen Reihen Abweichler auftauchten. Das Überleben des Regimes aber bedeutete, dass sich seine Führer nicht unter dem Schutzmantel des Märtyrertums verstecken konnten. Niemand anderem konnten sie die Schuld für das zuschreiben, was sie ihrem Land und ihrem Volk angetan hatten. Die neue Generation, die den Schah nicht mehr erlebt hatte, sollte ihre eigenen Schlussfolgerungen daraus ziehen. Die Saat künftiger Reformbestrebungen wurde vom Klerus selbst gesät. Die ersten Anzeichen für den Gesinnungswandel der neuen Generation zeigten sich auf den Leinwänden bei Filmfestivals und in Off-Kinos. Studenten rebellierten und verlangten Reformen. Frauen widersetzten sich den Restriktionen der Religionspolizei. Ein reformistischer Geistlicher wurde zum Präsidenten gewählt. Er konnte vorschlagen, dass die Banken Zinsen zahlen sollten, aber nicht verhindern, dass Studenten und Intellektuelle ermordet wurden. Im Jahre 2001 gab es 52 Demonstrationen gegen den Klerus – im Schnitt jede Woche eine –, 370 Streiks – also praktisch täglich – und offene Gefechte zwischen der Jugend und der verhassten Religionspolizei, einem Haufen korrupter Sadisten. In den letzten beiden Jahren feierten junge Männer und unverschleierte Frauen offen das heidnische Neujahr, das Nauroz-Fest, und verhöhnten die Religionspolizei, sie solle doch ihr trauriges Werk verrichten.

Dies ist erst der Anfang. Aber es zeigt, dass Menschen durch Erfahrung lernen. Eine neue Generation weigert sich, den Lügen des Regimes Glauben zu schenken, und dies hat dem Misstrauen der Jungen nichts mehr entgegenzusetzen. Der Hass, der heute immer wieder gegen den Klerus aufflammt, ist wirklich bemerkenswert.

7 Ein Meer des Grauens

Im Dezember 1987 begann im Westjordanland und in Gaza eine neue *intifada*. Sie versetzte Israel in Unruhe, weil sie an den Gewissheiten des Zionismus rüttelte. Aber auch die arabischen Regierungen wurden davon überrascht, glaubten sie doch, die Zeit des Kampfes sei längst vorbei. Die *intifada* wiederum bedrohte die *infitah*, die Politik der offenen Tür.

Wie gewohnt war es Kabbani, der die Stimmung des Volkes einfing. »The Trilogy of the Children of Stones« riet den Palästinensern, sich auf die eigene Stärke zu verlassen:

»Die Kinder der Steine
haben unsere Papiere verstreut
unsere Kleider mit Tinte bespritzt
sich über die Banalität alter Texte lustig gemacht ...
Was zählt, ist,
dass die Kinder der Steine
Uns Regen gebracht haben nach Jahrhunderten des Durstes,
Uns die Sonne gebracht haben nach Jahrhunderten der Dunkelheit,
Uns Hoffnung gebracht haben nach Jahrhunderten ...
Das Wichtigste aber ist,
dass sie rebelliert haben
gegen die Autorität der Väter,
dass sie aus dem Haus des Gehorsams geflohen sind ...
O Kinder von Gaza

Kümmert euch nicht um unseren Rundfunk

Hört nicht auf uns

Wir sind das Volk kalter Berechnungen

Von Addition, von Subtraktion

Führt eure Kriege und lasst uns in Ruhe

Wir sind Tote ohne Gräber

Waisen ohne Augen.

Kinder von Gaza

Kümmert euch nicht um das, was wir geschrieben haben

Lest uns nicht

Wir sind eure Eltern

Seid nicht wie wir.

Wir sind eure Idole

Verehrt uns nicht.

Verrücktes Volk von Gaza,

Tausend Grüße an die Verrückten

Das Zeitalter der politischen Vernunft

Ist längst vorbei

So lehrt uns denn, verrückt zu sein.«

Das irakische Regime sprach sich offen für die Palästinenser aus und stellte ihnen umfangreiche finanzielle Hilfe zur Verfügung. Die israelische Lobby im amerikanischen Außenministerium wiederum agitierte heftig gegen »die Verrücktheit«. Denn wenn die Palästinenser sich nicht unterkriegen lassen würden, das war diesen Leuten klar, würde ein ambitionierter, von ewigem Ruhm träumender arabischer Führer einfach das Risiko eingehen und auf den Zug aufspringen. Arafat war staatenlos. Ihn konnte man durch Zugeständnisse in den Griff bekommen, doch den Mann in Bagdad? Die Agitation der Israelis war erfolgreich. Washington ließ sich davon überzeugen, dass die Wiederbewaffnung des Irak aus dem Ruder gelaufen war und den prekären Status quo in der Region gefährdete. Saddam mussten die Flügel gestutzt werden, aber wie?

Die Invasion in Kuwait war quasi eine vom Himmel geschickte Chance, aber wie kam es eigentlich dazu? Seit dem Mandat von 1922 erhob jede irakische Regierung territoriale Ansprüche auf Kuwait, das zwei Jahrtausende lang tatsächlich von Bagdad aus regiert worden war. Dass die Kuwaitis in ihren Ölstreitigkeiten mit Bagdad ziemlich provoziert hatten, war unbestritten. Die Führung der Baath-Partei legte nun einen Plan vor, der die Souveränität des Irak wieder herstellen und den Streit für alle Zeiten beilegen sollte. Doch Saddam Hussein war stets vorsichtig, insbesondere in den Beziehungen zu Washington. Er unternahm nur selten einen wichtigen Schritt, ohne sich vorher der Zustimmung der Amerikaner zu versichern. Auch dieses Mal stellte er seine Lieblingsfrage: Was meint Washington dazu?

Bis heute halten hohe irakische Beamte daran fest, Saddams fatales Treffen mit der US-Botschafterin April Glaspie habe das Schicksal ihres Landes besiegelt. Glaspie hegte Sympathien für die Iraker, wurde über deren Vorhaben, in Kuwait einzumarschieren, aufgeklärt und gab dem Land *de facto* das Einverständnis. Kuwait unterwarf sich ohne Kampf Saddams Armee. Die herrschende Familie al-Sabah floh. Hätte Bagdad sofort überwachte Wahlen eingeleitet und einem Parlament die Macht übertragen, hätten die neuen Herren breite Unterstützung im Land bekommen, aber eine demokratische Legitimation stand nicht auf der Tagesordnung. Sie war dem irakischen Volk schon viel zu lange verweigert worden. Sie jetzt den Kuwaitis zuzugestehen wäre zu gefährlich gewesen. Dennoch handelte der sowjetische Außenminister Jewgeni Primakow eine Vereinbarung mit Bagdad aus, die zu einem Abzug der Iraker aus Kuwait geführt hätte, aber dieses Abkommen wurde von den Vereinigten Staaten zunichte gemacht.

Eine zerfallende, geschwächte Sowjetunion musste einsehen, dass sie nicht mehr viel zu sagen hatte. Der Golfkrieg brach aus. Nun wurde Saddam Hussein, einst Verbündeter Washingtons, als »Hitler Arabiens« gebrandmarkt. Die westlichen Medien stimmten in den Chor ein, und die käuflichen Herrscher des forschen kleinen Kuwait beteiligten sich an der Propaganda-Offensive. Saddams Verbrechen bestand darin, dass er die Souveränität eines Landes missachtet hatte. Er hatte gegen das Völkerrecht und gegen die Charta der Vereinten Nationen verstoßen, was tatsächlich stimmte und öffentlich bestraft werden musste. Er hatte nicht erkannt, dass die Souveränität eines Landes nur von einer imperialistischen Weltmacht verletzt werden darf. Nachahmung wird nicht geduldet.

Liberale Apologeten des Golfkriegs beharrten darauf, dass er nötig sei, um die eigentlichen Interessen des irakischen Volkes zu wahren. Am Ende werde ein demokratisches Regime in Bagdad stehen, wenn auch erst nach einer Übergangsperiode der direkten Verwaltung durch Washington. Der Imperialismus, so erfuhren wir, werde den »Faschismus« besiegen und die Demokratie wieder herstellen, und deshalb sei er vorzuziehen. Das emanzipatorische Projekt sei in Washington jedenfalls in guten Händen, außerdem gebe es ohnehin keine Alternative. Diese erbärmliche Weltsicht fiel wenige Wochen nach dem Ende des Krieges in sich zusammen, als klar wurde, dass weder Washington noch sein Klientel in Riad und den tributpflichtigen Golfstaaten, ganz zu schweigen von Damaskus und Kairo, an Demokratie interessiert waren. Den Vereinigten Staaten ging es in erster Linie darum, »dem Vietnamsyndrom ein Ende zu setzen« und ein neues Gleichgewicht der Kräfte im Nahen Osten herzustellen. Dafür musste dem Irak das Rückgrat gebrochen werden, um Israel zu einem dauerhaften Frieden mit den Palästinensern und seinen Nachbarn bewegen zu können.

Saddam war eine Lektion erteilt worden. Man hätte ihn zwar stürzen können, gleichzeitig aber musste ein Herrscher an der Macht bleiben, »der mit eiserner Faust regierte«, wie der Kolumnist der »New York Times«, Thomas Friedman, sich ausdrückte. Ohne ein solches Regime – so wurde argumentiert – könnte der

Irak zu einem zweiten Libanon werden, gespalten durch ethnische und sektiererische Rivalitäten. Und was die Demokratie betraf, die solle man getrost vergessen. Man dürfe dem Iran keine schiitische Schwesterrepublik an die Seite stellen. Die Saudis und die Golfstaaten würden das nicht hinnehmen, ebenso wenig wie die Ölgesellschaften übrigens. Als Saddam nach dem Golfkrieg Volksaufstände in seinem Land niederschlug, wandten die Vereinigten Staaten und ihre Verbündeten den Blick ab. Stattdessen begannen sie eine grausame Kampagne zur Bestrafung des irakischen Volkes in der Hoffnung, es auf diese Weise zum Sturz des Regimes zu animieren. Doch mit diesen Sanktionen wurde die gegenteilige Wirkung erreicht.

Auf die Frage eines Abgeordneten des Unterhauses, wie denn die anglo-amerikanischen Angriffe auf den Irak aussähen, erwiderte der britische Verteidigungsminister Geoff Hoon am 23. Mai 2000:

> »Zwischen dem 1. August 1992 und dem 16. Dezember 1998 warf die britische Luftwaffe 2,5 Tonnen Munition über der südlichen Flugverbotszone ab, was im Durchschnitt 0,025 Tonnen pro Monat entspricht. Wir haben keine hinreichend detaillierten Berichte über die Aktivitäten des Bündnisses in dieser Zeit, um einschätzen zu können, welchen Prozentsatz der gesamten Bündnisaktivität dies ausmacht. Zwischen dem 20. Dezember 1998 und dem 17. Mai 2000 warf die britische Luftwaffe 78 Tonnen Munition über der südlichen Flugverbotszone ab, was einem Durchschnitt von 5 Tonnen pro Monat entspricht. Dies sind etwa 20 Prozent der gesamten Bündnisaktivität in dieser Zeit.«*

Mit anderen Worten, in diesen 18 Monaten haben die Vereinigten Staaten und Großbritannien etwas mehr als 400 Tonnen Bomben

---

* »Hansard«, 24. Mai 2000.

und Raketen auf den Irak herabregnen lassen. Blair hat dem Land zwanzigmal so viel tödliche Sprengladungen beschert wie Major. Wie ist diese Eskalation zu erklären? Am 16. Dezember 1998, am Vorabend einer Abstimmung im Repräsentantenhaus, die Clinton des Meineids und der Behinderung der Justiz für schuldig erklärte, ordnete der Präsident einen vierundzwanzigstündigen Luftangriff auf den Irak an, angeblich, um das Regime in Bagdad dafür zu bestrafen, dass es nicht mit den UN-Inspektoren zusammenarbeitete, tatsächlich aber, um von dem Impeachment-Verfahren gegen ihn abzulenken. Die Operation Wüstenfuchs, passenderweise nach einem Nazi-General benannt, lief siebzig Stunden und zerstörte hundert Ziele.

Doch auch danach legte sich der Feuersturm bei weitem noch nicht. Im August 1999 berichtete die »New York Times«:

»Amerikanische Kriegsflugzeuge haben systematisch und praktisch ohne öffentliche Diskussion den Irak angegriffen. In den letzten acht Monaten haben amerikanische und britische Piloten über 1100 Raketen auf 359 Ziele im Irak abgeschossen. Dies ist das Dreifache der Ziele, die in vier Tagen massiver Luftschläge im Dezember angegriffen wurden ... Anders ausgedrückt haben die Piloten zahlenmäßig etwa zwei Drittel der Einsätze geflogen, die NATO-Piloten in achtundsiebzig Tagen Rund-um-die-Uhr-Krieg in Jugoslawien geflogen haben.«*

Im Oktober teilten amerikanische Regierungsbeamte dem »Wall Street Journal« mit, bald gingen ihnen die Ziele aus – »Wir sind beim letzten Außenabort angelangt.« Am Ende des Jahres hatten die britische und die amerikanische Luftwaffe zusammen über

---

* Steven Lee Myers, »An Intense But Little-Noticed Fight, Allies Have Bombed Iraq All Year«, in: *New York Times*, 13. August 1999. Hierzu und zu vielen anderen Fragen siehe Anthony Arnoves Einführung zu der von ihm herausgegebenen Sammlung *The Siege of Iraq*, London 2000, S.9–20.

6000 Einsätze über dem Irak geflogen und mehr als 1800 Bomben abgeworfen. Anfang 2001 dauerte die Bombardierung des Irak bereits länger als die US-Invasion in Vietnam.

Und dennoch sind zehn Jahre Luftangriffe nur der geringere Teil der Folter, der der Irak ausgesetzt ist. Die Blockade der See- und Landwege hat noch größeres Leiden verursacht. Wirtschaftssanktionen haben eine Bevölkerung, deren Niveau bezüglich der Lebensmittelversorgung, in der Schulbildung und bei staatlichen Leistungen einmal weit höher lag als das der übrigen Region, in ein unvorstellbares Elend gestürzt. Vor 1990 hatte das Land ein Bruttosozialprodukt von 3000 US-Dollar pro Person zu verzeichnen. Heute liegt es unter 500 US-Dollar, womit der Irak zu den ärmsten Gesellschaften der Welt gehört.* Ein Land, das einst in hohem Maße alphabetisiert war und ein fortschrittliches Gesundheitssystem besaß, ist vom Westen verwüstet worden. Die Sozialstrukturen sind zerstört, die grundlegenden Existenzbedürfnisse des Volkes werden nicht erfüllt, der Boden ist von Atomsprengköpfen verseucht. Nach Statistiken der Vereinten Nationen aus dem Jahr 2001 haben etwa 60 Prozent der Bevölkerung keinen regelmäßigen Zugang zu sauberem Wasser, und über 80 Prozent der Schulen bedürfen grundlegender Reparaturen. 1997 schätzte die FAO (Food and Agriculture Organization of the United Nations), dass 27 Prozent der Iraker an chronischer Mangelernährung und 70 Prozent aller Frauen unter Anämie leiden. Laut UNICEF-Berichten hat sich in den südlichen und zentralen Regionen, in denen 85 Prozent der Bevölkerung leben, die Säuglingssterblichkeit im Vergleich zu der Zeit vor dem Golfkrieg verdoppelt.**

Die durch die gezielte Strangulierung des Wirtschaftslebens verursachte Todesrate ist noch nicht genau abzuschätzen – diese

---

* Peter Pellett: »Sanctions, Food, Nutrition and Health in Iraq«, in: *The Siege of Iraq*, S. 155.
** UN-Bericht über die aktuelle humanitäre Lage im Irak, März 1999.

Aufgabe wird den Historikern überlassen bleiben. Laut Richard Garfield, einer zuverlässigen Autorität auf diesem Gebiet, »beträgt nach konservativer Schätzung die Zahl der ›zusätzlichen Todesfälle‹ bei den unter Fünfjährigen seit 1991 300 000«*, während UNICEF – die 1997 noch berichteten, dass »monatlich 4500 Kinder unter fünf Jahren an Hunger und Krankheit sterben« – die Zahl der Kleinkinder, die durch das Embargo ums Leben kamen, auf 500 000 beziffert.** Die Todesraten in anderen Bevölkerungsgruppen sind schwerer zu ermitteln, doch »stellen die von UNICEF angegebenen Todesraten«, so Garfield, »nur die Spitze des Eisbergs dar, bedenkt man die enorme Verschlechterung der Lebensbedingungen, unter der vier Fünftel der über fünfjährigen Iraker leiden«.*** Ende 1998 kündigte der UN-Koordinator für humanitäre Hilfe im Irak, der ehemalige zweite Generalsekretär Denis Halliday, ein Ire, seine Stelle aus Protest gegen das Wirtschaftsembargo und erklärte, die Gesamtzahl der Toten, die es verursacht habe, belaufe sich wahrscheinlich auf über eine Million.**** Als sein Nachfolger Hans von Sponeck die Frechheit besaß, in seinem Bericht die Zivilopfer der anglo-amerikanischen Bombenangriffe mit einzubeziehen, verlangten die Regierungen Clinton und Blair seine Entlassung. Auch er trat – Ende 1999 – von seinem Posten zurück und erklärte, er fühlte sich dem irakischen Volk verpflichtet und »das soziale Netz des Irak« zeige »jeden Monat größere Löcher«. Diese Löcher sind während der Öl-für-Lebensmittel-Sanktionen seit 1996 noch größer geworden, die dem Irak jährlich Ölexporte im Wert von vier Milliarden Dollar erlauben, wobei selbst bei stark reduzierter Versorgung min-

---

* Richard Garfield: »The Public Health Impact of Sanctions«, in: *Middle East Report*, Nr. 125, Sommer 2000, S. 17. Garfield ist Professor für Internationale Klinische Versorgung an der Columbia-Universität
** UNICEF, *Iraq Survey Shows »Humanitarian Emergency«*, 12. August 1999.
*** Garfield: »The Public Health Impact of Sanctions«, S. 17.
**** Siehe *The Siege of Iraq*, S. 45 u. 67.

destens eine Größenordnung von sieben Milliarden Dollar erforderlich wäre.* Nach zehn Jahren hat der Würgegriff um den Irak ein Ergebnis gezeitigt, das in der modernen Geschichte bislang ohne Beispiel ist. Inzwischen ist dies ein Land, das, um mit Garfields Worten zu sprechen, »als einziges eine anhaltende, hohe Steigerung der Sterberate in einer Bevölkerung zu verzeichnen hat, die in den letzten zweihundert Jahren stabil über zwei Millionen Menschen umfasste«.**

Welche Rechtfertigung nur gibt es für diese mörderische Rache an einem ganzen Volk? Drei Argumente tauchen immer wieder in den offiziellen Begründungen auf und finden durch die gezähmten Medien Verbreitung. Erstens: Saddam Hussein ist ein unersättlicher Aggressor, die Besetzung Kuwaits war eine Verletzung des Völkerrechts und eine Bedrohung für die Stabilität der gesamten Region; keiner seiner Nachbarn wird sich sicher fühlen können, ehe er gestürzt ist. Zweitens: Unter seinem Regime wurde ein Arsenal von Massenvernichtungswaffen angelegt, und er war im Begriff, sich Atomwaffen zuzulegen, was eine beispiellose Gefahr für die internationale Gemeinschaft dargestellt hätte. Drittens: Saddams Diktatur ist von einer unvergleichlichen Grausamkeit, die Verkörperung des politisch Bösen schlechthin, deren Fortbestand keine vernünftige Regierung hinnehmen kann. Aus all diesen Gründen darf die zivilisierte Welt nicht ruhen, bis Saddam beseitigt ist. Bombardierungen und Wirtschaftsembargo sind die einzigen Mittel, dies zu erreichen, ohne unsere eigenen Bürger einer unnötigen Gefahr auszusetzen.

Doch jedes dieser Argumente klingt bei näherer Betrachtung hohl. Die Okkupation Kuwaits, eines Territoriums, das in vorko-

---

* Vgl. Haris Gazdar und Athar Hussain: *Crisis and Response: A study of the Impact of Economic Sanctions in Iraq*, Asia Research Centre, London School of Economics, Dezember 1997.
** »Changes in Health and Well-being in Iraq during the 1990s«, in: *Sanctions on Iraq – Background, Consequences, Strategies*, Cambridge 2000, S. 36.

lonialer Zeit häufig von Basra oder Bagdad aus verwaltet wurde, war weder in der Region noch weltweit betrachtet ein außergewöhnlich frevelhafter Akt. Als die Herrscherfamilie aus Kuwait floh, wurde die Besetzung Osttimors durch Indonesien bereits fast zwei Jahrzehnte lang vom Westen einmütig hingenommen. Schließlich setzte sich im Nahen Osten selbst Israel – ein Staat der lange auf ethnischen Säuberungen beruhte – lange über UNO-Resolutionen hinweg, die eine relativ gleichmäßige Aufteilung Palästinas vorgeschrieben hatten. Außerdem riss Israel wiederholt große Gebiete benachbarten Territoriums an sich und hielt nicht nur den Gaza-Streifen, Westjordanien und die Golan-Höhen besetzt, sondern auch einen Gürtel im Süden des Libanon. Die Vereinigten Staaten schreiten gegen diesen Expansionismus nicht etwa ein, sondern unterstützen Israel weiterhin, rüsten es aus und finanzieren es, ohne dass die europäischen Verbündeten Einwand erheben – am allerwenigsten Großbritannien. Mittlerweile ist das Ende dieses Prozesses in Sicht, da Washington zur Freude der Israelis die Umsiedlung der Palästinenser in ein paar verkümmerte Bantustans dirigiert. Die Lehre aus alledem ist nicht, dass aggressive territoriale Expansion ein Verbrechen per se ist, das sich nicht auszahlen darf, sondern, dass ein Staat dabei auch im Interesse des Westens handeln muss – dann kann er sogar erstaunlichen Erfolg damit haben.

Die Besetzung Kuwaits aber geschah nicht im Interesse des Westens. Denn damit drohte auf einmal die Gefahr, dass ein moderner arabischer Staat mit einer unabhängigen und selbstbewussten Außenpolitik – im Gegensatz zu den feudalen Vasallen des Westens in Kuwait, am Golf oder in Saudi-Arabien – zwei Fünftel der weltweiten Ölreserven kontrollierte. Daher die Operation »Wüstensturm«.

So viel zum Expansionismus. Was die tödlichen Bedrohungen durch die irakischen Rüstungsprogramme betraf, so waren auch diese zu hinterfragen. Solange das Regime in Bagdad als Freund

Washingtons und Londons galt – etwa zwanzig Jahre lang, da es im eigenen Land die Kommunisten ausschaltete und im Iran die Mullahs bekämpfte –, wurden kaum Bedenken artikuliert: Chemische Waffen konnten ohne Einwände eingesetzt werden, Exportgenehmigungen wurden gewährt, bei außergewöhnlich großen Lieferungen ein Auge zugedrückt. Die Herstellung von Atomwaffen war ein anderes Problem, aber nicht etwa aufgrund irgendeiner Angst vor dem Irak, sondern weil die Vereinigten Staaten seit den sechziger Jahren im Interesse des Monopols der Großmächte bestrebt sind, deren Ausbreitung auf kleinere Staaten zu verhindern. Israel ist natürlich von dieser »Nicht-Verbreitung« ausgenommen – es legt nicht nur ein großes Arsenal an, ohne dass der Westen auch nur im Geringsten protestiert, sondern genießt auch die aktive Unterstützung bei der Geheimhaltung seines Atomprogramms. Sobald die irakische Regierung aber gegen die westlichen Interessen am Golf verstieß, nahm die Gefahr, dass sie sich Atomwaffen zulegen könnte, plötzlich apokalyptische Dimensionen an. Heute hat diese Vogelscheuche keinen Fetzen mehr am Leibe. Einerseits ist das Atomwaffenmonopol der Großmächte, auf das Anspruch zu erheben von jeher grotesk war, mit dem Erwerb von Atomwaffen durch Indien und Pakistan, denen der Iran zweifellos bald folgen wird, zusammengebrochen. Auf der anderen Seite ist das Atomwaffenprogramm des Irak so gründlich zunichte gemacht worden, dass selbst der Überfalke Scott Ritter – der UNSCOM-Inspekteur, der sich mit der Zusammenarbeit des israelischen Geheimdiensts brüstete und die Überfälle inszenierte, die die Operation »Wüstensturm« auslösten –, dass selbst dieser Scott Ritter heute sagt, eine Wiederbelebung des Programms sei unmöglich und das Embargo solle aufgehoben werden.

Schließlich muss noch die Behauptung hinterfragt werden, die Untaten von Saddams Regime im eigenen Land seien so außerordentlich grausam, dass jedes Mittel erlaubt sei, sich seiner zu entledigen. Da der Golfkrieg nicht mit dem Marsch auf Bagdad endete, konnten Washington und London dies zwar nicht offiziell verkünden, aber sie taten es mit jeder informellen Mitteilung kund. Keine Rechtfertigung kommt bei den Linken, die gleichwohl mit der offiziellen Linie sympathisieren, besser an. Sie erklären gern, Saddam sei ein arabischer Hitler, und da der »Faschismus schlimmer ist als der Imperialismus«, sollte sich jeder vernünftige Mensch hinter das Strategic Air Command stellen. Diese Argumentationslinie ist auch tatsächlich die *ultima ratio* des Embargos. So meinte Clinton: »…es wird Sanktionen geben bis zum Ende aller Zeiten oder solange Saddam da ist.«* Dass das Baath-Regime eine brutale Tyrannenherrschaft ist, wird niemand in Frage stellen wollen – doch die westlichen Regierungen sahen weg, solange Saddam ein Verbündeter war. Und dass es einzigartig ist in seiner Grausamkeit, ist reine Fiktion.

In der Türkei, wo in den Schulen nicht einmal die kurdische Sprache erlaubt ist und das Militär bei seinem Krieg gegen die kurdische Bevölkerung zwei Millionen Menschen von ihrem Land vertrieben hat, ist es schon von jeher schlimmer gewesen als im Irak. Hier hat es – egal welche Verbrechen Saddam noch zu verantworten hat – nie den Ansatz zu einer Maßregelung im Sinn einer kriegerischen Vernichtung gegeben. Doch als geschätztes Mitglied der NATO und Kandidat für die EU hat Ankara keinerlei Sanktionen zu befürchten, ja, es kann sich sogar der Hilfe des Westens bei seinen repressiven Maßnahmen sicher sein. Die Entführung Öcalans ist das Pendant zu der Vanunus und wird von beschwichtigenden Berichten über den Fortschritt der Türkei in Richtung Zuverlässigkeit und Modernität in den englischen und amerikanischen Medien begleitet. Wer hat jemals eine Operation »Urgent Rescue« für den Van-See in Ostanatolien, eine Sperrung des Luftraums über Adana oder gar

---

* Siehe Barbara Crossette: »For Iraq, a dog house with many rooms«, in: *New York Times*, 23. November 1997.

einen Präventivschlag gegen das Atomzentrum Dimona in der Negev-Wüste vorgeschlagen?

Das Schicksal der Kurden im Irak hat die meiste Aufmerksamkeit im Ausland auf sich gezogen, aber die Unterdrückung durch das Baath-Regime hat die arabische Bevölkerung im Land ebenfalls in Mitleidenschaft gezogen. Doch was geschieht eigentlich im Land des zuverlässigen Verbündeten des Westens südlich des Irak? Das saudische Königreich erhebt nicht einmal den Anspruch auf die Einhaltung der Menschenrechte, wie man sie in Harvard versteht, oder verspricht Wahlen, wie Westminster sie kennt, ganz zu schweigen von den Lebensbedingungen für Frauen, die nicht einmal im mittelalterlichen Russland Zustimmung gefunden hätten. Und dennoch hofiert Washington keinen Staat der arabischen Welt mehr. Was Hinrichtungen und Folter betrifft, konnte Saddam Hussein nie mit Präsident Suharto mithalten, dessen Massaker in Indonesien sämtliche Gräueltaten im Irak übertreffen. Doch kein Regime der Dritten Welt hat mehr Lob vom Westen geerntet, angefangen von seinem blutigen Anfang bis zu der Zeit, da Saddams Herrschaft für so untragbar erklärt wurde, dass seine Beseitigung ein moralischer Imperativ für die ganze »internationale Gemeinschaft« war. Während 1995 die amerikanische und die britische Luftwaffe den Verbrecher in Bagdad bombardierten, empfing Clinton einen alten Freund aus Djakarta. Blair schickte der indonesischen Diktatur bis 1997 Waffen und hieß deren Vertreter noch am Vorabend von Suhartos Sturz beim euro-asiatischen Gipfeltreffen in London willkommen – während die burmesische Junta, deren Herrschaft vergleichsweise wenige Opfer forderte, die jedoch nur geringes Verständnis für ausländische Investoren hat, natürlich als vollkommen unzumutbar ausgeschlossen wurde.

Und wenn keines dieser Argumente für die Bombardierung und Blockade des Irak standhält, ist da immer noch die meistverbreitete Ausrede von allen: Sicher, andere Staaten sind vielleicht genauso expansionistisch und bei der Beschaffung von Atomwaffen noch erfolgreicher, misshandeln oder töten noch mehr Bürger, aber was soll's? Man kann nicht alle Ungerechtigkeiten auf der Welt mit einem Schlag beseitigen. Ein Übel anderswo wird nicht dadurch besser, dass man darauf verzichtet, hier Gutes zu tun. Selbst wenn wir nur einmal das Richtige tun, ist das nicht besser, als nichts zu unternehmen? Lieber eine Doppelmoral als gar keine Moral. So lautet heutzutage die orthodoxe Kasuistik bei den loyalen Propagandisten, die immer in solchen Fällen zur Stelle sind, bei den Kolumnisten und Höflingen der Regierungen Clinton und Blair, und man hört sie immer, wenn die Leugnung störender Tatsachen – wie in Saudi-Arabien, Israel, Indonesien, in der Türkei oder sonstwo – nicht mehr möglich ist. »Wir müssen uns an den Gedanken unterschiedlicher Maßstäbe gewöhnen«, schreibt ganz offen Blairs persönlicher Assistent für Außenpolitik, der ehemalige Diplomat Robert Cooper.* Die Maxime, die diesem Zynismus zu Grunde liegt, heißt: Wir bestrafen die Verbrechen unserer Feinde und belohnen die unserer Freunde. Ist das nicht besser, als alle ungeschoren davonkommen zu lassen? Die Antwort darauf ist einfach: Diejenigen, die die »Bestrafung« auf dieser Grundlage vornehmen, mindern nicht etwa die Verbrechen an der Menschheit, sondern fördern sie durch ihre Willkür. Die Kriege am Golf und auf dem Balkan sind anschauliche Lehrbeispiele dieser selektiven Wachsamkeit, die nichts weiter ist als ein moralischer Freibrief.

Vergleichen wir einmal den Irak mit den Ereignissen auf dem Balkan: In Jugoslawien ging es zwar nicht um strategisch wichtige Bodenschätze. Doch auch wenn die beiden Kriege jeweils andere Ursachen haben, so beruhen sie doch auf einer gemeinsamen Ideologie. Cooper legt das mit bewundernswerter Klarheit dar. Einerseits erklärt er unverhohlen, dass »der Golfkrieg nicht deshalb geführt wurde, weil der Irak die internationalen Normen verletzt

---

* Robert Cooper: *The Post-Modern State and World Order*, London 1996, S. 42.

hat« – Annektierungen anderer Staaten, meint er, würden durchaus hingenommen –, sondern weil der Westen die »vitalen Ölvorräte« fest unter Kontrolle behalten muss. Andererseits, so fährt er fort, sollte sich der Westen nicht auf solche klar von materiellen Interessen bestimmten Fälle beschränken, sondern weiter ausgreifen. »Mein Rat an postmoderne Staaten: akzeptieren, dass Interventionen in vormoderne Zustände von nun an zum Leben gehören«, schreibt er. »Solche Interventionen lösen vielleicht nicht die Probleme, aber sie können das Gewissen beruhigen. Und dabei kommt man nicht unbedingt schlecht weg.«* So lautet das Drehbuch für den Kosovo, das bereits vor dem NATO-Blitzkrieg geschrieben wurde.

Diese angebliche »Gewissensberuhigung« brachte, wie nicht anders vorauszusehen, nur noch mehr Tod und Zerstörung – ganz zu schweigen von der permanenten ethnischen Säuberung. Der Ausdruck »Gewissensberuhigung« selbst, so entlarvend er sein mag, bedarf einer Korrektur, um die wahren Sachverhalte der Intervention des Westens auf dem Balkan zu erfassen. Denn »Glaubwürdigkeit« war nach offizieller Erklärung der Hauptgrund, warum die NATO wochenlang Luftangriffe fliegen musste, die, wie ihr Generalsekretär sich ausdrückte, nur eine Sache von Stunden sein sollten: »Das Gesicht wahren« hätte man es besser nennen sollen.

Welches Denken hinter dieser Geisteshaltung stand, brachte der britische Premierminister in vertraulichen Memoranden an seine Mitarbeiter anschaulich zum Ausdruck: »*Die entscheidenden Themen*. Es gibt einen Haufen scheinbar unterschiedlicher Themen, die jedoch miteinander in Zusammenhang stehen. Grob gesagt gehören ›auf eurer Seite‹ und ›Härte‹ sowie ›sich einsetzen für Großbritannien‹ zusammen.« Blair fährt fort: »Wir dürfen wirklich nicht davon ausgehen, dass das Argument ›sich einsetzen für Großbritannien‹ überzeugt, wenn wir den Anschein erwecken,

---

* Cooper, S. 44f.

nicht verteidigungsbereit zu sein.« Blair erklärte weiter: »Der Kosovo sollte jeden Zweifel an unserer Verteidigungsstärke ad acta gelegt haben.« Flüchtlinge des Balkankriegs dürfen dann später die Früchte einer anderen Härte genießen: »In der Asylfrage müssen wir den Schwerpunkt auf die Rückführung legen – auch wenn die Zuwendungen wirklich nicht mehr so hoch sind, sollte darauf der Schwerpunkt liegen.«*

Trotz der Verwüstungen, die beispielsweise die Intervention auf dem Balkan im Namen der Menschheit hinterlassen hat, und obwohl es keine Hoffnung auf eine dauerhafte Lösung gibt, verblasst das Resultat dieses Krieges neben der Bilanz im Irak. Denn in diesem Land hat ein echtes Massaker an unschuldigen Kindern stattgefunden. Nehmen wir unsere eitlen Politiker beim Wort: Clinton und Blair sind also persönlich verantwortlich für den Tod von Hunderttausenden kleiner Kinder, die rücksichtslos abgeschlachtet wurden, um die »Glaubwürdigkeit« Großbritanniens und der Vereinigten Staaten zu wahren.

Wenn wir von der noch niedrig angesetzten Zahl von 300 000 Kindern unter fünf Jahren ausgehen und dazu, vorläufig geschätzt, weitere 200 000 Erwachsene zählen, die in diesem Krieg umkamen, wird ersichtlich, dass dies einer der größten Massenmorde der letzten 25 Jahre war. Selbst vorsichtige Menschen wie Dennis Halliday setzen die Gesamtzahl der Todesopfer viel höher an – bei mindestens einer Million. Im Vergleich dazu war der Golfkrieg an sich eine Bagatelle: nicht mehr als 50 000 Tote. Saddams blutigstes Verbrechen – mit Einverständnis des Westens –

---

* Memoranden von »TB«, Dezember 1999 und 29. April 2000, veröffentlicht in *The Times*, 16. und 27. Juli 2000. »Bei Verbrechen müssen wir das Gewicht auf harte Maßnahmen legen«, wiederholt der Premier zwanghaft. »Etwas Hartes mit sofortiger Wirkung, das eine Botschaft an das ganze Netz aussendet – vielleicht den Entzug der Fahrerlaubnis für junge Verbrecher. Aber das sollte bald geschehen, und ich sollte persönlich damit in Zusammenhang gebracht werden.« Die Dokumente geben einen guten Einblick in die geistige Verfassung des britischen Premiers.

war sein Angriff auf den Iran, den sein Volk mit 200 000 Todesopfern bezahlen musste. Bei dem Völkermord in Ruanda starben
etwa 500 000 Menschen. Es genügt zu sagen, dass die Zahl der
Kinder und Erwachsenen, die bei der Belagerung des Irak umkamen, etwa in dieser Größenordnung liegt. Clinton – von 1991
bis 2001 an der Macht – sind neun Zehntel der Toten zuzuschreiben, Blair – seit 1996 im Amt – zwei Fünftel. Da die Blockade ohne die Vereinigten Staaten und Großbritannien längst aufgehoben wäre, braucht man nicht in Betracht zu ziehen, welche Rolle
die anderen westlichen Politiker dabei gespielt haben – auch
wenn man sie als feige bezeichnen muss.

1964, wenige Monate nach der Machtübernahme Wilsons in
Großbritannien, warnte der Sozialist und politische Theoretiker
Ralph Miliband die Sechziger-Generation – die nach der drei-
zehnjährigen Herrschaft der Konservativen überschwänglichen
Optimismus hegte und die jedes Reförmchen im Land für das
Hoffnungszeichen einer progressiven Regierung hielt –, es sei ein
fataler Fehler, die Außenpolitik der Labour-Regierung außer
Acht zu lassen, die sich bereits nach Washington ausrichte. Schon
ein Jahr später wurde klar, wie Recht er damit hatte. Nachdem
Johnson 1965 US-amerikanische Expeditionstruppen nach Viet-
nam geschickt hatte, zeigte Wilsons Unterstützung der Ameri-
kaner in diesem Krieg das ganze Ausmaß der Außenpolitik der
Labour-Partei. Das erbärmliche Ende der Partei nach zehn un-
fruchtbaren Regierungsjahren war in diesem sinnlosen, servilen
Einverständnis mit einem heimtückischen imperialistischen
Krieg bereits vorgezeichnet. In den Vereinigten Staaten brach der
Widerstand gegen den Vietnamkrieg Johnson das Genick und am
Ende indirekt auch Nixon. In Großbritannien brachte er Wilson,
Callaghan und ihren Kollegen die tiefe Verachtung aller, die bei
Verstand und jünger als fünfundzwanzig Jahre waren, ganz zu
schweigen von der enttäuschten älteren Generation.

Die Belagerung des Irak ist kein zweiter Vietnamkrieg. Im Hinblick auf Zielsetzung, Ausmaß und Mittel ist sie auf einem niedrigeren Niveau anzusiedeln. Aber es gibt noch einen weiteren Unterschied. Dieses Mal unterstützte Großbritannien die USA nicht mehr nur diplomatisch und ideologisch, sondern nahm als militärischer Bündnispartner aktiv an der Offensive teil. Das Strafregister der alten Labour-Partei, so schimpflich es auch war, ist nichts im Vergleich zu der Schande, die ihre Nachfolgerin auf sich geladen hat.

Nach den Ereignissen des 11. September stellen Militärplaner im Pentagon wieder einmal die Frage, ob Saddam Hussein nicht abgesetzt werden müsse. Wenn Washington sich erneut zum Krieg gegen den Irak entschließt, wird sich der so genannte Krieg gegen den Terrorismus in sein Gegenteil verkehren. Die Mischung aus Wut und Verzweiflung wird dazu führen, dass immer mehr junge Menschen in der arabischen Welt und anderswo sich mit individuellem Terror gegen den Staatsterror wenden, weil ihnen keine andere Antwort mehr einfällt.

Südasiens atomare Wüstenlandschaft

»Mein Kummer nahm Gestalt an:
Sein Staub, der sich über Jahre
in meinem Herzen angesammelt,
hatte meine Augen nun erreicht.
Den Blick voll Bitterkeit
folgte ich dem Rat der Freunde,
mir mit Blut die Augen auszuwaschen.
Und schon war alles blutgetränkt –
rot jedes Gesicht und jedes Bild.
Die Sonne war in Blut getaucht,
beraubt ihres goldenen Schimmers.
Der Mond spie Blut. Sein Silberglanz verlosch.
Der Himmel ließ den blutigen Morgen ahnen,
die Nacht weinte blutige Tränen …
Lasst der Flut freien Lauf. Dämmt ihr sie ein,
entsteht nur Hass, verborgen unter der Maske des Todes.
Tretet diesem Hass entgegen, meine Freunde,
Lasst mich weinen.
Die Tränen reinigen meine mit Staub gefüllten Augen,
sie waschen mir dieses Blut aus den Augen, für immer.«

Faiz Ahmed Faiz (1911–84),
Gedicht anlässlich der Massaker in Ostpakistan (Bangladesh),
März 1971

»Wie Israel ist auch Pakistan ein auf einer Ideologie errichteter Staat. Nähme man Israel den Judaismus, würde es wie ein Kartenhaus einstürzen. Nähme man Pakistan den Islam und säkularisierte es, würde es zusammenbrechen. Seit vier Jahren versuchen wir diesem Land die islamischen Werte nahe zu bringen.«

General Zia ul-Haq (1916–89),
Oberster Verwalter der Kriegsrechts, Pakistan, 1981

»Güte ist nichts als aus Mitgefühl geborene Liebe.«

Spinoza

1 Wahre Geschichten aus Pakistan

Überhastet geplant, erblickte Pakistan im August 1947 vorzeitig per Kaiserschnitt das Licht der Welt – in letzter Minute und dank besorgter Chirurgen, denen das Wohl des britischen Empire am Herzen lag. Der Blutverlust war enorm. In seinem ersten Lebensjahr verlor der junge Staat eine Gliedmaße (Kashmir), wenig später den Vater (Muhammad Ali Jinnah). Kurz darauf folgte es dem Beispiel seines skrupel- und rücksichtsloseren, ebenfalls religiös geprägten Zwillings Israel und begab sich langfristig unter die Obhut einer Krankenschwester. Man ging davon aus, dass das Land nur als Patient des Kalten Krieges unter ständiger Überwachung durch westliche Großmächte würde überleben können. Als die britische Imperialmacht ermattete, übernahmen die USA die Verantwortung für Pakistan.

Zwischen 1951 und 1989/90, dem Ende des Kalten Krieges, durfte die pakistanische Führung nur in Ausnahmefällen wichtige Entscheidungen allein treffen. Das bekam besonders Zulfiqar Ali Bhutto zu spüren, der erste gewählte pakistanische Premierminister (1971–77), der die Produktion von Kernwaffen in die Wege leitete. Während eines Besuchs in Lahore im August 1976 bot US-Außenminister Henry Kissinger Bhutto wirtschaftliche und politische Unterstützung an, für den Fall, dass er seine Nuklearpläne aufgeben würde. Bhutto, der stets in der dritten Person von sich sprach, beschrieb Kissingers Ansinnen später folgendermaßen: »Das war der Köder – man hielt ihn dem Premierminister entgegen, als dieser sich weigerte, dem Diktat über die politische Vorgehensweise in wichtigen, die Innenpolitik Pakistans betreffenden Fragen zu folgen.« Kissinger erklärte: »Wir sind in der Lage, Ihre Regierung zu destabilisieren und Ihr Ansehen in der Welt zu beschädigen.« Doch Bhutto ließ sich von den Drohungen des Außenministers nicht einschüchtern. Kissinger machte Ernst, und binnen sechs Monaten war Bhutto erledigt. Die Regierung wurde durch einen Militärputsch gestürzt und Bhutto unter Mordanklage gestellt. Es folgte ein manipuliertes Gerichtsverfahren, in dem Bhutto mit vier zu drei Stimmen durch unlautere Richter des Höchsten Gerichts für schuldig erklärt wurde. Die Richter beugten sich dem Diktat des Militärs, anstatt Recht zu sprechen. Dann wurde der pakistanische Premierminister hingerichtet, und die pakistanische Demokratie war zum zweiten Mal gestorben. Der erste Tod hatte 1971 stattgefunden, der dritte 1999. Ehe wir uns diesen Geschehnissen zuwenden, ist eine kurze Einführung in die Geschichte Pakistans erforderlich.

An der Schwelle zum 20. Jahrhundert bemerkten die Briten einen Stimmungswandel in der städtischen Bevölkerung des indischen Subkontinents. Der Ruf nach Freiheit und Demokratie wurde nach dem Ersten Weltkrieg zunehmend lauter. In Indien gab es bereits einen Nationalkongress, der sich auf eine säkulare Verfassung stützte und von den meisten gebildeten Indern anerkannt wurde. Der Kongress erhob die Forderung, Indien den Status eines unabhängigen Dominion nach dem Vorbild Australiens und Kanadas zu verleihen. Dieses Ansinnen wurde entschieden abgelehnt, wenngleich einige Reformen zugestanden wurden. Die britische Führungsriege in Indien war verunsichert und befürchtete den Bruch der sorgfältig geschmiedeten Allianzen. Bestand diese Gefahr wirklich?

Verglichen mit den Millionen Indern war die Anzahl der britischen Bevölkerung verschwindend gering, was eine Politik der

Bündnisse mit einheimischen Kräften erforderlich machte. Ohne diese Pakte hätte die britische Herrschaft weder 150 Jahre überdauert, noch hätte eine Koalition einheimischer Anführer geschlagen werden können, die im Jahre 1857 das Banner des Aufstands hissten.

Die einheimischen Herrscher, Mitglieder der alten Mogul-Aristokratie, waren von jeher Verbündete der Raj und durften mit ihren Untergebenen nach eigenem Gutdünken umgehen, solange britische Interessen nicht verletzt wurden. Britisch-Indien machte aus Stammesoberhäuptern Landadelige, die dem Kolonialstaat als Stütze dienen konnten und auch dazu bereit waren. Ihre Macht über die Kleinbauern sicherte den Anbau von Weizen, Zuckerrohr, Baumwolle und Reis als Grundnahrungsmittel und vereinfachte die Rekrutierung indischer Bauern in die britische Armee.

War die Bildung des Nationalkongresses bis dahin nur ein Ärgernis, witterten die vorausschauenden Beamten im Dienst des Empire hier bereits eine Gefahr. Da sie keine unnötigen Risiken eingehen wollten, mussten sie vorbeugende Maßnahmen ergreifen. Ein politisches Instrument war notwendig, das den Kongress daran hinderte, die politische Szene zu beherrschen. Daher nahmen die britischen Behörden Kontakt zu muslimischen Würdenträgern auf und regten die Bildung einer loyalen separatistischen muslimischen Organisation an. Erfreut übernahm der Aga Khan die Aufgabe eines Sprachrohrs des Vizekönigs. Der dickleibige Herrscher war das Oberhaupt einer wohlhabenden ismailitischen Gruppe von Muslimen, die einerseits verhältnismäßig modern eingestellt waren, andererseits aber den Aga Khan tief verehrten, dessen Dickleibigkeit seiner unersättlichen Gier zuzuschreiben war. Alljährlich fand anlässlich seines Geburtstags ein besonderes Zeremoniell statt: Man setzte den Mann in einen auf einer Waage stehenden bequemen Sessel und wog ihn mit Diamanten, Gold- und Silberbarren auf, die unterwürfige Gefolgsmänner als Beweis ihrer Loyalität gegenüber der ismailitischen Sache gespendet hatten. Nach dem Wiegeritual nahm der Aga Khan die Schätze in Empfang. Selten war die Vermehrung von Reichtum derart sinnfällig.

Im Auftrag des Vizekönigs stellte der Aga Khan eine Hand voll alter, kriecherischer und schwerfälliger Männer mit schlichtem Verstand zusammen, die sich durch ausgeprägte Charakterschwäche auszeichneten, und rief 1906 die Muslim-Liga ins Leben. Die neu gegründete Organisation unternahm keinerlei Anstrengungen, ihr wichtigstes Anliegen zu verschleiern. Sie wollte »unter den muslimischen Bewohnern Indiens ein Gefühl der Loyalität gegenüber dem britischen Empire heranbilden«, was durch eine dauerhafte Allianz mit britischen Bevollmächtigten, deren Stellvertretern und Beamten verwirklicht werden sollte.

In den folgenden Jahrzehnten schenkten die meisten Muslime der Liga keine Beachtung und schlossen sich stattdessen der indischen Kongresspartei an. Unter ihnen waren der aus Kashmir stammende Sheikh Abdullah und der brillante muslimische Anwalt Muhammad Ali Jinnah, der sich damals nicht hätte träumen lassen, eines Tages einmal der Gründer Pakistans zu werden. In den zwanziger Jahren galt er als »Botschafter der hinduistisch-muslimischen Einheit«. In den dreißiger Jahren trat er aus der indischen Kongresspartei aus und schloss sich der Muslim-Liga an. In den vierziger Jahren entwickelte er seine Theorie der »Zwei Nationen«, forderte einen eigenen Muslimstaat, setzte ihn durch und starb ein Jahr nach diesem Triumph.

Weshalb hatte er sich dafür eingesetzt? Jinnah war ein liberaler Anhänger der konstitutionellen Regierungsform und anspruchsvoll, was Geschmack, Kleidung und Politik betraf. Er galt als arroganter Agnostiker, dem jeglicher religiöser Fundamentalismus zuwider war. Das waren Eigenschaften, die der Kongress missbilligte, der mit dem überhand nehmenden zivilen Ungehorsam und der Politik der Straße befasst war. Jinnah bevorzugte die Auseinandersetzung mit Worten, während die Führung der Kongresspartei der Meinung war, dass Worte keine gültigen Waffen waren, und Argumente nicht zählten, wie vernünftig oder unwiderlegbar sie auch sein mochten. Es galt vielmehr, dem Zorn der Massen direkt Ausdruck zu verleihen, indem man eine nationale Unabhängigkeitsbewegung ins Leben rief. Dazu mussten die Kleinbauern mobilisiert werden. Gandhis ungenierter Gebrauch hinduistischer religiöser Metaphorik, durch die er die ländliche Bevölkerung aufzurütteln versuchte, bereitete Jinnah Sorgen. Er befürchtete, dass Leute wie er letztendlich ausgeschaltet und von dem »hinduistischen Element« überwältigt werden würden. Deshalb schloss er sich der Muslim-Liga an und rief andere Muslime höherer Berufsstände auf, es ihm gleichzutun. Auf diesem Weg wollte er die Organisation umformen und die Grundbesitzer sowie die Notabeln der Provinzen, die mit den Engländern zusammenarbeiteten, aus deren Umklammerung befreien. Trotz zahlreicher anfänglicher Rückschläge führte Jinnahs Initiative zum Erfolg. Die Muslim-Liga gewann weitere Mitglieder, ohne ihre Vergangenheit verleugnen zu müssen. Anstatt jämmerlich zu kapitulieren, entschied man sich, mit den Briten zivilisiert zu verhandeln.

Pakistan verdankt seine Entstehung im weitesten Sinn der Auseinandersetzung zwischen muslimischen Akademikern und Händlern der Mittelschicht, die befürchteten, nach Abzug der Briten aus Indien verwaist zurückzubleiben. Es lag auf der Hand, dass die Hindus das politische und wirtschaftliche Geschehen bestimmen würden, und ohne Zugang zu Macht und Geld müssten die indischen Muslime gleich zu Anfang aufgeben. Die Muslim-Liga hatte ihren Anspruch auf Pakistan anfangs als Maximalforderung in die Waagschale geworfen, um den Briten ein Höchstmaß an Zugeständnissen abzuringen. Erst das Zusammentreffen mehrerer Ereignisse ermöglichte die Entstehung Pakistans: der Zweite Weltkrieg, die unnachgiebige Haltung der Kongresspartei und der Rückzug der Briten. Während Gandhi und Nehru mit der Forderung »Briten raus« zum zivilen Ungehorsam aufgerufen hatten, stand die Muslim-Liga den Briten zur Seite. Pakistan war der Trostpreis, den die Liga für ihren Schulterschluss mit den Briten während des Krieges erhielt. Jinnah war allerdings bis 1946 zu einer verfassungsmäßigen Einigung bereit, die die Einheit Indiens bewahrte, aber den Provinzen Autonomie zubilligte. Auch Gandhi sprach sich für diese Lösung aus und hätte Jinnah sogar das Amt des Premierministers in einem geeinten Indien angeboten. Doch die Führung der Kongresspartei lehnte ab.

Jinnahs Vorstellung von dem neuen Staat Pakistan entsprach dem eines »kleinen Indien«, wenngleich mit einer mehrheitlich muslimischen Bevölkerung. Rückblickend betrachtet erscheint die Idee reichlich naiv, aber Jinnah hatte tatsächlich nicht bedacht, dass die Teilung des Subkontinents nach Religionszugehörigkeit zu religiös motiviertem Genozid führen könnte. Seine Vision war zwar unscharf, aber eine Theokratie hatte er nie im Sinn gehabt. Aus diesem Grund standen die fundamentalistischen islamischen Kräfte der Idee eines Staates Pakistan auch so feindlich gegenüber. Einige sahen in der Bildung eines eigenen islamischen Staates einen Bruch mit dem universalistischen Grundgedanken ihres Glaubens. Aus orthodoxer Sicht war ein »muslimischer« Nationalismus ein unzulässiges hybrides Gebilde, während andere in einem islamischen, aus Indien hervorgegangenen Staat eine durchaus annehmbare Lösung sahen. Die Muslim-Liga hingegen galt als säkulare nationalistische Partei. Ihre pakistanische Variante schien unannehmbar zu sein.*

---

* Wir sehen auch hier Parallelen zu Israel. Ähnlich wie bei der Führung der Muslim-Liga handelte es sich auch bei den Gründervätern des Staates Israel um säkulare jüdische Nationalisten. Viele orthodoxe Juden haben Ben Gurion kritisiert, weil er die Idee eines »jüdischen Staates« nie gebilligt hat.

Maulana Syed Abul A'la Maududi (1903–79), der Gründer der Dschamaat-al-Islamija (Islamische Partei), verachtete Jinnah und die Muslim-Liga. Er stammte aus einer Familie, die sich nach dem Scheitern des Indischen Aufstands im Jahr 1857, der das Ende des Mogulreiches formal besiegelte und seinen letzten Herrscher Bahadur Shah Zafar ins Exil nach Burma zwang, geistig und materiell entrechtet sah. Maududis Vater, Rechtsgelehrter und Modernist, hatte der Welt den Rücken gekehrt und war zum Sufi geworden. Da er verhindern wollte, dass die Kultur und die Werte des Westens Einfluss auf seine Kinder nahmen, durfte sein Sohn nur Urdu und Arabisch lernen. Maududi machte sich die Interpretation des Islam durch die orthodoxen Deobandi zu Eigen, beschloss aber bereits wenig später, Englisch zu lernen und die westlichen Philosophen zu studieren. Wie Jinnah unterstützte er zunächst die indische Kongresspartei; als sich jedoch das Ende des osmanischen Kalifats abzeichnete, war der Einundzwanzigjährige über diese Niederlage und deren Auswirkungen auf Indien sehr aufgebracht.

Selbst jene indischen Muslime, die den Zusammenbruch des Mogulreiches akzeptiert hatten, blickten immer wieder nach Istanbul. Als das Ende des Osmanischen Reichs unumkehrbar war, beschlich sie ein Gefühl der Orientierungslosigkeit. Selbst der Dichter und Philosoph Muhammad Iqbal (1876–1938) konnte sich dem nicht entziehen. Der Absolvent des elitären Government College in Lahore studierte bei Thomas Arnold, einem begabten und aufgeschlossenen Orientalisten. Arnold ermunterte den jungen Dichter, nach Europa zu fahren und sich weiterzubilden. Iqbal griff den Vorschlag auf, reiste nach Heidelberg und verbrachte dort drei Jahre (1905–1908). Sein wachsendes Interesse an Philosophie schlug sich immer deutlicher in seinen Versen nieder.

Der Inhalt seiner Gedichte spiegelte im Allgemeinen sein geistiges Umfeld wider. Während seiner säkularen, nationalistischen Phase schrieb er ein großartiges Gedicht mit dem Titel

»Hymn for India«, das Nehru zu seinem Lieblingsgedicht erklärte und das weltlich denkende, muslimische Führer Indiens noch heute als Zeichen ihrer Loyalität rezitieren. Der indische Radiosender All-India spielte die Hymne während des indisch-chinesischen Kriegs im Jahr 1962 unentwegt. Iqbal hätte die Hymne vielleicht offiziell zurückgezogen und eine andere ausschließlich für Muslime geschrieben, aber sie war einfach so mitreißend und genial, dass sie nicht mehr wegzudenken war. Zur gleichen Zeit schrieb er das Gedicht »Neuer Tempel«:

> »Aufrichtig will ich reden, o Brahmane, so du es nicht verübelst:
> Die Götzen deiner Tempel sind veraltet!
> Uns zu befeinden hast du von Göttern gelernt.
> Krieg und Streit hat Allah auch den Mollah gelehrt.
> Dadurch beengt, hab ich schließlich Tempel und Kloster entsagt,
> der Predigt des Mollahs und deinen Legenden entsagt.
> In den steinernen Formen, glaubst du, sei Gott.
> Jedes Atom der indischen Heimat ist für mich göttlich!
> …
> Komm, lass uns einen neuen Tempel in diesem Lande errichten!«

Doch schon kurz nachdem Iqbal aus Europa in seine Heimat zurückgekehrt war, änderte sich diese Gesinnung. Angesichts des Untergangs des Osmanischen Reichs schrieb er sein berühmtes, an Allah gerichtetes Gedicht »Klage«. Es war prahlerisch, voller Selbstmitleid und Verzweiflung – und entsprach damit jenen, auf die es Bezug nahm. Es besang die Triumphe des alten Islam und beklagte seinen Niedergang. Die Muslime hatten als Einzige den Monotheismus verteidigt und Allahs Botschaft mit ihren Schatten spendenden Schwertern in alle Kontinente getragen. Warum hat Er sie so erbarmungslos verlassen? »Der du daran gewöhnt bist, in allen Liedern gepriesen zu werden, höre nun Worte der Auflehnung.«

»Es lebten schon Seldschuken und Turanier,
in China die Chinesen, Perser in Iran
Hellenen blühen in der Ökumene,
auch Juden gab's und Christen auf der Welt –
Wer aber schwang das Schwert in Deinem Namen,
Wer brachte Dein bedrohtes Werk zuweg?

Wir waren es, die deine Schlachten schmückten
bald auf dem Festland, bald auf Meeren kämpfend
bald in Europas Kirchen Beter rufend
bald in der Glut der Wüsten Afrikas
Die Macht der Herren dieser Welt nicht achtend
Verlasen wir das Wort im Schutz der Schwerter.

Sag doch! Wer brach die Pforten Chaibars auf?
Wer nahm die Stadt ein, die des Kaisers war?
Wer schlug in Scherben die erschaffnen Götter?
Wer sprengte in die Flucht das Heer der Heiden?
Wer ließ erhalten Irans Feuertempel?
Belebte die Erinn'rung an Jazdan?«

Das Gedicht traf die Stimmung der indischen Muslime, aber die Geistlichen hörten Verrat aus den Zeilen heraus. Kurz darauf ertönte der Aufschrei: Iqbal ist ein Ungläubiger geworden. Der Dichter, der einer Gemeinschaft seine Stimme hatte leihen wollen, die den Verfall ihrer Religion betrauerte, musste ein neues Gedicht verfassen: »Antwort auf die Klage«. Hierin versicherte Allah, alle Zweifel auszuräumen. Die Gläubigen hatten es sich selbst zuzuschreiben, wenn sie sich verlassen fühlten. Sie frönten weltlichen Genüssen zu sehr und hatten sich von der Lehre des Propheten abgewandt. Aber auch diese Phase ging rasch vorüber. Iqbals Geist war rastlos.

In seiner sozialrevolutionären Periode entwarf er eine fiktive

Begegnung Lenins mit Allah. Das Treffen erfüllte beide mit Erstaunen. Allah hörte Lenins Bericht über die Klassenkämpfe in aller Welt aufmerksam und tief beeindruckt zu. In den vier Zeilen mit dem Titel »Gottes Befehl an die Engel« aus dem Gedicht »Gesang der Engel«, die von Sozialisten und Kommunisten Südasiens bis zum heutigen Tag zitiert werden, befiehlt Allah dem Engel Gabriel:

> »Erhebt euch, erweckt die Armen meiner Erde!
> Erschüttert den Villen der Reichen Tür und Wände!
> ...
> Ein Feld, das dem Landmann nicht das tägliche Brot einbringt,
> auf diesem Feld verbrennt jedes Korn Weizen!«*

Iqbals Antwort auf die Krise des Islam findet Ausdruck in seinen Gedichten und in seiner Philosophie. Er war ein außergewöhnlicher, undogmatischer Mensch, dessen Gedanken unaufhörlich im Fluss waren. In »The Reconstruction of Religious Thought in Islam« tritt er für die Erneuerung der alten Religion ein. Die Prophezeiung hat mit der Entstehung des Islam ihren Zenit erreicht und sich selbst aufgehoben. Die Kultur des Islam kann sich nur dann weiterentwickeln, wenn sie sich die Prinzipien der Dialektik und Synthese zu Eigen macht und sich – wie es zu Beginn der Fall war – auf ihre Endlichkeit und Gegenständlichkeit besinnt. Diese Anschauung gefiel Jinnah. Offizielle Kreise in Pakistan hatten Iqbal als kritischen Denker aus dem Bewusstsein verdrängt und ihn zu einem gottähnlichen Staatsidol gemacht, was sowohl für den Dichter als auch für den Staat tragisch war.

---

* Die Gedichte (in Auszügen) von Muhammad Iqbal sind dem Buch entnommen: *Steppe im Staubkorn – Texte aus der Urdu-Dichtung Muhammad Iqbals*. Ausgewählt, übersetzt, erläutert von Christoph Bürgel, Freiburg/Schweiz 1982.

Iqbals und Jinnahs modernistische Bestrebungen blieben keineswegs unangefochten. Auch Maududi musste den Niedergang des Islam eingestehen, hatte aber bereits ein einfaches Heilmittel zur Hand: Der Niedergang ließ sich nur aufhalten, indem man den indischen Islam wieder belebte. Als Jinnahs Muslim-Liga 1940 die pakistanische Resolution in Lahore verabschiedete, gab es für Maududi nur eine Antwort: die Dschamaat-al-Islamija als »Gegen-Liga« ins Leben zu rufen. Sollte Pakistan wirklich ein islamischer Staat werden, brauchte es Maududi als Oberhaupt und nicht Jinnah. Maududi hielt Jinnah und die Muslim-Liga für Gotteslästerer, die den Islam dazu missbrauchten, für einen säkularen Nationalismus zu werben.

Maududis Denkweise zeigte auffallende Ähnlichkeit mit jener von Ibn Wahhab, dem arabischen Gelehrten des 18. Jahrhunderts, auf den ich bereits ausführlich eingegangen bin. Der Niedergang des Islam war auch seiner Meinung nach eine Folge der Abkehr von der Reinheit des Koran, dessen reine Lehre und unverfälschte Gebote die einzig gültige Grundlage für politische Machtausübung bildeten.

Im Laufe der Jahrhunderte war der Islam zu einem Palimpsest geworden; er hatte Traditionen und Kulturen anderer Länder aufgenommen und sich von seinen ursprünglichen Gedanken immer weiter entfernt. Darin lag die eigentlich Tragik. Aus diesem Grund bedurfte es einer vollständigen Umkehr. Der Niedergang ließ sich nur durch die korrigierenden Maßnahmen eines »islamischen Staates« aufhalten. Um diesen Staat aufzubauen, bedurfte es mehr als nur Propaganda und sozialer Fürsorge, es bedurfte einer politischen Partei.

In jener Zeit hatte Maududi mit großem Interesse die Arbeit der geheimen kommunistischen Partei im Fürstentum Haiderabad beobachtet. Er bewunderte den Eifer und das Geschick, mit dem die Kader mit den Bauern und Arbeitern umgingen, die nichts vom Marxismus verstanden. Nicht weniger beeindruckt war er von Lenins Schriften über die Partei und deren Aufbau. Die islamische Partei würde ihrer eigenen Ideologie treu bleiben, doch die Regeln und die Struktur wollte man von den Bolschewiken übernehmen, auch wenn sich die Partei verpflichtete, den Bedingungen der geltenden Verfassung zu folgen. Anders als unter Lenin war Maududis Partei nicht darauf angelegt, den Staatsapparat zu stürzen oder zu verändern, sondern die an der Spitze der Gesellschaft stehenden Männer zu »islamisieren«: zuerst die allmächtige Beamtenriege, anschließend die Armee.

Am 26. August 1941 kamen fünfundsiebzig sorgfältig ausgewählte Männer in einem Privathaus in Lahore zusammen und verpflichteten sich zur Treue gegenüber der Religion und zur Loyalität gegenüber der neuen Partei und Gemeinschaft, die nun ins Leben gerufen werden sollte. Sie einigten sich darauf, einen Emir zu wählen, der jedoch keine uneingeschränkte Macht besaß, sondern einem Gremium mit Entscheidungsbefugnis unterstellt war. Nach einer längeren Debatte kam man überein, Maududi als ersten Emir zu benennen. Doch bereits in den ersten zwölf Monaten kam es zu Spannungen. Die Gruppe war entschlossen, Lahore zu verlassen, das ihnen mit seiner kosmopolitischen Atmosphäre gefährlich wurde. Die ausgeprägte säkulare Lebensart und die auf Schritt und Tritt lauernden Versuchungen waren nicht nach ihrem Geschmack.

Wie einst Muhammad Mekka den Rücken kehrte und nach Medina zog, brachen Maududi und seine Genossen ihre Zelte in Lahore ab und ließen sich in der Stadt Pathankot im östlichen Punjab nieder. Die ersten Unstimmigkeiten kündigten den Beginn der Postmoderne an. Es ging um einen wesentlichen Aspekt: Geld, Erscheinungsbild der Bewegung und Lebensstil. Da die Mittel knapp waren, lebte die neu geschaffene muslimische Kommune recht bescheiden. Sie teilten die Unterkunft miteinander, bereiteten sich das Essen selber zu und aßen gemeinsam. Der Emir wohnte zusammen mit seiner Frau in einem kleinen Haus. Das Paar beschäftigte einen männlichen Angestellten. Maududi erhielt aus dem Verkauf seiner Bücher und seiner Zeitschrift ausreichend Tantiemen. Sein Hauptkontrahent Maulana Numani, ein frommer Gelehrter und Journalist aus Lucknow, bestand darauf, dass alle Einnahmen das gemeinsame Eigentum der Gruppe sein sollten, da unterschiedliche Vermögensstände in einer Kommune unannehmbar seien. Maududi verteidigte das Prinzip des Privateigentums vehement und untermauerte seinen Standpunkt mit Versen aus dem Koran. Er weigerte sich, in diesem doktrinären Streit nachzugeben. Das intellektuelle Eigentum stand ihm zu, keinesfalls der Partei oder gar einem Staat, den die Partei womöglich gründete. Numani widersprach, musste sich jedoch fügen. Damals offenbarte sich bereits ein Widerspruch, an dem sich die islamischen Fundamentalisten bis heute aufreiben.*

Nachdem es Numani nicht gelungen war, Maududi in puncto Eigentumsrecht in die Knie zu zwingen, setzte er zum Angriff auf die mangelnde Frömmigkeit des Emirs an. Er warf ihm vor, a) sein Bart hätte nicht die richtige Länge und Form, b) er käme für gewöhnlich zu spät zu den Morgengebeten und c) seine Frau sei in Gegenwart eines männlichen Bediensteten unschicklich gekleidet, das heißt: sie trüge weder den Schleier noch eine Kopfbedeckung.

---

* In den unbemerkt auf der Arabischen Halbinsel kursierenden Videos prangert Osama bin Laden die Verschwendung der Erträge aus saudi-arabischen Ölverkäufen an. Seiner Ansicht nach ist Öl ein gemeinsames Handelsgut der muslimischen Gemeinschaft, er fordert jedoch, dass das Öl privatisiert und an kleinere Gruppen in der Region verteilt wird. Seine Haltung ist teilweise verständlich, da Verstaatlichung in Saudi-Arabien von jeher nichts anderes bedeutet hat als Kontrolle durch die königlichen Kleptokraten. Aber es gibt keine Verfügung, dass nach einem Sturz der königlichen Familie die Öleinnahmen in den Besitz der Bevölkerung übergehen und von Bevollmächtigten einer islamischen Republik verwaltet werden. Sowohl Osama bin Ladens als auch Maududis Interpretation mag ein wenig eigennützig sein, aber ihre Interpretation des Korans war recht präzis.

Auf diese Vorhaltungen reagierte der Emir weitaus konzilianter und äußerte ein paar Worte der Selbstkritik, ohne jedoch Reue zu zeigen oder gar klein beizugeben. Numani berief eine außerordentliche Ratsversammlung ein. Zwischen den Parteifraktionen entbrannte ein Streit, in dem Numani offenbar den Sieg davontrug. Maududi schlug daraufhin vor, entweder als Emir zurückzutreten oder die Partei aufzulösen und auseinander zu gehen. Hätte Numani sich darauf beschränkt, nur Maududis Rücktritt zu verlangen, wäre er aus dem Konflikt tatsächlich als Sieger hervorgegangen. Indem er jedoch auf der Auflösung der Partei bestand, stolperte er in die Falle. Seine Forderung wurde abgelehnt. Als Numani und seine Anhänger Maududi öffentlich denunzierten, überdachte der Emir die Parteistrukturen. Im Laufe der Jahre verlor der Rat immer mehr an Einfluss, während der Emir immer stärker in den Mittelpunkt trat und Wesenszüge von Stalin wie Khomeini auf sich vereinte.

Noch ehe Maududi die Dschamaat gegründet hatte, wusste der zukünftige Emir genau, welchen Platz er in der Geschichte des Islam einnehmen würde. 1940 hatte er einen Arabisten in Dienst genommen, der seine Texte ins Arabische übertrug, damit die muslimische Welt von seinen Gedanken profitieren konnte. Es dauerte nicht lange, und sein Name war auch in Kairo und Dschidda ein Begriff. Die muslimische Bruderschaft leistete gute Arbeit: Sajjid Kutb bedankte sich öffentlich bei dem indischen Gelehrten. Die Beziehungen zwischen Maududi und der saudischen Geistlichkeit wurden schon bald nach der Gründung Pakistans im Jahr 1947 institutionalisiert und entwickelten sich in den fünfziger Jahren zu einer Art islamischem Dreigestirn: Die Wahhabiten, Maududis Dschamaat-al-Islamija und die Muslimbruderschaft beherrschten den islamischen Diskurs. Und ausgerechnet in diesen drei Gruppen sah Washington das wichtige ideologische Bollwerk gegen den Kommunismus und den radikalen Nationalismus in der islamischen Welt.* All die bewaffneten sunnitisch-islamistischen Gruppen, die im Augenblick den Dschihad gegen andere Muslime und den mächtigen Satan führen, gehen aus dieser Konstellation hervor.

Maududis Gruppe war in dem neuen Pakistan kein Erfolg beschert. Da es Regierungsangestellten untersagt war, politischen Parteien beizutreten, und damit die Unterwanderung der Regierung nicht möglich war, nahm die Dschamaat-al-Islamija wenig später pragmatische Änderungen ihres Programms vor. Da sie die staatlichen Institutionen nicht infiltrieren konnte, ernannte sie sich in dem neu gegründeten Staat zum Hüter des Islam. Mittlerweile waren aber die Sikhs und die überwältigende Mehrheit der Hindus aus den Landesteilen geflohen, die nunmehr zu Pakistan gehörten, sodass sich die Islamisten ihrer ungläubigen Feinde beraubt sahen. Daher wandte sich das religiöse Sektierertum gegen die inneren Feinde. Jetzt richtete sich die Aufmerksamkeit auf die Ahmadija, eine Sekte innerhalb des Islam, die Maududi bis dahin nicht zur Kenntnis genommen hatte. Die Ahmadija waren Anhänger von Mirza Ghulam Ahmad, einem muslimischen Geistlichen, der Ende des 19. Jahrhunderts lebte und behauptete, eine Offenbarung Allahs empfangen zu haben. Da

---

* Als sich in Pakistan die Dschamaat-al-Islamija und andere religiöse Gruppen an die Spitze der Agitation stellten, um eine islamische Verfassung durchzusetzen, und eine säkulare Alternative als inakzeptabel ablehnten, nannte der Botschafter der Vereinigten Staaten in einer Depesche nach Washington das Aufbegehren der Fundamentalisten »die einzige Anstrengung in Karachi zugunsten der Verfassung«. Mein Vater war zu der Zeit Redakteur der »Pakistan Times«, der größten Tageszeitung des Landes, die von Progressive Papers Limited, einer links gerichteten Gruppe, herausgegeben wurde. Die Mehrheit der Mitarbeiter waren Sozialisten oder Kommunisten. Iskander Mirza, einer der ranghöheren Beamten, der den Mullahs die Stirn bot und später das Amt des Präsidenten einnahm, kam mit meinem Vater zusammen und beschwor ihn: »Sie müssen Ihre Artikel über die Verfassungsdebatten viel schärfer formulieren. Wenn wir den Forderungen dieser Bastarde jemals nachgeben, wecken wir in den Mullahs, die hinter der Moschee ungestört kleine Jungs verführen, den Wunsch, selber das Land zu regieren.«

der Koran ausdrücklich betont, Muhammad sei der letzte Prophet, sahen die orthodoxen Gelehrten in der Schule der Deobandi in dieser Behauptung eine bodenlose Gotteslästerung. Als Mirza immer mehr Anhänger gewann, entfachten die Deobandi einen Feldzug gegen die neue Häresie, obwohl die Ahmadija abgesehen von der angeblichen Offenbarung denselben Glaubensgrundsätzen wie alle anderen Muslime folgte.

Nach Ansicht eines orthodoxen muslimischen Staates galten die Ahmadi als religiöse, nicht dem Islam zugehörige Minderheit. Man gestand ihnen zwar die gleichen Rechte wie den Christen oder Hindus zu, es war ihnen jedoch nicht gestattet, wie Muslime in Erscheinung zu treten oder zu predigen. Gemeinsam mit skrupellosen, ehrgeizigen Politikern, zu denen insbesondere Mumtaz Daultana zählte, der in Oxford ausgebildete Chief Minister des Punjab, führten die religiösen Gruppen eine Kampagne gegen die Ahmadija, die bald eskalierte. Auch Pakistans Außenminister Zafrullah Khan gehörte der Sekte an. Man muss ihm zu Gute halten, dass er sich weigerte, dem Druck der Fundamentalisten nachzugeben und zurückzutreten. Auf einer Ahmadija-Versammlung in Karachi gestand er seine Zugehörigkeit öffentlich ein.

Da Maududi, der diesem Problem anfänglich ablehnend gegenübergestanden hatte, keinesfalls von seinen Rivalen·überlistet werden wollte, mischte er sich in der für ihn typischen Weise ein und verfasste einen äußerst kritschen Text. Binnen achtzehn Tagen, ehe das Buch mit dem Titel »The Ahmadi Problem« vom Markt genommen wurde, waren bereits 57 000 Exemplare verkauft. Der aufrührerische Inhalt schürte die Leidenschaft der Orthodoxen und machte Maududi zur Hauptfigur der nachfolgenden Ereignisse.

Anfang 1953 erschütterte eine Anzahl sorgfältig inszenierter Gewalttaten den Punjab. Ich kann mich nicht erinnern, dass es jemals zuvor religiöse Aufstände gegeben hatte. Unter unserer Wohnung betrieb eine Ahmadija-Familie ein Schuhgeschäft. Als ich eines Tages von der Schule kam, sah ich, wie brutale Schläger das Geschäft demolierten, während die Polizei tatenlos zusah. Mein Vater zog mich vom Schauplatz fort. Am nächsten Morgen war die Vorderfront des Geschäftes eingeschlagen. Der Besitzer war mit ein paar Verletzungen davongekommen.

Tags darauf verhängte die Zentralregierung in Lahore Kriegsrecht und Ausgangssperre. Soldaten eröffneten das Feuer auf den bärtigen Mob. Binnen zwei Tagen waren die Unruhen niedergeschlagen. Maududi und sein Gesinnungsgenosse Kausar Niazi wurden verhaftet, des Verrats angeklagt und schuldig gesprochen. Die über sie verhängte Todesstrafe wurde später in eine mehrjährige Gefängnisstrafe umgewandelt. Maududi hatte sich durch sein Buch strafbar gemacht, während Kausar Niazi auf einer öffentlichen Versammlung durch kämpferische und obszöne Reden die Menge so aufgewiegelt hatte, dass sie sich auf einen Polizisten stürzte und ihn lynchte.* Ferner zwang man Mumtaz Daultana zum Rücktritt, weil er den Aufruhr geschürt hatte, um seine eigenen Interessen in der Muslim-Liga zu fördern. Seine politische Karriere war damit beendet.

Um den »Ursachen der Anti-Ahmadija-Unruhen« auf den Grund zu gehen, wurde ein öffentlicher Untersuchungsausschuss mit Richter Muhammad Munir als Vorsitzenden und Richter M. R. Kayani** als Beisitzer bestellt. Der im April 1954 veröf-

---

* Kausar Niazi brach daraufhin mit der Dschamaat und schloss sich 1972 Bhuttos Partei an. Er wurde Minister für religiöse Angelegenheiten und Bhuttos Berater im Umgang mit Islamisten. Auf Niazis Rat hin erklärte Bhuttos Regime die Ahmadija zu Nicht-Muslimen. Bhutto glaubte, die Mullahs auf diese Weise ausschalten zu können, in Wahrheit hat er ihnen jedoch mit dieser unsäglichen Entscheidung einen Bärendienst erwiesen.

** Während der ersten Militärdiktatur hielt M.R. Kayani, damals pensionierter Oberster Richter des Gerichtshofes in Lahore, eine Anzahl Reden, in denen er Ayubs Regime heftig kritisierte. Einmal war der Saal mit Studenten dicht besetzt. Ich hörte drei seiner Vorträge. Er hielt sie auf Paschto und sprach mit leiser, sanfter Stimme. Nicht eine Spur Demagogie war aus seinen Worten herauszuhören, jeder Satz war sorgfältig formuliert. Als er 1963 starb, weinten wir alle.

fentlichte 387 Seiten lange Bericht ist der einzige moderne Text in der Geschichte des Landes. Anstatt ihn in den Archiven verstauben zu lassen, sollte man ihn in den Lehrplan der Universität aufnehmen oder zumindest der Bibliothek des Military College in Quetta überlassen.

Munir und Kayani nahmen kein Blatt vor den Mund. Sie machten sich über die Verwirrung der Mullahs lustig und wiesen darauf hin, dass die Bildung eines islamischen Staates ein Desaster wäre. Etwas Derartiges hat es in Pakistan nicht wieder gegeben. Urheber der Unruhen waren Ulema, islamische Gelehrte, die die Regierung aufforderten, die Ahmadija offiziell als nicht-muslimische Minderheit zu betrachten und entschieden gegen all ihre Mitstreiter vorzugehen. Unter Berufung auf die Forderung der Ulema, Pakistan als offiziellen »islamischen« Staat zu führen und der Ahmadija den Status einer nicht-muslimischen Minderheit zu verleihen, hieß es in dem Bericht:

> »Die Frage, ob eine Person Muslim ist oder nicht ist, wird von grundlegender Bedeutung sein. Deshalb haben wir die führenden Ulema um eine Definition gebeten. Denn sollten die Ulema der unterschiedlichen Sekten die Ahmadija als *kafir*, also Ungläubige, ansehen, müssen sie sowohl über die religiösen Glaubensgrundlagen Bescheid wissen als auch die Definition eines Muslimen kennen. Die Behauptung, eine bestimmte Person oder Gemeinschaft folge nicht dem muslimischen Glauben, lässt darauf schließen, dass derjenige, der das behauptet, genau weiß, was ein Muslim ist. Das Ergebnis unserer Umfrage war jedoch alles andere als zufrieden stellend. Wenn aber die Ulema bereits bei derart einfachen Fragestellungen versagen, kann man sich leicht vorstellen, mit welchen Ergebnissen bei komplizierteren Angelegenheiten zu rechnen ist.« (S. 215 des Berichts)

Der Bericht enthält die wortwörtlichen Auskünfte der einzelnen Ulema auf die Frage: Was ist ein Muslim? Die Richter hatten dabei offensichtlich ihren Spaß. Ihre Schlussfolgerung war dementsprechend trocken:

>»Angesichts der unterschiedlichen Definitionen der Ulema beschränken wir uns auf den Hinweis, dass in dieser grundlegenden Frage nicht einmal zwei Gelehrte übereinstimmen. Wenn wir versuchen wollten, wie jeder der Gelehrten eine eigene Definition zu geben, und wenn diese Definition von allen bereits genannten Definitionen abweicht, müssen wir den Schoß des Islam verlassen. Aber wenn wir die Definition eines jeden Ulema akzeptieren, bleiben wir zwar im Sinne des jeweiligen *alim* Muslime, aber entsprechend der Definition aller anderen *kafir*.« (S. 218 des Berichts)

An späterer Stelle wird unter dem Stichwort Apostasie auf eine Anschauung der Ulema Bezug genommen, derzufolge einem Muslim in einem islamischen Staat die Todesstrafe droht, wenn er sich entscheidet, ein Ungläubiger, ein *kafir*, zu werden. Der Bericht bezieht sich auf Zafrullah Khan, den Außenminister des Landes. Darin heißt es:

>»Laut dieser Bestimmung gebührt Chaudhri Zafrullah Khan die Todesstrafe, sofern er seine heutigen religiösen Überzeugungen nicht ererbt hat, sondern aus freien Stücken Ahmadi geworden ist. Das Gleiche gilt für Deobandi und Wahhabi, einschließlich Maulana Muhammad Shafi Deobandi, Mitglied der Talimat-i-Islami, der verfassunggebenden Versammlung von Pakistan. Ferner auch für Maulana Daud Ghaznavi, wenn Maulana Abul Hasanat Sayyad Muhammad Ahmad Qadri, Mirza Raza Ahmad Khan Barelvi oder ein anderer der zahllosen Ulema, die auf jedem Blatt des schönen Baums in der Fatwa Ex.D.E.14 zu sehen sind, an der Spitze eines solchen islamischen Staates stünden. Und falls Maulana Muhammad Shafi Deobandi Staatsoberhaupt wäre, würde er auch jene aus dem Schoß des Islam ausschließen, die Deobandi als *kafir* bezeichnet haben,

und diese mit dem Tode bestrafen, wenn sie der Definition eines *murtadd*, eines Abtrünnigen, genügen, das heißt, wenn sie einen Glaubenswechsel vollzogen haben, ihrem ererbten Glauben also nicht treu geblieben sind.

Im Laufe der Untersuchung wurde auch die Echtheit der Fatwa Ex.D.E.13 der Deobandi angezweifelt, laut der Asna Ashari Shias *kafir* und *murtadd* sind. Daraufhin zog Maulana Muhammad Shafi bei den Deobandi Erkundigungen ein und erhielt eine Abschrift der Fatwa mit den Unterschriften aller Lehrer des Darul Uloom, darunter auch Maulana Muhammad Shafi selbst. Demnach sind all jene *kafir*, die nicht an die *sahabiyyat* von Hazrat Siddiq Akbar glauben, *qazif* von Hazrat Aisha Siddiqa sind und sich des *tehrif* des Koran schuldig gemacht haben. Dieser Anschauung schließt sich Ibrahim Ali Chishti an, der studiert hat und in dieser Sache belesen ist. Seiner Überzeugung nach sind die Schiiten *kafir*, weil sie Hazrat Ali als Propheten ansehen wie unseren Propheten Muhammad. Er versagte die Antwort auf die Frage, ob ein Sunnit, der einen Sinneswandel vollzieht und sich den Schiiten anschließt, des *irtidad* schuldig sei und ihm somit die Todesstrafe gebühre. Nach Ansicht der Schiiten sind alle Sunniten *kafir*, und auch die Ahl-i-Quran, also jene Leute, die Hadithe für unzuverlässig und daher als nicht bindend betrachten. *Kafir* sind ihrer Ansicht nach auch alle freien Denker. Folglich sind weder Schiiten noch Sunniten noch Deobandi noch Ahl-i-Hadith noch Barelvis Muslime. Jeder Wechsel von einer Glaubensansicht zu einer anderen müsse in einem islamischen Staat mit dem Tod bestraft werden, wenn die Regierungsgewalt in einer Partei liegt, die die andere Partei als *kafir* erachtet. Es erfordert wenig Fantasie zu erkennen, welche Konsequenzen diese Lehre hat, wenn man bedenkt, dass nicht einmal zwei Ulema eine gleich lautende Definition der Frage ›Was ist ein Muslim?‹ gegeben haben.

Wenn die Definitionen aller Ulema in Betracht gezogen werden, man nach der Regel von Verknüpfung und Umstellung verfährt und die Form der Anklage als Vorbild nimmt, mit der Galileo Galilei von der

Inquisition verurteilt wurde, sind die Gründe, nach denen eine Person der Apostasie bezichtigt werden kann, unendlich.«

(S. 219 des Berichts)

Das waren die Anfangsjahre des Landes, in denen die Richter noch nicht von Politikern, Mullahs, Armeeoffizieren oder mit Bestechungsgeldern manipuliert werden konnten. Der Munir-Bericht war eine kühne Verteidigung der Moderne und des Laizismus. Er prangerte religiöses Sektierertum als »heimtückisch« an und behauptete gar, der Islam sei fremd im eigenen Haus. Seine Einmischung in die Politik war nicht gerechtfertigt, und sein Rückgriff auf die Gewalt hatte eine politische Krise heraufbeschworen, was für die Entwicklung des jungen Staates nur hinderlich sein konnte. Deshalb, so hieß es, müsse die Religion von den politischen Entscheidungen und Institutionen Pakistans ausgeschlossen werden. Die Trennung von Religion und Staat sei für den Fortschritt des Landes entscheidend. Maududis erster Stellvertreter Mian Tufail widersprach: »Unsere Religion ist unsere Politik, und unsere Politik ist unsere Religion.«

Wer sollte die Entscheidung über die Zukunft Pakistans treffen? Die Bürger des Landes, falls man ihnen die Chance einräumte. Alle politischen Parteien mit Ausnahme der Muslim-Liga sprachen sich für baldige allgemeine Wahlen aus. Aber die Elite, bestehend aus Militär, Bürokratie und Angehörigen der US-Botschaft, reagierte nervös – und zwar aus gutem Grund. Die Muslim-Liga würde sich im Punjab halten können, während man davon ausging, dass in den anderen Gebieten Koalitionen aus Nationalisten und links gerichteten Parteien gewinnen würden.

Die erste Feuerprobe fand 1954 anlässlich der Wahlen in den Provinzen statt. Die größten Sorgen bereitete der Führungsriege die bengalische Provinz Ostpakistan, die durch ein tausendfünfhundert Kilometer breites indisches Territorium vom Westen getrennt, jedoch von 60 Prozent der Bevölkerung des Landes bewohnt war, mehrheitlich Muslimen. Daneben gab es eine beträchtliche hinduistische Minderheit. Nicht alle waren nach der Teilung Bengalens nach Indien geflohen. Im Gegenteil, Ostpakistan entsprach weit mehr Jinnahs ursprünglicher Vorstellung vom neuen Staat als die westliche Flanke, wo sich der überwiegende Teil der Führungsschicht niedergelassen hatte.

Im März 1954 bewahrheiteten sich die Befürchtungen der Machthaber Pakistans. Ostpakistan stimmte für die Parteien der United Front und fügte der Bürokratie und deren schwachem politischem Arm, der Muslim-Liga, eine schwere Niederlage zu. Sie gewann lediglich 10 von 309 Sitzen. Keiner der Minister der Provinzen wurde gewählt, nicht einmal der Chief Minister. Die Kommunistische Partei hatte 4 der 10 Sitze auf sich vereinigt. Zum allgemeinen Erstaunen hatten alle Kommunisten muslimischer Herkunft eine Niederlage einstecken müssen, denn die vier Sitze der Kommunisten waren von Kommunisten hinduistischer Abstammung errungen worden. Einen davon erhielten sie in der Stadt Sylhet, in der die Dschamaat-al-Islamija einen festen Stand hatte. Die Kommunisten hatten aber auch andere Parteien infiltriert und gewannen so 22 Sitze dazu, sodass sie nun insgesamt 26 Sitze innehatten – mehr als doppelt so viel wie die Muslim-Liga, die Gründungspartei Pakistans. Demgegenüber scheiterte die Dschamaat-al-Islamija auf der ganzen Linie.

Eine der ersten Unstimmigkeiten innerhalb des Provinzparlaments entzündete sich an dem bilateralen Militärpakt zwischen Pakistan und den Vereinigten Staaten, der kurz vor dem Abschluss stand. 162 Parlamentsmitglieder unterzeichneten ein Papier, in dem sie das beabsichtigte Bündnis scharf kritisierten. Zwei Monate danach löste die Zentralregierung die gesetzgebende Versammlung Ostpakistans auf und verhängte in der Provinz den Ausnahmezustand. Eine Woche später wurde der Militärpakt zwischen den USA und Pakistan unterzeichnet.

Der altgediente Staatsbeamte Iskander Mirza übernahm das Amt des Gouverneurs. Er hatte bei der Unterdrückung der Islamisten, einer kleinen Minderheit, die entscheidende Rolle gespielt, und war fest entschlossen, diese Politik auch auf die überwiegende Mehrheit der Bevölkerung auszudehnen. Er ließ mehrere hundert Mitglieder der United Front verhaften, stellte den gewählten Chief Minister und mehrere Provinzminister unter strengen Hausarrest, verbot die Kommunistische Partei und wies die Arbeitgeber in den Fabriken an, alle ihnen bekannten kommunistischen Arbeiter an die Luft zu setzen. Bereitwillig kamen diese der Anordnung nach und nahmen auch gleich die Gelegenheit wahr, sämtliche nicht-kommunistischen militanten Gewerkschaftsmitglieder zu entlassen.

Im Jahr 1955 wurde die Provinzversammlung nach etlichen falschen Kompromissen wieder eingesetzt, doch hatten die Vorkommnisse das Vertrauen der meisten Bengalis in den neuen Staat erschüttert. Als im selben Jahr die verfassunggebende Versammlung Pakistans eine neue Verfassung diskutierte, wurde die Warnung eines ultra-konservativen bengalischen Führers zwar gehört, aber ignoriert:

>»Sir, ich habe bereits gestern meine Missbilligung darüber geäußert, dass in den Kreisen der Muslim-Liga über Ostbengalen, seine Kultur, Sprache und Literatur verächtlich geredet wird. Es ist keineswegs übertrieben, Sir, wenn ich sage, dass Ostbengalen nicht nur als ein nicht gleichberechtigter Partner angesehen wird, sondern dass die Führer der Liga uns als eine untergeordnete Rasse und sich selbst als Angehörige einer Rasse von Eroberern ansehen.«

Was er sagte, stimmte. Aber die Muslim-Liga verhielt sich auch Westpakistan gegenüber anmaßend, was dazu führte, dass die

Kandidaten der Liga in den Nachwahlen Niederlagen einstecken mussten. Am meisten fürchteten sie die Bildung von Anti-Liga-Koalitionen in den kleineren Provinzen Sindh, Belutschistan und der Nordwest-Grenzprovinz Pakistans, die zusammen mit den Bengalis die Macht im Land übernehmen könnten. Eine solche Entwicklung hätte die politische und wirtschaftliche Vormacht der Landbesitzer des Punjab, der Beamten und der aufstrebenden Klasse neuer kapitalistischer Unternehmer in jenen Gebieten gefährdet. Aus globaler Sicht hätte sich eine gewählte pakistanische Regierung den von der Armee und der Beamtenschaft ausgehandelten Allianzen des Kalten Kriegs entziehen können. Es kam nur eine Lösung in Betracht: die Demokratie ganz und gar in den Wind zu schreiben.

Die verfassunggebende Versammlung hatte den Termin für die ersten allgemeinen Wahlen auf März 1959 festgesetzt. Um der Bildung einer demokratisch gewählten Regierung zuvorzukommen, übernahm im Oktober 1958 die Armee mit Unterstützung der Staatsbeamten und der Vereinigten Staaten die Macht. General Ayub Khan wurde de facto das Oberhaupt des Landes. Dass ihn dieses Amt geistig überforderte, war in Pakistan kaum ein Geheimnis. Trotzdem verblüffte er die Bürger mit seiner ersten Rede, einem einzigartigen Beitrag zur Geopolitik: »Wir müssen begreifen, dass sich Demokratie in einem heißen Klima nicht umsetzen lässt. Damit Demokratie funktionieren kann, muss es so kalt sein wie in Großbritannien.«

Der punjabische Dichter Ustad Daman machte sich mit einem Seitenhieb auf die Armee über die neuen Herrscher lustig: »Nun ist jeder Tag recht heiter. Wohin man sieht, bewaffnete Reiter.« Dieses Couplet brachte ihn ins Gefängnis, aber der Dichter spürte, dass die Uniformen nicht verschwinden würden und das Land auch in Zukunft zu leiden haben würde.

Die führenden US-amerikanischen Medien hingegen vermittelten eine vollkommen andere Stimmung. Die »New York Times«, gegenüber USA-freundlichen Militärdiktatoren stets großmütig gesinnt, erkannte die drohende Gefahr hinter dem Unverstand ebensowenig wie den Umstand, dass Ayub Khan sich öffentlich von der Demokratie verabschiedete. Am 12. Oktober 1958 kommentierte die Zeitung in ihrem Editorial das neue Regime:

> »Sowohl Präsident Mirza als auch der Oberbefehlshaber der Armee, General Ayub Khan, haben in Pakistan deutlich erklärt, dass sie sobald wie möglich eine tüchtige, zuverlässige und demokratische Regierung einsetzen werden. Es gibt keinen Anlass, an ihren Worten zu zweifeln.«

Aus »sobald wie möglich« wurde ein Jahrzehnt. Ein Jahrzehnt unter militärischer Diktatur, gestützt von China und dem Westen; ein Jahrzehnt der Unterdrückung, des Kriegs und einseitiger wirtschaftlicher Entwicklung. Damals wäre es den Liberalen im Westen nicht in den Sinn gekommen, ein Eingreifen von außen zu fordern. Sie und alle anderen Länder kannten den simplen Grund für die prowestlichen Diktaturen in Asien, Afrika und Lateinamerika: Die liberalen westlichen Demokratien fürchteten andere Demokratien. Diktatoren würden sich nicht durch Intervention absetzen lassen, sondern allein durch den furchtlosen Kampf der Bevölkerung.

Am 7. November 1968 kam es zu einer sich rasch ausweitenden Studentenerhebung, die trotz massiver Repressalien schließlich auf andere Gesellschaftsschichten übergriff. Im Januar 1969 schlossen sich die Arbeiter den Protesten an, die mittlerweile jede größere Stadt in West- und Ostpakistan erfasst hatten. Kurz darauf gingen Anwälte, Ärzte, Lehrer, Richter und Prostituierte auf die Straße und kämpften für die Demokratie. Menschen aus allen Gesellschaftsschichten hatten sich zusammengeschlossen, weil man sie an der Ausübung ihres Rechts hinderte, sich ihre Regierung selbst zu wählen. Es war das einzige Mal in der kurzen Geschichte Pakistans, dass sein Volk mit einer Stimme sprach. Im März 1969 nahm der selbst ernannte Feldmarschall die Niederlage an und trat zurück. Sieg. In allen Städten eilten die Menschen auf die Straße und tanzten. Bei meiner Ankunft auf dem Flughafen in Karachi herrschte überschwängliche Freude. Selbst das Offizierkorps schien sich der Stimmung nicht entziehen zu können.

Während ich auf einen Flug nach Lahore wartete, traf ich zufällig einen alten Bekannten, einen entfernten Cousin meiner Mutter und Armeeoberst. Es war in Uniform und nach einem Arbeitseinsatz am Military College in Quetta auf dem Weg zum Hauptquartier. Ich hatte ihn etliche Jahre nicht gesehen. Als er mich freundlich begrüßte, salutierte ich zum Spaß. Er lachte. Sechs Monate davor hätte er noch so getan, als wäre ich Luft. Wir frühstückten zusammen, und er erzählte mir, er hätte vor kurzem Isaac Deutschers dreibändige Trotzki-Biografie gelesen. Ich machte kein Hehl aus meinem Erstaunen. Er meinte, sie hätten etwas über die Rote Armee lesen müssen und er hätte die Bücher in der Bibliothek der Akademie gefunden. »Eines verwirrt mich«, gestand er. »Trotzki war im Bürgerkrieg ein hervorragender Führer und Tuchatschewskij ein brillanter Kommandeur. Findest du nicht auch?« Ich pflichtete ihm bei. »Dann erkläre mir doch bitte, weshalb sie Stalin nicht mit Hilfe der Roten Armee abgesetzt haben.« Ich erklärte es ihm. »Ich teile deine Meinung nicht«, antwortete er daraufhin. »Bonapartismus unter Trotzki und Tuchatschewskij wäre weitaus besser gewesen als ein Regime unter dem blutrünstigen Stalin. Wie kann man bloß so naiv sein?« Ich musste lachen – vielleicht klang es leicht hysterisch –, was meinen Gesprächspartner ärgerte und wohl auch aus der Ruhe brachte.

»Verstehst du denn den Witz nicht?«, fragte ich. »Dein Oberbefehlshaber hat mir verboten, hierher zurückzukommen. Ich bin hier, weil er weg ist. Wir haben gerade eine Revolte erfolgreich hinter uns gebracht, die auch ihn den Kopf gekostet hat, und da fragst du mich, warum sich Trotzki 1923 gegen eine Militärdiktatur entschieden hat?«

Er wurde ein wenig verlegen, aber wollte nicht klein beigeben. Einige Jahre später hat man ihn wegen eines bonapartistischen Sexualdelikts Hals über Kopf in den Ruhestand versetzt. Er hatte einen jungen Offizier unausgesetzt von einer fiktiven Dienstreise auf die nächste geschickt, um sich ungestört der Liebesbeziehung mit dessen Frau widmen zu können. Das sündige Paar wurde entdeckt, und der junge Ehemann verpfiff meinen Cousin. Seine Militärkarriere endete in Unehre. Ein Jammer. Man hätte ihn nach sieben Jahren ermuntern können, als Tuchatschewskij gegen Zias Kornilow aufzutreten.

In jener Zeit reiste ich sechs Wochen durch weite Teile Ost- und Westpakistans, traf mit Männern und Frauen zusammen, die das Regime zum Sturz gebracht hatten, und unterhielt mich mit Politikern. Bei öffentlichen Reden in Westpakistan stand mir für gewöhnlich der populäre Dichter Habib Jalib zur Seite, der den Aufruhr in einigen Städten des Landes in seinen Versen anschaulich versinnbildlicht hat. Einige Jahre vor dem Stimmungsumschwung hatte Jalib das Militärregime bei geselligen Abenden mit Gedichtlesungen in Urdu, den *mushairas*, angeprangert: »Dieses System/diese Nacht ohne Morgen/Nie werde ich sie hinnehmen/Nie werde ich mich ihr beugen.« Oder: »Nur einen Slogan/Nur eine Bitte/Präsident, schenk Deine Liebe nicht den USA.« Kein Dichter wurde so oft ins Gefängnis geworfen wie Jalib. Aber er ließ sich nicht unterkriegen. Während der Unruhen waren Maududis Anhänger vollkommen in der Versenkung verschwunden. Ihr Motto, das sich auf Urdu gut reimte, fand in der Öffentlichkeit keinen Nachhall: »Was bedeutet Pakistan? Es gibt nur einen Allah.« Jalib konterte mit einer gereimten Replik, die von Millionen Menschen skandiert wurde: »Was bedeutet Pakistan? Essen, Kleidung und ein Dach über dem Kopf für alle.« Später machte er sich sogar unverhohlen über die Mullahs lustig.

Wenn wir vor 20 000 und mehr Zuhörern sprachen, raunte er mir manchmal ins Ohr: »Heute haben wir es hauptsächlich mit Arbeitern und Bauern zu tun. Erzähl ihnen von Vietnam. Überzeuge sie davon, dass sie gewinnen können!« Ich tat mein Bestes und zitierte anschließend aus »Vietnam's Burning«:

»Oh Liebhaber der Menschenrechte, wo seid Ihr?/Die Menschheit steht schon am Abgrund/Vietnam brennt, Vietnam brennt/Schweigt nicht, meldet Euch jetzt zu Wort/Die Wolken des Krieges ziehen zu uns herüber.«

Während der Unruhen in Westpakistan wurden sowohl die Muslim-Liga als auch alle anderen etablierten Parteien gemieden. Der einzige beliebte Politiker war Zulfiqar Ali Bhutto. Nachdem Ayub Khans Kabinett ihn hinausgeworfen hatte, machte er als Anführer der Massenbewegung erneut von sich reden. Seine Appelle waren ultraradikal. Er drohte, den Kapitalismus zu vernichten, versprach Landreformen und machte das Versprechen »Essen, Kleidung und ein Dach über dem Kopf für alle« zum Schlachtruf seiner Kampagne. Demokratie und soziale Gerechtigkeit waren überzeugende Schlagworte. Auf meinen Reisen durch das Land bezweifelte ich in keiner Weise, dass Bhuttos Partei in diesem Teil Pakistans spielend die Mehrheit gewinnen würde. Ayubs Nachfolger, General Yahya Khan, hatte umgehend den Termin für allgemeine Wahlen bekannt gegeben: März 1970. Das Land jubelte.

Doch als ich in Dakka, der Hauptstadt Ostpakistans, eintraf, empfing mich dort dieselbe Freude, wenn auch mit einem Unterschied: Die Studenten, Intellektuellen und Anführer der Arbeiterschaft, mit denen ich sprach, waren zerstritten. Die Nationalisten hatten genug von der pakistanischen Führungsriege. Zwischen den links gerichteten Bengalis war es während der Unruhen zum Bruch gebrochen. Die Maoisten verzichteten auf den Kampf, da

Feldmarschall Ayub wegen seiner Freundschaft mit China als »Antiimperialist« galt. Die Schwächen der einst starken Linken versetzten die Nationalisten der Awami-Liga in die Lage, in dem Kampf die Oberhand zu gewinnen. Sie verlangten von Westpakistan völlige Autonomie. Sollte das Sechs-Punkte-Papier, in denen die Forderungen fixiert waren, nicht eingehalten werden, würden sie den Kampf fortsetzen.

Wo ich auch hinkam – überall das gleiche Bild. Bengalen war so oft misshandelt worden, dass es zu zerbrechen drohte. Als ich in der Universität von Dakka einen Vortrag halten sollte, bestanden die Studenten darauf, dass ich ihn in Englisch hielt statt im verhassten Urdu, das man ihnen hatte aufzwingen wollen. Einige riefen: »Lernen Sie doch bitte Bengalisch.« Wir standen auf dem Campus unter dem *amtala*-Baum versammelt. Dort hatten die Unruhen ihren Ausgang genommen. Ich erklärte den jungen Leuten, es gäbe nicht die geringste Chance, dass das Militär das Sechs-Punkte-Papier akzeptieren würde. Sie dürften sich diesbezüglich keine Illusionen machen. Wenn sie ihre Forderungen wirklich durchsetzen wollten, durften sie sich nicht scheuen, den Weg bis zum Ende zu gehen. Verblüffte Gesichter blickten mir entgegen. Danach traten einige links gerichtete Studenten an mich heran und machten mir Vorhaltungen, meine Rede hätte den der Awami-Liga nahe stehenden Studenten Mut gemacht. Während der darauf folgenden Tage wurden unentwegt hitzige Diskussionen geführt. Als ich kurz darauf mit Sheikh Mujib ur-Rahman, dem Führer der Awami-Liga, zusammentraf, kannte er bereits den Inhalt meiner Rede an der Universität. »Sind Sie sich sicher?«, fragte er. »Was ist, wenn wir die nächste Wahl gewinnen?« Ich erinnerte ihn daran, dass sie 1954 ebenfalls gewonnen hatten. Sicher, jetzt herrschten andere Umstände, aber ich bezweifelte wirklich sehr, ob die Armee die sechs Punkte jemals akzeptieren würde. Ich sagte ein Blutbad voraus. Er war nicht überzeugt. Ebenso wenig wie Maulana Bhashani, der Anführer der Bauern, mit dem ich vierzehn Tage lang über die Dörfer gefahren bin. Ich befürchtete das Schlimmste. Und es trat ein.

Die Wahlen fanden im Dezember 1970 statt. In Westpakistan errang Bhutto einen hohen Wahlsieg, während in Ostpakistan über 90 Prozent der Wähler ihre Stimme der Awami-Liga gaben. Sie war die größte Partei des Landes. Man hätte Sheikh Mujib ur-Rahman auffordern sollen, die neue Regierung zu bilden, aber der General Yahya Khan und die anderen weigerten sich, das Ergebnis in Ostpakistan zu akzeptieren. Zu seiner Schande – die ihm lange anhaftete – ließ Bhutto sich mit dem Militär auf einen Handel ein. Hätte er Mujib ur-Rahman unterstützt, hätten sich die Dinge womöglich in eine andere Richtung entwickelt. Stattdessen traf die Armee Vorbereitungen, in ihre eigene Provinz im Osten einzumarschieren und sie zu besetzen.

Dies war das Ende. Die Soldaten der Armee wurden mit ethnischem Hass vergiftet. Man hatte ihnen erklärt, die Bengalen seien erst in neuerer Zeit zum Islam übergetreten, aber eigentlich seien sie Hindus. Und dieser Umstand sei der Grund dafür, dass sie mit Pakistan nichts mehr zu tun haben wollten. Niemand sagte: Aber sind nicht wir es, die mit ihnen nichts mehr zu tun haben wollen?

Die Soldaten wurden zu Massenvergewaltigungen von Frauen angestachelt, um die Hindu-Bengali-Gene zu verändern, so der Befehl der Punjab-Offiziere an ihre Punjab-Soldaten. Und die Soldaten gehorchten. Im März 1971 marschierte Westpakistan in Ostpakistan ein. Und es kam zu Vergewaltigungen und Massakern. In einer einzigen Nacht überfielen Besatzungssoldaten und Kollaborateure der Dschamaat-at-Islamija die Studentenwohnheime. Hunderte Studenten verschwanden. Links gerichtete Intellektuelle wurden aufgespürt und erschossen. Sheikh Mujib wurde gefangen genommen und in ein westpakistanisches Gefängnis geworfen. Mitglieder seiner Partei tauchten ab und bereiteten den Widerstand vor. Pakistans größter Dichter Faiz Ahmed Faiz schrieb »vom Blut, das mir für immer aus den Augen gewaschen wurde«.

Zehn Jahre später verewigte Salman Rushdie in seinem Roman »Mitternachtskinder«* den ersten Tag der Militäroffensive Westpakistans gegen Ostpakistan:

> »Mitternacht, 25. März 1971: an der Universität vorbei, die unter Beschuss war, führte der Buddha Truppen zu Scheich Mujibs Schlupfwinkel. Studenten und Dozenten kamen aus ihren Unterkünften, sie wurden von Kugeln begrüßt und Jod befleckte den Rasen … Und während wir durch die Straßen der Stadt fuhren, sah Shaheed aus Fenstern und sah Dinge, die nicht wahr waren, nicht wahr sein konnten: Soldaten drangen ohne zu klopfen in Frauenunterkünfte ein; Frauen wurden auf die Straßen gezerrt, und auch in sie drang man ein, und wiederum machte sich niemand die Mühe zu klopfen …«

Viele meiner bengalischen Freunde waren verschwunden. Überall herrschte Chaos. Einige von uns Westpakistanern organisierten in Großbritannien und den Vereinigten Staaten Proteste gegen das brutale Vorgehen. Aijaz Ahmed, Feroz Ahmed, Eqbal Ahmed und ich schrieben, sprachen und flehten um Unterstützung – aber der Westen schwieg. Nixon berief Kissinger zu sich (oder vielleicht umgekehrt) »um Pakistan entgegenzukommen«. Peking neigte sich in die gleiche Richtung. Als der Krieg seinen Höhepunkt erreichte, fanden Millionen Flüchtlinge für eine Übergangsfrist Unterschlupf in der indischen Provinz Westbengalen. Schließlich überschritt die indische Armee die Grenze und besiegte ihre pakistanischen Gegner. General Niazi ergab sich. Er wollte nicht kämpfen. Damit traf er eine kluge Entscheidung. Viel

---

* Salman Rushdie: *Mitternachtskinder*, München, 1995, S. 486f.

zu viel Blut war bereits vergossen worden. Die indischen Truppen wurden von den Bengalis als Befreier empfangen. Pakistan war gestorben.

Bangladesch war geboren. Dieses Ereignis hatte ausgereicht, um mich dem »neuen« Pakistan zu entfremden. In der Vergangenheit hatte man »nur« gegen die Führungsschicht gekämpft, diesmal aber war ein Großteil der Bevölkerung von einem abstoßenden Chauvinismus infiziert. Weniger die Belutschen oder die Paschtunen, als vielmehr die Bewohner des Punjab und teilweise auch des Sindh.

Das Versäumnis der Punjabis, gegen die in ihrem Namen begangenen Verbrechen zu protestieren, machte sie zu Mittätern. Sicher, manche hatten Angst, aber warum eigentlich, wo sie doch erst kurz zuvor Berge versetzt, der Furcht getrotzt und eine Diktatur gestürzt hatten? Etwas anderes steckte dahinter. Bhutto. Da sie während der Unruhen auf seiner Seite gestanden und ihm ihre Stimme gegeben hatten, konnten sie ihn jetzt nicht im Stich lassen. Sie glaubten, dass er richtig handelte, und deshalb schwiegen sie. Diesmal traf ich die Entscheidung, mich von ihnen fern zu halten. Das Blutvergießen in Bengalen trennte uns.

Pakistan wird diese Verbrechen eingestehen und sich dafür bei dem Volk von Bangladesch entschuldigen müssen. Und zwar in erster Linie um seiner selbst willen. Die offizielle pakistanische Geschichtsschreibung verbreitet nach wie vor Lügen. Indien, so heißt es, habe beschlossen, Pakistan auseinander zu reißen. Das ist falsch. Es war die pakistanische Armee gewesen, die mit dem Rückhalt der Bürokratie und der Mehrheit der People's Party (der Pakistanischen Volkspartei) unter Zulfikar Ali Bhutto den Krieg begonnen und verloren hatte. Es war ihr nicht gelungen, mit dem »rein muslimischen Sperma« des punjabischen Militärs »rein muslimische Gene« zu implantieren.

Bhutto bekam, was er wollte. Er wurde der Führer eines verunstalteten Landes, der seinen Anhängern viel versprach, aber herzlich wenig hielt.* Als die Vereinigten Staaten beschlossen, ihn fallen zu lassen, bedienten sie sich selbstverständlich der Armee. Bhutto, ein schlechter Menschenkenner und empfänglich für Schmeicheleien, hatte General Zia ul-Haq gegenüber vier anderen Generälen den Vorzug gegeben. Er glaubte, Zia in die Tasche stecken zu können. Doch Zia hatte seine Offiziersausbildung in Fort Bragg erhalten, und seine Loyalitäten gingen über nationale Grenzen weit hinaus. Seine Courage hatte er bereits im September 1970 unter Beweis gestellt, als er dem palästinensischen Widerstand in Jordanien mit einem bewaffneten Angriff eine schwere Niederlage bereitete. Hinter der Operation zur Rettung Husseins von Jordanien steckten die Vereinigten Staaten und Israel. Der Brigadegeneral Zia ul-Haq hatte seinerzeit die islamische Sache nicht gerade als sein Herzensanliegen betrachtet. Sieben Jahre später übernahm er in Pakistan die Macht; er stürzte Bhutto, der verhaftet und wegen Mordes zum Tod verurteilt wurde. Über Nacht wurde Bhutto wieder populär. Nachdem ihn das Gericht gegen eine Kaution auf freien Fuß gesetzt hatte, floh der entmachtete Politiker nach Lahore, um sich mit Freunden zu beraten. Als sein Flugzeug landete, säumten Hunderttausende die Straßen, um seine Freilassung zu bejubeln. Diese Sympathiebekundung sollte ihm zum Verhängnis werden.** Zia wusste, dass Bhutto, falls er am Leben bliebe, eines Tages wieder an die Macht zurückkäme. Einer von ihnen musste also sterben.

Zias Militärdiktatur, auch diesmal von den Vereinigten Staaten unterstützt, war die schlimmste Zeit in der Geschichte des Lan-

---

* Das alte und das neue Pakistan behandle ich ausführlich in meinen beiden Büchern *Pakistan: Military Rule or People's Power?*, 1971, und *Can Pakistan Survive?*, 1983.

** Bhutto war über dieses Wohlwollen erschüttert und gerührt. Während eines gemeinsamen Abendessens sagte er zu meinem Vater, wie demütigend dieses Erlebnis für ihn gewesen war: »Nach allem, was ich ihnen angetan habe, halten sie immer noch zu mir.«

des. Zias Männer waren beschränkt, taub und herzlos. Das neue Regime benutzte den Islam als Rammbock, und seine bärtigen Unterstützer waren vielfach unglaublich dumm und opportunistisch bis ins Mark. Sie verknüpften Religion mit schnödester Gottlosigkeit. Unter Zias Herrschaft wurde eine ganze Generation durch Despotismus und Lügen in ihrer Existenz getroffen. Die islamischen Strafen wurden eingeführt, öffentliches Auspeitschen und Hinrichtung durch den Strick gesetzlich verankert. Die politische Kultur Pakistans verrohte und hat sich bis heute nicht erholt. Washington und London sahen tatenlos zu, als der gewählte politische Führer des Landes hingerichtet wurde. Die atomare Aufrüstung ging weiter, aber Washington nahm keine Notiz, weil mittlerweile Afghanistans moskaufreundliche Linke in Kabul die Macht übernommen hatte.

Der Kalte Krieg hatte inzwischen das Pamir-Gebirge erreicht. Die Verlockung, Moskau zu provozieren und zu isolieren, war zu stark. Ein niederträchtiger Militärdiktator wurde zum Instrument dieser Kampagne. Alles andere wurde diesem einen Ziel untergeordnet. Um die Sowjetunion schließlich zu besiegen, mussten zwei Länder – Pakistan und Afghanistan – zugrunde gehen. Der fundamentalistische Islam und die Abhängigkeit vom Heroin nahm im gleichen Maße mit rasanter Geschwindigkeit zu.

1988, im zehnten Jahr seiner Herrschaft, tat Zia kund, dass er nicht die Absicht habe abzutreten. Im darauf folgenden Jahr fiel er einem Anschlag zum Opfer. Ein nach strengen Sicherheitserfordernissen gebautes Flugzeug, in dem er saß, explodierte in der Luft. Außer Zia wurde ein weiterer General sowie der US-Botschafter Arnold Raphael getötet. Wer hat Zia getötet? Seine Frau pflegte Besuchern zu sagen, Zia sei »von unserem eigenen Volk ermordet« worden, was nichts anderes hieß, als dass das Militär darin verwickelt war. Die Untersuchungen blieben erfolglos. Weder der amerikanische noch der pakistanische Geheimdienst konnten den Anschlag jemals aufklären.

In Pakistan herrschte nach Zias Ermordung stürmischer Jubel. Zias Anhänger und die von ihm unterstützten islamistischen Gruppen wurden verboten. In zahlreichen Städten wurden zur Feier des Tages Bonbons verteilt. Zias Nachfolger wurde gezwungen, allgemeine Wahlen auszurufen. Benazir Bhutto und die People's Party hatten unterdessen bereits eine Bewegung gegen die Diktatur ins Leben gerufen, und Benazir war erneut verhaftet worden. Jetzt schlossen sich die Massen ihrer Bewegung an. Ihr Gegenspieler Nawaz Sharif war ein Geschöpf der früheren Militärdiktatur. Sehr zum Ärger des militärischen Oberkommandos gewann Benazir Bhutto die Wahlen und wurde Premierministerin, doch das Militär auf der einen und eine feindselige Bürokratie auf der anderen Seite legten ihr Steine in den Weg. Staatspräsident wurde der Mann, der die Hinrichtung ihres Vaters mit betrieben hatte. In der wichtigen Provinz Punjab hatte Nawaz Sharif gewonnen. Die Mullahs protestierten lauthals, und im eigenen Lager war Benazir Bhutto von mittelmäßigen und opportunistischen Karrieristen unterschiedlichster Prägung umgeben. Wenige Jahre später wurde ihre handlungsunfähige Regierung abgesetzt und Nawaz Sharif mit Hilfe der Bürokratie die Macht übertragen. Die Rivalitäten zwischen Bhuttos Tochter Benazir und Muhammad Sharifs Sohn Nawaz haben tiefe Wurzeln.

Seit 1947 war Lahore die Heimatstadt der Familie Sharif gewesen. Sie hatten als Schmiede im östlichen Punjab (im heutigen Indien) gelebt und in der neuen Heimat der Muslime Zuflucht gefunden. Sie waren fleißig, und ihre Gießerei florierte. Als Unternehmer waren sie an Politik nicht interessiert. Eines Tages im Jahr 1972 riet man Benazirs Vater Zulfikar Ali Bhutto, die Fabrik der Familie Sharif zu verstaatlichen. Eine wirtschaftlich falsche Entscheidung, die aber den Loyalisten in der Partei entgegenkam und davon ablenkte, dass Bhutto die dringend benötigten Landreformen nicht durchgeführt hatte. Die Grundbesitzer unterstützten nur allzu gern die nicht durchdachte Verstaatlichung großer und kleiner Industrien. Eine der Folgen dieser Maßnahme war die lebenslange Feindschaft zwischen dem Familienoberhaupt Muhammad Sharif und Bhutto. Als General Zia im Juli 1977 die Macht übernahm, applaudierte der Sharif-Clan. Und er dankte Allah dafür, dass er ihre Gebete erhört hatte, als Zia nach einem manipulierten Gerichtsprozess Bhuttos Hinrichtung anordnete.

Nawaz Sharif wurde General Zias Schützling und gelangte als eher unbeholfener Mitarbeiter im schmutzigen Dienst des Geheimdienstes Inter Services Intelligence (ISI), der mächtigsten Institution des Landes, in die Politik. Nach Benazirs erster Amtsenthebung wurde er Premierminister. Sein Bruder Shahbaz Sharif, der kluge Kopf der Familie, hatte das Nachsehen. Aber auch die Regierung von Nawaz Sharif war nicht von langer Dauer. Mit großer Mehrheit wurde Benazir wieder gewählt. Diesmal gab es keine Entschuldigungen. Sie hätte die so dringend nötigen Reformen durchsetzen können. Aber stattdessen versank die Regierung im Morast der Korruption.

Als ich 1997 Pakistan besuchte, herrschte eine trügerische Ruhe. Während ich mit meiner Mutter in deren Lieblingsrestaurant in Islamabad zu Mittag aß, stand ein jovialer Herr mit Schnurrbart vom Nachbartisch auf und begrüßte uns. Seine Frau Benazir Bhutto befand sich auf Staatsbesuch im Ausland. Er musste sich um die Kinder kümmern und war mit ihnen essen gegangen, um sie ein wenig zu verwöhnen. Wir tauschten Höflichkeiten aus. Ich fragte, wie die Dinge im Land stünden. »Ausgezeichnet«, antwortete er mit einem charmanten Grinsen. »Alles in Ordnung.« Er hätte es besser wissen müssen.

Hinter verschlossenen Türen war in der Hauptstadt Islamabad unterdessen eine Palastrevolution im Gange. Benazir Bhutto sollte genüsslich verraten werden. Nach geheimen Konsultationen mit der Armee und den Führern der Opposition schickte sich der von ihr persönlich ausgesuchte Präsident Farooq Leghari an, ihre Regierung zu entlassen. Bei einem Essen in derselben Woche zeigte sich ein alter Bekannter von mir, inzwischen hoher Staatsbeamter und ein begeisterter Anhänger Benazir Bhuttos, in einem Zustand höchster Verzweiflung. Er schilderte, wie sich der Präsident vergeblich bemüht hatte, die Krise zu entschärfen, indem er die Premierministerin um ein Treffen bat. Benazir erschien – typisch für sie – mit ihrem Ehemann, Senator Asif Zardari, dem Staatsminister für Investitionen. Das ärgerte Leghari, denn eines der Themen, die er mit Benazir hatte besprechen wollen, war die ungeheure Raffgier ihres Mannes. Dennoch gelang es ihm, Ruhe zu bewahren, und er versuchte, der Premierministerin und ihrem Mann klar zu machen, dass es nicht nur ihre alten politischen Feinde oder irgendwelche Dummköpfe waren, die entschiedene Maßnahmen forderten. Das Ausmaß der Korruption und der Niedergang der Staatsführung waren zu einem nationalen Skandal geworden. Als Staatspräsident stand er unter dem Druck der Armee und gewisser gesellschaftlicher Kreise, die von ihm verlangten, gegen die Regierung Benazir Bhuttos vorzugehen. Um ihnen Widerstand entgegensetzen zu können, brauchte er die Unterstützung der Premierministerin. Er bat sie inständig, ihren Ehemann und die anderen Minister, die über die Stränge schlugen, zur Ordnung zu rufen. Verbissen darauf bedacht, seine eigenen Pfründe zu verteidigen, grinste Zardari nur und höhnte, keiner in Pakistan, auch nicht Leghari, habe eine reine Weste. Die unausgesprochene Drohung war unmissverständlich: Wehe, du tust uns etwas, dann bringen wir dich zur Strecke.

Leghari fühlte die Würde seines Amtes beschädigt. Zitternd vor Wut, forderte er den Minister für Investitionen auf, den Raum zu verlassen. Benazir nickte, und Zardari ging. Allein mit seiner Premierministerin und einem vertrauenswürdigen Mitarbeiter beschwor er sie noch einmal, ihren umtriebigen Gatten zu bremsen. Sie aber lächelte nur gönnerhaft und erteilte ihrem Präsidenten eine kleine Lektion darüber, wie sehr sie Loyalität schätze. Jene, die sich beschwerten, meinte sie, seien doch nur neidisch auf den Geschäftssinn ihres Mannes. Sie seien berufsmäßige Jammerer, Ewiggestrige und Gauner, die es übel nahmen, dass man sie bei der Zuteilung von Spitzenämtern übergangen hatte. Sie machte keinerlei Zugeständnisse.

An pakistanischen Maßstäben gemessen war Leghari ein ehrbarer, aufrichtiger Mann. Benazir hatte ihn nur deshalb zum Präsidenten gemacht, weil sie glaubte, er besitze keinen Ehrgeiz und würde sich ihrem Willen fügen. Er sei, dachte sie, ein treues Hündchen. Enttäuschten Amtsanwärtern sagte sie: »Er ist vielleicht nicht besonders intelligent. Er ist etwas einfältig, aber er hat das Herz am rechten Fleck.«

Bei einem kurzen Gespräch im Januar 1999 vertraute mir Leghari an, dieses Treffen – das letzte von vielen – sei für ihn ausschlaggebend gewesen. Seine Geduld war am Ende. Er wollte ihre Exzesse nicht mehr länger dulden müssen. Wenn sie weiterhin im Amt bliebe, so seine Angst, würde die Armee einschreiten und zum vierten Mal in der wechselvollen Geschichte des Landes die Demokratie abschaffen. Widerstrebend beschloss er daher, den verhassten Achten Verfassungszusatz zu nutzen (ein Geschenk des Diktators und Generals Zia ul-Haq an das Volk, das dem Präsidenten die Vollmacht erteilte, die gewählte Regierung zu entlassen), und löste die Regierung auf. Binnen neunzig Tagen mussten neue Wahlen abgehalten werden.

Der Hauptvorwurf gegen Benazir Bhutto und ihren Mann lautete auf Bestechung. Ihnen wurde vorgehalten, das Amt des Premierministers genutzt zu haben, um ein großes Privatvermögen anzuhäufen und ihr Geld ins Ausland geschafft zu haben. Es heißt, der Wert dieses unerwarteten Geldsegens belaufe sich auf eine Millarde Dollar.

Unmittelbar nach Benazir Bhuttos Sturz wurde Zardari verhaftet. Noch heute sitzt er in einem Gefängnis in Karachi. Ihm werden eine Reihe von Straftaten zur Last gelegt, für die aber die

Staatsanwälte erst noch Beweise finden müssen, die vor einem pakistanischen Gericht Bestand haben, wo die Beweisanforderungen außerordentlich niedrig sind. Ferner muss der Staat einen glaubwürdigen Zeugen finden. Zardari verfügt nach wie vor über loyale Geschäftspartner und -freunde. Einer von ihnen, der Vorsitzende von Pakistan Steel, beging lieber Selbstmord, als gegen seinen ehemaligen Chef vor Gericht auszusagen.

Einige von Benazirs engsten Anhängern – die gibt es tatsächlich – beharren darauf, dass ihr politisches Ansehen von ihrem Mann verschlissen worden sei, diesem Betrüger und Schwindler, Tunichtgut und Schürzenjäger und was sonst noch alles. Vor wenigen Wochen versuchte Benazir bei einer Ansprache vor freundlich gesinnten Zuhörern eines Seminars in Islamabad, den ehemaligen Minister für Investitionen in Schutz zu nehmen. Viele verstünden ihn falsch, sagte sie. Doch noch bevor sie weitersprechen konnte, schüttelten die Zuhörer missbilligend den Kopf und riefen: »Nein! Nein! Nein!« Benazir hielt inne und meinte gequält: »Warum reagieren bloß alle immer so, wenn ich auf ihn zu sprechen komme?« Entweder war die Frage nicht ernst gemeint, oder Liebe macht blind.

Ich bezweifle, ob Zardari der einzige Grund für Benazir Bhuttos mangelnde Popularität war. Ihre Regierung tat wenig für die Armen in Stadt und Land, die doch von Natur aus die eigentlichen Anhänger ihrer People's Party sind. Ein Großteil der Minister auf Landes- und Provinzebene waren derart damit beschäftigt, die eigenen Taschen zu füllen, dass sie gar nicht merkten, wie sehr die Kinder hungerten und unter mangelhafter Ernährung litten. Die Säuglingssterblichkeit blieb in Benazir Bhuttos Amtszeit unverändert hoch.

Benazir, umgeben von Opportunisten und Karrieristen, hatte sich von ihren Wählern entfernt und war unempfänglich geworden für deren Bedürfnisse. Nach ihrer Amtsenthebung erlitt ihre People's Party in den Parlamentswahlen eine demütigende Niederlage. Die pakistanische Wählerschaft kann zwar zum größten Teil weder lesen noch schreiben, aber ihr politisches Gespür ist unbestritten. Enttäuschung hatte sich breit gemacht und zu Apathie und Verdrossenheit geführt. Benazirs Anhänger gaben ihrer Partei zwar nicht mehr ihre Stimme, aber sie konnten sich auch nicht überwinden, den politischen Gegner zu wählen. Folglich blieben sie zu Hause. Die überwiegende Mehrheit ihrer Stimmen ging auf die Muslim-Liga über (sie erhielt mehr als zwei Drittel der Sitze in der Nationalversammlung), die eine Minderheitsregierung bildete. Weniger als dreißig Prozent der Wahlberechtigten ging zu den Urnen.

Die Sharifs waren zurück an der Macht. Diesmal wurde Nawaz Premierminister und sein Bruder Shahbaz Chief Minister des Punjab. Ihr Abaji (»lieber Vater«) Muhammad Sharif, ein seniler alter Mann, vertrieb sich die Zeit, indem er auf der Ernennung alter Freunde zu Botschaftern bestand und sogar den Staatspräsidenten seiner Wahl bestimmte: einen bärtigen Einfaltspinsel namens Rafiq Tarrar, ein Faktotum Abajis. Was Tarrar gefährlich machte, war seine unverhohlene Sympathie für eine fundamentalistische muslimische Sekte, die Ahl-i-Hadith, die über einen bewaffneten Arm verfügt.

Shahbaz Sharif wurde in der Öffentlichkeit als der intellektuell anspruchsvollere Politiker wahrgenommen. Die amerikanische Botschaft organisierte für ihn eine Reise nach Washington und eine Begegnung mit der Sicherheitsberaterin Clintons, Sandy Berger, im Weißen Haus. Es war ein offenes Geheimnis, dass Washington die Brüder am liebsten austauschen, Shahbaz zum Premierminister machen und Nawaz wieder in sein altes Amt nach Lahore zurückschicken wollte. Aber Abaji war für diesen Plan nicht zu gewinnen.

Nachdem die Brüder Sharif aus den letzten Wahlen als Sieger hervorgingen, hat sich wenig geändert, was ohnehin nur wenige erwartet hatten. Die Korruption, deren Tentakel auf alle Ebenen des Regierungsapparats übergreifen, ist so sehr verbreitet, dass Wirtschaftsfachleute von Weltbank und Internationalem Währungsfonds, die das Land besuchen, von deren Ausmaßen regelrecht traumatisiert sind. Geistreiche Pakistanis zeigen sich verwirrt, wenn sie hören, dass Nigeria auf der Weltrangliste der korruptesten Länder ganz oben steht. »Nicht einmal auf diesem Gebiet«, sagen sie und vergießen Krokodilstränen, »schaffen wir einen Spitzenplatz. Warum haben wir nicht die Firma bestochen, die die Statistik erstellt hat?«

Unter Führung der Politiker beutete die Elite weiterhin die Reichtümer des Landes aus. Benazirs Bande hatte ihre Chance gehabt, jetzt waren wieder die Brüder Sharif an der Reihe. Weniger als ein Prozent der Bevölkerung zahlte Einkommensteuer. Die Politiker, darunter viele Grundbesitzer, weigerten sich, sich für eine ernst zu nehmende Agrarsteuer einzusetzen. Staatliche Banken wurden auf schamlose Weise geplündert und von aufeinander folgenden Regierungen gezwungen, Politikern, Grundbesitzern und Geschäftsleuten Kredite zu gewähren. Die Rückzahlungen blieben allerdings aus und wurden auch nicht unter Druck zurückgefordert. Diese nie zurückgezahlten Bankanleihen beliefen sich auf insgesamt 200 Milliarden Rupien (ca. 56 Rupien = 1 Euro), was etwa 70 Prozent der gesamten Staatseinkünfte entspricht. Mit Auslandsschulden von 42 Milliarden Dollar und Inlandsschulden von 70 Milliarden Dollar – insgesamt 50 Milliarden mehr als das Bruttoinlandsprodukt des Landes – ging Pakistan ins neue Jahrtausend.

Und dabei verkommt das Land immer weiter. Ein Staat, der seinen Bürgern noch nie kostenlose Schulbildung und Gesundheitsfürsorge hat gewähren können, ist jetzt nicht einmal mehr in der Lage, Weizen, Reis und Zucker zu subventionieren und die willkürliche Ermordung unschuldiger Menschen zu verhindern. Karachi, die größte Stadt des Landes, befindet sich seit zehn Jahren praktisch im Bürgerkrieg. Auf der einen Seite stehen die Kinder der Flüchtlinge, die 1947 aus Indien in die neue Heimat kamen. Ihre Organisation, die MQM (Muhajir Quami Mahaz oder Nationale Flüchtlingsorganisation), hat einen Krieg gegen die einheimischen Sindhis und gegen die Regierung entfesselt. In bewaffneten Auseinandersetzungen starben auf beiden Seiten bisher mehrere tausend Menschen.

Unter diesen Bedingungen muss jeder selbst sehen, wo er bleibt. Die Selbstmordrate steigt stetig an, und Frauen und Männer verlieren durch Armut den Verstand und sehen sich nicht mehr in der Lage, für ihre Kinder zu sorgen. Im Januar 1999 übergoss sich ein Transportarbeiter, der seit zwei Jahren keinen Lohn mehr erhalten hatte, vor dem Presseclub in Haiderabad mit Benzin und zündete sich an. Er hinterließ einen Brief folgenden Inhalts:

»Meine Geduld ist am Ende. Ich und meine Kollegen demonstrieren schon lange, weil man uns keinen Lohn bezahlt. Aber das kümmert niemanden. Meine Frau und meine Mutter sind schwer krank, und mir fehlt das Geld, sie behandeln zu lassen. Meine Familie verhungert. Ich habe es satt, mich weiter herumzustreiten. Ich habe kein Lebensrecht. Eines Tages werden die Flammen, die mich verbrennen, auch die Häuser der Reichen erreichen.«

Dies war das Resultat einer Politik, die durch und durch korrupt war, und der Staat kam nicht einmal seiner ureigensten Aufgabe nach, die Grundbedürfnisse der Bevölkerung zu befriedigen. Und es war das Resultat der fundamentalistischen neoliberalen Wirtschaftsdiktate von IWF und Weltbank, die dem politischen Islam seinen Spielraum verschafften.

In mehreren aufeinander folgenden Parlamentswahlen stimmte das pakistanische Volk gegen radikale religiöse Parteien. Die Wähler gaben proportional gesehen religiösen Fundamentalisten weit weniger Stimmen als beispielsweise die israelischen Wähler. Die Kraft des religiösen Extremismus beruht bis zum heutigen Tag in sehr viel größerem Maß auf staatlicher Förderung, als dass er im Volk verankert wäre. Die Gruppen, die gegenwärtig das Land lähmen, sind die Erben von General Zia ul-Haq, dem die Vereinigten Staaten und Großbritannien während der elf Jahre seiner Diktatur politische, militärische und finanzielle Unterstützung gewährten. Der Westen brauchte Zia, um seinen antisowjetischen Krieg in Afghanistan zu führen. Alles andere war unwichtig. Der CIA drückte ein Auge zu, wenn es um den Heroinhandel ging, mit dem vermeintlich der Krieg in Afghanistan finanziert wurde. Die Zahl der offiziell registrierten Heroinabhängigen in Pakistan stieg von 130 im Jahr 1977 auf 30 000 im Jahr 1988.

In diesem Zeitraum (1977–89) wurden im ganzen Land Medresen (religiöse Internatsschulen) gegründet. Sie wurden anfangs aus dem Ausland und aus den verschiedensten Quellen finanziert und entwickelten sich zur Ausbildungsstätte eines neuen Typus von religiösem »Schüler«. Da Unterkunft und Essen kostenlos waren, stellten diese Schulen nicht nur für die Kinder der armen afghanischen Flüchtlinge die einzige Möglichkeit dar, eine Ausbildung zu erhalten. Auch arme Bauernfamilien waren überglücklich, einen Sohn in die Medrese schicken zu können. Damit war ein hungriges Familienmitglied weniger zu versorgen; der Junge erhielt eine Schulbildung und würde später vielleicht eine Arbeit in der Stadt oder – wenn er Glück hatte – in einem der Golfstaaten finden.

Diesen Kindern brachte man nicht nur Koran-Verse bei, die sie stur auswendig lernen mussten, sondern schärfte ihnen auch ein, ein Gott geweihtes Leben zu führen und alle Zweifel beiseite zu schieben. Die einzige Wahrheit war die göttliche Wahrheit, und der einzig gültige Verhaltenskodex waren der Koran und die Überlieferung des Propheten. Was zählte, war allein bedingungsloser Gehorsam. Wer sich dem Imam widersetzte, begehrte gegen Allah auf. Diese Medresen waren Stätten, in denen Fanatiker herangezüchtet wurden. In den Lehrbüchern hieß es zum Beispiel, der Urdu-Buchstabe *jeem* stehe für Dschihad, *tay* für *tope* (Kanone), *kaaf* für Kalaschnikow und *khay* für *khoon* (Blut).

Älteren Schülern wurde der Umgang mit modernsten Handfeuerwaffen beigebracht, man zeigte ihnen, wie Bomben gebaut und gelegt werden. Agenten des pakistanischen Geheimdienstes trainierten die Schüler und überwachten die Ausbildung. Sie suchten sich die tüchtigeren Schüler oder *taliban* aus, die später in geheime militärische Lager geschickt wurden und dort eine Spezialausbildung erhielten, um den »heiligen Krieg« gegen die Ungläubigen in Afghanistan zu führen.

Die Dschamaat-al-Islamija hatte während der Zia-Diktatur an Einfluss gewonnen. Ihre Führer mutmaßten, dass sie die Schulen leiten würden. Diese Vereinigung hatte sich schon immer ihrer Kaderorganisation gerühmt, die sich an das »leninistische Modell« der Untergrundzellen anlehnte. Sie war keine Partei der Massen, aber vielleicht lag das daran, dass sie von den Massen gemieden wurde. Jetzt hielten ihre Führer die Zeit für gekommen, und sie wollten die Schulen in ihre Hand nehmen. Die Schüler betrachten sie bereits als potenzielle Parteimitglieder, aber sie sollten enttäuscht werden. Neue Probleme tauchten auf. Da genügend Dollars im Umlauf waren, traten alle möglichen islamischen Gruppen auf den Plan und wetteiferten um die Führung dieser Schulen und um die Aufteilung der Beute. Der pakistanische Geheimdienst wurde zum Schiedsrichter religionsinterner Streitigkeiten und begünstigte die eine gegenüber der anderen Gruppe.

Eine Zeit lang nahm der Krieg in Afghanistan die ganze Kraft dieser religiösen Gruppen in Anspruch. Als er zu Ende war, weigerte sich der pakistanische Staat, in Afghanistan eine Koalitionsregierung anzuerkennen. Es war die Regierung Benazir Bhuttos, die – unterstützt von Kommandoeinheiten der pakistanischen Armee – die Taliban losschickte, Kabul einzunehmen. Aus Angst vor einem iranischen Einfluss in der Region hatten die Vereinigten Staaten dieses Vorhaben unterstützt.

Die Saat von 2500 Medresen war aufgegangen und hatte 225 000 Fanatiker hervorgebracht, die bereit waren zu töten und für ihren Glauben zu sterben, wenn es ihre religiösen Führer befahlen. General Naseerullah Babar – während Benazir Bhuttos zweiter Amtszeit Innenminister – sagte gegenüber Freunden, da die Taliban zu einer Bedrohung der inneren Sicherheit Pakistans geworden seien, müsse man den Extremisten ein eigenes Land geben, um das Problem zu lösen. Eine seinerzeit arglose Argumentation, aber im Licht der Ereignisse der letzten Jahre betrachtet, hat es Babar verdient, als Kriegsverbrecher vor Gericht gestellt zu werden.

Mit dem Zusammenbruch der Sowjetunion war auch der Kalte Krieg zu Ende; auf allen Kontinenten blieben verwaiste Staaten zurück. Die Auswirkung auf Pakistan war verheerend. Da die fundamentalistischen Gruppen ihren Zweck erfüllt hatten, verspürten die Vereinigten Staaten auch nicht länger die Notwendigkeit, ihnen mit Geld und Waffen unter die Arme zu greifen, was niemanden überraschte. Beinahe über Nacht wurden daraufhin die Fundamentalisten zu erbitterten Gegnern Amerikas und begannen, von Rache zu träumen. Pakistans politische und militärische Führung, die den Vereinigten Staaten seit 1951 in unerschütterlicher Treue gedient hatte, fühlte sich durch die Gleichgültigkeit Washingtons gedemütigt. Ein ehemaliger General fasste es kurz und prägnant zusammen: »Pakistan war das Kondom, das die Amerikaner gebraucht hatten, um in Afghanistan einzudringen. Wir haben unseren Zweck erfüllt, und sie glauben, sie könnten uns jetzt einfach die Toilette hinunterspülen.«

Die pakistanische Armee – ein verzogener Fratz des Pentagon in Asien – gab sich nicht damit zufrieden, auf den Status Kuwaits herabgewürdigt zu werden. Um die Aufmerksamkeit wieder auf sich zu lenken, setzte Pakistan auf die nukleare Karte. Der gewünschte Effekt blieb nicht aus. Pakistan steht im amerikanischen Außenministerium nun wieder weiter oben auf der Liste mit den wichtigen Ländern. Am 29. November 1998 versuchte Außenminister Sartaj Aziz die westliche Öffentlichkeit zu beruhigen: »Ich sehe keine Gefahr, dass es zwischen Pakistan und Indien zu einem versehentlichen Atomkrieg kommen könnte ... Pakistan verfügt über ein wirksames Kontroll- und Kommandosystem.« Wissenschaftlich gesehen ist das purer Unsinn, aber wenn man die Äußerung ernst nimmt, schließt sich sogleich eine politische Frage an: Was aber, wenn unsere Albträume Wirklichkeit werden und die radikalen Islamisten die Führung der pakistanischen Armee übernehmen? Jeder pakistanische Politiker dürfte sich dieser Gefahr bewusst sein. Nawaz Sharifs plumper Versuch, dieser Gefahr zu begegnen, bestand darin, dass er sich Elemente des politischen Islam zu Eigen machte. Er musste zwangsläufig scheitern.

Das Paradoxe an der gegenwärtigen Situation ist die Rolle, die die Religion auf einmal spielt. Die lange Tradition des mystischen Sufismus mit seiner Betonung der individuellen Gemeinschaft mit dem Schöpfer und seiner Feindseligkeit gegenüber Predigern war auf dem Land tief verwurzelt. Die festlichen Zusammenkünfte, die seit Jahrhunderten an den Gräbern der alten sufischen Heiligen gefeiert wurden, wo gesungen, getanzt, getrunken, *bhang* inhaliert wurde und man sich nach Herzenslust paarte, wurden von General Zia untersagt, und damit wurde das Volk seiner einfachsten Vergnügungen beraubt.

Der religiöse Extremismus entstand in Pakistan jedoch keineswegs aus dem Nichts. Er wurde von Washington gebilligt, mit den Petrodollars der Saudis finanziert und von General Zia hochgepäppelt. Dass die Gruppen, die in den vergangenen fünf Jahren wie Pilze aus dem Boden schossen, in ihrem Wesenskern krank und selbstzerstörerisch sind, lässt sich kaum leugnen. Neunzig Prozent der pakistanischen Muslime sind Sunniten, die übrigen vorwiegend Schiiten. Die Sunniten folgen wiederum zwei großen Glaubensrichtungen: Die Deobandi sind Vertreter der Orthodoxie, die Barelvi Vertreter eines eher lokal definierten und ausgeprägten Islam. Viele Jahre lang gab es heftige Wortgefechte, die von Mullahs und Religionsgelehrten in aller Öffentlichkeit ausgetragen wurden. Aber das gehört der Vergangenheit an. Heute beansprucht jede dieser Gruppen den Islam für sich allein, moralisch wie politisch. Streitigkeiten werden nicht mehr durch Diskussion geregelt, sondern mit Maschinengewehren und Massakern. Es gibt Splittergruppen der Deobandi, die fordern, dass die Schiiten als Häretiker gebrandmarkt und liquidiert werden. Seit drei Jahren herrscht zwischen den Sekten ein Bürgerkrieg. Die sunnitischen Sipah-i-Sahaba (Soldaten der ersten vier Kalifen) haben schiitische Moscheen in Lahore überfallen und die Gläubigen während des Gebets niedergemetzelt. Die Schiiten zahlten es ihnen mit gleicher Münze heim. Sie formierten sich mit Unterstützung des Iran zu den Sipah-i-Muhammad (Soldaten Muhammads) und übten grausame Vergeltung. Bei diesen Massakern starben bisher mehrere hundert Menschen, hauptsächlich Schiiten.

Im Januar 1999 brachte eine Gruppe der Taliban mehrere Dörfer im Bezirk Hangu in der Nordwest-Grenzprovinz Pakistans in ihre Gewalt. Sie erklärten, das Gebiet unterstünde nun den »islamischen Gesetzen«, und begannen umgehend, die öffentliche Zerstörung von Fernsehgeräten und Parabolantennen im Dorf Zargari zu organisieren. Später verbrannten sie auf dem Dorfplatz von Lukki 3000 Video- und Audiokassetten »obszönen« Inhalts.

Der Anführer der Bewegung, Hussain Jalali, möchte das afghanische Modell auf Pakistan übertragen. Nach einer öffentlichen Verbrennung von Fernsehgeräten erklärte er: »Dieben werden

Hände und Füße abgeschlagen und alle Verbrecher nach den islamischen Gesetzen vor Gericht gestellt …«

»Was können wir machen?«, fragte mich ein Anhänger der Sharif-Brüder händeringend. »Die Kerle sind alle bewaffnet!«

Ich wies darauf hin, dass einige dieser Kerle von der Regierung mit Waffen ausgerüstet worden seien, um im benachbarten Kashmir Unruhe zu stiften, dass aber auch unsere riesige Armee bewaffnet sei. Warum, so fragte ich, hat man nicht der Armee befohlen, diese Gruppen zu entwaffnen? Hier endete das Gespräch. Denn es ist kein Geheimnis, dass die Armee auf allen Ebenen von Fundamentalisten unterwandert ist. Was sie von den religiösen Gruppen alten Stils unterscheidet, ist, dass sie die Macht im Staat wollen, und dazu brauchen sie die Armee.

Tatsächlich ist eine der gefährlichsten dieser religiösen Gruppen das Geschöpf des pakistanischen Geheimdienstes ISI. Ihr politischer Flügel, die Ahl-i-Hadith, möchte das saudische Modell auf Pakistan übertragen, allerdings nicht die Monarchie. Ihre Anhänger und Moscheen sind auf der ganzen Welt verstreut, unter anderem in Großbritannien und den Vereinigten Staaten. Ihr Ziel ist es, Kader und Geld für den weltweiten »Dschihad« zu beschaffen.

Diese Gruppe ist die orthodoxeste sunnitische Sekte. Auch wenn sie eine Minderheit darstellt, so zählt doch der Staatspräsident zu ihren Anhängern, und ihre Versammlungen werden von Staatsministern besucht. Seinerzeit hatte diese Sekte ein Büro in Lahore, Chamberlaine Road 5. Ich war drauf und dran, sie aufzusuchen und zu interviewen, aber der Anblick von dreißig schwer bewaffneten Wachposten brachte mich davon ab.

Ihr bewaffneter Arm, die Lashkar-i-Taiba (Soldaten von Medina) wären ohne den Rückhalt in der Armee nicht überlebensfähig. Diese Gruppe verfügt über 50 000 militante Anhänger und spielt vor allem bei der »Befreiung« Indisch-Kashmirs eine wichtige Rolle. Ihre Mitglieder werden von der pakistanischen Armee in acht Ausbildungscamps trainiert und von Saudi-Arabien und der pakistanischen Regierung finanziell unterstützt. Für den heiligen Krieg rekrutieren sie Halbwüchsige aus armen Familien. In Kashmir sind bereits mehrere hundert ihrer Mitglieder ums Leben gekommen. 50 000 Rupien (ca. 950 Euro) bezahlt ihnen die Regierung für jeden aus Kashmir zurückgebrachten Leichnam. 15 000 Rupien bekommt die Familie des »Märtyrers«, mit dem Rest wird die Organisation bezuschusst.

Die Harkatul Ansar (Freiwilligenbewegung), einst von den Vereinigten Staaten finanziell gefördert und auch vom pakistanischen Geheimdienst unterstützt, wurde im Jahr 2001 vom US-Außenministerium als terroristische Organisation bezeichnet. Prompt änderte sie ihren Namen in Harkatul Mudschaheddin. Ihre Kämpfer zählen zu den fanatischsten unter den Taliban; mittlerweile haben sie ihr Trainingslager vom Punjab nach Afghanistan verlegt. Ihr Anführer, Osama bin Laden, hält nach wie vor engen Kontakt zum pakistanischen Geheimdienst ISI, und ihre Anhänger haben die pakistanische Regierung davor gewarnt, ihn zu entführen oder seine Organisation zu verbieten, weil sonst ein Bürgerkrieg in Pakistan ausbrechen würde. Sie brüsten sich damit, dass die Armee sich niemals zu einer Aktion gegen sie hergeben würde. Warum? Weil zwischen beiden eine Symbiose besteht. Zu viele ihrer Anhänger haben die Armee auf allen Ebenen infiltriert.

Beide Gruppen, sowohl die Lashkar-i-Taiba als auch Harkatul Mudschaheddin unter der Führung von Osama bin Laden, streben die Macht in Pakistan an. Sie träumen von einer islamischen Föderation, die eine Pax Talibana bringen würde – von Lahore bis Samarkand, allerdings ohne die »Häretikerrepublik Iran«. Trotz all ihrer Inkohärenz und ihrer blinden Wut ist ihre Botschaft für jene Schichten der Bevölkerung verlockend, die nach Ordnung in ihrem Leben streben. Wenn die Fanatiker versprechen, ihnen zu essen und ihren Kindern eine Ausbildung zu geben, sind sie gern bereit, auf die Vergnügungen von CNN und BBC World zu verzichten. Das ist das Erschreckende.

Diese Sehnsucht nach einem großen Knall – selbst wenn diese Kämpfer selbst das Opfer wären – charakterisiert die neue Welle des militanten Islam in Pakistan. Zum Glück stellen diese Gruppen noch immer eine Minderheit im Land dar, aber das könnte sich ändern, wenn alles so bleibt, wie es ist. Aber etwas hat sich bereits geändert.

Erneut hat ein Staatsstreich stattgefunden, doch dieses Mal kam die Armee ohne die Rückendeckung aus Washington an die Macht. Im Oktober 1999 hatte Nawaz Sharif mit amerikanischer Unterstützung versucht, General Musharraf als Oberbefehlshaber der pakistanischen Streitkräfte abzusetzen.

Als Musharraf sich auf dem Rückweg von einem dreitägigen offiziellen Besuch in Sri Lanka befand, verkündete Nawaz Sharif seine Entlassung und ernannte Ziaudin zu seinem Nachfolger. Die Beamten am Flughafen von Karachi wurden instruiert, das Flugzeug des Generals zu einer kleinen Landebahn in der Provinz Sindh umzuleiten, wo man ihn in Gewahrsam nehmen wollte. Doch die Armee weigerte sich, Ziaudin als ihren Chef anzuerkennen, der Kommandeur von Karachi besetzte den Flughafen und zwang den Piloten der Maschine zur Landung. Musharraf wurde mit allen militärischen Ehren empfangen. Der Militärbefehlshaber der Hauptstadt verhaftete im Gegenzug die Brüder Sharif und General Ziaudin. Dies war der erste Staatsstreich, der offen gegen ausdrückliche gegenteilige Anweisungen der Amerikaner durchgeführt wurde: Drei Tage zuvor hatte Clinton in einem Statement vor einer Machtübernahme durch das Militär gewarnt. In Pakistan wurde der Sturz der Brüder Sharif überall auf den Straßen gefeiert.

Musharraf versprach, der Korruption ein Ende zu setzen, das normale öffentliche Leben wieder herzustellen und betonte in einem unbedachten Interview seine Sympathie für Kemal Atatürk, den Gründer des laizistischen türkischen Staates. Weder der Presse noch den politischen Parteien wurden Beschränkungen auferlegt. Heute allerdings ist von Musharrafs einstigem Eifer, die Korruption abzuschaffen, nichts mehr übrig geblieben. Amjad, ein ausgesprochen unbestechlicher General, wurde zu einem Militärkommando in Karachi versetzt. Er hatte etliche Beweise für eine umfassende Korruption in allen Institutionen des Landes gesammelt. Richter am Obersten Gerichtshof sind nach wie vor käuflich und halten sich an den Höchstbietenden (Verteidiger verlangen von ihren Mandanten sechsstellige Summen als »Richtergebühr«, die vor Beginn des Prozesses zu zahlen sind); viele höhere Beamte stehen auf der Gehaltsliste großer Unternehmen und der Drogenbarone; Geschäftsleute stecken Bankkredite in Höhe von Milliarden Rupien in die eigene Tasche; und auch hohe Offiziere erliegen der Bestechung. Amjad pochte vergeblich darauf, dass die neue Regierung in der Armee aufräumte. Solange pensionierte und noch dienende Offiziere nicht vor Gericht gestellt, veurteilt und bestraft würden, so meinte er, würde der Staat nicht funktionieren, Pakistan würde von ausländischer Hilfe und einer Schattenwirtschaft abhängen, die nur auf Gewinnen aus dem Drogenhandel basierte. Seine Versetzung zeigt, dass er diese Schlacht verloren hat.

In Pakistan waren viele davon ausgegangen, dass Musharraf die Islamisten entwaffnen und in den großen Städten wenigstens annähernd wieder Gesetz und Ordnung herstellen würde. Doch auch in diesem Punkt hat das Regime wenig Fortschritte erzielt, weil es die Unterwanderung der Armee durch Islamisten unterschätzt hat. Im Dezember letzten Jahres erfuhr ich in Lahore von einem beunruhigenden Vorfall. Die Inder hatten ihre pakistanischen Kollegen davon unterrichtet, dass einer der Gipfel in Kargil-Drass – im indisch-pakistanischen Grenzgebiet Kashmirs – trotz des Waffenstillstandsabkommens immer noch von pakistanischen Soldaten besetzt sei. Sofort fuhr ein höherer Offizier in das Gebiet, um die Sache zu prüfen, und befahl dem verantwort-

lichen Hauptmann, auf die pakistanische Seite der Demarkationslinie zurückzukehren. Daraufhin beschuldigte der Hauptmann seinen Vorgesetzten und das Oberkommando des Verrats an der islamistischen Sache und erschoss den Offizier. Er wurde schließlich entwaffnet, vor ein geheimes Kriegsgericht gestellt und hingerichtet.

Wenn, wie fast einhellig behauptet wird, tatsächlich 25 bis 30 Prozent der Armee Islamisten sind, ist die Weigerung des Militärs, gegen die heiligen Krieger vorzugehen, verständlich: Es befürchtet zu Recht, einen Bürgerkrieg zu provozieren. Dass sich die Fundamentalisten damit brüsten, in zehn Jahren die Armee und somit Pakistan unter Kontrolle zu haben, weckt eine beängstigende Vorstellung: der Finger eines Islamisten an der Zündung eines Atomsprengkopfes. Darüber hat man sich in Washington, Delhi und Peking bereits den Kopf zerbrochen, aber bis jetzt ist wenig dabei herausgekommen.

Dann kam der 11. September 2001, als eine kleine islamistische Gruppe bechloss, das Pentagon und die Twin Towers von New York in Asche zu legen. Die Vereinigten Staaten nahmen Vergeltung. Geier senkten sich auf die Region hinab. Für kurze Zeit fiel Pakistan wieder eine Schlüsselposition zu, und wieder war Afghanistan der Grund für seine Aufwertung.

Die destabilisierenden Folgen des Kriegs waren, wie konnte es anders sein, zuerst in Pakistan zu spüren. Die paschtunische Bevölkerung in der Nordwest-Grenzprovinz Pakistans ist sprachlich und ethnisch mit der Region verwandt, die die wichtigste Basis der Taliban in Afghanistan bildete. In den vergangenen drei Monaten hatte es jedoch in dieser Region weniger Kämpfe gegeben als in den letzten fünfundzwanzig Jahren. Die meisten Bärtigen zogen es vor, einfach kampflos in die Heimat Pakistan zurückzukehren. Einige von ihnen sind zweifellos demoralisiert und froh, mit heiler Haut davongekommen zu sein, doch wahrscheinlich gibt es auch Unbelehrbare, die über den Verrat Islamabads empört sind und darauf brennen, sich mit den bewaffneten fundamentalistischen Gruppen in Pakistan zusammenzuschließen.

Die Anführer der gefährlichsten Dschihadi-Sekten wurden zwar festgenommen, aber wer wird ihre militanten Anhänger entwaffnen? Noch im Dezember 2000 verkündeten einige Islamistenführer lautstark, sie hätten bereits zwanzig pakistanische Städte ausgewählt, in denen sie die islamische Gesetzgebung einführen wollen. Die unausgesprochene Drohung war unmissverständlich. Sollte sich irgendeine Instanz einmischen, käme es zum Bürgerkrieg.

Als im Oktober 2001 der Krieg in Afghanistan begann, verhehlte Washington seine Sorge nicht, dass eine massive Intervention des Westens in Afghanistan und die Nutzung Pakistans als Sprungbrett zu großen Unruhen oder sogar zu einem Staatsstreich gegen das Regime führen könnte, das zur Kollaboration bereit war. Die USA taten alles, damit der pakistanische Regierungschef General Musharraf sein Gesicht wahren konnte, während sie sich gleichzeitig der Willfährigkeit Islamabads versicherten. Im Gegenzug wurden Sanktionen aufgehoben, und erneut flossen Gelder und die modernsten Waffen nach Pakistan.

Aber kann man jetzt, wo die Taliban besiegt sind, wirklich sicher sein, dass die diversen Feigenblätter Pakistan vor der Empörung der Rechtgläubigen schützen werden? Alles dürfte von der Einigkeit des Offizierskorps abhängen. Denn der sunnitische Fundamentalismus hat ziemlich sicher auch in den höheren Rängen der Streitkräfte Fuß gefasst. Überall im Land macht sich der radikale Islamismus der einen oder anderen Spielart lautstark bemerkbar, auch wenn er nur eine minderheitliche Kraft darstellt. General Musharrafs Militärregime ist im Übrigen selbst noch ein junges und nicht allzu starkes Gebilde. Es fehlt ihm an tatkräftiger Unterstützung durch zivile Kräfte; jetzt ist es erneut von Washington abhängig.

Dass die pakistanische Armee die Taliban, ihr eigenes Produkt, in Afghanistan preisgegeben hat, ist zumal in den niedrigeren

Rängen, wo der religiöse Einfluss am stärksten ausgeprägt ist, kaum hinnehmbar, wie der Vorfall in Kargil-Drass zeigt. Die Machtübernahme der Taliban in Kabul war der einzige Sieg, den die pakistanische Armee jemals zu verzeichnen hatte. Insgeheim gratulierte sich die herrschende Elite (Offiziere, Beamte und Politiker), dass sie eine neue Provinz hinzugewonnen hatten. Das kam fast einer Entschädigung für den Verlust von Bangladesch im Jahr 1971 gleich. Wie um Salz in die Wunde zu streuen, bekundeten die Nordallianz und der von Washington bestimmte Ministerpräsident Hamid Karsai die Absicht, enge Beziehungen zu Indien aufzunehmen. Das hat die politische Position der in Pakistan regierenden Generäle weiter geschwächt.

In den höheren Rängen wurde der amerikanische Kreuzzug gegen die Taliban als ein Gottesgeschenk betrachtet. Denn mit einem Schlag waren die pakistanischen Generäle nun für Washington wieder wichtig geworden. Sie erhielten die so dringend benötigte Anerkennung, und auch der Widerstand gegen ihr Atomwaffenarsenal ebbte ab. Anders als in den arabischen Ländern gab es in Pakistan nie einen von Offizieren niederer Dienstgrade, Majoren und Obersten angeführten Staatsstreich. Wenn die Armee die Macht ergriffen hat, dann stets geschlossen auf Initiative und unter Führung der Generäle (eine Disziplin, deren Tradition aus der Zeit der britischen Herrschaft, der Raj, stammt).

Ein Bruch mit den altgewohnten Spielregeln ist vorerst wohl nicht zu befürchten. Zumindest ist es eher unwahrscheinlich, dass die hochrangigen Militärs des pakistanischen Regimes durch die Silberlinge, die auf sie herabregneten, großen Schaden leiden werden. Die Gefahr besteht allerdings, dass General Musharraf durch Leute aus den eigenen Reihen gestürzt werden könnte, wenn die Geld- und Waffenströme erst einmal versiegt sind. An machthungrigen Generälen hat es in Pakistan noch nie gemangelt.

Aus diesem Grund sind die Spannungen mit Indien als durchaus gefährlich einzustufen. Die Ironie besteht darin, dass im

Augenblick Pakistan von einem weltlichen General und Indien von einem fundamentalistischen Hindu geführt werden: in mancher Hinsicht eine ideale Kombination für einen Friedensschluss. Aber trotzdem käme ein Krieg beiden Seiten durchaus gelegen. General Musharraf könnte unter Beweis stellen, dass er nicht bloß eine Spielfigur auf dem Schachbrett ist. Und der indische Premierminister Atal Bihari Vajpayee könnte eine Wahl gewinnen. Die Bewohner von Kashmir würden weiter leiden. Nur, wer könnte garantieren, dass es bei einem kleinen Krieg bleibt?

Durch das Einsickern von Dschihadi-Gruppen aus Pakistan – wie die Lashkar-i-Taiba und die Jaish-i-Muhammad – in den indisch besetzten Teil von Kashmir wurde ein militärisches Lager geschaffen, das zwar mit Geld und Nachschub aus Islamabad versorgt, aber vom pakistanischen Regime nicht vollständig kontrolliert wird, genau wie die Taliban. Der Anschlag auf die indische Nationalversammlung geht ganz offensichtlich auf das Konto einer dieser Gruppen, die den Konflikt zwischen den Nachbarn schüren wollen. Das Ziel einiger Gotteskrieger ist letztlich die Wiederherstellung der muslimischen Herrschaft in Indien. Sind sie verrückt? Schon, aber sie sind bewaffnet und durchaus in der Lage, in beiden Ländern ein Chaos anzurichten.

Wenn Washington einen »Krieg gegen den Terrorismus« führen kann, warum dann nicht auch Delhi? Nur weil es von der UNO nicht rückwirkend eine Absolution erhalten kann? Aber jeder Politiker der Zweiten Welt wird sagen, dass UNO gleichbedeutend mit USA ist. Die Gefahr eines indisch-pakistanischen Kriegs hat Washington in Unruhe versetzt: Wie können sie den Indern entgegenkommen, ohne Pakistan zu schaden? General Musharraf könnte für eine Rückkehr Pakistans zur Demokratie geopfert werden. Das Problem ist nur, dass kein ziviler Politiker in Pakistan stark oder unbestechlich genug ist, um der Armee, die das Land länger als jede politische Partei regiert, Paroli zu bieten.

2 Afghanistan: Zwischen Hammer und Sichel

Ende des 19. Jahrhunderts weckte Afghanistan sowohl die Begehrlichkeit des russischen Zaren als auch des britischen Vizekönigs, doch dank seiner uneinnehmbaren Bergfestungen entging es der Okkupation durch diese beiden Kolonialmächte. Zwei britische Invasionen wurden abgewehrt – eine Warnung an London und an Sankt Petersburg gleichermaßen. Schließlich akzeptierte das expandierende zaristische Reich und die britische Imperialmacht in Indien Afghanistan, diese präfeudale Stammeskonföderation mit einem eigenen König, als Pufferstaat. Die Briten als die mächtigere politische Kraft würden ein wachsames Auge auf Kabul haben. Dieses Arrangement kam damals allen drei Seiten gelegen. Die Folge war, dass die afghanische Gesellschaft nicht einmal geringfügig modernisiert wurde und über hundert Jahre lang mehr oder weniger statisch blieb. Ein Gemisch aus rivalisierenden Stämmen und Nationalitäten – angefangen mit den dominierenden Paschtunen (ihrerseits tief gespalten) über Tadschiken und Usbeken bis hin zu Hazaras (mongolischer Abstammung), Nuristanis und Belutschen – gewährleistete, dass sich keine Zentralgewalt allzu lange an der Macht halten konnte. Die Kluft zwischen Kabul und den ländlichen Gebieten wurde kaum jemals überbrückt.

Erst ein Anstoß von außen brachte Veränderungen. Die russische Revolution von 1917 und die Abschaffung des osmanischen Kalifats durch Kemals neue Armee im Jahr 1919 regten auch den Willen des jungen afghanischen Königs Amanullah an, sein

Land zu modernisieren. Amanullah, der die britische Schutzmacht loswerden wollte und von radikalen Intellektuellen umgeben war, die aufklärerische Ideen aus Europa und das kühne Beispiel aus Petersburg vor Augen hatten, schmiedete eine nur kurze Zeit anhaltende Allianz zwischen einer kleinen gebildeten Elite und der großen Masse der Stämme und besiegte 1919 schließlich die Briten. Dieser Sieg bescherte ihm auch eine zehnjährige Herrschaft.

Der militärische Erfolg ermutigte Amanullah zudem, ein Reformprogramm in die Wege zu leiten, das sich zum Teil an Kemals Revolution in der Türkei orientierte. Eine neue afghanische Verfassung wurde proklamiert, die das allgemeine Wahlrecht versprach. Wäre es durchgesetzt worden, dann wäre Afghanistan eines der ersten Länder der Welt gewesen, das den Frauen das Wahlrecht gewährt hätte. Dem türkischen Beispiel folgend, hatte Amanullah eine Reihe von Bestimmungen durchgesetzt, unter anderem die Abschaffung des Schleierzwangs, die Aufforderung an die Männer, westliche Kleidung zu tragen, die Entsendung von Afghanen zum Studium ins Ausland und gemischte Schulen in Kabul. Gleichzeitig wurden Emissäre nach Moskau geschickt, die um Unterstützung bitten sollten. Obwohl die bolschewistischen Führer selbst immer wieder mit bewaffneten Interventionen der Entente-Mächte zu kämpfen hatten, nahmen sie das Ersuchen der Afghanen ernst. Sultan Galiev, Mitbegründer der muslimisch-kommunistischen Partei, bereitete den Abgesandten aus Kabul im Namen der Komintern einen herzlichen Empfang, während Trotzki von seinem gepanzerten Zug an der Frontlinie des Bürgerkriegs aus einen geheimen Brief an das Zentralkomitee der Kommunistischen Partei Russlands schickte. In diesem bemerkenswerten Schreiben hieß es:

»Es besteht überhaupt kein Zweifel, dass unsere Rote Armee eine unvergleichlich stärkere Kraft auf dem asiatischen Terrain als auf dem europäischen Terrain darstellt. Hier eröffnet sich uns eindeutig die Möglichkeit, nicht nur geduldig abzuwarten, wie sich die Dinge in Europa entwickeln, sondern in Asien aktiv zu werden. Der Weg nach Indien könnte in einem bestimmten Augenblick leichter gangbar und kürzer sein als der ins sowjetische Ungarn. Die Armee, die im Augenblick an europäischen Maßstäben gemessen wenig bedeutsam ist, könnte das instabile Gleichgewicht Asiens mit seiner kolonialen Abhängigkeit beeinträchtigen, dem Aufstand der unterdrückten Massen den entscheidenden Anstoß geben und den Erfolg einer solchen Erhebung in Asien gewährleisten ... Der Weg nach Paris und London führt über die Städte Afghanistans, des Punjab und Bengalens.«

Der hochfliegende Plan von Trotzkis militärischen Beratern erwägt die Aufstellung eines antiimperialistischen Kavalleriekorps von 30 000–40 000 Mann zur Befreiung Britisch-Indiens.

Aus all diesen Plänen wurde nichts. Zweifellos hatte das Scheitern von Tuchatschewskijs Marsch nach Polen zwei Jahre später eine ernüchternde Wirkung auf Moskau. Amanullah musste sich mit Freundschaftsbekundungen und mit guten Ratschlägen der Bolschewiken begnügen. Die verständlicherweise nervösen Briten waren jetzt fest entschlossen, ihn zu stürzen. Neu-Delhi entsandte T. E. Lawrence als Berater. Verkleidet als »Karam Shah«, als arabischer Geistlicher, hatte er eine finstere Propagandakampagne organisiert, die den religiösen Eifer der reaktionäreren Stämme anstacheln und so einen Bürgerkrieg auslösen sollte. Er erkaufte sich die Willfährigkeit mehrerer wichtiger Stämme, schürte die religiöse Opposition gegen den König und stürzte ihn schließlich 1929 in einem Militärputsch.* Die Zeitung der Komintern, »Inprecorr«, kommentierte, Amanullah habe sich lediglich

---

* Unter anderem hatte T. E. Lawrence gefälschte Fotos von Königin Soraya (einer entschiedenen Feministin) in »kompromittierenden Posen« unter den Stammesmitgliedern verteilen lassen.

aufgrund der »sowjetischen Freundschaft« zehn Jahre lang an der Macht halten können. Treffender formulierte es der altgediente Bolschewik Raskolnikow: Amanullah habe »bürgerliche Reformen ohne ein Bürgertum« durchgeführt; den Preis dafür hätten die Bauern bezahlt, deren Rückhalt er durch eine Agrarreform hätte gewinnen müssen. Nur deshalb hätten die Briten soziale Spannungen und Stammesdifferenzen im Land ausnutzen können.

Die Briten traten als Großmacht in der Region auf und waren selbst bei den Stammesfürsten, die sie unterstützten, nicht beliebt. Im Zweiten Weltkrieg blieb Afghanistan neutral. Ein Dokument des deutschen Auswärtigen Amtes vom 3. Oktober 1940 (von der Chiffriermaschine Enigma verschlüsselt, dessen Code von den Briten noch im Zweiten Weltkrieg geknackt wurde) ist faszinierend zu lesen. Es stammt vom Staatssekretär im Auswärtigen Amt, Ernst von Weizsäcker, und ist an die deutsche Botschaft in Kabul gerichtet:

»Der afghanische Minister besuchte mich am 30. September und übermittelte Grüße von seinem Ministerpräsidenten und dem Kriegsminister sowie Wünsche für einen guten Ausgang des Kriegs. Er erkundigte sich, ob sich die deutschen Bestrebungen in Asien mit den afghanischen Hoffnungen deckten; damit spielte er auf die Unterdrückung in arabischen Ländern an und auf die 15 Millionen Afghanen [Paschtunen, die hauptsächlich in der North-West Frontier Province Pakistans lebten, T.A.], die auf indischem Territorium zu leiden hätten. Meine Antwort, das Ziel Deutschlands sei die Befreiung der Völker der genannten Regionen vom britischen Joch sowie die Wiederherstellung ihrer Rechte, nahm der afghanische Minister mit Zufriedenheit auf. Er erklärte, Gerechtigkeit für Afghanistan könne es nur dann geben, wenn die Grenzen des Landes bis zum Indus erweitert würden; dies gelte auch für den Fall, dass sich die Briten aus Indien zurückzögen ... Der Afghane merkte an, Afghanistan habe einen Beweis seiner Loyalität geliefert, indem es dem englischen Druck, die

Beziehungen zu Deutschland abzubrechen, entschieden Widerstand geleistet habe. Heute wolle er die Wünsche Afghanistans vorsorglich zum Ausdruck bringen, aber er bat um strenge Geheimhaltung; die Erfüllung dieser Wünsche sei eine Sache der Zukunft.«

Der König, der den Minister nach Berlin geschickt hatte, war der sechsundzwanzigjährige Zahir Shah. Ministerpräsident war sein Onkel Sardar Muhammad Hashim Khan. Interessant an diesem Schreiben ist weniger der Hass auf England, der zu jener Zeit an der Tagesordnung war, sondern vielmehr das Bestreben, durch Eingliederung der heutigen pakistanischen nordwestlichen Grenzprovinz und ihrer Hauptstadt Peshawar ein Groß-Afghanistan zu schaffen.*

Fünfzig Jahre nach Amanullahs Thronbesteigung wiederholte sich die Geschichte, wenn auch mit einem ernsteren Ausgang. Anfang der siebziger Jahre wurde der regierende König Zahir Shah von seinem Vetter Daud verdrängt, der mit Unterstützung der afghanischen Kommunisten und mit finanzieller Hilfe der UdSSR die Republik ausrief. Als der Schah von Persien im April 1979 Daud dazu brachte, sich gegen kommunistische Gruppierungen innerhalb seiner Armee und Administration zu wenden, kam es zur Revolte gegen das Regime. Die afghanischen Kommunisten waren untereinander zerstritten (innerparteiliche Konflikte wurden nicht selten mit dem Revolver gelöst) und hatten außerhalb von Kabul und ein paar anderen Städten keinen Rückhalt in der Gesellschaft. Ihre Macht beruhte einzig und allein auf ihrer Kontrolle der Streitkräfte und der Luftwaffe. Trotzdem setzten sie ein Reformprogramm in Gang. Besonders die Erziehung und Bildung wurden vom neuen Regime

---

* Hinter den Kulissen stemmte sich Pakistan der Rückkehr von Zahir Shah auf den Thron mit aller Kraft entgegen. Man wusste, dass der König niemals die Mortimer-Durand-Linie akzeptieren würde, auch nicht als vorläufige Grenze, und war besorgt über ein Wiederaufleben des paschtunischen Nationalismus.

stark gefördert. In den Dörfern war nun auch den Mädchen der Schulbesuch gestattet, und es wurden gemischte Schulen gegründet. Im Jahr 1978 betrug die Analphabetenrate der männlichen Bevölkerung 90 Prozent, die der weiblichen Bevölkerung sogar 98 Prozent. Zehn Jahre später war die Rate beträchtlich gesunken. Damals arbeitete eine neue Generation junger afghanischer Männer und Frauen als Ärzte, Lehrer, Wissenschaftler und Techniker. Trotz zahlreicher negativer Aspekte – allen voran die an Pol Pot erinnernde Liquidierung aller, die sich den Reformen widersetzten – hatte die von der DVPA (der Demokratischen Volkspartei Afghanistans) gestellte Regierung den Prozess der Modernisierung wieder aufgenommen, der mit dem Sturz von König Amanullah Jahrzehnte zuvor jäh unterbrochen worden war.

Die Vereinigten Staaten, die die historische Funktion der Briten übernahmen, unterminierten schon bald das Regime, indem sie mit Hilfe der pakistanischen Armee die religiöse Opposition bewaffneten. Die Gewalt in den Dörfern nahm zu, als den Stammesmitgliedern Geld und Waffen gegeben wurden, um einen Bürgerkrieg anzuzetteln. Unter dem wachsenden Druck kam es innerhalb der afghanischen Kommunisten zu Streitigkeiten. Jetzt wagte Breschnew den Sprung und schickte Truppen nach Kabul, um das Regime zu retten.

Genau darauf hatte der Leiter des Nationalen Sicherheitsrates der Carter-Administration, Zbigniew Brzezinski, gehofft. Das in der französischen Wochenzeitschrift »Le Nouvel Observateur« vom 15.–21. Januar 1998 abgedruckte Interview lässt darüber keine Zweifel:

»Frage: Robert Gates, der ehemalige Direktor des CIA, erklärte in seinen Memoiren [›From the Shadows‹], der amerikanische Geheimdienst habe sechs Monate vor der sowjetischen Invasion begonnen, die Mudschaheddin in Afghanistan zu unterstützen. Während dieser

Zeit waren Sie Sicherheitsberater von Präsident Carter. Daher spielten Sie eine Schlüsselrolle in dieser Affäre. Ist das richtig?

Brzezinski: Ja. Offizieller Darstellung zufolge begann die CIA im Jahr 1980, also nach dem Einmarsch sowjetischer Truppen in Afghanistan am 24. Dezember 1979, die Mudschaheddin zu unterstützen. Aber in Wirklichkeit – und dies war bisher ein streng gehütetes Geheimnis – war es völlig anders: Am 3. Juli 1979 unterzeichnete Präsident Carter die erste Direktive zur heimlichen Unterstützung der Opposition gegen das prosowjetische Regime in Kabul. An diesem Tag schrieb ich eine Notiz an den Präsidenten und erklärte ihm, dass meiner Ansicht nach dies eine militärische Invasion der Sowjetunion zur Folge hätte.

Frage: Trotz dieser Gefahr haben Sie diese verdeckte Aktion befürwortet. Vielleicht haben Sie selbst diesen Eintritt der Sowjetunion in einen Krieg gewollt und versucht, den Einmarsch zu provozieren?

Brzezinski: Ganz so ist es nicht. Wir haben die Russen nicht dazu gedrängt zu intervenieren, aber wir haben wissentlich die Provokation verstärkt, damit sie es tun würden.

Frage: Als die Sowjets ihre Intervention mit einer geheimen Verwicklung der Vereinigten Staaten in Afghanistan rechtfertigten, hat man ihnen nicht geglaubt. Aber etwas Wahres war doch dran. Empfinden Sie heute so etwas wie Bedauern?

Brzezinski: Was sollte ich bedauern? Die Geheimoperation war eine glänzende Idee. Sie führte dazu, dass die Russen in die afghanische Falle gingen. Warum sollte ich das bedauern? An dem Tag, an dem die Sowjets offiziell die Grenze überschritten, schrieb ich an Präsident Carter: Jetzt haben wir die Gelegenheit, der UdSSR ihren Vietnamkrieg zu verpassen. Tatsächlich musste Moskau ja einen fast zehn Jahre dauernden Krieg führen, den die Regierung nicht in den Griff bekam. Dieser Konflikt war es schließlich, der zur Demoralisierung und letztlich zum Zusammenbruch des Sowjetimperiums führte.

Frage: Und Sie bereuen auch nicht, dass Sie den islamischen Fundamentalismus unterstützt haben, indem sie zukünftige Terroristen mit Waffen und Ratschlägen unterstützt haben?

Brzezinski: Was ist welthistorisch gesehen von größerer Bedeutung? Die Taliban oder der Zusammenbruch des Sowjetimperiums? Einige wild gewordene Muslime oder die Befreiung von Zentraleuropa und das Ende des Kalten Kriegs?«*

Die russische Führung tappte kopfüber in die Falle. Interessant ist die Lektüre von Dokumenten des Politbüros aus dieser Zeit. Noch zwei Tage bevor die Entscheidung fiel, sprach sich das gesamte Politbüro gegen eine militärische Intervention aus. Dann geschah irgendetwas, das einen Meinungsumschwung bewirkte. Was es war, wird man noch herausfinden müssen, aber die Antwort liegt sicherlich in den Archiven des CIA. Vermutlich hat eine gezielte Desinformation der Amerikaner – der afghanische Führer Hafizullah Amin sei im Begriff, die Seite zu wechseln – erheblich zu dem Gesinnungswechsel des Politbüros beigetragen. Moskau erklärte, Amin sei ein CIA-Agent, aber damals wurde diese Aussage als eine der üblichen Anschwärzungen abgetan, die Interventionen der Großmächte immer vorausgeht. Der Einmarsch sowjetischer Truppen in Afghanistan verwandelte einen unerfreulichen Bürgerkrieg, der von Washington gesponsert wurde, in einen Dschihad, der es den Mudschaheddin (den »Glaubenskriegern«) ermöglichte, sich als die einzigen Verteidiger der afghanischen Souveränität gegen die Besatzungsarmee aufzuspielen. Wenig später posierte Brzezinski am Khyber-Pass mit einem paschtunischen Turban auf dem Kopf für die Kamera und rief »Allah ist auf eurer Sei-

---

* Die Missachtung der Rechte und des Lebens der einfachen Bevölkerung in anderen Teilen der Welt – ein Markenzeichen der Politik Washingtons vor, während und nach dem Kalten Krieg – könnte nicht prägnanter ausgedrückt werden; dennoch frage ich mich, wie die Bewohner New Yorks diese Frage nach dem 11. September 2001 beantworten würden.

te«, während afghanische Fundamentalisten im Weißen Haus und in der Downing Street als »Freiheitskämpfer« gefeiert wurden.

Washingtons Rolle im afghanischen Krieg war nie ein Geheimnis, aber nur wenige im Westen waren sich bewusst, dass die Vereinigten Staaten den ägyptischen, saudischen und pakistanischen Geheimdienst benutzten, um ein internationales Netzwerk radikaler islamischer Fundamentalisten aufzubauen, auszubilden und zu bewaffnen, die gegen die Russen in Afghanistan kämpfen sollten. Von Cooley, dem ehemaligen Nahost-Korrespondenten des »Christian Science Monitor« und des Fernsehsenders ABC, der Kontakt zu ausgeschiedenen und aktiven Offizieren in den Vereinigten Staaten hatte, stammt eine faszinierende Darstellung dieser letzten Episode des Kalten Kriegs. Zwar nennt er nicht immer seine Quellen und einiges von dem, was er schreibt, ist unter Vorbehalt zu lesen, aber seine Auskünfte bestätigen Gerüchte, die in den achtziger Jahren in Pakistan in Umlauf waren. Ihm zufolge bezogen die USA auch andere Mächte in den antisowjetischen Dschihad ein. Cooley behauptet, die chinesische Hilfe habe sich keineswegs auf Waffenlieferungen beschränkt, sondern auch die Bereitstellung von Horchposten in Xinjiang umfasst, ja sogar die Entsendung von uigurischen Freiwilligen, die vom CIA bezahlt wurden. Dass die Chinesen Hilfe leisteten, wurde von den Generälen in Islamabad im persönlichen Gespräch nie bestritten, obwohl Peking dies niemals zugegeben hat. Cooleys Angaben zufolge war auch die Volksrepublik China nicht immun gegen das Syndrom nach dem Rückzug der Sowjetunion aus Afghanistan: Militante Islamisten wandten sich nun gegen die Mächte, die sie bewaffnet hatten. Das Land, das Cooley in seinem Bericht nicht erwähnt, heißt Israel, dessen Rolle in Afghanistan noch immer eines der bestgehüteten Geheimnisse des Kriegs ist. 1985 begegnete der junge pakistanische Journalist Mansur, der für »The Muslim« arbeitete, an der Bar des Intercontinental Hotel in Peshawar zufällig einer Gruppe von israelischen »Beratern«. Da er wusste, dass diese Nachricht für Zias Diktatur höchst brisant war, informierte er seinen Chefredakteur, einige Freunde und einen WTN-Korrespondenten, der gerade im Land war. Wenige Tage später wurde er von den Mudschaheddin, die vom pakistanischen Geheimdienst ISI informiert worden waren, gefangen genommen und ermordet.

Cooley beschreibt auch eine Begegnung 1978 in Beirut mit Raymond Close, dem ehemaligen CIA-Chef in Saudi-Arabien, der ihn offenbar tief beeindruckt hatte. Hätte er ihn eindringlicher befragt, hätte er erfahren, dass Close zuvor in Pakistan stationiert gewesen war, wo sein Vater im Forman Christian College in Lahore als Missionar und Lehrer gearbeitet hatte. Close junior sprach fließend Persisch, Urdu und Arabisch. Offiziell im Ruhestand, wäre er der ideale Mann gewesen, um Operationen in Afghanistan und deren Rückendeckung durch Pakistan zu koordinieren. Denn die Bank of Credit and Commerce International (BCCI) in Pakistan fungierte als Schleuse für die Bezuschussung geheimer Aktivitäten durch den CIA und zur Geldwäsche im Heroinhandel.

Zehn Jahre nach dem Rückzug der Sowjets herrschten in Afghanistan noch immer gewalttätige rivalisierende Gruppen. Kriegsveteranen halfen mit, Ägypten, Algerien, die Philippinen, Tschetschenien, Dagestan und Saudi-Arabien zu destabilisieren. Osama bin Laden, das Schreckgespenst offizieller und volkstümlicher Fantasien in den Vereinigten Staaten, hatte seine Karriere als Tycoon der Bauindustrie in Saudi-Arabien begonnen – mit Verbindungen zum CIA.

Als die pakistanischen Generäle die saudische Dynastie baten, ihnen einen Prinzen der Königsfamilie als Anführer des heiligen Kriegs zu schicken, fanden sich keine Freiwilligen. Osama bin Laden wurde geschickt, als Freund des Herrscherhauses. Tüchtiger als erwartet, überraschte er seine Auftraggeber in Riad und Foggy Bottom. Cooley endet seinen Bericht mit folgendem Ratschlag an die US-Regierung: »Wenn du beschließt, gegen deinen größten Feind Krieg zu führen, sieh dir ganz genau an, welches Volk du dir zum Freund, zum Verbündeten oder als Söldner wählst. Sieh genau hin, ob diese Verbündeten nicht bereits ihr Messer gezückt haben und es auf deinen Rücken richten.« Seine Ratschläge werden Zbigniew Brzezinski ganz gewiss nicht anfechten, der, wie wir wissen, nichts bereut.

Kurz nach dem Rückzug der Sowjets 1989 zerbrach auch die De-facto-Allianz der Staaten, die die unterschiedlichen Mudschaheddin-Gruppen unterstützt hatte. Islamabad wollte keine auf eine breite Basis gestützte Wiederaufbauregierung, sondern zog es vor (mit dem Rückhalt der USA und Saudi-Arabiens), eine eigene Schachfigur ins Spiel, das heißt nach Afghanistan, zu bringen: Gulbuddin Hekmatyar. Die Folge waren eine Anzahl erbitterter Bürgerkriege, immer wieder von einem instabilen Waffenstillstand unterbrochen. Hazaras (unterstützt vom Iran), Ahmed Shah Masud (unterstützt von Frankreich) und der Usbeken-General Dostum (unterstützt von Russland) leisteten Widerstand. Als deutlich wurde, dass Hekmatyars Truppen diese Gegner nicht aus eigener Kraft niederschlagen konnten, unterstützte Pakistan die Taliban, die seit 1980 in den religiösen Schulen der North-West Frontier Province Pakistans ausgebildet worden waren. 1992 sagte mir der Chief Minister dieser pakistanischen Provinz, auch wenn die jugendlichen Fanatiker der Medresen womöglich Afghanistan »befreien« konnten, würden sie ganz gewiss das, was von Pakistan dann noch übrig wäre, destabilisieren.

Die Taliban waren Kriegswaisen des Kriegs gegen die russischen Ungläubigen. Geschult vom pakistanischen Geheimdienst und von diesem über die Grenze geschickt, sollten sie gegen Muslime kämpfen, die, wie man ihnen sagte, keine richtigen

Muslime waren. In seinem inzwischen zum Kultbuch gewordenen Werk »Taliban« beschrieb Ahmed Rashid ausführlich, um
was für Leute es sich handelte:

> »Diese jungen Männer entstammten einer anderen Welt als die Mud-
> schaheddin, die ich in den achtziger Jahren kennen gelernt hatte und
> die über ihre Stammes- und Clanherkunft genau im Bilde waren, die
> sich wehmütig an die verlassenen Gehöfte und Täler ihrer Jugend und
> die historischen Legenden Afghanistans erinnerten. Diese Jungs hier
> hatten ihr Land nie im Frieden erlebt. Sie hatten keine Erinnerun-
> gen an Stammeszugehörigkeit, Stammesälteste, Nachbarn oder das
> bunte Völkergemisch des Heimatdorfs ... Ihnen gefiel der Krieg, der
> möglicherweise die einzige Beschäftigung war, der sie sich anpassen
> konnten. Ihr schlichter Glaube an einen messianischen, puritani-
> schen Islam ... war ihr einziger Halt und gab ihrem Leben eine gewis-
> se Bedeutung.«[*]

Dieser entwurzelte Fanatismus – eine Art trostloser islamischer
Kosmopolitismus – machte die Taliban zu einer effektiveren
Streitmacht, als es ihre lokal verwurzelten Widersacher je hätten
sein können. Obgleich von ihrer Herkunft her Paschtunen, konnten die Führer der Taliban sicher sein, dass diese jungen Soldaten
der zerstörerischen Verlockung von ethnischen und Stammes-
loyalitäten nicht erliegen würden, von denen selbst die afghanische
Linke sich nur schwer hatte lösen können. Als sie von der Grenze hereinstürmten, wurden sie von der kriegsmüden Bevölkerung
nicht selten mit einem Gefühl der Erleichterung begrüßt: die Bewohner der größeren Städte hatten den Glauben an alle anderen
Kräfte verloren, die seit dem Abzug der Sowjets auf Kosten der
Zivilbevölkerung gekämpft hatten.

---

[*] Ahmed Rashid: *Taliban. Afghanistans Gotteskrieger und der Dschihad*, München
2001, S. 76f.

Wenn die Taliban nur Frieden und Brot gebracht hätten, hätten sie vielleicht einen dauerhaften Rückhalt in der Bevölkerung gewonnen. Bald aber erkannten die verwirrten Bewohner das wahre Gesicht der neuen Herren. Den Frauen wurde verboten, einem Beruf nachzugehen, ihre Kinder von der Schule abzuholen und in manchen Städten sogar, einkaufen zu gehen. Sie mussten zu Hause bleiben. Mädchenschulen wurden geschlossen. Den Taliban hatte man in den Medresen beigebracht, der Versuchung der Frauen zu widerstehen – die Bruderschaft der Männer war die Grundvoraussetzung strenger militärischer Disziplin. Der Puritanismus führte zur Unterdrückung sexueller Bedürfnisse jeder Art. In dieser Region, wo homosexuelle Praktiken seit Jahrhunderten üblich gewesen waren, wurden Rekruten, die dieses »Verbrechens« für schuldig befunden wurden, von den Taliban-Befehlshabern hingerichtet. Jeder Widerspruch wurde durch Terror unterdrückt, wie ihn kein Regime je zuvor ausgeübt hatte. Die Glaubensüberzeugungen der Taliban entstammen dem Deobandi-Islam – einer Glaubensrichtung, die in mancher Hinsicht noch strenger ist als der wahhabitische Islam. Denn nicht einmal die saudischen Herrscher haben der Hälfte ihrer Bevölkerung im Namen des Koran alle bürgerlichen Rechte vorenthalten. Dies war einer der Vorwürfe Osama bin Ladens gegen die Saudis: ihre Verweichlichung. Für Osama bin Laden stand das »Emirat Afghanistan« der ursprünglichen wahhabitischen Philosophie näher als das Königreich im Wüstenstaat Saudi-Arabien. Die Strenge der afghanischen Mullahs wurde von sunnitischen Geistlichen der Al-Azhar-Universität in Kairo und von schiitischen Theologen in Gom als Entehrung des Propheten kritisiert. Der Dichter Faiz, dessen Vater seine Kindheit am afghanischen Hof verbracht und der über Kabul und Kandahar stets mit großer Anerkennung gesprochen hatte, hätte seine folgenden prophetischen Zeilen auch aus einem Gefängnis in Afghanistan unter der Herrschaft der Taliban schreiben können:

»Begrab mich unter deinem Straßenpflaster, mein Land,
in dem niemand mehr hoch erhobenen Hauptes umherzugehen wagt,
Wo wahrhaft Liebende, die dir ihre Ehrerbietung zeigen,
geduckt sind und voller Angst um Leib und Leben;
Ein neues Gesetz und eine neue Ordnung herrschen jetzt,
die Gebäude sind verriegelt, und die Hunde lässt man frei –
Schurken haben die Macht an sich gerissen und sprechen Recht.
Wer erhebt die Stimme für uns?
Wo sollen wir Gerechtigkeit suchen?«

Ganz gewiss nicht beim obersten Kriegsherrn im Weißen Haus oder bei seinem Adjutanten in der Downing Street. Vor dem 11. September, als die Frauen Afghanistans übelster Verfolgung ausgesetzt waren, wurden dort nur selten die Menschenrechte gepredigt. Ein paar gemäßigt kritische Worte aus dem Mund Hillary Clintons während der Präsidentschaft ihres Mannes zielten wohl eher darauf ab, im Lewinsky-Skandal die amerikanischen Feministinnen zu beruhigen, als die Verhältnisse in Kabul, Kandahar oder Herat zu ändern. In diesen historischen Städten hatten die Frauen nie zuvor solches Elend erlitten. Amerikanische Firmen in der Gegend machten aus ihrem Desinteresse an Einmischung in gesellschaftliche Verhältnisse keinen Hehl. Nach den Beschwerden über die Pipeline, die seine Gesellschaft von Zentralasien durch Afghanistan nach Pakistan baute, erklärte ein Sprecher des amerikanischen Ölgiganten Unocal, warum der Kapitalismus blind ist für geschlechtliche Ungleichheit: »In der Frage, wie Unocal auf diese Situation reagieren soll, stimmen wir mit den amerikanischen Feministinnen nicht überein … Wir sind Gäste in Ländern, die Souveränitätsrechte und eigene politische, soziale und religiöse Überzeugungen besitzen. Durch unseren Rückzug aus Afghanistan würde das Problem nicht gelöst.«

Und ebenso wenig die Gewinne aus den geplanten Investitionen erhöht.

Ohne die militärische und finanzielle Rückendeckung aus Islamabad, das wiederum von Washington unterstützt wurde, hätten die Taliban in Afghanistan nicht Fuß fassen können. Der oberste Taliban-Führer Mullah Omar, der einäugige Herrscher Kabuls seit dem letzten afghanischen Krieg, stand lange Zeit auf der Gehaltsliste des pakistanischen Regimes. Die Macht hatte jedoch auf die afghanischen religiösen Eiferer eine euphorisierende Wirkung. Die Taliban verfolgten in dieser Region ganz eigene Ziele. Sie strebten eben eine Föderation islamischer Republiken an, die in einem Gebiet von Samarkand bis Karachi eine Pax Talibana bringen würde. Ihre Gewinne aus dem Heroinhandel reichten, um damit ihre Kampagnen auf dem Land zu finanzieren. Aber sie wollten einen Zugang zum Meer und machten keinen Hehl aus ihrer Überzeugung, dass Pakistan mit seinem Atomwaffenarsenal eines Tages ihnen gehören würde.

Nach dem Oktober 2000 verschlechterten sich die Beziehungen zwischen Pakistan und den Taliban. Im Bemühen um eine Stärkung des Friedens hatte Pakistan eine Fußballmannschaft zu einem Freundschaftsspiel nach Afghanistan entsandt. Als sich die beiden Mannschaften im Stadion von Kabul gegenüberstanden, tauchten plötzlich Sicherheitskräfte auf und verkündeten, die pakistanischen Fußballspieler seien »unanständig« gekleidet. Sie trugen Fußballshorts, und einige hatten lange Haare, wie es bei europäischen Fußballern Mode ist. Das afghanische Team dagegen trug Shorts, die bis weit unter die Knie reichten. Vielleicht befürchtete die Sicherheitspolizei, die entblößten Oberschenkel der Pakistanis würden bei dem ausschließlich männlichen Publikum zu einem Aufruhr führen. Wer weiß? Jedenfalls wurde an diesem Tag kein Fußball gespielt. Das pakistanische Team wurde verhaftet, man schor ihnen die Köpfe kahl und peitschte sie öffentlich aus, während die Zuschauer gezwungen wurden, Koran-Verse zu skandieren. Das war Mullah Omars Art und Weise, der pakistanischen Armee einen Schuss vor den Bug zu geben.

Dann kam der 11. September 2001 und ein neuer Krieg. Anfangs forderten die Vereinigten Staaten den Kopf Osama bin Ladens. Mullah Omar verlangte frech, aber korrekt Beweise für die Verwicklung bin Ladens in den Anschlag. Es konnten keine Beweise vorgelegt werden, weil es seinerzeit keine gab. Daraufhin drohte Washington dem Taliban-Regime unmittelbar, obwohl eine Woche vor Beginn der Bombardierungen der amerikanische Verteidigungsminister Donald Rumsfeld noch von einem »gemäßigten Flügel der Taliban« sprach. Sobald der Krieg begonnen hatte, drehte sich alles nur noch um die eine Frage: Wie lange würde es wohl dauern, bis Kabul fiel?

Nach dem 11. September versuchte die pakistanische Militärführung, die Taliban zu überzeugen, bin Laden auszuliefern, um die sich abzeichnende Katastrophe zu verhindern. Vergeblich. Interessanter ist die Frage, ob es Pakistan nach dem Rückzug der eigenen Soldaten, Offiziere und Piloten aus Afghanistan geschafft hätte, die Taliban zu spalten und jene Gruppierungen zurückzuziehen, die von Pakistan abhängig waren. Kernziel des Militärregimes war es nun, einen beträchtlichen Teil der Taliban-Kämpfer zurückzuziehen, um seinen Einfluss in einer künftigen Koalitionsregierung geltend machen zu können. Manche kehrten tatsächlich nach Pakistan zurück. Andere wurden angewiesen, sich die Bärte zu rasieren und sich den Gruppen anzuschließen, die um die Macht in Kabul rangelten.

An den Mythos der Unbesiegbarkeit Afghanistans habe ich nie geglaubt. Es ist richtig, dass sie die Briten im 19. Jahrhundert zweimal besiegten, aber Helikopter, Bombenflugzeuge und Marschflugkörper gab es damals noch nicht. Die sowjetische Armee wurde aufgrund der massiven, von den Vereinigten Staaten bereitgestellten Militär- und Wirtschaftshilfe zum Rückzug gezwungen und aufgrund der direkten militärischen Intervention des pakistanischen Geheimdienstes. Die Vorstellung, dass die Taliban dem Angriff der USA würden standhalten können, war einfach lächerlich. Kurz nach Beginn der Bombenangriffe schrieb ich im »Guardian«:

>»Die Bombardierung Kabuls und Kandahars durch die Vereinigten Staaten wird die Kampfeskraft der Taliban und bin Ladens aus Arabern bestehende Spezialbrigade nicht unbedingt schwächen. Trotzdem sind die Taliban praktisch eingekreist und isoliert. Ihre Niederlage ist unausweichlich. Mit Pakistan und dem Iran stehen zwei Gegner an zwei wichtigen Grenzen. Es ist unwahrscheinlich, dass die Taliban länger als ein paar Wochen durchhalten können.
>
>Das eigentliche Vorhaben, nämlich die Gefangennahme von Osama bin Laden, könnte sich dagegen schwieriger gestalten. Er hatte sich im unzugänglichen Pamir-Gebirge verschanzt, und da er drei Wochen Zeit hatte, seine weiteren Schritte zu planen, kann es durchaus sein, dass ihm die Flucht gelingt. Trotzdem wird der Sieg verkündet werden. Der Westen wird sich auf das kurze Gedächtnis seiner Bevölkerung verlassen. Aber nehmen wir einmal an, dass bin Laden tatsächlich gefangen genommen und getötet wird. Würde dies dem ›Krieg gegen den Terrorismus‹ nützen? Andere werden versuchen, den 11. September auf unterschiedliche Weise nachzuahmen.«

In Anbetracht der Rivalitäten zwischen den einzelnen Clans wird der Aufbau eines neuen Klientelstaates in Afghanistan keine leichte Aufgabe sein. Der erste Versuch war im März 1993 gescheitert. Damals holten der saudische König, Pakistan und der Iran die sich bekämpfenden islamischen Gruppen an einen Tisch. In Islamabad wurde feierlich ein detaillierter, halb konstitutioneller Plan verkündet, der auf einer Aufteilung der Macht und der Schaffung einer nationalen Armee basierte, die alle schweren Waffen übernehmen sollte. Ferner sollte eine Wahlkommission gebildet werden, um die Wahl einer Versammlung vorzubereiten, die über eine neue Verfassung abstimmen würde. Obwohl rivalisierende Kriegsherren ihren Abscheu, sich miteinander in einem

Raum zu befinden, kaum verhehlen konnten, war der pakistanische Premierminister Nawaz Sharif über seinen Erfolg derart begeistert, dass er vorschlug, alle zusammen sollten nach Mekka fliegen und die Vereinbarung in der Heiligen Stadt unterzeichnen. Die Kriegsherren – Führer der neun Mudschaheddin-Gruppen – lächelten wohlwollend und bestiegen das Flugzeug. In Anwesenheit des saudischen Königs Fahd, der damals noch geistig gesund war, wurde die Vereinbarung pflichtgemäß unterzeichnet. Nawaz Sharif wies die Afghanen darauf hin, dass die Geschichte und Allah niemandem verzeihen, der ein in Mekka unterzeichnetes Abkommen bräche. Aber es half nichts. Kaum waren die Vertragsunterzeichner wieder in Afghanistan, kam es erneut zu Kämpfen. Der General der pakistanischen Armee Syed Rafaqat lieferte für den Bürgerkrieg eine interessante, wenn auch unzureichende Erklärung:

>»Fünf Übel krochen aus dem heiligen Schoß des Dschihad: die Schwächung der afghanischen Identität, die zunehmende Bedeutung der einzelnen Ethnien und der ethnischen Zugehörigkeit, das Entstehen sektiererischer Aspekte, der Kult der Kriegsherren sowie die Gewohnheit der ausländischen Mächte, sich in die inneren Angelegenheiten Afghanistans einzumischen. Ersteres untergrub den Stolz, den die Bevölkerung Afghanistans dafür empfand, dass sie Afghanen genannt wurden.«

Aus dem »heiligen Schoß« kroch noch mehr: die Abhängigkeit vom Geld- und Waffenimport und im Gegenzug vom Heroinexport. Der Zufluss von Geld und Waffen war nach der Kapitulation der Sowjetunion versiegt. An Heroin herrschte auch weiterhin kein Mangel. Alle Gruppierungen der Mudschaheddin waren auf die eine oder andere Weise am Anbau, der Verarbeitung und der Distribution von Heroin beteiligt. Die Transportwege der einzelnen Gruppen waren unterschiedlich. Die Paschtunen benutzten den pakistanischen Hafen Karachi. Für die Hazaras und die Tadschiken war es einfacher, mit der mächtigen russischen Mafia zusammenzuarbeiten, die die Verteilung in alle ehemaligen Sowjetrepubliken übernahm und über eine breite Basis in Albanien und später im Kosovo verfügte, um Heroin nach Europa zu liefern. Hinter den Rivalitäten zwischen den Gruppen steckten also weniger ethnische Feindseligkeiten als vielmehr der Kampf um die besten Absatzwege des Heroins. Als die Taliban im Jahr 2000 mit den Vereinigten Staaten eine Vereinbarung aushandelten und sich bereit erklärten, für eine Entschädigungssumme von 43 Millionen Dollar die Mohnfelder in dem von ihnen kontrollierten Gebiet zu verbrennen, freuten sich ihre Gegner in der Nordallianz. Denn jetzt verfügten sie über das Monopol. Die russische Mafia hatte die pakistanischen Heroinhändler besiegt.

Die alten Kriegsherren, die sich 1993 in Mekka versammelt hatten, waren 2001 in Bonn nirgendwo zu sehen. Einige von ihnen waren tot. Andere zogen es vor, zu Hause zu bleiben. Ihre von westlichen Geheimdiensten streng überwachten Vertreter waren von Lakhdar Brahimi, einem altgedienten UN-Vermittler, handverlesen worden. Sie fanden sich diesmal nur allzu gern bereit, sich in rhetorischen Floskeln zu ergehen, die ihre Gastgeber zu hören wünschten. In Mekka hatten sie dem allmächtigen Allah für ihren Sieg gegen die Ungläubigen gedankt. Diesmal dankten sie den Ungläubigen für ihren Sieg gegen den »verderblichen Samen Noahs« und die »falschen Muslime«. Diesmal sprachen sie honigsüß von »*einem* Land und *einem* Volk, das in Frieden mit sich selbst vertrauensvoll den Weg in die Moderne beschreitet und keine Bedrohung für die Nachbarn darstellt«.

Als Napoleons Mutter von Höflingen beglückwünscht wurde, dass so viele ihrer Kinder auf den Thronen Europas saßen, gab sie scharf zurück: »Aber wird es von Dauer sein?« Tatsache ist doch: Die Situation Afghanistans ist von Natur aus instabil. Nur Fantasten behaupten das Gegenteil. Die Vorstellung, dass die Regierung in ihrer gegenwärtigen Zusammensetzung ein paar Jahre halten könnte, ist ein Wunschtraum. Im »befreiten« Kabul haben die Grabenkriege bereits begonnen, auch wenn offene Auseinandersetzungen bislang vermieden werden. Zu viel steht auf dem Spiel. Der Westen beobachtet sehr genau, was geschieht. Geld wurde versprochen. Putin und Khatami mahnen zur Vorsicht. Aber es wird nicht mehr lange dauern, bis der Damm bricht. Sobald die Marinesoldaten mit oder ohne bin Ladens Kopf abgezogen sind, wird die Allianz entdecken, dass das Geld zu nichts anderem nütze ist als zum Kriegführen. Die Pfadfinder-Propaganda »Wir bauen eine neue Welt« ist etwas für den Hausgebrauch. Schulen, Krankenhäuser und Wohnhäuser werden in Afghanistan oder im Kosovo nicht im nächsten und auch nicht im übernächsten Frühjahr aus dem Boden sprießen. Und wenn der siebenundachtzigjährige König Zahir Shah aus Rom herbeigeschafft wird, was dann? Immerhin, denkt der Westen, hat man versucht die Paschtunen zu überzeugen, dass ihre Interessen gewahrt werden. Aber die Geschichte ist niemals in dieser Weise vorhersehbar. Ich befürchte, das Ganze ist noch lange nicht ausgestanden.

3   Kashmirs Geschichte

Nur vom Friedhof her weht eine Brise. Der Tod geht um im Tal von Kashmir, in verschiedenen Verkleidungen, manchmal in der Uniform der indischen Armee oder in Gestalt bärtiger Männer, die von Pakistan bewaffnet sind und die Sprache des Dschihad sprechen – Allah und Schicksal für eins nehmend. Es mag makaber erscheinen, aber die Atomsprengköpfe, die im Hintergrund lauern, kommen beiden Seiten gelegen. Gefangen in diesem Würgegriff, ist Kashmir dem Ersticken nahe. Viele Kashmiris sind, von Jahrzehnten der Gewalt deprimiert und erschöpft, in Passivität versunken und sagen nur noch im Flüsterton, was sie denken. Sie haben Angst, Kabul könne in Srinagar einmarschieren und im Namen einer versteinerten Religion jegliche Poesie und Musik aus dem Land verbannen, das öffentliche Auftreten unverschleierter Frauen verbieten, die Universität schließen und eine klerikale Diktatur errichten. Es mag gegenwärtig schwer fallen, sich ein talibanisiertes Kashmir vorzustellen, aber ein talibanisiertes Afghanistan war einst ebenso wenig denkbar. Komplizierte und unberechenbare Verhältnisse verhelfen den Feinden des Lichts manchmal zum Sieg. Wenn nicht ...

Über all dies dachte ich an einem milden Oktoberabend in New York nach, während der letzten Tage der Präsidentschaft Clintons. Und ich fragte mich, ob es eine Alternative für Kashmir gäbe und welche Vorschläge die USA, wenn überhaupt, für die südasiatischen Staaten parat hatten. Das Land gab sich ausgerechnet jetzt provinziell und war tief in den Wahlkampf versunken.

Als ich auf der Suche nach einem Imbiss die Eighth Avenue entlangschlenderte, stieß ich zwischen der 40. und der 41. Straße auf ein schäbiges, blinkendes Neonschild: K-A-S-H-M-I-R. Daneben wies ein stummer Pfeil nach unten, wo es offensichtlich im Kellergeschoss eine Kneipe mit Schnellgerichten gab. Ich wagte es. Der karge Speiseraum ging in einen größeren Raum mit einem etwas erhöhten Holzpodium über. Auf einem Schild an der Wand konnte ich lesen, dass dies die Jinnah Hall war, die Nawaz Sharif, der Premierminister von Pakistan, 1996 eingeweiht hatte. Ich fragte die junge Kashmirin, die hinter der Theke unter dem Schild saß, ob das vielleicht derselbe Nawaz Sharif war, der einmal wegen Korruption und versuchtem Mord in einem pakistanischen Gefängnis gesessen habe. Aber sie lächelte nur und schwieg. Stattdessen deutete sie mit ihrem Blick zur Jinnah Hall. Gleich sollte eine Versammlung stattfinden. Der »Saal« war beinahe voll besetzt. An die zwanzig südasiatische Männer und eine einzige weiße Frau. Auf dem Podium saß eine Reihe bärtiger Männer mit traditionellen weiten Hosen und langen Hemden.

Am Lesepult neben dem Podiumstisch hatte ein sauber rasierter weißer Amerikaner bereits mit seinem Vortrag begonnen. Seine Gesten und seine abgestandene Rhetorik ließen darauf schließen, dass es sich um einen Politiker handelte, der jeder Partei angehören konnte. Wie sich herausstellte, war er demokratischer Kongressabgeordneter, »ein Freund des Volkes von Kashmir«. Erst kürzlich von einem Besuch des Landes zurückgekehrt, war er »tief getroffen« von dem Leiden, das er gesehen hatte, und überzeugt, dass »sich die moralische Führung der Welt dieses Problems annehmen muss«. Die Bärtigen nickten heftig. Zweifellos erinnerten sie sich an die Hilfe, die die »moralische Führung« Kabul und dem Kosovo hatte zuteil werden lassen. Der Kongressabgeordnete hielt inne. Er wollte diese Menschen nicht in die Irre führen: Nicht ein »humanitärer Krieg« stehe an, sondern ein informelles Camp-David. »Es müssen nicht einmal die Vereinigten Staaten sein«, fuhr er fort. »Es könnte ein großer Mann sein. Nelson Mandela etwa … oder Bill Clinton.«

Die Bärtigen zeigten sich unbeeindruckt. Einer der wenigen bartlosen Männer im Publikum stand auf und sagte zu dem Kongressabgeordneten: »Bitte gehen Sie ehrlich auf unser Anliegen ein«, meinte er. »In Afghanistan haben wir Ihnen geholfen, die Rote Armee zu besiegen. Damals haben Sie uns gebraucht, und wir haben uns sehr loyal verhalten. Nun haben Sie uns zu Gunsten Indiens im Stich gelassen. Mr. Clinton setzt sich für Indien ein, nicht für die Menschenrechte in Kashmir. Darf man so alte Freunde behandeln?«

Der Kongressabgeordnete nickte zustimmend und versprach sogar, Clinton von der Liste zu streichen, weil er »sich nicht mit mehr Nachdruck für die Menschenrechte in Kashmir« einsetzt. Er hätte sich die Mühe sparen können. Ein Bärtiger erhob sich und fragte, warum die US-Regierung sie verraten habe. Die Wiederholung der Frage irritierte den Kongressabgeordneten. Er ging in die Offensive und beklagte, dass nur Männer anwesend seien. Warum die Frauen und Töchter dieser Männer nicht da wären. Auf den bärtigen Gesichtern zeigten sich keinerlei Regung. Ich brauchte frische Luft und beschloss zu gehen. Als ich die Treppe hinaufstieg, hatte der Kongressabgeordnete schon wieder das Thema gewechselt und sprach jetzt von der betörenden Schönheit des Kashmir-Tals.

Zum Teufel mit der Schönheit, dachte ich, bereitet dem Töten ein Ende. Wussten der Kongressabgeordnete und die anwesenden Bärtigen überhaupt etwas von der turbulenten Geschichte Kashmirs, von seiner islamischen und vorislamischen Vergangenheit? Wussten sie, dass die Mogul-Könige die Religion nie als Eckpfeiler ihres Reichs betrachtet hatten? Wussten sie von den starken Frauen, die sich in der Vergangenheit den Herrschern widersetzt hatten, oder warum Kashmir von der Ostindischen Kompanie für ein Handgeld an einen korrupten lokalen Herrscher verkauft worden war? Und warum alles so schlimm geendet hatte? Glaubten die Bärtigen wirklich, dass das amerikanische Imperium eines Tages intervenieren und Srinagar in ein von westlichen Truppen besetztes Sarajewo verwandeln würde, während Indien und China ruhig zusahen? Oder, dass sie eines Tages von Pakistan mit Atomraketen befreit werden würden?

Die erste muslimische Invasion in Kashmir fand im achten Jahrhundert statt, wurde aber am Himalaya aufgehalten. Die Soldaten des Propheten sahen keine Möglichkeit, über die Südhänge der Berge hinauszugelangen. Der Sieg kam – unerwartet – erst fünf Jahrhunderte später als Folge einer Palastrevolte. Rinchana, das buddhistische Oberhaupt des benachbarten Ladakh, der den Staatsstreich anführte, suchte in Kashmir Zuflucht und trat, nachdem ihn ein Sufi mit dem schönen Namen Bulbul (Nachtigall) Shah unterwiesen hatte, zum Islam über. Rinchanas Bekehrung wäre ohne Bedeutung gewesen, hätten nicht die türkischen Söldner die Elitegarde des Herrschers gebildet und ihre Loyalität gern auf einen Glaubensgenossen übertragen. Doch sie schworen nur dem neuen Herrscher Gehorsam, nicht seinen Nachkommen. Als Rinchana starb, übernahm daher Shah Mir, der Anführer der Söldner, die Macht und gründete die erste muslimische Dynastie in Kashmir. Sie blieb sieben Jahrhunderte lang an der Macht.

Die Bevölkerung ließ sich nicht so leicht beeinflussen, und trotz einer Politik der Zwangsbekehrungen nahm erst zum Ende der Regierungszeit Zain-al-Abidins im ausgehenden 15. Jahrhundert die Mehrheit der Kashmiris den islamischen Glauben an. Zain-al-Abidin, ein begnadeter Herrscher, schaffte nämlich die Zwangskonversion der Hindus ab und verfügte, dass alle, die auf diese Weise bekehrt worden waren, zu ihrem alten Glauben zurückkehren durften. Er stellte den Hindus sogar Gelder zur

Verfügung, damit sie die Tempel, die sein Vater zerstört hatte, wieder aufbauen konnten. Mischehen zwischen den verschiedenen ethnischen und religiösen Gruppen waren zwar auch weiterhin untersagt, doch sie lernten trotzdem, mehr oder weniger in Freundschaft miteinander zu leben. Zain-al-Abidin ließ seine Untertanen sogar in den Iran und nach Zentralasien reisen, um dort die Buchbinderei, die Holzschnitzerei und das Weben von Teppichen und Tüchern zu erlernen. Damit legte er den Grundstein für die Herstellung der Kashmir-Schals, die heute so berühmt sind. Am Ende seiner Herrschaft war die Mehrheit der Bevölkerung freiwillig zum Islam übergetreten, und seitdem ist das Verhältnis zwischen Muslimen und Nicht-Muslimen – 85 zu 15 – ziemlich konstant geblieben.

Nach Zain-al-Abidins Tod begann der Niedergang der Dynastie. Streitigkeiten über die Nachfolge, unfähige Herrscher und nicht enden wollende Intrigen unter den Adligen bereiteten den Weg für neue Invasionen. Schließlich empfanden die meisten Bewohner die Eroberung durch die Moguln Ende des 16. Jahrhunderts als Erlösung. An die Stelle der Grundbesitzer traten zivile Mogulbeamte, die das Land effizienter verwalteten und den Handel, die Schalproduktion und die Landwirtschaft umstrukturierten. Die Dichter, Maler und Schreiber verließen jedoch das Tal und suchten sich Anstellungen an den Mogulhöfen in Delhi und Lahore. Mit ihnen aber verlor das Land auch seine Kultur.

Besonders bitter war dieses Ende, weil just zu jenem Zeitpunkt der Eroberung die Kultur Kashmirs am Hof ihren Höhepunkt erreichte. Zoonie, die Frau Sultan Yusuf Shahs, war eine Bäuerin aus dem Dorf Tsandahar, die ein Sufi-Mystiker, bezaubert von ihrer Stimme, bei sich aufgenommen hatte. Unter seiner Anleitung lernte sie Persisch und schrieb eigene Lieder. Als eines Tages Yusuf Shah mit seinem Gefolge in die Gegend des Dorfes kam und auf den Feldern ihre Stimme hörte, war auch er fasziniert. Er nahm sie mit an den Hof und bat sie, ihn zu heiraten. Und so be-

trat Zoonie den Palast als Königin und hieß von nun an Habba
Khatun (»geliebte Frau«). Sie schrieb:

> »Ich glaubte, es sei ein Spiel, und verlor mich.
> O Tag, der sich neigt!
> Daheim lebte ich abgeschieden, unbekannt,
> Als ich fortging, breitete sich mein Ruhm überallhin aus,
> Die Frommen legten mir ihre Verdienste zu Füßen.
> O Tag, der sich neigt!
> Meine Schönheit war wie ein Speicher gefüllt mit seltener Ware,
> die Männer aus allen vier Himmelsrichtungen lockte;
> Nun ist mein Reichtum dahin, ich bin nichts mehr wert:
> O Tag, der sich neigt!
> Meines Vaters Leute waren von hohem Stand,
> jetzt heiße ich überall Habba Khatun:
> O Tag, der sich neigt!«

Habba Khatun entwickelte eine poetische Form der kashmirischen Sprache und trug zur Synthese des persischen und indischen Musikstils bei. Sie erlaubte den Frauen, sich zu schmücken,
wie sie wollten, und ließ die alte tscherkessische Tradition, sich das
Gesicht und die Hände mit speziellen Pigmenten und Pudern zu
tätowieren, wieder aufleben. Der Klerus tobte. Er sah in ihr das
Werk Iblis', des Satans, der sich mit den gotteslästerlichen, zügellosen Sufis verbündet habe. Doch solange Yusuf Shah auf dem
Thron saß, war Habba Khatun unangreifbar. Sie machte sich
über die anmaßenden Geistlichen lustig, verteidigte die mystische
Strömung im Islam und verglich sich mit einer Blume, die auf
fruchtbarem Boden wächst und nicht ausgerissen werden kann.

Habba Khatun war Königin, als 1583 der Mogulkaiser Akbar
seinen Lieblingsgeneral entsandte, um das Königreich Kashmir
zu annektieren. Doch es kam nicht einmal zu einer Schlacht: Yusuf Shah ritt zum Mogullager und kapitulierte kampflos. Er bat

lediglich um das Recht, den Thron zu behalten und Münzen mit seinem Bildnis prägen zu lassen. Doch stattdessen wurde er festgenommen und in die Verbannung geschickt. Wütend über Yusuf Shahs Verrat setzte daraufhin der kashmirische Adel seinen Sohn Yakub Shah auf den Thron. Doch der war ein schwacher und unbeherrschter junger Mann, der die sunnitischen und schiitischen Geistlichen gegeneinander aufhetzte, und binnen kurzem schickte Akbar ein großes Expeditionsheer, das Kashmir im Sommer 1588 einnahm. Im Herbst traf der Kaiser selbst ein, um die berühmten Farben des Kashmir-Tals mit eigenen Augen zu sehen.

Nachdem Akbar Habba Khatuns Gatten in die Verbannung geschickt hatte, änderte sich ihre Situation grundlegend. Habba Khatun wurde aus dem Palast vertrieben. Zunächst fand sie Unterschlupf bei den Sufis, doch nach einiger Zeit zog sie von Dorf zu Dorf und besang die Schwermut eines unterdrückten Volkes. Man weiß nicht, wann und wo sie starb – Mitte des vorigen Jahrhunderts wurde ein Grab entdeckt, das ihr zugeschrieben wird. Doch wenn Frauen den Tod junger Männer betrauern, die von der indischen Armee umgebracht wurden oder die »freiwillig« im Dschihad mitkämpfen, singen sie noch heute ihre Verse:

»Wer sagte ihm, wo ich wohnte?
Warum hat er mich in solchem Leid zurückgelassen?
Ich Unglückliche bin erfüllt von Sehnsucht nach ihm.
Blicke warf er mir zu durch mein Fenster,
er, der lieblich ist wie meine Ohrringe;
Er hat mein Herz um seine Ruhe gebracht:
Ich Unglückliche bin erfüllt von Sehnsucht nach ihm.
Blicke warf er mir zu durch den Spalt in meinem Dach
Sang wie ein Vogel, ich möge ihn ansehn,
Und entschwand dann auf leisen Sohlen:
Ich Unglückliche bin erfüllt von Sehnsucht nach ihm.

Blicke warf er mir zu, als ich Wasser schöpfte,
Einer roten Rose gleich welkte ich dahin,
Mein Herz und mein Leib glühten vor Liebe:
Ich Unglückliche bin erfüllt von Sehnsucht nach ihm.
Blicke warf er mir zu im schwindenden Mondlicht der Dämmerung,
Verfolgte mich wie ein Besessener.
Warum beugte er sich so tief?
Ich Unglückliche bin erfüllt von Sehnsucht nach ihm!«

Habba Khatum vertrat eine gemäßigte Form des Islam, die von vorislamischen Praktiken durchsetzt und stark von der Mystik des Sufismus geprägt war. Diese Tradition ist auf dem Land bis heute lebendig und erklärt ein wenig, warum die Kashmiri den militanteren Formen der Religion gleichgültig gegenüberstehen.

Die Mogulkaiser waren von ihrem neu eroberten Gebiet fasziniert. Akbars Sohn Jehangir, der Kashmir als »Blatt« bezeichnete, »auf das der Maler des Schicksals mit der Feder der Schöpfung gezeichnet hat«, verlor dort seine Angst vor dem Tod, da das Paradies Kashmir an Schönheit ja noch übertreffen musste. Während seine Frau und sein Schwager die Verwaltung des Reiches überwachten, dachte er über sein Glück nach, den Ebenen des Punjab entronnen zu sein. Er legte Gärten um natürliche Quellen an, in denen sich die auf- und untergehende Sonne in dem Wasser spiegelte, das in Stufen durch eigens gebaute Kanäle herablief. »Gibt es auf Erden ein seliges Paradies, so ist es dies, ist es dies, ist es dies«, zitierte er in seinen Schriften ein bekanntes persisches Reimpaar.

Im 18. Jahrhundert begann der langsame Niedergang des Mogulreiches, und der kashmirische Adel bat Ahmed Shah Durrani, den brutalen Herrscher über Afghanistan, ihr Land zu befreien. Durrani kam der Bitte im Jahr 1752 nach, verdoppelte die Steuern und verfolgte die kampfbereite schiitische Minderheit mit solch fanatischem Eifer, dass der Adel entsetzt war. In den fünfzig Jahren afghanischer Herrschaft kam es regelmäßig zu Zusammenstößen zwischen sunnitischen und schiitischen Muslimen.

Doch es sollte noch schlimmer kommen. 1819 nahmen die Soldaten Ranjit Singhs, des charismatischen Anführers der Sikhs, nach der Eroberung Nordindiens Srinagar ein. Es gab keinen nennenswerten Widerstand. Kashmirische Historiker halten die 27 Jahre der Sikh-Herrschaft, die nun folgten, für das schlimmste Unglück, das jemals über ihr Land gekommen ist. Die Hauptmoschee in Srinagar wurde geschlossen, andere gingen in Staatseigentum über, und das Schlachten von Kühen wurde verboten. Außerdem stieg erneut die Steuerlast ins Unerträgliche, denn anders als die Moguln erlegte Ranjit Singh auch den Armen Steuern auf. Die Verarmung der Menschen führte zur Massenauswanderung. Kashmiris flohen in die Städte des Punjab: Amritsar, Lahore und Rawalpindi wurden zu den neuen Zentren kashmirischen Lebens und kashmirischer Kultur. (Zu den vielen positiven Auswirkungen dieses Flüchtlingszustroms gehörte eine enorme Verbesserung der lokalen Küche durch die neuen Köche.)

Die Herrschaft der Sikhs hielt nicht lange an: Neue Eroberer waren bereits auf dem Weg. Denn die in Kalkutta ansässige Ostindische Kompanie dehnte ihr Wirkungsfeld rasch aus und nahm schon bald ganz Bengalen ein. Der Mogulkaiser war im Fort von Delhi festgesetzt worden, während die Truppen der Kompanie, fest entschlossen, den Sikhs den Punjab zu entreißen, weiter nach Westen marschierten. Der erste Krieg zwischen Briten und Sikhs im Jahr 1846 endete mit dem Sieg der Kompanie, und im Vertrag von Amritsar wurde ihr Kashmir zugesprochen. Doch in Kenntnis der dort herrschenden Wirren verkaufte die Ostindien-Kompanie das Land eiligst für 75 Lakh Rupien (10 Lakhs = 1 Million) an den Dogra-Herrscher des benachbarten Jammu weiter, der noch höhere Steuerabgaben durchsetzte. Als nach dem Aufstand von 1857 an die Stelle der Ostindischen Kompanie die direkte Herrschaft Londons trat, ging die eigentliche Macht in Kashmir und anderen Fürstenstaaten an einen britischen Residenten über, in der Regel einen frisch gebackenen College-Absolventen, der seine Lehrzeit in der hintersten Provinz des Empire absolvieren musste.

Unter den Droga-Herrschern litt Kashmir schwer. Nach dem Zusammenbruch des Mogulreiches wurde der Frondienst wieder eingeführt, und die Bauern sanken auf den Status von Leibeigenen hinab. Eine Geschichte, die in den zwanziger Jahren des 20. Jahrhunderts unter kashmirischen Intellektuellen kursierte, wirft ein Licht auf das Elend der Bauern. Sie handelt von dem Maharadscha und seinem neu erworbenen Cadillac. Als Seine Hoheit mit dem Wagen nach Pehalgam fuhr, eilten die staunenden Bauern herbei und streuten frisches Gras davor aus. Der Maharadscha zeigte sich erkenntlich, indem er ihnen erlaubte, den Wagen zu berühren. Da begannen ein paar Bauern zu weinen. »Warum weint ihr?«, fragte der Maharadscha. »Wir sind traurig«, erwiderte einer von ihnen, »weil Euer neues Tier sich weigert, Gras zu fressen.«

Das 20. Jahrhundert brachte neue Werte auch ins Kashmir-Tal: Freiheit von Fremdherrschaft, passiver Widerstand, das Recht, Gewerkschaften zu bilden, ja sogar sozialistische Ideale. Entschlossen, ihr Land aus dem Würgegriff des Dogra-Maharadschas und seiner kolonialen Schirmherren zu befreien, kehrten junge Kashmiris, die in Lahore und Delhi ihre Ausbildung genossen hatten, in die Heimat zurück. Als der muslimische Dichter und Philosoph Iqbal, selbst in Kashmir gebürtig, 1921 Srinagar besuchte, hinterließ er einen subversiven Reim, der im ganzen Land Verbreitung fand:

> »In der bitteren Kälte des Winters zittert sein nackter Leib
> Und seine geschickten Hände hüllen die Reichen in königliche Tücher.«

Im Frühjahr 1924 hatten fünftausend Arbeiter der staatseigenen Seidenfabrik eine Lohnerhöhung und die Entlassung eines Angestellten verlangt, der einen Ring von Schutzgelderpressern unterhielt. Die Firmenleitung erklärte sich zwar zu einer geringfügigen Lohnerhöhung bereit, ließ aber die Anführer des Protests verhaften. Daraufhin traten die Arbeiter das erste Mal in der Geschichte Kashmirs in Streik. Mit Unterstützung des britischen Residenten entsandte der mit Opium voll gepumpte Maharadscha Pratap Singh seine Truppen. Die Arbeiter in der Streikpostenkette wurden zusammengeschlagen und als Rädelsführer auf der Stelle entlassen. Der Hauptorganisator der ganzen Aktion wurde ins Gefängnis gesteckt und dort zu Tode gefoltert.

Einige Monate später schickte eine Gruppe ultrakonservativer muslimischer Honoratioren aus Srinagar ein Memorandum an den britischen Vizekönig Lord Reading, in dem sie gegen die Brutalität und die Repression protestierten:

> »Das Militär wurde gerufen, und die armen, hilflosen, unbewaffneten, friedliebenden Arbeiter erfuhren die unmenschlichste Behandlung. Man griff sie mit Speeren, Lanzen und anderen Kriegsgeräten an ... Die Muselmanen Kashmirs leben gegenwärtig in furchtbarem Elend. Ihre Bildung wird sträflich vernachlässigt. Obwohl sie 96 Prozent der Bevölkerung ausmachen, beträgt der Anteil derjenigen, die lesen und schreiben können, bei ihnen nur 0,8 Prozent ... Bisher haben wir die Gleichgültigkeit des Staates gegenüber unseren Klagen und unseren Forderungen sowie den willkürlichen Umgang mit unseren Rechten geduldig ertragen, aber auch die Geduld hat ihre Grenzen, und die Resignation währt nicht ewig.«

Als der Vizekönig die Petition an den Maharadscha weiterleitete, geriet dieser außer sich. Er wollte die »Unruhestifter« erschießen lassen, aber Lord Reading erhob Einspruch. Um den Maharadscha zu beschwichtigen, befahl er die sofortige Verbannung des

Organisators der Petition, Saaduddin Shawl. Doch an der Lage der Arbeiter änderte sich nichts, nicht einmal, als ein paar Jahre später der Maharadscha starb und sein Neffe Hari Singh seinen Platz einnahm. Auch Albion Bannerji, dem neuen von den Briten bestätigten Chief Minister Kashmirs, der die Situation für untragbar hielt, gelang es nicht, auch nur die banalsten Reformen durchzusetzen. »Die zahlreiche muslimische Bevölkerung«, so meinte er, »ist nicht im Geringsten des Lesens und Schreibens mächtig, leidet unter Armut und den erbärmlichsten wirtschaftlichen Lebensbedingungen in den Dörfern und wird praktisch behandelt wie dummes Vieh.« Frustriert trat er zurück.

Im April 1931 stürmte die Polizei die Moschee in Jammu und unterbrach die Freitagspredigt, die nach den Gebeten gehalten wird. Der Polizeichef behauptete, die Geschichte von Moses und dem Pharao, die der Prediger aus dem Koran zitiert habe, käme einer Aufwiegelung gleich. Das war außerordentlich dumm und löste unweigerlich eine neue Protestwelle aus. Im Juni wählte die größte politische Massenversammlung, die es jemals in Srinagar gegeben hatte, per Zuruf elf Vertreter, die den Kampf gegen die Unterdrückung anführen sollten. Zu ihnen gehörte auch Sheikh Abdullah, der Sohn eines Tuchhändlers, der die folgenden fünfzig Jahre das Leben in Kashmir maßgeblich bestimmen sollte.

Einer der weniger bekannten Sprecher der Versammlung, Abdul Qadir – ein Diener, der in einem europäischen Haushalt arbeitete –, wurde verhaftet, weil er die Droga-Herrscher als »eine Dynastie von Blutsaugern« bezeichnet hatte, »die all unsere Leute ihrer Kräfte und Mittel beraubt haben«. Am ersten Tag des Prozesses gegen Qadir versammelten sich vor dem Gefängnis Tausende von Demonstranten und pochten auf ihr Recht, der Verhandlung beizuwohnen. Die Polizei eröffnete das Feuer und tötete 21 Menschen. Am folgenden Tag wurden Sheikh Abdullah und andere politische Führer verhaftet. Es war die Geburtsstunde des kashmirischen Nationalismus.

Zur gleichen Zeit brachte Tara Devi, die vierte Gemahlin des leichtlebigen und eigentlich unfruchtbaren Maharadscha Hari Singh – er hatte seine ersten drei Frauen verstoßen, weil sie keine Kinder bekamen –, ihren Sohn Karan Singh an der französischen Riviera zur Welt. Auf dem Basar von Srinagar behauptete jeder zweite Mann, der Vater des rechtmäßigen Thronerben zu sein. Die Ankunft des kleinen Erben wurde fünf Tage lang ausgelassen gefeiert. Wenige Wochen später kam es zu öffentlichen Demonstrationen, es wurden Schmähschriften verteilt, die über die Zeugungsunfähigkeit des Maharadschas spotteten. Die Behörden ordneten öffentliche Auspeitschungen an, aber es war zu spät. Kashmir war in den Sog der indischen Unabhängigkeitsbestrebungen geraten.

Als der Maharadscha auf Anweisung des Vizekönigs die nationalistischen Führer freiließ, wurden sie auf den Schultern einer triumphierenden Menge durch die Straßen Srinagars getragen. Der kleine Karan Singh war vergeblich gezeugt worden. Er würde nie das Reich erben. Viele Jahre später schrieb er über seinen Vater:

>»Er war ein schlechter Verlierer. Jeder noch so kleine Misserfolg bei der Jagd oder beim Angeln, beim Polo oder Pferderennen versetzte ihn in eine düstere Stimmung, die tagelang anhielt. Und dies führte unweigerlich zur so genannten *muqaddam*, dem langen Forschen nach der vermeintlichen Unfähigkeit oder dem Fehlverhalten irgendeines unglücklichen Mitglieds seines Beamtenstabs oder eines Dieners ... Es war Autorität ohne Großzügigkeit, Macht ohne Mitgefühl.«

Nach ihrer Freilassung aus dem Gefängnis machten sich Sheikh Abdullah und seine Genossen daran, eine politische Organisation aufzubauen, die Muslime und Nicht-Muslime unter einem Dach vereinen sollte. Im Oktober 1932 wurde in Srinagar die All Jammu and Kashmir Muslim Conference gegründet und Abdullah zu ihrem Präsidenten gewählt. Die Nicht-Muslime Kashmirs waren vorwiegend Hindus, die von den Pandits, den brahmanischen Gelehrten, dominiert wurden. Diese sahen auf Muslime, Sikhs und die Hindus niedrigerer Kasten gleichermaßen herab, während sie zu ihren Kolonialherren aufblickten wie einst zu den Mogulherrschern. Die Briten setzten, wie hätte es anders sein können, die Pandits in der Verwaltung ein, sodass es für die Muslime nahe lag, beide zu Gegnern zu erklären. Sheikh Abdullah war zwar Koran-Gelehrter, aber er vertrat eine entschlossen laizistische Politik. Die Hindus bildeten gleichwohl nur eine kleine Minderheit in der Bevölkerung, aber ihm war klar, dass es verheerend für Kashmir wäre, die Brahmanen zu ignorieren oder gar zu verfolgen. Die stark religiös ausgerichteten Muslime unter Führung Mirwaiz Yusuf Shahs spalteten sich ab – was unausweichlich war – und beschuldigten Abdullah, zu nachgiebig gegenüber den Hindus und jenen Muslimen zu sein, die für die Orthodoxen Häretiker waren. Das All India Kashmir Committee in Lahore brachte ein böses Plakat in Umlauf, das der Dichter Iqbal den »stummen Muslimen von Kashmir« gewidmet hatte.

Nicht mehr von der orthodoxen Gruppe in den eigenen Reihen behindert, näherte sich Sheikh Abdullah nun dem sozialrevolutionären Nationalismus an, wie ihn Nehru vertrat. In dieser Hinsicht stand er unter den muslimischen Führern nicht alleine da: Auch Abdul Ghaffar Khan in der Nordwest-Grenzprovinz, Mian Iftikharuddin im Punjab und Maulana Azad in den United Provinces beschlossen, statt mit der Muslim-Liga mit der indischen Kongresspartei zusammenzuarbeiten, obwohl man mit diesem Schritt die Mehrheit der gebildeten Muslime aus den Städten nicht von der Muslim-Liga weglocken konnte.

Die Muslime waren als Eroberer nach Indien gekommen und fühlten sich den Hindus und Buddhisten mit ihrer Götzenverehrung unendlich überlegen. Doch die meisten indischen Muslime waren Konvertiten: einige aus Zwang, andere freiwillig. Letztere hatten auf diese Weise dem rigiden Kastensystem zu entrinnen versucht, insbesondere in Kashmir und Bengalen. Daher war der Islam in Indien – ähnlich wie in den Küstenländern Afrikas, in China und auf dem indonesischen Archipel – mit lokalen religiösen Praktiken versetzt. Muslimische Heilige wurden wie Hindu-Gottheiten verehrt. Heilige Männer und Asketen hielten Einzug in den indischen Islam. Der Prophet Muhammad galt als Gottheit. Und da der Buddhismus in Kashmir besonders tiefe Wurzeln geschlagen hatte, wurde hier auch die Verehrung von Reliquien übernommen. Daher befindet sich heute eine der wichtigsten heiligen Reliquien des Islam in Kashmir: eine Haarsträhne, die angeblich von Muhammad stammt. Der Koran lehnt ausdrücklich Totenbeschwörung, Magie und Zeichendeutung ab, und doch sind diese abergläubischen Praktiken bis heute ein wichtiger Bestandteil des Islam auf dem indischen Subkontinent. Viele muslimische Politiker beratschlagen sich immer noch mit ihrem Lieblingsastrologen und Wahrsager.

In Indien war der muslimische Nationalismus die Folge einer Niederlage. Bis zum Zusammenbruch des Mogulreiches, der durch die Briten herbeigeführt wurde, hatten in der herrschenden Klasse über fünfhundert Jahre lang die Muslime dominiert. Mit dem Verschwinden des Mogulhofes in Delhi und der Kultur, die er gefördert hatte, waren sie nurmehr eine große religiöse Minderheit, die von den Hindus noch unterhalb der niedrigsten Kaste angesiedelt wurden. Die persisch-hinduistische Kultur, zu der sie maßgeblich beigetragen hatten, fand ein abruptes Ende. Schreiber, Dichter, Händler und Künstler, die sich im Umkreis der alten muslimischen Fürstenhöfe prächtig entfalten konnten, waren mit einem Schlag verwaist. Der Dichter Akbar Allahabadi (1846–1921) wurde zur Stimme der entwürdigten Muslime Indiens. Er sprach für eine Gemeinschaft, die sich im Niedergang befand:

»Der Engländer hat Glück, er besitzt das Flugzeug,
Der Hindu ist reich beschenkt, er kontrolliert den Handel,
Nur wir sind stumme Trommeln, abhängig von der Gnade Gottes,
Ein Haufen Tortenkrümel und schäumende Limonade.«

Die zornigen, verbitterten Führer der muslimischen Gemeinschaft forderten die Gläubigen auf, einen Dschihad gegen die
Ungläubigen zu führen und alles zu boykottieren, was mit ihnen
in Zusammenhang stand. Das führte schließlich dazu, dass Muslime fast gar keine Ausbildung mehr erhielten und ihr Geistesle-
ben völlig brachlag. In den siebziger Jahren des 19. Jahrhunderts
warnte Syed Ahmed Khan, der eine Lösung suchte, die Muslime,
ihre selbst auferlegte Isolation werde schreckliche wirtschaftliche
Folgen haben. In der Hoffnung, sie von den religiösen Schulen
abzubringen, in denen sie den Koran in einer Sprache auswendig
lernen mussten, die sie nicht verstanden, gründete er 1875 in
Aligarh das Muslim Anglo-Oriental College, aus dem die erste
muslimische Universität des Landes hervorging. Männer und
Frauen aus ganz Nordindien wurden hierher geschickt, und der
Unterricht wurde in Englisch und Urdu abgehalten.

An dieser Hochschule schrieb sich Ende der zwanziger Jahre
des 20. Jahrhunderts auch Sheikh Abdullah ein. Die Leiter des
College rieten den Muslimen zwar, sich von der Politik fern zu
halten, doch als Sheikh Abdullah nach Aligarh kam, war die Stu-
dentenschaft in ein liberales und ein konservatives Lager gespalten. Man konnte Debatten über Religion, Nationalismus und
Kommunismus kaum ausweichen. Selbst die Gleichgültigsten –
meist aus feudalen Familien stammend – wurden in die Auseinandersetzungen mit hineingezogen. Die meisten nationalistisch gesinnten Muslime der Universität von Aligarh schlossen
sich der indischen Kongresspartei und nicht der Muslim-Liga
an, die ja der Aga Khan auf Geheiß des Vizekönigs gegründet
hatte.

Um sein Eintreten für eine laizistische Politik zu demonstrieren, lud Sheikh Abdullah Nehru nach Kashmir ein. Nehru, der von kashmirischen Pandits abstammte, brachte Abdul Ghaffar Khan, den »Frontier Gandhi«, mit. Die drei Politiker wandten sich auf ihren Versammlungen an Arbeiter, Intellektuelle, Bauern und Frauen gleichermaßen. Doch am besten gefiel es den Besuchern, in den alten Mogulgärten zu wandeln. Wie alle anderen versuchte auch Nehru, das Kashmir-Tal zu beschreiben:

>»Wie eine außerordentlich hübsche Frau, deren Schönheit fast nicht mehr menschlich zu nennen ist und die größer ist als menschliches Begehren, so war Kashmir in all seiner weiblichen Schönheit, der Schönheit des Flusses und des Tals, des Sees und der anmutigen Bäume. Dann aber tauchte eine andere Seite auf, die männliche der schroffen Berge und der jähen Abgründe, die schneebedeckten Gipfel und der Gletscher, die grausamen und wilden Wasserfälle, die in die Täler hinabstürzten. Auf Kashmirs hundert Gesichtern zeichneten sich unzählige Züge ab, die sich ständig veränderten, mal lächelten sie, mal waren sie traurig und voller Sorge ... Ich beobachtete dieses Schauspiel, und manchmal überwältigte mich seine bloße Schönheit, und ich wurde schwach ... Mir schien das alles traumhaft und unwirklich, wie die Hoffnungen und Wünsche, die uns erfüllen und doch so selten erfüllt werden. Es war wie das Gesicht der Geliebten, das man im Traum sieht und das beim Erwachen dahinschwindet.«

Sheikh Abdullah versprach die Befreiung von der Droga-Herrschaft und eine Landreform. Nehru predigte die Tugenden des unermüdlichen Kampfes gegen das Empire und betonte, soziale Reformen seien erst möglich, wenn die Briten abgezogen wären. Ghaffar Khan sprach von der Notwendigkeit eines Kampfes der Massen und forderte die Kashmiri eindringlich auf, ihre Angst zu überwinden: »Ihr, die ihr in den Tälern lebt, müsst lernen, die höchsten Gipfel zu erklimmen.«

Nehru war sich bewusst, dass ihnen hauptsächlich deswegen so viel Zuneigung entgegengebracht wurde, weil Abdullah sie begleitete. Obwohl im Charakter fast gegensätzlich zu nennen, fühlten sich die beiden Männer inzwischen politisch eng verbunden. Abdullah war ein Muslim, der aus bescheidenen Verhältnissen stammte und in seinem Äußeren immer provinziell blieb. Seine politischen Ansichten entsprangen einem Hass auf das Leiden und auf die soziale Ungerechtigkeit, die er als Ursache allen Leidens betrachtete. Nehru, ein Absolvent von Harrow und Cambridge, war ein stolzer Mann, der sich seiner intellektuellen Überlegenheit bewusst war, kaum Furcht oder Neid kannte und Dummheit nicht ertragen konnte. Er war ein linker Internationalist und ein durch und durch überzeugter Antifaschist. 1947, als der Separatismus den Subkontinent erfasste, zeigte sich, dass die Bande zwischen den beiden von richtungsweisender Bedeutung für Kashmir waren.

Als Relikt aus den Tagen der Mogulherrscher und um das Fehlen realer Macht zu kompensieren, hatten die Muslime Indiens die seltsame Gewohnheit angenommen, ihren Führern mit Fantasietiteln einen scheinbar hohen Rang zu verleihen. So wurde aus Sheikh Abdullah »Sher-i-Kashmir«, der Löwe von Kashmir, und aus seiner Frau Akbar Jehan »Madri-i-Meharban«, die freundliche Mutter. Der Löwe war auf die freundliche Mutter angewiesen, denn sie beeindruckte die berühmten Besucher, empfing die Gäste während seiner häufigen Aufenthalte im Gefängnis und erteilte ihrem Mann kluge politische Ratschläge. Akbar Jehan war die Tochter von Harry Nedous, einem Hotelier österreichisch-schweizerischer Abstammung, und Mir Jan, einer kashmirischen Melkerin. Die Familie Nedous war um die Jahrhundertwende nach Indien gekommen und hatte ihr Vermögen in den Bau des majestätischen Hotels Nedous in Lahore investiert – später kamen Hotels in Srinagar und Poona hinzu. Harry Nedous war der Geschäftsmann, während seine Brüder Willy und Wally sich ein schönes Leben machten und seine Schwester Enid die Verantwortung für die Gastronomie übernahm – ihr Gebäck im Hotel in Lahore schmeckte gerade so gut, fand man, »wie in Europa«.

Harry Nedous sah Mir Jan zum ersten Mal, als sie ihm Milch in seine Ferienhütte in Gulmarg brachte. Er war sofort hingerissen, sie hingegen misstrauisch. »Ich bin vielleicht arm«, sagte sie ein paar Tage später zu ihm, »aber ich bin nicht käuflich.« Harry schwor, dass er es ernst meine, dass er sie liebe, dass er sie heiraten wolle. »Dann«, erwiderte sie bissig, »müsst ihr zum Islam übertreten. Ich kann keinen Nicht-Gläubigen heiraten.« Zu ihrem Erstaunen willigte er ein, und sie bekamen zwölf Kinder (von denen nur fünf überlebten). Obwohl zur frommen Muslimin erzogen, wurde ihre Tochter Akbar Jehan Internatsschülerin am Convent of Jesus and Mary in dem Luftkurort Murree. Nicht-Christen schickten ihre Töchter häufig in solche Klosterschulen, weil der Unterricht dort recht gut war und ein striktes Regiment herrschte.

Als die 17 Jahre alte Akbar Jehan 1928 die Schule verlassen hatte und nach Lahore zurückgekehrt war, tauchte im Hotel Nedous ein Gast auf, der ein ranghoher Mitarbeiter des britischen Geheimdiensts war. Oberst T. E. Lawrence hatte soeben ein paar anstrengende Wochen in Afghanistan hinter sich, wo er ja dafür sorgen sollte, die Regierung des antibritisch eingestellten Königs Amanullah zu destabilisieren. Nachdem er seinen Auftrag erfüllt hatte, brach er nach Lahore auf. Akbar Jehan muss ihn ihm Hotel ihres Vaters kennen gelernt haben. Aus dem Flirt wurde bald mehr, und er geriet außer Kontrolle, weshalb ihr Vater darauf bestand, dass sie sofort heirateten. Und so geschah es.

Drei Monate später, im Januar 1929, wurde Abdullah gestürzt und durch einen britenfreundlichen Herrscher ersetzt. Am 12. Januar veröffentlichte Kiplings Zeitung in Lahore, die imperialistische »Civil and Military Gazette«, einen Vergleich der beiden

Profile von Lawrence und »Karam Shah«, um den Eindruck zu vermitteln, es handle sich um zwei verschiedene Personen. Etliche Wochen später berichtete die Zeitung »Liberty« aus Kalkutta, »Karam Shah« sei tatsächlich der »britische Spion Lawrence«, und schilderte in allen Einzelheiten seine Tätigkeit in Waziristan an der afghanisch-pakistanischen Grenze. Lawrence war nicht mehr tragbar, und die Behörden forderten ihn auf, nach Großbritannien zurückzukehren. Von da an ward »Karam Shah« nie mehr gesehen. Nedous bestand nun auf der Scheidung seiner Tochter, und auch diesmal gehorchte Lawrence. Vier Jahre danach wurden Sheikh Abdullah und Akbar Jehan in Srinagar getraut. Jehans vorherige Ehe und die Scheidung waren nie ein Geheimnis, wohl aber der richtige Name ihres ersten Gemahls.

Nun stürzte sie sich in den Kampf für ein neues Kashmir, sammelte Spenden für den Bau von Schulen für arme Kinder und förderte die Erwachsenenbildung, da der Großteil der Bevölkerung weder lesen noch schreiben konnte. Und, was noch wichtiger war, sie unterstützte ihren Mann und gab ihm politische Ratschläge. So warnte sie ihn auch davor, Nehrus Charme zu erliegen und damit seine eigene Position in Kashmir zu gefährden.

In den dreißiger Jahren glaubten nur wenige Politiker, dass der Subkontinent jemals entlang religiöser Fronten gespalten werden könnte. Selbst die fanatischsten muslimischen Separatisten waren bereit, eine Föderation auf der Grundlage regionaler Autonomie zu akzeptieren. Bei den Wahlen im Jahr 1937 eroberte die Kongresspartei den Großteil des Landes, darunter auch die Nordwest-Grenzprovinz, wo die Muslime in der Mehrheit waren und Ghaffar Khan Popularität genoss wie nie zuvor. Die mehrheitlich muslimischen Provinzen Punjab und Bengalen blieben dem Raj treu und stimmten für die laizistischen Parteien, die vom Landadel beherrscht wurden. Im Gegensatz zur pakistanischen Mythologie war der Separatismus zu diesem Zeitpunkt nicht so sehr Ziel, als vielmehr ein Faustpfand, um zu gewährleisten, dass die Muslime einen fairen Anteil von der postkolonialen Beute abbekamen.

Der Zweite Weltkrieg veränderte alles. England bezog bei der Kriegserklärung an Deutschland Indien einfach mit ein, und die Kongresspartei war außer sich, weil die Regierung Seiner Majestät sie zuvor nicht konsultiert hatte. Nehru hätte sich wahrscheinlich für eine Teilnahme am antifaschistischen Kampf ausgesprochen, vorausgesetzt, die Briten hätten sich bereit erklärt, sich aus Indien zurückzuziehen, sobald alles vorbei war. London hätte eine solche Forderung wahrscheinlich als unverschämt betrachtet. So aber traten die von der Kongresspartei gestellten Provinzregierungen allesamt zurück. Gandhi, der trotz seiner pazifistischen Grundhaltung im Ersten Weltkrieg als erfolgreicher Werbeoffizier für die Briten tätig gewesen war, war unsicher. Eine ultranationalistische Strömung in der Kongresspartei unter Führung des charismatischen Bengali Subhas Chandra Bose verfocht einen harten Kurs und sprach sich für ein Bündnis mit den Feinden Großbritanniens, insbesondere mit Japan aus. Das aber war für Nehru und Gandhi nicht akzeptabel. Als dann 1942 Singapur fiel und die Japaner versuchten, über Burma via Bengalen nach Indien einzumarschieren, meinte Gandhi, der Kongress müsse sich, koste es, was es wolle, dem britischen Empire widersetzen, um schleunigst ein Abkommen mit den Japanern zu vereinbaren. London entsandte Stafford Cripps, der die Kongresspartei zur Ordnung rufen sollte. Dieser bot den Parteiführern einen »Blankoscheck« für die Zeit nach dem Krieg an. »Was soll ein Blankoscheck von einer Bank nützen, die bald bankrott ist?«, erwiderte Gandhi. Im August 1942 billigte die Spitze der Kongresspartei die Gründung der Bewegung »Quit India«. Eine Flutwelle zivilen Ungehorsams ging durch das Land. Die gesamte Führung der Kongresspartei, darunter auch Nehru und Gandhi, wurde inhaftiert, ebenso Tausende Rädelsführer und Arbeiter. Die

Muslim-Liga unterstützte die britischen Kriegsanstrengungen und gewann Zulauf. Und dann als Belohnung die Teilung.

Als Nehru und Ghaffar Khan auf Einladung Abdullahs im Sommer 1945 Srinagar erneut besuchten, war nicht zu übersehen, dass es akute Differenzen zwischen den verschiedenen Nationalisten gab. Der Löwe von Kashmir bereitete seinen Gästen einen Empfang wie ein Mogulherrscher. Man fuhr sie auf verschwenderisch geschmückten Gondeln flussabwärts. Den muslimischen Gegnern Abdullahs war untersagt worden, sich auf den vier Brücken entlang der Route zu versammeln, und so standen sie am Ufer, gekleidet in ihre langen Tunikas, die beinahe bis zum Boden reichen. Im Sommer aber war es üblich, keine Unterwäsche zu tragen. Als sich nun die Boote näherten, stellten sich die protestierenden Männer, die keine Fahnen hochhalten durften, hin und hoben ihre Gewänder hoch, sodass man ihre Stifte der Schöpfung sehen konnte, während die Frauen sich umdrehten und ihr Hinterteil entblößten. Es war das erste und bis heute einzige Mal, dass Muslime in dieser Weise ihren Protest zum Ausdruck brachten. Ghaffar Khan brüllte vor Lachen, Nehru hingegen war keineswegs begeistert. Am selben Tag erwähnte Ghaffar Khan die Episode bei einer Kundgebung und sagte, die zur Schau gestellten Waren hätten ihn sehr beeindruckt. Als man Nehru bei einem Dinner am nächsten Tag fragte, welche Unterschiede er zwischen den Regionen sähe, die er kürzlich besucht habe, erwiderte er: »Die Punjabis sind grob, die Bengalis hysterisch, und die Kashmiris sind einfach vulgär.«

Doch die Fundamentalisten gewannen generell an Stärke. Muhammad Ali Jinnah, der Gründervater Pakistans, war ja auch deshalb aus der indischen Kongresspartei ausgetreten, weil es ihm Unbehagen bereitete, wie Gandhi sich der hinduistischen Metaphorik bediente. Er hatte sich dann der Muslim-Liga angeschlossen, um sie den kollaborierenden Grundbesitzern der United Provinces zu entreißen, was ihm teilweise auch gelang.

Teils hoffte, teils glaubte Jinnah, Pakistan werde ein Indien in kleinerem Maßstab sein, nur mit der Vorherrschaft der Muslime und einer ebenfalls loyalen Minderheit aus Hindus und Sikhs. Wäre eine Konföderation als Lösung akzeptiert worden, wäre dies vielleicht möglich gewesen, doch nachdem die abziehenden Briten die Entscheidung für die Teilung als unwiderruflich hingenommen hatten, stand dies nicht mehr zur Debatte. In Bengalen und im Punjab waren ebenfalls beide Religionen vertreten, daher würden auch sie geteilt werden müssen. Und so geschah es auch.

Verbrechen wurden auf allen Seiten verübt. Wer sich weigerte, sein Dorf zu verlassen, wurde vertrieben oder umgebracht. Bewaffnete Banden überfielen Züge mit Flüchtlingsfamilien, die so zu fahrenden Särgen wurden. Es gibt keine verlässlichen Zahlen, aber nach den niedrigsten Schätzungen kostete die Teilung des Subkontinents etwa eine Million Menschen das Leben. Es gibt keine offiziellen Denkmäler für die Opfer der Teilung, es gibt keinen offiziellen Bericht über die, die starben. Amrita Pritam, eine achtzehnjährige Sikh, die in Lahore geboren und aufgewachsen war und nun gezwungen wurde, zu fliehen, hinterließ eine Klage, in der sie den Sufi-Dichter und Freidenker des Mittelalters Waris Shah beschwor, dessen Liebesepos »Heer-Ranjha« in fast jedem Punjab-Dorf auf beiden Seiten der Trennungslinie gesungen wurde (und heute noch wird):

»Heute rufe ich zu Waris Shah:
›Sprich zu uns aus deinem Grab,
Schlag auf in deinem Buch der Liebe
Ein neues, ein anderes Blatt.
Eine Tochter des Punjab schrie
Du überschüttetest unsere Mauern mit deinen Klagen.‹
Millionen Töchter weinen heute
Und rufen zu Waris Shah:
›Erhebe dich, Chronist unsres verborgnen Leids

Und sieh herunter auf deinen Punjab;
Übersät sind die Wälder mit Leichen
Und voll Blut ist das Wasser des Chenab.‹«

Kashmir ist das ungelöste Problem der Teilung. Das Abkommen
über die Teilung des Subkontinents sah Referenden und Wahlen
in den Gebieten Britisch-Indiens vor, in denen die Mehrzahl der
Bevölkerung Muslime waren. In der Nordwest-Grenzprovinz, die
zu neunzig Prozent aus Muslimen bestand, siegte die Muslim-Liga mit Hilfe von Einschüchterung, Schikanen und gelegentlich
auch Gewalt über Ghaffar Khan, der sich gegen die Teilung aussprach. Die Muslim-Liga gewann dort nie wieder eine freie Wahl.
Ghaffar Khan, des Verrats beschuldigt, verbrachte den Rest seines
Lebens – er starb in den achtziger Jahren – zumeist in einem pakistanischen Gefängnis. Seine Niederlage schien einmal mehr zu
beweisen, dass weltlich denkende Muslimführer trotz ihrer Popularität machtlos gegen die religiöse Flut waren. Und so stellte sich
auch als Nächstes die Frage, ob Sheikh Abdullah die Einheit
Kashmirs zu wahren vermochte.

Der Verfassung nach war Kashmir ein »Fürstentum«, was bedeutete, dass der Maharadscha das gesetzlich festgelegte Recht
besaß zu entscheiden, ob er sich Indien oder Pakistan anschloss.
Man ging davon aus, dass in den Fällen, wo der Herrscher nicht
demselben Glauben anhing wie die Mehrheit seiner Bevölkerung,
er trotzdem den Wünschen seines Volkes folgte. In Haiderabad
und Junagadh – mit einer Hindu-Mehrheit, aber muslimischen
Fürsten – schwankten die Herrscher, traten aber schließlich Indi-
en bei. Als Jinnah den Maharadscha von Kashmir in der Hoffnung
umwarb, er werde sich für Pakistan entscheiden, geriet Sheikh
Abdullah außer sich. Hari Singh war unentschlossen.

Als es am 14. August 1947 Mitternacht schlug und der Union
Jack eingeholt wurde, war die Frage, wem Kashmir beitreten
würde, immer noch nicht beantwortet. Lord Mountbatten, der

Generalgouverneur von Indien, und Feldmarschall Auchinleck, der oberste Befehlshaber beider Armeen, die nach wie vor mit einem hohen Anteil von Briten in den oberen Rängen durchsetzt war, machten Jinnah unmissverständlich klar, dass der Einsatz von Streitkräften in Kashmir nicht geduldet werde. Schon nur bei dem Versuch werde Großbritannien alle seine Offiziere aus der pakistanischen Armee abziehen. Pakistan beugte sich. Bei dieser Entscheidung spielte die übliche opportunistische Haltung der Muslim-Liga gegenüber den Briten eine gewisse Rolle, doch es gab auch noch andere Faktoren. Großbritannien übte in wirtschaftlicher Hinsicht einen großen Einfluss aus; Mountbattens Autorität wurde zwar übel genommen, konnte aber nicht ignoriert werden; Pakistans Beamte besaßen nicht genügend Selbstbewusstsein; und Jinnah, der an Tuberkulose erkrankt war, lag, was seine Anhänger nicht wussten, im Sterben. Außerdem war Pakistans erster Premierminister Liaquat Ali Khan, ein der Oberschicht entstammender Flüchtling aus Indien, in keiner Hinsicht ein Rebell. Er hatte zu eng mit der abziehenden Kolonialmacht zusammengearbeitet, als dass er ihr nun in die Quere kommen wollte. Außerdem besaß er kein Gefühl für die politischen Verhältnisse jener Gebiete, die nun Pakistan bildeten, und kam mit den muslimischen Gundbesitzern nicht zurecht, die die Muslim-Liga im Punjab beherrschten. Sie wollten über das Land bestimmen und würden ihn bald umbringen lassen. Doch noch war die Zeit dafür nicht reif.

Inzwischen musste in Hinblick auf Kashmir etwas unternommen werden. In der Armee herrschte Nervosität, und selbst weltlich ausgerichtete Politiker meinten, als muslimischer Staat solle sich das Land Pakistan anschließen. Der Maharadscha führte insgeheim Verhandlungen mit Indien, und der verzweifelte Jinnah beschloss, trotz des Verbots des britischen Oberkommandos einen Militäreinsatz zu genehmigen. Pakistan sollte in Kashmir einmarschieren und Srinagar einnehmen. Jinnah übertrug einem jungen Kollegen aus dem Punjab, Sardar Shaukat Hyat Khan, die Verantwortung für die Operation.

Shaukat hatte während des Zweiten Weltkriegs als Hauptmann gedient und mehrere Monate in einem italienischen Kriegsgefangenenlager gesessen. Nach seiner Rückkehr hatte er seinen Abschied von der Armee genommen und sich der Muslim-Liga angeschlossen. Er gehörte zu ihren populären Führern im Punjab, war Jinnah tief ergeben und stand Premierminister Liaquat, den er für einen Emporkömmling hielt, ausgesprochen feindlich gegenüber. Ihm war sehr daran gelegen, dem Titel »Löwe des Punjab«, der bei seinen öffentlichen Auftritten gelegentlich skandiert wurde, zu entsprechen. Shaukat war aber eine leicht zu beeinflussende Persönlichkeit, die sich schnell durch Schmeicheleien umstimmen ließ – ein Operettensoldat. Erst der unerwartete Tod seines Vaters, des gewählten Premierministers des alten Punjab, hatte ihn ins Licht der Öffentlichkeit gerückt. Er gehörte nicht zu den Menschen, die in Zeiten der Krise über sich hinauswachsen. Ich kannte ihn gut, schließlich war er mein Onkel. Zu seiner Ehrenrettung aber muss gesagt werden, dass er sich gegen den Einsatz irregulärer Truppen aussprach. Nur regulär im Dienst stehende oder im Ruhestand befindliche Soldaten sollten an der Operation teilnahmen. Der Premierminister aber setzte durch, dass sein großmäuliger Protegé Khurshid Anwar an dem Unternehmen teilnahm. Gegen jedes bessere militärische Wissen nahm Anwar für seinen Dschihad auch Paschtunen in seine Truppen auf.

Die Invasion war für den 9. September 1947 geplant, verzögerte sich aber um zwei Wochen, da Khurshid Anwar ausgerechnet an diesem Tag heiraten und eine kurze Hochzeitsreise antreten wollte. Inzwischen erfuhr ein höherer pakistanischer Offizier dank Anwars mangelnder Diskretion, was vor sich ging, und teilte die Nachricht General Messervy, dem Oberbefehlshaber der pakistanischen Armee, mit. Dieser informierte umgehend

Auchinleck, der Mountbatten unterrichtete. Durch ihn erfuhr es schließlich auch die neue indische Regierung. Daraufhin entsandte die Kongresspartei Nehrus Stellvertreter Sardar Patel zum Maharadscha nach Kashmir. Die geplante Invasion als Vorwand nutzend, sollte er ihn drängen, sich Indien anzuschließen. Unterdessen befahl Mountbatten indischen Armeeeinheiten, sich auf eine Luftbrücke nach Srinagar vorzubereiten.

Als Anwar aus seinen Flitterwochen nach Rawalpindi zurückkehrte, begann die Invasion. Das Hauptziel war, Srinagar einzunehmen, den Flughafen zu besetzen und ihn gegen indische Angriffe zu verteidigen. Nach einer Woche musste die Armee des Maharadschas aufgeben. Hari Singh floh in seinen Palast in Jammu. Inzwischen hatte das 11. Sikh-Regiment der indischen Armee Srinagar erreicht, wartete aber vor der Stadt verzweifelt auf Nachschub. Als die Paschtunen unter Khurshid Anwars Befehl Baramulla erreichten, das nur eine Busstunde von Srinagar entfernt liegt, weigerten sie sich weiterzumarschieren. Stattdessen begann eine dreitägige Orgie des Terrors, bei der sie Häuser plünderten, Muslime und Hindus gleichermaßen überfielen, Männer und Frauen vergewaltigten und aus der kashmirischen Staatskasse Geld stahlen. Das Kino des Ortes verwandelte sich in ein Zentrum der Vergewaltigung, eine Gruppe von Paschtunen fiel in das Kloster St. Joseph ein, vergewaltigte und tötete vier Nonnen, darunter auch die Mutter Oberin, und erschoss ein europäisches Pärchen, das dort Schutz gesucht hatte. Die Nachricht von den Gräueltaten verbreitete sich schnell, woraufhin sich zahllose Kashmiris gegen ihre angeblichen Befreier wandten. Als die Paschtunen schließlich in Srinagar einmarschierten, hatten sie nichts anderes mehr im Sinn, als die Läden und Basare zu plündern. Und darüber vergaßen sie den Flughafen, der bereits von den Sikhs besetzt war.

Inzwischen unterzeichnete der Maharadscha den Beitrittsvertrag mit Indien und verlangte Hilfe gegen die Eindringlinge.

Indien schickte über die Luftbrücke Truppen und drängte die Pakistani zurück. Hier und da kam es aber immer noch zu Gefechten, sodass Indien schließlich den UN-Sicherheitsrat anrief, der einen Waffenstillstand erwirkte und eine Demarkationslinie zwischen den zu Indien und Pakistan gehörenden Gebieten festlegte. Auch Kashmir war jetzt geteilt. Die Führer der Kashmir Muslim Conference siedelten nach Muzaffarabad im von Pakistan besetzten Gebiet Kashmirs über, und Sheikh Abdullah behielt die Kontrolle über das Kashmir-Tal.

Hätte Abdullah ebenfalls Pakistan favorisiert, hätten die indischen Truppen nicht viel dagegen ausrichten können. Aber in seinen Augen war die Muslim-Liga eine reaktionäre Organisation. Er fürchtete zu Recht, dass die punjabischen Landbesitzer, die dort den Ton angaben, jeglichen sozialen und politischen Reformen im Weg stehen würden, wenn sich Kashmir Pakistan anschloss. Daher beschloss er, die indische Militärpräsenz zu befürworten, vorausgesetzt die Bevölkerung konnte selbst über ihre Zukunft bestimmen. Und bei einer Massenkundgebung in Srinagar versprach Nehru, während Abdullah neben ihm stand, genau das. Im November 1947 wurde Abdullah zum Ministerpräsidenten einer Notregierung ernannt. Als der Maharadscha sein Unbehagen darüber zum Ausdruck brachte, schrieb Nehru ihm, es gäbe keine Alternative: »Die einzige Person, die in Kashmir die Erwartungen erfüllen kann, ist Abdullah. Ich schätze seine Integrität und seine Ausgeglichenheit hoch ein. Er mag in kleineren Dingen Fehler machen, aber ich glaube, in Hinblick auf die wichtigen Entscheidungen ist er der richtige Mann. Nur durch ihn kann ein befriedigender Ausweg für Kashmir gefunden werden.«

Noch 1944 hatte die National Conference eine Verfassung für ein unabhängiges Kashmir gebilligt, die mit den Worten begann:

»Wir, das Volk von Jammu und Kashmir, Ladakh und den Grenzregionen einschließlich der Distrikte Poonch und Chenani, gemeinhin bekannt als Staat Jammu and Kashmir, wünschen die Vollendung unserer Einheit in vollkommener Gleichheit und Selbstbestimmung. Wir wollen uns und unsere Kinder aus dem Abgrund der Unterdrückung und Armut, der Entwürdigung und des Aberglaubens, aus der mittelalterlichen Finsternis und Unwissenheit in die sonnenbeschienenen Täler des Wohlstands erheben, wo Freiheit, Wissenschaft und ehrliche Arbeit die höchsten Werte sind. Wir wünschen die würdevolle Teilnahme an dem historischen Wiederaufstieg der Völker des Ostens und der arbeitenden Massen der Welt. Wir sind entschlossen, dieses unser Land zu einem strahlenden Juwel zu Füßen der schneebedeckten Berge Asiens zu machen. Daher soll die Verfassung für unseren Staat wie folgt lauten ...«

Doch der Krieg von 1947/48 hatte die Unabhängigkeit verhindert, und in Artikel 370 der indischen Verfassung wurde Kashmir lediglich ein »Sonderstatus« zuerkannt. Sicher, an die Stelle des Maharadschas war sein Sohn Karan Singh getreten, der den nicht auf Erbfolge beruhenden Posten des Staatsoberhaupts innehatte. Doch jetzt trieb der enttäuschte Abdullah mit den Politikern aus Delhi seine Spielchen. Er wusste, dass die meisten von ihnen – außer Nehru und Gandhi – ihn am liebsten bei lebendigem Leibe verspeist hätten. Doch noch brauchten sie ihn. Seit dem Bruch mit der religiösen Splittergruppe in der Jammu and Kashmir Conference hatte sich Abdullah nach links bewegt. Als gewählter Chief Minister von Kashmir setzte er eine Reihe entscheidender Reformen durch, deren wichtigste das Gesetz mit dem Titel »Land-den-Bauern« war. Es brach die Macht der mehrheitlich muslimischen Grundbesitzer. Sie durften nur noch acht Hektar Land behalten, vorausgesetzt sie bestellten es selbst. So wurden 764 000 Hektar Land unter 153 399 Bauern verteilt, und der Staat selbst übernahm 36 420 Hektar, die kollektiv bewirtschaftet wurden. Ein anderes Gesetz verbot den Verkauf von Grund und Boden an Nicht-Kashmiris, damit die topografische

Struktur der Region im Wesentlichen erhalten blieb. Dutzende neuer Schulen und vier Krankenhäuser wurden errichtet, in Srinagar entstand eine Universität, die so schön liegt wie vielleicht keine andere auf der Welt.

Die Vereinigten Staaten glaubten, die Reformen seien auf den Einfluss der Kommunisten zurückzuführen, und entwickelten daher ein Hilfsprogramm für den neuen Verbündeten Pakistan. Ein klassisches Beispiel für die US-Propaganda ist das Buch »Danger in Kashmir« von dem Tschechen Josef Korbel. Korbel war UN-Vertreter in Kashmir gewesen, bevor er nach Washington flüchtete. Sein Buch erschien 1954 in Princeton, und in der zweiten Auflage von 1966 dankte Korbel mehreren Wissenschaftlern für ihre »unverzichtbare Hilfe«, so auch einer Mrs. Madeleine Albright vom russischen Institut an der Columbia Universität – seiner Tochter.

1948 hatte die National Conference den »vorübergehenden Beitritt« zu Indien gebilligt, allerdings unter der Bedingung, dass Kashmir als autonome Republik anerkannt werde und nur die Bereiche Verteidigung, Außenpolitik und Kommunikation an die Zentralregierung abtrete. Eine kleine, aber einflussreiche Minderheit, die aus dem Dogra-Adel und den kashmirischen Pandits bestand und um ihre Privilegien fürchtete, zog nun gegen Kashmirs Sonderstatus zu Felde. In Indien selbst wurde sie von der ultrarechten Jan Sangh-Partei unterstützt – die in die Bharatiya Janata eingegangen ist, die gegenwärtig die Koalitionsregierung in Neu-Delhi anführt. Die Jan Sangh stellte Geld und Freiwillige für die Agitation gegen die Regierung von Kashmir zur Verfügung. Abdullah, der alles Erdenkliche unternommen hatte, um auf jeder Verwaltungsebene auch Nicht-Muslime mit einzubeziehen, geriet in Harnisch. Seine Position verhärtete sich.

Bei einer öffentlichen Veranstaltung in der feindlichen Bastion Jammu am 10. April 1952, machte er unmissverständlich klar, dass er nicht bereit sei, Kashmirs Teilsouveränität preiszugeben:

»Viele Kashmiris fragen sich besorgt, was mit ihnen geschehen wird, wenn zum Beispiel Pandit Nehru etwas zustößt. Wir wissen es nicht. Aber wir Kashmiris sind Realisten und bereiten uns auf alle Eventualitäten vor ... Wenn in Indien der Kommunalismus wieder zu neuem Leben erwacht, wie sollen wir da die Muslime in Kashmir davon überzeugen, dass Indien nicht beabsichtigt, Kashmir zu verschlingen?«

Abdullah irrte sich in dem Glauben, Nehru werde ihn schützen. Als der indische Premierminister im Mai 1953 Srinagar besuchte, versuchte er eine ganze Woche lang, seinem Freund die Annahme einer dauerhaften Einigung nach Delhis Vorstellungen aufzudrängen. Wenn in Indien die laizistisch ausgerichtete Demokratie aufrechterhalten bleiben solle, müsse Kashmir dazugehören. Nehru redete seinem Freund zu. Aber Abdullah war nicht zu überzeugen. Er meinte, auch ohne die Kashmiris bildeten die Muslime in Indien eine große Minderheit. Nehru solle nicht auf ihn Druck ausüben, sondern auf die Politiker in der Kongresspartei, die für die chauvinistischen Forderungen der Jan Sangh empfänglich seien.

Drei Monate später gab Nehru den Chauvinisten nach und billigte ein Vorgehen gegen Kashmir, das einem Staatsstreich gleichkam. Sheikh Abdullah wurde von Karan Singh abgesetzt, und einer seiner Stellvertreter, Bakhshi Ghulam Muhammad, als Chief Minister vereidigt. Man beschuldigte Abdullah, Verbindungen zum pakistanischen Geheimdienst zu unterhalten, und verhaftete ihn. Daraufhin brach in Kashmir ein Sturm los. Ein Generalstreik wurde ausgerufen, der zwanzig Tage dauern sollte. Mehrere tausend Menschen wurden festgenommen, und wiederholt eröffneten indische Truppen das Feuer auf Demonstranten. Die National Conference behauptete, über tausend Menschen seien getötet worden. Nach offiziellen Berichten waren es 60. Ein im Untergrund arbeitender Kriegsrat, den Akbar Jehan leitete, organisierte Frauendemonstrationen in Srinagar, Baramulla und Sopore. Nach einem

Monat legten sich die Unruhen zwar wieder, aber die Kashmiris standen Indien jetzt noch misstrauischer gegenüber.

Im pakistanisch kontrollierten Kashmir war die Situation übrigens nicht besser, ja, es hatte sogar den zusätzlichen Nachteil, dass es aus dem unattraktivsten Teil des alten Staates, einer öden Mondlandschaft bestand. Unerträgliche Lebensbedingungen führten zu Auswanderungen in großem Maßstab. Heute leben in Birmingham und Bradford mehr Kashmiris als in Mirpur oder Muzaffarabad. In London sitzt ein islamistischer Kashmiri als Vertreter von New Labour im Oberhaus, ein weiterer Kashmiri ist der Tory-Kandidat für Bolton East.

Nachdem er vier Jahre ohne Gerichtsverfahren in Haft gesessen hatte, wurde Sheikh Abdullah an einem kalten Morgen im Januar 1958 ohne Vorankündigung entlassen. Er lehnte das Angebot ab, sich in einem Regierungswagen fahren zu lassen und nahm ein Taxi nach Srinagar. Schon nach wenigen Tagen zog er bei Versammlungen im ganzen Land große Menschenmengen an. Dabei nutzte er die Gelegenheit, Nehru an sein Versprechen von 1947 zu erinnern. »Warum hast du nicht zu deinem Wort gestanden, Panditji?«, fragte Abdullah, und die Menge wiederholte die Frage im Chor. Im Frühjahr saß er erneut im Gefängnis. Diesmal berief sich die indische Regierung auf ein Gesetz aus der britischen Kolonialzeit und bereitete eine Anklage wegen Verschwörung gegen ihn, seine Frau und mehrere andere nationalistische Politiker vor. Daraufhin legte Nehru Einspruch ein, denn Akbar Jehan sollte nicht mit angeklagt werden. Es sei wegen ihrer Popularität nicht ratsam. Der Verschwörungsprozess begann 1959 und dauerte über ein Jahr. 1962 überstellte der Richter des Sondergerichts den Fall an eine höhere Instanz mit der Empfehlung, den Angeklagten nach Paragraphen des indischen Strafgesetzes zu verurteilen, wonach er mit dem Tod oder lebenslänglicher Haft bestraft werden sollte.

Im Dezember 1963 – zu dieser Zeit prüfte das höhere Gericht

immer noch die Verschwörungsklage – wurde aus dem Hazrat-Bal-Schrein in Srinagar das Haar vom Haupt des Propheten gestohlen. Es kam zum Aufruhr in der Stadt. Ein Aktionskomitee wurde gebildet, das Land war erneut gelähmt durch einen Generalstreik und Massendemonstrationen. Beunruhigt von den Ereignissen ordnete Nehru an, die Haarsträhne zu suchen – sie wurde binnen einer Woche gefunden. Aber war sie es wirklich? Ein Aktionskomitee wandte sich an islamische Experten, die die Haarsträhne einer Prüfung unterziehen sollten. Faqir Mirak Shah, der als der »heiligste der heiligen Männer« galt, verkündete, sie sei echt. Die Krise war vorerst gebannt, aber Nehru sah ein, dass man eine dauerhafte Lösung für Kashmir finden musste. Er hob die Verschwörungsklage gegen Abdullah auf, und der Löwe von Kashmir wurde nach sechs Jahren aus dem Gefängnis entlassen. Eine Million Menschen säumten die Straßen, um ihm zuzujubeln, und Nehru sprach von der Notwendigkeit, die Feindschaft zwischen Indien und Pakistan zu beenden.

Nehru hatte ein schlechtes Gewissen. Bei einem Treffen in Delhi erklärte er Abdullah, er wolle, dass das Kashmirproblem noch zu seinen Lebzeiten gelöst werde. Abdullah solle nach Pakistan reisen und die Meinung des Staatsoberhaupts General Ayub Khan einholen. Wenn Pakistan bereit sei, eine von Abdullah vorgeschlagene Lösung zu akzeptieren, werde er, Nehru, sich anschließen. Bis dahin sei Indien bereit, den freien Verkehr von Personen und Waren über die Waffenstillstandslinie zuzulassen. Optimistisch gestimmt flog Abdullah nach Pakistan. Nach einer Reihe von Gesprächen mit Ayub Khan gewann er den Eindruck, es seien Fortschritte erzielt worden. Am 27. Mai 1964 reiste er weiter nach Muzaffarabad, der Hauptstadt des von Pakistan kontrollierten Teils von Kashmir, wo er von einer großen Menschenmenge umjubelt wurde. Während er dort eine Pressekonferenz abhielt, stürmte einer seiner Mitarbeiter herein und teilte ihm mit, Radio All India habe soeben Nehrus Tod gemeldet. Sheikh Abdullah verlor die Fassung und brach in Tränen aus. Er sagte alle Termine ab und flog, begleitet vom pakistanischen Außenminister Zulfiqar Ali Bhutto, nach Delhi, um an der Beerdigung teilzunehmen.

Aus Furcht, dass es ohne Nehru möglicherweise keine friedliche Lösung für Kashmir geben würde, reiste Abdullah um die ganze Welt, um internationale Unterstützung zu bekommen. In mehreren Hauptstädten wurde er mit allen Ehren für ein Staatsoberhaupt empfangen. Seine Begegnung mit dem chinesischen Ministerpräsidenten Zhou Enlai (die ultrapatriotischen indischen Zeitungen schrieben gern »Chew and Lie«) löste in Indien Unruhe aus. Und so wurde Abdullah bei seiner Rückkehr erneut inhaftiert. Dieses Mal steckte man ihn und seine Frau in Gefängnisse, die weitab von Kashmir lagen. Wie üblich kam es zu Streiks und Demonstrationen. Die Folge waren Verhaftungen und einige Todesopfer.

Hierdurch sah sich das Militärregime in Pakistan bestätigt und entsandte im September 1965 mehrere Einheiten irregulärer Truppen in der Hoffnung, dass es zu Aufständen komme. Doch wie immer hatte es auch dieses Mal die Situation falsch eingeschätzt: Die Unruhen waren keineswegs Ausdruck propakistanischer Gefühle.

Die pakistanische Armee überschritt die Demarkationslinie, um Kashmir von Indien zu trennen. Das Oberkommando war zuversichtlich. Am Vorabend der Invasion verkündete der selbst ernannte Feldmarschall Ayub Khan großspurig, man könne vielleicht sogar Amritsar – die Lahore am nächsten gelegene indische Stadt – als Faustpfand einnehmen. Einer der höheren Offiziere (ebenfalls ein Onkel von mir) murmelte daraufhin laut: »Gebt ihm noch ein paar Whiskys, dann erobern wir auch noch Delhi.« Die überrumpelte indische Armee musste schwere Niederlagen einstecken und reagierte umso heftiger: Sie überschritt bei Lahore die pakistanische Grenze. Hätte der Krieg noch länger gedauert, wäre die Stadt gefallen, aber Ayub Khan wandte sich an

Washington und bat um Unterstützung. Daraufhin forderte die US-Regierung Moskau auf, Druck auf Indien auszuüben, und es kam zu einem Friedensabkommen, das in Taschkent unter dem wachsamen Blick Alexeij Kossygins unterzeichnet wurde.

Der Krieg war Bhuttos Idee. Nun entließ Ayub Khan, in Pakistan selbst wie auch im Ausland öffentlich gedemütigt, seinen Außenminister. Bhutto war immer das aufmüpfigste Mitglied der Regierung gewesen und hatte seine nationalistische Rhetorik von Mal zu Mal gesteigert, weil es ihn ärgerte, dass sein Dienstherr ein General war.

Aus Angst vor Protesten mieden die Minister der Regierung meist die Universitäten, doch wenige Jahre vor seiner Amtsenthebung, 1962, hatte Bhutto beschlossen, bei einer studentischen Veranstaltung über Kashmir an der Punjab University in Lahore aufzutreten, an der auch ich teilnahm. Er sprach zwar sehr gewandt, aber damals interessierten wir uns eher für die innenpolitischen Verhältnisse unseres Landes. Es kam zur Diskussion, und plötzlich hörte er mitten im Satz zu reden auf und warf uns einen aggressiven Blick zu. »Was zum Teufel wollen Sie eigentlich? Stellen Sie mir Ihre Fragen, ich werde sie beantworten!« Ich hob die Hand. »Wir sind alle für eine demokratische Volksabstimmung in Kashmir«, begann ich, »aber wir möchten, dass auch in Pakistan demokratisch abgestimmt wird. Warum sollten wir Ihnen glauben, dass Sie Demokratie in Kashmir fordern, wenn sie nicht einmal hier existiert?«

Er starrte mich wütend an, ließ sich aber nicht beirren und wies darauf hin, dass er sich nur bereit erklärt habe, über Kashmir zu sprechen. Daraufhin kam es zum Tumult. Alle verlangten eine Antwort und sangen Parolen. Dies ging so weit, dass Bhutto schließlich seine Jacke auszog und einen Zwischenrufer zu einem Boxkampf draußen aufforderte. Die Studenten brachen in höhnisches Gelächter aus, dann wurde die Veranstaltung plötzlich abgebrochen. An jenem Abend bedachte uns Bhutto mit fürchterlichen Flüchen und schmetterte ein geleertes Whiskyglas nach dem anderen an die Wand – ein affektiertes Gehabe, das er bei einem Staatsbesuch in Moskau aufgeschnappt hatte. Viele Monate später erzählte er mir, wie ihm bei diesem Zusammenstoß die Macht der Studenten bewusst wurde.

Eine Woche nach Bhuttos Entlassung im Frühjahr 1966 – ich studierte damals bereits in England – rief mich J. A. Rahim an, der pakistanische Botschafter in Frankreich. Er müsse mich unbedingt am nächsten Tag in Paris treffen. Er war bereit, mein Rückflugticket zu bezahlen, und bot mir als Köder ein »sensationelles Mittagessen« an.

In Orly holte mich ein Chauffeur der Botschaft ab und fuhr mich zu dem Restaurant. Seine Exzellenz, ein kultivierter Bengali Ende fünfzig, begrüßte mich mit einer verschwörerischen Herzlichkeit, die mich überraschte, denn wir waren uns nie zuvor begegnet. Mitten bei der Vorspeise fragte er mich leise: »Glauben Sie nicht auch, dass es Zeit ist, den Feldmarschall loszuwerden?« Ich verbarg meine Überraschung, um nicht zu sagen Angst, und bat ihn, sich konkreter auszudrücken. Er hob die Hand, richtete zwei Finger auf mich und zog einen imaginären Abzug. Also wollte er, dass ich half, Ayub Khans Ermordung zu organisieren. Am liebsten hätte ich sofort auf die Hauptspeise verzichtet und mich aus dem Staub gemacht. Das konnte nur eine Falle sein. Rahim bestellte eine weitere Flasche Château Latour – mit freundlicher Genehmigung der pakistanischen Regierung. Ich wies auf die Gefahr hin, die es mit sich brächte, einen einzelnen General zu beseitigen, die Armee aber ansonsten unangetastet zu lassen. Und ganz abgesehen davon, fügte ich hinzu, sei es schwierig für mich, den Mord von Oxford aus zu organisieren. Er starrte mich an. »Es sind drastische Maßnahmen erforderlich«, sagte er, »und Sie versuchen nur, sich davor zu drücken. Nach diesem jämmerlichen Krieg ist die Armee geschwächt. Alle haben die Nase voll. Wenn wir ihn irgendwie loswerden könnten, wäre der Weg frei. Ich wundere mich über Sie. Ich erwarte ja nicht, dass Sie es selbst machen. Einer Ihrer Onkel prahlt doch ständig von der langen Ahnenreihe der Killer in Ihren Dörfern, die früher für Ihre Familie gearbeitet haben.«

Ich versuchte, das Gespräch auf Kashmir zu lenken, aber Rahim war nicht daran interessiert. »Kashmir«, meinte er, »ist unwichtig. Wir haben es auf die Diktatur abgesehen.« Eine Woche darauf trat Rahim von seinem Posten zurück, und wiederum wenige Monate später tauchte er zusammen mit Bhutto in London auf und zitierte mich ins Hotel Dorchester. Ich hatte gehört, dass Bhutto deprimiert sei, doch an diesem Tag war davon jedenfalls nichts zu spüren. Er gehörte zu jenen Menschen, die angesichts der Kürze des Lebens meinen, jeder Tag müsse von Glanz, Romantik und Leidenschaft erfüllt sein. Aber er konnte auch albern, arrogant, kindisch und nachtragend sein – Fehler, die ihn das Leben kosten sollten.

Als Rahim kurz den Raum verließ, erzählte ich ihm von unserem Mittagessen in Paris, aber Bhutto wusste bereits Bescheid. Er lachte und beharrte darauf, dass Rahim mich nur getestet hätte. Dann flüsterte er: »Hat er Sie bei dieser Gelegenheit auch seiner neuen Geliebten vorgestellt?« Ich schüttelte bedauernd den Kopf. »Sie soll sehr hübsch und jung sein. Er versteckt sie vor mir. Ich hatte gehofft, Sie …« In diesem Moment kam Rahim mit einem dicken Manuskript zurück. Es war das Manifest der pakistanischen Volkspartei, das er nach Bhuttos Anweisungen verfasst hatte.

»Gehen Sie nach nebenan und lesen es sorgfältig durch, dann sagen Sie mir, was Sie davon halten«, befahl Bhutto. »Ich möchte, dass Sie Gründungsmitglied werden.« Als ich es zur Hälfte gelesen hatte, trat der Verfasser mit einem entschuldigenden Lächeln ein. »Bhutto möchte allein sein. Er hat einen Anruf nach Genf angemeldet. »Wussten Sie, dass er dort eine japanische Geliebte hat? Haben Sie sie mal kennen gelernt?« Ich schüttelte den

Kopf. »Er versteckt sie vor mir«, meinte Rahim. »Warum, ist mir ein Rätsel.«

Ich las das Manifest zu Ende. Es war konsequent in der anti-imperialistischen Rhetorik, was die Selbstbestimmung Kashmirs, die Landreform und die Verstaatlichung der Industrie betraf, im Hinblick auf die Religion aber viel zu ungenau. Ich konnte nicht in eine Partei eintreten, die nicht hundertprozentig für einen laizistischen Staat eintrat. Rahim lächelte zustimmend, aber Bhutto war wütend und beschimpfte uns beide. Beim Abendessen fragte ich ihn dann, warum er das Land in den Krieg um Kashmir gezogen hätte, den es von vornherein nicht hatte gewinnen können. Die Antwort verschlug mir die Sprache: »Es war die einzige Möglichkeit, diese verfluchte Diktatur zu schwächen. Und bald wird das Regime ganz auseinander brechen.«

Die Ereignisse, die nun folgten, schienen Bhuttos Ansicht zu bestätigen. 1968 wurde die pakistanische Regierung durch lang anhaltende Studenten- und Arbeiterunruhen gestürzt. Die traditionellen Linksparteien begriffen zwar nicht die Bedeutung des Geschehens, aber Bhutto stellte sich an die Spitze der Revolte und versprach, dass man nach dem Sieg des Volkes »die Generäle in Röcke stecken und durch die Straßen marschieren lassen werde wie Zirkusaffen«. Damit begann sein politischer Aufstieg.

Als ich ihn im August 1969 in Karachi traf, war er prächtigster Laune. Allgemeine Wahlen waren ausgerufen worden, und Bhutto war überzeugt, dass seine Partei gewinnen würde.

Bhutto kam dann zwar in einem verkleinerten Pakistan tatsächlich an die Macht, und die Kashmir-Frage schien vorerst gelöst: In dem indischen Luftkurort Simla stimmte er 1972 der Erhaltung des Status quo in Kashmir zu und bekam als Gegenleistung die 90 000 Soldaten ausgeliefert, die damals nach dem Fall Dakkas im ehemaligen Ostpakistan in Gefangenschaft geraten waren. In Pakistan waren alle politischen Gruppen, mit Ausnahme der religiösen Dschamaat-al-Islamija, entsetzt über die an den muslimischen Brüdern und Schwestern in Bengalen verübten Gräueltaten. Hätte es zu diesem Zeitpunkt ein Referendum gegeben, hätte die Mehrheit für einen Verbleib in der indischen Föderation gestimmt, aber Delhi wollte das Risiko nicht auf sich nehmen. Pakistan verlor noch mehr an Ansehen, als sein dritter Militärdiktator, der von Washington eingesetzte Zia ul-Haq, Bhutto 1979 nach einem manipulierten Gerichtsverfahren hinrichten ließ. Eine riesige Kundgebung in Srinagar endete mit Gebeten der Menschenmenge für den toten Politiker.

Nachdem Sheikh Abdullah (der Mitte der siebziger Jahre aus Krankheitsgründen aus dem Gefängnis entlassen worden war) seinen Frieden mit Delhi geschlossen hatte, wurde er 1977 erneut Chief Minister – mit freundlicher Genehmigung von Mrs. Gandhi. Sie hatte Opportunisten der Kongresspartei im Parlament von Kashmir gezwungen, die selbst wiederum auf dubiose Weise ihren Sitz erhalten hatten, die Seite zu wechseln und für ihn zu stimmen. Der Wechsel ging ruhig vonstatten: Die Kashmiris waren zwar erfreut über Abdullahs Rückkehr, doch ihnen war durchaus bewusst, dass Indira Gandhi den Ton angab.

Abdullah wirkte ausgebrannt und erschöpft. Während seines langen Gefängnisaufenthalts hatte nicht nur seine Gesundheit gelitten, sondern auch seine politische Einstellung. Wie andere Potentaten auf dem Subkontinent versuchte auch er jetzt, eine politische Dynastie zu gründen. Angeblich bestand Akbar Jehan darauf, und er war zu alt und schwach, um sich dagegen zur Wehr zu setzen. Bei einer großen Kundgebung in Srinagar ernannte er seinen ältesten Sohn Farooq Abdullah – ein liebenswürdiger Arzt, der den Wein und die Ausschweifung liebte, aber nicht besonders intelligent war – zu seinem Nachfolger.

Als er 1982 im Sterben lag, erzählte er einem alten Freund von einem Traum, der ihn die letzten dreißig Jahre verfolgt habe. »Ich bin noch ein junger Mann. Ich trage ein Hochzeitsgewand. Ich sitze auf einem Pferd. Meine Gäste verlassen unser Haus mit dem ganzen üblichen Aufzug, und wir gehen zum Haus der Braut. Doch als ich dort ankomme, ist sie nicht da. Sie kommt auch nicht mehr. Dann wache ich auf.« Die vermisste Braut, so schien mir immer, war Nehru. Abdullah erholte sich nie richtig von dem Verrat, den er an ihm verübt hatte.

1984 fragte ich Indira Gandhi einmal, warum Indien in der Kashmir-Frage die Nerven verloren habe. Sie gab keine Erklärung für das Versäumnis, ein Referendum abzuhalten, und stimmte mir zu, dass 1979 vielleicht der richtige Zeitpunkt gewesen wäre, das Risiko auf sich zu nehmen. Doch, so rief sie mir mit einem Lächeln ins Gedächtnis: »Damals war ich nicht an der Macht. Wenn ich Premierministerin gewesen wäre«, fügte sie hinzu, »hätte ich Bhutto nicht nebenan aufhängen lassen.«

Als ich Sheikh Abdullahs Sohn bei einer geheimen Sitzung der Oppositionsparteien in Kalkutta traf, übte er scharfe Kritik an Delhi wegen seiner Versäumnisse in Kashmir. Aber er war noch immer der Überzeugung, dass die Bevölkerung bei einem Referendum nicht für Pakistan stimmen würde. »Sie ist langsam zu alt«, sagte er über Mrs. Gandhi. »Sehen Sie mich an. Wer bin ich denn schon? Nach indischer Ansicht ein Niemand. Ein Provinzpolitiker. Hätte sie mich in Ruhe gelassen, gäbe es keine Probleme. Ihre Kongressleute in Kashmir waren verbittert, weil sie unterlegen waren, also begannen sie zu agitieren, aber wofür? Für die Macht, die ihnen aufgrund der Wahl versagt geblieben war. Ich habe Mrs. Gandhi mehrmals getroffen und ihr versichert, dass wir loyal seien, es auch zu bleiben beabsichtigten und freundliche Beziehungen zur Zentralregierung wünschten. Aber sie war so paranoid, dass sie die völlige Unterwerfung verlangte. Das aber können wir nicht hinnehmen. Daher gab sie der Kongresspartei in Kashmir grünes Licht, unsere Regierung funktionsuntüchtig zu machen. Damit hat sie aus mir über Nacht einen *nationalen* Führer gemacht. Ich wäre viel glücklicher gewesen, wenn man mich in unserem schönen Kashmir in Ruhe gelassen hätte.«

Als ich Indira Gandhi das erzählte, schnaubte sie verächtlich. »Ja, ja, das *sagt* er. Zu mir hat er auch so etwas gesagt, aber er handelt nicht danach. Er lügt einfach zu viel. Dem Jungen kann man kein bisschen trauen.« Inzwischen hatten ihre »Quellen« sie informiert, dass Pakistan eine Militärinvasion in Kashmir plante. Konnte das möglich sein? Ich zweifelte daran. General Zia ul-Haq war zwar brutal, aber nicht dumm. Er wusste, dass es ein fataler Fehler wäre, Indien zu provozieren. Außerdem war die pakistanische Armee in Afghanistan involviert, das gegen die Sowjets kämpfte. Und in Kashmir eine zweite Front zu eröffnen wäre ziemlich dumm gewesen.

»Ich muss mich über Sie wundern«, sagte sie. »Anscheinend sind Sie der Einzige, der Generäle für rationale Menschen hält.«

»Es gibt einen Unterschied zwischen Irrationalität und Selbstmord«, erwiderte ich.

Sie lächelte, schwieg aber. Und um zu demonstrieren, wie unvernünftig Militärs denken, erzählte sie, dass ihre Generäle nach der Kapitulation Pakistans in Bangladesh den Krieg in Westpakistan hätten fortsetzen wollen, um »den Feind endgültig zu erledigen«. Sie habe sich aber durchgesetzt und einen Waffenstillstand angeordnet. Sie war nämlich der Ansicht, dass in Indien die Armee unter ziviler Kontrolle stehe, in Pakistan aber nur den eigenen Gesetzen folge.

Noch am selben Abend bekam ich einen Anruf von einem Beamten. »Ich glaube, Sie hatten ein sehr interessantes Gespräch mit der Premierministerin. Morgen findet ein Treffen unseres informellen Gesprächskreises statt. Wir würden uns freuen, wenn Sie kommen und sich mit uns unterhalten würden.« Die Mitglieder dieses so genannten Gesprächskreises waren Beamte, Geheimdienstmitarbeiter und Journalisten sowohl aus der US-amerikanischen als auch der sowjetischen Lobby. Sie versuchten mich davon zu überzeugen, dass ich mich irrte und die pakistanischen Generäle einen Angriff planten. Nachdem wir zwei

Stunden lang unsere Argumente und Gegenargumente ausgetauscht hatten, war ich erschöpft. »Hören Sie zu«, sagte ich, »wenn Sie hier einen Präventivschlag gegen Zia oder den Atomreaktor in Kahuta vorbereiten, ist das Ihre Entscheidung. Vielleicht bekommen Sie sogar Unterstützung aus Sindh und Belutschistan, aber glauben Sie nicht, dass die Welt es Ihnen abnimmt, wenn Sie behaupten, das sei nur eine Antwort auf die pakistanische Aggression. Im Augenblick machen Sie sich damit jedenfalls unglaubwürdig.« Die Versammlung war zu Ende. Nach London zurückgekehrt, erzählte ich Bhuttos Tochter Benazir davon.

»Warum haben Sie abgestritten, dass Zia geplant hat, in Kashmir einzumarschieren?«, unterbrach sie mich.

Vier Monate später wurde Indira Gandhi von ihren Sikh-Leibwächtern ermordet. Im Jahr darauf sagte mir ein Beamter, den ich in Delhi traf, es gäbe Beweise dafür, dass die Mörder Verbindungen zu sikhistischen Ausbildungslagern in Pakistan hätten. Diese seien mit US-Hilfe eingerichtet worden, um die indische Regierung zu destabilisieren. Er war überzeugt, dass die USA Indira Gandhi ausschalten wollten, um einen Schlag gegen Pakistan zu verhindern, der das Vorgehen des Westens in Afghanistan womöglich zum Scheitern gebracht hätte.

Auch Bhutto glaubte, Washington habe den Staatsstreich, der zu seinem Sturz geführt hatte, dirigiert. Er hatte ein Testament aus seiner Todeszelle geschmuggelt, in dem von Kissingers Drohung die Rede war, »ein schreckliches Exempel« an ihm zu statuieren, wenn er in der Frage der atomaren Bewaffnung nicht nachgäbe. In Bangladesh beharren viele Menschen bis heute darauf, dass der CIA mit Hilfe saudischer Mittelsmänner Mujib zu Fall gebracht habe. Mujibs Tochter Haseena, gegenwärtig Premierministerin von Bangladesh, befand sich damals außer Landes und überlebte so als einziges Mitglied der Familie den Anschlag. Mögen die USA darin verwickelt gewesen sein oder nicht, jedenfalls war auffällig, dass im Zeitraum von zehn Jahren drei populistische Politiker, die den US-Interessen in der Region feindlich gegenüberstanden, aus dem Weg geräumt wurden.

Nach dem Bruch von 1971 schien Pakistan das Interesse an Kashmir und Südasien insgesamt zu verlieren. Als 1980, ein Jahr nach Bhuttos Hinrichtung, ein junger und ambitionierter Mitarbeiter des amerikanischen Außenministeriums dem Land einen Besuch abstattete, riet er Zia, einmal darüber nachzudenken, wie viele Petrodollar Saudi-Arabien und die Golfstaaten angehäuft hätten. Und schließlich sei nur Pakistans große Armee in der Lage, den Status quo am Golf zu garantieren. Die Araber würden die Rechnung bezahlen. Francis Fukuyamas Positionspapier »The Security of Pakistan: A Trip Report« wurde von der Militärdiktatur sehr ernst genommen. Und so entsandte sie Offiziere und Soldaten zur Festigung der inneren Sicherheit nach Riad und Abu Dhabi. Dort waren die Gehälter viel höher, und eine Versetzung an den Golf war sehr begehrt. Pakistan exportierte außerdem sorgfältig ausgewählte Prostituierte, die man in Elitecolleges für Mädchen rekrutierte. Die islamische Solidarität war grenzenlos.

Da sich die Aufmerksamkeit Islamabads nun auf andere Regionen richtete, hätte die indische Regierung eine gütliche Einigung für Kashmir erreichen können. Doch in den achtziger Jahren griff Indien in der Region mit zunehmender Härte ein, setzte gewählte Regierungen ab, rief den Notstand aus und installierte mal nachgiebige, mal hart durchgreifende Gouverneure. Besonderer Beliebtheit in Delhi erfreute sich der Despot Jagmohan, der für das Verbot der ultra-säkularen Jammu and Kashmir Liberation Front verantwortlich war und ihren Anführer Maqbool Bhat ins Gefängnis stecken und foltern ließ. Junge Männer wurden von indischen Soldaten verhaftet, gefoltert und umgebracht, Frauen jeden Alters missbraucht und vergewaltigt. Damit sollte der Wille des Volkes gebrochen werden, doch stattdessen griffen viele junge Männer jetzt zu den Waffen, ohne sich darum zu kümmern, wer sie gekauft hatte.

Ich hatte Bhat Anfang der siebziger Jahre im von Pakistan kontrollierten Teil Kashmirs kennen gelernt. Er betrachtete Islamabad
und Neu-Delhi gleichermaßen als Feinde und war offenbar entschlossen, ein Kashmir wieder erstehen zu lassen, das weder dem
einen noch dem anderen hilflos ausgeliefert war. Er war ein großer Bewunderer Che Guevaras, und als ich mit ihm sprach – nach
den pakistanischen Aufständen von 1969, die zum Sturz Ayub
Khans geführt hatten, herrschte noch eine euphorische Stimmung –, träumte er von einem raschen Sieg in Kashmir. Als ich
andeutete, dass die schwankende Begeisterung einer kleinen
Minderheit nicht für einen Sieg reiche, rief er mir ins Gedächtnis, dass jede revolutionäre Gruppe einmal als Minderheit begonnen habe.

1976 verhafteten die indischen Behörden Bhat, beschuldigten
ihn des Mordes an einem Polizisten und verurteilten ihn zum
Tode. Er blieb bis 1984 als Faustpfand im Gefängnis, dann wurde er hingerichtet, weil militante Kashmiris in Birmingham einen
indischen Diplomaten entführt und ermordet hatten. Das Vakuum, das er hinterließ, füllten bald bärtige Männer, die von Pakistan eingeschleust, bewaffnet und finanziert wurden.

Afghanistan geriet Ende der neunziger Jahre unter die Kontrolle der Taliban. Pakistan selbst befand sich in der Gewalt
korrupter Politiker, und in Indien erstarkte die fundamentalis-
tisch-hinduistische Bharatiya Janata Party (BJP). In Kashmir
wuchs die Zahl der bewaffneten islamistischen Gruppen, denn
immer mehr Veteranen kamen aus Afghanistan über die Grenze,
um in Kashmir ihren Kampf um die Vorherrschaft fortzusetzen.
Die Hauptrivalen waren die einheimischen Hizbul Mudschaheddin und die von Pakistan finanzierten und bewaffneten Lashkar-
i-Taiba und Harkatul Mudschaheddin. Die militanten Mitglieder
dieser Gruppen brachten sich gegenseitig um, entführten westliche Touristen, vertrieben kashmirische Hindus, führten Strafak-
tionen gegen aufgeschlossene kashmirische Muslime durch und

legten auch gelegentlich ein paar indische Soldaten und Beamte um. Wenn es ihnen gerade passte, einigten sie sich mit Delhi, statt sich mit anderen Gruppen zusammenzuschließen, um der indischen Regierung einen Schlag zu versetzen. Gouverneur Jagmohan versuchte, diesen muslimischen Gruppen die Rekrutierung neuer Mitglieder so schwer wie möglich zu machen. Nächtelange Razzien gehörten zum Alltag. Junge Männer wurden von indischen Soldaten verschleppt und verschwanden für immer. In seinen Memoiren mit dem Titel »Frozen Turbulence«, einem Musterbeispiel der Selbstbeweihräucherung, erklärte Jagmohan: »Es war klar, dass ich in einem Tal voller Skorpione nicht barfuß gehen konnte. Ich durfte nichts dem Zufall überlassen.« Die Folge seiner Politik war, dass die bewaffneten Gruppen immer mehr Zulauf bekamen.

Kashmir wurde, mehr oder weniger ungeschickt, bis 1996 von Delhi aus regiert. Dann kam Farooq Abdullah wieder an die Macht – die meisten anderen Parteien hatten die Wahlen boykottiert. Seither hat seine Zusammenarbeit mit der fundamentalistischen Hindupartei BJP sein Ansehen vollends zerstört, und wenn es freie Wahlen gäbe, wäre es mit seiner politischen Karriere bald vorbei.

Die indische und die pakistanische Armee gehören zu den größten der Welt. Im September 1998 beschloss das pakistanische Oberkommando, die Verteidigungsstärke der Armee an der indischen Grenze in der Region Kargil-Drass zu testen, in der es praktisch keine Verteidigungsanlagen gibt. Es handelt sich um ein ödes Gebiet im Himalaya, das fast 4600 Meter über dem Meeresspiegel liegt, dort, wo Kashmir an Pakistan und China grenzt. Es besteht aus Bergketten und tiefen Tälern mit einer durchschnittlichen Temperatur von minus 20 °C. Hier wachsen gelbe Wildrosen, die jeden Sommer einen Monat lang blühen. Die Dorfbewohner glauben, dass die Rose nahrhaft für den Körper ist und heilsam für die Seele, und essen ihre Blütenblätter. Die meisten Bewohner sind schiitische Muslime oder Buddhisten, die ein ruhiges, harmonisches Leben führen und unter anderem eine Abneigung gegen die fundamentalistischen Einflüsse von nebenan miteinander teilen. Die pakistanische Armee überschritt mit vollständiger Rückendeckung durch die Regierung von Nawaz Sharif die Demarkationslinie in Begleitung von Soldaten, die – wie 1947 und 1965 – als irreguläre Truppen und Lashkar-i-Taiba-Einheiten verkleidet waren, und besetzte mehrere Bergkämme und Dörfer. Daraufhin verlegte die indische Armee Truppen in das Gebiet von Srinagar, und seitdem gehören Artilleriegefechte zum täglichen Albtraum der Einheimischen.

Warum ließ sich Pakistan erneut auf ein Abenteuer ein, das strategisch betrachtet keinen Sinn gab? Hier konnten siegreiche Generäle oder Politiker nirgendwo triumphierend Einzug halten. Im Gegensatz zu den Islamisten wussten die meisten Bürger Pakistans kaum etwas von dem, was sich in den Bergen abspielte. Und sie waren auch nicht sonderlich am Schicksal Kashmirs interessiert. Die wahren Gründe für diesen Krieg sind ideologischer Natur. Hafiz Muhammad Saeed, der oberste Mullah der Lashkar, erklärte Pamela Constable von der »Washington Post«: »Vergeltung ist unsere religiöse Pflicht. Wir haben die sowjetische Supermacht in Afghanistan geschlagen, wir können auch die indischen Streitkräfte schlagen. Im Kampf steht uns Allah bei, und wenn wir einen Dschihad beginnen, wird uns keine Macht etwas entgegensetzen können.« Mitglieder der pakistanischen Regierung äußerten sich in der gleichen Weise. Die Inder seien nicht so stark wie die Sowjets, und da sie in der Region nicht mehr über das Atomwaffenmonopol verfügten, bestehe keine Gefahr, dass ein begrenzter Krieg eskalieren würde. Noch wichtiger aber war, dass das Vorgehen Pakistans den Konflikt internationalisieren und wie in Afghanistan und auf dem Balkan die Vereinigten Staaten auf den Plan rufen würde.

Im Kriegsgebiet selbst erlitt Indien schwere Verluste, woraufhin es das Truppenkontingent erhöhte, Kampfhubschrauber und Jagdbomber einsetzte und pakistanische Einrichtungen jenseits der Grenze bombardierte. Wenn die NATO ohne gesetzliche Legitimierung Grenzen überfliegen konnte, konnten sie das auch. Im Mai 1999, kurz bevor die gelben Wildrosen blühten, hatte die indische Armee die meisten Bergketten, die sie zuvor verloren hatte, wieder zurückerobert. Einen Monat später standen ihre Truppen kurz davor, die Demarkationslinie zu überschreiten. Die pakistanische Regierung geriet in Panik, fiel in alte Gewohnheiten zurück und bat das Weiße Haus verzweifelt um Hilfe.

Daraufhin entsandte die US-Regierung einen General nach Pakistan, der ein ernstes Wort mit den Militärs sprechen sollte, und Nawaz Sharif wurde ins Weiße Haus zitiert. Clinton verlangte von ihm, sowohl sämtliche Truppen als auch die Fundamentalisten aus den besetzten Gebieten abzuziehen, ohne eine Gegenleistung dafür anzubieten. Kein Druck auf Indien. Kein Geld für Pakistan. Sharif kapitulierte trotzdem. Sein Informationsminister Mushahid Hussain hatte der Presse noch kurz vor dem Besuch in Washington erklärt, dass »wir den Aufruhr in Kashmir nicht zu verantworten haben. Er geht vom Volk aus, ist spontan und eine innere Angelegenheit, und wir können ihn nicht beenden«. Aber es ging eben doch. Der Konflikt war tatsächlich zu einer internationalen Angelegenheit geworden, nur profitierte Pakistan nicht so davon, wie es sich das vorgestellt hatte. Da der damalige Hauptfeind der Vereinigten Staaten, China, mit Pakistan paktierte, ließen die USA Pakistan fallen und tendierten jetzt deutlich zu Indien.

Insgeheim ließ Sharif die Amerikaner wissen, dass er eine Annäherung an Indien gutheiße und sich gegen den Krieg in Kargil gewehrt habe, von der Armee aber ausmanövriert worden sei. In Washington und Delhi kam die Lüge gut an, verärgerte jedoch das pakistanische Oberkommando. Als Sharif zurückkehrte, heckte er einen Plan aus, um den Oberbefehlshaber der Armee, General Pervaiz Musharraf, durch einen seiner Neider, General Khwaja Ziaudin, zu ersetzen. Ziaudin war Chef des pakistanischen Geheimdienstes, der von vielen als die »unsichtbare Regierung« gefürchtet wurde. In der Absicht, die Zustimmung für Ziaudins Ernennung einzuholen, reiste Sharifs Bruder Shahbaz daher mit Ziaudin im Schlepptau nach Washington, wovon die Öffentlichkeit nichts erfuhr. Die beiden Männer wurden im Weißen Haus, im Pentagon und beim CIA empfangen und machten dort viele voreilige Versprechungen. Doch Sharifs Plan scheiterte, und Musharraf regiert heute Pakistan.

Weder Pakistan noch Indien stehen der Sache der Unabhängigkeit Kashmirs wohlwollend gegenüber. Auch Peking nicht, denn es fürchtet ein Übergreifen auf Tibet. Aber die Unabhängigkeit ist offenbar genau das, was das kashmirische Volk wünscht. Farooq Abdullah und seine Genossen von der BJP hecken mit Unterstützung Karan Singhs Pläne für eine Balkanisierung der Provinz aus und teilen sie nach religiös-ethnischen Kriterien in acht Einheiten auf. Unterdessen hat die Jammu and Kashmir Liberation Front eine Karte herausgegeben, auf der die Grenzen eines unabhängigen Kashmir zu sehen sind, wie sie es sich vorstellen: Es besteht aus Gebieten, die gegenwärtig von Indien, Pakistan und China besetzt sind. Hashim Qureshi, einer der Leiter der Organisation, erklärte mir, man strebe gar nicht unbedingt einen modernen Staat an und sei daher auch nicht an einer eigenen Armee interessiert. Viel lieber wäre ihnen, wenn China, Indien und Pakistan die Sicherheit ihrer Grenzen garantieren würden, sodass sich Kashmir, der Auslöser dreier Kriege, zu einem laizistischen, multikulturellen Paradies entwickeln könne, das indischen wie pakistanischen Bürgern gleichermaßen offen stehe. Gegenwärtig ist das ein hehres, aber utopisches Ziel. Denn die politische Landschaft ist ausgesprochen trostlos. (In einer Broschüre, die eine pakistanische Dschihad-Gruppe kürzlich herausgegeben hat, wird um Spenden für den Kampf gebeten: Die Kosten, um einen Dschihad beginnen zu können, werden auf insgesamt 140 000 Rupien beziffert, der Preis für eine Kalaschnikoff wird mit 20 000, der für eine Gewehrkugel mit 35 Rupien und der für ein Funkgerät der Marke Kenwood mit 28 000 Rupien angegeben.)

Der 11. September hat an der Situation der Menschen, die hier in Kashmir leben, nichts geändert. Schon wenige Tage später verübte die Jaish-i-Muhammad in Srinagar einen brutalen Terrorakt. Über vierzig Menschen kamen dabei ums Leben. Sie ist auch für den Tod einer Gruppe von Christen verantwortlich, die ein paar Wochen später in der pakistanischen Stadt Bahawalpur starben. Und die Jaish-i-Muhammad kann man nicht entwaffnen, weil sie eine Schöpfung des pakistanischen militärischen Geheimdienstes ist. Die Verbindungen zwischen offiziellen und inoffiziellen Elementen sind unergründlich.

Viele Kashmiris nehmen die Schönheiten des Frühjahrs und Sommers nicht mehr wahr. Aus Angst vor dem, was unmittelbar und zukünftig bevorstehen könnte, ziehen sie es vor, nur in der Gegenwart zu leben. Ihre schlimmsten Befürchtungen drohen Wirklichkeit zu werden – wenn nicht die Vernunft siegt, was in diesen schrecklichen Zeiten der Gegenaufklärung unwahrscheinlich ist.

Das Kapitel der Geschichte Südasiens, das mit der Teilung von 1947 begann, muss geschlossen werden. Die meisten Menschen wünschen sich einen dauerhaften Frieden. Heute gibt es in der Region drei große Staaten: Indien, Pakistan und Bangladesh mit einer Gesamtbevölkerung von weit über einer Milliarde Menschen. Hinzu kommen, an ihrer Peripherie, Nepal, Bhutan und Sri Lanka. Zwar sprechen die Menschen in diesen Ländern verschiedene Sprachen, doch durch ihre gemeinsame Kultur und Geschichte sind sie eng miteinander verbunden. Die wirtschaftliche und politische Logik zwingt geradezu zur Bildung einer Südasiatischen Union, eines freiwilligen Zusammenschlusses von Republiken. In einem solchen Bündnis, in dem kein Land um seine Souveränität zu fürchten hätte, könnte Kashmir – und den Tamilen in Sri Lanka – vollständige Autonomie garantiert werden. Geteilte Souveränität ist gewiss besser als gar keine. Eine massive Reduzierung der Militärausgaben sowie Handelsbeziehungen mit China und dem Fernen Osten würden sogar dem Kontinent als Ganzem zu Gute kommen. Die Vereinigten Staaten spielen gern die Rolle des höchsten Richters, doch ihre Lösungsvorschläge dienen stets nur den eigenen Interessen. Es wäre vernünftiger, wenn die südasiatischen Länder und andere Mächte in der Region, wie beispielsweise China, Amerika als Vermittler umgehen und direkt miteinander sprechen würden. Wenn sie es nicht tun, müssen sie vielleicht irgendwann in diesem neuen Jahrhundert feststellen, dass im freien Spiel der Kräfte eines zügellosen Kapitalismus sowohl China als auch Indien zerrieben werden. Das sollte uns zu denken geben.

4 Die Farbe Khaki

Die 54-jährige Geschichte Pakistans ist eine Aneinanderreihung langwieriger Duelle zwischen Generälen und Politikern, wobei sich auf beiden Seiten zivile Beamte als Sekundanten betätigt haben. Die Statistiken zeigen, wer den Sieg davontrug. Elf Jahre lang regierten Bürokraten und ihnen hörige Politiker, die niemandem Rechenschaft schuldeten, das Land, 29 Jahre lang die Armee, und 15 Jahre lang waren gewählte Repräsentanten an der Macht. Eine düstere Bilanz. Letztlich sind die pakistanischen Generäle eher jener Institution, die sie hervorgebracht hat, und ihren Hintermännern im Ausland treu geblieben als abstrakten Ideen wie Demokratie, Islam oder selbst Pakistan. Der gegenwärtige Staat ist eine gestutzte Version jenes Gebildes, das von 1947 bis 1970 existierte. Der Zusammenbruch des alten Staates und der Verlust der Mehrheit seiner Bevölkerung (Bangladesch) waren die unmittelbare Folge der Weigerung des Militärs, den Willen der Wähler anzuerkennen. Unter diesen Umständen ist die Selbstdarstellung der Armee als einzige Institution, die das Land zusammenhält, einigermaßen grotesk.

Als das pakistanische Militär im Oktober 1999 die Macht ergriff, reagierte man im In- und Ausland erfreut. Es war der vierte Putsch in vier Jahrzehnten, jedoch der erste, der trotz heftiger Missbilligung der USA geschah. Dies, die pseudomoderne Rhetorik des neuen Militärmachthabers und die Absetzung Nawaz Sharifs – des korruptesten Politikers des Landes – führte zu einer allgemeinen Amnesie. Es war, als hätte die pakistanische Armee, jene Institution, die das politische Leben des Landes seit 1958 beherrschte, aufgehört zu existieren oder hätte sich auf wundersame Weise verwandelt. Das Weltbild liberaler Wissenschaftler in New York und Lahore geriet ins Wanken, und Anatol Lieven bezeichnete in der *London Review of Books* Musharrafs Regierung als »die progressivste, die Pakistan seit einer Generation erlebt hat«. Die hermaphroditische Community Pakistans distanzierte sich allerdings von dieser absurden Euphorie.

In der südasiatischen Kultur spielen die Hermaphroditen seit langem eine besondere Rolle. Jahrhundertelang wurden sie zu Hochzeiten geladen, um obszöne Lieder zu singen und vor Männern und Frauen anzügliche Tänze aufzuführen. Auf Grund ihrer biologischen Eigenart wurden ihre Scherze und Satiren in einer männlich dominierten Gesellschaft weit gehend akzeptiert: Weder männlich noch weiblich, konnten sie sich über beide Geschlechter ungestraft lustig machen. Dies gewährte ihnen eine verbale sexuelle Freiheit, die Männern und Frauen bei öffentlichen Auftritten nicht gestattet war, weder in der Stadt noch auf dem Land.

Die hermaphroditischen Sänger Pakistans reagierten auf das *Khaki*-Regime mit beißender politischer Satire. In der Zeit der ersten drei Militärdiktaturen war manch ein Hochzeitsgast verblüfft über die scharfen Angriffe auf die Generäle. Anwesende Armeeoffiziere der unteren Ränge lachten mit. Schließlich waren es nur die Hermaphroditen, und jeder wusste, dass ihre kritische politische Einstellung ihrer materiellen Bedürftigkeit geschuldet war. Doch aus welchem Grund auch immer, die couragierten Sänger hatten für Musharrafs Putsch keine freundlichen Worte übrig. Nach dem 11. September stellten sie ihrem Publikum, begleitet von ausgesprochen vulgären Gesten, folgendes Rätsel: »Was ist braun und geht sofort in Habachtstellung, sobald die weiße Hand eines weißen Mannes aus einem Weißen Haus es streichelt? General Busharraf.«

Die pakistanische Bevölkerungsmehrheit stand dem Schicksal ihrer Politiker aus gutem Grund gleichgültig gegenüber, aber nur wenige machten sich Illusionen über die Rolle der Armee. Der Instinkt der Massen war möglicherweise weiter entwickelt als das Wunschdenken vieler liberaler und linker Intellektueller, doch die umherziehenden hermaphroditischen Sänger des Landes waren beiden voraus.

Der Generalstabschef des Heeres, General Pervaiz Musharraf, hatte das Land nicht nur übernommen, um seine eigene Position zu sichern (er war entlassen worden und während eines offiziellen Besuchs in Sri Lanka durch den Premierminister ersetzt worden), sondern auch, um erneut die Vorherrschaft des Militärs im politischen Leben des Landes geltend zu machen. Die militärischen Führer Pakistans haben eine Einmischung ziviler Politiker nie lange geduldet.

Der letzte gewählte Premierminister (Zulfiqar Ali Bhutto), der die Armee fest unter Kontrolle zu haben glaubte, musste sich auf brutale Weise eines Besseren belehren lassen. Auf Befehl General Zia ul-Haqs, eines einstigen Favoriten, dem Bhutto eine Vorrangstellung gegenüber fünf verdienstvolleren und altgedienten Offizieren eingeräumt hatte, wurde er 1977 abgesetzt und zwei Jahre später gehängt. Nawaz Sharif kam glimpflicher davon. Washington sorgte dafür, dass er aus dem Gefängnis entlassen wurde und in seinem Exil in Saudi-Arabien ein angenehmes Leben führen konnte.

Von dem Tag an, da Musharraf als »Boss« Pakistan übernahm, setzte er alles daran, mit Washington zu einer Übereinkunft zu kommen. Aber die Regierung Clinton, die sich gegen einen Militärputsch ausgesprochen hatte, war verärgert über den Alleingang des langjährigen Satrapen und schmollte. Dann kamen der Regimewechsel in Washington und die Terrorangriffe des 11. September. Das Imperium war nun auf die Dienste eines Frontstaates mit seinen erfahrenen und erprobten Streitkräften angewiesen. Und wieder einmal war es Afghanistan, das einer dringenden Säuberung bedurfte.

1978/79 hatten die Vereinigten Staaten für die Destabilisierung des linken Regimes in Kabul gesorgt. Im Vordergrund der politischen Propaganda stand damals, dass die kommunistische Koedukation die traditionelle Unterordnung der afghanischen Frauen aushöhle. Das Weiße Haus beschloss, mithilfe Osama bin Ladens und seiner Kohorten einen Dschihad zu führen, und auch dieser Krieg wurde durch einen pakistanischen Diktator vermittelt – den unseligen General Zia ul-Haq*. Waffen aus dem Westen sicherten damals den Erfolg. Jetzt war es an der Zeit, die Früchte des Sieges zu ernten. Zias Nachfolger sorgten dafür, dass Afghanistan de facto ein pakistanisches Protektorat wurde: Es war der einzige Sieg einer Armee im Ausland, die ansonsten gewohnt war, gegen die eigenen Bürger vorzugehen. Doch jetzt musste das Taliban-Protektorat demontiert und Osama bin Laden gefasst werden – »tot oder lebendig«. Dieses Mal wurde in der westlichen Propaganda die Unterdrückung der Frauen als eines der größten Verbrechen der Taliban angeprangert, und in einer Gesellschaft, die die Geschichte praktisch verfemt hat, konnten sich nur noch wenige daran erinnern, dass zwanzig Jahre zuvor französische Philosophen und Apparatschiks des Weißen Hauses den religiösen Fanatismus als befreiende Kraft aggressiv verteidigt hatten.

Zum Glück für das Pentagon und den Geheimdienst DIA (Defense Intelligence Agency) war das Militär in Pakistan bereits an der Macht, sodass Washington weder Zeit noch Kraft aufwenden musste, um einen neuen Putsch zu organisieren. Die Stunde General Musharrafs war gekommen. Über Nacht wurde er *halal* und bald auch von Bush und Blair im Weißen Haus und in der Downing Street Nr. 10 empfangen, wo zuvor Reagan und That-

---

* Zu Zia ul-Haq siehe auch S. 299 f.

cher Osamas Freunde willkommen geheißen hatten. Es gab zwar jetzt neue Bündnisse und Feindschaften, aber die Methoden blieben dieselben, und es muss beruhigend gewesen sein, dass die pakistanische Armee institutionelle Kontinuität garantierte. Das Oberkommando der Armee war sich einig, dass die wiedererstandene Allianz mit Washington ein schwerer Schlag für den Widersacher Indien war. Doch auch die nichtmilitärische Elite Pakistans jubelte. Pakistan mochte ein missratener Staat sein, aber zumindest waren sie jetzt keine Parias mehr. Ein neuer imperialistischer Krieg, bei dem ihre Armee der wichtigste Stellvertreter und das ganze Land Operationsbasis war, bedeutete, dass sie wieder gebraucht wurden. Und das wiederum bedeutete Geld und möglicherweise eine Neufestsetzung der Schuldenlast. Der liberalere Flügel der Elite träumte von einer permanenten Achse Washington-Musharraf, die die Macht der gefürchteten Islamisten in Pakistan zerstören würde, und zwar diesmal für immer. Angesichts der Tatsache, dass ihre Illusionen in der Vergangenheit oft enttäuscht worden waren, reisten ihre Repräsentanten nun nach Washington mit der Bitte, die Region nie mehr schutzlos zu lassen. Abgesandte der in Ungnade gefallenen Politiker Nawaz Sharif und Benazir Bhutto wurden in Foggy Bottom [Viertel in Washington, in dem sich das Außenministerium befindet, A. d. Ü.] vertraute, wenn auch erbärmliche Besucher, die die unteren Chargen des Außenministeriums unaufhörlich anflehten, der Armee nicht zu vertrauen.

Musharrafs Popularität hingegen geriet in eine Schieflage: Je mehr ihn das US-Außenministerium schätzte, desto weniger war er geneigt, ernst zu nehmende Maßnahmen im eigenen Land zu ergreifen. Wie seine uniformierten Vorgänger hatte er versprochen, der Korruption ein Ende zu bereiten, eine Landreform durchzuführen, die Mittelschicht zu besteuern, gegen die Armut vorzugehen, für bessere Bildungschancen der armen Bevölkerung zu sorgen, demokratische Verhältnisse wiederherzustellen und so weiter. Der pakistanische Weg zum Absolutismus ist mit den immer gleichen Vorsätzen gepflastert. Warum ließen sich so viele liberale Kommentatoren täuschen? Zum Teil aus Verzweiflung. Sie wollten sich täuschen lassen. Zum Teil war es die Rhetorik, in der Musharraf seine Bewunderung für Kemal Atatürk zum Ausdruck brachte. Und zum Teil war es auch sein soziokultureller Hintergrund. Im Gegensatz zu den meisten Mitgliedern des militärischen Oberkommandos stammte er nicht aus dem Punjab. Er hatte keine Verbindungen zu der traditionellen Grundbesitzerelite, die das Land beherrschte. Und er stand auch nicht auf der Gehaltsliste eines Heroin-Millionärs oder hatte engen Kontakt zu einem untadeligen Industriellen. Angebote politischer Patenschaften wies er brüsk zurück. Er gehörte einer gebildeten, säkular eingestellten Flüchtlingsfamilie an, die bei der Teilung im Jahre 1947 Indien verlassen hatte, um im Land der Reinen Schutz zu suchen.

Nachdem ihr Sohn berühmt geworden war, bekannte Musharrafs Mutter in einem Zeitungsinterview beiläufig, sie sei in ihrer Jugend in den fünfziger Jahren vor allem von progressiven Intellektuellen wie Sajjad Zaheer und Sibte Hassan beeinflusst worden.* Sie behauptete nicht, dass ihre Ansichten genetisch auf

---

* Diese Aussage hatte in einem Land, in dem in Schule und Universität kaum Geschichte gelehrt wird, nur geringe Wirkung. Sajjad Zaheer und Sibte Hassan waren zwei der besten Literaturkritiker des indischen Subkontinents. Beide hatten sich in den dreißiger Jahren der Kommunistischen Partei Indiens angeschlossen und waren 1947 Mitglieder des Zentralkommitees. Nach der Teilung wurden sie als altgediente Kommunisten muslimischer Herkunft nach Pakistan entsandt, um dort beim Aufbau der Kommunistischen Partei mitzuwirken, die ihre Kader, vorwiegend Hindus und Sikhs, verloren hatte. Die intellektuellen Fähigkeiten Sajjad Zaheers und Sibte Hassans wirkten sich jedoch nicht automatisch auf die Ebene der Organisation aus. Nach der surrealen Kehrtwende des Kominform im Jahre 1948 hin zur Befürwortung der Machtergreifung ohne Rücksicht auf die bestehenden Verhältnisse standen beide unter Erfolgsdruck und gingen in den Untergrund. Zaheer wurde Lehrer für Urdu-Literatur und versteckte sich in unserem Haus. Der Onkel meiner Mutter, damals Generalinspektor der Polizei, begeg-

ihren Jungen übertragen worden wären, aber verzweifelte Liberale klammern sich ja an jeden Strohhalm.

Nach wenigen Monaten gab es deutliche Anzeichen dafür, dass sich durch das neue Regime nichts Wesentliches ändern würde. Musharraf hatte einen Freund und Kollegen, General Amjad, zum Vorsitzenden des National Accountability Bureau (NAB) ernannt – einer Institution, die korrupten Beamten, Politikern und Geschäftsleuten Einhalt gebieten und sie bestrafen sollte. Amjad ist vermutlich einer der wenigen höheren Offiziere in der Armee, die keine schmutzigen Hände haben. Sein Beharren darauf, »sich an die Gesetze zu halten«, hatte ihn bereits als einfachen Offizier zu einem Außenseiter gemacht. Berühmt ist zum Beispiel die Geschichte, dass er einem General die Erlaubnis verweigert hatte, das Silber aus der Offiziersmesse für ein privates Abendessen auszuleihen, obwohl dieser inständig darum gebeten hatte. Seine Kollegen waren über seine Rechtschaffenheit entsetzt, und während sie ihn im privaten Kreis respektierten, verlachten sie ihn in der Öffentlichkeit. Musharrafs Entscheidung, Amjad an die Spitze des NAB zu setzen, war jedoch alles andere als lustig. Schon nach zwei Wochen beauftragte Amjad

---

nete ihm dort gelegentlich und war von ihm entzückt. Später beteiligten sich beide Genossen an einem unausgegorenen Versuch, gemeinsam mit nationalistischen Elementen in der Armee die Macht zu ergreifen. Ein unzuverlässiger Brigadier verlor die Nerven und informierte seine Vorgesetzten. Daraufhin wurden ein General und mehrere niedere Offiziere vor ein Kriegsgericht gestellt, die Kommunistische Partei wurde verboten, und Sibte Hassan, Sajjad Zaheer und der Dichter Faiz Ahmed Faiz kamen ins Gefängnis. Der Generalinspektor der Polizei war nicht sehr angetan, als er sah, dass sein Name auf einer Liste prominenter Persönlichkeiten, die ohne Gerichtsverfahren hingerichtet werden sollten, an fünfter Stelle stand. Noch weniger begeistert war er, als er erfuhr, dass der freundliche Professor, den er bei einem privaten Abendessen kennen gelernt hatte, die Liste zusammengestellt hatte. Der indische Premierminister Jawaharlal Nehru – ein Freund der Familie Zaheer – intervenierte. Zaheer wurde freigelassen und kehrte nach Indien zurück. Es war sehr kühn von Musharrafs Mutter, die Freundschaft mit zwei abgeurteilten Verrätern zu erwähnen.

den radikalen, nicht dem Establishment angehörenden amerikanischen Anwalt William F. Pepper, das Geld aufzuspüren und auszugraben, das Benazir Bhutto und ihr skrupelloser Ehemann Asif Zardari ins Ausland geschafft hatten, während sie im Amtssitz des Premierministers in Islamabad residierten. Gleichzeitig ordnete Amjad die Verhaftung von Industriellen an, die sich Geld von den Banken geliehen und nicht einmal die Zinsen bezahlt hatten; eine Liste von Politikern, die sich desselben Vergehens schuldig gemacht hatten, wurde in allen Zeitungen veröffentlicht. Die namentliche Nennung und Bloßstellung stellte zwar eine psychologische Strafe dar, reichte aber nicht aus, um das Krebsgeschwür zu beseitigen. So teilte Amjad seinem Chef mit, die einzig wirksame Möglichkeit, mit dem Problem fertig zu werden, bestehe darin, zumindest *eine* saubere Institution im Land zu schaffen. Nur dann würden Beamte und Politiker sie ernst nehmen. Dies aber bedeutete, amtierende und ehemalige Generäle, Admiräle und Befehlshaber der Luftwaffe, die sich an Korruption in großem Stil beteiligt hatten, zu verhaften. Amjad selbst war bereit, die Säuberungsaktion durchzuziehen, aber Musharraf schreckte vor dem Ausmaß dieses Vorhabens zurück. Es werde womöglich die höchsten Offiziere der Streitkräfte spalten und demoralisieren und könne die Disziplin zerstören. Und wenn es an Disziplin fehle, werde sich die Armee in nichts mehr von den Armeen des Nahen Ostens oder Lateinamerikas unterscheiden, wo jeder, egal welchen Rang er bekleide, meine, die Macht ergreifen zu können. Als Amjad widersprach, wurde er aus dem NAB entfernt und kehrte als Korpskommandeur in die Armee zurück. Die inhaftierten Kapitalisten wurden freigelassen, die bloßgestellten Politiker stießen einen Seufzer der Erleichterung aus, und man nahm im wahrsten Sinne des Wortes die alten Geschäfte wieder auf.

Musharraf ging seinen Weg, wenngleich jetzt unter stark eingeschränkten Bedingungen. Auf internationaler Ebene war da die überwältigende Macht des amerikanischen Imperiums und seiner Finanzinstitutionen. Und im eigenen Land hatte Musharraf mit der Erblast der vorherigen Militärdiktatoren zu kämpfen. Die Entscheidung, General Amjad außer Gefecht zu setzen, hatte die Kapitalisten besänftigt, und die Ernennung eines New Yorker Bankiers, Shaukat Aziz, zum Finanzminister gefiel der Weltbank und dem Internationalen Währungsfonds. Doch es stellte sich weiterhin das Problem, wie das Land regiert werden sollte. Wie die Generäle Ayub und Zia vor ihm versuchte Musharraf nun, sich unangreifbar zu machen. Zeitweise legte er die Uniform ab, trug die einheimische Tracht mit einem albernen und wenig überzeugenden Turban und suchte seine politische Laufbahn mit einer »öffentlichen« Kundgebung in Sindh zu fördern, bei der Bauernsklaven von einem freundlich gesonnenen Gutsherrn mit Bussen auf ein großes Feld gekarrt wurden. Ein Referendum ist ein altbewährtes Instrument von Diktatoren, die sich Legitimität verschaffen wollen. Die Durchführung eines Plebiszits zu seinen Gunsten desillusionierte die meisten seiner liberalen Anhänger. Die Mehrheit der Wähler blieb zu Hause, während Beamte, Soldaten und Leibeigene zu den Urnen strömten und den Boss zu einem gewählten Präsidenten machten. Alles wie gehabt.

Auch der nächste Schritt war vorhersehbar. Was braucht ein Diktator, um seinem Regime eine zivile Fassade zu geben? Ganz oben auf der Liste steht eine politische Partei, was, so versichern ihm die Speichellecker, mit denen er sich umgibt, kein ernsthaftes Problem darstellt. Aus den Trümmern der Vergangenheit wird sich schon irgendetwas zurechtbasteln lassen. Wie einer arbeitslosen Kurtisane wird also der Muslim-Liga – der Gründungspartei des Landes – zunächst einmal eine Dusche verpasst; man setzt ihr eine Perücke auf, pudert sie, schminkt sie kräftig und präsentiert sie der immer länger werdenden Schlange potenzieller Freier. General Ayub hatte seiner Partei den Namen Convention Muslim League (Muslimische Kongress-Liga) gegeben; General Zia hatte den Namen Pakistan Muslim League bevorzugt und es der Familie Sharif gestattet, sie an seiner statt zu führen. General Musharraf gab den Sharifs den Laufpass und benötigte daher einen neuen Namen. Ein Opportunist schlug »Quaid-i-Azam* Muslim League« vor, und so kam es, dass dieses alte neue Gebilde bei den Wahlen im Oktober 2002 als die Partei des Generals auf den Listen auftauchte. Ihre Führungsriege – keineswegs Unbekannte – bestand aus opportunistischen Karrieristen jeder Couleur. Auf dem Land war es immer noch die Klasse der Landeigentümer, die alles daransetzte, dem neuen Herrscher zu gefallen. In den Städten waren es die lokalen Honoratioren, die viel Geld angehäuft hatten (in der Regel auf illegalem Weg) und ihm Macht und Einfluss verschaffen konnten. Wo in der Vergangenheit ein Vater oder Onkel Ayub oder Zia den Rücken gestärkt hatte, war nun der Sohn oder Neffe erpicht darauf, Musharraf als Stütze zu dienen. Angesichts der Apathie der Massen machte sich die Bürokratie, die sich schon in der Vergangenheit als Meisterin der Wahlmanipulation erwiesen hatte, daran, für das gewünschte Ergebnis zu sorgen.

Die Ergebnisse der *Khaki*-Wahl fielen weitaus knapper aus als erwartet. Trotz der niedrigen Beteiligung (unabhängigen Beobachtern zufolge unter 20 Prozent) und geschickter Manipulation errang die offizielle Muslim-Liga (Q) nicht die absolute Mehrheit in der Nationalversammlung, sondern bekam nur 115 von 324 Sitzen. Die Pakistan People's Party (Benazir Bhutto) sicherte sich 80 Sitze, und die Überbleibsel der Muslim-Liga, die Nawaz Sharif treu geblieben waren, erhielten 19 Sitze. Die Islamisten hingegen erzielten einen Riesenerfolg. Ihre Einheitsfront,

---

* Als Quaid-i-Azam (Der Große Führer) hatten Anhänger Muhammad Ali Jinnah bezeichnet. Der Titel hat sich durchgesetzt und ist heute fast bekannter als der Name des Gründers Pakistans. Jinnah wird in pakistanischen Veröffentlichungen in der Regel Quaid genannt.

die Muttahida Majlis Amal (MMA –Vereinte Aktionskonferenz) stellte die größte Anzahl islamistischer Parlamentarier in der Geschichte der Islamischen Republik. Mit ihren bunten Turbanen und langen Bärten veränderten sie das Gesicht parlamentarischer Politik. Sicher, das relative Mehrheitswahlrecht in Einpersonenwahlkreisen hatte ihnen geholfen, aber dieses hatte das Land von der Mutter aller Demokratien geerbt, und Thatcher wie Blair haben ohne großen Einspruch davon profitiert. Wichtiger war jedoch, dass die MMA nun die stärkste politische Kraft in der Nordwest-Grenzprovinz darstellte und einen starken Einfluss in Belutschistan ausübte, den beiden an Afghanistan grenzenden Regionen: In den Provinzregierungen in Peschawar und Quetta sind die Chief Minister Islamisten.

Schließlich gelang es den Maklern der Macht, die im Dienste Musharrafs tätig waren, eine wackelige Koalitionsregierung auf die Beine zu stellen. Einem Block aus PPP-Mitgliedern der Nationalversammlung wurden wichtige Ministerposten im neuen Kabinett angeboten, wobei der Block von der Mutterorganisation getrennt wurde. Mir Zafarullah Khan Jamali, ein Hockeyfan und Gutsbesitzer aus Belutschistan, der 1977 die brutalen Repressionen gegen die Bauern überwacht hatte (zehn Bauern kamen bei Zusammenstößen mit der Polizei ums Leben), wurde zum neuen Premierminister ernannt. Ein paar Jahrzehnte zuvor hatte Jamali größte Anstrengungen unternommen, unter General Zia diesen Posten zu bekleiden, aber dieser hatte kein Interesse an Hockey und zog den Cricket-Liebhaber Nawaz Sharif als sein Faktotum vor. Angesichts der Tatsache, dass siebzig Prozent von Musharrafs neuem Kabinett (einschließlich Jamali) noch vor gar nicht langer Zeit auf General Amjads Liste korrupter Politiker an prominenter Stelle rangiert hatten, überraschte es kaum, dass die Öffentlichkeit größtenteils zynisch reagierte. Weit entfernt davon, die Demokratie wieder herzustellen, hat die *Khaki*-Wahl nur die schmutzige Wirklichkeit der pakistanischen Politik offenbart, und eine große Mehrheit fühlt sich von jenen, die doch in ihrem Namen regieren sollen, ihrer Bürgerrechte beraubt und entfremdet.

Der Wahlkampf war größtenteils langweilig, wenn nicht gar völlig unpolitisch. Was die Ideologie oder auch die praktische Umsetzung politischer Ziele anging, unterschieden sich die großen Parteien nicht voneinander, weder in der Innen- noch in der Außenpolitik. Die PPP hatte ihren Populismus längst aufgegeben. Benazir Bhutto, die in Pakistan wegen Korruption auf der Fahndungsliste stand, versuchte, von ihrem Stützpunkt in Dubai aus die Zügel in der Hand zu behalten. Ihr auserwählter Stellvertreter Makhdoom Amin Fahim ist ein *Pir* und Gutsherr aus Sindh – Politiker und religiöser Wahrsager in einer Person, aber wohl kaum ein Sozialliberaler. Alle seine vier Schwäger sind der Koran, was selbst für Pakistan einzigartig ist.* Wie auch die anderen zur Wahl stehenden Muslim-Ligen reizte die PPP an der Macht vor allem der Umstand, dass man sich mit ihrer Hilfe

---

* Fahims Familie behauptet, von den ersten Muslimen abzustammen, die auf den Subkontinent kamen: den Anhängern Muhammad bin Kasims, der im Jahre 711 Sindh eroberte. Da im frühen Islam – vor der Kodifizierung der Scharia – Frauen das Eigentum erbten und zu gleichen Teilen mit den Männern teilten, konnte sich diese Tradition in Teilen Sindhs etablieren. Um den Familienbesitz zusammenzuhalten, mussten die Landbesitzer, die sich an diese ungewöhnliche Sitte hielten, die Frauen daran hindern, jemanden außerhalb der Familie zu heiraten. Dies war nicht immer leicht und und konnte zu einer Parzellierung führen, die den Grundbesitz zerstörte. So erdachte man eine geniale Lösung. Junge Frauen wurden mit dem Koran vermählt (ähnlich wie Nonnen, die die Bräute Christi wurden. Sie konnten zumindest mit Hilfe des Kruzifixes Fantasien entwickeln, doch bei den Muslimen ging die Frau die Ehe mit »dem Buch« ein, was, obwohl es schon surreal anmutete, die Möglichkeiten der Fantasie stark einschränkte). Auf diese Weise blieb ihre Jungfräulichkeit gewahrt, was wiederum reinigend wirkte und sie mit magischen Heilkräften ausstattete. Vor allem aber garantierte es, dass das Eigentum unter der Kontrolle der Männer blieb. Die Probleme, die die vier Schwestern des PPP-Führers mit sich brachten, wurden also auf diese Weise gelöst. Manchmal fällt es schwer, keine Sympathien für die Wahhabiten zu hegen, die all diesen Unsinn verachten.

selbst besser anbieten und die eigene Klientel vergrößern konnte. Die islamistische Allianz hatte keine Einwände gegen die IWF-Vorschriften für die Wirtschaft (schließlich gibt es auch eine neoliberale Deutung des Koran), kämpfte aber entschieden für die Verteidigung islamischer Gesetze und gegen die Präsenz der Vereinigten Staaten in der Region. Es verging kaum ein Tag, an dem nicht eine Zeitung einen Artikel über die Feindschaft des MMA-Führers Maulana Fazlur Rahman gegen die US-Truppen brachte: »Fazlur verlangt Ausweisung der US-Kommandos aus Stammesgebieten«, »Der Westen legt es auf Kampf der Kulturen an: Fazlur«, »Fazlur: Souveränität an die USA abgegeben«, »Fazlur fordert Stopp militärischer Operationen der USA«, »Fazlur drängt auf Rückzug der US-Truppen«, »MMA verspricht, die Jagd auf al-Qaida zu verhindern« und so weiter. Vieles davon war heiße Luft, erwies sich aber im Hinblick auf die Wahlen als hilfreich. Der Maulana räumte ein, dass nicht die Religion ihm neuen Zulauf bescherte, sondern seine außenpolitische Haltung. Bei seinen Gesprächen mit Musharraf erklärte er sich bereit, eine Koalition einzugehen, sofern er Premierminister würde. Als der General darauf hinwies, dass sein Antiamerikanismus ein ernstes Problem darstelle, soll der Geistliche erwidert haben: »Machen Sie sich darüber jetzt keine Gedanken. Wir haben in der Vergangenheit mit den Amerikanern zusammengearbeitet. Machen Sie mich zum Premierminister, und ich regele alles.« Das Angebot wurde zurückgewiesen.

Das MMA-Bündnis besteht aus sechs Parteien, wobei die Dschamaat-Ulema-Islami (JUI – Partei islamischer Gelehrter) und die Dschamaat-al-Islamija (JI – Islamistische Partei) ihre beiden Hauptsäulen darstellen. Beide Parteien sind seit mehreren Jahrzehnten in der Politik aktiv. In der Vergangenheit bezeichnete sich die JUI als antiimperialistisch, und in den siebziger Jahren beteiligte sie sich unter Führung von Maulana Mufti Mahmud (Fazlur Rahmans Vater) an Koalitionsregierungen mit radikalen säkularen Parteien. Ihre Macht konzentrierte sich hauptsächlich auf die Nordwest-Grenzprovinz und Belutschistan. Der JI stand sie stets feindlich gegenüber und betrachtete sie als Instrument der US-amerikanischen und saudischen Botschaften in Islamabad. Den Militärdiktaturen von Ayub und Zia hatte sie sich widersetzt. Mufti Mahmud besuchte gelegentlich Moskau und Peking, um an Friedenskonferenzen teilzunehmen. Er starb wenige Jahre vor dem Zusammenbruch der kommunistischen Welt. Sein Sohn erbte die Organisation. Als Student schrieb Fazlur gelegentlich Gedichte in Paschtu und Urdu und erklärte öffentlich, der linksgerichtete Faiz Ahmed Faiz sei sein Lieblingsdichter. Nach dem Tod seines Vaters setzte Fazlur dessen Politik fort. Mitte der neunziger Jahre arbeitete er eng mit der Regierung Benazir Bhuttos zusammen, doch während der alte Mufti seine Dollars allenfalls bei internationalen Konferenzen der Linken zusammengetragen hatte, war der Sohn (wie Benazir Bhutto und ihr Gatte) ganz im Sinne der neuen Zeit eher marktorientiert. Als Gegenleistung für die aktive Unterstützung von Frau Bhutto verlangte und erhielt er sein Stück vom Kuchen in Form einer lukrativen Konzession für Dieselkraftstoff, die sich auf große Teile des Landes und, nach dem Sieg Pakistans und der Taliban, auch auf Afghanistan erstreckte. Dies brachte ihm den Spitznamen Maulana Diesel ein. Bald war der rundliche, bärtige, freundliche Diesel ein großer Liebling von Benazirs Innenminister General Naseerullah Babar, dem Architekten des Taliban-Sieges in Kabul. Fazlur Rahmans politische, ideologische und wirtschaftliche Verbindungen zur Taliban-Führung blieben stets eng. Dies versetzte ihn in die Lage, seine lokalen Rivalen, die Dschamaat-al-Islamija, auszustechen, deren Kabuler Schachfigur Gulbuddin Hekmatyar (in den achtziger Jahren ein großer Liebling von Ronald Reagan und Margaret Thatcher) von dem bärtigen Wunderkind außer Gefecht gesetzt wurde.

Dann kamen die Attentate des 11. Septembers und die Entscheidung der USA, sie als Kriegshandlung zu bewerten und durch die Bombardierung und Eroberung Afghanistans Vergeltung zu üben. Eine Woche später verkündete ein sichtlich nervöser Musharraf, dass Pakistan die Vereinigten Staaten dabei unterstützen werde. Die Mehrzahl der Taliban folgte Musharrafs Rat und machte sich aus dem Staub. Fazlur Rahman tobte zwar, war jedoch machtlos. Ihm war der Diesel ausgegangen. Von den zurückkehrenden Taliban füllten viele nun die Reihen der JUI und anderer islamistischer Organisationen. So übernahm die JUI die Federführung bei der Organisierung von Massenkundgebungen gegen die »ausländischen Besatzer«. Fazlur Rahman erkannte, dass die Islamisten durch Wahlen in der Bedeutungslosigkeit versinken könnten, wenn sie gespalten blieben. Die Allianz ging auf seine Initiative zurück, und er wurde natürlich zu ihrem Generalsekretär gewählt, obwohl er mit seinen 49 Jahren fünfzehn Jahre jünger ist als sein wichtigster Rivale in der Koalition, Qazi Hussain Ahmed.

Die Wahl des Letzteren zum Amir der Dschamaat-al-Islamija markierte den Generationswechsel in einer Organisation, die seit ihrer Entstehung im Jahre 1941 unter der Kontrolle ihres Gründers Maulana Maududi und seines Stellvertreters Mian Tufail gestanden hatte. Während die JUI populistisch war, in den Dörfern Unterstützung fand und mit der Linken zusammenarbeitete, war die JI eine Kaderorganisation nach leninistischem Vorbild. Ihre Mitglieder, gebildet und genauestens überprüft, waren zumeist Studenten aus dem städtischen Kleinbürgertum. Viele von ihnen waren bei Kämpfen an den Universitäten mit unterschiedlichsten Gegnern auf die Probe gestellt worden. In den sechziger und siebziger Jahren führten an Schulen und Universitäten verschiedene linke Gruppierungen das Wort. Bei den Unruhen von 1968/1969, die den Sturz der Diktatur herbeigeführt hatten, hatte die Linke die Aktionskomitees dominiert, die den Kampf anführten. Um die JI in jener Zeit unterstützen zu können, musste man sich ihrer Sache und ihrem Motto voll und ganz verschrieben haben. Es lautete: »Religion ist unsere Politik, und Politik ist unsere Religion«.

Qazi Hussain war Anführer der studentischen Organisation der JI am Islamija College in Peschawar, und seine prägenden Jahre waren von Kämpfen gegen die Linke beherrscht. Manchmal kam es dabei auch zu tätlichen Auseinandersetzungen. 1970, in einem für die Geschichte Pakistans entscheidenden Jahr, trat Qazi Hussain in die Mutterpartei ein. Bei dem Versuch, den bengalischen Nationalismus zu vernichten, arbeitete die ostpakistanische Sektion der JI eng mit der Armee zusammen. Ihre Kader in Dhaka, Chittagong und Sylhet stellten für den militärischen Geheimdienst ganze Listen »unerwünschter Personen« zusammen, anhand derer die physische Auslöschung der Opposition betrieben wurde. »Der Vorsitzende Mao unterstützt uns, ihr nicht«, lautete ein Spottruf, den sie damals ihren Gegnern in der bengalischen Linken immer wieder entgegenschleuderten. China und die Vereinigten Staaten hatten den Angriff der pakistanischen Armee auf das eigene Land gebilligt, um einen klaren Wahlsieg der nationalistischen bengalischen Awami-Liga null und nichtig zu machen. Hatte die Dschamaat in der Vergangenheit noch geglaubt, sie allein könne die »Ideologie Pakistans« verteidigen, so musste sie jetzt einräumen, dass eine andere Institution über mehr Bataillone verfügte. Weder Ideologie noch physische Gewalt konnten das Auseinanderbrechen Pakistans verhindern.

Der Versuch der Armee, Ostpakistan zu zerschlagen, erwies sich als Schuss nach hinten. Die einschneidende Intervention Indiens war nur deshalb erfolgreich, weil die überwältigende Mehrheit der Bengalis die indischen Truppen als Befreier willkommen hießen. Auch blieb es bei einer indischen Stippvisite. Als das indische Außenministerium wenige Jahre später versuchte, Dhaka unter Druck zu setzen, reagierte die Bevölkerung mit großen Demonstrationen, bei denen im Chor skandiert wurde: »Wir sind nicht Sikkim und nicht Bhutan, wir sind Bangladesch, Bangladesch!«

Dies hatte zur Folge, dass sich die JI den staatlichen Geheimdienstorganisationen stärker annäherte. Nachdem General Zia 1977 die Macht ergriffen und beschlossen hatte, unter islamistischer Flagge den Dschihad der Amerikaner in Afghanistan zu bekämpfen, wurde die JI zur wichtigsten ideologischen Stütze des Regimes. Die JUI hingegen leistete Zia erbitterten Widerstand. Viele ihrer Anführer und Mitglieder wurden inhaftiert. Als Qazi Hussain die neue Marschrichtung verteidigte, wurden seine Vorgesetzten auf seine Talente aufmerksam, und er stieg innerhalb der Parteihierarchie auf. Er gab seine schlecht bezahlte Tätigkeit als ausgebildeter Erdkundelehrer an einer höheren Schule nach drei Jahren auf und lieferte sich den Kräften des freien Marktes aus – ein kluger Schritt. Seine »Volksapotheke« am Soekarno Square in Peschawar wurde zum informellen Treffpunkt der lokalen JI-Kader, war aber auch in wirtschaftlicher Hinsicht ein erfolgreiches Unternehmen. Als das Geschäft florierte, expandierte Hussain, gründete zunächst ein »Medizinisches Volkslabor« und stellte diesem später auch noch eine »Volksröntgenklinik« zur Seite.* War der stets wiederkehrende Begriff »Volk« ein früher Hinweis auf den unterdrückten Wunsch nach einer volks-

---

* Diese medizinischen Einrichtungen erwirtschafteten zweifellos einen hübschen Gewinn, erfüllten jedoch gleichzeitig eine nützliche politische Funktion. Gelegentlich wurden die Armen mit kostenlosen Medikamenten und Behandlungen versorgt, die sie natürlich mit der JI in Verbindung brachten. Im vergangenen Jahr brüstete sich ein islamistischer Parlamentarier in Kairo damit, dass seine Organisation die Ärztevereinigung kontrolliere. Wir unterhielten uns in seiner Klinik, wo die Mehrheit seiner Patienten zu den Armen Kairos gehörte. Wie einige Sektionen der lateinamerikanischen Kirche versuchen diese Islamisten, einen Ersatz für das zusammengebrochene staatliche Sozialsystem zu schaffen. Ihre Erfolge sind natürlich begrenzt, aber die psychologische Wirkung in den Armenvierteln ist nicht zu unterschätzen.

tümlichen Dschamaat-al-Islamija? Zweifellos waren Hussains Unternehmen beliebt. Die Gewinne stiegen, und man vermutet, dass ein Teil davon an die JI floss, aber konnte er sein unternehmerisches Talent auf eine politische Organisation übertragen? Ließ sich eine Partei der Avantgarde, die sich stets ihres elitären Charakters gerühmt hatte, umbenennen und als volkstümlich vermarkten? Hussain jedenfalls machte sich dies zur Aufgabe. Er war sich darüber im Klaren, dass es in der Politik wie im Geschäftsleben immer Risiken gibt, sobald man expandieren will. Sein Entschluss, sich einer Allianz islamistischer Parteien anzuschließen, war wohl genauso sorgfältig kalkuliert wie die Länge seines vorschriftsmäßigen, rein weißen Bartes, der in deutlichem Kontrast zu der unregelmäßigeren, grau melierten Version stand, die Maulana Diesel zur Schau trug.

Aber kann eine bärtige Provinzregierung noch etwas anderes als wütende Reden schwingen? Unfähig, Musharraf und seinen Unterstützern in Washington ernsthaft Widerstand entgegenzusetzen, konzentriert die MMA ihre Angriffe auf die Frauen. Sie hat ihre Absicht erklärt, das Kabelfernsehen und die Koedukation zu verbieten und in den Provinzen, die ihrer Kontrolle unterliegen, die Scharia einzuführen. Angesichts der Katastrophe, die über eine extreme Variante dieser Art von Politik im benachbarten Afghanistan hereinbrach, könnte es sich hier um reine Rhetorik handeln, die ihre Anhänger einlullen und gleichzeitig den Mann in der Präsidentenvilla in Verlegenheit bringen soll. Ob der Sieg der MMA auf unabhängige Wahlkampagnen einiger Sektionen der ISI zurückgeht oder nicht, mag dahingestellt bleiben, aber er übt zweifellos Druck auf das Regime aus, militante Islamisten freizulassen, die des Mordes an anderen Muslimen, christlichen Landsleuten und Ausländern angeklagt sind und inhaftiert wurden, als Musharraf in den »Krieg gegen den Terror« eintrat.

Einige der verbissensten sunnitischen Terroristen sind bereits aus dem Gefängnis entlassen worden. Noch erstaunlicher aber war, dass die MMA die gesamte neu gewählte Nationalversammlung (bis auf zwei Ausnahmen) dazu zwingen konnte, mit geneigtem Kopf dazustehen und eine Schweigeminute zum Gedenken an den »Märtyrer Aimal Kansi« abzuhalten, dessen Leichnam die USA zur Bestattung zurückgeschickt hatten, nachdem sie ihm auf Grund des Schuldspruchs eines Bundesgerichts eine tödliche Injektion verabreicht hatten.* Zuvor hatten 70 000 Menschen dem Bestattungszeremoniell in Quetta, der Hauptstadt Belutschistans, beigewohnt. Auch dies war von der MMA organisiert worden.

Ein Grund für die ideologische Offensive der MMA besteht darin, dass sie innenpolitisch wenig von der Muslim-Liga oder der People's Party trennt. Alle drei haben sich dem Markt gebeugt. Keine bietet auch nur eine moderate soziale Alternative zum bestehenden System. Keine ist in der Lage, Unterstützung

---

* Der Fall ist nicht uninteressant. Aimal Kansi und sein Vater waren im ersten Afghanistan-Krieg (1979-1989) in Belutschistan für den CIA rekrutiert worden. Nachdem die USA in der Region ihre Ziele erreicht hatten, ließen sie den Großteil ihrer inoffiziellen Agenten fallen, arbeiteten aber gleichzeitig weiter mit dem pakistanischen Geheimdienst Inter Services Intelligence zusammen beziehungsweise benutzten ihn für ihre Zwecke. Kansis Familie fühlte sich verraten. Vielleicht erwarteten sie eine Pension. Jedenfalls sann Kansi auf Rache. Er flog in die Vereinigten Staaten, schoss in Langley, Virginia, auf zwei höhere CIA-Beamte und flog zurück nach Pakistan. Was immer Kansi sonst noch gewesen sein mag – auf jeden Fall war er ein gut ausgebildeter Agent, und das ist das Verdienst des CIA. Es wurde eine hohe Belohnung auf ihn ausgesetzt, und schließlich verriet ihn sein eigener Schwager. Der ISI nahm ihn fest und übergab ihn den US-Behörden. Kansi leugnete sein Verbrechen nicht, wurde schuldig gesprochen und zum Tode verurteilt. Es handelte sich um eine interne Angelegenheit unter CIA-Leuten. Was also machte ihn zum Märtyrer? Und warum trauerte die Nationalversammlung um ihn? Schließlich hat Pakistan die Todesstrafe nicht abgeschafft, von daher kann man die Aktion wohl kaum als einen von liberaler Gesinnung getriebenen Protest missverstehen. Die Antwort lautet schlicht und einfach, dass der Erfolg der MMA ihren Gegnern zu schaffen macht und sie glauben, die Islamisten auf ihrem eigenen Terrain schlagen zu können. In den siebziger Jahren beging der Vater von Bhutto denselben Fehler und musste dafür bezahlen.

zu mobilisieren, um die elementarsten Bedürfnisse der Bevölkerung zu befriedigen, ganz zu schweigen von selbstverständlichen sozialen Rechten. Ein schlagendes Beispiel hierfür ist die Unfähigkeit der politischen Parteien, einen seit zwei Jahren andauernden Kampf von Bauern zu unterstützen, die auf staatlichen, an die Armee verpachteten Farmen arbeiteten. Selten hat ein Ereignis ein so grelles Licht auf den Bankrott traditioneller Politik in Pakistan geworfen.

Vor fast hundert Jahren verpachtete die britische Kolonialverwaltung im Punjab damals so genanntes »Kronland« und errichtete Militärfarmen für Getreide und Milchprodukte, die zu subventionierten Preisen an die Indian Army verkauft wurden. Nach der Teilung ging die Verwaltung der Farmen in Lahore, Okara, Sahiwal, Khanewal, Sargodha und Multan (hauptsächlich im Süden des Punjab) an das Verteidigungsministerium und die Regierung des Punjab über. Die Armee kontrollierte 10 640 Hektar, und die übrigen 1296 Hektar wurden an die Punjab Seed Corporation verpachtet. Die Pächterfamilien, die auf den Farmen arbeiteten, um Lebensmittel und Kleidung für die Armee zu produzieren, sind die direkten Nachkommen jener Pächter, die im Jahr 1908 als Erste dorthin gebracht wurden. Die faktische Verschmelzung von Armee und Staat auf praktisch jeder Ebene bedeutet, dass die Generäle in *Khaki* als kollektiver Gutsherr auftreten. Dieser Gutsherr ist der größte im Land; er diktiert die Lebensbedingungen von knapp einer Million Pächtern. Vierzig Prozent von ihnen sind Christen, Moscheen und Kirchen stehen friedlich nebeneinander. Die religiösen Parteien haben in diesen Regionen kläglich versagt, und die Bauern haben seit den siebziger Jahren vorwiegend die People's Party gewählt. Heute ist das anders.

Vor gut vier Jahren hielt die Globalisierung Einzug. Die militärischen und zivilen Behörden haben versucht, die Kontrolle der Pächter über ihr Land und die Produktion zu verringern, indem sie ihnen kurzfristige Verträge anboten und das »battai« (ein System, bei dem die Pächter die Hälfte der Produktion behalten dürfen) durch Pachtzahlungen ersetzten. Bis heute hat jedoch der 1887 von der Kolonialverwaltung erlassene Punjab Tenancy Act die Rechte der Pächter gewahrt. Diesem Gesetz zufolge besaßen männliche Pächter und ihre direkten Nachkommen, die das Land seit mehr als zwei Generationen (20 Jahre) bewirtschaftet hatten, dauerhaften Anspruch auf das Land. Es war illegal, sie von ihrem Land zu vertreiben.

Ziel der »Modernisierung« in Okara und Sargodha – genauso wie in London und Paris – ist Deregulierung, Privatisierung und die Zerstörung der Solidarität unter den Pächtern. Und all das, nachdem die Verwaltung in den neunziger Jahren die exzessive Verwendung von Düngemitteln und Pestiziden angeordnet und den Bauern die Schuld gegeben hat, wenn die Erträge sanken. Die Funktionäre des *Khaki*-Staates haben ihre Pächter schikaniert, betrogen und misshandelt, sie haben ihnen die Erlaubnis verweigert, Backsteinhäuser zu errichten, und ihre Frauen belästigt. Die Pächter baten um Erlaubnis, ihre Dörfer zu elektrifizieren und Schulen und Straßen zu bauen, aber staatliche Subventionen für diese Zwecke wurden weder angeboten noch gefordert. Die korrupten, gefühllosen Verwalter hatten ein Bestechungssystem eingeführt, die Pächter häuften zunehmend Schulden an. Die Ausbeutung war vollkommen rücksichtslos. Ihr unverhohlenes Ziel bestand darin, die Pächter zu vertreiben, um das Land in Privatgüter aufteilen zu können. Viele noch dienende und pensionierte Generäle und Brigadekommandeure hatten schon lange einen begehrlichen Blick auf dieses Land geworfen, und einige dieser uniformierten Schurken waren nur deshalb in die Armee eingetreten, um sie als Basis für die primitive Anhäufung von Besitz zu benutzen. Andere hatten das Gefühl, dass sie dem Staat ausreichend gedient hatten und ihnen nun ein Leben als Gutsherr zustand. Sie versicherten sich gegenseitig, dass sie natürlich, zu gegebener Zeit, die vertriebenen Pächter als leibeigene Bauern wieder einstellen würden. Das wäre für alle Seiten das Beste. Es überrascht wohl kaum, dass viele Pächter unter diesen Umständen die Bedingungen auf den staatlichen Farmen unter britischer Herrschaft für besser hielten. Es war nicht zu leugnen. Spätkoloniale Ausbeutung hatte normalerweise immerhin Methode; postkoloniale Plünderungen dagegen sind, auf welchem Kontinent auch immer, anarchisch.

Trotz des Elends, das über ihre Familien gebracht wurde, widerstanden die Pächter allen Versuchen, sie auf Grund der unterschiedlichen Religionen zu spalten, und blieben in ihrer gemeinsamen Organisation, der Anjuman-i-Muzairin Punjab (Organisation der punjabischen Pächter), die 1996 gegründet worden war. Als ich mich im Dezember 2002 mit zwei ihrer Wortführer, Dr. Christopher John (Erster Vizepräsident) und Younis Iqbal (Generalsekretär) in Lahore traf, betonten beide, religiöse Konflikte hätten in ihrer Auseinandersetzung mit dem Staat keine Rolle gespielt. Sie hätten abwechselnd Kirchen und Moscheen als Versammlungsorte benutzt, und bei diesen Anlässen, meinte Iqbal lächelnd, »konnte man keinen Unterschied zwischen einem muslimischen und einem christlichen Pächter feststellen«.

Sie hatten eine bemerkenswerte Geschichte zu erzählen. In einem entlegenen Winkel Pakistans fand ein Kammerspiel statt: Das Hauptquartier der pakistanischen Armee gegen eine Bauernorganisation. Die Armee hatte beschlossen, den Status der Pächter zu verändern. Im Juni 2000 verkündeten die Grundbesitzer ohne jedes Vorgespräch den Wechsel vom Abgabesystem zu Pachtzahlungen. Die Pächter waren außer sich. Jeden Abend fanden informelle Versammlungen statt, um über einen möglichen Widerstand zu beraten. Das gesamte Dorf beteiligte sich daran: Frauen und Kinder sollten eine führende Rolle bei dieser ländlichen Intifada spielen.

Die Pächter waren über die tagtäglichen Schikanen zutiefst

verärgert und wollten es nun nicht mehr bei der Verteidigung des Status quo belassen. Sie konterten mit der Forderung nach vollständiger Übereignung des Landes, das ihre Familien jahrzehntelang bearbeitet hatten. Der Ruf »Malkiyat ya Maut« (»Eigentum oder Tod«) erinnerte an ähnliche Kämpfe auf anderen Kontinenten in den letzten Jahrhunderten. Der erste öffentliche Protest gegen die neuen Pläne fand am 7. Oktober 2000 statt: ein vierstündiges Sit-in auf dem Rasen vor dem Büro des Deputy Commissioner (dem zweitmächtigsten postkolonialen Beamten der Stadt) in Okara, an dem etwa tausend Pächter teilnahmen. Zwei Tage später rief der stellvertretende Direktor der Militärfarmen den örtlichen Polizeichef an und teilte ihm mit, die Pächter drohten mit Gewalt und hielten die Verwaltung in einigen Dörfern davon ab, Holz abzutransportieren (d.h. zu stehlen). Die Grenztruppen und die Elite Force Rangers (deren Hauptaufgabe die Verhinderung des Schmuggels an der indischen Grenze ist) trafen im Dorf ein und schikanierten die Pächter. Als Frauen und Kinder zusahen, wie ihre Väter, Brüder und Ehemänner misshandelt und getreten wurden, kamen sie aus ihren Häusern und bewarfen die Polizei mit Steinen. Etliche Aktivisten unter den Pächtern wurden festgenommen und ins Gefängnis gesteckt. Als sich die Nachricht von dieser Auseinandersetzung in den Nachbardörfern verbreitete, begann der Protest sich auszuweiten. Versuche der Behörden, die Gruppe der Pächter zu spalten oder Einzelne mit einer Abfindung abzuspeisen, scheiterten kläglich.

In der ersten Hälfte des Jahres 2002 schossen die Ranger auf die Pächter, töteten einige von ihnen und inhaftierten ein paar der Organisatoren. Andere wurden vor den Augen ihrer Familien verprügelt. Daraufhin marschierten Frauen – christliche wie muslimische – mit Holzkeulen (mit denen die Wäsche beim Waschen geschlagen wurde) nach Okara und postierten sich vor der Polizeistation. So etwas hatte man noch nie gesehen, und bald erkannte die Armee, dass der Kampf sich in die Länge ziehen würde, wenn es nicht gar zu einem Massaker käme. Und ein Massaker an christlichen Bauern konnte in Washington, wo ein fundamentalistisches christliches Regime an der Macht war und »zivilisatorische« Belange ganz oben auf der ideologischen Tagesordnung standen, missverstanden werden. Am 9. Juni 2002 umstellte eine bewaffnete Bande von 1000 Polizisten und Rangern das Dorf Pirowal. Die Belagerung dauerte sieben Stunden, doch trotz der Drohung, die gesamte Baumwollernte des Dorfes in Brand zu stecken, gelang es der Polizei nicht, die Organisatoren zu fassen. Sie hatte die Macht der bäuerlichen Solidarität unterschätzt.

In einem scharf formulierten Leitartikel hieß es am 24. Juni 2002 in der in Karatschi erscheinenden Tageszeitung *Dawn*:

»Um das Vertrauen der unruhig gewordenen und verstörten Bauern zurückzugewinnen, sollten die Polizeikräfte, die geschickt wurden, um sie zu schikanieren und zu terrorisieren, sofort abgezogen werden. Der schlecht durchdachte Gedanke, ihnen eine ›Lektion‹ zu erteilen, muss aufgegeben werden. Gegen die Beamten in Regierung und Verwaltung, die die Polizeiaktion, die einigen Bauern das Leben kostete, angeordnet haben, sollten Gerichtsverfahren angestrengt werden … Nach diesen vertrauensbildenden Maßnahmen sollte sich die Regierung mit den Pächtern oder der Punjab Tenants Organisation zusammensetzen und mit ihnen über die ihnen zustehenden Eigentumsrechte verhandeln.«

Aber die Generäle gingen über den Rat dieser Zeitung, die ihren Wünschen in der Regel wohlwollend gegenüberstand, hinweg. Stattdessen wurden Anführer der Punjab Tenants Organisation inhaftiert und die Schikane und Belagerung der Dörfer fortgesetzt. Aber auch der Kampf ging weiter. Während die großen politischen Parteien diesen Konflikt ignorierten, fand er bei vielen unabhängigen Gruppierungen Unterstützung. Eine von ihnen,

Asr (Wirkung), organisierte Mitte Dezember eine erfolgreiche Solidaritätsveranstaltung und eine öffentliche Demonstration in Lahore.

Musharrafs neuer Status als zuverlässiger Verbündeter des Westens wurde nun gegen die Pächter verwandt. Einige ihrer Anführer wurden nach den neuen »Anti-Terror«-Gesetzen angeklagt. Während die Männer in *Khaki* die wirklichen Terroristen, von denen viele irgendwann einmal auf den Gehaltslisten des militärischen Geheimdienstes gestanden hatten, aus dem Gefängnis entließen, prangerten sie gewaltlose Pächter als »Terroristen« an. Obwohl Pakistan regelmäßig zum Tummelplatz westlicher Mainstream-Medien und ihrer Experten wird, befand es keiner der ausländischen Journalisten für wert, diesem Kampf seine Aufmerksamkeit zu schenken. Das Thema war eben nicht gefragt, es war zu abseitig und lenkte nur von den Bärtigen ab. Dabei lassen die sich gerade dann am effektivsten an den Rand drängen, wenn die Menschen sie als völlig irrelevant für ihre wahren Bedürfnisse beurteilen – das haben die punjabischen Pächter der Militärfarmen eindrucksvoll bewiesen. Christopher John und Younis Iqbal wollen ihren Kampf jetzt auf internationaler Ebene fortsetzen. Sie möchten, dass die Welt davon Notiz nimmt, und bedürfen dringend der internationalen Solidarität, die bislang noch auf sich warten lässt.

Die Diskrepanz zwischen den letzten Wahlen und dem zweijährigen Kampf, an dem eine Million Bauernfamilien beteiligt ist, deutet auf den oberflächlichen Charakter der politischen Verfassung des Landes hin. Die politische Kulisse, die Musharraf aufgebaut hat, soll die institutionelle Macht, die das Land beherrscht, nicht verbergen, sondern unterstreichen. Wenn eins der Regime, die Pakistan seit 1977 über sich hat ergehen lassen müssen, tatsächlich die Lebensbedingungen für die Mehrheit seiner Bürger verbessert hätte, könnte man vielleicht utilitaristisch entscheiden, ob eine militärische oder eine zivile Regierung besser ist. Aber selbst die schöngeredeten, manipulierten offiziellen Zahlen offenbaren nur, dass das Land eine langwierige und tief greifende soziale Krise durchlebt, egal, wer an der Macht ist.

Früher wurden zumindest ein paar Versuche unternommen, sich der Realität zu stellen. 1959 (als der weltweite Kapitalismus gerade eine bestimmte Form sozialdemokratischer Ideologie favorisierte) veröffentlichte die Regierung einen offiziellen »Bericht über obdachlose Personen in Karatschi«, der aus jetziger Sicht, im Vergleich zu der abgestumpften Gleichgültigkeit, die die Machthaber heute an den Tag legen, geradezu scharf und bissig wirkt:

> »Ein Bauer stellt einem Ochsengespann einen angemessen geschützten Platz von mindestens 4 x 5 Metern zur Verfügung ... die Menschen aber, die in *Jhuggies* oder ähnlich provisorischen Behausungen in Karatschi leben, haben nicht so viel Platz oder Komfort. Denn obwohl ein *Jhuggie* ebenfalls etwa 4 x 5 Meter misst, leben darin im Durchschnitt 4,2 Personen ... selbst die frühesten menschlichen Behausungen, die Archäologen entdeckt haben, waren größer und bequemer als die, die zu untersuchen wir die schmerzliche Pflicht hatten.«

Angesichts der rapiden Zunahme der Bevölkerungsdichte seit damals überrascht es kaum, dass die Wohnraumbeschaffung seit General Zias Putsch im März 1977 keine Priorität mehr hat. Die malthusianische Politik der aufeinander folgenden Regierungen – das faktische Fehlen einer Gesundheitsfürsorge für mehr als die Hälfte der Bevölkerung, die erschreckenden Lebensbedingungen in der Stadt wie auf dem Land, das Versäumnis, auf dem Land Bildungseinrichtungen bereitzustellen (70 Prozent der Frauen und 41 Prozent der Männer gelten offiziell als Analphabeten; die tatsächlichen Zahlen liegen vermutlich viel höher) – hat das Land in den Ruin getrieben. Sie hat es nicht geschafft, die Größe der Durchschnittsfamilie zu verringern. Der letzten Volkszählung zufolge hat das Land 148,7 Millionen Einwohner. Die UNFPA schätzt, dass die Bevölkerung im Jahre 2050 auf 344,2 Millionen angewachsen sein wird, sodass Pakistan nach China, Indien und den USA das Land mit der viertgrößten Bevölkerung sein wird. Wie wird es mit diesem Staat in den nächsten zehn Jahren weitergehen?

Die hierarchische Teilung der pakistanischen Gesellschaft hat sich in den letzten Jahrzehnten stark beschleunigt. Während der eine Teil der Bevölkerung – die nach englischem Standard ausgebildete zivile und militärische Elite – Zugang zu westlichen Universitäten, medizinischen Fakultäten und Militärakademien hat, hat der andere Teil lediglich eine Halbbildung genossen (die zum Großteil, aber nicht ausschließlich, das Produkt der Medresen oder religiösen Schulen ist) oder besteht aus Analphabeten. Lediglich in der »Schattenwirtschaft« ist es bislang gelungen, diese strikte Trennung der beiden Bevölkerungsteile aufzuheben: Die Bewirtschaftung von Opiumplantagen in Afghanistan und in der Nordwest-Grenzprovinz in den letzten zwei Jahrzehnten des 20. Jahrhunderts hat auch eine hübsche Ausbeute an Heroinmillionären, die die soziale Leiter bis an die Spitze erklommen, hervorgebracht. Viele dieser Männer stammen aus Bauern- oder städtischen Kleinbürgerfamilien, aber mit ihrem Geld wurden sämtliche politischen Parteien und auch die Streitkräfte unterstützt.* Geld, Kalaschni-

---

* Die Massenproduktion von Heroin war ein Nebeneffekt des ersten Afghanistan-Kriegs. Mit dem Geld wurde auch der Kampf der Mudschaheddin gegen die »gottlosen« Soldaten der ehemaligen Sowjetunion finanziert. Die Gründung und das rasche Wachstum der Bank of Credit and Commerce International (BCCI) waren für die Bedürfnisse des Kalten Kriegs und der Drogenbarone unabdingbar geworden. Das Geld wurde in großem Stil gewaschen: Mit Heroin-Geld aus Pakistan und Kokain-Geld aus Kolumbien wurden Bankiers und Politiker in sämtlichen westlichen Ländern bestochen und belohnt. Auch die Operationen der Contras in Nicaragua und der Bärtigen in Afghanistan wurden mit diesem Geld bezahlt.

kows und Pajeros (eine japanische Variante des Range Rover)
wurden großzügig unter ihnen allen verteilt. Im Gegenzug
wurden die bescheidenen Heroinhändler mit Ehren und öffentlichen Sympathiebekundungen überhäuft. Möglicherweise war
es zu spät für sie, aber immerhin sorgten sie dafür, dass ihre
Kinder eine gute Ausbildung bekamen und zur Elite zählten.
Der Aufstieg dieser Schicht veränderte die Zusammensetzung
der besitzenden Elite ein wenig, doch im Wesentlichen blieb alles beim Alten. Geld blieb der große Aufstiegsmotor in die oberen Gesellschaftsränge, während der Preis für städtische Grund-
stücke astronomische Höhen erreichte. Der Kaufpreis einer
Wohnung in der Defence Colony von Karatschi oder im modernen Parade Ground in Lahore unterscheidet sich nicht sonderlich von dem in New York oder München.

In den neunziger Jahren gelangte das Heroin auf zwei Wegen
nach Europa und Nordamerika. Der erste verlief über die Grand
Trunk Road von Peschawar nach Karatschi, von wo aus die Ware
in Containerschiffen zu den Mittelmeerhäfen transportiert wurde;
der zweite, der von der russischen Mafia kontrolliert wurde, verlief von Afghanistan über Zentralasien und Russland zum Balkan
und von dort zu den Hauptstädten der westlichen Welt. Die Niederlage der Taliban nach dem 11. September hat praktisch zum
Zusammenbruch der pakistanischen Heroin-Netzwerke geführt.
Jetzt hat die Nordallianz das Handelsmonopol, und ihre alten russischen Freunde stoßen sich gesund daran, während der Kosovo
für den Großteil der Welt der wichtigste Umschlagplatz geworden
ist.* Die pakistanische Wirtschaft hat diesem Schlag nur auf
Grund des neuen Geldes standgehalten, das mit den amerikanischen Truppen ins Land kam. Die US-amerikanische Politik in Pa-

---

* Es würde nicht sonderlich überraschen, wenn eines schönen Tages herauskäme,
dass westliche Soldaten und Beamte, die die Protektorate auf dem Balkan im Namen des *Basileus* in Washington kontrollieren, ebenfalls vom Opiumhandel pro-
fitierten.

kistan beruht auf einer raffinierten Mischung aus militärischer Präsenz und Geldzuwendungen, doch was geschieht, wenn Soldaten und Geld an anderen Fronten gebraucht und dieses Gleichgewicht nicht länger gewahrt werden kann?

Apologeten der amerikanischen Großmacht sprechen häufig von schwierigen Entscheidungen in den Staaten der freien Marktwirtschaft. Für die islamische Welt bedeutet dies: entweder eine Demokratie, die in den Ketten des Freihandels und geistiger Eigentumsrechte gefangen liegt und in der alles privatisiert wird, was von Bedeutung ist; oder ein Rückfall in bärtige Barbarei. Aber die »bärtigen Barbaren« erheben nur selten Einspruch gegen das westliche Wirtschaftsmodell. Was für sie wirklich eine Bedrohung darstellt, ist die soziale Seite dieser Gleichung. Sie wissen, dass Zugeständnisse in Fragen der Geschlechterrollen und der Sexualität ihren Einfluss in der islamischen Welt zunichte machen würden. Aus diesem Grund weisen sie Freiheiten für die Frauen und seit neuestem auch für Homosexuelle entschieden zurück.* Der Hauptunterschied zwischen den Bärtigen und den pakistanischen Liberalen, die sich auf die Seite der Vereinigten Staaten ge-

---

* Sheikh Fahd Bin Abd Al-Rahman Al-Abyan, ein wahhabitischer Prediger, der von pakistanischen Islamisten sehr geschätzt wird, richtete vor kurzem in der Al-Riyadh-Moschee im Königreich Saudi-Arabien eine Ansprache an seine Herde, die Maulana Diesel sicher sehr befürwortet hätte: »Einige haben sich beeinflussen lassen von den verderblichen Ideen in Bezug auf die Vormundschaft des Mannes über die Frau [eine Anspielung auf eine berühmte Stelle im Koran, T. A.], die der ungläubige Westen verbreitet. In Wahrheit will er die Menschen in eine sündige Freiheit stoßen, die die Ursache für den Niedergang ganzer Zivilisationen war [vermutlich ein Hinweis auf Sodom und Gomorrha, T. A.]. Diese falsche Befreiung ist das Resultat einer Gesellschaft, in der Verbrechen eine Freizeitbeschäftigung, Ehebruch ein Vergnügen und Mord ein Mittel ist, um den Zorn zu bändigen; einer Gesellschaft, in der die Frau tut, was sie will, auch wenn sie verheiratet ist, und in der minderjährige Mädchen wissen und tun, was verheiratete Frauen wissen und tun, ja sogar noch mehr ... Diese verderblichen Ideen – die nichts anderes sind als geistiger Schund, den der Westen ausstreut – tauchen bereits in den Hurenblättern unserer Welt und in den arabischen Satellitenprogrammen auf ...«

schlagen haben, besteht darin, dass Letztere beide Seiten der Medaille akzeptieren. Das eigentliche Problem aber liegt in der Medaille selbst. Pakistan ist ein bankrottes Land, weil seine herrschenden Eliten ihr Volk im Stich gelassen haben. Öffentliche Ämter kann man auf dem Marktplatz kaufen, und das dafür aufgewendete Geld holt man sich durch gewaltsame, maßlose Bestechungen zurück; das Recht wird entweder verkauft oder schlecht angewandt; das kapitalistische System dient den Bedürfnissen der Reichen; die Steuereinnahmen von kleinen und großen Unternehmen sind dürftig; nahrhaftes Essen, Bildung, Gesundheit und ein Dach über dem Kopf sind jenen vorbehalten, die bezahlen können; die Ausgaben für die Verteidigung sind völlig außer Kontrolle geraten, und das Haushaltsbudget wird von den Erfordernissen der »nationalen Sicherheit« beherrscht. Aus diesem Teufelskreis scheint es kein Entrinnen zu geben. Die Folge sind tiefes Elend und Unsicherheit, Raub und Mord.

Eines der schlimmsten Versäumnisse der Armee besteht darin, dass sie nicht einmal den Schein von Recht und Ordnung in den Städten und auf dem Land wiederherstellen konnte. Selbst ernannte Wächter vergewaltigen junge Männer und Frauen nach Gutdünken, um sie für angebliche Missetaten oder Vergehen gegen den islamischen Verhaltenskodex zu bestrafen. Ein angebliches Verbrechen wird mit einem nur allzu realen Verbrechen geahndet.

In fast allen Fällen werden die Täter vom Mullah und dem örtlichen Polizeichef gedeckt. Die Presse berichtet beiläufig von »Strafvergewaltigungen«. Hinzu kommt, dass den islamisch-terroristischen Sekten, die pakistanische Christen, ausländische Besucher und Facharbeiter angegriffen und umgebracht sowie zwei schwere Attentate auf Musharraf verübt haben, kein Einhalt geboten wurde, ja sie noch nicht einmal in Schach gehalten wurden. Der Grund für das Versäumnis, diesen obskurantistischen Exzessen ein Ende zu bereiten, liegt in der Zusammensetzung der Armee und des von ihr im ersten Afghanistan-Krieg geschaffenen Kraken, dem Inter Services Intelligence (ISI), begründet. Der ISI wurde zur Armee in der Armee, die nur dem eigenen Oberkommando gegenüber verantwortlich ist und ein eigenes Budget hat, das zum großen Teil direkt von Washington zur Verfügung gestellt wird. Der ISI überwachte die Übernahme Kabuls durch die Taliban; unter seiner Kontrolle wurde der indische Teil Kashmirs von erfahrenen Terrorhändlern infiltriert; und schließlich unterhielt der ISI auch direkten Kontakt zu Osama bin Laden und seiner Gruppe.

Der ISI kann die Gewalt in Pakistan deshalb nicht eindämmen, weil einige seiner Spuren in das Zentrum der eigenen Organisation führen würden. Die Siege der MMA in der Nordwest-Grenzprovinz und in Belutschistan waren auch ein Sieg für bestimmte Abteilungen des ISI. Denn nun konnten sie den Zwist innerhalb der Armee selbst säen.

Die Generäle machen die Politiker für die Krise verantwortlich und umgekehrt. Beide haben Recht. Die Politiker haben sich an den Ressourcen des Landes persönlich bereichert und kein Interesse am sozialen Wohlergehen ihrer Wähler gezeigt. Als General Musharraf die Macht übernahm, versprach er eine transparente Regierungsführung, Wirtschaftswachstum und ein Ende der Korruption. Er hat in jeder Hinsicht versagt. Selbst die staatlichen Statistiken, deren Zahlenangaben immer untertrieben sind, zeigen, dass die Arbeitslosenquote um zwei Prozent gestiegen ist, seitdem das Militär die direkte Kontrolle ausübt. Die Investitionsrate ist im Verhältnis zum Bruttoinlandsprodukt die niedrigste seit 1966, und auf die hoch und heilig versprochenen Investitionen wartet man immer noch, obwohl der 11. September die Devisenreserven des Landes, die gegenwärtig bei sechs Milliarden Dollar liegen, zweifellos aufgestockt hat.

Es handelt sich um ein strukturelles Problem. Die niedrige landwirtschaftliche Produktivität kann nur durch durchgreifende Landreformen verbessert werden, aber die Allianz der *Khaki*-Regierung mit den lokalen Grundbesitzern macht solche Maßnahmen praktisch unmöglich. Diese Ansicht vertreten nicht nur die Linken. Im Bericht der *Economist Intelligence Unit* über Pakistan (2002) heißt es über den beklagenswerten Zustand der Landwirtschaft:

> »Veränderungen werden zu einem nicht geringen Teil verhindert, weil der Status quo den wohlhabenden Landbesitzern, die den Sektor beherrschen, sowie dem Bundesparlament und den Provinzparlamenten entgegenkommt. Die Großgrundbesitzer verfügen über 40 Prozent des landwirtschaftlich nutzbaren Landes, und sie haben die Kontrolle über den Großteil der Bewässerungssysteme. Erhebungen unabhängiger Organisationen einschließlich der Weltbank zeigen, dass sie weniger produktiv sind als Kleinbauern. Außerdem zahlen sie kaum Steuern, nehmen hohe Kredite auf und sind schlechte Schuldner.«[*]

Der letzte Satz trifft genau auf die Minister im neuen Regierungskabinett zu, die die *Khaki*-Wahl von 2002 hervorgebracht hat.

Seit der Gründung des Staates im Jahre 1947 bildet die pakistanische Armee das Rückgrat des Staatsapparates. Die Schwäche der politischen Institutionen, das Fehlen eines Bürgertums und die Dominierung der Politik durch eine ländliche Elite – eine parasitäre Wucherung der übelsten Sorte – hat zu einer übermäßigen Abhängigkeit von der zivilen Bürokratie und der Armee geführt. Da es keine echte Einwilligung in die Herrschaft der Grundbesitzer gab, musste sowohl direkt als auch indirekt Gewalt angewendet werden. Beide Institutionen wur-

---

[*] Country Profile 2002, *The Economist Intelligence Unit*, London.

den von der Kolonialmacht geschaffen und nach ihrem Vorbild geformt.* Während das Beamtentum schon bald in Korruption versank, hielt die Armee dieser Versuchung ein wenig länger stand. So entstand der Eindruck, dass zwar einzelne Offiziere für Bestechungen empfänglich (und letztlich auch nur Menschen) waren, die Institution selbst aber sauber war. Zwei lange Perioden der Militärherrschaft zerstörten dieses Bild jedoch. General Ayub Khans Familie sowie einige seiner Mitarbeiter gelangten während seiner Herrschaft (1958-1969) zu außerordentlichem Wohlstand, und von 1977 bis 1989 waren zwei Korpskommandeure General Zias tief in den Heroinhandel und den Waffenschmuggel verstrickt. Wie ein unaufhaltsames Krebsgeschwür breitete sich die Korruption in den unteren Rängen der Armee aus. Dass gegen diese Praktiken nicht hart durchgegriffen wurde, war wohl kaum ein Zufall. Die Generäle handhaben das Problem auf materialistische Weise. Sie wussten, dass die Korruption ein einfaches Mittel war, um die Einheit der Armee zu wahren. Die Beute konnte zwar nicht gleichmäßig verteilt werden, da sonst womöglich egalitäre Tendenzen unter den Obersten und Majoren entstanden wären, aber ein wenig Schutzgeld konnte den unteren Rängen auch nicht vorenthalten werden. Denn war es nicht die Armee als Ganze, die Pakistan schützte?

Mit zunehmender Erfahrung bei der Führung des Landes fing die *Khaki*-Elite an, sich als Partei/Armee zu betrachten. Die

---

* Nach 1858 erfüllte die Kolonialmacht die Bedürfnisse der *Raj*-Beamten gerade deshalb, um einer Korruption vorzubeugen, wie sie die Herrschaft der Ostindischen Kompanie charakterisiert hatte; dort hatte die Korruption zur Verunglimpfung und Verfolgung ihrer erfolgreichsten Vertreter – Robert Clive und Warren Hastings – geführt. Mit der hierarchischen Disziplin der Indian Army ging ihre Unterordnung unter den obersten zivilen Herrscher, den Generalgouverneur oder Vizekönig, einher. Der einzige Bruch mit dieser Tradition war die berühmte Auseinandersetzung zwischen Kitchener und Curzon, aus der Kitchener als Sieger hervorging: Der jüngste Vizekönig wurde nach London zurückbeordert.

wenigen Male, da sie einer Wahl zustimmen musste, bildete sich rasch eine politische Frontorganisation, doch deren Herrschaft wurde durch die Belange des Militärs stark eingeschränkt. Eine zivile Regierung gab es nur dem Namen nach. Der Verteidigungshaushalt überlebte alle Regimewechsel. Die offiziellen Zahlen der letzten zehn Jahre mögen manipuliert sein, sie sind aber trotzdem aufschlussreich. 1988/89 waren die Verteidigungsausgaben sechsmal so hoch wie die für Bildung und Gesundheit. 1998/99 veränderte sich die Zahl um einen Prozentpunkt, zu Gunsten der Verteidigung. Nun war der Verteidigungshaushalt nominell siebenmal so hoch wie der für Bildung und Gesundheit, obwohl man wahrscheinlich das Dreifache davon annehmen muss. Aus Sicherheitsgründen werden die Ausgaben nie spezifiziert. Auf diese Weise erfahren die Bürger nie, wie viel für irgendetwas aufgewendet wird, ganz zu schweigen von Atomwaffen und Trägersystemen. Die Infrastruktur, die notwendig ist, um eine fünf Millionen Mann starke Armee mit zwei Panzerdivisionen, Dutzenden Brigaden, fast 3000 Panzern und Panzerwagen und dergleichen mehr zu unterhalten, muss enorm sein. Die Luftwaffe verfügt über zehn Staffeln mit insgesamt 400 Kampfflugzeugen sowie über Raketensysteme aus Frankreich und den Vereinigten Staaten. Hinzu kommt die Marine, die relativ klein ist: neun U-Boote und ein paar Zerstörer und Fregatten.

Braucht Pakistan wirklich eine derart große Verteidigungsstärke? Die *Khaki*-Ideologen betonen, dass das Land seit seiner Teilung einer permanenten Bedrohung durch Indien ausgesetzt ist. Wie ich schon an anderer Stelle dargelegt habe, ist dies völliger Blödsinn.* In allen drei Fällen, in denen diese beiden Länder gegeneinander Krieg führten (zweimal um Kashmir sowie einmal um Bangladesch), war Pakistan der An-

---

* Siehe *Pakistan – Military Rule or People's Power?*, London und New York 1971, und *Can Pakistan Survive?*, London 1983.

greifer. 1971 hätte die indische Armee Westpakistan einnehmen können, erhielt aber von der eigenen politischen Führung
nicht die Erlaubnis, die Grenze zu überschreiten. Da beide
Länder im Besitz von atomaren Trägersystemen sind, ist es
offensichtlich, dass weder die Kashmir-Frage noch irgendein
anderer Konflikt durch Krieg zu lösen sind. Selbst ein von
Hindu-Chauvinismus dominiertes und von halb verrückten, in
Safrangelb gehüllten Männern regiertes Indien wird kaum
versuchen, Pakistan zu erobern. Warum auch? Wessen Interessen würde es dienen? Es wäre vielleicht etwas anderes, wenn
Pakistan plötzlich unbegrenzte Mengen Öl direkt unter der
Erdoberfläche entdeckt hätte, aber was hat es so schon zu bieten? In Wirklichkeit ist die Angst vor Indien unbegründet und
dient einem einzigen Zweck: dem Erhalt des riesigen militärisch-industriellen Komplexes, der sich im Land ausbreitet
und die politische Hegemonie der *Khakis* sichert. In Wirklichkeit war es immer die eigene Bevölkerung, die die Vorherrschaft der Armee bedroht hat. Nur ein einziges Mal war das
alte Pakistan wirklich geeint, und zwar bei einem Aufstand
von unten, als Studenten und Arbeiter in Dhaka und Karatschi, Chittagong und Lahore den Diktator, Feldmarschall Ayub
Khan, stürzten. Die Armee hat ihren bengalischen Bürgern
diesen Verrat nie verziehen, und als diese ungehindert durch
den Staat ihre eigenen Führer wählten, richtete die Armee ein
Blutbad an. Dabei sollte man nicht vergessen, dass eine Armee, die ungeheure Mengen an Schutzgeld für die Sicherheit
des Landes verlangt, im Jahre 1971 sogar dessen Zusammenbruch provozierte. In neueren Berichten über die Armee und
das Land wird diese Sache gern verschwiegen.

Als die Partei/Armee feststellte, dass der Verteidigungshaushalt
allein nicht ausreichte, um ihre unstillbaren Bedürfnisse zu befriedigen, beschloss sie, in der Wirtschaft ihr Glück zu versuchen,
und bald folgten ihr darin auch ihre Juniorpartner, die Marine

und die Luftwaffe.* Die Armee verfügte stets über soziale Einrichtungen – ein weiteres Erbe der Kolonialzeit –, aber deren Aufgabe bestand lediglich darin, Soldaten und Offiziere nach ihrer
Dienstzeit mit Pensionen und finanziellen Zuwendungen zu
unterstützen und sie wieder in die Zivilgesellschaft zu integrie-
ren. Zehn Prozent aller Stellen im öffentlichen Sektor waren der
Armee vorbehalten. Das ist nichts Ungewöhnliches; für die britische und die US-amerikanische Armee gilt Ähnliches.

Die älteste dieser Einrichtungen ist die Fauji(Armee)-Stiftung,
die 1889 zu Wohltätigkeitszwecken gegründet und zu einem
riesigen Unternehmen wurde. Sie besitzt Mehrheitsanteile an
Zuckerfabriken, im Energiesektor, in der Düngemittel-, Getreide-
und Zementindustrie sowie in einigen anderen Bereichen. Die
Gesamtsumme all dieser Beteiligungen beträgt 9,8 Milliarden
Rupien. Trotz ihrer starken Präsenz im Privatsektor ist der Verteidigungsminister – *ex officio* – der Vorstandsvorsitzende der Stiftung. Deren gegenwärtiger Verwaltungsdirektor ist interessanterweise General Amjad, der sich aus dem aktiven Dienst
zurückgezogen hat. Ob er seinen Ruf als rechtschaffener Mann
über seine Amtszeit in der Stiftung hinaus retten kann, wird sich
zeigen. Eine weitere Stiftung nahm 1977, während General Zias
Diktatur, ihre Arbeit auf. Der Army Welfare Trust (Wohlfahrtsstif-
tung der Armee) übt die Kontrolle über Immobilien, Reisfabriken,
Gestüte, pharmazeutische Unternehmen, Reisebüros, Fischzucht-

---

* Eine begabte pakistanische Wissenschaftlerin, Dr. Ayesha Siddiqa-Agha, hat
den gesamten Vorgang inzwischen sorgfältig dokumentiert. Vgl. »Pakistan's Arms
Procurement and Military Build-up, 1979-99«, in: *Search of a Policy*, London 2001.
Siehe auch ihren Artikel »Power, Perks, Prestige and Privileges: Military's Economic Activities in Pakistan«, vorgestellt bei einer internationalen Konferenz zum
Thema »Soldiers in Business: Military as an Economic Actor«, die passenderweise im Oktober 2000 in Djakarta stattfand. Des Weiteren ihren Aufsatz »Political
Economy of National Security«, in: *Economic and Political Weekly*, 2.–9. November
2002. Alle oben genannten Zahlen beruhen auf ihren überaus sorgfältigen Re-
cherchen.

anlagen, sechs verschiedene Wohnungsbauprojekte, Versicherungsgesellschaften und eine Flugzeugfabrik aus. Seine Vermö-
genswerte werden auf 17 Milliarden Rupien geschätzt.

Verärgert über die Dominanz der *Khakis* in den Stiftungen, die
ursprünglich für die gesamten Streitkräfte gedacht waren, trafen
sich die Chefs der Luftwaffe und der Marine und verlangten und
erhielten von General Zia das Recht, eigene Stiftungen ins Leben
zu rufen, auch diesmal wieder auf der Grundlage des Charitable
Endowments Act von 1889. Das bedeutete, dass bis zur Gesetzes-
änderung im Jahre 1991 keine dieser Organisationen besteuert
wurde. Während die Einrichtungen der kleineren Marine und der
Luftwaffe 33 Prozent Steuern bezahlen mussten, wurden die Stiftungen der Armee mit 20 Prozent besteuert. Ob aber überhaupt
Steuern entrichtet wurden, ist strittig. Die Zahlen stehen nicht
zur Verfügung. Wenn die Unternehmen, die von den Stiftungen
geführt werden, Verluste einfuhren, bedienten sich die Generäle
bei der öffentlichen Hand und entnahmen Geld aus dem jährlichen Verteidigungshaushalt des Landes.

Die meisten dieser Stiftungen waren in Schiebereien der einen
oder anderen Art verwickelt. Zu Skandalen kam es nur, wenn private Geschäftsleute bei der Plünderung der Stiftung zu gierig
wurden oder der Sturz einer Regierung finstere Machenschaften
ans Tageslicht brachte, wie im Fall von Benazir Bhuttos Ehemann
Asif Zardari, der die Shaheen-Stiftung der Luftwaffe – über einen
Mittelsmann, dem man später vorwarf, die Stiftung übers Ohr
gehauen zu haben – an einem Mediengeschäft beteiligte. Ein
weiterer Fall betraf die Stiftung der Marine, bei dem es um den
Erwerb von städtischem Grund und um Wohnungsbauprojekte
ging. Wie sich herausstellte, hatte bei diesem Betrug ein privater
Geschäftsmann hochrangige Mitglieder der Marine bestochen.
Ein Anwalt beantragte beim Obersten Gerichtshof, jegliche Verwendung von Armee-, Marine- und Luftwaffenabzeichen sowie
eine Beteiligung der Streitkräfte an Privatunternehmen zu unter-

sagen. Er klagte die Stiftungen und ihre Partner des Betrugs und der Korruption an, wies nach, dass die Stiftungen gegen die Firmenverordnung (1984) verstoßen hatten, und verlangte ein Verbot sämtlicher kommerzieller Tätigkeiten seitens der Streitkräfte. Da die Richter seinen Argumenten nichts entgegensetzen konnten, ließen sie die Sache wegen eines Formfehlers fallen, womit sie nur ihren eigenen Kniefall vor der Farbe *Khaki* vorführten.

Inzwischen beherrscht die Armee das Land vollständig. Sie ist die einzige Macht ausübende Institution. Aber wie lange kann sie es noch bleiben? Bis jetzt ist es ihr gelungen, die von den Briten übernommenen Befehlsstrukturen aufrechtzuerhalten. Pakistanische Generäle brüsten sich häufig damit, wie unantastbar sie im Vergleich zum Militär im Nahen Osten oder in Lateinamerika seien. Aber seit den sechziger Jahren hat sich vieles verändert. Das Offizierkorps ist nicht ausschließlich die Domäne der Landbesitzerelite. Die Mehrzahl der Offiziere stammt aus den Städten und ist den dort herrschenden Einflüssen ausgesetzt. Bislang haben Privilegien ihre Loyalität gesichert, aber die Entwicklungen, die die Politiker in den Abgrund treiben, sind auch hier bereits im Gange. Während in jüngster Vergangenheit Nawaz Sharif und sein Bruder oder Benazir Bhutto und ihr Mann Schmiergelder verlangten, bevor sie verschiedenen Deals zustimmten, ist es nun das Büro General Musharrafs, das die wichtigsten Projekte sanktioniert. Sollte eine kosmetische Verbesserung nötig werden, um den Status quo aufrechtzuerhalten, wird auch Musharraf den Weg seiner zivilen und militärischen Vorgänger einschlagen. Aber ist denn die Geschichte Pakistans nichts als eine Reihe endloser Wiederholungen, die immer weiter in den Abgrund führen? Die Antwort liegt nicht allein bei Pakistan. Sie wird auch davon abhängen, wie und in welche Richtung sich Indien in den nächsten zehn Jahren bewegen wird.

Der Kampf der Fundamentalismen

IV

»Es ist schrecklich zu beobachten, wie unsere bürgerlichen Zeitungen und Sprecher die Zerstörung Delhis und die unterschiedslose Tötung von Gefangenen fordern ... Liest man die Briefe unserer Offiziere zu Beginn des Aufruhrs [des Aufstands gegen die britische Herrschaft in Indien 1857, T.A.], hat man den Eindruck, jeder Subalterne sei befugt, die Einheimischen nach Lust und Laune zu hängen oder zu erschießen. Sie sprechen über dieses blutige Werk mit einer Leichtfertigkeit, als handle es sich um eine Großwildjagd ... Glücklich wird der Tag sein, an dem England in Kontinentalasien keinen einzigen Hektar Land mehr besitzt ... wo gibt es noch einen Menschen, der nicht von der Idee besessen ist, England werde zugrunde gehen, wenn ihm sein indisches Reich genommen würde? Da ist mir die Gesellschaft meiner Schweine und Schafe lieber, die von solchem Irrglauben frei sind ...«

Brief Richard Cobdens an John Bright, 22. September 1857

»Ihr [der englischen Bourgeoisie] Charakter hat sich im Lauf der Jahrhunderte geformt. Der Klassendünkel ist ihnen in Fleisch und Blut, in Mark und Bein übergegangen. Es wird nicht leicht sein, ihnen das Gefühl auszutreiben, Beherrscher der Welt zu sein. Die Amerikaner werden es ihnen schon austreiben, wenn es dann ernsthaft zur Sache geht.

Vergeblich tröstet sich der britische Bürger noch damit, dass er ja die unerfahrenen Amerikaner führt und leitet. Gewiss, es wird eine Übergangsphase geben. Aber der springende Punkt ist nicht die althergebrachte diplomatische Führungsrolle, sondern die tatsächliche Macht, das verfügbare Kapital und die vorhandene Industrie. Und vom wirtschaftlichen Standpunkt aus gesehen nehmen die Vereinigten Staaten den ersten Platz ein, ob es um Getreide oder um die neuesten schweren Kriegsschiffe geht. Sie produzieren die Hälfte bis zwei Drittel dessen, was die gesamte Menschheit zum Leben benötigt.«

Leo Trotzki, »Iswestija«, 5. August 1924

»Lesley Stahl: ›Wir haben gehört, dass im Irak eine halbe Million Kinder gestorben sind. Das sind mehr Kinder, als in Hiroshima ums Leben gekommen sind. Ist dieser Preis gerechtfertigt?‹
Madeleine Albright: ›Ich finde, es ist eine sehr schwere Entscheidung, aber der Preis? Wir glauben, dass dieser Preis gerechtfertigt ist.‹«

CBS News, 1996

»Der Auftrag, die Amerikaner und ihre Verbündeten zu töten – Zivilisten wie Militärs, und zwar in jedem Land, in dem sich die Möglichkeit bietet –, ist für jeden Muslim eine persönliche Verpflichtung.«

Osama bin Laden, 1998

1 Ein historischer Abriss des US-Imperialismus

In einer von widerstreitenden Ideologien und gegensätzlichen Gesellschaftssystemen beherrschten Welt war es völlig normal, über die Mängel des einen oder anderen Systems zu diskutieren. Kapitalismus, Sozialismus, Kommunismus, Antiimperialismus und Antikommunismus sprachen sich für oder gegen deutlich erkennbare Sachverhalte aus. Diese Konfrontation bestimmte die Weltpolitik ebenso wie den intellektuellen Diskurs und machte es unmöglich, Desinformation oder Nicht-Information zu institutionalisieren, wie es heute der Fall ist: Je weniger ihr Bescheid wisst, desto leichter fällt es uns, euch zu manipulieren. Mit dem Sieg der einen und einzigen Ideologie und dem völligen Zusammenbruch der anderen hat sich der Raum für Debatten und Dissens dramatisch verengt.

Die ideologische Dominanz der Vereinigten Staaten, gestützt von militärischer Übermacht, ist heute so vehement, dass viele, die früher den Gebrauch dieser Macht kritisierten, heute nur noch zustimmend nicken. Beiläufige Vorkommnisse werden verallgemeinert, und viele der führenden amerikanischen und der gleichgeschalteten europäischen Journalisten haben die unparteiische Beobachtung und das unabhängige Denken offensichtlich zugunsten eines imperialen Supernationalismus aufgegeben. Gore Vidal, Susan Sontag, Noam Chomsky und viele andere Amerikaner, die ihre Unabhängigkeit vom Chauvinismus betonen, sich gegen den allgemeinen Konformismus wenden und stattdessen auf Mängel und Missstände im Imperium aufmerksam machen, werden von den Superpatrioten dafür harsch attackiert.

In dieser ideologisch aufgeheizten Atmosphäre wird jede Kritik an der US-Außenpolitik als Zeichen des »Antiamerikanismus« oder neuerdings des »Okzidentalismus« gegeißelt. Darunter ist blinder Hass auf die Amerikaner und die amerikanische Lebensweise zu verstehen, auf seine Politik und Kultur. Diesem Hass haben sich offenbar *alle* religiösen Fundamentalisten verschrieben, gleichgültig, welcher Religion sie angehören. Womit sonst ließen sich die ersten Reaktionen der Fernsehprediger in den Vereinigten Staaten erklären, die die Anschläge vom 11. September als »Strafe Gottes« für die sündhafte Duldung von Abtreibung und weiteres bezeichneten? Womit sonst ließe sich die Ratlosigkeit des relativ gemäßigten Predigers Reverend Billy Graham erklären? Als er bei der Gedenkveranstaltung zu Ehren der Toten in New York neben Präsident Bush stand, erzählte er den versammelten Stars, dass er seit den Ereignissen vom 11. September mit Briefen und Anfragen überhäuft worden sei. Die Leute wollen von ihm wissen, »warum Gott es zugelassen hat, dass Amerika von diesen Anschlägen getroffen wird«. Der Prediger gab unumwunden zu, dass auch er ratlos sei und keine Antwort wisse.*

Religiöse Fundamentalisten suchen sich die Vereinigten Staaten nur deshalb als Angriffsziel aus, weil das Land eine Hegemonialmacht ist. Mit denselben strengen Maßstäben beurteilen sie

---

* Warum hat Gott es Allah erlaubt, die Anschläge zuzulassen? Warum hat Allah es Gott erlaubt, Afghanistan zu bombardieren und das »Emirat der Gläubigen« zu zerstören? Die religiösen Fundamentalisten in Amerika hatten darauf eine Antwort: weil ihr Land nicht nach den Gesetzen Gottes und seiner Propheten regiert wird. Die islamischen Fundamentalisten in Afghanistan konnten auf eine solche Erklärung nicht zurückgreifen, denn sie hatten alles getan, um ihren Auslegungen der Gebote im Koran zu folgen. Trotzdem bezweifle ich, dass die Führer der islamistischen Gruppen sich mit Gewissensbissen plagen. Sie sind nüchterne Politakteure, die sich die Religion effektiv zunutze machen. Ob sie selbst an die Religion glauben, ist eine offene Frage.

auch andere Gesellschaften. Für Islamisten ist kein einziger politischer Führer der derzeitigen islamischen Staaten ein »echter« Muslim. Daher kämpfen sie darum, die bestehenden Regime zu zerstören und sie durch religiös geprägte Emirate zu ersetzen. Es gibt aber auch orthodoxe Juden, die die Existenz Israels als eine Schande ansehen. Andere, die der israelischen Siedlerbewegung angehören, fordern die Einführung religiöser Gesetze und werden von dem eschatologischen Glauben beflügelt, die Rückeroberung des Landes beschleunige die Ankunft des Messias. Hinduistische Erweckungsprediger sind mit ihrem eigenen Premierminister unzufrieden, der ihrer Ansicht nach mit den 130 Millionen Muslimen in Indien viel zu freundlich umgeht. Sie fordern den Abriss aller alten Moscheen in Indien und den Aufbau von Tempeln auf deren Ruinen. Und auch die radikalen christlichen Sekten in den Vereinigten Staaten sind längst noch nicht zufrieden damit, dass einer der ihren im Weißen Haus regiert. Sie beklagen die korrupten und unchristlichen Gesetze, die, wie sie glauben, die Vereinigten Staaten in den moralischen Niedergang führen. Einige von ihnen verlangen sogar die Bombardierung von Abtreibungskliniken und billigen die Ermordung der dort tätigen Ärzte.

Aber die säkularen Priester des Imperiums attackieren nicht etwa die Schar der Selbstgerechten und Frömmler, wenn sie »Antiamerikanismus« und »Okzidentalismus«* geißeln. Sie meinen vielmehr die liberalen Kritiker und die Linken, die sich hartnäckig weigern anzuerkennen, dass der Zusammenbruch der Sowjetunion zwangsläufig den Kniefall vor dem Cäsar im Wei-

---

* »Okzidentalismus« ist eine Wortschöpfung von Ian Buruma und Avashai Margalit, die beide seit langem für die »New York Review of Books« tätig sind. Der Begriff erinnert mich an eine Wortprägung, die in der »Prawda« – nicht in »Novy Mir« – benutzt wurde und mit der alle »Feinde« der Sowjetunion in einem Rundumschlag attackiert wurden. Buruma und Margalit sind freilich weniger plump, aber sie bedienen einen smarteren Markt.

ßen Haus nach sich zieht. Für die Amerikanophilen muss jede Kritik des Imperiums von einer grundsätzlichen Loyalität getragen sein, damit sie überhaupt Wirkung entfalten kann. Diese Haltung wird verinnerlicht und soll alle ihre Aktivitäten im öffentlichen Leben prägen. Diese Leute betrachten sich als loyale, aber unvoreingenommene Berater der Macht ausübenden Politiker. Wenn die Politiker ihren unvoreingenommenen Ratschlägen folgen würden, dann wäre die Welt in Ordnung. Der historische Kompromiss auf Kosten der Integrität, den diese Amerikanophilie mit sich bringt, macht aus den freundlichen Kritikern Sklaven der Macht, die stets zu gefallen suchen.

Sie werden zu Apologeten, die erwarten, dass das Imperium seine eigene Rhetorik in die Tat umsetzt. Doch leider werden diese Leute immer wieder enttäuscht, denn für das Imperium ist heute der wichtigste Motor des politischen Handelns das wirtschaftliche Eigeninteresse. Demnach fühlen sie sich verraten und enttäuscht und wollen nicht einsehen, dass nur ihre eigenen Illusionen enttäuscht wurden. Am allerwenigsten mögen sie es, wenn man sie an den bitteren Geschmack der Geschichte erinnert. Ein immer wiederkehrendes Argument lautet, man müsse die Vereinigten Staaten unterstützen, weil »es sonst niemanden gibt« und weil das Land aufgeklärter sei als die, die es vernichten will. Dieser Verlust des historischen Gedächtnisses umfasst auch die Weigerung, sich an die Geburtsstunde des US-Imperialismus, an seine frühe Banditenzeit zu erinnern. Sie liegt lange vor der russischen Revolution von 1917, die die internationalen Beziehungen von Grund auf veränderte.

Die Geschichte von Wanderbewegungen und Eroberungen war über Jahrtausende hinweg eng miteinander verflochten, ja, das eine folgte aus dem anderen. Das Erscheinungsbild der jetzigen Welt ist das Ergebnis von Einwanderung und Imperialismus. Zweihundertfünfzig Jahre lang waren die Vereinigten Staaten autark, nährten sich von den Überbleibseln der europäischen Zivilisation und wurden von sehr motivierten Einwanderern aufgebaut. Am Anfang waren es religiöse Fundamentalisten, in einer zweiten Phase politisch Verfolgte, die aus Europa geflohen waren, und später andere, deren einzige Motivation das Gold war. Es war eine vitale Mischung, aber die »unbegrenzten Möglichkeiten« konnten nur durch eine konzertierte Aktion von nach innen gerichtetem Imperialismus, dem Genozid der Urbevölkerung und bewaffnetem Handel an den afrikanischen Küsten sowie Sklaverei realisiert werden. Völkermord als die vorrangige Methode der technologisch fortgeschritteneren Kulturen, ihre Überlegenheit über die einheimische Bevölkerung zu behaupten, hat eine lange Tradition, obwohl noch im 20. Jahrhundert liberale Historiker und Pädagogen diese Tatsache bestritten und lieber glauben wollten, dass ihre Vorfahren lediglich ein »jungfräuliches Land« in Besitz genommen hätten.

Im Oktober 1948 erklärte der Präsident der Universität Harvard, James Bryant Conant, im »New York Herald Tribune Forum«:

> »Im Unterschied zu den meisten anderen Nationen hat sich diese Nation in erster Linie nicht aus einem Staat entwickelt, der auf militärische Eroberungen gegründet ist. Daher haben wir auch nicht die Tradition einer sich durch Eroberungen legitimierenden Aristokratie, die durch Geburtsrecht zur Herrschaft befugt ist. Vielmehr sind wir dadurch zur Größe gelangt, dass eine erst im Entstehen begriffene Gesellschaft in einem reichen und leeren Kontinent Fuß fasste.«

Ein dünn besiedelter Kontinent ja, aber ein leerer Kontinent? Hatten die Kriege gegen die Indianer etwa nicht stattgefunden? Waren es Phantomkämpfe? Oder lieferte der protestantische Fundamentalismus eine moralische Rechtfertigung für den Diebstahl von Land im großen Maßstab, das verschiedene Eingeborenenstämme gemeinsam in Besitz hatten, und für den Massenmord an den »Heiden«? Der Boden, auf dem die Universität Harvard erbaut ist, wurde den Indianern durch »militärische Eroberung« entrissen. Die Neuvermessung Nordamerikas war ein langwieriger Prozess, der von dem Historiker Oliver La Farge in seinem Buch »As Long as the Grass Shall Grow« sehr genau nachgezeichnet wurde:

> »Die Liste der Massaker an indianischen Männern, Frauen und Kindern reicht vom Great-Swamp-Massaker 1696 in Rhode Island über die Ermordung der freundlich gesinnten christlichen Indianer in Wyoming, Pennsylvania, in der Frühzeit der Republik, weiter zu den ebenfalls freundlich gesinnten Arivaipa von Arizona, zum Winterlager der Cheyenne von Colorado bis hin zum letzten und furchtbaren Massaker von Wounded Knee im Jahr 1870.«

Bei der spanischen Eroberung Südamerikas spielten katholische Fundamentalisten eine vergleichbare Rolle, auch wenn ihre Vorgehensweise differenzierter war. Sie versklavten und töteten zwar einen großen Teil der einheimischen Bevölkerung oder ließen sie einfach zugrunde gehen, aber sie führten auch Massenbekehrungen zum Katholizismus durch. Dies sicherte den Indios das Überleben. In Mexiko, Bolivien, Peru und Ecuador blieben sie in der Mehrheit. Anderswo vermischten sie sich mit den Weißen, und es bildete sich die Elite der Mestizen heraus, die wiederum von den Nachkommen der Spanier dominiert wurde. Einzig in Argentinien wurde die einheimische Bevölkerung vollständig ausgerottet. Die katholische Kirche war für den Umgang mit ihren Eroberungen in der Neuen Welt besser gerüstet als ihre protestantischen Gegenspieler im Norden. Schließlich brauchte sie sich nach einer blutigen Reconquista auf dem Heimatkontinent lediglich an ein anderes Volk zu wenden.

Als Großmacht brachte sich Amerika das erste Mal im 19. Jahrhundert ins Spiel – zunächst in Lateinamerika, später im Pazifik

mit der Eroberung der Philippinen und einer frühen Interessens-
bekundung an Japan. Die nachdrücklichste Kritik an dieser ersten Aufbauphase eines Imperiums übte einer aus den eigenen
Reihen, dessen Glaubwürdigkeit nicht einmal die glühendsten
Amerikaverfechter anzweifeln konnten: Generalmajor Smedley
Butler (1888–1940) vom US-Marineinfanteriekorps, den General
Douglas MacArthur als »einen der wirklich großen Generäle der
amerikanischen Geschichte« bezeichnete und der zweimal mit
der Tapferkeitsmedaille ausgezeichnet wurde. MacArthurs Bewunderung ging so weit, dass er sogar die US-Militärbasis in
Okinawa nach Butler benannte. Nach seinem Rückzug aus der
Armee reflektierte General Butler über seine berufliche Laufbahn: »Wie alle beim Militär fing auch ich erst nach dem Aus-
scheiden aus der Armee an, selbst zu denken. Meine Denk-
fähigkeit lag praktisch auf Eis, während ich den Befehlen der
Vorgesetzten gehorchte. Das ist typisch für alle im Militärdienst.«

Sein erstes Buch trug den Titel »War as a Racket« und die
These, die er darin vertrat, war simpel: Er lehnte nunmehr einen
Angriffskrieg kategorisch ab. Zwar würde er sein Land verteidigen, aber ein »Gangster für den Kapitalismus« wollte er nicht
noch einmal werden: »Krieg ist Gangstertum ... Krieg wird von
ein paar wenigen auf Kosten der Massen geführt.«

In einer Rede im Jahr 1933 erläuterte General Butler seine Ansichten mit bemerkenswerter Offenheit und brandmarkte den
US-Imperialismus in Lateinamerika:

>»Es gibt keinen Gaunertrick, den die militärische Gang nicht auf La-
>ger hat. Sie hat ihre Spitzel, die mit dem Finger auf die Feinde zei-
>gen, sie hat ihre ›Muskelmänner‹ zur Vernichtung der Feinde, sie hat
>ein Gehirn, das die Kriegsvorbereitungen trifft, und einen Big Boss,
>den supernationalistischen Kapitalismus.
>Es mag merkwürdig anmuten, dass ausgerechnet ich als Angehöriger
>des Militärs einen solchen Vergleich wage. Aber die Wahrhaftigkeit

zwingt mich dazu. Ich habe dreiunddreißig Jahre und vier Monate als Mitglied der agilsten Militärmacht dieses Landes, der Marineinfanterie, im aktiven Dienst verbracht. Ich habe in allen Rängen gedient, vom Leutnant bis zum Generalmajor. Und einen Großteil dieser Zeit war ich ein erstklassiger Muskelmann für das Big Business, für die Wall Street und die Banker. Kurzum, ich war ein Gangster des Kapitalismus.

Ich ahnte damals, dass ich nur ein Teil eines großen Gangsterplans war. Jetzt weiß ich es.

Ich habe 1903 mitgeholfen, Honduras für die amerikanischen Obsthandelsfirmen ›zuzurichten‹. Ich habe 1914 mitgeholfen, Mexiko und insbesondere Tampico für die wichtigen amerikanischen Ölinteressen abzusichern. Ich habe dazu beigetragen, dass die Jungs von der National City Bank, die in Haiti und Kuba abkassierten, einen angenehmen Aufenthalt hatten. Ich half mit bei der Plünderung von einem halben Dutzend Republiken in Mittelamerika zugunsten der Wall Street. Die Liste der Gangstereinsätze ist lang. 1909–12 war ich an der Säuberung Nicaraguas für das internationale Bankhaus Brown Brothers beteiligt. 1916 machte ich in der Dominikanischen Republik den Weg frei für die amerikanischen Interessen am Zucker. In China sorgte ich zusammen mit anderen dafür, dass Standard Oil ungestört seine Ziele verfolgen konnte.

In all diesen Jahren habe ich, wie die Drahtzieher zu Hause sagen würden, ein tolles Ding nach dem anderen gedreht. Im Rückblick glaube ich, dass ich Al Capone ein paar wertvolle Tipps hätte geben können. Er operierte bestenfalls in drei Bezirken. Ich operierte auf drei Kontinenten.«

Das war freilich lange her. Inzwischen hatte sich alles geändert. Oder? Eine Stimme, die sich in Tonfall und Intention von der General Butlers nicht stärker unterscheiden könnte und regelmäßig von der Kanzel der »New York Times« zu hören ist, ist die des Starkolumnisten Thomas Friedman. Er ist zwar amerikanophil, aber erfrischend unverblümt. Nie hat eine Burka seinen Blick auf die Wirklichkeit getrübt. General Butler hätte Friedmans Kolumne vom 28. März 1999 bestimmt sehr gemocht:

> »Damit die Globalisierung funktioniert, darf sich Amerika nicht scheuen, wie die allmächtige Supermacht zu agieren, die sie ja tatsächlich ist. Die versteckte Hand des Marktes wird ohne eine versteckte Faust niemals funktionieren. McDonald's kann ohne McDonnell Douglas, der den Jagdbomber F-15 gebaut hatte, nicht prosperieren, und die versteckte Faust, die die Welt für die Technologie aus dem Silicon Valley auch in Zukunft sicher und zugänglich macht, heißt US-Armee, Luftwaffe, Marine und Marineinfanterie.«

Wie wurden die Vereinigten Staaten zur »allmächtigen Supermacht«? Der Eintritt der Amerikaner in den Ersten Weltkrieg war im eigenen Land äußerst unpopulär. Viele erachteten eine Beteiligung als unnötig. Andere, die deutscher Abstammung waren, sahen keinen Grund, warum die Vereinigten Staaten sich zugunsten des englischen Königs einmischen sollten, anstatt sich auf die Seite des deutschen Kaisers zu schlagen. Wichtige Gruppen innerhalb der Führungsschicht hätten lieber abgewartet, bis der Kampf der beiden europäischen Großmächte mit einem Patt geendet hätte – was für die Vereinigten Staaten, deren Unternehmen in beiden Ländern investiert hatten, wirtschaftlich gewiss von Vorteil gewesen wäre. Trotz des Verlusts von 100 amerikanischen Menschenleben und des Austauschs diplomatischer Noten mit Deutschland war es nicht die Versenkung der »Lusitania« durch deutsche U-Boote im Jahr 1915, die die Amerikaner nach Europa führte. Sicher, sie waren nervös, denn ein Sieg Deutschlands hätte ihnen auf wirtschaftlicher Ebene einen gefährlichen Gegner beschert. Entscheidend waren vielmehr die Nachrichten aus Russland. Im Februar 1917 war eine Revolution ausgebrochen, der Zar war gestürzt worden, das Land befand sich in Aufruhr. Der

Kampfgeist der russischen Armee war erloschen, und die Soldaten desertierten scharenweise. Bolschewistische Agitatoren taten
alles, um noch mehr Soldaten zur Fahnenflucht zu bewegen, und
versicherten ihnen, dass der Feind sich im eigenen Land befinde.
Der Zeitpunkt der amerikanischen Kriegserklärung hätte nicht
von stärkerer Symbolkraft sein können: Am 6. April 1917, als
Wilson in Washington verkündete, sein Land befinde sich mit
Deutschland im Krieg, fand in St. Petersburg ein denkwürdiges
Ereignis statt. Das Zentralkomitee der bolschewistischen Partei
diskutierte Lenins »Aprilthesen«: die sorgfältige Planung eines
Aufstands, um eine sozialistische Revolution in Gang zu setzen
und die Macht zu übernehmen. Viele in Wilsons Umfeld missbil-
ligten die Entscheidung des Präsidenten, in Europa Krieg zu führen. Manche von Lenins engsten Genossen taten den Plan, einen
Aufstand anzuzetteln, als wilde und verantwortungslose Fantas-
terei ab. Hier wie dort irrten sich die Zweifler. Wäre die russische
Revolution nicht schon im Gang gewesen, hätte Präsident Wilson,
der sich um einen Frieden zwischen England und Deutschland
bemühte, nicht mit dieser Entschiedenheit eingegriffen.

Der Eintritt der Vereinigten Staaten in den Krieg 1914–18 war
der erste Schritt auf dem Weg zur Weltmacht. Sie lernten schnell.
Die Leichen auf den Schlachtfeldern Europas sollten Amerika
helfen, sich zu konzentrieren. Als Amerika in seine Rolle hinein-
wuchs, veränderten sich auch seine Methoden, und mit der Zeit
würde die ganze Welt das amerikanische »Bewusstsein« übernehmen. Amerika dachte daher auch nicht lange nach, bevor es
seine ökonomischen Muskeln spielen ließ und eine Militärma-
schinerie aufbaute, die alle Widerstände gegen die kapitalistische
Weltordnung ersticken sollte.

Interessanterweise waren es die bolschewistischen Führer, die
als Erste und noch vor den Machthabern in Großbritannien und
Frankreich erkannten, was für ein grundlegender Wandel hier
stattfand. Die alten europäischen Mächte sahen mit einer Mi-

schung aus Hohn und Snobismus auf die Vereinigten Staaten herab – wie ein greiser Aristokrat eben, auf dessen Besitzungen Hypotheken lasten, einen neureichen Unternehmer betrachtet. Beide, Lenin und Trotzki, verachteten die europäische Bourgeoisie, und sie bewunderten die Vitalität und Tüchtigkeit des amerikanischen Kapitalismus. Beide studierten eifrig die Geschichte der Ökonomie, und sie teilten ihr Wissen voller Begeisterung jedem mit, der ihnen zuhörte. In einer Rede vor Konferenzdelegierten im Jahr 1924 erläuterte Trotzki die Zukunft des Erdöls folgendermaßen:

»Die Produktion von Erdöl, das heute von so außergewöhnlicher Bedeutung für Militär und Industrie ist, beläuft sich in den Vereinigten Staaten auf zwei Drittel der gesamten Weltproduktion. 1923 waren es sogar rund 72 Prozent. Freilich, sie klagen sehr über die drohende Erschöpfung ihrer Ölvorkommen. In den ersten Nachkriegsjahren glaubte ich, wie ich zugeben muss, dass diese Klagen nur ein Deckmäntelchen für künftige Zugriffe auf ausländisches Öl sind. Aber Geologen bestätigen, dass das amerikanische Erdöl beim gegenwärtigen Verbrauch fünfundzwanzig, anderen Schätzungen zufolge vierzig Jahre lang reichen wird. Aber in fünfundzwanzig oder vierzig Jahren wird Amerika mit seiner Industrie und seiner Flotte noch zehnmal besser in der Lage sein, allen anderen ihr Erdöl wegzunehmen.«

Der Zweite Weltkrieg war die Folge der Bestrebungen Deutschlands, die Bedingungen rückgängig zu machen, die ihnen durch die Versailler Verträge nach dem Ersten Weltkrieg auferlegt worden waren. Wenn sich die Kriegsziele darauf beschränkt hätten und wenn Deutschland einen vernünftigeren Steuermann am Ruder gehabt hätte, wäre dem Land vielleicht auch ohne Krieg Erfolg beschieden gewesen. Eine einflussreiche Gruppe innerhalb der britischen Führungsriege war zwar bestrebt, ein Bündnis mit Deutschland zu schließen. Aber die kapitalistischen Magnaten in Deutschland, die vor dem kommunistischen Feind im

Innern Angst hatten, vertrauten die Staatsführung lieber dem Wahnsinn des deutschen Faschismus an. Damit war die eine Achse London–Berlin ausgehebelt. Es gab zwei Gründe, weshalb London ein solches Bündnis befürwortet hätte. Erstens, um den Kontinent vor dem Bolschewismus zu schützen, und zweitens, um die Vereinigten Staaten in Schach zu halten. Der »Antiamerikanismus« der herrschenden Klasse Großbritanniens zu jener Zeit darf nicht unterschätzt werden.

Die Vereinigten Staaten waren über diese Vorgänge im Bilde. Aber sie verzichteten nicht nur auf einen sofortigen Kriegseintritt, sie erwarteten sogar einen raschen deutschen Sieg. Die liberale Öffentlichkeit Amerikas stand dem britischen Imperialismus in den ersten Kriegsjahren zutiefst feindselig gegenüber, was die britischen Liberalen ärgerte. Die »New Republic« veröffentlichte eine Reihe von antiimperialistischen Artikeln, in denen betont wurde, dass die Plünderungen von Japanern und Briten in China moralisch auf derselben Stufe standen; in einem Leitartikel, in dem festgestellt wurde, dass die Abscheu vor dem deutschen Faschismus genauso groß sei wie die vor dem britischen Imperialismus. Beide Länder seien Schurken. Aus Wut darüber kündigte der bekannte liberale Volkswirtschaftler John Maynard Keynes seine Mitarbeit an der Zeitschrift auf. Sechzig Jahre später bekundeten ein paar weniger bekannte amerikanische Liberale einen ähnlichen Abscheu vor kritischen Äußerungen gegenüber der amerikanischen Außenpolitik nach dem 11. September in der »London Review of Books«. Zwei von ihnen kündigten ihre Mitarbeit an dem Blatt auf. Die Aktivitäten imperialistischer Mächte dürfen, so scheint es, nie mit dem Maßstab des liberalen Universalismus gemessen werden. In der ersten Kriegsphase riet Präsident Franklin D. Roosevelt Churchill mit geradezu liebevoller Fürsorglichkeit, im Falle eines absehbaren deutschen Siegs die britische Flotte in sicherere Gewässer jenseits des Atlantik zu bringen. Erst später, als er sah, dass Großbritannien und – was noch wichtiger war – die Sowjetunion nicht nur den Angriff der Nazis überlebt hatte, sondern sogar entscheidende Siege errangen (El Alamein, Stalingrad), gelang es Roosevelt, Streit mit Japan anzuzetteln und einen Konflikt zu provozieren, der die Vereinigten Staaten in den Zweiten Weltkrieg führte.*

Die Vereinigten Staaten gingen aus beiden Weltkriegen als wirtschaftlicher Sieger hervor. Ihre wichtigsten Konkurrenten waren geschwächt: Deutschland war geteilt, Japan besetzt, das britische Empire befand sich in einem unaufhaltsamen Niedergang. Die Wirtschaft des eigenen, rohstoffreichen Landes profitierte von einem größeren Gleichgewicht zwischen Industrie und Landwirtschaft. Geografisch und demographisch war Amerika in der Lage, wirtschaftlich günstig Massenwaren zu produzieren, und sein Territorium war unangreifbar.

Aber die politische und ideologische Führung der Vereinigten Staaten nutzte 1945 die wirtschaftliche und militärische Überlegenheit nicht, um den Kampf um die Vormachtstellung aufzugeben. Das gewachsene Ansehen der Sowjetunion, ihre Expansion nach Osteuropa, ihre Besetzung Ostdeutschlands und die noch andauernden Revolutionen und nationalen Befreiungskriege in Indien, China, Vietnam, Indonesien, Malaysia und auf der koreanischen Halbinsel zeigten, dass die Welt im Umbruch und Neuaufbau war.** In diesem allgemeinen Chaos, in dem Konflikt zwi-

---

* Diese Sichtweise ist natürlich umstritten, dennoch folge ich hier Gore Vidals Argumentation in der »New York Review of Books« und anderswo, die meines Erachtens unwiderlegbar ist.

** Stattdessen wurde sie zerstört. Während des Koreakriegs (1950–53) verkündete General O'Donnell, der Oberbefehlshaber des Bomberkommandos, bereits 1951, »mehr oder weniger die gesamte koreanische Halbinsel« sei »ein einziges Chaos. Alles ist zerstört, kein Stein steht mehr auf dem anderen«. Das war nicht ganz korrekt. Die zwanzig Bewässerungsstaudämme, für die Reisernte der Zivilbevölkerung im Norden von lebenswichtiger Bedeutung, waren verschont geblieben. Dieses Versäumnis wurde 1953 nachgeholt, als fünf Dämme bombardiert und zerstört wurden; ein größerer Teil des Tals wurde durch die sich ergießenden Wasserfluten verwüstet.

schen dem Kapitalismus und dessen Feinden spielten Politik und Ideologie eine größere Rolle als jemals zuvor.

Konkret bedeutete dies die Wiedergeburt eines vom Krieg verwüsteten kapitalistischen Europas. Wenn die politische Führung der USA sich vom Grundsatz der wirtschaftlichen Überlegenheit hätte leiten lassen, hätte es keinen Marshall-Plan gegeben. Aber es ging ja nicht um die Umwandlung Westeuropas in einen Agrarstaat, sondern mit dem Marshall-Plan wurden zwei Ziele verfolgt: die Sicherung der politischen Hegemonie der Vereinigten Staaten und der Wiederaufbau eines kapitalistischen Europas als selbstständige wirtschaftliche Einheit. Um seine globalen Interessen zu verteidigen, musste Washington die Bedingungen für einen wirtschaftlichen Wettbewerb schaffen. Das war das kleinere Übel. Den Zusammenbruch von Frankreich, Italien, Westdeutschland, Griechenland und Japan zuzulassen hätte bedeutet, diese Länder der Sowjetunion auf dem Tablett zu servieren. Der Marshall-Plan und die NATO waren die siamesischen Zwillinge, um einen Langzeitkrieg gegen den alten Feind zu führen.

Die Selbstversorgung mit wichtigen Rohstoffen, einst ein typischer Grundzug der Vereinigten Staaten, konnte nach dem Zweiten Weltkrieg nicht mehr aufrechterhalten werden. Die phänomenale Steigerung der Industrieproduktion, mit der die Versorgung der alliierten Truppen im Zweiten Weltkrieg sichergestellt wurde, konnte mit inländischen Rohstoffen allein nicht mehr bestritten werden. Die Vereinigten Staaten mussten Öl, Eisenerz, Bauxit, Kupfer, Mangan und Nickel importieren. Der Erdölbedarf erforderte die US-Vorherrschaft in Teilen Lateinamerikas, des Nahen Osten und Nigerias; Eisenerz kam aus anderen Teilen Lateinamerikas und aus Westafrika, weitere Mineralien aus Kanada, Australien und Südafrika.

Politik und Wirtschaft gingen eine engere Verbindung ein. Der Bedarf an Rohstoffen zog immer häufiger politische Interventionen nach sich. Staatsstreiche, lokale Kriege, die Errichtung von

US-Militärstützpunkten, die hartnäckige Unterstützung für die Oligarchie Venezuelas, die Generäle Brasiliens und Chiles und den Familienclan der Sauds in Saudi-Arabien – all das waren Maßnahmen im Kampf gegen den kommunistischen Feind und zum Schutz der amerikanischen Wirtschaft. Doch die Strategie ging nicht immer auf. Im Oktober 1949 ergriffen in China die Kommunisten die Macht, ein Aufstand in Korea führte zur US-Intervention, zur Teilung der Halbinsel und zu einem erbitterten, von den Vereinten Nationen unterstützten Krieg (1950–53). Das daraus entstandene Patt dauert bis heute an. Die Mafia-Diktatur in Kuba wurde von den Guerillatruppen Fidel Castros und Che Guevaras 1959 gestürzt. Die Vietnamesen gaben nicht auf und besiegten die USA im April 1975 nach fünfzehn Jahren Krieg.

Die Rolle der Vereinigten Staaten als Weltpolizei nach dem Zweiten Weltkrieg hatte auch innenpolitische Folgen. Es entstand eine stabile Rüstungsindustrie, die die Schwerindustrie wiederum förderte und Forschungen auf dem Gebiet der Elektronik, Luftfahrt, Chemie und Raumfahrt begünstigte. Diese Industrie produzierte Güter, deren alleiniger Abnehmer der US-amerikanische Staat war. Ohne staatliche Zustimmung konnten andere Teile der Welt nicht beliefert werden. Die wirtschaftlichen Vorteile liegen auf der Hand. Die Rüstungsindustrie war ein stabiler Sektor, der von den Konjunkturschwankungen unabhängig war. Er federte die negativen Auswirkungen der Rezessionen ab, die ein Wesenszug des Kapitalismus sind, und schützte angeblich die Wirtschaft vor einer so katastrophalen Krise, wie man sie 1929 erlebt hatte. Allen Monopolbetrieben der Rüstungsindustrie ist der Gewinn also automatisch garantiert. Um ihre Investitionen zu sichern, sind die Rüstungsproduzenten zu fast allem bereit. Es entwickelte sich eine Symbiose zwischen der Rüstungsindustrie, dem höheren Offizierskorps innerhalb der Streitkräfte und den Politikern, und hieraus entstand der mächtige militärisch-industrielle-politische Apparat.

Der Erste, der vor den Gefahren dieser Konstellation für die Demokratie warnte, war erneut ein General. Aber im Unterschied zu Butler war dieser General alles andere als radikal. Es war der gewählte Präsident der Vereinigten Staaten. In seiner Abschiedsrede an die Nation am 17. Januar 1961 rüttelte Eisenhower das Land wach:

»Seit der Mitte des Jahrhunderts, das vier schwere Kriege zwischen großen Nationen gesehen hat, sind zehn Jahre vergangen. In drei dieser Kriege war auch unser Land verwickelt. Trotz dieser Katastrophen ist Amerika heute die stärkste, einflussreichste und produktivste Nation der Welt. Wir können stolz sein auf diese herausragende Stellung, aber wir erkennen auch, dass Amerikas Führungsrolle und Ansehen nicht allein von einem einzigartigen materiellen Erfolg, von Reichtum und militärischer Stärke abhängen, sondern auch davon, ob wir unsere Macht im Interesse des Weltfriedens und der Verbesserung der menschlichen Lebensbedingungen einsetzen ...

Vor dem letzten dieser Weltkonflikte hatten die Vereinigten Staaten keine Rüstungsindustrie. Die Produzenten von Pflugscharen im Amerika waren auch in der Lage, Schwerter herzustellen, als es darauf ankam. Aber nunmehr können wir unsere Landesverteidigung im Notfall nicht länger auf Improvisation stützen. Wir waren gezwungen, auf Dauer eine Rüstungsindustrie im großen Stil aufzubauen. Heute sind dreieinhalb Millionen Männer und Frauen unmittelbar im Verteidigungsbereich tätig. Unsere jährlichen Ausgaben für die militärische Sicherheit sind höher als der Reingewinn aller Aktienunternehmen in den Vereinigten Staaten.

Das Vorhandensein eines riesigen Militärapparats *und* einer großen Waffenindustrie ist für unser Land eine neue Erfahrung, deren wirtschaftliche, politische, ja sogar geistige Auswirkungen in jeder Stadt, in jedem Parlament, in jeder Abteilung der Regierung zu spüren sind. Wir sehen zwar ein, dass diese Entwicklung zwingend notwendig ist. Wir dürfen aber auch ihre schwer wiegenden Folgen nicht außer Acht lassen. Unsere ganze Kraft und Energie, unsere Ressourcen und unser Lebensunterhalt, ja jede Gesellschaftsschicht ist davon betroffen. In den Versammlungen der Regierungsorgane müssen wir uns vor ungerechtfertigter Einflussnahme des militärisch-industriellen Apparats hüten, sei sie gewollt oder ungewollt. Die Gefahr einer verheerenden Zunahme unberechtigter Einflussnahme besteht durchaus und wird auch in Zukunft bestehen.

Wir dürfen nicht zulassen, dass unsere Freiheiten und der demokratische Prozess durch diese Verhältnisse gefährdet werden. Wir sollten nichts als selbstverständlich hinnehmen. Nur wachsame und sachkundige Bürger können mit friedlichen Mitteln und Absichten eine korrekte Zusammenarbeit der gewaltigen industriellen und militärischen Verteidigungsmaschinerie einfordern, damit Sicherheit *und* Freiheit möglich sind.«

»Wachsame und sachkundige Bürger« erhoben wenige Jahre später zur Zeit des Vietnamkriegs ihre Stimme, und zwar nicht nur Kriegsgegner. Die Anhörungen Senator William Fulbrights gegen den Vietnamkrieg im Senatsausschuss wurden regelmäßig von amerikanischen Sendern übertragen. Dadurch wurde eine wachsame Bürgerschaft auch sachkundig informiert. Die hochfliegenden Pläne der Generäle wurden angezweifelt, die Lügen der politischen Führung entlarvt und damit das Ende des Kriegs beschleunigt. Es war die beste Zeit der amerikanischen Demokratie. Viele Soldaten, die aus dem Krieg zurückkehrten, waren zwar kriegsversehrt, hatten aber angefangen, selbst zu denken, so wie General Smedley Butler dreißig Jahre zuvor.* Aber dieser Widerstand gegen den imperialistischen Fundamentalismus wuchs

---

* Dass sich die amerikanischen GIs in Gruppen wie »GIs gegen den Krieg« und »Veteranen gegen den Krieg« organisierten, vor dem Pentagon demonstrierten und Slogans zugunsten des »Feindes« riefen, der sich partout nicht besiegen lassen wollte, wird für manche der Insassen des Gebäudes ein größerer Schock gewesen sein als der Anschlag vom 11. September 2001.

keineswegs über Nacht und war wiederum nur aufgrund des erbitterten Widerstands der Vietnamesen ermöglicht worden. Ab
1966 wurden in Vietnam chemische Waffen eingesetzt. Massaker
an der Zivilbevölkerung waren stets ein integraler Bestandteil der
amerikanischen Kriegsstrategie gewesen. Durch Entlaubungsmit-
tel, Herbizide und Giftgase wurden ganze Landstriche in Mond-
landschaften verwandelt und Regionen für die Landwirtschaft auf
lange Sicht unbrauchbar gemacht.* Trotzdem gaben die Vietnamesen nicht auf. Aufgrund dieser Tatsache begannen die Soldaten, die in Vietnam gekämpft hatten, und alle, die in diesem Krieg
Freunde und Verwandte verloren hatten, nach den Gründen für
diesen Krieg und nach seinem Sinn zu fragen und sein Ende zu
fordern. Doch die amerikanische Führung weigerte sich. Nixon
und Kissinger weiteten vielmehr den Krieg aus, zunächst auf
Laos, dann auf Kambodscha, in der Hoffnung, dadurch die Vietnamesen zu isolieren. Ohne Erfolg. Die Bombardierung Kambod-
schas schuf die Voraussetzung für den Sieg von Pol Pots fanatischem Ultranationalismus. Weil auch er gegen die Vietnamesen
kämpfte, gewährten ihm die westlichen Mächte jahrelang heimlich Unterstützung und ignorierten seine Verbrechen.

Der Sieg der Vietnamesen im April 1975 löste auf vier Kontinenten eine Welle der Euphorie aus. In Südafrika, in Mittelamerika und auf der Iberischen Halbinsel herrschte eine revolutionäre Stimmung. Der Sieg der Sandinisten in Nicaragua 1979 war für
Washington, das die Somoza-Diktatur mit Waffen und Geld unterstützt hatte, ein schwerer Schlag. Auch in Angola und Mosambik waren die Befreiungskämpfe gegen die Kolonialherrschaft
neu entfacht. Aber die Fundamentalisten in Washington waren

---

* Trotz wiederholter Forderungen wurde bislang kein Verantwortlicher in den
USA – sei es Zivilist oder Militär – wegen Kriegsverbrechen vor Gericht gestellt.
Gerichte stehen gewöhnlich auf der Seite der Geschädigten, aber nicht in diesem
Fall, weil Vietnam nicht über die notwendige Unterstützung für ein solches Tribu-
nal verfügt.

entschlossen, diesen Prozess zu stoppen. In Afrika kollaborierten sie mit den Südafrikanern, die ihre Armee nach Angola schickten. Die angolanische Führung wandte sich an Kuba, das zur Verteidigung des Regimes Truppen entsandte. Diese Soldaten wurden in sowjetischen Flugzeugen transportiert und mit sowjetischen Waffen ausgerüstet. Schritt für Schritt konnten die Südafrikaner zurückgedrängt werden. In Südafrika selbst hatte der Afrikanische Nationalkongress eine Terrorkampagne gegen ausgewählte militärische und wirtschaftliche Ziele in Gang gesetzt. In Nicaragua versorgten unterdessen die Vereinigten Staaten die Contras mit Waffen, um – weitgehend erfolgreich – das Land zu destabilisieren und unregierbar zu machen.

Vierzehn Jahre nach der ersten echten Niederlage der Vereinigten Staaten in ihrer Geschichte fiel die Berliner Mauer, und die Sowjetunion zerbrach. Der Kalte Krieg war zu Ende gegangen – nicht mit einem großen Knall, sondern mit einem leisen Wimmern. Den Warschauer Pakt gab es nicht mehr. Das Ende war plötzlich und unerwartet gekommen, nicht infolge einer militärischen Intervention. Die Ursachen waren innenpolitischer Art: politischer und wirtschaftlicher Bankrott der bürokratischen sowjetischen Führungselite. Das letzte sowjetische Staatsoberhaupt Michail Gorbatschow hatte dieses Ende sicher nicht beabsichtigt, sondern Reformen auf allen Ebenen angestrebt. Er war bereit, eine atomwaffenfreie Zone vom Atlantik bis zum Ural aufzubauen, und wollte einen Übergang von einer Planwirtschaft zu einer sozialen Marktwirtschaft, wie sie die europäische Sozialdemokratie in den fünfziger Jahren etabliert hatte. In der Annahme, der Westen würde ihm dabei helfen, baute er auf Ronald Reagan und Margaret Thatcher. Doch sie ließen ihn fallen und griffen sich die Beute. Was war geschehen? In einem jüngst erschienenen Essay setzte sich Historiker Georgi Derlugian, ehemaliger Sowjetbürger, der heute in Chicago lebt und Zeuge des Geschehens war, mit dieser Frage auseinander:

»Die Sowjetunion wurde nicht von außen zu Fall gebracht – der Westen stand vielmehr staunend daneben. Sie wurde auch nicht von oben oder unten untergraben, sondern implodierte von innen und brach entlang der Verlaufslinien der bürokratischen Institutionen auseinander. Es kam zum Kollaps, als sich die politischen Bosse der mittleren Ebene durch den Wagemut Gorbatschows, der an der Spitze des Systems stand, bedroht und durch neuerdings energische Subordinierte unter Druck gesetzt fühlten. Die Tumulte in Osteuropa 1989 gaben den Anstoß zu Demonstrationen. Es waren die ausgesprochen zynischen Apparatschiks einer bereits im Zerfall befindlichen Jungen Kommunistischen Liga, die in diesem Auflösungsprozess den Weg wiesen. Ihnen folgten die Gouverneure der Volksrepubliken und der russischen Provinzen, hochrangige Bürokraten in den Wirtschaftsministerien, die Sektionschefs und so weiter bis hinunter zu den Leitern der Supermärkte. Wie in vielen zerfallenden Weltreichen der Vergangenheit rafften die untersten Diener des Systems – durch die Unfähigkeit der Herrschenden ermutigt und durch das drohende Chaos geängstigt – alles an sich, dessen sie habhaft werden konnten. Zu ihnen gesellten sich all jene Cleveren, die ihren Vorteil witterten – Möchte-gern-Yuppies, ehemalige Schwarzmarkthändler und regelrechte Gangster. Wer aus diesem bunt gemischten Haufen Glück hatte, schaffte den Aufstieg zu einem der prominenten postkommunistischen Tycoons.«*

Derlugians prägnante Beschreibung würde vielen chinesischen Parteibüromitgliedern ein zufriedenes Lächeln abgewinnen. Ihrem eigenen Land ist dieses Schicksal erspart geblieben. Die beiden Länder hatten zahlreiche Gemeinsamkeiten: eine schwache demokratische Tradition, einen Apparat, in dem Partei und Staat miteinander verschmolzen, ein langjähriges Machtmonopol

---

* Georgi Derlugian: »Recasting Russia«, in: *New Left Review* 12, November/Dezember 2001 (www.newleftreview.org).

der Kommunistischen Partei und das Bedürfnis, alle abweichenden Meinungsäußerungen niederzuschlagen. Die politische Führung beider Länder hatte den kapitalistischen Weg eingeschlagen, so wie es der Große Vorsitzende Mao einst prophezeit hatte. Aber hier enden die Gemeinsamkeiten auch schon.

Eifrig bestrebt, ihren neuen Herren zu gefallen, und bemüht, sich mit allen Mitteln zu amerikanisieren, folgte die sowjetische Führung der »Schocktherapie«, die die Medizinmänner aus Harvard ihnen verordneten. Zehn Jahre später, 2000, enthüllte die Statistik das Ausmaß der Katastrophe: Die Schere zwischen Arm und Reich klaffte dreimal mehr auseinander, ein Drittel der Bevölkerung lebt unterhalb der Armutsgrenze, Kriminalität und Korruption sind außer Kontrolle geraten, und in manchen Teilen des Landes ist an die Stelle von Geld der Tauschhandel getreten. Für die Nachkriegsgeneration war dies die schlimmste Erfahrung ihres ganzen Lebens. Und zum materiellen Elend gesellte sich die Erkenntnis, dass ihr politischer Führer, nämlich Jelzin, ein Betrüger war: ein unmoralischer, zügelloser, inkompetenter Hanswurst, der nur auf seinen eigenen Vorteil bedacht war. Der Westen, der die Alternativen fürchtete, beschloss, ihn zu unterstützen. Die folgsamen westlichen Medien gehorchten kompromisslos.

Kriminalität und Korruption gab es auch in China. Viele Parteibürokraten nutzten ihre Macht, kauften Staatseigentum auf und wandelten sich zu Kapitalisten, aber es gab einen entscheidenden Unterschied. Das russische Chaos wurde vermieden. Die Wirtschaft verzeichnet wichtige Erfolge. Der chinesische Kapitalismus funktioniert relativ gut. Die Wachstumsrate ist höher als die vieler westlicher Staaten, und in den Vereinigten Staaten fand China einen großen Absatzmarkt für seine Waren. China schaut mit sehr viel größerer Zuversicht und Selbstvertrauen in die Zukunft. Gleichzeitig hat die Kommunistische Partei ihr Machtmonopol behalten. Rein kapitalistisch gesehen schien der Marktstalinismus zu funktionieren.

Im Unterschied zu ihren einstigen sowjetischen und osteuropäischen Partnern waren die Chinesen durch ihre Kultur und Zivilisation teilweise isoliert gewesen. Sie setzten nicht alles daran, den Westen zu imitieren, auch wenn sie erkannten, dass sie nicht ausschließlich durch ein inneres Gleichgewicht überlebensfähig waren. Ihre Wirtschaft musste sich dem Weltmarkt öffnen, sie mussten Mitglied der Welthandelsorganisation werden und eng mit der Weltbank und dem Weltwährungsfonds zusammenarbeiten. Die Schattenseite dieser Entwicklung ist bekannt: wachsende soziale Ungleichheit und hohe Arbeitslosigkeit. Es überrascht nicht, wenn nun arbeitslose Chinesen – Intellektuelle und Arbeiter – zuhauf auswandern. Trotz aller Beschränkungen wird diese Wanderbewegung noch weiter anwachsen, wenn sich China in den Weltmarkt eingliedert. Der Prozess, der sich hier vollzieht, wurde in einem ergreifenden Zeremoniell symbolisiert, das im Dezember 2000 in New York zu Ehren des verstorbenen chinesischen Dissidenten Wang Ruowang stattfand. Er war dreiundachtzig Jahre alt geworden. Sein ganzes Leben lang hatte er versucht, die sozialen und politischen Verhältnisse in China zu verbessern, war aber in den Vereinigten Staaten gestorben. Die Grabrede hielt ein gleichfalls bekannter Exilant, der Journalist und Schriftsteller Liu Binyan, der die abstoßende Kehrseite des Regimes treffend zum Ausdruck brachte:

»Wang hatte in seiner Jugend hohe Ideale und war voller Tatkraft; er engagierte sich für die Kommunistische Partei, deren Führung ihn aber schon bald ausschloss, verbannte, verhaftete, hungern ließ und folterte, seine Familie zerstörte, ihm dann ›verzieh‹, ihn rehabilitierte, wieder ausschloss, wieder verhaftete und schließlich zwang, ins Exil zu gehen …

Wenn wir China heute betrachten, ist das dann das China, von dem Wang und ich vor sechzig Jahren träumten? Haben wir von einem China geträumt, in dem Korruption, Betrug und Zynismus herrschen? In dem sich Ausbeutung, Prostitution und Gangstertum ausbreiten? Und die Selbstmordrate auf dem Land die höchste weltweit ist? In dem die ›Schlauen‹ keine moralischen Werte haben und sich auch nicht dafür interessieren? In dem die natürliche Umwelt Jahrzehnte brauchen wird, um sich zu erholen, wenn dies überhaupt noch möglich ist?

China, beherrscht von einem Regime, das noch immer nicht bereit ist, die zehn Millionen Toten einzugestehen, die es während der Hungersnot zur Zeit des Großen Sprungs nach Vorn zu verantworten hat, und das noch immer jede Stimme und jede Organisation, die sich kritisch äußern könnte, mit brutalen Mitteln unterdrückt: War dies das China, das Wang Ruowang zu erreichen hoffte, als er seinen Lebensweg begann?«

Ein Hauptgrund für den Erfolg des chinesischen Kapitalismus liegt in den politischen und wirtschaftlichen Abkommen, die die Führung des Landes seit den siebziger Jahren, als der große Steuermann noch lebte, mit den Vereinigten Staaten geschlossen hat und heute noch schließt. Die Entscheidung der chinesischen Führung, gegen Vietnam in den Krieg zu ziehen, um das Land für seinen Sieg über die Vereinigten Staaten zu bestrafen, sollte nicht zuletzt die Treue zu den Verbündeten in Washington unter Beweis stellen. Die erhoffte Wirkung blieb nicht aus. Und trotz der eklatanten Verletzung der elementarsten Menschenrechte räumte der westliche Kapitalismus dem chinesischen Regime auch weiterhin die Meistbegünstigungsklausel ein. Ein solches Bündnis hat zwar seine Grenzen, aber bisher hat es beiden Seiten genützt.

Bis auf die Kriegsjahre (1942–45) war die Situation in der Sowjetunion eine völlig andere. Die Sowjetunion war der Erzfeind der Vereinigten Staaten. Die russische Revolution hatte der kapitalistischen Ordnung den Fehdehandschuh hingeworfen und war siebzig Jahre später von der Weltkarte abgetreten. Aber wie reagierten die Vereinigten Staaten auf das Verschwinden der Sowjetunion? An deren Stelle gab es zwar jetzt Russland, aber auch rund ein Dutzend neue, jungfräuliche Republiken, die nichts sehnlicher wünschten, als vom Westen entjungfert zu werden. Und dann gab es noch Osteuropa – eine fette Beute für die Imperialmächte, die ihnen praktisch kostenlos zugefallen war. Michail Gorbatschow hatte Ostdeutschland aus der Hand gegeben, ohne dafür irgendetwas zu verlangen. Mitteleuropa erwartete sein Schicksal mit angehaltenem Atem.

Der Triumph des Kapitalismus schien perfekt. Obwohl die Sowjetunion schon viele Jahrzehnte lang keine ernsthafte revolutionäre Gefahr mehr darstellte, hatte sie durch ihre bloße Existenz antikoloniale Widerstandsbewegungen in drei Kontinenten ermutigt; den Kubanern und den Vietnamesen die Kraft zum Widerstand und zum Überleben eingeflößt, den ANC in Südafrika bewaffnet und der europäischen Sozialdemokratie eine Plattform gegeben, um der kapitalistischen Führungsriege im eigenen Land Reformen abzuringen. Der Zusammenbruch der Sowjetunion markierte das Ende einer Epoche. Das war die Welt, die ein triumphales amerikanisches Imperium zwar noch immer nicht vollständig unter Kontrolle hatte, über der es aber seine Pandorabüchse öffnete, um ein paar Monster und Ängste entweichen zu lassen. Wer würde die Welt neu ordnen und wie? War es möglich, den militärisch-industriellen Komplex aufrechtzuerhalten, wenn es keine Konflikte mehr gab? Konnten nicht rasch ein paar Feinde aus dem Hut gezaubert werden? Wie konnte Kontinentaleuropa am wirksamsten kontrolliert werden? Und wie konnte man Deutschland und Japan weiterhin am Gängelband führen?

Mit dem Zusammenbruch des Kommunismus begannen die staatstragenden Intellektuellen des amerikanischen Imperiums über die glorreiche Zukunft zu diskutieren. Der ideologische und wirtschaftliche Triumph der USA war zwar perfekt, aber war die Welt nun wirklich frei von Konflikten? Den ersten ernsthaften Versuch, diesen Sieg zu analysieren, machte im Juli 1989 Francis

Fukuyama mit seinem Essay »The End of History?«, der im »National Interest« erschien. Fukuyama war ein ehemaliger Mitarbeiter im Außenministerium, der in den späten siebziger Jahren dem pakistanischen Militärdiktator den katastrophalen Rat gegeben hatte, möglichst großen Abstand von Indien zu halten, was den pakistanischen Liberalen und Demokraten wenig hilfreich war.*

Seine Hauptthese, die er aus den Schriften Hegels und Kojèves ableitete, lautete, dass nach der Niederschlagung des Faschismus im Zweiten Weltkrieg und der Auflösung der Sowjetunion fünfundvierzig Jahre später der Sieg der liberalen Demokratie das Ende der ideologischen Evolution der Menschheit markiere.** Dies war das Ende, denn von hier aus ging es nicht weiter. Nationalismus und religiöser Fundamentalismus waren Überbleibsel aus dunkelster Vergangenheit. Zudem war der Sieg keineswegs allein auf den Westen begrenzt. Auch im Osten kündigten die Erfolge Japans, Südkoreas und Taiwans vergleichbare Umwälzungen

---

* Vgl. das Kapitel »Kashmirs Geschichte«.

** Fukuyama ärgerte sich über die grob vereinfachende Interpretation, er schließe Konflikte für die Zukunft generell aus. Er bestritt vehement, dies gemeint zu haben. In einer Werbepause während einer Fernsehsendung, in der wir über die Bombardierung Belgrads durch die Amerikaner diskutierten, sagte er mir, bedauerlicherweise hätten ihn die Liberalen nicht richtig verstanden. Aufgrund ihrer Kenntnis der Schriften Hegels lägen die Marxisten sehr viel richtiger, und obwohl er, wie er sagte, »mit Professor Andersons Aufsatz« nicht einverstanden sei, »muss ich doch zugeben, dass er meine Argumente besser verstanden hat als sonst jemand«. Zu Perry Andersons kritischer Analyse vgl. »The Ends of History«, in: *A Zone of Engagement*, London, New York 1992. Vor nicht allzu langer Zeit – am 20. September 2001 – unterzeichnete Fukuyama zusammen mit anderen Verteidigern der liberaldemokratischen Kultur einen »Offenen Brief an den Präsidenten«. Die Unterzeichnenden sicherten Bush ihre volle Unterstützung zu, forderten ihn auf, »Osama bin Laden gefangen zu nehmen oder zu töten«, und warnten, der Verzicht auf eine Invasion im Irak und den Sturz Saddam Husseins bedeute »eine frühzeitige und vielleicht alles entscheidende Niederlage im Krieg gegen den internationalen Terrorismus«. Dieser Schritt sollte unternommen werden, »auch wenn es keine Beweise für eine direkte Verwicklung des Irak in die Anschläge« gebe. Dieser Offene Brief ist der reinste Ausdruck des imperialistischen Fundamentalismus oder Patriotismus in den Vereinigten Staaten.

an. Die liberale Demokratie war der Höhepunkt des epochalen Triumphzugs des Kapitalismus. Im Rahmen seiner Strukturen würde der weltweite wirtschaftliche Wettbewerb bis ans Ende der Zeiten weitergehen. Ein paar Konflikte würde es zwar auch in Zukunft geben, aber das waren nur Episoden am Rande, Nadelstiche, die die liberale Hegemonie nicht weiter erschütterten. Fukuyamas Aufsatz wurde zum Bestseller, er wurde in alle wichtigen Sprache der Welt übersetzt und von den Meinungsmachern weltweit zitiert. Für kurze Zeit wurde das Werk zur Bibel der neuen Globalisierung. Dann verschwand es von der Bildfläche, und die Kenner warteten auf einen Nachfolger.

Im Sommer 1993 veröffentlichte Samuel P. Huntington seinen Aufsatz »The Clash of Civilisations«* in der Zeitschrift »Foreign Affairs«, was sofort eine weltweite Diskussion in Gang setzte. Huntington, ehemals Experte für Aufstandsbekämpfung in Vietnam unter Präsident Johnson und später Leiter des Instituts für Strategische Studien an der Universität Harvard, schrieb später: »Der Artikel hatte einen Nerv bei Menschen aller Zivilisationen getroffen.« Aus dem Aufsatz wurde ein Buch, das auch dank Osama bin Ladens zum Bestseller avancierte. Der Autor war zum Propheten geworden. Als eine Polemik gegen Francis Fukuyama und »Das Ende der Geschichte« gedacht, stellte Huntington die These auf, die spektakuläre Niederlage des Kommunismus habe zwar alle ideologischen Debatten beendet, aber dies bedeute keineswegs das Ende der Geschichte. Denn jetzt würden statt der Politik oder der Wirtschaft unterschiedliche Zivilisationen die Welt beherrschen und spalten.

Huntington nannte acht Zivilisationen: die westliche, die konfuzianische, die japanische, die islamische, die hinduistische, die sla-

---

* Samuel P. Huntington: *Kampf der Kulturen.* München 1998; in der deutschen Übersetzung des Buches wird der Begriff »Zivilisation« vereinfachend mit »Kultur« übersetzt.

wisch-orthodoxe, die lateinamerikanische und »die afrikanische, vielleicht«. Warum »vielleicht«? Weil er sich nicht sicher war, ob Afrika wirklich zivilisiert ist? Jeder dieser Kulturkreise stehe für ein bestimmtes Wertesystem, das, so Huntington, durch die Religion veranschaulicht werde, »vielleicht *der* zentralen Kraft, die die Menschen motiviert und mobilisiert«. Die größte Kluft sieht Huntington zwischen »dem Westen und dem Rest«, weil nur der Westen »Individualismus, Liberalismus, Konstitutionalismus, Menschenrechte, Gleichheit, Freiheit, Rechtsstaatlichkeit, Demokratie und freie Märkte« kenne. Deshalb muss der Westen (gemeint sind die Vereinigten Staaten) gewappnet sein, Bedrohungen seitens dieser rivalisierenden Zivilisationen mit militärischer Macht entgegenzutreten. Die beiden gefährlichsten Zivilisationen sind für Huntington – wie könnte es anders sein – der Islam und der Konfuzianismus (Erdöl und chinesische Exporte). Sollten sich diese beiden jemals zusammenschließen, wären sie eine Bedrohung für die wichtigste, die westliche Zivilisation. Huntington schloss mit der finsteren Aussicht: »Die Welt ist keine Einheit. Kulturkreise haben die Menschheit geeint und entzweit ... gemeinsames Blut und Glaubensüberzeugungen besitzen eine starke Identifikationskraft, und dafür werden Menschen kämpfen und sterben.« Andere Fundamentalisten hätten kein Problem, sich dieser Haltung anzuschließen.

Diese schlichte, aber politisch zweckdienliche Analyse lieferte Politstrategen sowie Ideologen in Washington und anderswo ein willkommenes Erklärungsmuster. Der Islam wurde als die größte Bedrohung angesehen, weil eine beträchtliche Menge des weltweit verbrauchten Erdöls im Iran, im Irak und in Saudi-Arabien gefördert wird. Zu dem Zeitpunkt, als Huntington sein Buch schrieb, war die Islamische Republik Iran vierzehn Jahre alt und galt nach wie vor als Feind des »Großen Satan«. Die soziale, wirtschaftliche und militärische Stärke des Irak wurde durch das Post-Golfkriegs-Syndrom weiter untergraben, doch Saudi-Arabien blieb ein sicherer

Hafen, und seine Monarchie wurde von amerikanischen Truppen geschützt. Die »westliche Zivilisation« (diesmal unterstützt von ihren konfuzianischen und slawisch-orthodoxen Mitkulturen) hatte, wie ich in einem früheren Kapitel dargelegt habe, den schleichenden Tod von 300 000 Kindern im Irak organisiert, während die Ölvorkommen in Saudi-Arabien durch eine Allianz zwischen Liberaldemokraten und Wahhabiten geschützt wurden.

Huntington und anderen, die mit dem Zivilisations- bzw. Kulturbegriff hausieren gehen, muss zweierlei entgegengehalten werden: Erstens – und das habe ich in diesem Buch versucht darzulegen – war die islamische Welt in den vergangenen tausend Jahren keineswegs ein monolithischer Block. Die sozialen und kulturellen Unterschiede zwischen senegalesischen, chinesischen, indonesischen, arabischen und südasiatischen Muslimen sind sehr viel größer als die zu den jeweiligen nicht-muslimischen Bevölkerungsgruppen der Länder. In den vergangenen hundert Jahren hat die islamische Welt Kriege und Revolutionen ebenso zu spüren bekommen wie andere Gesellschaften. Der siebzig Jahre währende Kalte Krieg zwischen den USA und der Sowjetunion hatte Auswirkungen auf alle »Zivilisationen«. Kommunistische Parteien schossen nicht nur im protestantischen Deutschland, sondern auch im konfuzianischen China und im muslimischen Indonesien wie Pilze aus dem Boden und gewannen die Unterstützung breiter Bevölkerungsschichten. Nur die angelsächsische Welt – Großbritannien und Nordamerika – widerstand der Ansteckung.

In den zwanziger und dreißiger Jahren waren die Intellektuellen in Europa, aber auch in der arabischen Welt geteilt zwischen der kosmopolitischen Haltung eines aufgeklärten Marxismus und dem aufklärungsfeindlichen Populismus Mussolinis und Hitlers. Liberalismus, wahrgenommen als Ideologie des britischen Empire, erfreute sich einer geringeren Beliebtheit. So ist es bis heute geblieben. Muslimische Guerillakämpfer in Palästina und Tschetschenien lesen die Werke von Che Guevara und Vo Nguyen Giap. Bestimmte muslimische Denker Anfang der sechziger Jahre – Ali Shariati und Sajjid Kutb – schätzten die Schriften des ultrarechten Alexis Carrel, eines Petain-Anhängers, dessen Werke heute in den Trainingslagern der französischen Front National eifrig studiert werden.*

Nach dem Zweiten Weltkrieg unterstützten die Vereinigten Staaten die reaktionärsten Kräfte als Bollwerk sowohl gegen den Kommunismus als auch gegen den fortschrittlich-säkularen Nationalismus. Oftmals waren dies kompromisslose religiöse Fundamentalisten. Die USA förderten beispielsweise die Muslimbruderschaften gegen Nasser in Ägypten, die Sarekat-i-Islam gegen Sukarno in Indonesien, die Dschamaat-al-Islamija gegen Bhutto in Pakistan und später Osama bin Laden und seine Freunde gegen den afghanischen Kommunisten Nadschibullah. Als die Taliban 1996 Kabul eroberten, bestand eine ihrer ersten Amtshandlungen darin, Nadschibullah aus dem UNO-Gelände herauszuholen, wohin er sich geflüchtet hatte, und umzubringen. Dann wurde sein nackter Leichnam öffentlich zur Schau gestellt – Penis und Hoden hatte man ihm in den Mund gesteckt –, damit die Bewohner von Kabul sahen, wie gefährlich es war, ein

---

* Alexis Carrel (1873–1944) war ein hoch begabter, aber streitsüchtiger Chirurg, der Frankreich verließ und anschließend im französischsprachigen Kanada und in den Vereinigten Staaten Karriere machte. Er erhielt den Nobelpreis für Medizin, was seine Glaubwürdigkeit untermauerte. In seinen Schriften befasste er sich unter anderem mit Eugenik und mit der Reinheit der Rassen. Die Skandinavier betrachtete er als eine der zivilisiertesten Rassen, weil sie besonders rein und weiß seien (ausschlaggebend für diese Einschätzung war wohl eher, dass sie ihm den Nobelpreis gaben). Später wurde er, obwohl er doch die Pigmentierung der mediterranen Rassen ablehnte, ein großer Bewunderer Benito Mussolinis. Immer wieder attackierte er die liberalen Demokratien, in deren Ablehnung der Religion er die »Ursache für ihre Schwäche und Ineffizienz« sah. 1935 wurde er zum Eugeniker und schrieb: »Die Eugenik ist für den Fortbestand der Starken unverzichtbar. Eine große Rasse muss ihre besten Elemente vermehren.« Im Zweiten Weltkrieg kehrte Carrel nach Frankreich zurück und arbeitete für das Vichy-Regime. Er starb kurz vor der Befreiung, sodass er nicht mehr als Kollaborateur vor Gericht gestellt werden konnte.

Ungläubiger zu sein. Meines Wissens hat kein einziger führender Politiker und kein einziger maßgeblicher Autor oder Journalist im Westen sich dazu kritisch geäußert. Kampf der Zivilisationen?

Die einzige Ausnahme waren der Irak und der Iran. Die kommunistische Partei war die bedeutendste soziale Kraft des Irak in den sechziger Jahren, und deren Sieg konnte auf keinen Fall zugelassen werden. Die Vereinigten Staaten unterstützten einen von Kriminellen beherrschten Flügel der Baath-Partei und ermutigten diese Leute, zunächst gegen die Kommunisten und dann gegen die Gewerkschaften der Erdölarbeiter vorzugehen. Saddam Hussein tat, was man von ihm verlangte, und wurde dafür vom Westen mit Waffen und Handelsverträgen belohnt – bis zu seiner fatalen Fehleinschätzung bezüglich Kuwait 1991. Wie in einem früheren Kapitel dargestellt, unterstützte der Westen im Iran einen despotischen Schah der zweiten Generation, dessen Modernität sich nicht zuletzt im Import von Folterinstrumenten aus Großbritannien erwies. Die säkulare Opposition, die den Schah vertrieb, wurde vom britischen Geheimdienst und dem CIA ausgetrickst. Später wurde das Vakuum von den Geistlichen gefüllt, die das Land bis heute regieren.

All dies zeigt einen Imperialismus, der lange Zeit nur seine eigenen wirtschaftlichen, politischen und militärischen Interessen verfolgte und seine Dominanz durch wissenschaftlichen und technologischen Fortschritt untermauerte.* Regional ge-

---

* Das Fehlen einer Marine behinderte beispielsweise die Entwicklung des Handels in Indien und beschleunigte den Niedergang der Mogulherrschaft Ende des 17. und im 18. Jahrhundert. Portugiesische, niederländische und englische Kaufleute verfügten dagegen bereits Mitte des 17. Jahrhunderts über die neueste Technologie. Die Portugiesen behaupteten ihr Monopol als Seemacht im Indischen Ozean, als sie Pilgerschiffe, die nach Mekka unterwegs waren, versenkten. Später schützten die Briten ihren Opiumhandel in China durch den Beschuss der befestigten Hafenanlagen entlang der Küsten. Hinter den Gewehren standen christliche Missionare, die nur darauf warteten, die Heiden zu einem überlegenen Glauben zu bekehren.

wann er bereits vor 1917 die Oberhand, in globalem Maßstab erst später und seit dem Zusammenbruch der Sowjetunion beeilte man sich, wichtige Neuregelungen zu treffen. Eine davon war die Erweiterung der NATO, die darauf abzielte, Russland von den neu gegründeten Republiken der Region zu isolieren und die Interessen der USA zu wahren. Welchen anderen Zweck hat die NATO, wenn nicht den, die Europäer zu kontrollieren?

Und welchen anderen Zweck haben die massiven Rüstungsausgaben der Vereinigten Staaten, wenn nicht den, gerade diese Position zu sichern? Der amerikanische Imperialismus ist heute so stark wie nie zuvor. Der Verteidigungsetat der USA betrug im Jahr 2000 267,2 Milliarden Dollar, das ist mehr als der Rüstungsetat von China, Russland, Indien, Deutschland und Frankreich zusammen. Nimmt man zu den amerikanischen Militärausgaben die der NATO, Japans, Südkoreas und Israels hinzu, beträgt die Gesamtsumme 80 Prozent der Rüstungsausgaben weltweit. Der einzig denkbare Zweck dieser Ausgaben ist die Aufrechterhaltung der amerikanischen Vormachtstellung gegenüber den eigenen Verbündeten. General Butlers Darstellung gilt heute mehr denn je. Es handelt sich um ein globales Gangstertum zum eigenen Schutz. Im Gegenzug für die Verteidigung der Interessen einiger ihrer Verbündeten erhalten die Vereinigten Staaten stattliche Geschenke. So sind es beispielsweise Japans Handelsüberschüsse und Dollarreserven, die dazu beigetragen haben, den Status des Dollars als globale Währung zu sichern.

Der berühmte amerikanische Historiker Chalmers Johnson hat dargelegt, wie dieses System funktioniert. Er gehört nicht zu jenen Wissenschaftlern, die von staatstragenden Intellektuellen oder solchen im Dienst der Macht verunglimpft werden.* Er

---

* Staatstragende Intellektuelle sind jene, die für die US-amerikanische Staatsmaschinerie tätig waren oder daraus hervorgingen. Kissinger, Brzezinski, Fukuyama und Huntington sind typische Beispiele; eine noch viel größere Zahl von ihnen

kann tadellose Referenzen vorweisen. Er stammt aus einer Familie von Marinemilitärs. Johnson war in der Reservestaffel der Marineflieger und im besiegten Japan stationiert. Nach seiner Entlassung aus dem aktiven Dienst kehrte er als Reservist nach Hause zurück, studierte in Berkeley und spezialisierte sich als Wissenschaftler auf China und Japan. Von den Turbulenzen an den Universitäten der sechziger Jahre blieb er unberührt, und ein Linker war er nie. Vielmehr stand er während des Vietnamkriegs auf der Seite der USA. Erst deren Aufrüstung nach dem Ende des Kalten Kriegs machte ihn zu einem der schärfsten Kritiker der Vereinigten Staaten, und sein neuestes Werk, »Ein Imperium verfällt«, wurde blindwütig angegriffen. In diesem Buch vertritt

---

sind in weniger spektakulären Positionen als Journalisten der »New York Times« und der »Washington Post« tätig. Die Intellektuellen im Dienst der Macht hingegen lassen sich in mehrere Kategorien unterteilen. Eine hochtrabende Selbstbeschreibung lautet »Historiker der Gegenwart«. Zu dieser Gruppe zählen begabte Journalisten, die wie Geier über einer Weltkrise kreisen. Wer wird als Erster hinunterstürzen und das Aas zu fassen kriegen? Ihre Schriften sind durchaus verdienstvoll; aber ihrem Schaffen liegt ein Hang zur Selbstverleugnung zugrunde. Sie sind bedacht darauf, das prekäre Gleichgewicht zwischen Wahrheit und Macht stets zu wahren und die Imperialmacht mit dem, was sie schreiben, auf keinen Fall zu verärgern. Ihre Texte, die sie als objektive Beobachtungen ausgeben, erscheinen in der ganzen Welt, aber ihr eigentliches Zuhause ist die »New York Review of Books«, deren politischer Standpunkt seit der Reagan-Ära gewöhnlich die Ansichten des liberalen Flügels im US-Außenministerium spiegelt. Ein neuer Typus der Intellektuellen im Dienst der Macht ist der Journalist bzw. Intellektuelle, der aus der einst so genannten »Dritten Welt« stammt. Er war früher Antiimperialist, hat sich aber zügig der neuen Weltordnung angepasst. Er war Experte für die Schandtaten Saddam Husseins und zur Zeit des Golfkriegs und des Afghanistan-Konflikts sehr gefragt. Das Lob und die Zuneigung des imperialen Staates und seiner Institutionen sind ihm jedoch zu Kopf gestiegen. Er bildete sich ein, das, was er sagt, zähle wirklich, und er sei in der Lage, die amerikanische Politik in eine »fortschrittlichere« Richtung zu lenken. Er appellierte eindringlich an die Große Macht, aus dieser Region nie wieder abzuziehen. Lasst uns nicht allein, lautet die flehentliche Bitte. Das ist die Kehrseite der Verzweiflung. Nicht wenige der einstigen Radikalen glauben heute nicht mehr an die Fähigkeit der Menschen, sich selbst zu befreien, und wurden zu Apologeten des neuen Kolonialismus.

Johnson die These, das amerikanische Imperium sei »überdehnt«, und je länger es darum kämpfe, diesen Status aufrechtzuerhalten, desto schmerzlicher würde die Niederlage ausfallen. Er stellt die Ausgaben zur Sicherung des Zugangs zu den Ölquellen am Persischen Golf – jährlich rund 50 Milliarden Dollar aus dem Verteidigungsetat der USA – den Kosten für Ölimporte gegenüber, die jährlich nur 11 Milliarden Dollar betragen und 10 Prozent des US-amerikanischen Bedarfs ausmachen. Europa dagegen deckt seinen Bedarf zu einem Viertel und Japan zur Hälfte durch Ölimporte aus dem Nahen Osten. Es handelt sich hier weniger um »Postimperialismus« als vielmehr um »Ultraimperialismus«. Der mag für die durchschnittliche Bevölkerung im Westen nicht weiter sinnfällig sein, die übrige Welt ist sich seiner aber sehr wohl bewusst. Die Vereinten Nationen haben gegenwärtig 187 Mitgliedsstaaten. Die Vereinigten Staaten sind in 100 Ländern militärisch präsent. Eines dieser Länder ist die kleine Insel Katar, wo sich auch die Zentrale des Fernsehsenders al-Dschasira befindet. William Arkin schilderte den Lesern der »Los Angeles Times« die dortige amerikanische Militärbasis:

»Der Militärstützpunkt Al-Adid hat eine Milliarde Dollar gekostet. Seine 4572 Meter lange Start- und Landebahn ist eine der längsten in der gesamten Golfregion. Mit dem Bau dieser Piste wurde begonnen, nachdem im April 2000 Verteidigungsminister William S. Cohen den Ort besucht hatte. In Katar war zu diesem Zeitpunkt bereits die Ausrüstung für eine Armeebrigade vorhanden, und im Jahr 1996 standen dort 30 Jagdflugzeuge der Air Force als ›Expeditionsstreitkraft‹ bereit. Als Rechtfertigung für derartige Militärbasen in der Golfregion wurde zwar stets angegeben, man wolle für neue Aktionen vorbereitet sein, aber im vergangenen Jahr sagte ein hochrangiger Beamter des Verteidigungsministeriums, die Anlagen in Katar seien ›auf kein bestimmtes Land gerichtet, sondern Teil eines Systems, das wir gerne etablieren würden‹ ... Bis zum 11. September hatten die Vereinigten Staaten Dokumenten im Pentagon zufolge offizielle Abkommen dieser Art mit Katar und 92 anderen Ländern.«*

Chalmers Johnson weitet Eisenhowers bereits oben zitierte hellsichtige Warnung vor dem »militärisch-industriellen Apparat« aus und spricht von einem globalen Phänomen:

»Zu den Aktivitäten des gewaltigen amerikanischen Militärapparats gehört auch der Verkauf von Waffen an andere Länder, wodurch das Pentagon gleichzeitig ein wichtiges *wirtschaftliches* Instrument der US-Regierung wird. Ungefähr ein Viertel des amerikanischen Bruttoinlandsprodukts wird durch die Herstellung von Gütern erzielt, die für militärische Zwecke bestimmt sind. Ungefähr 6500 Beamte der US-Regierung sind ausschließlich damit beschäftigt, Waffenverkaufsprogramme zu koordinieren und zu verwalten. Sie arbeiten eng mit ranghohen Mitgliedern amerikanischer Botschaften auf der ganzen Welt zusammen, die sich während ihrer ›diplomatischen‹ Karrieren vor allem als Waffenverkäufer betätigen. Nach dem Waffenexportkontrollgesetz sind die Verwaltungsbehörden verpflichtet, den Kongress über alle vom Pentagon direkt ausgehandelten Vereinbarungen über den Verkauf von Rüstungsgütern ins Ausland und über den Bau von militärischen Anlagen im Ausland zu unterrichten. Auch von der Waffenindustrie abgeschlossene Geschäfte, die sich auf 14 Millionen Dollar oder mehr belaufen, müssen gemeldet werden. Nach offiziellen Statistiken des Pentagon belief sich das Geschäftsvolumen in diesen drei Kategorien zwischen 1990 und 1996 auf insgesamt 97 836 821 000 Dollar. Von diesen fast 100 Milliarden Dollar müssen die drei Milliarden Dollar pro Jahr abgezogen werden, mit denen die US-Regierung Waffenkäufe ausländischer Kunden subventioniert.«**

---

* William M. Arkin: »U.S. Air-Bases Forge double-edged Sword«, in: *Los Angeles Times,* 6. Januar 2002.
** Chalmers Johnson: *Ein Imperium verfällt. Ist die Weltmacht USA am Ende?,* München 2001, S. 120f.

Der imperialistische Ideologe Zbigniew Brzezinski war sich dessen sehr wohl bewusst, als er 1996 Russland warnte: »Russland ist als Nationalstaat lebensfähig. Als Weltmacht hat es meines Erachtens keine Zukunft. Sollten sie so dumm sein und es versuchen, werden sie sich in Konflikte hineinmanövrieren, denen gegenüber Tschetschenien und Afghanistan lediglich ein Spaziergang waren.«* Doch dieselben Regeln gelten offensichtlich nicht für die Vereinigten Staaten. Sie mischten sich in alle möglichen Konflikte ein: Somalia, Bosnien, Kosovo. Somalia war ein völliges Desaster. Die neue UN-Doktrin der »humanitären Intervention« diente hier als Vorwand, um die militärische Intervention zu rechtfertigen.

Wie die Kriege, die noch folgen sollten, so war auch dieser Krieg von einem gut koordinierten Propagandafeldzug begleitet: Politik wird im elitären Stil der Geheimdienste gemacht und präsentiert: Desinformation, Falschinformation, übertriebene Darstellung der feindlichen Macht und ihrer Kapazitäten, Fernsehberichterstattung mittels unverfrorener Lügen und Zensur. Ziel ist es, die Bevölkerung zu täuschen und zu entwaffnen. Alles wird entweder unendlich vereinfacht oder ermüdend unverständlich dargestellt. Die Botschaft ist einfach. Es gibt keine Alternative.

Im Fall von Somalia war das erklärte Ziel der Operation »Restore Hope«, das Leben der vom Hunger bedrohten somalischen

---

* *Transition*, 15. November 1996. Brzezinski war zwar hyperkritisch gegenüber der russischen Demokratie, sah aber keinen Grund zur Kritik an Georgien, an der Ukraine, Aserbaidschan, Moldawien und Usbekistan. Wie lassen sich diese unterschiedlichen Maßstäbe erklären? Vielleicht mit der Tatsache, dass Brzezinski für Amoco, hinter der BP steckt, und die Aizerbaijan International Operating Company als Berater tätig ist, eines Kartells, dessen geplante Ölpipelines und Abkommen für die US-amerikanischen Interessen in dieser Region von zentraler Bedeutung sind? Und warum enthielt sich Brzezinskis Musterschülerin Madeleine Albright, die Geißel des Iraks, gegenüber den Regimen in Aserbaidschan und Usbekistan jeglicher Kritik, obwohl diese Länder weniger demokratisch sind als Russland?

Bevölkerung zu retten. Die Fernsehstationen sendeten die gewünschten Bilder. Der Weltöffentlichkeit wurde mitgeteilt, dass zwei Millionen Menschen sterben würden, wenn keine militärische Intervention erfolge, um den Bürgerkrieg zu stoppen und die hungernde Bevölkerung mit Lebensmitteln zu versorgen. Die meisten Menschen starben jedoch an Malaria. Die US-amerikanischen Truppen und die Hilfsorganisationen hatten aber kein Programm zur Bekämpfung der Malaria in der Tasche, und als sie endlich eintrafen, hatte die Hungersnot bereits ihren Höhepunkt überschritten. Die Hilfsorganisationen wandten sich gegen eine militärische Präsenz in der Hauptstadt Mogadischu. Sie baten um einen begrenzten und gezielten Einsatz im »Hungerdreieck«. Dies wurde jedoch abgelehnt, weil, wie es der damalige Staatssekretär für Afrika im Verteidigungsministerium James L. Woods formulierte, es »der neuen Taktik des US-Militärs, nämlich der Ausübung massiver, überwältigender Gewalt« nicht entsprach. Zu Beginn der militärischen Intervention 1992 nannte Colin Powell, damals Generalstabschef im Pentagon, die Invasion eine »bezahlte politische Werbekampagne« für das Pentagon.

Das war knapp ein Jahr nach dem Ende des Kalten Kriegs, und Powell versuchte, den damals 300 Milliarden Dollar teuren Militäretat zu halten. Die Somalis waren die unglücklichen Versuchskaninchen, die man brauchte, um die Ausgaben zu rechtfertigen. Die Operation war eine Katastrophe. US-Soldaten starben, ein Pilot wurde gefangen genommen und durch die Straßen von Mogadischu geschleift, und die Fernsehbilder hatten einen Bumerang-Effekt. Der Sonderbevollmächtigte der Vereinigten Staaten, Robert Oakley, beschwichtigte zuerst den einen General, dann einen anderen.* Die Streitkräfte der USA und der UNO ge-

---

* Robert Oakley kennt man in Pakistan noch heute als US-amerikanischen Botschafter mit dem Auftreten eines Prokonsuls, der mehr mit den Generälen als mit den gewählten Politikern Umgang pflegte.

statteten General Muhammad Hersi Morgan, dem »Schlächter von Hergeisa«, Kismayo zu besetzen, eröffnete aber das Feuer auf die Bewohner, die gegen die Besetzung Mogadischus protestierten. Wie in der Vergangenheit verübten belgische Truppen die schlimmsten Grausamkeiten. Sie töteten über siebenhundert Somalis und vergewaltigten zahllose Frauen. Auch als US-amerikanische Helikopter auf einer Rettungsmission das Feuer eröffneten und 60 Zivilisten töteten, war der UN-Sprecher Major David Stockwell zu keiner Entschuldigung bereit: »Es gibt keine kampffreien Zonen oder Zuschauerplätze – alle Leute am Boden werden als Kombattanten angesehen.«* Keiner der Verantwortlichen wurde zur Rechenschaft gezogen und verurteilt. Wenn der ehemalige jugoslawische Präsident rückwirkend für angeblich von ihm begangene Verbrechen vor Gericht gestellt werden kann, warum dann nicht auch das Oberkommando, das für den Somalia-Einsatz verantwortlich war? In einer vernichtenden Kritik der gesamten Operation kommt der Menschenrechtler Alex de Waal zu folgendem Schluss:

»Der Fehlschlag der UN/US-Intervention ist nur dann begreiflich, wenn man sich klar macht, wie heftig sich die UN-Streitkräfte einer breiten somalischen Bevölkerungsschicht entgegenstemmten. Als am 9. Dezember 1992 die Marine an der Küste vor Mogadischu landete, war die Hoffnung groß ... doch ein Großteil der Streitkräfte verhielt sich kläglich. Viele Länder hatten hart gesottene Fallschirmjäger und andere Kampfeinheiten auf eine Mission geschickt, bei der man eigentlich hätte Polizeiaufgaben erfüllen und die Infrastruktur aufbauen müssen. Vielfach artete die Operation rasch in brutale Aktionen gegen die somalische Zivilbevölkerung aus ...

---

* Keith Richburg: »UN Defends Firing on Somali Crowd«, in: *The Washington Post*, 11. September 1993. Major Stockwells denkwürdige Worte wurden zur Rechtfertigung der Anschläge vom 11. September 2001 von Islamisten immer wieder gern zitiert.

Womit die USA und die UN niemals gerechnet hätten, war die Tatsache, dass mit der Eskalation von Mord und Chaos die Entschlossenheit der Somalis wuchs, Widerstand zu leisten und zurückzuschlagen. Die Somalis haben in ihrer Geschichte gegen die Unterdrückung durch die italienische und britische Kolonialmacht immer wieder tapfer Widerstand geleistet. In der Schlacht am 3. Oktober sahen in weiten Teilen Mogadischus buchstäblich alle Bewohner die UNO und die USA als Feinde und waren bereit, gegen sie zu kämpfen.«*

Nach dem 11. September wurde immer wieder von einem neuen Einmarsch in Somalia gesprochen, um das Debakel von 1992 zu rächen. Am 17. Oktober 2001 erklärten sich Hollywoodproduzenten bereit, »den Krieg gegen den Terrorismus mit neuen Projekten zu unterstützen«. Das erste dieser Projekte ist der abstoßende und rassistische, 90 Millionen Dollar teure Film »Black Hawk Down«, dessen Strickmuster verblüffend einfach ist: Er soll patriotische Gefühle wecken, um einen Krieg in Somalia zu rechtfertigen, falls er notwendig wäre. Bei der Premiere in Washington waren Verteidigungsminister Donald Rumsfeld und der Kriegsverbrecher Oliver North anwesend.

Keine der Kulturen und Zivilisationen, die die drei monotheistischen Religionen hervorbrachten, ist monolithisch oder zeitentrückt. Trotz aller Unterschiede sind sie doch alle von der Welt beeinflusst, in der sie existieren. Im Laufe der Zeit wandeln auch sie sich, allerdings auf ihre ganz eigene Weise. Ein bemerkenswerter Grundzug der Gegenwart aber ist, dass keine der großen politischen Parteien irgendwo auf der Welt auch nur den Anspruch erhebt, etwas Grundlegendes verändern zu wollen. Wenn es wahr ist, dass Geschichte und Demokratie im antiken Griechenland als Zwillinge entstanden, werden sie dann auch

---

* Alex de Waal: »US War Crimes in Somalia«, in: *New Left Review* I, 230, Juli/August 1998.

gemeinsam untergehen? Die Ächtung der Entwicklung demokratischer Werte durch die herrschende Kultur hat diese zu einer
Farce werden lassen. Die Folge ist eine Kombination aus Zynismus, Verzweiflung und Eskapismus – ein Klima, in dem Ir-
rationalismen jeder Schattierung hervorragend gedeihen. In den
vergangenen fünfzig Jahren war in vielen unterschiedlichen Kulturkreisen ein Wiederaufleben der politisch engagierten Religion
zu beobachten. Dieser Prozess ist noch lange nicht abgeschlossen. Ein Grund dafür ist die Tatsache, dass alle anderen Auswe-
ge von der Mutter aller Fundamentalismen, dem amerikanischen Imperialismus, abgeschnitten worden sind.

Das können weder Samuel P. Huntington noch Francis Fukuyama zugeben, ähnlich wie moderne islamistische Denker, die
über bestimmte Themen eindrucksvoll referieren können, aber
niemals eingestehen würden, dass ihre eigene Religion dringend
einer Reform bedarf. In Aufsätzen und Interviews haben Huntington und Fukuyama ihre bisherigen Thesen dargelegt und neuerdings modifiziert. Huntington ist in größerer Erklärungsnot, weil
der »Krieg gegen den Terrorismus« vielfach als Kulturkonflikt interpretiert worden ist. Huntington selbst ist nicht dieser Ansicht.
Er ist von der Position des Gegensatzes zwischen dem »Westen
und dem Rest« abgerückt, der impliziert, dass die westliche Zivilisation sich ähnlich wie die »strategischen Dörfer« Vietnams – nur
in gigantischeren Ausmaßen – einspinnen und mit allen Mitteln
gegen die Infizierung von außen verteidigen müsste. Ebenso ver-
warf er, wenn vielleicht auch nur vorläufig, die Ansicht, es handle sich um eine Auseinandersetzung zwischen dem »Westen und
dem Rest«.

In einem Aufsatz charakterisiert er die Epoche nach dem Kalten Krieg als eine Zeit der »muslimischen Kriege«. »Die Muslime
bekämpfen sowohl einander als auch Nicht-Muslime sehr viel
häufiger als Menschen anderer Zivilisationen«. Diese simplifizie-
rende Sicht lässt indes sein ganzes Konzept des »Kampfes der Zi-

vilisationen« hoffnungslos in einem fundamentalistischen Gegensatz versinken. Entweder ist es ein »Zeitalter der muslimischen
Kriege« oder ein Zusammenprall der Kulturen. Beides zugleich
geht nicht. In Wirklichkeit trifft weder das eine noch das andere zu.
Huntingtons Aufsatz stellt zwei Konflikte als wesentlich für den
Beginn der »muslimischen Kriege« heraus: Der erste ist der Krieg
zwischen dem Irak und dem Iran; aber wie in diesem Buch dargelegt, hätte dieser Krieg niemals stattfinden können, wenn
Washington und London Saddam Hussein nicht direkt unterstützt
und mit Waffen versorgt hätten. Beide Länder hofften, Saddam
würde die Geistlichen besiegen, sodass anschließend ein pro-
westliches Regime hätte eingesetzt werden können.

Das zweite Beispiel für einen muslimischen Krieg ist der anti-
sowjetische Dschihad im Afghanistan der achtziger Jahre. Huntington räumt ein, dass »dieser Sieg mit amerikanischer Technologie,
saudischem und amerikanischem Geld, Unterstützung und Ausbildung durch Pakistan und durch die Teilnahme von Tausenden
Kämpfern aus anderen, hauptsächlich arabisch-muslimischen Ländern möglich wurde«. Das trifft zu, auch wenn er hätte hinzufügen
können, dass zu den Helfern Osama bin Laden gehörte und dass
viele der damals in den Vereinigten Staaten Ausgebildeten später
den harten Kern der al-Qaida bildeten und sich zum Bruch mit
ihren ehemaligen Beschützern entschlossen. Tatsächlich wurde
der gesamte Afghanistan-Krieg von den Vereinigten Staaten durch
Einsatz ihrer totalitären Stellvertreterstaaten Saudi-Arabien und
die Militärdiktatur von General Zia ul-Haq in Pakistan inszeniert.*

---

* Anders als im Leitartikel des »Economist« (19. Januar 2002) zu lesen, flirtete General Zia ul-Haq nicht bloß »schamlos mit dem Fundamentalismus«, er war selbst
Fundamentalist. Er war unmittelbar verantwortlich für die Gründung und Finanzierung der Gruppen, die gegenwärtig die Region ins Chaos stürzen. Er führte öffentliches Erhängen und Auspeitschungen nach saudischem Vorbild ein und trug
dazu bei, die politische Kultur Pakistans zu zerstören. Er stärkte den Einfluss der
Islamisten in den Streitkräften und führte das rituelle Gebet in Armee und öffent-

Warum also den Konflikt als »muslimischen Krieg« bezeichnen? Denn beide Konflikte wurden vom Westen voll und ganz unterstützt. Damals wie heute folgen Muslime und muslimische Staaten nur allzu gern dem Kriegsruf des Imperiums. Und wenn Huntington offen zugibt, dass das »Zeitalter der muslimischen Kriege seine Wurzeln in allgemeineren Ursachen hat, (die) … in der Politik begründet sind und nicht in religiösen Lehren des 7. Jahrhunderts«, und weiter, dass »diese Ursachen (…) amerikanisches Vorgehen gegen den Irak seit 1991 und die fortgesetzten engen Beziehungen zwischen den Vereinigten Staaten und Israel (umfassten)«, nähert er sich damit den Ansichten der Kritiker des Imperiums, die diesen Rachefeldzug in Afghanistan ja gerade ablehnten. Die Neubekehrten – Liberale, die einem primitiven Patriotismus anheim fielen – sind mit Loyalitätsbekundungen derart beschäftigt, dass sie über Weltpolitik gar nicht mehr ernsthaft nachdenken können. Huntington muss wissen, dass seine neuesten Veröffentlichungen das Gebäude sprengen, das er mit so viel Sorgfalt konstruiert hat.

Das kann man von seinem Rivalen, Francis Fukuyama, nicht behaupten. Er ist nach wie vor von seinen eigenen Schlussfolgerungen überzeugt und positioniert sich in gehörigem Abstand von Huntington.

Für Fukuyama war der 11. September ein Anschlag gegen die Moderne, der auf einem islamisch-fundamentalistischen Hass gegen westliche Werte sowie gegen Homosexualität, Freizügigkeit und Frauen beruht. Er verwirft explizit den Standpunkt, die Ereignisse hätten irgendetwas mit Politik zu tun. Interessanterweise liegt er damit viel näher bei Huntingtons ursprünglicher These als Huntington selbst. »Die islamische Welt unterschei-

---

lichem Dienst ein. Die Leitartikel des »Economist« waren seinerzeit bemerkenswert nachsichtig mit ihm, und zwar aus denselben Gründen, die auch Washington und London bewogen, ihn zu unterstützen: Er war ein wichtiger Handlanger für den antisowjetischen Dschihad jener Jahre.

det sich von anderen Weltkulturen der Gegenwart in einem wichtigen Punkt. In den vergangenen Jahren hat sie allein immer wieder wichtige radikal-islamistische Bewegungen hervorgebracht, die nicht nur die westliche Politik, sondern das wichtigste Grundprinzip der Moderne ablehnen, die religiöse Toleranz.«

Dazu ist zunächst anzumerken, dass Intoleranz oder Hass auf Freizügigkeit nichts Neues ist und sich sicherlich nicht auf den Islam beschränkt. In Amerika spielt die Religion eine überragende Rolle – 90 Prozent der Bevölkerung bekennen regelmäßig ihren Glauben an einen Gott: In den Vereinigten Staaten gibt es mehr Gläubige als in ganz Westeuropa. Und dass religiöse Leidenschaften hohe Wellen schlagen, haben wir gesehen, als radikale amerikanische Christen den 11. September als Strafe Gottes für eine Gesellschaft bezeichneten, die Homosexualität und Abtreibung toleriert. Jüdische Siedler in der West Bank beanspruchen das Land im Namen ihrer alten heiligen Schriften und glauben ganz gewiss nicht an religiöse Toleranz. Aber Fukuyama will den Krieg gegen den neuen Feind, und aus diesem Grund muss er die »zivilisatorische« Kluft hervorheben und den Islamismus als »Islamofaschismus« charakterisieren. Hier haben wir es weniger mit dem Ende der Geschichte als mit der Stilllegung der westlichen Fantasie zu tun.

Seit dem Ende des Zweiten Weltkriegs wurde der Name Hitlers und seines Systems jedes Mal skrupellos beschworen, wenn der Westen öffentliche Unterstützung für einen Krieg benötigte. Es wirft ein trauriges Licht auf den Zustand des westlichen Denkens, dass es nur den Feind erkennt, der ihm aus Pinewood, Hollywood und zahllosen einschlägigen Dokumentationen und Büchern vertraut ist.

Während des Ersten Ölkriegs um den Suez-Kanal im Jahr 1956 bezeichnete Großbritannien den ägyptischen Staatschef Gamal Abdel Nasser als »Hitler am Nil«. Im Dritten Ölkrieg (auch als Golfkrieg bekannt) erhielt der irakische Führer Saddam Hussein das Hitler-Etikett. Er wurde allerdings erst dann zum Hitler, als er die Vereinigten Staaten herausforderte. Im gesamten Irakisch-Iranischen Krieg und auch bei seinem Vorgehen gegen Kommunisten und Kurden im eigenen Land wurde Saddam vom amerikanischen Außenministerium mit einem nachsichtigen Lächeln bedacht. Als schließlich Madeleine Albright befand, im Kosovo sei ein Krieg nötig, und aus diesem Grund eine geheime und inakzeptable Klausel in einen Vertrag einfügte, den die jugoslawische Führung zuvor schon akzeptiert hatte, wurde auch der Serbenführer mit dem bekannten Beinamen versehen: Milosevic wurde Hitler. Es war nur logisch, dass früher oder später ein Apologet des neuesten Krieges den neuesten Feind als »Faschisten« bezeichnen würde. Diesen Titel erhält er allerdings nur, wenn die »Faschisten« sich gegen US-amerikanische Interessen wenden. Wären sie schon in den achtziger Jahren »Faschisten« gewesen, hätte Fukuyama ein Bündnis mit »Islamofaschisten« gegen die Sowjetunion rechtfertigen müssen, was ihm vielleicht doch schwer gefallen wäre. Vielleicht aber auch nicht. Schließlich hat ein bedeutender Teil der liberal-demokratischen herrschenden Eliten in Frankreich und Großbritannien in den Jahren 1933 bis 1939 ein ebensolches Bündnis mit Hitler gegen die »bolschewistische Gefahr« befürwortet. Aber der für seine Irrationalität berüchtigte deutsche Führer machte ihnen einen Strich durch die Rechnung.*

---

* Ein englisch-französisch-deutscher Block hätte vielleicht die Sowjetunion besiegen können, aber die neue Macht hätte auch eine Herausforderung für die imperialen Ambitionen der Vereinigten Staaten dargestellt. Der Appeasement-Flügel der herrschenden Klasse in Großbritannien hegte erbitterten Groll gegen die Amerikaner. In seinen unterhaltsamen *Diaries*, zitiert Chips Channon R.A. Butler, einen führenden Appeasement-Befürworter, der über Churchills Einzug in Downing Street 10 bemerkte: »Wir haben ein rassisches Halbblut als Premierminister.« Churchills Mutter war eine amerikanische Erbin. Churchill selbst zeigte sich gegenüber Mussolini bemerkenswert duldsam und begrüßte den Sieg des Duce 1922 als Triumph gegen den Bolschewismus. Erst nach dem Zweiten Weltkrieg wurde der Faschismus als permanenter Feind definiert.

Die Liberalen definieren den Faschismus offenbar eher nach Gutdünken und der jeweiligen Situation entsprechend. Viele sozialdemokratische und die meisten marxistischen Definitionen beruhten hingegen auf eigener Erfahrung. Sie erklärten den Aufstieg des italienischen, deutschen, spanischen und französischen Faschismus als Ergebnis einer Gesamtdynamik der kapitalistischen Gesellschaften. Faschismus – das war die Waffe für den Notfall, die von der herrschenden Klasse eingesetzt wurde, sobald sie sich durch eine Wirtschaftskrise und gleichzeitig durch eine revolutionäre Arbeiterbewegung bedroht sah. Das traf auf Teile Europas in der Zwischenkriegszeit sicherlich zu.

Der Triumph der Faschisten in Deutschland wäre ohne Unterstützung der Großindustrie nicht möglich gewesen, die in den ersten fünf Jahren des Dritten Reichs enorm profitierte. Die Gewinne stiegen von 6,6 Milliarden Reichsmark 1933 auf 15 Milliarden Reichsmark 1938. Das destruktive Delirium der faschistischen Ideologie wurde jedoch zielgenau eingesetzt. Niemals blockierte es die Auszahlung der Lehnsverpflichtungen gegenüber den Geldgebern. Nicht einmal mitten im Krieg durfte der Patriotismus Gewinne minimieren. In den meisten Fällen zeigte sich das Nazi-Regime willfährig. Ein klassisches Beispiel dafür sind die detaillierten Verhandlungen zwischen dem Flick-Konzern und der deutschen Regierung über den Preis von Bazooka-Granaten. Die Regierung bot 24 Reichsmark pro Granate. Flick forderte 39,25 Reichsmark. Man einigte sich schließlich auf 37 Reichsmark, was einen Mehrgewinn in Höhe von einer Million Mark im Zeitraum 1940–43 bedeutete.*

Alle neuen Feinde mit den Schwarzhemden und Lederjacken des europäischen Faschismus einzukleiden ist grotesk. Doch die Medien brauchen ein Feindbild, aber die Gutgläubig-

---

* Ernest Mandel: »Introduction«, in: Leo Trotzki: *The Struggle Against Fascism in Germany*, London 1972.

keit hat ihre Grenzen, und der Hitler-Trick wird nicht immer funktionieren. Die staatstragenden Intellektuellen wären besser beraten, den eigenen Hinterhof zu kehren. Die Demokratie, mit der sie prahlen, ist verkrüppelt und kränklich. Die Politik ist nichts anderes als ein Konzentrat der Ökonomie. Der Verfasser einer neueren Tocqueville-Biografie kommt zu folgendem Schluss:

> »Die Demokratie wird von den spätmodernen Machteliten keineswegs als Symbol des Strebens nach Demokratisierung der Macht und nach einer partizipatorischen Gesellschaft politisch Gleichrangiger – Demokratie als Subjekt – geschätzt; vielmehr halten sie die Demokratie für einen unverzichtbaren, aber wertvollen Mythos zur Förderung der politischen und wirtschaftlichen Interessen Amerikas in vormodernen und posttotalitären Gesellschaften. Im eigenen Land wird Demokratie nicht als die Selbstbestimmung einer engagierten Bürgerschaft angepriesen, sondern als wirtschaftlich vorteilhaft. Sie dient ganz im Gegenteil dazu, die Bevölkerung in ein politisch-ökonomisches System einzubinden, das durch die Übermacht hierarchischer Organisationen charakterisiert ist, durch wachsende Klassenunterschiede und eine Gesellschaft, in der nur noch Wehrlosigkeit und Armut an nachfolgende Generationen vererbt wird.«*

Genau das hatten die fanatischen Prediger des Neoliberalismus von jeher beabsichtigt. Als sie in den sechziger und siebziger Jahren des letzten Jahrhunderts ihre Arbeit begannen, wurden sie von den keynesianischen Liberalen nicht ernst genommen, von den Sozialdemokraten scharf angegriffen und von den Konservativen auf Distanz gehalten. Die Mehrheit der marxistischen Volkswirtschaftler ließ sich nicht einmal dazu herab, sich mit ihnen

---

* Sheldon Wolin: *Tocqueville Between Two Worlds: The Making of a Political and Theoretical Life,* Princeton 2001.

auseinander zu setzen. Aber ein Vierteljahrhundert lang ignorierten Friedrich August von Hayek und seine loyalen Anhänger den Spott und arbeiteten im Untergrund, bis sie mit einem Mal ans Licht kamen und die Anführer der siegreichen Konterrevolution begrüßten: Ronald Reagan und Margaret Thatcher. Die Kombination aus neoliberalen Ideen und gesellschaftlichen Kräften, die von beiden Politikern vertreten wurden, verwandelte den Globus.

Hayek war nicht nur der Hohepriester eines knallharten Programms für das Inland. Er befürwortete auch Militäraktionen, um US-Interessen im Ausland zu verteidigen. An der Heimatfront griff er mit Vorliebe auf die unsichtbare Magie eines manipulierten Marktes zurück. Es wurde keinerlei staatliche Intervention gegen die Interessen des Kapitals geduldet. Der Staat durfte zwar nicht in den Markt eingreifen, war aber unverzichtbar, um militärische Interventionen durchzuführen, damit internationale Beziehungen in die richtige Richtung gelenkt werden konnten. Der Zirkel der Neoliberalen verteidigte wacker den Vietnamkrieg. Sie unterstützten den US-gesteuerten Militärputsch in Chile. 1979 befürwortete Hayek die Bombardierung Teherans. Im Falkland-Konflikt 1982 regte Hayek an, die argentinische Hauptstadt anzugreifen. Hier zeigte sich das wahre Credo der neoliberalen Hegemonie, das ihr Begründer vertrat.

Die Senkung der direkten Steuern, die Deregulierung der Finanzmärkte, die Schwächung der Gewerkschaften und die Privatisierung des öffentlichen Sektors waren erforderlich, um das Primat des Konsums durchzusetzen – sämtliche Güter und Dienstleistungen wurden zur Ware –, ein Prozess, den der private Sektor vorantrieb. Das so modifizierte kapitalistische System akzeptierte nun die Spekulation als zentrales Merkmal des Wirtschaftslebens auf den weltweiten Finanzmärkten. Damit das System funktionieren konnte, wurde dem Privatkapital ermöglicht, mit der Massenvermarktung von offenen Investmentfonds und Pensionsfonds in alle Gesellschaftsschichten einzudringen.

Nachdem das amerikanische Imperium die westliche Welt von der Notwendigkeit neoliberaler »Reformen« überzeugt hatte, verfolgte es konsequent das Ziel, seine Macht auf globaler Ebene durchzusetzen. Dabei wurde es von seinem bewährten Trojanischen Pferd in der Europäischen Union, sprich Großbritannien, rückhaltlos unterstützt. Seit vielen Jahren ist es ein vorrangiges Ziel der Welthandelsorganisation, die Privatisierung von Bildung, Gesundheitswesen, Wohlfahrt, sozialem Wohnungsbau und öffentlichen Verkehrsmitteln voranzutreiben. Da die Gewinnmargen in der einst blühenden Fertigungsindustrie sinken, ist der westliche Kapitalismus entschlossen, in den bis dahin unangetasteten öffentlichen Bereich vorzudringen. Riesige multinationale Konzerne liefern sich einen harten Preiskampf, um sich den Anteil der öffentlichen Dienste am Bruttosozialprodukt zu sichern.

In ihrem berühmt-berüchtigten Entwicklungsbericht aus dem Jahr 1993 mit dem Titel »Investing in Health« (Investitionen im Gesundheitsbereich) bezeichnet die Weltbank die öffentlichen Dienste als Hindernis, die der Abschaffung der weltweiten Armut entgegenstehen würde. Zwischen den Vereinigten Staaten und Kanada einerseits und der Europäischen Union andererseits gibt es heftige Auseinandersetzungen um bestimmte von der Welthandelsorganisation geforderte Maßnahmen, die aber die Gesundheit und Sicherheit der EU-Bürger beeinträchtigen. Vor ein paar Jahren – bei dem Streit um hormonbehandeltes Rindfleisch – entschied die Welthandelsorganisation zugunsten der Vereinigten Staaten und Kanadas mit dem Argument, die Sicherheitsstandards der EU seien höher als die international anerkannten Normen. Professor Allyson Pollock (von der Health Services Research Unit am University College, London) übte in der führenden britischen Medizinzeitschrift »Lancet« vom 9. Dezember 2000 scharfe Kritik an der Politik der Welthandelsorganisation:

»... die Regel der nationalen Gleichbehandlung, die die Welthandelsorganisation aufstellte, wurde dazu benutzt, eine Initiative zugunsten
des öffentlichen Gesundheitssektors für protektionistisch und daher
potenziell illegal zu erklären ... Die neuen, von der Welthandelsorganisation vorgeschlagenen Kriterien gefährden aber bestimmte Schlüssel-
mechanismen, die es den Regierungen ermöglichen, die Gesundheitsversorgung ihrer Bevölkerung zu sichern, indem sie von den Regierungen
den Nachweis verlangen, dass ihre sozialpolitischen Maßnahmen und
Ziele für den Handel möglichst geringe Restriktionen und Kosten verur-
sachen.«

New Labour bemüht sich ebenso angestrengt wie frühere thatche-
ristische Regierungen, es den Vereinigten Staaten und deren Finanzinstitutionen recht zu machen. Großbritannien ist entschlossen, als
erster EU-Staat sämtliche Bedingungen der Welthandelsorganisation zu erfüllen. Dementsprechend wurde die britische Öffentlichkeit darüber informiert, dass die Private Finance Initiative (PFI)
dazu dienen solle, im öffentlichen Sektor eine neue Struktur zu
schaffen. Mit anderen Worten, New Labour ist bereit, noch weiter
zu gehen, als Thatcher und Major es gewagt haben, und Thatchers
Wirtschaftspolitik zu Ende zu führen. Die Fluglotsen werden an ein
paar reiche Airlines verkauft. Es wird beispielsweise nichts unternommen, um die Eisenbahn, deren Privatisierung eine finanzielle
Katastrophe war und zu massiven Sicherheitseinbußen geführt hat,
wieder in irgendeiner Form ins öffentliche Eigentum zu überfüh-
ren. Neue Gesetze werden erlassen, die es jeder Gemeinde generell ermöglichen sollen, jede beliebige Schule an die Privatindus-
trie zu verkaufen. Zurzeit werden nur Schulen, die angeblich »versagen« – die mit anderen Worten von der Regierung nicht mit
ausreichenden Mitteln versorgt werden, um Kinder aus armen
Familien zu unterrichten –, an Firmen übergeben. Zu den Unternehmen, die sich unmittelbar für die Ausbildung von Kindern in
»versagenden« Schulen engagieren, gehören Shell Oil (Nachhilfe-

unterricht in Umweltschutz?), British Aerospace (Referate über Waffenhandel?) und McDonald's (gesunde Ernährung?).

Frankreich und Deutschland haben sich in dieselbe Richtung bewegt. Lionel Jospin und Gerhard Schröder sind an die Macht gekommen, weil sie die kaltschnäuzige Politik der Umverteilung von unten nach oben ablehnten, nun aber betreiben sie selbst eine Politik, die Ungleichheit fördert. Die von den französischen Sozialisten durchgeführten Privatisierungen sind gravierender als jene der sechs Vorgängerregierungen. Die deutschen Sozialdemokraten haben weniger Handlungsspielraum, aber die Ausrichtung ihrer Politik ist offensichtlich.

Da sie den neoliberalen Fundamentalismus an ihr Land angepasst haben, akzeptieren sie auch dessen militaristische Zielrichtung im Ausland. Großbritannien, Frankreich und Deutschland unterstützten den Dritten Ölkrieg (1991), die Balkankriege und den »Krieg gegen den Terrorismus«. Deutschland war so sehr darauf erpicht, Teil der neuen Weltordnung zu werden, dass die rot-grüne Koalition die Beteiligung an militärischen Abenteuern im Ausland durchs Parlament peitschte. Die grünen Dissidenten im Bundestag trafen sich im privaten Kreis und einigten sich auf eine gewisse Zahl von Gegenstimmen, die keine Gefahr für die Koalition darstellte und gleichzeitig ihre Souveränität unter Beweis stellen sollte.

Es wäre aber ein Fehler anzunehmen, dass sich nur die Großen Drei der EU als gehorsame Apportierhunde bei der US-amerikanischen Großjagd einreihen. Die skandinavischen Staaten, einst in aller Welt für ihre Unabhängigkeit geachtet, wollten nicht zurückstehen. Wie brave Pudel folgen sie den Führern des Empire: Norwegen war stolz auf seine Mitwirkung an der Schaffung palästinensischer »Homelands«, Finnland hatte bei der Bombardierung Jugoslawiens seine Finger im Spiel, die schwedische Regierung war an den Sanktionen gegen den Irak beteiligt, und Dänemark stellte einen Vizekönig für den Kosovo.

Unterdessen sind im Rest der Welt eine Milliarde Menschen unterernährt, und 7 Millionen Kinder sterben infolge der Verschuldung der Länder, in denen sie leben. Dadurch erklärt sich die Hoffnungslosigkeit und der Hass, der in weiten Teilen der Welt gegen die Vereinigten Staaten und ihre Verbündeten aufflammt. Senegal wurde vom Währungsfonds angewiesen, die Hoheitsrechte über seine territorialen Gewässer abzutreten, andernfalls werde kein Zahlungsaufschub für den Schuldenberg gewährt. Die Anweisung wurde befolgt. Was war die Folge? Die Fangschiffe aus Europa haben die Fischbestände Senegals in die Supermärkte der EU verfrachtet. Die Gewässer, aus denen die Fischer des Senegal viele tausend Jahre lang ihren Lebensunterhalt bestritten haben, wurden vom reichen Westen übernommen. Die Menschen dieses Landes leiden, weil jetzt Fischknappheit herrscht. Bolivien wurde angewiesen, das Wasser zu privatisieren. Die Armen durften nicht einmal mehr das Regenwasser auffangen, das sich auf ihren Dächern sammelte. Die Wassergebühren kletterten in unerschwingliche Höhen. Nach einem Aufstand in der Stadt Cochabamba wurden ein paar Konzessionen gemacht. In Ghana herrscht eine ähnliche Situation. Hier waren die Armen gezwungen, nicht aufbereitetes Wasser zu trinken, was zu Krankheit und Tod führte. Die Elfenbeinküste wurde genötigt, die Subventionen für die Kakao-Bauern zu streichen. Daraufhin kam es zu Massenentlassungen. Gelernte Arbeiter wurden durch Kinder ersetzt. Zwei Fünftel der Schokolade, die Konsumenten im Westen essen und trinken, wird durch ausgebeutete Kinderarbeiter produziert.

Das ist die Welt, in der wir leben – sie steht in tiefem Widerspruch zu der Menschlichkeit und dem sozialen Mitgefühl, das die gegenwärtige Situation eigentlich verlangt. Eine Alternative zu dieser Welt ist nicht vorstellbar, meinen die intellektuellen Apologeten. »Werft jedes politische Mitgefühl über Bord«, rufen die Politiker der globalisierten Welt. Das erinnert mich an den Titel eines Gedichts, das Bertolt Brecht vor 70 Jahren schrieb: »700 Intellektuelle beten einen Öltanker an.«

2 Septemberüberraschung

Die Ereignisse des 11. September sind in den Medien recht überzogen dargestellt worden, aber die Aussage, sie hätten eine neue Epoche eingeläutet oder einen Wendepunkt in der Weltgeschichte markiert, ist Propaganda. Nicht zum ersten Mal haben übereifrige Experten die Bedeutung eines Vorfalls überhöht, um sich wichtig zu machen. Ihre Feststellung, der abscheuliche Mord an 3000 US-Bürgern sei moralisch verdammungswürdiger als die 20 000 Menschenleben, die Putin auslöschte, als er Grosny zerstörte, oder als die täglichen Toten in Palästina und dem Irak, ist abscheulich.

Tatsächlich hat der Terrorangriff die Stellung der Regierung Bush im In- und Ausland gefestigt. Sie hatte umgehend von den Vereinten Nationen einen Blankoscheck und von Russland und China Unterstützung erhalten und konnte ihren Einfluss in West- und Zentralasien ausbauen. Die eigentliche Nagelprobe steht jedoch in den Monaten und Jahren nach dem Ende des Kriegs in Afghanistan an. Der verzögerte Blowback in Pakistan, Saudi-Arabien und Ägypten könnte die Weltordnung auf unvorhergesehene Weise destabilisieren.

Dass das US-amerikanische Festland ein unantastbares Heiligtum darstellte, ein Schutzgebiet, das niemals verletzt werden durfte, wurde mir zum ersten Mal im Dezember/Januar 1966/67 klar. Ich befand mich mit einer kleinen Gruppe von Beobachtern aus Nordamerika und Westeuropa in Nordvietnam. Für ein

Kriegsverbrechertribunal, das auf Initiative der Philosophen Bertrand Russell und Jean-Paul Sartre einberufen worden war, untersuchten wir US-Kriegsverbrechen, die im Westen kaum bekannt waren.

Eines Tages waren in der südlichen Provinz Than Hoa die Bombenangriffe so massiv, die Zerstörung so unerträglich und der Anblick der zivilen Opfer, hauptsächlich Frauen und Kinder, so bestürzend, dass ich auf einer Pressekonferenz in derselben Woche die Beherrschung verlor. Ich bemerkte, es sei wirklich schade, dass noch in keinem Krieg US-Städte bombardiert worden seien. Denn ansonsten wäre den normalen Amerikanern bestimmt aufgegangen, dass derartige Bombardierungen die Bevölkerung in ihrem Hass gegen den Angreifer zusammenschweißen. Dem britischen Generalkonsul in Hanoi ging es ähnlich. Bei Tee und Sandwiches in der Botschaft verriet er mir, als er das Dröhnen der amerikanischen Bomber gehört habe, sei sein erster Impuls gewesen, zum Gewehr zu greifen und auf sie zu schießen. Meine Bemerkungen schockierten jedoch eine Kollegin im Kriegsverbrechertribunal, die amerikanische Journalistin und radikale Kriegsgegnerin Carol Brightman. Unter vier Augen machte sie mir Vorhaltungen und erklärte mir, derartige Äußerungen könnten in den Vereinigten Staaten missverstanden werden und würden der Antikriegsbewegung einen Bärendienst erweisen.

Am 11. September kam mir dieses Gespräch wieder in den Sinn. Zweifellos schweißten die Ereignisse die Amerikaner zusammen, aber weit von der Einsicht entfernt, wie wenig Aussicht auf Erfolg Racheangriffe verheißen, waren sie zu allem bereit. Warum sollten Bürger einer Großmacht gegen diesen Wahn gefeit sein? Eine alte Freundin in New York schilderte mir ihren Schock, als ein Afroamerikaner, dem sie auf der Straße begegnete, zu ihr sagte: »Wir sollten losziehen und sie ausradieren genau wie die Rothäute.«

Das war die herrschende Stimmung, aber viele, die nichts sagten, schwiegen aus Angst. Ich schrieb folgende Unterhaltung nieder, die ich im Oktober mit einem Taxifahrer, einem weißbärtigen Latino, in New York führte. Sein Wagen war über und über mit Stars and Stripes dekoriert.

Ich: Wo waren Sie am 11. September?

Er: (betrachtet mich forschend im Rückspiegel) Warum fragen Sie?

Ich: Nur so.

Er: Woher kommen Sie?

Ich: Aus London.

Er: Nein, ich meine, woher kommen Sie wirklich?

Ich: Aus Pakistan.

Er: Ich bin ein Taliban. Schauen Sie mich an. Nein, nein. Ich komme aus Mittelamerika. Sehen Sie das nicht?

Ich: Ich habe mich nur gefragt, ob Sie an diesem Tag vielleicht in der Nähe der Twin Towers waren?

Er: Nein, da war ich nicht, aber selbst wenn, wäre es nicht wichtig gewesen.

Ich: Warum sagen Sie das?

Er: Es hätte sich niemand darum gekümmert, wenn ich umgekommen wäre. Das Entscheidende ist, dass *sie* getroffen wurden. Ich habe mich gefreut. Wissen Sie, warum?

Ich: Nein.

Er: Wissen Sie, wie viele Menschen in Mittelamerika umgebracht wurden? Wissen Sie das?

Ich: Sagen Sie es mir.

Er: Hunderttausende. Ja, wirklich. Sie bringen uns immer noch um. Ich bin wirklich froh, dass die Türme getroffen wurden. Jetzt haben wir unsere Rache. Die Leute, die gestorben sind, tun mir Leid. Das ist immer noch mehr, als was sie für uns empfinden.

Ich: Warum leben Sie hier?

Er: Mein Sohn geht hier zur Schule. Ich arbeite, damit er eine Ausbildung machen kann. Wir mussten hierher kommen, weil sie bei uns nichts übrig gelassen haben. Gar nichts. Keine Schulen. Keine Universitäten. Glauben Sie etwa, ich lebe lieber hier als in meinem eigenen Land?

Diese Bemerkungen hätten viele Amerikaner schockiert, nicht aber Chalmers Johnson, der versuchte, seine Mitbürger vor den drohenden Gefahren zu warnen, so ein Jahr vor den Attentaten:

»›Blowback‹ ist eine Kurzformel dafür, dass eine Nation erntet, was sie gesät hat, selbst wenn sie gar nicht genau weiß oder begreift, was sie eigentlich gesät hat. In Anbetracht ihres Reichtums und ihrer Macht müssen die Vereinigten Staaten in absehbarer Zukunft mit den üblichen Formen des Blowback rechnen, insbesondere mit Terrorangriffen gegen Amerikaner – Militärangehörige wie Zivilisten – überall auf der Welt, also auch in den Vereinigten Staaten selbst.«

Lassen Sie uns einmal das Nachspiel näher betrachten. Eine umfassende Bilanz wird erst nach einigen Jahren möglich sein, aber ein paar vorläufige Bemerkungen sind angebracht. Dieser Terroranschlag war der sichtbarste Gewaltakt, den die Welt in den letzten drei Jahrzehnten gesehen hat. Die Medien, die einen diskreten Schleier über die alltägliche Gewalt in anderen Teilen der Welt legen und sie so unsichtbar machen, waren in New York am Schauplatz des Schreckens sofort zugegen. Schreiber und Schreiberlinge servierten uns Woche für Woche stereotyp dasselbe: »Die Welt hat sich für immer verändert.« »Nichts ist mehr, wie es einmal war.« »Wo waren Sie, als das erste Flugzeug in den ersten Turm flog?«, und so weiter und so fort.

Hat sich nach dem 11. September denn wirklich etwas geändert? Hat es in der Weltpolitik einen fundamentalen Wandel gegeben? Ich glaube nicht. In manchen Teilen dieser Welt hat die neue Politik der USA noch größere Instabilität geschaffen, ohne dass die Wurzeln des Problems angepackt worden wären.

Die Vereinigten Staaten haben Krieg in Afghanistan geführt, die Taliban gestürzt und eine Regierung ihrer Wahl eingesetzt. Was ist an dieser Vorgehensweise neu? General Butler hat uns bereits darüber aufgeklärt, wie oft und in wessen Interesse dergleichen in den letzten zweihundert Jahren in Lateinamerika geschehen ist. Und in Asien? Auch nichts Neues. Im Iran wurde Mossadegh gestürzt. In Pakistan wurde Bhutto beseitigt, in Bangladesh fiel Sheikh Mujibur Rahman einem Attentat zum Opfer, in Südostasien wurden überhaupt mehrere Regime ein- und wieder abgesetzt. Japan war bis vor kurzem de facto ein Einparteienstaat; die Grundlage dafür hatten die ehemaligen Kollegen von General Tojo in Zusammenarbeit mit General Douglas MacArthur geschaffen. Die Tatsache, dass sich die Vereinigten Staaten wie eine Imperialmacht gebärden, ist in den meisten Teilen der Welt nichts Neues. Die Kritik, die von den Verfechtern des »Dritten Wegs« in Europa zu hören ist, hat eher etwas mit den Trauben zu tun, die zu hoch hängen. Sie denken nostalgisch an die Ära Clinton zurück, weil der alte Hengst »mehr Dazugehörigkeitsgefühl« vermittelt hat, sodass sie wie Monica Lewinsky glaubten, sie seien wirklich beteiligt, wo doch auf der Hand lag, dass sie einfach nur benutzt wurden. Die Bush-Männer und -Frauen nehmen hingegen kein Blatt vor den Mund.*

---

* In einer 45-minütigen Debatte mit Charles Krauthammer in der Sendung »Counter-Spin« der Canadian Broadcasting Corporation im November 2001 fand ich seine politische Haltung zwar abstoßend, seine Ehrlichkeit aber erfrischend. Als ich erklärte, der Krieg in Afghanistan sei im Wesentlichen »ein primitiver Rachefeldzug«, stimmte Krauthammer zu und verteidigte diesen Schritt. Als ich hervorhob, dass die Vereinigten Staaten Osama bin Laden und seine Bande im ersten afghanischen Krieg zu dem gemacht hatten, was er ist, stimmte er wieder zu und meinte, das sei damals notwendig gewesen, um die Sowjetunion zu schlagen. Er sei nicht bereit, sich dafür bei irgendjemandem zu entschuldigen, obwohl ich einwarf, die Menschen von New York wüssten eine solche Entschuldigung vielleicht zu schätzen. Dennoch, verglichen mit dem schönen Schein und den »humanitären« Verrenkungen der Herren Blair, Schröder, Fischer und der übrigen europäischen Sozialdemokraten war Krauthammer eine Wohltat. Am 12. Okto-

Es geht hier nicht um die Person Osama bin Ladens, ja nicht einmal um sein al-Qaida-Netzwerk, das sich sogar im Vergleich zur kleinsten arabischen Armee winzig ausnimmt. Die Frage ist, warum gebildete Leute aus Saudi-Arabien, Ägypten und Algerien sich dem individuellen Terrorismus verschreiben und warum sie bereit sind, dafür ihr Leben zu opfern? Die Flugzeugentführer des 11. September waren keine ungebildeten bärtigen Fanatiker aus den Bergdörfern Afghanistans, sie waren hoch qualifizierte Fachleute aus der Mittelschicht. 13 der 19 Attentäter kamen aus Saudi-Arabien. Ihre Identität lässt sich überprüfen. Die drei Alghamdis stammen eindeutig aus dem saudischen Hedschas, der Provinz der heiligen Stätten Mekka und Medina. Der Ägypter Muhammad Atta reiste mit saudischem Pass. Ob Osama bin Laden nun Befehlshaber der Aktion war oder nicht, unbestreitbar ist, dass der Großteil seiner Kader – im Unterschied zu den Fußsoldaten – in Ägypten und Saudi-Arabien angesiedelt sind, den beiden wichtigsten Verbündeten der Vereinigten Staaten in der Region, sieht man einmal von Israel ab. In Saudi-Arabien ist die Unterstützung für bin Laden groß. Aus diesem Grund bittet das saudische Regime – ungeachtet seiner totalen Abhängigkeit von den Vereinigten Staaten – die Amerikaner nunmehr höflich, ihre Truppen aus dem Land abzuziehen. Hier sind die Auswirkungen der amerikanischen Gegenoffensive am deutlichsten zu spüren. Die königliche Familie ist äußerst nervös. Kronprinz Abdullah bin Abdul Aziz diskutiert ganz offen innere Reformen und einen Kampf gegen die Korruption in der Familie und im Land.

---

ber 2001 hatte er in seiner Kolumne in der »Washington Post« geschrieben: »Wir kämpfen, weil die Dreckskerle 5000 (sic) unserer Leute umgebracht haben, und wenn wir sie nicht töten, dann werden sie uns wieder angreifen. Das ist ein Krieg der Rache und der Abschreckung… Das Gerede von Befreiung bleibt daher dem Ausland vorbehalten.« Für moderate Muslime klingt das wie der saudische König und für moderate Christen wie der britische Premierminister: Beide sind von der Erziehung in einem einzigen Glauben fest überzeugt.

Das Königreich Saudi-Arabien kommt normalerweise in den westlichen Medien kaum vor, und auch auf wissenschaftlicher Ebene setzt man sich nur marginal mit diesem Land auseinander. Mit saudischen Petrodollars wurden zahlreiche Institute für arabische und arabistische Studien finanziert, und die »Großzügigkeit« der Saudis gegenüber westlichen Journalisten, Politikern und Diplomaten ist bekannt. In der Regel muss erst einmal ein amerikanischer oder britischer Staatsbürger inhaftiert oder eine britische Krankenschwester aus dem Fenster geworfen werden, um das Regime in Riad in die Schlagzeilen zu bringen; aber dergleichen betrachten alle Seiten als kleine Betriebsstörung, und danach geht man rasch wieder zur Tagesordnung über. Noch weniger ist über die Staatsreligion bekannt, die keine alltägliche Version des sunnitischen oder schiitischen Islam darstellt, sondern, wie bereits erläutert, eine besonders gefährliche, ultrapuritanische Richtung. Es ist die Religion der saudischen Königsfamilie, der Staatsbürokratie, der Armee und der Luftwaffe und natürlich Osama bin Ladens, des bekanntesten Saudis der Welt.

Ein gemäßigtes Äquivalent in Großbritannien wäre, wenn die Church of England durch die United Reformed Church des Dr. Ian Paisley ersetzt würde, die königliche Familie sich leidenschaftlich zu Paisley bekennen würde und der Staatsdienst und die Armee nur noch Paisley-Anhängern offen stünden. In den Vereinigten Staaten würde das heißen, dass man Jerry Falwell zum offiziellen Kaplan des Weißen Hauses ernennen und ihm das Recht einräumen würde, Entscheidungen des Obersten Gerichtshofes außer Kraft zu setzen, die seiner Meinung nach den Dogmen seiner Version des christlichen Fundamentalismus widersprechen.

Dass Saudi-Arabien einer gründlichen Reform bedarf, steht außer Frage, aber wer sollte sie durchführen? Gibt es einen kleinen saudischen Prinzen, einen Wüsten-Gorbatschow, der irgendwo als stellvertretender Gouverneur auf seine Chance war-

tet, um zur rechten Zeit zuzuschlagen und Maßnahmen durchzusetzen, die seine Welt auf den Kopf stellen und der Herrschaft des
Saudi-Clans ein Ende setzen würden? Nicht sehr wahrscheinlich.
Reformen von oben dürften eher zaghaft und vorsichtig ausfallen – was aber notwendig wäre, ist eine kompromisslose Umwäl-
zung.

Vor zehn Jahren unternahm der saudische Exilautor Abdelrahman Munif eine seiner seltenen Reisen nach London, um für seine Romanfigur H.A.R. Philby zu recherchieren. Wir trafen uns
und führten beim Abendessen ein langes Gespräch. Am nächsten Tag war er in nachdenklicher Stimmung: traurig, aber hell-
sichtig und keineswegs vollkommen pessimistisch, was die Zukunft seines Landes betraf. Ich fragte ihn, warum er seine
Romantrilogie »Cities of Salt« genannt hatte?

»Salzstädte sind Siedlungen, die keine dauerhafte Existenz ermöglichen. Wenn Wasser eindringt, lösen schon die ersten Wellen das Salz
auf, und diese großen gläsernen Städte versinken im Nichts. Schon
in der Antike sind viele Städte einfach verschwunden. Der Untergang
von Städten, die unmenschlich sind, ist absehbar. Ohne die Mittel für
ihre Existenzsicherung können sie nicht fortbestehen. Schau doch
uns einmal an und schau, mit welchen Augen uns der Westen betrachtet.

Das 20. Jahrhundert ist fast vorbei, aber wenn der Westen uns an-
schaut, dann sieht er nur Öl und Petrodollars. Saudi-Arabien hat immer noch keine Verfassung, den Menschen werden sämtliche Grundrechte vorenthalten, sogar das Recht, das Regime zu unterstützen,
ohne vorher eine Erlaubnis einzuholen. Frauen, die einen großen Teil
des Privatvermögens im Land besitzen, werden wie Bürger dritter Klasse behandelt. Ohne schriftliche Erlaubnis eines männlichen Verwandten darf eine Frau das Land nicht verlassen. Eine solche Situation
treibt die Bürger in die Verzweiflung, sie entwickeln kein Gefühl der
Würde und Zugehörigkeit. Unsere Herrscher sind ausschließlich da-

rauf bedacht, ihren Reichtum zu vermehren, aber in die geistige Entwicklung unseres Volkes investieren sie so wenig wie möglich. Warum? Weil sie Angst vor Bildung haben. Sie fürchten die Veränderung.«

In Munifs Romanen ist die Darstellung des Ölgeschäfts der Menschen, die damit zu tun haben, und ihrer Kollaborateure kritisch, surreal und satirisch. Wie weit reicht diese Feindseligkeit und warum?

»Meine Erinnerungen an die Amerikaner reichen bis Anfang oder Mitte der vierziger Jahre zurück. Es gab zwar meistens keine gegen sie gerichteten Feindseligkeiten, aber das Milieu, mit dem wir sie in Zusammenhang brachten, veränderte unsere Lebensweise und unsere Beziehungen untereinander. In unseren Ländern ist die Ölindustrie ein Fremdkörper. Sie ist nach wie vor eine Insel, von allem ringsum abgeschnitten ... Das Erdöl hätte zu wirklichen Veränderungen führen, Chancen auf ein besseres Leben eröffnen und jedem eine Zukunft bieten können. Der Westen ist für die Schätze der Arabischen Halbinsel und des Golfs nicht verantwortlich. Diese Schätze kommen aus dem Innern der Erde. Geschehen ist aber Folgendes: Der Westen hat diese Schätze entdeckt und sich den Löwenanteil genommen, den größeren Teil, der eigentlich den Menschen in der Region zusteht.

Unsere Herrscher wurden vom Westen eingesetzt, der sie als Werkzeug benutzt hat. Wir alle wissen, wie die Beziehung aussieht, die derzeit zwischen dem Westen und diesen Regierungen herrscht.«

Hat Munif angesichts seiner gewaltigen Kenntnisse über die Halbinsel jemals daran gedacht, ein Geschichtswerk zu schreiben, oder war dieses Unterfangen zu gefährlich?

»Ich möchte keine kritische historische Abhandlung über ein einzelnes Land schreiben – nicht weil ich Angst hätte oder es mich nicht interessieren würde –, weil ich glaube, dass der Roman viel eher die tief greifende Struktur einer Gesellschaft deuten kann, die unter Umständen wichtiger ist als die politische Geschichte und ganz gewiss bedeutsamer als jede offizielle Geschichtsdarstellung. Mein Ziel ist es, Romane zu schreiben, die den Menschen der Region die Augen öffnen und anderen – Amerikanern, Norwegern, Chinesen – helfen, unsere Gesellschaften, die Epoche, in der wir leben, und den Charakter unseres Volkes besser zu verstehen.

Was die Gefahr betrifft, kann ich nur sagen, dass ein Schriftsteller beim Schreiben ›sein Leben in seine Handfläche legt‹, wie man bei uns sagt, und man spielt sicherlich ein gefährliches Spiel. Meine Feder ist meine einzige Waffe, was die Mächtigen nicht beunruhigen sollte, aber genau das tut es. Dass ich meine saudische Staatsbürgerschaft verloren habe, war für mich wirklich schmerzlich, weil ich nicht normal reisen und leben kann. Aber ich habe diesen Weg gewählt, und diese Entscheidung hat ihren Preis. Ob ich aber gekidnappt oder ermordet werde, kann ich nicht beeinflussen, das entscheiden andere. Weißt du, was sie über mich sagen? Ich vertrete politische Positionen, die sie nicht billigen. Was ist denn schon eine ›politische Position‹? Ich verfüge nicht über bewaffnete Bataillone. Ich habe nur das Wort. Ein Artikel, ein Vortrag, ein Buch: Das sind meine einzigen Waffen. Die drei wichtigen Worte oder Slogans, an die ich glaube, sind: Freiheit, Gleichheit, Brüderlichkeit. Wie kann man sie umsetzen? Wann? Wer kann sie umsetzen? Auf welcher Ebene? Das ist die Frage. *Das* ist die Herausforderung.

Zurzeit gibt es nur ein arabisches Regime. Keine Unterschiede zwischen Rechts und Links, und selbst diese Begriffe sind heute fragwürdig geworden. Das erinnert mich an einen Witz. Immer wenn ein Treffen arabischer Innenminister stattfindet, ist das Haus voll. Kein Minister bleibt der Konferenz fern, weil Sicherheit auf der Tagesordnung steht. Sie müssen sicherstellen, dass es eine einheitliche arabische Sicherheit gibt!«

In einer Gesellschaft, in der die königliche Familie mit all ihren Clans und die zahme Geistlichkeit das Alltagsleben beherrschten und keinerlei Öffnung nach außen zulassen, kam es in den sechziger und siebziger Jahren deswegen immer wieder zu Rebellionen. Munifs Roman »The Trench« hat ein aufrüttelndes Finale. Zwei Revolutionen werden geschmiedet, eine von zornigen jungen Männern, die von modernen demokratischen Ideen inspiriert sind. Die andere unsichtbar hinter Palastmauern. Alles endet in Tränen mit Ausgangssperre und Panzern auf den Straßen. Die jungen Revolutionäre müssen feststellen, dass die falsche Revolte gesiegt hat. Hier wird angespielt auf den Tod König Faisals, der 1975 von seinem eigenen Neffen Faisal Ibn Musaid ermordet wurde. Zehn Jahre zuvor hatte Musaids Bruder Prinz Khalid, ein inbrünstiger Wahhabit, öffentlich gegen die Einführung des Fernsehens im Königreich demonstriert. Daraufhin drang die saudische Polizei in sein Haus ein und erschoss ihn. Bis zum heutigen Tag wird Prinz Khalid von streng gläubigen Wahhabiten verehrt. Zwanzig Jahre später huldigte die Taliban-Regierung dem ermordeten Prinzen durch die Anordnung, alle Fernsehapparate Afghanistans öffentlich zu hängen; Audio- und Videokassetten wurden auf den Straßen verbrannt. Leider war das kein Protest gegen die Verdummung.

Der Wahhabismus aber ist nach wie vor die Staatsreligion Saudi-Arabiens, die Extremisten in aller Welt finanziert. Während des Krieges gegen die Sowjetunion bat der pakistanische militärische Geheimdienst um einen saudischen Prinzen, der den Dschihad in Afghanistan anführen sollte. Osama bin Laden wurde an die pakistanische Grenze entsandt. Eine von bin Ladens ersten Taten als prowestlicher »Freiheitskämpfer« war ein Überfall auf eine gemischte Schule, die niedergebrannt wurde; dem Direktor schlitzten die Attentäter den Bauch auf.

Auch die Koran-Schulen in Pakistan, aus denen die Taliban hervorgingen, wurden von den Saudis finanziert, und der wahhabitische Einfluss war hier sehr stark. Als die Taliban im Jahr 2000 beschlossen, die alten Buddhaskulpturen zu sprengen, erfolgten aus den altehrwürdigen Universitäten Gom und Al-Azhar Appelle, dies zu unterlassen, weil der Islam tolerant sei. Eine wahhabitische Delegation aus dem Königreich riet aber den Taliban, an ihrem Plan festzuhalten. Und das taten sie auch. Die wahhabitische Forderung nach einem Dschihad gegen *alle* Feinde, Muslime wie Nicht-Muslime, hatte die jungen Männer, die später in Kabul einmarschierten, nachhaltig geprägt. Damals nahmen die Vereinigten Staaten eine Taliban-freundliche Haltung ein. Eine Republikanische Partei, in der sich zahllose christliche Glaubensrichtungen vereinen, konnte in dieser Sache kaum Rat erteilen, und sowohl Clinton als auch Blair gingen mit ihrem christlichen Glauben gern hausieren. All das hat herzlich wenig zu tun mit der wirklich radikalen Befreiungstheologie in Brasilien und anderen Ländern Südamerikas, die den Widerstand der Armen organisieren half, ohne ihnen allzu große religiöse Lasten aufzubürden.

Nach dem Zusammenbruch der Sowjetunion geriet die innere Opposition in Saudi-Arabien ganz in den Griff religiöser Gruppen. Der harte Kern der Wahhabiten sah in der Allianz mit den Vereinigten Staaten ein Zeichen für die Degeneration des Königreichs. Andere waren enttäuscht, weil Riad sich nicht für die Palästinenser einsetzte. Die Stationierung von US-Einheiten im Land nach dem Golfkrieg provozierte Terrorangriffe auf Soldaten und Stützpunkte. Angeordnet wurden diese Attentate von Saudis, aber gelegentlich wurden pakistanische und philippinische Einwanderer deswegen verurteilt und hingerichtet, um die Vereinigten Staaten zu beschwichtigen.

Ob den Expeditionsstreitkräften, die nach Afghanistan ausgezogen sind, um die Fangarme des wahhabitischen Kraken abzuhacken, nun Erfolg beschieden ist oder nicht, der Kopf jedenfalls liegt sicher und wohl behütet in Saudi-Arabien, bewacht die Ölquellen, lässt sich neue Arme wachsen und wird von amerikanischen Soldaten und dem Stützpunkt der US-Airforce in Dharan beschützt. Da Washington es versäumt hat, seine wichtigen Interessen vom Schicksal der saudischen Monarchie zu trennen, ist ein weiterer Blowback nicht auszuschließen.

Anfang der sechziger Jahre hatte Prinz Talal bin Abdul Aziz, angeregt durch Nasser, radikale Umwälzungen gefordert. Er organisierte eine Bewegung »Freier Prinzen«, verlor aber den Kampf und ging ins selbst gewählte Exil nach Kairo.* Damals reagierte der derzeitige Kronprinz Abdullah wütend auf sämtliche Reformvorschläge:

>»Talal behauptet, dass es in Saudi-Arabien keine Verfassung gebe, die demokratische Freiheiten schützt. Aber Talal weiß ganz genau, dass Saudi-Arabien eine von Allah inspirierte Verfassung hat, die nicht von Menschenhand stammt. Ich glaube nicht, dass es auch nur einen Araber gibt, der meint, der Koran enthalte ein einziges Schlupfloch, das Unrecht zulassen würde. Alle Gesetze und Vorschriften sind vom Koran inspiriert, und Saudi-Arabien ist stolz, eine solche Verfassung zu besitzen ... Was Talals Stellungnahme zum Sozialismus betrifft, so etwas wie rechten oder linken Sozialismus gibt es gar nicht; der wahre Sozialismus ist der arabische Sozialismus, wie er im Koran dargelegt ist. Talal hat auch viel über Demokratie geredet. Er weiß aber: Wenn es ein wahrhaft demokratisches System auf der Welt gibt, dann ist es das heute in Saudi-Arabien existierende.«

---

* Talal hatte keine Beschützer in Form von Onkeln mütterlicherseits in der lokalen Aristokratie. Seine Mutter war eine armenische Sklavin und am Hof isoliert. Talal war nur einer von Ibn Sauds 36 Söhnen. Der innere Kreis der herrschenden Clique beschränkte sich auf die Kinder der al-Sudairi-Frauen. Talal durfte unter der Bedingung aus dem Exil heimkehren, dass er schwieg. Zurzeit leidet König Fahd an einer unheilbaren Lähmung und wird nur am Leben gehalten, um die Nachfolge zu verzögern.

Man möchte meinen, Talal wüsste auch, dass wahre Globalisierung arabische Globalisierung ist, wie sie der Koran darlegt. Im Juni 1999 erklärte Talal, wenn man sich nicht auf einen Generationswechsel einige, werde ein hemmungsloser Machtkampf das Königreich schwächen. Er schlug einen Modernisierungskurs vor, der Rechte für Frauen und mehr Bildung für alle vorsah. Niemand hörte auf ihn. Doch dass diese Forderungen überhaupt publik wurden, ist ein kleiner Hinweis auf die Krise, vor der das Regime steht. Die saudischen Herrscher wissen, wenn sie nicht bald etwas unternehmen, werden die miteinander wetteifernden fundamentalistischen Richtungen zur Tat schreiten. Entweder übernehmen Hardliner die Macht, die mit Osama bin Laden sympathisieren, oder die Vereinigten Staaten greifen vorsorglich ein, was zu einer Balkanisierung der Halbinsel führen könnte. Am einfachsten wäre es, die heiligen Stätten des Hedschas der Obhut der Haschemitien in Jordanien* zu übergeben – den direkten Nachfahren Muhammads – und im ölreichen Westen einen neuen Staat mit neuen, nicht-wahhabitischen Einheimischen zu schaffen. Diese Option ist jedoch gefährlich. Sie könnte leicht zu einem »Bürgerkrieg« führen, und zwar nicht nur in der Region, da andere Mächte und Erdölkonzerne unterschiedliche Fraktionen unterstützen, um Zugang zu den Quellen zu erhalten.

Der zweite muslimische Staat, der durch die Krise und den Krieg infolge des 11. September schwer gelitten hat, ist Pakistan. Zu Beginn des neuen Jahrtausends war Pakistan als Staat gescheitert. Sein Bildungssystem funktionierte nicht, die Gesundheitsversorgung war schlechter denn je, Politiker und ihr Klientel schuldeten den staatseigenen Banken Milliarden Rupien, und in verschiedenen Landesteilen war die öffentliche Ordnung zu-

---

* Prinz Hassan, der Bruder des verstorbenen Königs Hussein, kündigte nach dem 11. September an, seine Familie sei bereit, die ererbte Verantwortung in der Region zu übernehmen!

sammengebrochen. Die ausländischen Investitionen hatten ihren historischen Tiefpunkt erreicht. In den vergangenen zehn Jahren hatte der Bürgerkrieg zwischen Milizen sunnitischer und schiitischer Fundamentalisten über 5000 Menschen das Leben gekostet. Die Situation der Frauen hatte sich in jeder Hinsicht – Gesundheit, Bildung, rechtliche Stellung, massive Zunahme der gemeldeten Vergewaltigungen – verschlechtert.

Vor aller Unbill geschützt war hingegen das Militär. Nach den Atomtests von 1998 hatte die indische Regierung für das Jahr 1999 einen Verteidigungshaushalt von 10 Milliarden Dollar vorgesehen. Pakistan hatte mit 3,3 Milliarden Dollar pariert, anderthalbmal so viel wie der gesamte Etat für Bildung und Gesundheit. Seit 1994 hatte Pakistan für drei hochmoderne Unterseeboote, ausgerüstet mit Exocet-Raketen, 1,1 Milliarden Dollar ausgegeben. Ökonomen haben errechnet, dass die beiden Atommächte in einem Zeitraum von zehn Jahren 15 Milliarden Dollar investieren müssen, um ihr Atomwaffenarsenal aufrechtzuerhalten. Einem Bericht zufolge würde dieser Betrag »ausreichen, um annähernd 37,5 Millionen vernachlässigte Kinder in Südasien vernünftig zu ernähren und medizinisch zu versorgen«.*

Das war das Land, dessen Militärelite sich gezwungen sah, an der »Operation Enduring Freedom« teilzunehmen: Die Kampagne, die bereits ihr Mandat überschritten hatte und die, wie der US-Botschafter bei den Vereinten Nationen, John Negroponte, vor dem UN-Sicherheitsrat ausführte, ein Krieg ist, der nicht an Grenzen Halt macht: »Wir könnten im Laufe dieser Operation feststellen, dass zu unserer Selbstverteidigung weitere Maßnahmen im Hinblick auf andere Organisationen und andere Staaten nötig werden.«

Hätte irgendein anderer Staat die Unverfrorenheit besessen, den Vereinten Nationen mitzuteilen, dass er sich das Recht vor-

---

* *Human Development in South Asia,* Oxford 1999.

behielt, nach eigenem Gusto zu einem beliebigen Zeitpunkt einen beliebigen Gegner anzugreifen? Der Sicherheitsrat erhob keine Einwände. All das geschah, um einen Feind zu bekämpfen, der, wie der amerikanische Präsident dem Kongress mitteilte, aus Zehntausenden Terroristen in 60 verschiedenen Ländern bestand. Dass al-Qaida zu einem weiteren Schlag derselben Größenordnung gar nicht in der Lage war, zeigte sich im Verlauf des Krieges. Es war undenkbar, dass die al-Qaida-Leute zusehen, wie afghanische Städte zu Staub und Asche gebombt werden, ohne mit einem weiteren Schlag in den Vereinigten Staaten oder Westeuropa ihren Zorn und ihre Stärke zu demonstrieren – es sei denn, sie waren dazu gar nicht in der Lage, was ganz offensichtlich der Fall war. Dieser Sachverhalt wurde in Teilen der indischen und pakistanischen Presse unterstrichen, fiel aber den meisten »Verteidigungsexperten«, die während des Konflikts die Fernsehbildschirme beherrschten, gar nicht auf.[*]

Vier Monate nach Kriegsbeginn war das eigentliche Ziel des Kriegs immer noch nicht erreicht. Osama bin Laden war der Gefangennahme und dem Tod entronnen. Der Anführer des geschlagenen Taliban-Regimes, dessen Verhaftung ebenfalls zum Ziel erhoben wurde, war mit einem Konvoi von drei Motorrädern entkommen.

Unterdessen hatte sich die Aufmerksamkeit nach Pakistan verlagert, wo, wie bereits gezeigt, der Afghanistan-Krieg die politische und soziale Lage am schnellsten und direktesten destabilisiert hat. Das Verhältnis zwischen Pakistan und Indien ist sehr belastet, und die hochgradige Krisensituation könnte wieder eskalieren. Falls General Musharraf die islamistischen Gruppierungen nicht in den Griff bekommt, hat der indische Ministerpräsi-

---

[*] Aijaz Ahmed in *Frontline*, 9. November 2001. Diese kritische südasiatische Zeitschrift stellt entsprechende Publikationen in den Vereinigten Staaten in den Schatten (www.flonnet.com).

dent Vajpayee mit Krieg gedroht. In diesem Fall könnte die Vorgehensweise der USA nach dem 11. September zur Nachahmung
verleiten.

Schon haben sich die deutsche und britische Regierung an diesem Vorbild orientiert und Oberst Putin im Nachhinein einen Per-
silschein ausgestellt. Der Tod von 30 000 Tschetschenen und die
Vernichtung der Stadt Grosny sind keine Kriegsverbrechen, weil
es dem Westen so gefällt. Diese Menschen wurden von Terroristen angeführt, und daher »haben sie es nicht anders verdient«.
Denn verständlicherweise will auch Indien, das sich wirtschaftlich
und politisch für eine wichtigere Macht hält als Russland, dem
Club derer beitreten, die zuschlagen, wo es ihnen passt.

Die Gefahr eines indisch-pakistanischen Krieges gibt Washington zu denken: Wie kann man einen Kompromiss zwischen
Indien und Pakistan erreichen, ohne die gesamte Region weiter
zu destabilisieren? Kann man General Musharraf jetzt schon
opfern? Doch keiner hätte in Pakistan derzeit das Kaliber dieses Militärs, um es mit der islamistisch infiltrierten Armee aufzunehmen. Und wenn Musharraf die Spielregeln ändert, die Di-
rektwahl des Präsidenten einführt und gewinnt? Oder wenn er
beschließt, ein ähnliches System einzuführen wie die NATO-ge-
stützte Türkei, wo die Generäle nach Gutdünken eingreifen können, um »die Verfassung zu schützen«?

Die Lösung liegt in einem umfassenden historischen Kompromiss zwischen den beiden südasiatischen Staaten. Für den Anfang könnte es ein Handels- und Abrüstungsabkommen sein,
das dann zu einer größeren Südasiatischen Union führt, der
auch Bangladesh, Sri Lanka und Nepal angehören. Keines dieser
Länder würde seine Souveränität aufgeben, aber sie würden
nach dem Vorbild der Europäischen Union zusammenarbeiten
und allmählich die Spannungen abbauen. In einem solchen
Rahmen könnten sowohl Kashmir als auch der mehrheitlich von
Tamilen bewohnte Norden Sri Lankas echte Autonomie und

Teilsouveränität erlangen. Früher oder später wird die Situation eine solche Lösung verlangen, aber müssen wir wirklich auf einen Krieg warten, damit die Politiker zur Vernunft kommen? Ist Vernunft nur möglich, nachdem große Teile des Subkontinents in einem unvorstellbaren Krieg verwüstet worden sind?

Die Verantwortung für einen Schritt in diese Richtung liegt bei Indien, denn es ist der mächtigste Staat in der Region. Die indische Führung sollte begreifen, dass das globalisierte Kapital und seine imperialistischen Meister die natürliche Tendenz haben, Staaten zu zerschlagen, und nicht, sie zu vereinen. Um gegen diesen Prozess Widerstand zu leisten, sind regionale Allianzen und eine neue Regierungsform nötig. Der Krieg am Rande des Subkontinents war in dieser Hinsicht keine Hilfe, aber Politiker und Generäle müssen vorausdenken, wenn es ihnen ernst ist mit dem Schutz der Interessen künftiger Generationen. Indiens Stellung in Südasien ist von außen unangreifbar, gleich welche Partei an der Macht ist. Der einzige Nachbar von vergleichbarer Stärke ist China, aber welches Interesse hätte das Reich der Mitte an einem Streit mit Indien? Die wirklichen Probleme Indiens sind hausgemacht: die Unfähigkeit, Sozialreformen zur Abschaffung des Kastensystems durchzusetzen, die mangelnde Einsicht, dass für die Bewohner Kashmirs die Entfremdung von Delhi geradezu unüberwindbar geworden ist, und die unaufhörliche Suche nach Sündenböcken, um das eigene Versagen zu rechtfertigen. Diese Mängel lassen sich auch nicht durch eine neoliberale Wirtschaftspolitik beheben, die nur den Wettbewerb verschärft und die kommunalen und ethnischen Spannungen anheizt. Politik und nicht Ökonomie ist in diesem Fall gefragt. Die Tragödie Indiens ist, dass es den Aufstieg zum Global Player versucht, seine Politik aber unterdessen von einer Bande Dunkelmänner in Allianz mit Opportunisten jeder Couleur bestimmt wird.

Vielleicht wird irgendwann eine indische Regierung an die Macht kommen, die bereit ist, über den eigenen Nabel hinauszublicken. Wenn das geschieht, möchte ich ihr einen Rat in Form eines neutralen Zitats geben, das weder hinduistischen noch muslimischen noch christlichen Ursprungs ist. Es ist ein philosophischer Vers aus dem »Tao te king«, dem Schlüsseltext des Taoismus:

>»Dass Ströme und Meere Könige aller Bäche sind,
>kommt daher, dass sie sich gut unten halten können.
>Darum sind sie Könige aller Bäche.
>
>Also auch der Berufene:
>Wenn er über seinen Leuten stehen will,
>so stellt er sich in seinem Reden unter sie.
>Wenn er seinen Leuten voran sein will,
>so stellt er sich in seiner Person hintan.«[*]

---

[*] Laotse: *Tao te king*, München 13. Aufl. 2001, S. 109.

3   Brief an einen jungen Muslim

Lieber Freund,

erinnern Sie sich, wie Sie mich nach der großen Antikriegs-Versammlung im November 2001 (ich glaube, es war in Glasgow) angesprochen und gefragt haben, ob ich gläubig bin? Ich habe den Schrecken in Ihrem Gesicht, als ich verneinte, genauso wenig vergessen wie die Bemerkung Ihres Freundes (»Unsere Eltern haben uns vor Ihnen gewarnt«) und die zornigen Fragen, die Sie beide mir wie Pfeile entgegengeschleudert haben. All dies hat mir zu denken gegeben, und dieses Buch ist meine Antwort an Sie und all die anderen in Europa und Nordamerika, die ähnliche Fragen stellen wie Sie. Zahlreiche historische Begebenheiten befrachten es möglicherweise unnötig, und ich kann nur hoffen, dass es seinem Anspruch Genüge tun wird.

Bei unserem Gespräch habe ich Ihnen gesagt, dass meine Kritik an der Religion und an jenen, die sie für politische Zwecke einsetzen, der Grund dafür ist, dass ich mich in der Öffentlichkeit nicht diplomatisch verhalte. Ich sehe keinen Anlass dazu. Es gab und gibt immer wieder Menschen, die selbstgerecht die Religion instrumentalisierten, um ihre eigenen Ziele durchzusetzen. Natürlich ist das nicht alles, und selbstverständlich gibt es überall auf der Welt zutiefst aufrichtige religiöse Menschen, die tatsächlich auf Seiten der Armen kämpfen. Aber gerade sie stehen normalerweise im Konflikt mit der institutionalisierten Religion. Die katholische Kirche hat beispielsweise Arbeiter- und Bauernpriestern, die gegen Ungerechtigkeiten eingetreten sind, schweres Unrecht zugefügt. Die iranischen Ayatollahs sind mit Muslimen, die radikale Sozialreformen predigten, hart ins Gericht gegangen.

Wenn ich ernsthaft glauben würde, dass dieser radikale Islam die Menschheit weiterbringen würde, so würde ich nicht zögern, dies öffentlich zu erklären, ganz gleich welche Folgen es nach sich zieht. Ich weiß, dass viele Ihrer Freunde gern den Namen »Osama« skandieren, und ich weiß, dass sie am 11. September 2001 gejubelt haben. Sie waren nicht die Einzigen. Ähnliches hat sich in der ganzen Welt zugetragen, hatte aber mit Religion nichts zu tun. Argentinische Studenten haben eine Vorlesung verlassen, weil ein Professor Osama kritisierte. Ich hörte von einem russischen Teenager, der an seine russischen Freunde, deren Eltern bei New York lebten, per E-Mail eine Kurzbotschaft geschickt hatte: »Glückwunsch«. »Danke. Es war großartig«, lautete die Antwort. Ich erinnere mich auch daran, wie wir uns über die griechischen Zuschauer im Fußballstadion unterhielten, die sich weigerten, mit den von der Regierung angeordneten Schweigeminuten der Opfer zu gedenken, und stattdessen antiamerikanische Parolen schrien.

Aber nichts von all dem rechtfertigt das, was geschehen ist. Und hinter diesem Terrorakt liegt nicht etwa Stärke, sondern eine schreckliche Schwäche. Die Menschen in Indochina haben durch die Hand der amerikanischen Regierung mehr gelitten als jedes muslimische Land. Sie wurden 15 Jahre lang bombardiert und haben Millionen von Todesopfern zu beklagen. Haben sie jemals daran gedacht, Amerika zu bombardieren? Nein, ebenso wenig wie die Kubaner, die Chilenen oder die Brasilianer. Chilenen und Brasilianer haben gegen die von den Vereinigten Staaten aufgezwungene Militärdiktatur gekämpft, und eines Tages haben sie gewonnen. Heute aber fühlen sich die Menschen ohnmächtig. Folglich feiern sie, wenn Amerika empfindlich getroffen wird. Sie fragen nicht lange nach den Konsequenzen eines solches

Aktes und wer davon profitiert. Ihre Reaktion ist – wie das Ereignis selbst – rein symbolischer Natur.

Ich glaube, dass Osama und seine Gruppe in eine politische Sackgasse geraten sind. Sie haben ein mörderisches Spektakel inszeniert, mehr nicht. Die Vereinigten Staaten, die darauf mit einem Krieg reagierten, haben damit die Bedeutung des Anschlags überhöht. Aber ich bin mir fast sicher, dass dieses Ereignis bald in Vergessenheit geraten wird. Der 11. September wird zu einer Fußnote in der Geschichte dieses Jahrhunderts werden, nichts weiter. In politischer, wirtschaftlicher und militärischer Hinsicht war er lediglich ein Nadelstich.

Was haben die Islamisten anzubieten? Einen Weg in eine Vergangenheit, die – zum Glück für die Menschen des 7. Jahrhunderts – so nie wirklich existiert hat. Wenn das »Emirat Afghanistan« das Modell sein soll, das sie der Welt aufzwingen wollen, wird sich die Mehrheit der Muslime mit Waffengewalt gegen sie erheben. Glauben Sie nur nicht, dass Osama oder Mullah Omar die Zukunft des Islam repräsentieren. Es wäre eine Katastrophe für die Kultur, zu der wir beide gehören, wenn es so weit kommen würde.

Würden Sie es dulden, dass Ihre Schwester, Ihre Mutter oder die Frau, die Sie lieben, eine versteckte Existenz führen muss und nur vermummt wie eine Leiche ans Tageslicht darf? Möchten Sie unter solchen Bedingungen leben? Ich will aufrichtig sein. Diesen jüngsten Krieg in Afghanistan lehne ich ab. Ich billige Großmächten nicht das Recht zu, Regierungen auszutauschen, wie und wann es ihren Interessen dient. Und dass man jene, die gefangen genommen wurden, wie Tiere behandeln oder ihnen ihre Grundrechte gemäß der Genfer Konvention vorenthalten darf. Aber wie ich in diesem Buch ausgeführt habe, können die USA offenbar Konventionen und Gesetze brechen, wie es ihnen gefällt.

Doch die Warnung ist klar: Wer dem Löwen auf den Schwanz tritt, muss mit einer harten Strafe rechnen. Ich erinnere mich noch gut, wie der CIA und seine einheimischen Handlanger in vielen Lagern Südamerikas politische Gefangene gefoltert und vergewaltigt haben. Aus diesem Grund hat der CIA-Offizier Philip Agee seinen Arbeitgebern die Loyalität aufgekündigt und in seinem Buch* die Schandtaten der CIA in Südamerika enthüllt. Im Vietnamkrieg haben die Vereinigten Staaten zahlreiche Bestimmungen der Genfer Konvention verletzt. Sie haben Gefangene hingerichtet, Frauen vergewaltigt, Gefangene aus Hubschraubern geworfen, und all das geschah selbstverständlich im Namen der Freiheit. Weil viele Menschen im Westen den Unsinn über angeblich humanitäre Interventionen glauben, sind sie über dergleichen entsetzt, aber es ist noch relativ harmlos im Vergleich zu den Verbrechen, die die Vereinigten Staaten in den letzten hundert Jahren begangen haben.

Seit dem 11. September habe ich viele unserer Leute in verschiedenen Teilen der Welt getroffen. Eine Frage wird mir immer wieder gestellt: »Würden Sie uns Muslime wirklich so etwas zutrauen?« Ich antworte immer mit Ja. Dann frage ich, wer denn ihrer Meinung nach für die Tat verantwortlich sei. Die Antwort lautet stets: »Israel.« Warum? »Um uns in Verruf zu bringen und die Amerikaner zu veranlassen, unsere Länder anzugreifen.« Ich versuche dann vorsichtig, meine Gesprächspartner auf den Boden der Realität zurückzuholen, aber diese Diskussionen stimmen mich traurig. Warum sind viele Muslime in solche Apathie versunken? Warum schwelgen sie im Selbstmitleid? Warum ist ihr Himmel immer düster? Warum schieben sie die Schuld stets den anderen zu? Bei solchen Gesprächen habe ich manchmal den Eindruck, dass es kein einziges muslimisches Land gibt, auf das sie wirklich stolz sein können. Einwanderer aus Südasien werden in Großbritannien viel besser behandelt als in Saudi-Arabien oder in den Golfstaaten. Dort muss etwas geschehen.

---

* *Inside the Company*; deutsch: *CIA intern: Tagebuch 1956–1974*, Hamburg 1979.

Die arabische Welt hat Veränderungen bitter nötig. Über die Jahre werden in jeder Diskussion mit Irakern, Syrern, Saudis, Ägyptern, Jordaniern und Palästinensern dieselben Fragen laut, immer wieder geht es um dieselben Probleme. Wir ersticken. Warum können wir nicht atmen? Alles scheint stillzustehen: unsere Wirtschaft, unsere Politik, unsere Intellektuellen und vor allem unsere Religion. Palästina leidet Tag für Tag. Der Westen unternimmt nichts. Unsere Regierungen sind tot, unsere Politiker korrupt. Die Bevölkerung wird ignoriert. Überrascht es da wirklich, dass die Islamisten Gehör finden? Wer sonst hat heute noch etwas zu bieten? Etwa die Vereinigten Staaten? Die lassen Demokratie nicht einmal im kleinen Katar zu, und zwar aus einem einfachen Grund: Wenn wir unsere Regierung selbst wählen würden, könnte es sein, dass sie die Vereinigten Staaten auffordert, ihre Militärstützpunkte zu schließen. Wirklich? Den Amerikanern ist ja schon der Fernsehsender al-Dschasira ein Dorn im Auge, weil er andere Prioritäten setzt als sie. Alles war in Ordnung, als al-Dschasira die Korruption der arabischen Elite geißelte. Tommy Friedman widmete al-Dschasira sogar eine ganze Kolumne in der »New York Times«. Er lobte den Sender und sah ihn als Zeichen für mehr Demokratie in der arabischen Welt. Jetzt hat er seine Meinung geändert. Weil Demokratie auch das Recht der Andersdenkenden umfasst, zeigte al-Dschasira Bilder aus dem Afghanistan-Krieg, die auf US-Sendern nicht liefen. Bush und Blair setzten Katar unter Druck, unerwünschte Sendungen abzusetzen. Für den Westen heißt Demokratie, an das zu glauben, was der Westen glaubt. Ist das wirklich Demokratie?

Wenn wir in ein oder zwei Ländern unsere Regierung selbst wählen dürften, würden dann die Islamisten an die Macht kommen? Würde man uns dann etwa in Ruhe lassen? Hat die französische Regierung das algerische Militär im Stich gelassen? Nein. Sie hat durchgesetzt, dass die Wahlen von 1990 und 1991 für null und nichtig erklärt wurden. Französische Intellektuelle haben die Front Islamique du Salut (FIS) als »Islamofaschisten« bezeichnet und darüber hinweggesehen, dass die FIS die Wahlen gewonnen hatte. Hätte man ihr gestattet, eine Regierung zu bilden, wären die bereits vorhandenen Spaltungen ans Licht gekommen. Erst als die ursprünglichen Führer der FIS beseitigt waren, traten die dümmeren Elemente in den Vordergrund und richteten ein Chaos an. Sind sie für den Bürgerkrieg verantwortlich oder die Leute in Algier und Paris, die sie um ihren Sieg gebracht haben? Die Massaker in Algerien sind grauenhaft. Sind dafür nur die Islamisten verantwortlich? Was ist in der Nacht zum 22. September 1997 in Bentalha, 15 Kilometer südlich von Algier, geschehen? Wer hat die 500 Männer, Frauen und Kinder in dieser Gemeinde abgeschlachtet? Der Philosoph und Autor Bernard Henri-Levy ist überzeugt, dass die Islamisten diese entsetzliche Tat begangen haben. Warum hat aber dann die Armee der dortigen Bevölkerung Waffen verweigert, um sich zu verteidigen? Warum haben die Milizen vor Ort Anweisung erhalten, sich in dieser Nacht zu entfernen? Warum haben die Sicherheitskräfte nicht eingegriffen, als sie sahen, was los war?*

Warum glaubt Henri-Levy, dass der Maghreb sich den Bedürfnissen der französischen Republik unterzuordnen hat, und warum attackiert niemand diese Abart des Fundamentalismus? Wir wissen, was wir zu tun haben, sagen die Araber, aber jedes Mal, wenn der Westen eingreift, wirft er unsere Sache um viele Jahre zurück. Wenn der Westen also helfen will, soll er sich heraushalten.

Das sagen meine arabischen Freunde, und ich stimme ihnen zu. Schauen Sie sich den Iran an. Mit einem Mal ruht der Blick des Westens wohlwollend auf diesem Land. Der Iran wurde für den Krieg gebraucht, und der Westen sah von weitem zu. Eine

---

* Hugh Roberts: »Truths About the Dirty War«, in: *Times Literary Supplement*, 12. Oktober 2001.

neue Generation erlebt die Unterdrückung durch die Geistlichkeit. Sie kennt es nicht anders. Die Geschichten über den Schah gehören der dunklen Vergangenheit an. Diese jungen Männer und Frauen wissen nur eins: Sie wollen nicht mehr von den Ayatollahs regiert werden. Auch wenn der Iran in den letzten Jahren nicht so schlimm war wie Saudi-Arabien oder das abgesetzte »Emirat Afghanistan«, war er kein guter Ort zum Leben.

Ich möchte Ihnen eine Geschichte erzählen. Vor ein paar Jahren habe ich in Los Angeles einen jungen iranischen Filmemacher kennen gelernt. Er heißt Moslem Mansouri. Ihm war es gelungen, mit mehrstündigem Interviewmaterial für einen Dokumentarfilm, an dem er arbeitete, zu fliehen. Er hatte das Vertrauen von drei Teheraner Prostituierten gewonnen und sie mehr als zwei Jahre lang gefilmt. Er zeigte mir einen Teil seines Filmmaterials. Die Frauen sprachen ganz offen mit ihm. Sie schilderten, dass sie auf den religiösen Festen die beste Kundschaft fanden. Anhand der Transkripte, die er mir schickte, konnte ich mir ein Bild von dem Film machen. Eine der Frauen sagt:

»Heute sind alle gezwungen, ihren Körper zu verkaufen! Frauen wie wir müssen für 10 000 Toman einen Mann ertragen. Wir dürfen nichts sagen … Junge Leute müssen die Gelegenheit haben, miteinander ins Bett zu gehen, und wenn es nur für zehn Minuten ist … Das ist ein Grundbedürfnis … es macht sie ruhiger. Wenn die Regierung es nicht erlaubt, dann gedeiht die Prostitution. Wir brauchen gar nicht über Prostitution zu sprechen, die Regierung hat uns generell das Recht genommen, mit dem anderen Geschlecht in der Öffentlichkeit frei zu reden … In den Parks, in den Kinos oder auf der Straße darf man nicht mit dem Menschen reden, der neben einem sitzt. Wenn eine Frau auf der Straße mit einem Mann spricht, wird sie von den ›Religionswächtern‹ endlos verhört. ›Wer ist der Kerl? Sind Sie mit ihm verwandt? Wo sind Ihre Papiere? …‹

Heute ist in unserem Land niemand zufrieden! Niemand fühlt sich sicher. Ich habe mich bei einer Firma um eine Stelle beworben. Der Manager der Firma, ein Bärtiger, hat mich angeschaut und gesagt: ›Ich stelle Sie ein und gebe Ihnen 10 000 Toman mehr als das übliche Gehalt.‹ Darauf ich: ›Sie können doch wenigstens meine Computerkenntnisse prüfen, um zu sehen, ob ich geeignet bin oder nicht ...‹ Er: ›Ich stelle Sie ein, weil Sie gut aussehen!‹ Da wusste ich, wenn ich dort arbeiten würde, müsste ich mindestens einmal am Tag Sex mit ihm haben. Ich habe mir gedacht, das ist es nicht wert! Wenn ich selbstständig arbeite, verdiene ich mehr. Egal wo man hinschaut, überall ist es so! Ich habe mich an ein Familiengericht gewandt – wegen Scheidung – und den Richter, einen Geistlichen, gebeten, mir das Sorgerecht für mein Kind zu geben. Ich sagte zu ihm: ›Bitte ... ich flehe Sie an, geben Sie mir das Sorgerecht für mein Kind. Ich werde Ihre *kaniz* sein ...‹ [*kaniz* heißt Dienerin. Dieser persische Ausdruck lautet wörtlich: ›Ich bitte Sie inständig, ich bin zutiefst verzweifelt‹]. Was glauben Sie, hat dieser Mann gesagt? Er sagte: ›Ich brauche keine Dienerin! Ich brauche eine Frau!‹ Was erwarten Sie von anderen, wenn ein Geistlicher, der Vorsitzende des Gerichts, so etwas sagt? Dieser Kerl hatte 50 Kilo Bart und Haare im Gesicht! Und er sagt: Ich brauche eine Frau! Ich fragte ihn: ›Haben Sie denn keine Frau?‹ Er darauf: ›Ich brauche viele.‹ Ich ging zu einem Beamten, um meine Scheidung unterschreiben zu lassen, er aber sagte, ich sollte mich nicht scheiden lassen, sondern lieber ohne Scheidung illegal wieder heiraten. Weil ich ohne Mann nur schwer einen Job finden würde. Er hatte Recht, aber mir fehlte das Geld, um ihn zu bezahlen ...

Solche Erlebnisse lassen einen schneller altern ... man wird deprimiert ... man hat viel Stress, und das schadet einem. Vielleicht gibt es einen Weg, da herauszukommen ...

In westlichen Ländern bekommen Prostituierte Sozialhilfe und sind versichert. Sie haben Anspruch auf medizinische Untersuchungen und so weiter. Hier haben wir nicht einmal ein Existenzrecht ... Warum? Wir gehen doch auch einer Arbeit nach ...«

Eine zweite Frau, die gezwungen ist, ihren Körper zu verkaufen, erzählt:

»Die Männer, die meine Dienste beanspruchen, kommen aus allen Schichten. Es sind Basaris (Ladeninhaber), Studenten, Ärzte, Alte und Junge, auch Analphabeten ... Im Grunde kommt jeder, der das Geld hat, sich für einige Zeit eine Frau zu kaufen. Die meisten behandeln uns richtig schlecht ... Weil sie uns Geld geben, glauben sie, sie könnten alles mit uns machen ... und wir ertragen das.

Heute hat in unserer Gesellschaft keiner mehr genug Geld zum Leben. Ich kann meine Miete nicht bezahlen ... Sagen Sie mir, was ich machen soll?! Wenn ich heute Abend meinen Körper nicht verkaufe, habe ich morgen kein Geld ... In einer Gesellschaft, in der es keine Arbeit gibt, keine Sicherheit und keine Rechte, was soll da ein Mensch tun? Man geht auf die Straße und muss immer befürchten, dass einen die Religionswächter aus irgendeinem Grund verhaften – ein paar Haare, die unter dem *hedschab* herauslugen, ein wenig Lippenstift, alles kann als Grund herhalten ...

Wenn ich in einer Gesellschaft leben würde, in der ich arbeiten und unabhängig meinen Lebensunterhalt bestreiten könnte, wäre ich nie auf die Idee gekommen, meinen Körper zu verkaufen. Dann hätte ich vielleicht das körperliche Bedürfnis, mit jemandem zusammen zu sein, und ich könnte frei wählen ... Ich könnte meine Gefühle zeigen, ...mich freuen ...Aber in dieser Situation hat die Regierung die Männer zu Käufern gemacht und Frauen wie mich zu Verkäuferinnen ...«

Moslem Mansouri war verzweifelt, weil kein amerikanischer Fernsehsender den Film kaufen wollte. Sie wollten Khatamis Regime nicht destabilisieren! Der Filmemacher ist selbst ein Kind der Revolution. Ohne sie hätte er niemals angefangen, Filme zu machen. Er stammt aus einer sehr armen Familie. Sein Vater ist ein Muezzin, und er wurde streng religiös erzogen. Jetzt hasst er die Religion mit einer Leidenschaft, die nicht einmal ich nachvollziehen kann. Moslem Mansouri weigerte sich, im Krieg gegen den Irak zu kämpfen, er ging lieber ins Gefängnis. Diese Erfahrung hat ihn verwandelt:

»1978/79 eröffnete ich einen kleinen Zeitungskiosk an der Ecke einer belebten Straße in Sangsar. Jede Woche wurde ich mit Büchern und Zeitungen der politischen Gruppen beliefert und verkaufte sie an meinem Kiosk. Mit der Zeit wurde der Kiosk zum Treffpunkt für Jugendliche, die über Politik diskutierten. Eines Abends griffen die Religionswächter, die sich Hisbollah nannten, den Kiosk an und brannten ihn nieder. Ich nahm die angekohlten Bücher und legte sie eine Woche lang täglich vor dem Kiosk aus. Dann verhafteten sie mich und warfen mich ins Gefängnis.

Das Gefängnis war für mich eine harte, aber gute Erfahrung. Ausgerechnet im Gefängnis hatte ich das Gefühl, geistige Reife zu erlangen. Ich leistete Widerstand und genoss mein Gefühl der Stärke. Ich dachte, ich hätte mein Leben vor der korrupten Welt der Geistlichen gerettet und das sei der Preis, den ich dafür bezahlen musste. Darauf war ich stolz. Nach einem Jahr im Gefängnis hieß es, ich würde unter der Bedingung freigelassen, dass ich Papiere unterschrieb, in denen ich mich verpflichtete, an den Freitagspredigten und den religiösen Aktivitäten teilzunehmen. Ich weigerte mich. Da behielten sie mich für ein weiteres Jahr im Gefängnis.

Als ich freigelassen wurde, war mir meine Heimatstadt zu klein geworden. Ich hatte dort das Gefühl zu ersticken. Also ging ich nach Teheran. Ich arbeitete am Vormittag und besuchte abends die ›Freie‹ Universität*.

In den frühen achtziger Jahren interessierte ich mich noch nicht für das Kino. Meine geheimen Gedanken und inneren Kämpfe beschäftigten mich so sehr, dass ich für das Kino oder für langfristige Pläne keine Aufmerksamkeit übrig hatte. Unentwegt dachte ich, dass ich

---

* Die Freie Universität ist eine Privathochschule mit hohen Studiengebühren.

mich an die Situation im Iran nie würde gewöhnen können. Die soziale und politische Atmosphäre bereitete mir große Sorge.

Nach dem Ende des Krieges (1988) erließ die Regierung ein Gesetz, das von allen Bürgern verlangte, die alten Geburtsurkunden abzugeben und sich neue ausstellen zu lassen. Wenn ich aber meine Geburtsurkunde abgegeben hätte, dann hätte ich meine falschen Papiere nicht mehr benutzen können. Es würde herauskommen, dass ich ein Wehrpflichtiger war, der nicht am Krieg teilgenommen hatte. Also beschloss ich, meinen Kriegsdienst abzuleisten. Als ich aus der Armee entlassen wurde, suchte ich Arbeit und stieß zufällig auf eine Kinozeitschrift, die einen Reporter brauchte. Ich nahm die Stelle an. Zwar versuchte ich, Interviews mit nicht regierungstreuen Filmemachern und Literaten zu führen, aber ich wusste, egal, was ich schrieb – selbst wenn es kritisch war –, würde die Regierung sich zugute halten, sie lasse Kritik zu und sei daher demokratisch! Das Kino unterstand vollkommen der staatlichen Kontrolle, und die Filmemacher waren an die Restriktionen des Systems gebunden.

Wenn ich Filmemacher wie Mehrjooyi, Makhmalbaf oder Kiarostami interviewte, nützte es letztlich nur dem politischen System. Aber ich sagte mir, dass ich mich vorübergehend damit abfinden müsse, dem Regime einen solchen Vorteil zu verschaffen … Ich dachte, meine Arbeit in den Medien könnte mir als Deckmantel für meine eigenen Projekte dienen, mit denen ich die abscheulichen Verbrechen des politischen Regimes dokumentieren wollte. Ich wusste, dass ich aufgrund der Zensurbestimmungen nicht die Filme drehen konnte, die ich wirklich machen wollte. Jedes Drehbuch, das ich hätte schreiben können, hätte niemals den Segen der islamischen Zensurbehörde erhalten. Das wäre nur Zeit- und Energieverschwendung gewesen. Also beschloss ich, heimlich acht Dokumentarfilme zu drehen. Ich filmte zwischen 1994 und 1998 und schmuggelte das Material dann aus dem Iran. Wegen finanzieller Probleme konnte ich nur zwei meiner Filme fertig stellen. Einer heißt ›Close Up, Long Shot‹, der andere ›Shamloo, the Poet of Liberty‹. Der erste handelt vom Leben

Hossein Sabzians, dem Hauptdarsteller von Kiarostamis Dokumentar-
drama ›Close Up‹. Er erzählt die Geschichte eines Mannes, der sich
bei einer Familie als Makhmalbaf ausgibt, dem er äußerlich ähnelt.
Die Familie nimmt ihm seine Behauptungen ab und möchte gar in
dem Glauben, er sei der berühmte Makhmalbaf, einen seiner Filme
sponsern. Er lebt vier Tage lang bei der Familie, bis die Leute schließlich dahinterkommen, dass er alles nur erfunden hat. Sie holen die
Polizei. Ein paar Jahre nach Kiarostamis Film habe ich Sabzian besucht. Er liebt das Kino. Seine Frau und seine Kinder hatten aber die
Nase voll und ihn verlassen. Heute lebt er in einem Dorf am Rande
von Teheran und ist zu dem Schluss gekommen, dass seine Liebe
zum Kino ihm nichts als Elend gebracht hat. In meinem Film sagt er:
›Leute wie ich werden in einer Gesellschaft wie der unseren kaputt-
gemacht. Wir können uns nie so geben, wie wir wirklich sind. Es gibt
zwei Sorten von Toten: die einen liegen flach, die anderen laufen herum. Wir sind die Toten, die herumlaufen!‹«*

Geschichten wie diese gibt es in jedem muslimischen Land. Erlauben Sie mir noch eine Bemerkung, bevor ich zum Schluss
komme. Es besteht ein großer Unterschied zwischen Muslimen
in der Diaspora der zweiten Generation und denen, die noch in
einer islamischen Umgebung leben. Letztere sind weitaus kritischer gegenüber ihrer Religion, weil sie für ihre Identität nicht
maßgeblich ist. Dass sie Muslime sind, versteht sich von selbst.

In Europa und Nordamerika ist das anders. Hier hat der offizielle Multikulturalismus den Unterschied zwischen den Kulturen auf Kosten aller anderen Faktoren in den Vordergrund ge-
schoben. Sein Aufschwung steht im Zusammenhang mit einem

---

* Moslem Mansouri spricht weder Englisch noch Urdu, und ich spreche kein Far-
si. Wir haben mit Hilfe von Elham Ghetaynchi, einer Exiliranerin jüdischer Abstammung, kommuniziert. Ich bin ihr für die Übersetzung der Auszüge aus den
Transkripten und für das Interview, das sie in meinem Namen geführt hat, zu großem Dank verpflichtet.

Bedeutungsschwund der Politik überhaupt. »Kultur« und »Religion« sind ein weiches, beschönigendes Surrogat für fehlende soziale und wirtschaftliche Gleichheit – als ob Vielfalt, und nicht Hierarchie, die zentrale Frage in der nordamerikanischen und europäischen Gesellschaft von heute wäre. Ich habe mit Muslimen aus dem Maghreb (Frankreich), aus Anatolien (Deutschland), aus Pakistan und Bangladesch (Großbritannien), von anderswo (Vereinigte Staaten) und mit nach Skandinavien versprengten Südasiaten gesprochen. Wie kommt es, frage ich mich oft, dass so viele Leute sind wie Sie. Sie sind so viel orthodoxer und strenger als die unverwüstlichen, lebensfrohen Bauern aus Kashmir und dem Punjab, die ich so gut kannte. Der britische Premierminister macht sich für konfessionelle Schulen stark, und der amerikanische Präsident schließt jede Rede mit »God Bless America«. Osama beginnt und beendet jedes Fernsehinterview mit einem Lobpreis Allahs. Alle drei haben das Recht, das zu tun, genau wie ich das Recht habe, mich auch weiterhin für die Wertvorstellungen der Aufklärung einzusetzen. Die Aufklärung hat die Religion – in erster Linie das Christentum – aus zwei Gründen angegriffen: weil die Religion eine Reihe ideologischer Irrtümer beinhaltet und weil sie ein System der institutionellen Unterdrückung darstellt, das mit den Mitteln der Verfolgung und Intoleranz enorme Macht ausübt. Warum also sollte ich mich einer Kritik an der Religion enthalten?

Warum sollten wir diesem Erbe heute abschwören? Wer glaubt denn wirklich, dass die Religionen heute weniger auf Illusionen beruhen als in den Tagen Holbachs und Gibbons? Für Relativismus und Rechtsverdreherei konnte ich mich noch nie erwärmen. Ich möchte nur eins wissen: Warum steht auf der jährlichen Liste der Nobelpreisträger für Physik und Chemie kein einziger muslimischer Name? Sind Intelligenz, Talent und Inspiration in muslimischen Genen nicht angelegt? In der Vergangenheit war das einmal anders. Wie lässt sich diese Leichenstarre erklären?

Ironie des Schicksals: Wussten Sie, dass ich zufällig den einzigen Muslim kenne, der jemals den Nobelpreis für Physik erhalten hat? Es ist Professor Abdus Salam, ein pakistanischer Staatsbürger. Leider gehörte er der Ahmadi-Sekte an, der die Zugehörigkeit zum Islam aberkannt wurde. Als er die Auszeichnung erhielt, war er noch Muslim, ein paar Jahre später teilte man ihm mit, kraft Gesetz sei er es nicht mehr. Er pflegte mit trauriger Miene zu scherzen, in Pakistan sei er zwar kein Muslim mehr, dafür aber noch in Indien, Europa und Ostafrika.

Bitte verstehen Sie mich nicht falsch. Meine Abneigung gegen die Religion beschränkt sich keineswegs auf den Islam. Wie aus diesem Buch zu ersehen ist, bin ich mir durchaus des Einflusses religiöser Ideologien, mit deren Hilfe man die Welt voranbringen wollte, bewusst. Es waren die ideologischen Konflikte zwischen zwei widerstreitenden Auslegungen des Christentums – die protestantische Reformation gegen die katholische Gegenreformation –, die in Europa zu einem wahren Vulkanausbruch geführt haben. Hier hatten wir ein Beispiel messerscharfer intellektueller Debatten, die von theologischer Leidenschaft beflügelt waren und die in den Bürgerkrieg und schließlich in eine Revolution mündeten. Der Aufstand der Niederlande im 16. Jahrhundert gegen die spanische Besatzung wurde durch einen Bildersturm im Namen der »konfessionellen Korrektheit« eröffnet. Die Einführung eines neuen Gebetbuchs in Schottland gehörte zu den Auslösern der Puritanischen Revolution im England des 17. Jahrhunderts, und der Widerstand gegen den Katholizismus führte 1688 zur Vertreibung seiner Repräsentanten und Loslösung von Rom. Der intellektuelle Gärstoff wirkte weiter, und ein Jahrhundert später lieferten die Ideen der Aufklärung den Zündstoff für das revolutionäre Frankreich. Die Kirche von England und der Vatikan taten sich nun wieder zusammen, um der neuen Bedrohung zu begegnen, aber die Ideen der Volkssouveränität und der Republik waren zu stark, um sich noch verdrängen zu lassen.

Ich höre schon, welche Frage Sie einwerfen möchten. Was hat das alles mit uns zu tun? Sehr viel, mein Freund. Westeuropa wurde von theologischen Leidenschaften getrieben, die es dann eines Tages hinter sich gelassen hat. Weil sich am Horizont die Moderne zeigte. Eine solche Dynamik konnten Kultur und Wirtschaft des Osmanischen Reiches nie entwickeln. Die Spaltung zwischen Sunniten und Schiiten fand zu früh statt, und die Gesellschaft erstarrte in rivalisierenden Dogmen. Abweichende Meinungen waren zu dieser Zeit im Islam praktisch ausgelöscht worden. Der Sultan, von seinen Religionsgelehrten flankiert, beherrschte ein Weltreich, das keine Zukunft hatte. Wenn das bereits im 18. Jahrhundert der Fall war, um wie viel mehr gilt es heute! Vielleicht müssen Muslime, wie im Iran, ihre eigenen Erfahrungen machen, um das zu begreifen.

Die wachsende Bedeutung der Religion ist teilweise durch fehlende Alternativen zur Universalherrschaft des Neoliberalismus zu erklären. Auf dieser Ebene werden Sie feststellen, dass islamistische Regierungen im sozialen und politischen Bereich tun können, was sie wollen, solange ihre Länder der wirtschaftlichen Penetration durch den Westen nichts entgegenhalten. Das amerikanische Imperium hat den Islam schon früher benutzt und wird es wieder tun. Hier liegt die Herausforderung. Wir brauchen dringend eine islamische Reformation, die mit diesem verrückten Konservatismus, mit dieser Rückständigkeit der Fundamentalisten aufräumt, und, was noch wichtiger ist, die Welt des Islam für neue Ideen öffnet, die fortschrittlicher sind als das, was momentan der Westen anbieten kann. Dafür wäre eine strikte Trennung von Staat und Religion erforderlich, ferner die Entmachtung der Geistlichen; die Durchsetzung des Rechts muslimischer Intellektueller, die Texte zu interpretieren, die das kollektive Eigentum der ganzen islamischen Kultur sind; die Freiheit, eigenständig und rational zu denken, sowie die Freiheit der Fantasie. Wenn wir uns nicht in diese Richtung bewegen, werden wir dazu verurteilt sein, alte Schlachten noch einmal zu schlagen. Und wir werden weiterhin einem Denken verhaftet bleiben, das nicht in eine reichere, menschlichere Zukunft führt, sondern aus der Gegenwart zurück in die Vergangenheit. Mit dieser Vision dürfen wir uns nicht abfinden.

Meine Feder ist mit mir durchgegangen, ich habe nun lange genug meine Ketzereien gepredigt. Ich werde mich wahrscheinlich nicht mehr ändern, aber ich hoffe, Sie werden es tun.

Epilog: Der Weg nach Bali

»Doch es kamen Fremdlinge aus dem Westen … Es lüstete sie, Vorteil zu ziehen aus der Fruchtbarkeit des Bodens, und sie beauftragten den Bewohner, einen Teil seiner Arbeit und seiner Zeit der Hervorbringung anderer Dinge zu widmen, die mehr Gewinn abwerfen würden auf den Märkten von Europa. Um den geringen Mann hierzu zu bewegen, war nicht mehr als eine sehr einfache Staatskunst nötig. Er gehorcht seinen Häuptlingen, man hatte also nur diese Häuptlinge zu gewinnen, indem man ihnen einen Teil des Gewinnes zusagte, und … es glückte vollkommen.«

Multatuli (Eduard Douwes Dekker, 1820–1887), Max Havelaar

»In solchen Zeiten brauste auch die Begeisterung für Politik auf wie eine Sturmwelle, ohne Kontrolle. Jeder Mann und jede Frau hatte das Gefühl, ohne politisch zu sein, ohne über politische Fragen zu diskutieren, nicht wirklich lebendig sein zu können. Es hatte den Anschein, als könnten sie sogar ohne Reis leben. Selbst Lehrerinnen und Lehrer, die bisher immer »neutral« geblieben waren, wurden von der Politikbegeisterung angesteckt – und soweit es in ihrer Macht stand, beeinflussten sie ihre Schüler mit der Politik, der sie sich verschrieben hatten. Jeder kämpfte um neue Mitglieder für seine Partei. Und die Schulen erwiesen sich als fruchtbare Schlachtfelder für ihre Kämpfe. Politik! Politik! Nicht anders als beim Reis unter der japanischen Besetzung.«

Pramoedya Ananta Toer (geb. 1925), »Dia Jang Menjerah« [Die, die aufgab], in: Tjerita dari Blora (Geschichten aus Blora), 1952

»Meist waren die Leichname nicht mehr als Menschen erkennbar. Ohne Köpfe. Die Bäuche aufgerissen. Der Gestank war unvorstellbar. Damit sie nicht sanken, wurden die menschlichen Überreste an Bambusstöcke gebunden oder darauf aufgespießt. Der Abtransport der Leichen aus der Kediri-Region den Brantas hinunter erreichte sein goldenes Zeitalter, als die Körper auf Flößen aufgetürmt wurden und über ihnen erhaben die Flagge der PKI [der Kommunistischen Partei Indonesiens] wehte ... Sobald die Säuberung von kommunistischen Elementen im Gange war, kamen keine Kunden mehr, um ihre sexuellen Bedürfnisse zu befriedigen. Der Grund: Die meisten Kunden – und Prostituierten – hatten zu viel Angst, denn vor den Bordellen baumelten zahllose Genitalien männlicher Kommunisten, wie Bananen, die zum Verkauf aufgehängt waren.«

Pripit Rochijat Kartawidjaja (geb. 1949), »Am I PKI or non-PKI?«,
Indonesia, Nr. 40 (Oktober 1985)

»Seit Jahren die besten Nachrichten aus Asien für den Westen.«

Time, 15. Juli 1966 (über die Massaker in Indonesien)

Eine Kleinstadt auf Java

Wir schreiben das Jahr 1960. Pakistan steht im dritten Jahr seiner ersten Militärdiktatur. Es ist früher Abend. Wir sind mit dem Rad fast acht Kilometer von der Universität hierher gefahren. Die Räder lehnen sicher am Stamm eines alten Baums, und wir warten auf den ausländischen Gast. Ich habe drei ziemlich genervte Freunde zur Upper Mall in Lahore nahe einer Brücke am alten Kanal mitgeschleppt, und wir halten abwechselnd das große Plakat mit der Aufschrift WILLKOMMEN, ANTIIMPERIALIST SUKARNO hoch. Wir achten darauf, dass nie mehr als drei von uns zusammenstehen. Paragraf 144 des kolonialen Strafgesetzbuches verbietet nämlich Ansammlungen von mehr als drei Personen, und wir wollen nicht verhaftet werden, bevor wir nicht den indonesischen Staatschef begrüßt hatten.

Den Morgenzeitungen hatten wir entnommen, dass unser proimperialistischer Feldmarschall zusammen mit Sukarno vom Flughafen Lahore zum Regierungsgebäude fahren würde. Deshalb haben wir diese Botschaft auf das Plakat geschrieben und sind hierher gekommen. Aber Sukarno verspätet sich. Sehr. Die Sonne ist bereits vor einer Stunde untergegangen. Es wird kühl, und wir sind müde. Die Straße ist nahezu menschenleer, was man sich heutzutage kaum noch vorstellen kann. Sollen wir uns in ein Café oder einen Kebab-Imbiss zurückziehen? Ich lege mein Veto gegen diesen Vorschlag ein. Meine Freunde stöhnen, verfluchen sich selbst, Sukarno und mich in typisch lahorischem

Punjabi, wobei sie mit dem Ausdruck »aufgerissenes Arschloch« ihre pausenlosen obszönen Bemerkungen garnieren, mit denen sie die Genitalien einiger unserer Familienmitglieder bedenken. Plötzlich hören wir das Geknatter von Motorrädern, und die uniformierten Fahrer der Polizeieskorte tauchen auf, gefolgt von der Limousine des Präsidenten. Als der Wagen unweit der Brücke seine Fahrt verlangsamt, halten wir unser Plakat unter der Straßenlaterne hoch und jubeln. Der indonesische Staatschef lächelt und winkt zurück. Er muss uns gemeint haben, denn abgesehen von den Polizisten in Zivil, die ihre rein weißen *shalwars* (Hemdkleider) tragen und verzweifelt den Eindruck von Normalität zu erwecken versuchen, sind keine anderen Zuschauer da. Sukarno aber wird nicht vom Feldmarschall begleitet, wie wir gehofft haben, sondern vom Nawab von Kalabagh, einem feudalistischen Scheusal und Provinzgouverneur (der mir erst vor kurzem öffentliches Redeverbot erteilt hat), und Zulfiqar Ali Bhutto, dem Minister, der das Militärregime repräsentiert. Noch war Bhutto der Diktatur dienlich. Er war bekannt für seine feudalherrschaftlichen Gelüste, und wir witzelten, dies sei wahrscheinlich der Grund, warum er auserwählt worden war, den indonesischen Staatschef in Dhaka (der damaligen Hauptstadt von Ostpakistan) zu empfangen und mit ihm zu den Machtzentren in Westpakistan zu fliegen.* Wir haben unsere Mission erfüllt, schnappen uns unsere Fahrräder und machen uns auf den Weg nach Hause.

Warum glaubten wir Sukarno persönlich empfangen zu müssen? Abgesehen davon, dass wir unsere Verachtung für den uniformierten Despoten zum Ausdruck bringen wollten, gab es noch andere Gründe. Sukarno war der politische Führer, der im Februar 1955 eine Konferenz der soeben unabhängig geworde-

---

* Im Nachhinein erfuhr ich, dass dies tatsächlich der Fall gewesen war. Bhutto hatte die Verspätung des Flugzeugs angeordnet: Es beliebte dem ausländischen Gast zu koitieren, und Interruptionen waren nicht gestattet.

nen afrikanischen und asiatischen Staaten in seinem Land einberufen hatte – der erste Versuch, eine blockfreie Bewegung zu schaffen, um sich den Forderungen, die die alten und neuen Imperialismen einzelnen postkolonialen Staaten auferlegten, kollektiv zu widersetzen. Als Veranstaltungsort wurde Bandung ausgewählt.

Nach der Konferenz beschworen Länder, die gerade ihre Freiheit errungen hatten, oft den »Geist von Bandung«. Wo in Allahs Namen lag Bandung? Nachdem ich alle möglichen Landkarten studiert hatte, fand ich es schließlich in einem alten Oxford-Atlas. Es war nur eine kleine Stadt auf Java.

Nasser aus Ägypten, Nehru aus Indien, Zhou Enlai aus China, Pham Van-dong aus Nordvietnam und der indonesische Staatschef waren übereingekommen, für eine Art nationalen Kosmopolitismus, die *Panch Shila* (Fünf Prinzipien), als Grundlage internationaler Beziehungen in der postkolonialen Welt zu werben: Respektierung der territorialen Integrität und Souveränität der anderen Staaten; Verzicht auf Angriffe; Nichteinmischung in die inneren Angelegenheiten der anderen Staaten; Gleichheit und gegenseitige Hilfe; friedliche Koexistenz. Aber es gab auch einen Hinweis darauf, dass die Konferenz im Westen nicht unbedingt auf Begeisterung stieß: Ein Geheimdienst hatte ein Flugzeug in die Luft gejagt, in dem Delegierte aus Vietnam saßen.

Pakistan war ebenfalls bei der Konferenz vertreten – als der trojanische Esel Washingtons. Später wurden Pakistan und andere Mitglieder prowestlicher Sicherheitsbündnisse bei den Versammlungen der Blockfreien automatisch ausgeschlossen. Dieser Ausschluss ärgerte ein paar von uns. Die erbärmlichen, korrupten Politiker Pakistans hatten ihre Seele und das Land verkauft, um im Gegenzug Militär- und Wirtschaftshilfe der Vereinigten Staaten zu bekommen. Sukarnos Besuch war für uns eine Gelegenheit, unseren Unmut über den lokalen Satrapen zu bekunden.

Und es gab noch einen Grund. In einem geheimen Quiz, das wir manchmal in der Kantine der Universität veranstalteten, um die politisch weniger Interessierten unter unseren Altersgenossen zu schockieren, lautete eine beliebte subversive Frage: »Welches Land ist das größte muslimische Land der Welt? Antwort: Indonesien. Welche Partei ist die größte kommunistische Partei außerhalb der kommunistischen Welt? Antwort: Die PKI – die Kommunistische Partei Indonesiens.« Diese Erkenntnis erfüllte uns mit echtem Stolz. Wenn es in Indonesien eine große radikale Partei geben konnte, warum dann nicht auch in Pakistan? Was immer auch der Grund sein mochte, es hatte jedenfalls nichts mit dem Islam oder der islamischen Kultur zu tun. In Pakistan war die kommunistische Partei 1952 verboten worden, 1958 alle übrigen Parteien. Sukarnos Tolerierung der Linken war Grund genug, ihn als positive Figur zu sehen, auch wenn einige linke Veteranen der älteren Generation Lahores diese Sicht nicht teilten. Sie waren zutiefst misstrauisch. Hatte er denn nicht mit den Japanern kollaboriert? Dann brach jedes Mal eine hitzige Debatte los, in der radikale Nationalisten und Kommunisten einander eine Schlacht lieferten. Wenn Sukarno die Japaner benutzt hatte, dann sicher um auf Java ein nationales, antiholländisches Bewusstsein zu mobilisieren. War das verwerflicher als die Entscheidung der indischen Kommunisten, nach Hitlers Angriff auf die Sowjetunion im Zweiten Weltkrieg den Widerstand gegen das britische Empire aufzugeben? Jedem das Seine. Und die Stammtischdebatte ging weiter, ohne dass sich eine Seite geschlagen gab. Um einen Kompromiss herbeizuführen, musste jedes Mal ein sehr angesehener ketterauchender Dichter einschreiten, der schweigend zugehört hatte. Wir wurden uns dann zumindest darüber einig, dass Sukarno, ungeachtet seiner Vergangenheit, in seiner gegenwärtigen Gestalt zweifellos zum »antiimperialistischen Lager« gehörte.

Andere Fragen tauchten auf. Wie hatte dieses riesige Inselreich am Äquator, das sich über fast 5 000 Kilometer erstreckte, einen so starken Nationalismus entwickeln können? Ich begann nach Büchern zu suchen, die mir eine Antwort auf diese Frage geben konnten, aber im Arbeitszimmer meines Vaters fand ich keine, und der Eintrag in einer alten Ausgabe der Encyclopaedia Britannica war völlig überholt. Was ich in jenem Jahr erfuhr, war, dass Indonesien nicht nur aus Java und Sumatra, sondern aus mehr als 10 000 Inseln bestand. Die meisten dieser Inseln waren unbewohnt, und weit über 50 Prozent der Bevölkerung lebte auf Java, der fruchtbarsten Insel des gesamten Archipels. Fruchtbar in jeder Hinsicht.

In unserem Haus gab es Hunderte, wenn nicht gar Tausende englischsprachiger Bände, die das Foreign Languages Publishing House (Verlag für Fremdsprachen) in den fünfziger Jahren in Moskau herausbrachte. Diese Bücher kamen gewöhnlich in großen Paketen an und erhielten trotz ihrer fantasielosen realsozialistischen Einbandgestaltung immer einen prominenten Platz im Bücherregal. Obwohl die Bücher regelmäßig nach jedem Sommersturm entstaubt wurden, verblassten die Umschläge schnell, und die chemische Reaktion zwischen dem billigen sowjetischen Papier und der Sommerhitze Lahores erzeugte einen muffigen Geruch, dem ich nirgendwo sonst begegnet bin. Er wurde zum unauslöschlichen Bestandteil meiner Jugend – so köstlich wie eine *madeleine*. Ein paar Monate nach Sukarnos Besuch entdeckte ich die Aufsatzsammlung eines russischen Schriftstellers – seine Reflexionen über die Weltliteratur: *Die Goldene Rose* von Konstantin Paustowskij.

Bei der Lektüre Paustowskijs stieß ich auf den Namen Multatuli, das Pseudonym des holländischen Romanciers Eduard Douwes Dekker. Paustowskij verglich sein Werk mit den Gemälden Vincent van Goghs. »Ein Mann wird durch das Feuer der Hölle gehen«, schrieb der Russe, »und Wunder vollbringen, um seinem inneren Drang zu folgen.« Er schilderte Dekkers privilegierte soziale Herkunft, seine glänzende Universitätslaufbahn, seine Berufung zum Kolonialbeamten auf Java und die Veränderung seiner Persönlichkeit und seines Lebens, die diese Erfahrung bewirkte. Paustowskij war offenbar beeindruckt von dem Selbstbild des Holländers und wusste nicht (wie auch?), dass Dekker ein notorischer Fantast war, der eine Menge Lügen über seine soziale Herkunft und seine Bildung erzählte. Dekker wollte ein guter Aristokrat sein, aber wenn dies sein wirklicher sozialer Hintergrund gewesen wäre, hätte er keinen Posten als Kolonialbeamter angenommen. Außer Zweifel steht hingegen, dass der junge Holländer vom Vorgehen der Kolonialmacht, der wirtschaftlichen Ausbeutung, die sie betrieb, und ihrer Brutalität angewidert war. Dennoch wollte er die Einheimischen lieber beschützen als sich mit ihnen auf eine Stufe stellen. Seine Verachtung für die holländischen Generäle und das vizekönigliche Establishment versuchte er erst gar nicht zu verhehlen. Er brachte seine Entfremdung in der Öffentlichkeit zum Ausdruck und freundete sich offen mit den Javanern an, woraufhin er rausgeschmissen und in Ungnade nach Hause geschickt wurde. In Holland wurde er ins Parlament gewählt, das er als Plattform benutzte, um die Ungerechtigkeiten der Kolonialherrschaft anzuprangern. Man machte sich über seine Reden lustig, ignorierte seine Eingaben und behandelte ihn, als wäre er nicht ganz bei Trost.

Von der Welt geschmäht, wandte er sich dem Schreiben von Romanen unter einem Pseudonym zu – Multatuli (aus dem Lateinischen: Der, der lange gelitten hat). *Max Havelaar* war der erste dieser Romane, die die koloniale Ordnung an den Pranger stellten, und er gilt bis heute als die vernichtendste literarische Kritik dieser Verhältnisse. Paustowskij betont, Dekkers zweiter Roman, *Liebesbriefe,* sei noch stärker und selbstbewusster, aber zu diesem Zeitpunkt war Dekker bereits ein Außenseiter, ausgestoßen aus der Welt, die ihn hervorgebracht hatte. Verarmt verließ er Holland, fand jedoch auch anderswo keinen Verlag. Als ihm später ein holländischer Verlag anbot, seine Manuskripte zu kaufen, war er hoch erfreut, obwohl er alle Rechte an seinem Werk abtreten musste. Alles, was er wollte, war sein Werk in Druck zu sehen. Er vermutete hinter dem Angebot ein rein kommerzielles Interesse. Er konnte sich nicht vorstellen, dass die Manuskripte zu einem gegenteiligen Zweck erstanden worden waren –, um sie in der Schublade verschwinden zu lassen, damit die holländischen Geschäftsleute ruhig schlafen konnten. Das war allerdings Paustowskijs Erfindung. Vielleicht war er falsch informiert, vielleicht wollte er den Lektoren des Foreign Languages Publishing House aber auch nur seine antiimperialistische Haltung vor Augen führen. *Max Havelaar* war jedenfalls eine Sensation und wurde umgehend in London und Paris übersetzt; der moderne Prosastil des Romans machte Dekker zum Begründer der modernen holländischen Literatur. Zum großen Teil ist das Buch eine vernichtende Satire auf die Gier der Holländer in Amsterdam und die Korruption und Gewalt in Ostindien. Dekker wurde berühmt, konnte jedoch nicht mit Geld umgehen, warf es zum Fenster hinaus und verfiel der Spielsucht. Daher die gelegentliche Armut.

Allmählich konnte ich die Einzelteile des Inselgruppenpuzzles zusammensetzen. Jede nationale Bewegung trägt das Brandmal des imperialistischen Landes, das sie hervorgerufen hat. Die holländische Herrschaft provozierte den Nationalismus, der Sukarnos Generation geformt hat. Mahatma Gandhi war ein Produkt des britischen Empire. Ho Chi Minh wurde im Schmelztiegel Französisch-Indochinas geformt. Vor dem Zweiten Weltkrieg kamen mehr Europäer in Indonesien um als in Indochina oder Südasien. Der Gouverneur Sir Stamford Raffles schrieb während der britischen Herrschaft (1811–1816) über die Javaner, sie hätten »seit der Ankunft der Europäer bei jeder sich bietenden Gelegenheit versucht, ihre Unabhängigkeit zurückzugewinnen«.

Prinz Diponegoro von Jogjakarta war der Anführer des ersten großen antikolonialen Aufstands (Java-Krieg, 1825-1830). Wie beim Aufstand gegen die Briten in Indien 1857 handelte es sich auch hier um eine blinde, instinktive Rebellion der alten Herrscher, die über die systematische Zerstörung der alten Ordnung verärgert waren. Diponegoro war zwar ein hochrangiger Prinz, aber er war nicht der Sultan, den er verachtete; er war intelligent und ein glühender Anhänger des Mystizismus. Als er in eine Falle gelockt und festgenommen wurde, schickte man ihn ans nördliche Ende von Sulawesi ins Exil, wo er starb. Er hinterließ Memoiren, die lang und interessant sind, sehr interessant sogar. Aber er sagt selbst, er habe Java »erobern« wollen.

Auf Java brachte die koloniale Ordnung die Herrscher gegen sich auf, tat den Bauern damit aber keinen Gefallen. Als Diponegoro das Banner der Revolution schwang, scharten sich Letztere um ihn. Die Javaner wurden geschickte Guerillakämpfer, die sich nicht ohne weiteres besiegen ließen. Die Europäer verloren immerhin 8 000 Mann, wenngleich es unter den Einheimischen erheblich mehr Opfer gab: 200 000 Javaner kamen um, die meisten starben an Krankheiten und Hunger. General Kock konnte den Kampf nur gewinnen, indem er ganze Dörfer zerstörte und die Bevölkerung von der Versorgung mit Nahrungsmitteln abschnitt. Die Gesamtzahl der Opfer war weitaus höher als während des antibritischen Aufstands in Indien. Abgesehen von sechs bis sieben Jahren kam es im ganzen 19. Jahrhundert regelmäßig zu Bauernaufständen gegen die holländische Herrschaft, und die Kolonialmacht brauchte über drei Jahrzehnte, um die Provinz Aceh auf Sumatra zu unterwerfen, ohne aber jemals die absolute Kontrolle zu gewinnen.

Im Zweiten Weltkrieg vertrieb ein fernöstlicher Rivale die Holländer von Java. In Indochina begann ein Vichy ähnliches Regime mit Japan zu kollaborieren. Wie reagierten die asiatischen Nationalisten auf einen asiatischen Imperialismus, der behauptete, den regionalen nationalistischen Bewegungen gegen ihre europäischen Unterdrücker beizustehen? In Vietnam führten die

Kommunisten die nationalistische Bewegung an. Nach dem Eintritt der Sowjetunion in den Krieg waren Japan und Vichy-Frankreich der Feind, und die Widerstandsorganisation Ho Chi Minhs setzte den Kampf fort.

Auf Java sahen die Nationalisten in der Vertreibung der Holländer ihre große Chance und kollaborierten anfangs mit den Japanern. (Die nationalistische Bewegung Indiens war in dieser Frage tief gespalten. Wäre ein japanisches Expeditionskorps in Indien eingerückt, wäre wohl ein nicht unbedeutender Teil der Nationalbewegung mit in die Panzer gestiegen, um die Briten aus dem Land zu jagen.) Am Vorabend der japanischen Invasion hatte der holländische Gouverneur Ostjavas, van der Plas, Amir Sjarifuddin, einem äußerst anständigen linksliberalen Christen, die beträchtliche Summe von fast 20 000 Gulden überreicht und ihn gebeten, mit diesem Geld eine Untergrundbewegung aufzubauen. Amir hielt nach den verstreuten Überresten der Kommunistischen Partei Ausschau und konnte einige von ihnen für das Vorhaben gewinnen. Doch als die Japaner eintrafen, fielen ihnen die holländischen Archive und die Spitzel der Geheimpolizei in die Hände. Es dauerte nur wenige Wochen, bis diese Untergrundbewegung komplett ausgehoben war. Fast alle ihre Mitglieder (an die 30 Personen) wurden hingerichtet. Auf Grund einer Intervention Sukarnos blieb Amir dieses Schicksal zwar erspart; aber er musste in japanischen Gefängnissen einen »schlimmen Krieg« und Folter über sich ergehen lassen. So gab es bis zum letzten Kriegsmonat keine echte antijapanische Bewegung, sie blieb auf die gebildete Elite Jakartas beschränkt. In der Bevölkerung aber waren Ressentiments gegen die Japaner weit verbreitet, und ab Mitte August wurden viele Japaner ermordet.

Im August 1945, nach der Niederlage Japans, glaubten Frankreich und Holland, sie hätten das Recht, sich ihre kolonialen Besitzungen in Vietnam und Indonesien wieder anzueignen, hatten dabei aber nicht mit der einheimischen Bevölkerung gerechnet.

Die indonesische Führung war ausgesprochen nervös. Sukarno und Hatta fürchteten, die Alliierten würden bald eintreffen und sie als Kollaborateure verhaften, und so weigerten sie sich zunächst, die Unabhängigkeit zu erklären. Daraufhin nahmen ungeduldig gewordene Jugendliche sie als Geiseln und brachten sie in die Kleinstadt Rengasdengklok, etwa eine Autostunde von Jakarta entfernt. Dank der Vermittlung von Konteradmiral Maeda, einem aufgeklärten Marineoffizier, der zwischen dem von der Marine kontrollierten Ostindonesien und dem von der Armee kontrollierten Java Verbindungen herstellen sollte, einigte man sich wie folgt: Sukarno und Hatta sollten freigelassen und nach Jakarta zurückgebracht werden; die Armee sollte so tun, als wisse sie nichts davon; und in Maedas Haus wurde eine zaghafte, aus zwei Sätzen bestehende Unabhängigkeitserklärung aufgesetzt. Das war alles andere als heldenhaft.

Da Franzosen und Holländer keine Truppen in diesem Gebiet stationiert hatten, wurde den Briten (gemäß den Bestimmungen des Abkommens der Alliierten, das im Juli 1945 in Potsdam unterzeichnet worden war) die Aufgabe übertragen, die Kapitulation der Japaner entgegenzunehmen und in dieser Region die Regierungsgeschäfte zu übernehmen, bis französische und holländische Truppen ihre Aufgaben wieder selbst wahrnehmen konnten. Am 17. August 1945 erklärte Sukarno die Unabhängigkeit; Ho Chi Minh wenige Wochen später, am 2. September.

Erst im September war Lord Mountbatten, der britische Befehlshaber in Südostasien, in der Lage, Truppen nach Vietnam und Indonesien zu entsenden, und selbst diese musste er von der Indian Army abziehen. Am 6. September trafen 20 000 Soldaten der 20. indischen Division unter dem Kommando von General Douglas Gracey in Saigon ein. »Bei meiner Ankunft wurde ich von den Vietminh begrüßt«, brüstete sich Gracey später, »und ich habe

ihnen gleich einen Tritt in den Hintern verpasst und sie rausgeschmissen.«

Dass Ho Chi Minh sich den Briten nicht entgegenstellte, war
keine taktische Entscheidung auf Grund der Bedingungen vor
Ort, sondern vielmehr die Folge der Beziehung zu Moskau. Stalin
hatte weder Skrupel, die Revolution noch seine eigenen Genossen
zu verraten, achtete aber sorgfältig darauf, seine Verbündeten im
bürgerlichen Lager nicht vor den Kopf zu stoßen, wenn es nicht
unbedingt nötig war – egal, ob es sich dabei um Hitler, Churchill
oder Roosevelt handelte. Natürlich hatte der Westen keine solchen Hemmungen und gab Stalin den Laufpass, ohne einen weiteren Gedanken daran zu verschwenden. 1945 wollte Stalin nicht,
dass eine kommunistische Partei die Kolonialmächte Holland,
Großbritannien oder Frankreich bekämpfte. Als Kommunist akzeptierte Ho Chi Minh die Vorschriften Moskaus zwar in der Öffentlichkeit, verfolgte aber gleichzeitig einen unabhängigeren
Kurs. Ho war ein gerissener Kerl, der der Konferenz von Versailles
im Jahre 1919 beigewohnt hatte und schon in den zwanziger Jahren in der kommunistischen Bewegung aktiv gewesen war. Insgeheim unterhielt er Verbindungen zu den Amerikanern – über Ar-
chimedes Patti, der dafür sorgte, dass Ho mit Nachschub versorgt
wurde, und sich außerdem für dessen Anerkennung durch die
USA einsetzte.* Das entsprach natürlich nicht gerade stalinistischen Vorschriften, aber die Vereinigten Staaten konnten, wenn
auch aus etwas anderen Gründen als Stalin, ebenfalls keinen unabhängigen Nationalismus akzeptieren. Sukarno brauchte derartige Pirouetten nicht zu drehen. Er verteidigte die nationalen Interessen des Inselstaates.

---

* K. Damodaran, ein kommunistischer Parteiführer aus Kerala, traf Ho Ende der
fünfziger Jahre und fragte ihn, warum der Kommunismus in Vietnam gesiegt hätte, in Indien aber nicht. »In Indien«, erwiderte Ho, »hattet ihr Gandhi. Hier war
ich Gandhi.« Siehe »Memoirs of an Indian Communist«, in *New Left Review*, I,
238, Mai–Juni 1999.

Am 22. September 1945 marschierten mit Duldung der Briten französische Truppen in Saigon ein und besetzten alle öffentlichen Gebäude. Die unter Schock stehenden Vietminh riefen zu einem Generalstreik auf und errichteten Barrikaden, doch britische Streitkräfte gewannen schließlich wieder die Kontrolle über die Stadt, nachdem sie einige Viertel mit Granaten beschossen und die japanischen Soldaten wiederbewaffnet hatten, die unter ihrer Aufsicht und ihrem Schutz standen. Etwa 40 britische und indische Soldaten starben und über hundert wurden verwundet, bevor die Briten sich im Januar 1946 zurückzogen und eine schlagkräftige französische Armee an ihre Stelle trat. Die Folge all dessen war ein langer Krieg, der erst 1975 endete. Bis dahin hatten die Vietnamesen gegen drei imperialistische Mächte gekämpft – Japan, Frankreich und die Vereinigten Staaten – und zwei von ihnen besiegt.

Vor der Küste Javas trafen die Truppen der Indian Army unter britischer Führung erst am 29. September 1945 ein. Sukarnos Anhänger empfingen sie mit Transparenten, auf denen stand: »Indonesien den Indonesiern«. Die Briten besetzten eine Reihe von Küstenstädten, Jakarta, Demarang und Malang, stießen aber auf erheblichen Widerstand seitens der Streitkräfte Sukarnos. Erneut sahen sie sich gezwungen, japanische Truppen wiederzubewaffnen, um sie gegen die Einheimischen einzusetzen.

In Surabaya, der zweitgrößten Stadt Javas und dessen wichtigstes Industrie- und Handelszentrum, erlebten die Briten einen schweren Rückschlag. Als sie am 25. Oktober 1945 mit 4 000 Soldaten hier eintrafen, befahl ihr Kommandeur, Brigadegeneral Mallaby, den Indonesiern, die Waffen niederzulegen und die Stadt zu übergeben. Drei Tage später wurden seine Soldaten von einer über 20 000 Mann starken indonesischen Truppe angegriffen. Mallaby und 200 seiner Leute wurden getötet.

Sofort schickten die Briten Nachschubkräfte nach Surabaya und verlangten am 9. November die Kapitulation. Da darauf keine Reaktion erfolgte, beschossen am folgenden Tag zwei Kreuzer und drei Zerstörer die Stadt, während Kampfflugzeuge der Royal Air Force an die 700 kg Bomben auf indonesische Stellungen abwarfen. Nach drei Tagen Straßenkampf fiel die Stadt schließlich an die Briten. Die Zahl der britischen und indischen Opfer wurde auf über 900 Tote und Verwundete geschätzt, die der indonesischen belief sich auf über 10 000. Die Kämpfe auf Java dauerten bis 1946 an. Im März wurden die indonesischen Streitkräfte von den Briten aus Bandung vertrieben. Im November 1946 zogen sich die Briten schließlich zurück, an ihre Stelle traten holländische Truppen. Im Indonesienfeldzug hatten Briten und Inder insgesamt 620 Tote und 1447 Verwundete sowie 327 Vermisste zu verzeichnen. Über 1 000 japanische Soldaten starben im Kampf an der Seite der Briten. Die indonesischen Verluste in diesem Nachkriegskrieg werden auf 20 000 geschätzt. Diese Zahlen machen den Hass der Indonesier auf die Briten und die folgenden Auseinandersetzungen um Malaya verständlich.

Es besteht kaum ein Zweifel daran, dass Mountbatten und das britische Oberkommando von der Stärke des indonesischen Widerstands überrascht waren. Dieser Widerstand hatte auch Auswirkungen auf die britischen und indischen Soldaten und Matrosen in den unteren Rängen. Sie hatten im Bündnis mit der Sowjetunion den antifaschistischen Krieg in Europa gewonnen. Und nun wurde von ihnen verlangt, im Bündnis mit den verhassten Japanern gegen nationalistische Revolutionen vorzugehen. Radikalisiert durch den Krieg, hielten viele von ihnen die Kolonialkriege für ungerecht. Auch die Opfer vergaßen nie, dass es eine britische Labour-Regierung gewesen war, die Truppen entsandt und den Japanern den Befehl erteilt hatte, die nationalistischen Revolutionen in Asien niederzuschlagen.

Fast im gesamten Zweiten Weltkrieg hatte Holland, wie Frankreich, unter deutscher Besatzung gestanden. Dies aber tat dem Wunsch der herrschenden Eliten in diesen Ländern, ihre alten

Kolonien wiederzubesetzen, keinen Abbruch. Sie sahen keinen Zusammenhang zwischen dem holländischen oder französischen antifaschistischen Widerstand und dem indonesischen oder vietnamesischen *Maquis*. Für sie waren das zwei verschiedene Welten. Der Rassismus, der einst dazu gedient hatte, die Sklaverei zu rechtfertigen, wurde nun ohne Probleme zur Rechtfertigung der imperialistischen Wiederbesetzung Vietnams und Indonesiens benutzt. Im Gegensatz zu Washington erkannten London, Paris und Amsterdam nicht, dass die Zeit der alten Imperien vorbei war. Die Wiedereroberung war lediglich der Beginn ihrer Todesagonie. An ihre Stelle sollte bald eine neue Art des Imperialismus treten: der amerikanische.

Der Islam am Äquator

Die Passatwinde, die den Islam erstmals nach Osten an die Küsten Indiens und Chinas wehten, scheinen am indonesischen Archipel völlig vorbeigegangen zu sein. Die Nachfolger des Propheten trafen erst spät auf Sumatra und Java ein, und sie hatten keine Sandspuren an den Sandalen. Die Anfänge liegen im Dunkeln, und die frühesten historischen Zeugnisse sind widersprüchlich. Die ersten muslimischen Gräber im Norden Sumatras stammen aus dem 13. Jahrhundert, und es gibt keine überzeugenden Belege für größere muslimische Siedlungen vor dieser Zeit.

Dem arabischen Geografen al-Masudi zufolge aber wanderten bereits im 9. Jahrhundert die ersten Muslime von China aus in die Region ein. Ein Bauernaufstand in Südchina während der Herrschaft des Tang-Kaisers Hi-Tsung (878-889) führte zu einem Pogrom gegen die Händler und Kaufleute in Khanfu (Kanton), die dort das Sagen hatten. 120 000 bis 200 000 Muslime fielen den Massakern zum Opfer. Viele Überlebende flohen und erreichten die malaiische Küste, einige gelangten über die Meerengen zu den Inseln. Es gibt keinen konkreten Hinweis darauf, wo sie landeten und wo sie sich niederließen, aber die Massaker an chinesischen Muslimen sind historisch belegt.

Überall auf der Welt glauben puristische Muslime, ihre Vorfahren stammten entweder von den Reinsten der Reinen ab oder seien von ihnen bekehrt worden: von den Arabern, die die Religion begründeten. Doch dies trifft nur in den seltensten Fällen wirklich zu. Noch in den sechziger Jahren des 20. Jahrhunderts brach in Indonesien ein Sturm los, als Professor Slametmuljana ein Buch veröffentlichte, in dem er schlüssig nachwies, dass die neun Gründungsväter (Wali) des Missionsislam zum großen Teil Chinesen waren.

Später wanderten Muslime von der Küste Gujarats im Westen Indiens – eine natürliche Folge des Monopols der Gujarati im Handel mit den Gewürzen der Molukken – und von der Malabar-Küste ein. Dieser Route folgte auch Ibn Battuta, der berühmte Reiseschriftsteller aus dem 14. Jahrhundert. Wie bei den modernen Vertretern dieses Genres gewann auch bei ihm die Einbildungskraft gelegentlich die Oberhand über seine Beobachtungsgabe, aber die Beschreibung eines Sultanats an der Küste von »Jawa (Sumatra)« klingt zutreffend, auch wenn dessen genaue geografische Lage schwer auszumachen ist:

> »Wir sahen die Insel bereits, als wir noch eine halbe Tagesreise davon entfernt waren. Sie ist saftig grün und fruchtbar; die häufigsten Baumarten dort sind Kokospalme, Arekapalme, Nelke, indische Aloe, Jackfrucht, Mango, Wachsjambuse, süße Orange und Kampferbaum. Im Handel verwenden die Einwohner Zinnstücke und rohes chinesisches Gold. Die Mehrzahl der aromatischen Pflanzen, die dort wachsen, befindet sich in den von Ungläubigen bewohnten Gebieten ...«

Ibn Battuta wird auf der Insel vom Emir Dawlasa empfangen, und gemeinsam reiten sie in die Stadt Sumutra, »eine große und schöne Stadt, die von einer Holzmauer mit Holztürmen umgeben ist«. Battuta beschreibt den Hof in einer Stadt voller Ungläubiger. Sie erkauften sich den Frieden, indem sie sich einverstanden erklärten, die Dschisja zu bezahlen – eine Kopfsteuer, die der Islam Ungläubigen auferlegte. Es sollte noch weitere dreihundert Jahre dauern, bis der Islam die Bevölkerungsmehrheit von Java und Sumatra gewann, aber er breitete sich aus, wenn auch gemächlich, so wie es der Buddhismus und der Hinduismus mehrere Jahrhunderte zuvor getan hatten.

Die ersten Konvertiten wurden durch südasiatische Sufi-Mystiker und muslimische Händler von der Koromandelküste und aus Gujarat gewonnen, und wie in Kashmir bedurfte es erst der Bekehrung des Herrschers, damit auch die Untertanen übertraten. Die Fähigkeit des Islam, seine Lehre den Bedürfnissen der einheimischen Bevölkerung anzupassen, hatte schon in China, Afrika, Persien und Südasien Wirkung gezeigt. Und sie ist auch der Hauptgrund für seine rasche Verbreitung auf dem gesamten Archipel. Einige muslimische Sultane Javas wurden nach ihrem Tod sogar in den Heiligenstand erhoben, und ihre Gräber wurden zu einer wichtigen Stätte der Verehrung, ohne dass dies den Zorn der Geistlichkeit hervorgerufen hätte – ähnlich wie die Verehrung der Sufi-Heiligen im Punjab, in Persien oder Anatolien. Orthodoxe Gläubige reagierten bisweilen heftig darauf, aber sie waren zahlenmäßig in der Minderheit, und es bestand weniger die Gefahr, dass die alten Traditionen ausgelöscht wurden, als dass man sich in ihnen verlor.

Vor der Übernahme des Buddhismus und später des Hinduismus hatte die einheimische Bevölkerung (wie auf dem amerikanischen Kontinent und anderswo) an Geister geglaubt, die die Welt beherrschten. Der Überlieferung nach bewohnten diese Wesen Wälder, Flüsse, Seen und Berge. Naturkatastrophen erklärten sich durch ihren Zorn. Durch Opfer konnte man sie günstig stimmen, und indem man Talismane und Amulette trug und Schamanen mit magischen Kräften versah, konnte man die Geister besänftigen. Der Aberglaube war ein fester Bestandteil des Alltagslebens.* Da der Glaube, dass viele Geister durch Frauen sprächen, weit verbreitet war, spielten diese bei religiösen Ritualen und damit auch

---

* Es ist zum Beispiel seltsam, dass das Niesen in zahlreichen Kulturen auf drohendes Unglück hindeutet. Christen und Juden wünschen einem Menschen, der geniest hat, »gute Gesundheit«, und Muslime danken Allah für seine Gnade.

in den Machtstrukturen lokaler Gemeinschaften eine wichtige Rolle. Hier könnte auch die Erklärung für das Aufkommen der Transvestitenkulte liegen, bei denen sich Männer eher aus politischen und kulturellen denn aus sexuellen Gründen als Frauen verkleideten. Buddhismus und Hinduismus hatten viele dieser abergläubischen Vorstellungen übernommen, und die Sufi-Variante des Islam setzte die Tolerierung solcher Praktiken fort.

Die Sufi-Philosophie erklärte oft, Allah sei in der Natur und im Alltagsleben der Menschen allgegenwärtig. Darum war ein kollektiver Kult nicht von entscheidender Bedeutung. Jeder Gläubige konnte Allah auf seine eigene Weise entdecken. Ibn Arabi (1165–1240), einer der größten Mystiker des Islam, entwickelte die Lehre von der Einheit des Seins, eine prä-spinozistische Weltanschauung, wonach der Schöpfer in verschiedenen Aspekten der Natur und des menschlichen Geistes sichtbar ist, und die Möglichkeit eines vollkommenen Menschen angenommen wird, in dem alle Attribute des göttlichen Seins gegenwärtig sind. Solch ein Mystizismus kam den osmanischen Sultanen in einer Zeit gelegen, als sie mit so unmystischen Dingen wie der militärischen Ausdehnung ihres Reiches beschäftigt waren. Sultan Selim I. verhöhnte die Orthodoxie, indem er den Wiederaufbau des Mausoleums von Ibn Arabi in Damaskus anordnete. Einige Anhänger Ibn Arabis gingen sogar so weit zu behaupten, dass die wahre Erkenntnis Allahs nur möglich sei, wenn Männer und Frauen den Höhepunkt der Ekstase erreichten, sei es auf sexuellem oder nichtkörperlichem Weg. Eine Variante dieser Lehre (in der Alkohol die Freuden der Vereinigung ersetzte) predigte Hamzah Fansuri in der zweiten Hälfte des 16. Jahrhunderts im Westen Sumatras:

>»Sein Strahlen ist eine gleißende Glut
> In uns allen
> Er ist der Becher und der Arak
> Such ihn nicht in der Ferne, Kind.«

So etwas war ebenso beruhigend wie hilfreich, genauso wie die Betonung der Beziehung zwischen Lehrer und Schüler in den verschiedenen Sufi-Orden. Der an Verehrung grenzende Respekt gegenüber dem heiligen Lehrer kam einer Kultur entgegen, die bereits Jahrhunderte hinduistischer und buddhistischer Dominanz erlebt hatte. Obwohl die Sufi-Philosophie im Zuge der Überlieferung zweifellos eine starke Vereinfachung erfuhr, blieb ihre Essenz in einem der bemerkenswertesten Aspekte dieses Mystizismus erhalten: Die Sufi-Philosophie predigte sowohl die völlige Unabhängigkeit von sektiererischen religiösen Gruppen als auch von allen orthodoxen Lesarten des Koran. Sie verabscheute Rituale. Viele Mystiker argumentierten, die orthodoxen Gläubigen müssten Heuchler sein, weil sie eine scharfe Trennungslinie zwischen ihrem Glauben und ihrem täglichen Tun in der materiellen Welt zögen. Ein Sufi hingegen war fest davon überzeugt, dass der Schöpfer allein im Reich des Geistes wohne, und so versuchte er, mit der äußeren, materiellen Welt zu brechen und sie bloßzustellen. Er weigerte sich, einen Allah zu akzeptieren, der nur in der äußeren Welt vorhanden sei.

Häufig erklärten Sufi-Lehrer ihren einheimischen Anhängern das mystische Denken, indem sie auf Dinge zurückgriffen, die ihren Zuhörern vertraut waren, wie das folgende Beispiel aus Java zeigt: »Es heißt, der menschliche Blick sei mit Kokosmilch zu vergleichen, die mit der Zeit zu Öl wird; oder mit einer unreifen Banane, die allmählich halb reif wird ... nach und nach vervollkommnet der Herr den menschlichen Blick, und so besteht kein Zweifel, dass das Auge das wahre Wesen erfassen wird.« Abgesehen von der Einführung neuer Rituale vereinfachte der Islam das Leben für die große Mehrheit der Gläubigen. Die Geister mussten nicht durch Opfer oder die Anbetung einer Vielzahl von Göttern und Göttinnen besänftigt werden; die Gottesdienste richteten sich allein an Allah und seinen Propheten. Dieses dynamische Duo stellte einen Schutzschild gegen sämtliche Formen des Bösen dar.

Viele der alten abergläubischen Bräuche wollten jedoch nicht verschwinden. Bis auf den heutigen Tag bringen die Fischer in vielen Küstendörfern den Meergeistern ein symbolisches Opfer, bevor sie ausfahren. In *Die Braut des Bendero*, einem bewegenden Roman von Toer, der auf dem Leben seiner Großmutter mütterlicherseits gegen Ende des 19. Jahrhunderts beruht, verhält sich einer der Helden, ein behinderter Tamburinspieler, seltsam:

»Sieh ihn dir an; er benimmt sich noch verrückter als vorher«, bemerkte ein Mann. »Wie ist er denn so geworden?«

»Soweit ich gehört habe, ist er von Geburt an verflucht«, erwiderte der erste Mann. »Als seine Mutter mit ihm schwanger war, riss sie einem lebenden Hummer die Beine aus – deshalb kann er Arme und Beine nicht zum Arbeiten benutzen.«

Eine muslimische Regel, die aber tatsächlich einen völligen Bruch mit der Vergangenheit verlangte und eine Änderung des Alltagslebens erzwang, war das Tabu, Schweinefleisch zu essen. Dies musste in der Öffentlichkeit von allen Muslimen beachtet werden, egal, ob sie Mystiker oder orthodoxe Gläubige waren. Dennoch wurde in schwierigen Zeiten gelegentlich Schwein und Wildschwein verzehrt (wie bei den muslimischen Bauern in Südasien), meist nach Einbruch der Dunkelheit und unter dem Vorwand, es handle es sich in Wirklichkeit um einen kleinen Büffel oder ein Kalb.

Von Sumatra und Java sprang der Islam nach Borneo und auf andere Nachbarinseln über und bildete schließlich mit dem Sultanat Sulu einen wichtigen Brückenkopf nach Mindanao auf den Philippinen. Die erste islamische Welle war durch die Kombination aus Handel, der Bekehrung lokaler Herrscher, Mischehen und gelegentlich auch Eroberungen von Erfolg gekrönt. Richtige Rivalen bekam der Islam erst durch seine alten Feinde von der iberischen Halbinsel. Die entscheidende Intervention war die Eroberung Malakkas durch d'Albuquerque im Jahre 1511, wodurch die Portugiesen die Kontrolle über den Seehandel Asiens gewannen. Einige Jahrzehnte später trafen die Spanier auf den Philippinen ein, vertrieben die Muslime aus dem heutigen Manila und beschränkten schließlich ihren Lebensraum auf das Gebiet von Mindanao und Sulu. Beiden iberischen Ländern gelang es, viele Menschen zum Katholizismus zu bekehren.

Die östliche Spitze Javas blieb bis zum 18. Jahrhundert hinduistisch-buddhistisch, und auch heute gibt es noch entlegene Bergregionen im Osten und Westen Javas, die nicht muslimisch geprägt sind.

Die muslimischen Händler, die Sulawesi (Celebes) – eine von der Natur atemberaubend schön geformte Insel – einnahmen, errichteten in den ersten Jahren des 17. Jahrhunderts ein Sultanat an der Südwestküste der Insel: Makassar. Aber das verspätete Vordringen des Islam in diese Region fiel mit der Expansion des europäischen merkantilen Kapitalismus zusammen. Der australische Historiker C. M. H. Clark berichtet, dass die muslimische Flotte von Makassar den Islam »bis an die Grenzen der Zivilisation trug, und wenn sie [die Händler] weiter vorgedrungen wären …, wären sie nach Neuguinea gelangt und von dort hinüber zu den Nordküsten Australiens. Sie hatten damit schon begonnen, doch der Europäer bereitete der Ausbreitung des Islam ein Ende«.* Seine Gegenwart bereitete vielleicht der spektakulären Ausbreitung der Religion ein Ende, aber der Islam

---

* C. M. H. Clark: *A History of Australia*, Bd. 1, Melbourne 1962. Im Jahre 1803 berichteten europäische Missionare in Arnhemland im Norden Australiens von Begegnungen mit Matrosen der makassarischen Flotte. Diese behaupteten, ihre Vorfahren hätten die Nordküste jahrhundertelang bereist und Eisen, Töpferwaren und Tabak für die dortige Bevölkerung mitgebracht. Da sie jedoch selbst nicht ganz zivilisiert waren, beschränkten sie ihre Aktivitäten auf den Handel, anstatt die Einheimischen auszurotten.

wächst weiter. Durch Migration ist sogar in Australien eine ansehnliche muslimische Gemeinde entstanden.

Natürlich war es eine Ironie des Schicksals, dass der Europäer, der im 16. Jahrhundert kam, in der Regel ein portugiesischer oder spanischer Kapitän war. Gestärkt durch die soeben gelungene Wiedereroberung der iberischen Halbinsel war er gewillt, »die Mauren« überall auf der Welt auszurotten. Vasco da Gama und Alfonso d'Albuquerque rechtfertigten ihre Piraterie auf dem Archipel als Kreuzzug gegen den Islam. Als d'Albuquerque 1511 Malakka besetzte, begründete er eine Tradition des Banditentums, an die sich die europäischen Kolonisten, die in seine Fußstapfen traten, in den folgenden dreihundert Jahren strikt halten sollten:

»... er kaperte und plünderte sämtliche muslimischen Schiffe auf seinem Weg; vom Sultan von Malakka verlangte er die Erlaubnis für den Bau eines portugiesischen Forts; beim Bau des Forts zerstörte er muslimische Gräber, um Baumaterial zu erhalten; und er ließ in einem Schnellverfahren den führenden javanischen Kaufmann hinrichten. Dies und das spätere Verhalten der Portugiesen veranlassten den heiligen Franz Xaver zu der Bemerkung, ihre Kenntnisse seien auf die Beugung des Verbs *rapio* (stehlen) beschränkt gewesen, bei der sie eine ›erstaunliche Fähigkeit‹ an den Tag legten, neue ›Tempora und Partizipien zu erfinden‹. So überrascht es nicht, dass sie bei den Einheimischen keine Unterstützung für ihre Ambitionen auf den Gewürzinseln fanden ...«[*]

Die Protestanten aus Holland erwiesen sich als erfolgreicher. Sie gingen weniger brutal vor als die Portugiesen und die Rivalität zwischen beiden führte zu steigenden Preisen und trug dazu bei, das Misstrauen der Einheimischen abzubauen. Die holländische

---

[*] Bruce Grant: *Indonesia*, Melbourne 1964.

Ostindienkompanie konnte schon bald die Kontrolle über Java gewinnen, versuchte aber nie ernsthaft, die Bevölkerung zu christianisieren. Dies wäre sehr kostspielig gewesen und hätte die in der Regel freundlichen Beziehungen zu den muslimischen Herrschern gestört. Kommerzielle Interessen gewannen die Oberhand über Missionsgelüste. Außerdem waren in Europa die Religionskriege im Gange, und die wenigen protestantischen Priester gehörten verschiedenen Religionsgemeinschaften an und wurden zudem dringend in Europa gebraucht. Bis der holländische Staat Anfang des 19. Jahrhunderts die Geschäfte der ehemaligen Ostindienkompanie übernahm, waren nur wenige Einheimische zum Christentum übergetreten, ein Muster, das der Entwicklung in Indien nicht unähnlich war.

Die holländische Ostindienkompanie gehörte, wie ihr britischer Namensvetter, zu den Pionieren der ersten kapitalistischen Globalisierung. Anders als heutige Unternehmen genossen die alten Kompanien nicht automatisch die Unterstützung des holländischen beziehungsweise englischen Staates. Aber mit ihren Konzessionen erwarben sie das Recht, eigene Armeen aufzustellen, zu finanzieren und zu unterhalten. Und das taten sie auch. Im Inselreich wurde die holländische Herrschaft auf brutale Weise durchgesetzt. Eine überlegene Technologie befähigte sie, die Inseln zu beherrschen, und dies geschah mit Hilfe der traditionellen herrschenden Klassen Javas; allerdings hatten sie das Land nie so fest im Griff wie ihre imperialistischen britischen Kollegen in Indien. Die Tatsache, dass der Islam hier erst verspätet Einzug hielt, prägte die Art und Weise, wie die Religion wahrgenommen und praktiziert wurde. Der amerikanische Ethnologe Clifford Geertz teilt den Islam auf Java in zwei Grundkategorien ein. Der *Abangan* hängt einer lockeren, synthetischen Version an, die zwar den Propheten und das Buch anerkennt, jedoch die Rituale, Bräuche und Traditionen der vorangegangenen Jahrhunderte und Religionen nicht aufgibt. Der *Santri* ist strenger im Glauben und akzeptiert nicht die scharfe Trennungslinie zwischen göttlicher Wahrheit und Vernunft, zwischen bedingungslosem Gehorsam und intellektueller Toleranz.

»Die Andersartigkeit, Erhabenheit und Majestät Gottes«, schreibt Geertz, und »der starke Moralismus, die rigorose Einhaltung der Lehre und die intolerante Ausschließlichkeit, die eine so große Rolle im Islam spielen, sind der traditionellen Weltsicht der Javaner völlig fremd.«*

Das ist zweifellos richtig. Doch auch wenn der Islam die alteingesessenen Traditionen Javas akzeptiert, entdeckt man hier doch dasselbe Muster wie in anderen Teilen der islamischen Welt. Wie ich in diesem Buch zu zeigen versucht habe, hat jede Kultur, in die der Islam eindrang, ähnliche Spaltungen hervorgebracht, und schon von Beginn an entdeckt man auch auf der arabischen Halbinsel, im Maghreb, in Westafrika und Südasien lokale Varianten von *Abangans* und *Santris*: Immer sind es Letztere, die sich schwer tun, mit ihren Glaubensbrüdern friedlich zusammenzuleben, und unablässig über die Interpretation von Texten und Gesetzen streiten. Außerdem ist die »intolerante Ausschließlichkeit« kein Element, das auf den Islam beschränkt ist. Man findet sie genauso im Judentum und im Christentum und neuerdings auch im Hinduismus, wie man jeden Tag in Israel, in den Vereinigten Staaten und in Indien sehen kann.

Die holländische Herrschaft in Indonesien war strenger und repressiver und demzufolge auch weniger wirksam als die ihrer britischen Pendants in Indien. Etwa 250 000 holländische Siedler ließen sich auf den eroberten Inseln nieder (eine etwas höhere Zahl als die aller Briten in Indien, über einen Zeitraum von zweihundert Jahren), wo sie ihre Gemeinschaft inklusive der holländischen Reformierten Kirche wiedererstehen ließen, die aber

---

* Clifford Geertz: *The Religion of Java*, Chicago 1960.

nie eine völlige Vormachtstellung erreichte. Andere protestantische Kirchen und Sekten entstanden überall in der gesamten Kolonie. Auch ist die hohe Siedlerzahl, die sich bei den holländischen Volkszählungen der zwanziger und dreißiger Jahre ergab,
irreführend. Von Beginn an erkannte das holländische (protestantische!) Kolonialgesetz keine Zwischenkategorien zwischen Einheimischen und Weißen an – im Gegensatz zu ihren iberischen
katholischen Vettern, die den »Mestizen« erfanden. Wenn ein
weißer Mann sich eine einheimische Frau »nahm« und die Nach-
kommenschaft als seine Kinder anerkannte, wurden diese nach
dem holländischen Gesetz als Weiße registriert. Tat er das nicht
(und die meisten taten es nicht), dann galten sie als Einheimische – daher die große Zahl dunkelhäutiger Weißer und blauäu-
giger Einheimischer. Die 250 000 Weißen waren in Wirklichkeit
vor allem Eurasier.

Die holländische Besiedlung galt als entscheidendes Element
für die Kontrolle über eine Kolonie, deren Ressourcen den wirtschaftlichen Status des Mutterlandes Oranien bestimmten. Es
war das Geld, das die Holländer an ihre Besitzungen in Asien
band. Amsterdam war von seiner Kolonie weitaus abhängiger
als jede andere europäische Macht. Ohne Java wäre Holland
kaum mehr gewesen als ein kaltes, flaches Land an der Nordsee.
Die Tulpen hätten den Verlust des Archipels nicht wettmachen
können. Mit den Inseln stand Holland in der Liste der profita-
belsten Kolonialmächte an dritter Stelle. Vor dem Zweiten Weltkrieg stammten weltweit 90 Prozent des Chinins, 86 Prozent des
Pfeffers, 37 Prozent des Kautschuks, 19 Prozent des Tees sowie
Zucker, Kaffee, Kapok, Kokosprodukte und Weiteres mehr aus
»Holländisch-Ostindien«. Der verzweifelte Versuch der Holländer, nach der Niederlage der Japaner in ihre Kolonie zurückzu-
kehren, hatte nichts mit Nostalgie, Psychologie, Zivilisation,
Kultur oder Demokratie zu tun. Es war das nackte wirtschaftliche
Kalkül, das ihre Gelüste auf die Inseln anstachelte. Viele anglo-

zentrische Historiker haben die instrumentalistischen Aspekte der holländischen Herrschaft besonders betont. Die Kultur der Kolonialzeit sei außergewöhnlich dürftig gewesen, und es sei keine Literatur entstanden, die dieses Namens würdig gewesen wäre. Es habe keinen Autor wie Kipling, Flaubert, Conrad oder Maugham gegeben, und holländischer Gin sei ein erbärmlicher Ersatz für diesen Mangel an Literatur gewesen. Aber das stimmt nicht. Vielmehr ist Holländisch einfach keine politisch bedeutende Sprache. Holländische und indonesische Wissenschaftler mögen einwenden, Couperus und Multatuli seien besser als Kipling und Maria Dermout, Albers und Springer einem Maugham weit überlegen. Springers faszinierender Roman *Bandung, Bandung* besitzt immer noch die Kraft, die Augen empfindsamer Leser mit Tränen zu füllen. C. M. H. Clark betonte den Gegensatz zu den Iberern:

>»Die portugiesischen Katholiken sprachen von unendlichem spirituellen Verdienst, die holländischen Calvinisten von ungewöhnlich hohem Profit. Wenn sie [die Portugiesen] von dem Nutzen sprachen, dem sie die Gewürze der Molukken zuführen würden, klang etwas Sinnenfrohes und Elementares durch. Sie wollten Pfeffer für das Essen und als Medizin, Ingwer, weil er den Stuhlgang erleichterte …, Nelken, weil sie Leber, Gaumen und Herz stärkten, die Verdauung förderten … und das Augenlicht bewahrten; vier Drachmen davon, getrunken mit Milch, förderten die Lust.«

Was Professor Clark hier zu erwähnen vergisst, ist die Tatsache, dass die meisten Portugiesen erst kurz zuvor zum Katholizismus übergetreten waren. Dass sie die Vorzüge bestimmter Gewürze zu schätzen wussten, war das unmittelbare Erbe der Kräuterheilkundigen und Ärzte des Islam, deren wissenschaftliche Abhandlungen über Sexualität und Medizin die iberische Kultur dauerhaft prägten. Die Inquisition konnte dieses Erbe lediglich unterdrücken, jedoch nicht auslöschen. Der holländische Protestantismus hingegen war durch die Geschichte von der Welt aus Tausendundeiner Nacht abgeschnitten. Rembrandts Holland strotzte zwar vor zügelloser Erotik, aber es wurde in Form des Calvinismus dafür bestraft. Als die Holländer ihre Besetzung der muslimischen Gebiete konsolidiert hatten, konnte die holländische Kultur als Ganze schon nicht mehr davon profitieren* – obwohl es Belege dafür gibt, dass einzelne Holländer ihren neuen Wohnsitz dahin gehend nutzten, dass sie die puritanische Moral aufgaben und in Gesellschaft javanischer Lehrer beiderlei Geschlechts lernten, ihren beschränkten sexuellen Horizont weit hinter sich zu lassen. Doch jede Verallgemeinerung in dieser Hinsicht wäre dumm. Sex galt in Ostindien zum großen Teil eindeutig als schmutzig. Ende der dreißiger Jahre des 19. Jahrhunderts gab es eine regelrechte

---

* Die Holländer kamen als Eroberer – und mit ihnen kam ein rigoroser staatlicher Puritanismus. Einheimische, die eine holländische Erziehung genossen, wurden von ihm beeinflusst und verurteilten folglich auch unter dem Islam die Sexualität am schärfsten. Aber die Mehrheit blieb bis zur Unabhängigkeit davon unberührt. Trotz der Religiosität der Mullahs entstanden zutiefst subversive epische Gedichte von fast enzyklopädischem Charakter, die überall auf den Inseln geschrieben und mündlich (häufig in Fragmenten) verbreitet wurden.

In nahezu einzigartiger Weise zeigt der erstaunliche Aufsatz »Professional Dreams« von Benedict Anderson, in dem es um die beiden Klassiker *Serat Centhini* und *Suluk Gatholoco* geht, wie weit offizielle und inoffizielle Kultur auseinander klafften. Die Frechheiten in den Texten und ihre unbekümmerten sexuellen Anspielungen auf männliche Homosexualität zogen den Zorn holländischer Gelehrter auf sich, die solche Werke »ekelhaft« fanden. Außerdem müssen sie darin eine Bedrohung gesehen haben, wurde doch in den beiden genannten Werken genau das in den Vordergrund gestellt, wovon die Viktorianer in Großbritannien und Holland unablässig träumten, was sie aber zugleich unterdrückten. *Serat Centhini* entlarvt spielerisch die Heuchelei orthodoxer Gläubiger und schildert, so Anderson, das »unbefangene Verhältnis zwischen Religion und Sexualität ..., wie jene Episode zeigt, in der Cebolang nach einer schlaflosen Nacht, die er in Gesellschaft zweier Santri-Teenager mit Fellatio und gegenseitiger Masturbation verbracht hat, ganz unbekümmert von seinem Lager aufsteht und die Frühgebete der Pesantren leitet«. Benedict Anderson: *The Spectre of Comparisons*, London und New York 2000, S. 105-130.

Hexenjagd auf Homosexuelle, in die zahlreiche hohe Beamte und namhafte Gelehrte verwickelt waren, und zwar in einem Ausmaß, wie es in der Geschichte des britischen und des französischen Weltreichs nie vorgekommen ist, ganz zu schweigen vom Osmanischen Reich.

Wenn es ums Geschäft ging, benutzten die Holländer vorzugsweise chinesische Händler als Mittelsmänner (so wie die Adeligen Ost- und Zentraleuropas Juden als Vermittler benutzten, um den direkten Kontakt zu Pächtern und Leibeigenen zu vermeiden), während sie zum Erhalt von Gesetz und Ordnung im Alltag auf die einheimische Aristokratie zurückgriffen. Die meisten Herrscher waren Müßiggänger und kollaborierten bereitwillig. Erst eine von einem abweichlerischen Prinzen angeführte Rebellion führte im 19. Jahrhundert zu echten Problemen. Während indessen weitere Truppen gen Osten zogen, rollten mehr Waren gen Westen – und mit ihnen die Profite, die die Mynheers in Amsterdam so sehnlich erwarteten.

Wie lange konnte das noch so weitergehen? Wie würde sich die einheimische Bevölkerung angesichts der dreihundert Jahre währenden kolonialen Unterdrückung verhalten? Welche Mittel standen ihr zur Verfügung? Interessanterweise machte ausgerechnet ein prominenter Möchtegernpolitiker und Mischling den Versuch, eine Partei nach dem Vorbild des (von einem Engländer ins Leben gerufenen) Indischen Nationalkongresses zu gründen. Die Idee dazu stammte von Eduard F. E. Douwes Dekker, dem Großneffen des großen Multatuli. Er gründete 1912 die Indische Partei als gemischtrassige Organisation mit dem erklärten Ziel, die Inseln denen zu übergeben, »die sich dort niederlassen«. Die neue Partei widersetzte sich der direkten Herrschaft Amsterdams und verlangte die Unabhängigkeit und die Gleichberechtigung der Rassen. Dies kam im Prinzip der Forderung nach dem Status eines Dominions gleich, jedoch mit einem ent-

scheidenden Unterschied. Anders als in Australien und Neusee-
land sollten Holländer, Eurasier, einheimische Javaner und Su-
matrer dieselben Rechte genießen. Es sollte ein multiethnisches,
kein weißes Dominion sein. Die Kolonialverwaltung weigerte
sich jedoch, ein solches Vorhaben in irgendeiner Form zu tolerieren. Die Partei wurde verboten und ihre Anführer von Java verbannt.

Die Weigerung der Kolonialbehörden, eine säkulare, mul-
tiethnische, konstitutionalistische Partei zu tolerieren, führte zu
einem enormen Vakuum. Bald schon wurde offenbar, dass es sich
nicht durch wohlmeinende, aber ineffektive Organisationen wie
die *Budi Utomo* (»Edles Streben«) füllen ließ, die javanische Studenten 1910 in Batavia gründeten. Sie wollten in der Bildung und
im sozialen Bereich die Modernisierung der Insel vorantreiben
und forderten zugleich eine aufgeklärtere Kolonialverwaltung.
Die Gruppierung ließ sich in eine Richtung lenken, die eher die
Bedürfnisse der kleinen javanischen Mittelklasse befriedigte statt
die der Bauern und Plantagenarbeiter, die die Bevölkerungsmehrheit bildeten.

Die Rettung kam aus einer höchst ungewöhnlichen Ecke.
1909 hatte sich eine muslimische Handelsorganisation namens
Sarekat Islam (Islamische Liga) gebildet, um die Indonesier vor
chinesischen Kaufleuten zu schützen. Die Gründung der Liga
ging auf javanische Batikhändler zurück, die die Konkurrenz der
Chinesen zunehmend beunruhigte.

Im Jahr 1870 war die Kolonialpolitik offiziell »liberalisiert«
worden – im alten Sinn des Wortes. Bis dahin konnten nicht einmal die Holländer ohne einen speziellen Pass in die Kolonie gelangen. Nun aber wurden die Beschränkungen aufgehoben, und
nahezu jeder durfte nach Ostindien einreisen. Chinesen, die
nach dem Taiping-Aufstand vor den Wirren in ihrem Land geflohen waren, suchten hier Zuflucht. Sie sprachen nur Chinesisch
und hatten kaum Interesse an der einheimischen Bevölkerung,

solange es nicht ums Kaufen und Verkaufen ging. Aber selbst sie wurden von den alten Pass- und Wohnsitzbestimmungen einge- schränkt, die es jedem, den die Holländer für chinesisch erklär- ten, untersagten, außerhalb der für sie vorgesehenen Gettos in den Städten zu leben und frei zu reisen. Nach 1905 begannen diese Gesetze zu bröckeln, und 1918 verschwanden sie ganz. Nun erst begann die eigentliche Flut, und unter anderem reisten viele von der kolonialen Gesetzgebung als »Chinesen« bezeich- nete Menschen ein, die zwar kein Chinesisch sprachen, aber mit den lokalen Essgewohnheiten, Gebräuchen und Sprachen ver- traut waren. Sie waren der Grund, warum die bislang geschütz- ten Batikhändler in Panik gerieten.

Tjokroaminoto, ein Geschäftsmann aus Surabaya, der 1912 Vorsitzender der Liga wurde, dehnte ihren Tätigkeitsbereich aus, indem er zum Kampf gegen die christliche Missionierung aufrief. Diese brachte eigentlich keine ernsten Probleme mit sich, und es war ein schlecht kaschierter Versuch, gegen die Holländer mobil zu machen. Aus der Distanz bezeichnete Lenin die neue Ent- wicklung clever als die Geburt einer auf die Massen ausgerichte- ten nationalistischen Politik, die mit dem Islam und dem Auftre- ten einer einheimischen kapitalistischen Intelligenzija verbunden sei. Die Holländer brauchten etwas länger (etwa zehn Jahre), um zu demselben Schluss zu gelangen.

Von 1912 bis 1922 erlebte die Sarekat Islam einen beeindru- ckenden Zulauf. Sowohl *Santris* als auch *Abangans* schlossen sich ihr an und verkündeten damit die Geburt einer vereinigten, grün eingefärbten nationalen Organisation, die im Kampf gegen die Holländer zu Opfern bereit war. Zur selben Zeit riefen die pu- ristischeren Elemente unter den *Santris* die Muhammadiyah ins Leben, eine modern ausgerichtete islamische Gesellschaft, die sich jedoch mit ihrem Regelwerk selbst beschnitt: Sie war expli- zit unpolitisch und beschränkte sich auf Bildungs- und Wohltä- tigkeitsprojekte. Ihr Gründer Hadschi Dahlan war ein Anhänger des Kairoer Reformers Abduh und fortschrittlicher Muslim. Er schuf Frauenorganisationen, gründete Schulen für die Frauen, förderte Pfadfindergruppen und Fußballmannschaften und setzte sich für Lehrpläne und Methoden ein, die für die islamischen Schulen, die Pesantren, völlig neu waren. Die Organisation genoss breite Anerkennung selbst bei Nichtmuslimen, und in jüngerer Zeit habe einige ihrer Mitglieder für eine vollständige Trennung von Religion und Politik plädiert, also de facto für den Säkularismus.

Junge, betuchte Männer aus Java oder Sumatra suchten sich gelegentlich Erholung vom holländischen Kolonialsystem zu verschaffen, indem sie sich nach Hedschas aufmachten, um an der Hadsch nach Mekka teilzunehmen. Einige kamen nicht wieder. Die übrigen verschrieben sich der antikolonialistischen Sache, und ihre islamische Rhetorik offenbarte häufig nur einen Nationalismus im religiösen Gewand. Rückblickend könnte man versucht sein, in den ersten Mekka-Pilgern die Vorfahren oder Vorläufer des politischen Islam nach 1965 zu sehen, aber eine solche Betrachtungsweise wäre ahistorisch. Tatsache ist, dass die politisch bewussteren Kreise der Bevölkerung in ihrem Wunsch, gegen die Holländer zu kämpfen und sie zu schlagen, bereit waren, überall nach Hilfe Ausschau zu halten. Darüber hinaus gab es die Hadsch bereits seit Jahrhunderten, und die Holländer wagten nicht, sie zu unterbinden, obwohl sie sie von ihrem Konsulatsposten in Dschidda bespitzelten. Die Ausrichtung der Hadschis war im 19. Jahrhundert unterschiedlich: In den zwanziger Jahren brachten sie bei ihrer Rückkehr den Wahhabismus, in den fünfziger Jahren neue Formen des Sufi-Mystizismus und in den neunziger Jahren einen Modernismus à la Abduh und Al-Afghani mit nach Indonesien.

Die ersten Nationalisten versuchten, wie später auch viele Kommunisten, zwischen Frömmigkeit und Rationalismus, Mystizis-

mus und Wissenschaft zu vermitteln, indem sie sie unterschiedlichen Bereichen des menschlichen Geistes zuordneten. Ein fron-
taler Angriff auf die Religion galt als unangebracht. Doch wie
heute wussten sie auch damals ganz genau, dass die realen Kräf-
teverhältnisse, also die weltliche Macht und nicht die Religion,
darüber bestimmten, wie die Welt aussah. Jedes Bündnis musste
unter diesem Gesichtspunkt geschmiedet werden. Folglich war
der eigentliche Dreh- und Angelpunkt nicht Mekka und nicht
einmal das osmanische Istanbul (auf das sich viele Jahre lang die
größten Hoffnungen gerichtet hatten, das aber kaum konkrete
Hilfe gebracht hatte), sondern Tokio. Die Entwicklungen im Japan
der Meiji-Zeit waren bis dahin so fern gewesen wie Istanbul. Nun
aber entfachte ein osmanisches Kriegsschiff, das auf dem Weg
nach Japan in Singapur anlegte, Begeisterung. Der europäische
Handel mit afrikanischen Sklaven hatte den Rassismus notwendig gemacht, später wurde dieser eine entscheidende Säule im
ideologischen Überbau des europäischen Imperialismus. Die
Opfer antworteten darauf mit einem entsprechenden Gegenent-
wurf: Als die *Ertogrul* in Singapur vor Anker lag, fragten aufge-
regte Nationalisten einander, ob dies vielleicht der Beginn einer
türkisch-japanischen Allianz gegen die Imperien des weißen
Europa war.

Der Sieg der Japaner über die zaristische Flotte im Jahr 1905
wurde in den Kolonialländern mit Begeisterung aufgenommen
und schuf die Grundlage für die »Generalprobe« in Russland. Für
viele wurde dieser Sieg zum Vorbild für ein wiedererwachendes
Asien, und in den Kolonien betrachteten viele nationalistische Intellektuelle das Land der aufgehenden Sonne als einen potenziellen Verbündeten. In Bengalen und auf Java sickerte die Nachricht
vom Aufstieg Japans auch in die ländlichen Gebiete durch. Die
traditionelle Kultur des Archipels wartete mit einer mystizisti-
schen Wendung auf: Gerüchte von »einem großen Schiff, das mit
einer japanischen Armee durch die Wolken segeln werde« mach-

ten die Runde. Diese Armee werde die Holländer stürzen. Eine
noch fantastischere Hoffnung brachte *al-Imam*, eine muslimische,
in Singapur erscheinende Zeitschrift, zum Ausdruck. Japan, das
sich zu einer der Weltreligionen bekehren müsse, um in der modernen Welt zu konkurrieren, möge den Islam wählen. Warum?
Weil nur der Islam die rassische Gleichheit garantiere, während
das Christentum als die Religion der Kolonialmächte die Japaner
nie als Gleichberechtigte behandeln würde. Darum, so hieß es in
der Zeitschrift, »überrascht es den Leser sicher nicht ..., wenn wir
sagen, dass ein muslimisches Japan der Anführer aller Völker östlich des Bab-al-Mandab [Tor zum Roten Meer] werden würde«.*
Selbst als deutlich wurde, dass Halbmond und Stern die aufge-
hende Sonne nicht verdrängen konnten, blieb das Kaiserreich Japan eine Quelle der Inspiration für den asiatischen Nationalismus.** Aber der Wind blies auch aus anderen Richtungen.

1914 rief der holländische Marxist Henrik Sneevliet die Ostindische Sozialdemokratische Vereinigung ins Leben. Sie bestand aus einer Hand voll Marxisten, darunter Tan Malaka und
Semaun, die später die Kommunistische Partei Indonesiens (PKI)
gründeten. Zuvor waren sie der Sarekat Islam beigetreten, um
»für die Massen zu arbeiten«. Mit dem Sieg der russischen Revolution bekamen sowohl Japan als auch der blinde Nationalismus
einen Widersacher. Die Anhänger Tan Malakas und seine Genossen begannen nun, in der Sarekat Islam für eine expliziter revo-
lutionär-nationalistische Ausrichtung zu agitieren. Eine Delegation der Organisation nahm 1920 am Kongress der östlichen
Völker in Baku teil. Hier, vor hundert Delegierten der muslimi-

---

* Siehe hierzu und zu weiteren Informationen: Michael Francis Laffan: *Islamic
Nationhood and Colonial Indonesia*, London und New York 2003, S. 160-165.
** Als die Sieger des Ersten Weltkriegs den Völkerbund gründeten, schlug Japan
(damals ein Verbündeter) vor, die Ächtung des Rassismus in die Satzung aufzunehmen. Schon der Gedanke empörte die USA und Großbritannien, und gegen
den Vorschlag wurde sofort ein Veto eingelegt.

schen Welt, gingen mit Grigori Sinowjew, damals Vorsitzender der Kommunistischen Internationale, die Emotionen durch: Er rief die muslimische Welt zu einem Dschihad gegen alle imperialistischen Mächte auf. Der Applaus wurde von Gewehrschüssen begleitet, die in die Luft abgefeuert wurden.

Bei der Jahreskonferenz 1921 forderte der kommunistische Flügel in der Sarekat Islam, dessen Mitglieder zum Teil an einer Hadsch nach Mekka teilgenommen hatten, eine Wende zur Revolution. Die Stimmung damals lässt sich an der Tatsache ablesen, dass selbst die moderateste Antwort (sie kam von Agus Salim) mehrfach, wenn auch fälschlicherweise, betonte, Mohammed habe zwölfhundert Jahre vor Marx den Sozialismus gepredigt. Salim prangerte »die Doppelgängerseele der PKI« an und verteidigte die »reine Seele der Sarekat Islam«. Aber die »unreine« PKI hatte die Seelen der »Reinen« fast erstickt. Was sonst hätte eine so bemerkenswerte Persönlichkeit wie Mohammed Misbach (1876-1926) oder den »Roten Hadschi«, wie er auch genannt wurde, hervorbringen können? (Die Bezeichnung Hadschi wies darauf hin, dass er die Wallfahrt nach Mekka gemacht hatte.) Versuche in mehreren Teilen der Welt, politische Organisationen zu schaffen, die Islam und Kommunismus miteinander verbanden, waren kläglich gescheitert. Aber gelegentlich brachte der Eifer Persönlichkeiten hervor, denen es gelang, beides in sich zu vereinigen. Hadschi Misbach war so ein Mensch. Er spielte im antikolonialen Kampf eine wichtige Rolle und wurde Ende der zwanziger Jahre zusammen mit PKI-Gefangenen nach Irian ins Exil geschickt.*

---

* Bei der Lektüre über Misbach fühlte ich mich an Maulana Bhashani erinnert. Der religiöse Bauernführer aus Ostbengalen arbeitete in den dreißiger und vierziger Jahren eng mit Kommunisten zusammen und übernahm viel von ihrer Rhetorik. Anfang der sechziger Jahre besuchte er Peking und traf Mao und Zhou Enlai. Im Gegensatz zu Misbach ließ sich der Maulana aus Bengalen leicht schmeicheln, und die Chinesen überredeten ihn, sich nicht länger gegen die Diktatur Ayubs zu stellen. All das erzählte er mir, als wir 1969 eine einwöchige Wan-

Nach der Spaltung der Organisation schlug sich die Mehrheit der Mitglieder auf die Seite der Radikalen. Die Sarekat Islam blieb zwar weiterhin präsent, aber sie war keine Massenorganisation mehr, und nach einigen Jahren löste sie sich auf. Ihre orthodoxeren Mitglieder fanden in fortschrittlichen islamistischen Organisationen eine neue Heimat, ein paar liefen zur Nahdlatul Ulema (NU) über, die 1926 als orthodoxe Antwort auf den modernistischen Islam gegründet worden war. Dieser wiederum stand dem Synkretismus und den Sufi-Ritualen der Ulema äußerst kritisch gegenüber.

Erstaunlicherweise brachte der tropische Islam die kommunistische Partei hervor, die später die größte außerhalb Chinas und der Sowjetunion werden sollte. Die PKI wuchs. Sie gründete Gewerkschaften, führte Streiks an und schuf ein Netzwerk von Publikationen. Dann akzeptierte sie wie andere kommunistische Parteien das Diktat Moskaus, aber bei den seltenen Gelegenheiten, da ihr nützliche Ratschläge aus der sowjetischen Hauptstadt erteilt wurden, ignorierte sie sie. Im Jahr 1927 warnte Moskau vor einer vorzeitigen Revolte auf Java, als die Bedingungen dafür ein-

---

derung durch das ländliche Bengalen machten. Damals stand er der chinesischen Politik kritisch gegenüber und fragte mich, ob ich sein »politischer Sekretär« werden könne, ein Angebot, das ich bedauernd ablehnte. Später erzählte mir einer seiner Genossen und Bewunderer, Bhashani habe seine Anhänger unter den Bauern gefunden, indem er Militanz und den Koran predigte und behauptete, fließend arabisch zu sprechen. Eines Tages stattete ihm ein ägyptischer Wissenschaftler einen Besuch in seinem Dorf ab. Wie immer war Bhashani von bäuerlichen Anhängern umringt. Der Ägypter sprach arabisch, aber die Antworten des Maulana schienen ihn zu verwirren. Bhashani gab vor, einen anderen Termin zu haben, und beendete die Unterhaltung rasch. Nachdem er gegangen war, wandte sich der Wissenschaftler an einen bengalischen Professor, der ihn begleitete, und fragte ihn: »Können Sie mir erklären, warum er auf jede meiner Fragen mit einem Zitat aus dem Koran geantwortet hat?« Erst da erkannten die Intellektuellen Dhakas, dass der rote Maulana gar kein Arabisch sprach und den Koran, wie viele andere auch, nur auswendig gelernt hatte. Das heißt, er hatte keine Ahnung, was das Buch bedeutete.

deutig noch nicht vorhanden waren. Die PKI ging über die Warnung hinweg und rief zu einem antikolonialen Aufstand auf. Aber die Menschen waren nicht bereit dazu, und die PKI geriet in die Isolation. Bemerkenswert ist, dass die beiden Provinzen, in denen die Rebellion ihre größte Dynamik entfaltete, Banten und Westsumatra, besonders stark muslimisch geprägt waren! Natürlich übten die Holländer schreckliche Vergeltung. Mehrere hundert Kommunisten und Sympathisanten wurden erschossen. 13 000 Indonesier kamen in Untersuchungshaft, 6 000 Kommunisten wurden ins Gefängnis gesteckt oder deportiert. Im Gefängnis weigerten sich die PKI-Führer entschieden, zu akzeptieren, dass sie etwas falsch gemacht hatten. Sie ergriffen heftig Partei gegen Tan Malaka, den Vertreter der Komintern, der sich gegen den revolutionären Aufstand ausgesprochen hatte. Dies blieb bis 1965 ein heikles Thema.

Doch ein Kolonialsystem kann ein Volk nicht für immer unterdrücken. Bald trat die berühmte 45er Generation auf den Plan, die den Sieg über Japan und Holland miterlebt oder selbst dazu beigetragen hatte. Es war eine selbstbewusste, spöttische Generation, verwegen und voller Hoffnung. All dies spiegelte sich in der Dichtung jener Zeit wider. Einer der führenden Dichter, Chairil Anwar, ein autodidaktischer Bohemien, Rationalist und Linguist, fing den Geist jener Epoche ein. Er starb bereits mit 27 Jahren durch ein tödliches Trio – Typhus, Tuberkulose und Syphilis. Für Religion hatte er keine Zeit. Er hinterließ unter anderem ein kurzes Gedicht mit dem Titel *Himmel*:

»Wie meine Mutter und meine Großmutter
Wie sieben Generationen vor ihnen
Strebe auch ich danach, Einlass in den Himmel zu finden,
Wo es, wie die Jamiah Islam und die Muhammadiyah sagen,
Flüsse aus Milch gibt
Und Tausende Paradiesjungfrauen überall.

Doch in mir vernehme ich eine nachdenkliche Stimme,
Die hartnäckig spöttelt: Wirst Du jemals
Wieder nüchtern, wenn du einmal vom Meer getrunken hast,
nach den heimlichen Versuchungen, die in jedem Hafen warten?
Und wer kann sicher sagen
Dass es dort wirklich Paradiesjungfrauen gibt
Mit Stimmen so klangvoll und kräftig wie Ninas Stimme, mit Augen,
die flirten wie Jatis Augen?«

Ein Gulag in den Tropen

Mehr als acht Jahre lang kämpfte auf der indonesischen Insel Buru ein Gefangener, der zu jahrzehntelanger Haft verurteilt war, jeden Abend gegen Unmenschlichkeit, Krankheit und schleichenden Wahnsinn, indem er seinen politischen Mithäftlingen Geschichten erzählte. Das hielt in ihnen die Hoffnung wach. Während sie ihm zuhörten, vergaßen sie, wo sie waren und wer sie zu Jahren des Leidens verurteilt hatte. Der Geschichtenerzähler war Pramoedya Ananta Toer, ein führender Intellektueller der indonesischen Linken und brillanter Verfasser fiktionaler Literatur. Nach dem Militärputsch in Jakarta 1965 inhaftiert, verbrachte er zwölf Jahre in der Hölle von Buru – der tropischen Variante des sibirischen Gulag. Mehr als dreitausend und eine Nacht zwang Pram sich und die anderen Gefangenen, in eine andere Welt einzutauchen, eine Welt, in der sich Fiktion und Historie schmerzlos miteinander verbanden.

Es war nicht sein erster Gefängnisaufenthalt, und er verglich seine momentanen Haftbedingungen mit denen in der Kolonialzeit. Kein Zweifel, es war schlimmer als fast zwei Jahrzehnte zuvor. Damals war er von 1947 bis 1949 in Bukitduri inhaftiert gewesen. Nach dem Zweiten Weltkrieg hatte er sich aktiv am revolutionären Kampf gegen die Holländer beteiligt. Die Holländer hatten ihm, im Gegensatz zu ihren postkolonialen Nachahmern, nicht die Utensilien zum Schreiben weggenommen, und so verfasste er dort seinen ersten Roman, *Der Flüchtling*, ein Meisterwerk von 170 Seiten, das die Prosa eines Albert Camus, mit dem ihn westliche Kritiker manchmal verglichen, noch übertrifft.

Die Diktatur Suhartos hatte ihn ohne Prozess und ohne jede Rechtfertigung ins Gefängnis gesteckt. Man mochte seine Ideen nicht, wollte, dass sein Gehirn aufhörte zu arbeiten, wollte ihm die Stimme nehmen. Er war ihr bester Romanautor, der bis in die akademischen Kreise der Vereinigten Staaten bekannt war. Man wagte nicht, ihn hinzurichten, hoffte aber, dass die Bedingungen im Gefängnis das Problem lösen würden, wie unter Mussolini im faschistischen Italien. Dieser hatte angeordnet, Antonio Gramsci nicht hinzurichten, sondern dafür zu sorgen, dass »sein Gehirn aufhört zu arbeiten«. Es gab Zeiten, da Pram selbst glaubte, er werde den *Tapol*-Archipel nicht mehr lebend verlassen.

In *Stilles Lied eines Stummen** – einem bewegenden Bericht über seine Gefängnisjahre – beschreibt er in karger, zurückhaltender Prosa die institutionalisierte Brutalität der Neuen Ordnung. Der alte Frachter, auf dem er mit achthundert Gefangenen nach Buru transportiert wird, erinnert ihn an die »Schuftenden auf Kapitän Bontekoes Schiff – die entführten Chinesen auf Micheners Schiff nach Hawaii … die vier Millionen Afrikaner, die zum Transport über den Atlantik auf britische und amerikanische Schiffe verladen wurden«. Während der Kolonialzeit bewarfen Mitarbeiter der holländischen Administration, die sich bedroht und unsicher fühlten, in extremen Fällen die Einheimischen mit Fäkalien, um sie zu demütigen und zu erniedrigen, denn sie wussten, wie sehr die Javaner auf Reinlichkeit bedacht waren. Das Gefangenenschiff der Neuen Ordnung übertraf all das noch. Der Frachtraum, in dem sich die Häftlinge befanden, lag unmittelbar neben der Latrine, und ein Sturm hob die räumliche Trennung praktisch völlig auf. Die Gefangenen wurden regelmäßig misshandelt und mussten Hunger leiden, sodass nur die Kräf-

---

* Pramoedya Ananta Toer: *Stilles Lied eines Stummen*, Bad Honnef 2000.

tigsten überlebten. Toer beschreibt den entsetzlichen Speiseplan:

>»Stell dir eine Mahlzeit aus Kanalratten mit verschimmelten Papayas und Bananenblättern vor, dazu Blutegel, die vor dem Essen auf Palmblattrippen gespießt werden. Selbst J. P., der zu den kultiviertesten unter uns Häftlingen gehörte, blieb nichts anderes übrig, als *Cicak* zu essen – doch vorher brach er den kleinen Geckos immer die Füße ab. Er entwickelte sich sogar zu einem Spezialisten für die Jagd auf diese Tiere. Nachdem die Füße abgerissen waren, zerquetschte er den Nacken der unglückseligen Kreatur zwischen Daumen und Zeigefinger, schob sich dann das Tier in den Rachen und verschlang es der Länge nach. Der Wille des Mannes, sich gegen den Hunger zu wehren, war ein Sieg für sich.«

Außerdem wurden ständig Prediger und islamistische Journalisten auf das Schiff geschickt, um die Geisteshaltung der Gefangenen zu prüfen und sie zu drängen, gläubig zu werden. Doch trotz ihres Elends und ihrer Ohnmacht folgten ihnen nur wenige Gefangene:

>»Ich haben keinen Zweifel daran, dass meine Kameraden und ich ebenso wie in den vergangenen Jahren auch diesmal wieder zu Beginn des Fastenmonats die Belehrung eines Geistlichen, der eigens aus der freien Welt zu uns gebracht wird, über die Bedeutung des Fastens und der Kontrolle über den Hunger und die Begierden erhalten werden. Stell dir diese Ironie vor!«

Nachdem Pram insgesamt fünfzehn Jahre in Gefängnissen seines Landes verbracht hatte, wurde er nicht zuletzt auf Grund einer Kampagne von Amnesty International und anderen Gruppen im Westen freigelassen, allerdings nur unter bestimmten Bedingungen: Eine Zeit lang stand er unter Hausarrest, viel länger noch aber wurde ihm untersagt, seine Stadt zu verlassen. In der Presse durfte nicht über ihn berichtet werden und seine Bücher wurden verboten – sie sind es offiziell immer noch, auch wenn das Verbot nicht durchgesetzt wird. Aber er konnte wieder über seine Zeit verfügen und schreiben.

Aus den allegorischen Geschichten, die er seinen politischen Mitgefangenen während der schrecklichen Zeit auf Buru vorgetragen hatte, entstand eine hoch gelobte Tetralogie, die als »Minkes Geschichte« oder »Buru-Zyklus« bekannt ist. Der erste Roman, *Garten der Menschheit*, erschien 1980 und stand zehn Monate lang ganz oben auf den Bestsellerlisten. Ihm folgte bald *Kind aller Völker*, das ebenfalls ein Bestseller wurde. Merkwürdig ist, dass diese Bücher überhaupt veröffentlicht wurden, bevor man sie verbot, und dass sie später auf dem Schwarzmarkt verkauft wurden. Auf diese Art und Weise hießen Tausende von Indonesiern ihren berühmtesten Dissidenten erneut in der Welt der Literatur willkommen. Die sozialkritischen und historischen Romane sind in der Kolonialzeit angesiedelt und beruhen auf der legendären Figur Tirto Adhi Suryos, dem Vater des nationalistischen Journalismus in Indonesien. Auf die meisten indonesischen Leser, die auf Grund des politischen Klimas gezwungen waren, ihre Gedanken zu unterdrücken, hatte das Werk durch seine Vielschichtigkeit und Tiefe eine enorme Wirkung. Toer schrieb über die Vergangenheit, doch vieles von dem, was sie da lasen, spiegelte die Gegenwart wider. Es stellte sich eine Frage: Waren Suharto und die Neue Ordnung eine Fortsetzung des Kolonialregimes?

Die Bücher wurden 1981 verboten.* Einer der Verleger wurde zu einer Gefängnisstrafe von drei Monaten verurteilt. Die »zwei-

---

* Das Nobelpreiskomitee in Stockholm wusste sehr wohl um die Qualität von Toers Werk und um die entsetzlichen Bedingungen, unter denen er im Gefängnis zu leiden hatte. Doch nichts konnte diese alten Männer in ihrem beschränkten Denken und ihrer Hartherzigkeit bewegen. Nicht einmal eine Bitte der *Washington Post Book World*. Diese alten Männer waren Veteranen des Kalten Krieges und der Dop-

ten Imperialisten« der Neuen Ordnung rechtfertigten das Verbot mit der Behauptung, Toer verbreite »marxistisch-leninistisches Gedankengut«, doch auf Grund seiner »literarischen Gewandtheit« war es schwierig, konkrete Beispiele für das Vergehen vorzulegen. Vielleicht beunruhigte sie ein beiläufiges Gespräch zwischen zwei kolonialen Polizeibeamten in dem vierten Roman, *House of Glass* (Das Glashaus), eine Unterhaltung, wie sie wahrscheinlich in etlichen Regierungsbüros während der Suharto-Zeit stattfand:

> »In seinem Schulenglisch sagte er: ›Sie haben immer versucht, sich wie ein verantwortlicher und vernünftiger Mensch zu verhalten. Sie möchten offenbar nicht kolonialistisch handeln. Ich spüre, dass Sie von diesem kolonialen Gefängnis die Nase voll haben. Ich verstehe den Konflikt, unter dem Sie innerlich leiden.‹
>
> ›Danke, Meneer. Vielleicht ist das auch der Grund, warum Sie Amerika vorziehen?‹
>
> ›Da haben Sie nicht ganz Unrecht, Meneer.‹
>
> ›Aber in Amerika gibt es auch Unterdrückung‹, fügte ich hinzu.
>
> ›Unterdrückung ist, glaube ich, zu viel gesagt. Es gibt dort die Freiheit zu unterdrücken, ja, das wohl. Aber es gibt dort auch die Freiheit, sich nicht unterdrücken zu lassen. Hier gibt es nur die Freiheit zu unterdrücken. Nicht die Freiheit, sich nicht unterdrücken zu lassen.‹

---

pelmoral. Teil ihres Lebenswerks war die Auszeichnung von Boris Pasternak und Alexander Solschenizyn gewesen, aber das Können eines indonesischen Schriftstellers anzuerkennen, dessen Bibliothek und Notizhefte von den uniformierten Schlägern General Suhartos – dem Begründer einer bis zuletzt vom Westen unterstützten Neuen Ordnung – verbrannt worden waren, dazu waren sie nicht in der Lage. Natürlich konnten sie behaupten, dass Toer den Preis aus literarischen Gründen nicht bekommen hatte. Aber Pasternak hatte den Preis nicht für seine brillante Lyrik bekommen, sondern für einen zweitklassigen Roman, der von einer philisterhaften sowjetischen Bürokratie verboten worden war. Dieses Verbot hatte ihm zu der Auszeichnung verholfen. Toer stand auf der falschen Seite.

Wer hätte geahnt, dass er so reden konnte? Jemand, der seiner Exzellenz, dem Generalgouverneur, so nahe stand?«

Wie hatte es nach der Unabhängigkeit Indonesiens dazu kommen können, dass die Repressionen der Militärherrscher die der Holländer noch übertrafen? Wie ist zu erklären, dass ein Volk, das so tapfer gegen die Holländer, die Japaner und dann erneut gegen die Holländer gekämpft hatte, die Anmaßung, die Gier, die Übergriffe und Massaker seiner eigenen Armee hinnahm? Warum akzeptierte es Forderungen, die sein Elend unendlich steigerten? Es hatte keine andere Wahl. Es war ein besiegtes Volk. Einige setzten auf Sukarno, einige auf Allah und andere vertrauten immer noch D. N. Aidit und der PKI. Da Allah nicht greifbar und seine Anhänger auf der Insel in zwei verschiedene Organisationen gespalten waren, waren die Armen in Stadt und Land (und nicht nur sie) auf die vereinten Kräfte von Nationalismus und Kommunismus angewiesen, um sich zu schützen und ihre Bedürfnisse zu befriedigen.

Wenn die erste Hälfte des 20. Jahrhunderts eine Epoche der Kriege und Revolutionen war, so war die zweite Hälfte durch den Aufstieg des Nationalismus, den Niedergang der europäischen Imperien, das Ende der kalten und heißen Kriege der Vereinigten Staaten gegen die Sowjetunion und China und später mit China gegen die Sowjetunion gekennzeichnet. Es war eine komplexe Welt voller Widersprüche auf allen Ebenen: politisch, wirtschaftlich und ideologisch. Vor allem aber war es eine Welt, in der die Menschen noch an Veränderungen glaubten. Auf allen Kontinenten gab es politische Organisationen, die die Revolution durch den Umsturz der bestehenden Ordnung anstrebten. Der Sieg Kubas förderte diesen Prozess in ganz Lateinamerika und hemmte ihn zugleich: Der Feind war ganz besonders wachsam geworden.

Der chinesische Triumph von 1949 und die Siege Vietnams 1945 und 1954 – hinzufügen könnte man auch die Huk-Rebellion auf den Philippinen, den kommunistischen Aufstand in Malaysia und die Niederlage der Holländer auf Java – ließen in Asien ein neues Kräfteverhältnis entstehen. Um zu verhindern, dass die koreanische Halbinsel dem chinesischen Weg folgte, war ein brutaler, drei Jahre dauernder Krieg notwendig, den die Vereinigten Staaten unter dem Banner der UNO führten. Um einen Sieg der Kommunisten in Vietnam zu vereiteln, bedurfte es der Besetzung Südvietnams durch die USA und eines fünfzehn Jahre dauernden Krieges, den die Vereinigten Staaten verloren – die erste echte Niederlage in ihrer Geschichte, wenn man das Niederbrennen des Weißen Hauses und des restlichen Washington, D.C., durch die Briten im Jahr 1812 nicht mitzählt.

In dieser Zeit und während die Vereinigten Staaten und die Sowjetunion damit beschäftigt waren, ihre Interessen zu verteidigen, entstand ein Raum, in dem die soeben unabhängig gewordenen Länder – Indien, Ägypten, Algerien, Indonesien und Tansania – beide Seiten gegeneinander ausspielen und ihre Unabhängigkeit bewahren konnten. Für eine Reihe nationalistischer Führer war es eine *conditio sine qua non* ihres Antiimperialismus, ihre eigenen Pendants der herrschenden kommunistischen Parteien in Moskau und Peking aufzubauen und jede Opposition, derer man nicht Herr werden konnte, zu unterdrücken. Wie stark diese Unterdrückung ausfiel, wurde von den lokalen Verhältnissen und der spezifischen Geschichte des Landes bestimmt.

Nach einem stürmischen Zwischenspiel, zu dem auch ein schwerer, von der PKI unterstützter Aufstand gegen das nationalistische Regime in Madiun im Jahre 1948 gehörte, hielt es Sukarno für klug, die PKI in die Regierung des Landes einzubinden. Seine eigene Position schien ungefährdet, und er ging davon aus, dass die PKI in der vereinigten Front (NASAKOM) politisch entwaffnet würde, während er gleichzeitig ihre Stärke im Land dazu benutzen wollte, bestimmte Teile der Armee unter Kontrolle zu halten. Es war eine typisch bonapartistische Rechnung, und sie wäre vielleicht aufgegangen, wären da nicht die Ereignisse des 30. September 1965 gewesen.

Washington war durch diese Allianz beunruhigt und warnte seine Statthalter in Indonesien. Die USA führten bereits einen Krieg in Vietnam, und die Vorstellung, dass die PKI nach Sukarnos Tod womöglich die Macht übernehmen könnte, bereitete ihnen große Sorge. 1962 erlitten sie ihren ersten Rückschlag in Südvietnam, als kommunistische Guerillas in der Nähe des Dorfes Ap Bac ein zahlenmäßig überlegenes Kontingent von US-amerikanischen und südvietnamesischen Soldaten angriffen und vernichtend schlugen. Der Sieg wurde in der sowjetischen und chinesischen Presse als Zeichen der Verwundbarkeit Washingtons gefeiert. Auch in Indonesien berichteten die nationalistische und die kommunistische Presse darüber und auch über ähnliche Entwicklungen in Indochina. In den höheren Rängen der indonesischen Streitkräfte fand nun eine Polarisierung statt. Zu all den Verwicklungen kam noch der faktische Bruch zwischen China und der Sowjetunion hinzu, angesichts dessen die Chinesen eine militantere Position bezogen und die Sowjetunion wegen ihrer »friedlichen Koexistenz« mit den Vereinigten Staaten angriffen. Die kommunistischen Parteien spalteten sich in pro-sowjetische und pro-chinesische Richtungen auf oder versuchten neutral zu bleiben wie die Kubaner, die Koreaner und die Vietnamesen. Die PKI-Führung entschied sich für China, und D. N. Aidit wurde zu einem regelmäßigen Besucher des Landes, der mit all den Ehren empfangen wurde, die in der Regel Staatschefs vorbehalten waren. Die Ironie der Geschichte aber ist, dass die PKI in internationalen Fragen zwar China unterstützte, innenpolitisch aber eigentlich Chruschtschows Linie folgte und sehr vorsichtig und reformistisch agierte, was von Peking nur deshalb gebilligt wurde, weil es freundliche Beziehungen zu Sukarnos Indonesien unterhielt. China hegte nicht den

Wunsch, das Regime zu stürzen. Auch die PKI-Führung war sich im Klaren darüber, dass die Partei nach den Aufständen von 1927 und 1948 furchtbar gelitten hatte. Ihre Bedürfnisse stimmten mit denen Pekings überein, und Aidit erklärte in dem gewundenen Jargon jener Zeit, dass »die indonesische Revolution im gegenwärtigen Stadium bürgerlich-demokratisch und nicht sozialistisch oder proletarisch geprägt ist« und dass die Aufgabe der PKI »der Kampf um deren Führung« sei. Was dies bedeutete, erklärte er am 2. September 1963 vor der Akademie der Wissenschaften des Zentralkomitees der Kommunistischen Partei Chinas:

> »Das Bündnis mit der Bourgeoisie des Landes ist ebenfalls realisiert worden. Die nationale Bourgeoisie kehrt allmählich an die Seite der Revolution zurück ... Wir arbeiten jetzt seit fast zehn Jahren mit der indonesischen Bourgeoisie zusammen, und in dieser Zeit sind die revolutionären Kräfte nicht etwa weniger geworden, sondern haben sich kontinuierlich weiterentwickelt, während die reaktionären Kräfte eine Niederlage nach der anderen erfahren haben.«[*]

Wäre Aidit nur der Herausgeber einer marxistischen Zeitschrift gewesen, wären solcherlei Illusionen, überholt von der Geschichte, rasch in Vergessenheit geraten. Aber dies war nicht der Fall, denn in einer wichtigen Hinsicht war seine Feststellung hundertprozentig zutreffend. Die Legitimität, die die indonesischen Kommunisten für sich beanspruchen konnten, hatte zu einem phänomenalen Zuwachs an Mitgliedern und Einfluss geführt. Aidit sprach als Führer der größten politischen Partei Indonesiens und der größten kommunistischen Partei außerhalb der kommunistischen Welt vor dem chinesischen Zentralkomitee.

---

[*] D. N. Aidit: *The Indonesian Revolution and the Immediate Tasks for the Indonesian Communist Party*, Peking 1965.

Die PKI hatte drei Millionen Mitglieder und über zehn Millionen Sympathisanten in Massenorganisationen unterschiedlicher Art, darunter auch die Gewerkschaften. Sie verfügte über ein beeindruckendes Netzwerk von Publikationen, die weit über die Kreise der PKI hinaus gelesen wurden. Ohne Zweifel hatte der Deal mit Sukarno wesentlich dazu beigetragen, dass die PKI an Popularität und Einfluss gewonnen hatte. Man konnte Aidit, Lukman und anderen PKI-Veteranen durchaus verzeihen, dass sie sich in diesem neuen Ansehen sonnten. Sie alle hatten im Gefängnis gesessen. Während des Widerstands gegen die Holländer, die Japaner und das Sukarno-Regime Nummer eins hatten sie Führungskräfte und Aktivisten verloren. Nun aber wähnten sie sich der Macht nahe und glaubten, ihnen sei es zu verdanken, dass die Sukarno-Regierung in den Jahren 1960/1961 neue Gesetze durchbringen konnte, und zwar zur Agrarreform und zum Pachtsystem der Bauern. Als Bürokraten, Hadschis und das Militär die Einführung dieser Gesetze blockierten, übte die PKI mit so genannten »unilateralen Aktionen« Druck von unten aus, um ihre Durchsetzung zu erreichen. Die Reaktionäre reagierten so wütend darauf (Aktivisten, die die Reformen einführten, wurden systematisch umgebracht), dass Aidit die Kampagne abbrechen musste.

Einige seiner Entscheidungen muss Aidit in der Annahme getroffen haben, dass die Zeit auf seiner Seite war. Der PKI-Chef baute auf das Gesetz der Biologie, das Bung Karno früher oder später von der Bildfläche verschwinden lassen würde. Dann wäre die Partei an der Reihe. Vielleicht wäre die Zeit dann für echte Veränderungen reif. Andere PKI-Führer waren weniger zuversichtlich, denn sie wussten nur zu gut, dass die Partei ihr Überleben und ihr Wachstum Sukarnos Schutz zu verdanken hatte. Wie würde es ihnen nach seinem Tod ergehen? Anscheinend hatten sie die elementaren Gesetze der Revolution vergessen. Unverzeihlich war, dass sie Illusionen nährten, denn dies führte dazu,

dass ihre Anhänger den Feind unterschätzten. Weit davon entfernt, eine Revolution in die Wege zu leiten, wie später behauptet wurde, war die PKI völlig unvorbereitet, als die Ereignisse
eine andere Richtung nahmen, und hatte ihre Anhänger deshalb
für eine Konfrontation mit der Staatsmacht politisch nicht gerüstet (geschweige denn in anderer Hinsicht). Sie hatten sich der
marxistischen Ursünde schuldig gemacht. Sie hatten ein Individuum (Sukarno) überschätzt; unterschätzt hatten sie hingegen
die Macht und Autonomie einer Institution, die den Staat stützte: der Armee.

Im Gegensatz zu ihren pakistanischen oder indischen Pendants war die indonesische Armee kein rein koloniales Kons-
trukt. Sie spiegelte vielmehr die verschiedenen kolonialen und
nationalistischen Traditionen des Archipels wider. Die PETA,
eine »Hilfsarmee«, die die Japaner 1943 auf Java und Bali gebildet
hatten, stellte in der Revolution von 1945 einen Großteil des
Offizierskorps (bis zu 80 Prozent). Weitere 10 Prozent stammten
aus den kolonialen Söldnertruppen der Holländer, und entscheidende 5 Prozent kamen von einer Militärakademie, die
1940 in Java entstanden war, nachdem die Nazis die Niederlande besetzt hatten. So gehörten auch Nationalisten der 45er-Ge-
neration zum Offizierskorps, doch an ihrer Spitze standen Männer, die mit den Holländern gegen die Nationalisten (die
Generäle Nasution und Suharto) gekämpft hatten – eine Gruppe, die in der Motherland Defence Force (wieder Suharto) aktiv
mit den Japanern zusammengearbeitet hatte, und, was am wichtigsten war, eine einflussreiche Gruppe, der sich aus Mitgliedern
der beiden Letzteren zusammensetzte und in den Vereinigten
Staaten ausgebildet worden war. Die Ausbildung in den Vereinigten Staaten begann irgendwann im Jahr 1954 – auf dem Höhepunkt des Kalten Krieges –, und die Hunderte, wenn nicht Tausende von Männern, die später dorthin entsandt wurden, waren
allesamt Veteranen der nationalistischen Revolution.

Eine weitere Differenz zu anderen südasiatischen Armeen war die Tatsache, dass die Befehlsstruktur der indonesischen Armee immer wieder zusammengebrochen war: In der Zeit von 1945 bis 1965 gab es jede Menge Meutereien, Putschversuche, Kriegsherrentum und regionale Rebellionen – all das unter der Führung von Veteranen der Revolution. Der unausgesprochenen Philosophie im Militär zufolge waren die meisten zivilen Politiker (ausgenommen Sukarno, der vom Großteil der Offiziere als Gründungsvater der neuen Republik betrachtet wurde) korrupt und verkommen. Der gesamte Generalstab stand Sukarnos Freundschaft mit Peking und seiner Allianz mit der PKI feindlich gegenüber. Zum Teil hatte diese Feindschaft nationalistische Gründe und war ein Überbleibsel der populären antichinesischen Haltung, die die Kolonialzeit charakterisierte. Hauptsächlich war sie jedoch auf den Antikommunismus des Kalten Krieges zurückzuführen. Es war kein Geheimnis, dass die meisten Generäle der PKI für alle Zeiten die Flügel stutzen wollten. Die meisten, aber nicht alle. Eine für Asien typische Ironie der Geschichte: General Parman, dessen Hobby elektrische Spielzeugeisenbahnen waren, war zum einen der Chef des militärischen Geheimdienstes und wurde am 1. Oktober 1965 ermordet; zum anderen war er aber auch der jüngere Bruder Ir. Sakirmans, eines Mitglieds des PKI-Politbüros.

Am 30. September 1965 bildete eine Gruppe unter der Führung von Obersten und Majoren einen geheimen Revolutionsrat, der beschloss, einen »Präventivputsch« durchzuführen. Der Vorsitzende, Oberstleutnant Untung, behauptete, das militärische Oberkommando im Generalstab bereite mit Unterstützung des CIA einen Putsch vor, um Sukarno zu stürzen, die linken Parteien zu zerschlagen und eine Militärdiktatur zu errichten. In einem Überraschungscoup nahmen Untungs Kommandos sechs hohe Generäle fest. Untung selbst befehligte ein Bataillon der Präsidentengarde, das Tjakrabirawa-Regiment. Drei der Generäle wurden bei dieser Aktion getötet, weil sie sich mit Gewehren verteidigt hatten. Die anderen drei wurden auf dem Luftwaffenstützpunkt Halim Ari hingerichtet, von wem genau, ist bis heute nicht geklärt, aber zweifellos von Männern in Uniform, vielleicht aus der Luftwaffe. Als Benedict Anderson kürzlich mit dem Hauptfeldwebel Bungkus, einem Mitglied der Angriffstruppen, sprach, erklärte dieser, der Befehl habe gelautet, die Generäle festzunehmen, nicht, sie zu töten. Und »sein General« habe sich ergeben, ohne dass es zu einem Blutvergießen gekommen wäre. Auf dem Luftwaffenstützpunkt habe er ihn anderen Einheiten überstellt. Um wen es sich dabei gehandelt habe, wisse er nicht.*

Sowohl Sukarno als auch die PKI stritten ab, im Voraus etwas gewusst zu haben. Diejenigen, die behaupteten, Untungs Versuch, die Macht an sich zu reißen, sei eine gezielte Provokation gewesen, um Sukarno und die PKI zu vernichten, wurden als Fantasten abgestempelt, doch spätere Enthüllungen des CIA machten deutlich, dass er und der britische Geheimdienst tief in die Sache verwickelt waren. Man erklärte, Suharto (der damals als nicht ideologisch galt) sei über die Pläne vom 30. September informiert gewesen, habe aber nichts unternommen, um die Verschwörer von ihrem Vorhaben abzuhalten. Sein Informant sei Oberst A. Latief gewesen, ein Mitglied des Revolutionsrats, der verhaftet wurde, aber nie aussagen durfte. Erstaunlicherweise wurde Latief nicht hingerichtet, wahrscheinlich weil er eng mit der Familie Suharto, insbesondere mit Frau Suharto, befreundet war. Man stach bei seiner Verhaftung mit Bajonetten auf ihn ein und feuerte Schüsse auf ihn ab, aber er starb nicht. Er verbrachte 13 Jahre unter schrecklichen Bedingungen im Gefängnis, überlebte aber und konnte seine Geschichte noch erzählen. In seinen Memoiren, die nach Suhartos Sturz veröffentlicht wurden, beharrt er darauf, dass er selbst Suharto ausführlich über den ge-

---

* Ich danke Benedict Anderson für diese Information.

planten Putsch unterrichtet habe. Dies würde bedeuten, dass der spätere Diktator die anderen Generäle nicht warnte, ihren Tod in Kauf nahm und den 30. September dazu benutzte, die Linke auszulöschen und Sukarno zu stürzen.*

Es besteht kaum ein Zweifel daran, dass die Hauptnutznießer des 30. September (wie des 11. September 2001) genau die Leute waren, die hätten geschwächt werden sollen. Heute deuten alle verfügbaren Belege darauf hin, dass Untung und seine Mitverschwörer entweder für US-amerikanische und britische Geheimdienste arbeiteten oder von ihnen getäuscht wurden, um höhere Generäle umzubringen, die zwar der PKI feindlich gegenüberstanden, jedoch nicht bereit waren, Sukarno zu stürzen. Es war ähnlich wie ein paar Jahre später in Chile, als der CIA alle Generäle, die sich hartnäckig weigerten, Salvador Allende zu stürzen, beseitigte. Darum musste General Schneider sterben. Suharto und Pinochet waren Blutsbrüder, die sich von denselben Herren füttern ließen, von denselben Medien gefeiert und von Nixon, Reagan und Mrs. Thatcher geehrt wurden.

Der 30. September 1965 gibt einige Rätsel auf. Untung wies die Unterstützung durch die Bevölkerung ausdrücklich zurück und versuchte nicht, die Massen zu mobilisieren – was seltsam ist, wenn das Ziel war, Sukarno zu schützen. Noch merkwürdiger war eine der ersten öffentlichen Erklärungen Untungs: Er verkündete die Entlassung aller Offiziere, die einen höheren Rang bekleideten als er. Die niedrigeren Ränge, die ihn unterstützten, sollten befördert werden. Man kann sich kaum eine Politik vorstellen, die mit noch größerer Wahrscheinlichkeit alle höheren Offiziere gegen ihn aufgebracht hätte. War dies reine Dummheit oder hatten die Geheimdienste eine besonders gute Kandidatenliste zusammengestellt? Mehrere Monate nach den Massakern in Indonesien äußerte sich James Reston in einem Artikel mit der Über-

---

* Benedict Anderson: »Petrus Dadi Ratu«, *New Left Review* 3, Mai-Juni 2000.

schrift »Ein Lichtschimmer in Asien« voller Bewunderung für die Neue Ordnung, räumte aber ein: »Washington hütet sich, diesen Machtwechsel in einem der reichsten Länder der Welt mit der weltweit sechstgrößten Bevölkerung auf seine Fahnen zu schreiben. Aber das heißt nicht, dass Washington nichts damit zu tun hatte. Vor und während des indonesischen Massakers gab es weitaus mehr Kontakte zwischen den antikommunistischen Kräften im Land und mindestens einem der ganz hohen Verantwortlichen in Washington, als gemeinhin bekannt ist.«

Zwar bleibt die Bewegung des 30. September zum Teil mysteriös, klar ist aber, dass sie geschickt manipuliert wurde. Im selben Jahr hatte der britische Gesandte Sir Andrew Gilchrist eine Botschaft nach London geschickt, die einen interessanten Satz enthielt: »Ich habe Ihnen gegenüber nie meine Überzeugung verhehlt, dass eine kleine Schießerei in Indonesien wesentlich zur Einleitung wirksamer Veränderungen beitragen würde.« Zwei Jahre zuvor hieß es in einem Memorandum des CIA (aus dem Jahr 1962), Präsident Kennedy und der britische Premierminister Harold Macmillan seien »übereingekommen, Präsident Sukarno zu beseitigen, wenn die Situation günstig ist und sich eine Gelegenheit dazu bietet«.*

Wie schwach die Führung der PKI auch gewesen sein mag, so kann man doch davon ausgehen, dass ein Putsch, hinter dem Aidit und Lukman gestanden hätten, nicht so amateurhaft vonstatten gegangen wäre. Die PKI hätte Aufstände auf Java, Bali und Sumatra organisiert. Sie hätte ihre Anhänger bewaffnet, anstatt nur zuzusehen, wie sie, Opferlämmern vor einem religiösen Fest gleich, abgeschlachtet wurden.**

---

* Mark Curtis: »Democratic Genocide«, *The Ecologist*, Bd. 26, Nr. 5, September–Oktober 1996.
** Benedict R. Anderson und Ruth T. McVey, *A Preliminary Analysis of the October 1, 1965, Coup in Indonesia*, New York 1971.

General Suharto, der Chef der Eliteeinheit Strategic Reserve Command, mobilisierte die Armee und hatte die Situation binnen vierundzwanzig Stunden unter Kontrolle. Von der ersten Woche an betonte die Armee, der Putsch am 30. September sei von der PKI geplant und durchgeführt worden. Dafür wurde kein überzeugender Beleg geliefert, und D. N. Aidit wurde in dem Dorf, in dem er sich versteckt hatte, festgenommen und hingerichtet. Die Zeugenaussage Njonos, eines hochrangigen Gewerkschafters und PKI-Führers, war unter Folter erpresst worden und steckte voller Widersprüche.* Auch er wurde hingerichtet. Dann befahlen Suharto und seine Komplizen im Militär die Ermordung weiterer PKI-Führer und zettelten ein allgemeines Pogrom gegen die indonesische Linke an. Auf dem ganzen Archipel wurden Selbstschutzgruppen, meist aus Freiwilligen des Jugendverbandes der Nahdlatul Ulema (NU), in einen Dschihad gegen die »roten Teufel« geschickt. Von Oktober 1965 bis Januar 1966 versank Indonesien in einem Blutbad. Das schlimmste Massaker fand auf der vorwiegend hinduistischen Insel Bali statt. So kam es tatsächlich zu »einer kleinen Schießerei«, das Land verrohte, und es entstand eine riesiges politisches Vakuum. Die meisten Medien in den Vereinigten Staaten und Australien äußerten nicht allzu viele Bedenken wegen der Massaker. Warum auch, wo doch ihre Seite davon profitierte. Im Gegensatz dazu unternahm der CIA keinen Versuch, das Ausmaß der Ereignisse zu verschleiern, nicht einmal vor sich selbst. In einem geheimen Dokument hieß es:

»Hinsichtlich der Zahl der Getöteten zählen die an der PKI verübten Massaker in Indonesien neben den sowjetischen Säuberungen in den dreißiger Jahren, den nationalsozialistischen Massenmorden im Zweiten Weltkrieg und dem maoistischen Blutbad Anfang der fünfzi-

---

* Ebd.

ger Jahre zu den schlimmsten Massenmorden des zwanzigsten Jahrhunderts. So gesehen gehört der indonesische Putsch sicherlich zu den bedeutendsten Ereignissen des 20. Jahrhunderts und ist weitaus bedeutender als viele andere, die weitaus stärker öffentlich wahrgenommen wurden.«*

Trotz gewisser Auslassungen – die Opfer unter der Zivilbevölkerung in Hiroshima, Nagasaki und Korea in den Jahren 1945 bis 1953 waren ebenso schrecklich – war die Feststellung richtig, bis auf einen wichtigen Punkt. Der Geheimdienst war viel zu zurückhaltend, was die eigene Rolle in der Angelegenheit betraf. 1958 hatte ein rumänischer Emigrant, Guy J. Pauker – CIA-Berater, Mitarbeiter der Rand Corporation, Berater des Nationalen Sicherheitsrats und Berkeley-Dozent –, vorgeschlagen, die indonesische Armee zu stärken, indem man die Wirtschafts- und Militärhilfe über sie abwickelte. Er charakterisierte die Offiziere als Männer mit »überdurchschnittlicher Führungsqualität, Patriotismus und moralischen Überzeugungen«, denen man eher früher als später zutrauen könne, »zuzuschlagen, reinen Tisch zu machen und sich wieder höheren Zielen zu widmen«. Pauker, der 2002 starb, wurde mir kürzlich von einem anderen US-Akademiker auf diesem Gebiet als »echter Scheißkerl und gerissener Opportunist« beschrieben. Sein Rat wurde sicherlich ernst genommen, und die drei Hexen des amerikanischen Empire – Pentagon, CIA, DIA – empfahlen General Suharto, unerschrocken, hart und resolut vorzugehen.**

»Wahrscheinlich habe ich Blut an den Händen, aber das ist an sich nichts Schlimmes. Es gibt Zeiten, da muss man im entschei-

---

* Central Intelligence Agency, Directorate of Intelligence: »Intelligence Report: Indonesia – 1965, the coup that backfired«, Washington 1968, zitiert in: Adam Schwarz, *A Nation in Waiting*, Sydney 1999.
** P. D. Scott, »America and the Overthrow of Sokarno, 1965–67«, in: Malcolm Caldwell (Hg.): *Ten Years of Military Terror in Indonesia*, Nottingham 1975.

denden Augenblick hart zuschlagen.« Mit diesen Worten kommentierte Robert J. Martens, ehemals »politischer Beamter« in
der US-Botschaft in Indonesien, in einem Gespräch mit der frei-
en Journalistin Kathy Kadane die Tatsache, dass US-Diplomaten
und CIA-Offiziere den Todesschwadronen der indonesischen
Armee im Jahr 1965 fünftausend Namen geliefert hatten und diejenigen, die daraufhin getötet oder gefangen genommen wurden,
auf ihrer Liste abhakten.*

Die ununterbrochene Unterdrückung der indonesischen Linken blieb nicht ohne politische, wirtschaftliche und psychologische Folgen. Vor 1965 hatte es eine lebhafte politische Kultur in
Indonesien gegeben. Noch nachdem Sukarno das Parlament
aufgelöst hatte, wollten die Debatten und Diskussionen kein
Ende nehmen. Die Neue Ordnung ließ Politik nur noch in ihrer
offiziellen Variante zu. Und die Wirtschaft? Eine angemessene
Antwort findet sich in Pramoedya Ananta Toers Aufzeichnungen
aus dem Gefängnis:

> Als er [Sukarno] 1965 gestürzt wurde, hatte sich eine starke Wettbe-
> werbsmacht erhoben, die in Indonesien eine Quelle für Rohstoffe und
> billige Arbeitskräfte und einen ausgedehnten Markt sah: das multi-
> nationale Kapital. Dies war der Hebel, der Sukarno aus seinem Amt
> katapultierte. Der große Brahmin, der von einem indonesischen Staat
> mit politischer Souveränität, wirtschaftlicher Unabhängigkeit und
> kultureller Integrität geträumt hatte, konnte die Kräfte des multina-
> tionalen Kapitals nicht zurückhalten.**

---

* Kadanes Artikel wurde im *San Francisco Examiner* (20.5.1990) und in der *Washington Post* (21.5.1990) abgedruckt, aber die *New York Times* eilte mit einer regie-
rungsamtlich gefärbten scharfen Erwiderung eines gewissen Michael Wines
(12.7.1990) zu Hilfe und betrieb damit erfolgreich Schadensbegrenzung. Und, wie
bei solchen Fällen üblich, verlief auch diese Geschichte im Sande.
** Pramoeyda Ananta Toer, *Stilles Lied eines Stummen*, Bad Honnef 2000, S. 245.

Und die PKI konnte es auch nicht. Das multinationale Kapital war wie ein hungriger Adler über Java hergefallen. Suharto und die Anhänger der Neuen Ordnung schätzten sich glücklich, von dem Mist, den er abwarf, zu leben. Aber die hoch aufragenden Gebäude, die bald die Skyline von Jakarta verschandelten, konnten nicht über das tiefe Trauma hinwegtäuschen, unter dem das Land litt. Die Geister der ermordeten Kommunisten; die politischen Gefangenen; die Familien, die überlebt hatten; die sehr wenigen Exilanten, denen es gelungen war, ins Ausland zu fliehen; die in die Vereinzelung getriebenen Intellektuellen, die sich schuldig fühlten, weil sie überlebt hatten; die Schuldigen, die getötet hatten: Sie alle trugen dazu bei, dass sich die eskapistischen Fantasien einer Neuen Ordnung immer mehr steigerten – einer Ordnung, die vom Kapitalismus des Westens und der Angst im Land untermauert und später von Benedict Anderson als Trockenfäule bezeichnet wurde.*

Die Familie des Exarchen und deren engste Umgebung wurden Tag für Tag reicher. Die politischen Säuberungen von 1965 und 1966 hatten die Grundlage für eine institutionalisierte Entpolitisierung des Landes geschaffen. Die Politik wurde strikt kontrolliert, und die Bürger hatten Angst. Suharto wurde regel-

---

* Benedict Anderson, der von Indonesiern, die nicht die offizielle Linie vertreten, außerordentlich geschätzte Historiker ihres Landes, erhielt 1973 Einreiseverbot. Auch seine Professur in Cornell öffnete ihm keine Türen. Seine Schriften missfielen Suhartos Hintermännern in Washington, und es lag nicht in ihrem Interesse, seine Einreise zu fordern. Anderson kehrte 1999 nach Jakarta zurück und wurde herzlich empfangen. Seine Bücher und Essays gehörten in der Zeit der Trockenfäule zu den geschätztesten Samisdats. Die Flamme, die in Indonesien ausgelöscht worden war, brannte in Cornell weiter. Auch Anderson muss von dem Empfang, den man ihm bereitete, überwältigt gewesen sein. Er hielt seinen öffentlichen Vortrag in nahezu perfektem Behasa. Die Emotionalität, Glaubwürdigkeit und Brillanz dieses Vortrags erinnerten seine Zuhörer an die intellektuellen Verluste, die sie in den vergangenen dreißig Jahren erlitten hatten. Eine englische Übersetzung mit dem Titel »Indonesian Nationalism Today and in the Future« erschien in *New Left Review* I, 238, Mai/Juni 1999.

mäßig mit großer Mehrheit »wiedergewählt«. In der *New York Times* wurden keine ernsthaften Beanstandungen vorgebracht. Die meisten Dissidenten befanden sich im Gefängnis, und in der Presse las man nur selten, was sie zu sagen hatten. Das folgende Gespräch, das ein Journalist aus Jakarta 1978 mit Pramoeyda Ananta Toer auf der Insel Buru führte, gibt Einblick in die Zeit und ist geradezu typisch für sie. Der Wunsch, zwischen Politik und Kultur eine scharfe Trennungslinie zu ziehen, war in seiner Rigorosität geradezu angelsächsisch:

Journalist: Glauben Sie noch immer, dass Literatur und Politik nicht zu trennen sind?

Pram: Politik ist ebenso wenig vom Leben zu trennen wie das Leben von Politik. Das gilt auch für diejenigen, die sich als unpolitisch bezeichnen, denn auch sie sind längst in die gegenwärtigen politischen Strömungen eingebunden – sie merken es nur nicht. In der Geschichte sind fast alle literarischen Werke politisch gewesen. Die Menschen müssen ihr Verständnis erweitern und die Tatsache akzeptieren, dass Politik (nicht zu verwechseln mit dem Parteiwesen) mit allem verknüpft ist, was mit Macht zu tun hat. Solange der Mensch ein soziales Wesen ist, wird er immer mit Politik zu tun haben ... Nehmen Sie die klassischen Werke der javanischen Literatur: Unterstützen sie etwa nicht die Machtstrukturen ihrer Zeit? Auch ein politisches Werk kann ein literarisches Werk sein.

Journalist: Aber ist Politik nicht schmutzig?

Pram: Es gibt schmutzige und saubere Politik.

Journalist: Wie kommentieren Sie Ihre zehn Jahre Haft?

Pram: Es sind keine zehn Jahre, es sind fast dreizehn. Ich betrachte diesen Zeitraum von dreizehn Jahren als eine Konsequenz des Prozesses der Staatsbildung.

Journalist: Und Ihre Gefühle? Ihre persönlichen Gefühle?

Pram: Sie sind nicht wichtig. Als Individuum bin ich in diesem Prozess nicht wichtig.

Journalist: Was wäre, wenn die indonesische Öffentlichkeit Sie nicht mehr akzeptiert? Was würden Sie darüber denken?

Pram: Das ist leicht – ich war stets bereit, fortzugehen. Wie sagte doch einst Amir Pasaribu: Lieber ein Fremder im fremden Land als ein Fremder in der Heimat.

Solange Washington zufrieden war, verfügte Suharto praktisch über unbegrenzte Macht. Und solange Washington zufrieden war, waren es auch London, Bonn und Canberra. Das Abschlachten von einer Million Indonesiern hatte bereits offenbart, dass die Sensibilität westlicher Politiker und Medienexperten völlig abgestumpft war. Sie alle hatten Verständnis für die Notwendigkeit »einer kleinen Schießerei«. Was Suharto danach tat, konnte nicht mehr schlimmer sein. Ein Land, das den eigenen Leuten verschlossen war, stand nun ausländischem Kapital stets offen. Suharto rühmte sich, er und nicht Sukarno habe dem Archipel diesen Wohlstand gebracht. Alles unterlag jetzt seiner Kontrolle: die Politik, die Wirtschaft und das Militär. Der Staat finanzierte eine offizielle islamistische Partei, und ein paar Jahre später begann Suharto, der anfangs kaum Interesse an Religion bekundet hatte, seinen islamischen Glauben zur Schau zu stellen. Diese Kehrtwende gefiel weder der NU noch der Muhammadiya. Beide wollten nicht, dass der Staat ihr Duopol in religiösen Angelegenheiten brach. Die NU ging in die Opposition, und ihre Anführer, die mitgeholfen hatten, die PKI zu zerschlagen, bildeten sich ein, sie und nur sie allein könnten das Vakuum füllen. Und so predigten sie die Tugend der Geduld.

1975 wurde die indonesische Armee entsandt, um in Osttimor, einer ehemaligen portugiesischen Kolonie, die gerade im Begriff war, ihre volle Unabhängigkeit zu erlangen, einzumarschieren und das Land zu besetzen. Weder die Holländer noch ihre nationalistischen Nachfolger in Jakarta hatten jemals Anspruch auf

Osttimor erhoben. Doch 1974 war in Portugal eine demokratische Revolution ausgebrochen, die die altersschwache Diktatur in Lissabon gestürzt hatte. Eine der Ursachen für den Umsturz hatte in den Befreiungsbewegungen in Angola, Mosambik und Guinea gelegen – die jungen portugiesischen Offiziere und Soldaten waren davon angesteckt worden. Die Obersten und Majore, die die Macht übernahmen, waren entschlossen, die Kolonien zu befreien, zunächst in Afrika, später auch auf dem Archipel. In Osttimor hatte eine radikale nationalistische Befreiungsbewegung, die Fretilin, den Kampf aufgenommen, und es war unübersehbar, dass sie die Mehrheit der Bevölkerung hinter sich hatte. Aber die Vereinigten Staaten hatten mit dem Triumph der Vietnamesen in Saigon eine schwere Schlappe erlitten. Ein »kommunistischer« Sieg in Osttimor war das Letzte, was sie wollten. Und so wurden Suharto und seine Generäle zu willigen Handlangern einer imperialistischen Strategie. Es sollte noch mehr Blut fließen.

Ein Drittel der Bevölkerung dieser Insel starb bei Massakern, durch Folter, im Gefängnis oder verhungerte. In Washington und Canberra wuschen die Politiker ihre Hände in Unschuld. Die Gräueltaten wurden auf Befehl von Offizieren verübt, die noch die Spuren jener Morde trugen, die sie zuvor begangen hatten: das geronnene Blut von bis zu einer Million Menschen des eigenen Volkes. Auch dieses Mal wurde viel islamistische Rhetorik aufgewendet, um das Abschlachten von Christen in Indonesien zu rechtfertigen, während man in Osttimor dem katholischen Klerus versicherte, die Invasion sei notwendig gewesen, um die Insel von den »kommunistischen« Führern der Fretilin zu befreien.*

Mit westlicher Unterstützung kamen Suharto und seine Bande wieder einmal ungeschoren davon. Washington und London

---

* Den Gestank und die Gewalt, die die Invasion der Neuen Ordnung in Osttimor begleiteten, hat der anglochinesische Schriftsteller Timothy Mo in seinem bemerkenswerten Roman *The Redundancy of Courage* verarbeitet (London und New York 1992).

hatten keine Einwände gegen den Massenmord. In jenen Tagen wurde nicht die Menschlichkeit beschworen, wenn es darum ging, die Interessen des Westens zu verteidigen. Diese Rückendeckung wurde bis zum bitteren Ende aufrechterhalten. Doch es kam der Tag, da sich die Massen erneut auf den Straßen versammelten und die indonesischen Generäle und ihre Hintermänner in Washington vor die Wahl gestellt wurden. Waren sie bereit, eine weitere Million Menschen abzuschlachten, um einen korrupten Staatschef und seine käufliche Familie an der Macht zu halten? Das waren sie nicht. Der Kalte Krieg war vorbei. Inzwischen hatte sich China zu einem dynamischen kapitalistischen Land gemausert. Und die Sonne der US-Hegemonie war noch nicht von Flecken entstellt. Washington konnte es sich leisten, großzügig zu sein. Suharto durfte fallen. Und Australien wurde gebeten, Truppen unter UN-Flagge nach Osttimor zu entsenden, um den Blutdurst der indonesischen Milizen unter Kontrolle zu halten. Die Niederlage in Osttimor führte dazu, dass das Militär im eigenen Land noch mehr Stärke zeigte. Aber der alte Brunnen war vergiftet. Die Nachfolger Suhartos konnten sein Erbe nicht in Frage stellen oder ablehnen. Auch sie hatten Blut an den Händen. Die physische Eliminierung der PKI hatte ein riesiges Vakuum im Land hinterlassen. Nach 1965 waren die Islamisten davon ausgegangen, dass sie Teil der Trockenfäule würden, die sich Neue Ordnung nannte, und – wie die PKI mit Sukarno – in einer Partnerschaft mit Suharto regieren würden. Abdulrahman Wahid war der Anführer der NU – der islamistischen Partei, deren halb autonomer Jugendverband Ansor seine Mitglieder unter der Leitung von Jusuf Hasjim in einen wütenden Kampf gegen die Kommunisten gehetzt hatte. Seine jungen Schakale hatten Tausende der »roten Schädlinge« vernichtet. Viele der Mörder wurden am Ende verrückt, weil sie mit dem, was sie getan hatten, nicht leben konnten. Vor allem aber war der erwartete politische Lohn ausgeblieben. Suharto war von Haus aus unfähig, seine

Beute zu teilen, und die NU entfremdete sich von ihm. Doch wenn einer Organisation Gewalt erst einmal eingepflanzt wurde, lässt sie sich nur schwer wieder ausrotten. Schließlich ist es eine Fähigkeit, die man zu Markte tragen, gegen neue Feinde verwenden, im Dienste der von der Trockenfäule hervorgebrachten Schwarzhändler und Wucherer oder auch im Namen religiösen Terrors einsetzen kann. Schläger, denen der Staat das Töten beigebracht hat, bleiben selten für lange Zeit arbeitslos.

Nach Suhartos Rücktritt gab es kaum Alternativen. Wahid wurde Präsident. In seiner Amtszeit drängte er darauf, das gesetzliche Verbot des Marxismus aufzuheben, und er entschuldigte sich öffentlich für die Rolle der NU-Muslime im Jahr 1965. Das war vielleicht nicht viel, aber andere politische Führer hatten sich noch nicht einmal dazu durchringen können. Wahids katastrophale Amtsführung kostete ihn allerdings einen Großteil seiner Glaubwürdigkeit. Bei den Wahlen 1999 kam seine Partei nur auf den dritten Platz, hinter dem widerlichen Akbar Tandjung, einem verschlagenen Auftragsschreiber von Suhartos Golkar – der herrschenden Nichtpartei in der Zeit der Trockenfäule. Obwohl er wegen schweren Betrugs verurteilt und seine Berufung abgelehnt wurde, weigert er sich bis heute, seine Ämter als Chef der Golkar und als Parlamentssprecher aufzugeben. Wer sollte das Land regieren? Wer anderes als Sukarnos Tochter? In den letzten Jahrzehnten konnte man in Asien bemerkenswerte politische Parallelen beobachten. Der Aufstieg der Frauen zur Macht (Asien hat bisher mehr Spitzenpolitikerinnen vorzuweisen als jeder andere Kontinent) geht überall auf dieselbe Ursache zurück. Ein populistischer Politiker wird ermordet, hingerichtet oder gestürzt, und Jahre später erinnern sich die Menschen an ihn, indem sie seine Frau oder seine Tochter in das höchste Amt oder dessen Vorzimmer wählen: Frau Bandaranaike (Sri Lanka), Benazir Bhutto (Pakistan), Hasina Waheed, Khaleda Zia (Bangladesch), Aung San Suu Kyi (Burma) und jetzt Megawati in Indonesien.

Auch sie äußerte kein Bedauern für die Morde, die rechts gerichtete nationalistische Banden der PNI/PDI 1965/1966 an den Linken ihrer Partei und an der PKI vor allem auf Bali verübt hatten. Später verteidigte sie die Besetzung Osttimors. Nimmt man Multatulis Gebot aus der Kolonialzeit – dass eine der wichtigsten Aufgaben des Menschen darin bestehe, menschlich zu sein – als Kriterium, müsste man einräumen, dass es in Indonesien nach Suharto nur wenige Politiker gab, die man als Menschen bezeichnen könnte. Auf jeden Fall nicht die beiden übrig gebliebenen Schwächlinge, die das Land im ersten Jahr gemeinsam führen sollten. Im Hintergrund stand dieselbe Armee, dieselbe Verbrecherbrut hoher Offiziere, dieselbe brutalisierte und verdorbene Soldateska, und wieder führten sie Krieg gegen das eigene Volk in Aceh und Westpapua.

Unter diesen Bedingungen war das Entstehen einer radikalen religiösen Organisation kaum verwunderlich. Die Darul Islam war eine solche Gruppierung, und sie wurde der Beteiligung an Angriffen auf Nichtmuslime beschuldigt. Eine andere war die Jemaah Islamiyah (Partei des Islam), im Vergleich zu NU und Muhammadiya eine sehr kleine Organisation.

Eine Insel in Sicherheitsgewahrsam

Bali stand lange im Bann des Hinduismus. Das Einzigartige an dieser Insel aber ist, dass das bis heute so geblieben ist: Bali ist die einzige Insel Indonesiens, die dem Koran widerstehen konnte. Es ist die einzige Insel, auf der die Hinduisten die überwältigende Mehrheit stellen. Über die Jahrhunderte wurde sie ein Zufluchtsort und eine Festung. Vor mehr als fünfhundert Jahren, kurz nach der Eroberung Konstantinopels durch die Osmanen, brach das hinduistische Reich mit seinem Zentrum in Jogjakarta zusammen, und die Herrscherfamilie floh mit dem gesamten Hofstaat nach Bali. Darunter befanden sich auch brahmanische Priester und Gelehrte, Musiker und Tänzer, Dichter und Sänger. Diese neue Gruppe erhöhte den Anteil der Brahmanen auf der bereits von Kasten verseuchten Insel. Entgegen dem vorherrschenden Bild waren die Balinesen hart gesottene Insulaner – die Gurkhas des Archipels. Ein paar wenige balinesische Siedler auf Java mögen zum Islam übergetreten sein, die Insel selbst aber blieb immun. Warum? Die These, die Kultur sei hier bereits so weit entwickelt gewesen, dass keine andere Welterklärung akzeptabel war, klingt wenig überzeugend. Schließlich unterschied sich Bali nicht allzu sehr von Java, und außerdem traf dasselbe auf das Binnenland des präislamischen Sumatra zu. Womit ist diese Ausnahmeerscheinung zu erklären? Es war die übliche Mischung aus Geografie, Demografie, Politik und Handel sowie die unbestrittene militärische Tapferkeit der Balinesen. Überall sonst in der

Region hatte sich der Islam ohne Gewaltanwendung durchgesetzt. Auch der balinesische Widerstand hätte sich verschlissen, wären nicht die Europäer gekommen.

In einer bemerkenswerten Studie über die Insel zeigt Geoffrey Robinson, wie die holländische Kolonialverwaltung, die über das Aufkommen kommunistischer und nationalistischer Strömungen in den zwanziger Jahren zutiefst besorgt war, in die sozialen und kulturellen Strukturen Balis eingriff.* Im Namen der »Tradition« stellte sie die Macht der alten Herrscher- und Priesterkaste wieder her, unterstützte sie und förderte neue kulturelle und religiöse Praktiken als Damm zum Schutz der mächtigen höheren Kasten. Das Ziel bestand darin, die Profite zu maximieren, den Widerstand durch eine systematische Zusammenarbeit zwischen Holländern und Mitgliedern der Oberschicht gering zu halten und so die politische Ordnung zu bewahren. Die Folgen überraschten nicht: Massenarmut, Verlust des Landbesitzes, Hass und Gewalt.

Die Holländer wurden zu einer entscheidenden Bremse des Fortschritts und sorgten gezielt für die Wahrung des kulturellen und religiösen Status quo. Die balinesischen Rajas hatten nichts gegen die Ansiedlung von nicht balinesischen Muslimen, sofern sie sich nicht über die Regeln und Grenzen des Kastensystems und der Traditionen hinwegsetzten. Im Norden existierten etliche muslimische Dörfer friedlich neben der hinduistischen Mehrheit.

Mit der japanischen Besatzung wurde eine andere Form der Schirmherrschaft installiert: Die Japaner unterstützten die niederen Kasten und die nationalistisch gesinnte Jugend. Die Spaltung ging durch die ganze Gesellschaft und bestimmte zum Teil die politischen Bündnisse bis 1965, als die Insel in Blut getaucht wurde. Zu dieser Zeit war die PKI die zweitgrößte Kraft auf der Insel, und die Politik war vollständig polarisiert. Die Landrefor-

---

* Geoffrey Robinson: *The Dark Side of Paradise. Political Violence in Bali,* Cornell 1995.

men führten zu einer Klassenteilung. Die religiöse Lobby (Muslime, Christen, hinduistische Balinesen) schloss sich zu einer Einheitsfront aus Jesuiten, Mullahs und Brahmanen zusammen und forderte, dass der Grundbesitz ihrer Institutionen von den Gesetzen ausgenommen wurde. Mit unerwartet schwer wiegenden Konsequenzen. Unter dem Druck der PKI »schenkten« die reichen Grund besitzenden Ulema und Hadschis ihr überschüssiges Land häufig den zu den einzelnen Moscheen und Medresen gehörenden *wakaf* (islamische Wohltätigkeitsstiftungen, zu denen jeder Gläubige etwas beitragen muss) und ließen sich dann in deren Vorstände berufen. Der Landbesitz der berühmten Medrese in Gontor (damals fast die Einzige, die darauf bestand, dass auch im Alltag arabisch gesprochen wurde) wuchs auf diese Weise zwischen 1962 und 1965 um das Zehnfache. Während es für die Linke ein Leichtes war, besonders wohlhabende Hadschis oder Ulema anzugreifen, erwies es sich als weitaus schwieriger, diese religiösen Institutionen zu kritisieren, ohne den Eindruck zu erwecken, ein leidenschaftlicher Gegner der Religion überhaupt zu sein. Die muslimischen Massen stellten sich hinter die Moscheen und Schulen, wie sie es für einzelne Ulema oder Hadschis nie getan hätten. Auf diese Weise war die Religion eng mit den Auseinandersetzungen um Landbesitz verknüpft.

Hinzu kam eine Naturkatastrophe zwei Jahre vor den Massakern: Der Vulkan Gunung Agung, der die Insel beherrscht, brach aus, und die Lava ergoss sich über 25 000 Menschen. Die hinduistischen Priester und die Mullahs sahen in diesem Ereignis einen Akt der Götter beziehungsweise Allahs als Ausdruck göttlichen Missfallens angesichts der Anmaßung der Menschen, die natürliche Ordnung des irdischen Lebens verändern zu wollen. Viele Balinesen sahen darin ein schlechtes Omen.

Die Massenmorde auf Bali waren nicht einfach nur das Ergebnis religiöser Raserei. Sie lagen auch in dem Zorn über die Landreform und die Pachtgesetze begründet, in komplizierten Stammesverhältnissen und Klassenkonflikten. Ein Sonderkorrespondent der *Frankfurter Allgemeinen Zeitung* berichtete von Leichen, die auf den Straßen lagen oder zu Bergen aufgetürmt wurden, von Flüssen, die rot waren vor Blut, von niedergebrannten Dörfern, in denen ängstliche Bauern in den Ruinen ihrer Hütten kauerten. Hysterie und Angst hätten Hinduisten, die des Kommunismus verdächtigt wurden, veranlasst, sich den überall wütenden Soldaten und islamistischen Freiwilligen anzuschließen und angebliche PKI-Anhänger umzubringen, um zu beweisen, dass sie »nicht PKI« waren. Hinduistische Priester, denen die Unruhe stiftende lokale PKI-Politik Sorge bereitete, unterstützten die Soldaten. Sie nannten Namen, führten die Soldaten zu geheimen Treffpunkten und rechtfertigten die Morde als Opfer, um die Geister, die über die Sakrilegien der PKI erzürnt waren, zu besänftigen. Innerhalb von sechs Monaten wurde ungefähr eine Million Menschen abgeschlachtet, wahrscheinlich sogar mehr. Allein auf Bali betrug die Zahl der Opfer mehr als 150 000. Robinson meint, eine der wichtigsten Ursachen des Konflikts liege in der Revolution. Viele von denen, die sich in den fünfziger Jahren der PKI angeschlossen hatten, waren in den vierziger Jahren antiholländische Nationalisten gewesen. Ihre Rivalen in der PNI (Nationalistische Partei Indonesiens, die spätere PDIP Megawatis) hingegen waren Kollaborateure gewesen. Ende Dezember 1965 wurden 70 000 Namen aus dem Polizeiregister gestrichen. Mehr als 100 000 PKI-Mitglieder wurden *diamankan* oder »in Gewahrsam genommen«, mehr als 40 000 warteten auf ihre Hinrichtung. Suharto aber war mit dem Tempo der Morde noch nicht zufrieden und schickte einen seiner Lieblingsgangster, Sarwo Edhie, mit einem starken Kommandotrupp los, um die Angelegenheit zu einem raschen Ende zu bringen. Was dieser auch umgehend tat. Ende Januar 1966 war die gesamte Insel gründlich gesäubert und in Sicherheitsgewahrsam genommen. Binnen dreier Monate war die Bevölkerung von über einem Dutzend balinesischer Dörfer halbiert worden. Aus Washington oder Canberra war kein Protest zu vernehmen. Zweifellos gratulierten sich die dortigen Geheimdienstchefs und ihre Kollegen in London dafür, wie gut sie die Sache gemacht hatten. Anderswo herrschte Stillschweigen. Aber Peter Dale Scott – der Diplomat aus Kanada, der zum Wissenschaftler und Dichter wurde – warnte in einem Gedicht, der »Mordwind« werde sich ausbreiten. Es trägt den Titel »Coming to Jakarta: A Poem About Terror« (»Ankunft in Jakarta: Ein Gedicht über den Terror«):

Aber niemand von uns erlebte
den durchdringenden Gestank des Todes
jene unpassierbaren Flüsse

randvoll mit Leichen
Robert Lowell hattest
selbst du als Pazifist

deshalb so wenig dazu zu sagen?
Oder du geneigter Leser
lass uns sorgfältig prüfen

die Gründe
du und ich
wir lesen dies nicht gern

Wie damals
im steilen Engadin
als wir die Lawine

lautlos herabstürzen sahen
Haare und Augenbrauen
spürten zuerst

das Gemurmel
des heraufziehenden
Mordwinds

Die Morde fanden fast ausschließlich auf dem Land statt. In den Städten war man am sichersten. Dort war zwar die Wahrscheinlichkeit, ins Gefängnis gesteckt und vermutlich auch gefoltert zu werden, sehr hoch, aber man wurde immerhin nicht ermordet. Dies erklärt ein wenig, warum die Ansor maßgeblich an dem Terror beteiligt war, denn ihre Mutterorganisation NU ist die Partei des synkretistischen traditionalistischen Islam, der in den Dörfern auf Java am stärksten vertreten ist. Es erklärt außerdem, warum die Modernisierer, meist urbaner Herkunft, eine viel geringere Rolle spielten, obwohl aus dieser Strömung die heutigen Extremisten hervorgegangen sind. Eine Mordbrise kehrte mit aller Macht nach Bali zurück.

Die Männer, denen vorgeworfen wird, für die Explosionen in zwei balinesischen Diskotheken am 12. Oktober 2002 verantwortlich zu sein, bei denen 183 Menschen (davon 53 Australier) starben, gehörten dieser Organisation an, doch entgegen der Rhetorik der Cheney-Bush-Rumsfeld-Junta in Washington konnten keine Verbindungen zu al-Qaida festgestellt werden. Trotz starken Drucks aus Washington und Canberra bestreitet der dickschädelige balinesische Polizeichef, General Mangku Pastika, der die Untersuchungen leitet, eine solche Verbindung. Benedict Anderson, der aus der Region berichtete, schrieb:

»Bei meiner Reise durch Indonesien nach den Bombenanschlägen vom 12. Oktober auf Bali wurde erstaunlicherweise in privaten Gesprächen nie und in der Presse nur selten die Washingtoner Doktrin übernommen, dass die Gräueltat das Werk einer weltweiten, von al-Qaida gelenkten Verschwörung sei ...«*

---

* »Reflections on Bali«, *New Left Review* 19, Januar/Februar 2003, www.newleftreview.org

Dies hielt jedoch die westlichen Medien nicht davon ab zu behaupten, es sei al-Qaida gewesen, wobei sich CNN.com auf »FBI-Dokumente« als »Beweis« berief. Ein weiterer derartiger Beweis entstammte einer anderen Quelle. »Es handelt sich um eine sehr, sehr lange Kette von Inseln«, meinte Brigadegeneral John Rosa, stellvertretender operativer Leiter des US-Generalstabs. »Kann man sich dort leicht verstecken? Na und ob!« Angenommen, er hätte Recht: Wäre al-Qaida dann nicht einigermaßen abgeneigt, irgendetwas zu unternehmen, was die Aufmerksamkeit auf diese Tatsache lenkt? Schließlich gilt beim FBI und bei allen Geheimdiensten für deren Anführer Osama bin Laden immer noch die Parole: »Gesucht: Tot oder lebendig«.

Seit dem Rücktritt Suhartos ist in den westlichen Medien kaum über Indonesien berichtet worden. Der tragische Tod Weißer hat das Land wieder in den Vordergrund gerückt, aber der oberflächliche Charakter dessen, was publiziert wurde, schmerzt, wenngleich er nicht überrascht. Tatsache ist, dass seit 1998 viele Indonesier ein Ausmaß an Gewalt erfahren haben, das an 1965 und die Invasion Osttimors erinnert. Christliche und muslimische Extremisten haben die Stadt Ambon auf den Molukken in eine Ruine verwandelt; Erinnerungen an Beirut, Grosny und Ramallah werden wach. Auf Borneo kam es zu Zusammenstößen zwischen den dort seit jeher lebenden Dayak und Einwanderern von der Insel Madura, wobei Erstere durch Teile der Armee unterstützt wurden. In der Provinz Aceh auf Sumatra findet praktisch ein Bürgerkrieg statt, der mit hohen Verlusten an Menschenleben (mehrere Tausend) und hohen materiellen Schäden bezahlt wird. Verschiedene Teile der Armee sind stark an der Finanzierung, Ausbildung und Bewaffnung von Privatarmeen beteiligt, die zurzeit in mehreren Landesteilen Verwüstungen anrichten. Die indonesische Armee selbst hat ihre Folter- und Mordmethoden über die Jahre perfektioniert und fleißig Gräueltaten an einer kleinen

Befreiungsorganisation in Westpapua verübt, die ihr Land vor der Ausplünderung durch multinationale Konzerne zu schützen versucht. Aber Piraterie und Gangstertum gibt es nicht nur in Indonesien. Vor diesem Hintergrund wird das Bombenattentat auf Bali verständlicher. Es passt vollkommen zu den Geschehnissen vor Ort.

Am 25. November 2002 erschien in der australischen Tageszeitung *The Age* ein Artikel von Matthew Moore mit der Überschrift »Hinweise auf einen Zusammenhang zwischen dem Bombenattentat auf Bali und al-Qaida verdichten sich« und so weiter. Der indonesische Polizeichef Pastika reagierte auf diesen und andere Berichte verächtlich. Schließlich hatte er die Täter gefasst. Sie gehören der Jemaah Islamiyah (Partei des Islam) an, deren Vorbild die pakistanische Dschamaat-al-Islamija ist. Abu Bakr Ba'asyir, der Geistliche an der Spitze der Jemaah Islamiyah, orientierte sich am Gründer der Dschamaat-al-Islamija, Maulana Maududi. Doch während sich die pakistanische Dschamaat-al-Islamija von den extremen Terroristengruppen im Land distanziert, ist ihr indonesisches Pendant bei weitem nicht so wählerisch. Ihre Mitglieder haben sich zu Bombenattentaten auf Kirchen und zu anderen Terrorakten bekannt.

Indonesien wird schon lange von religiöser Gewalt überschwemmt, an der alle Religionen in der Region beteiligt sind. So ist es sehr gut möglich, dass die Bomben der Jemaah Islamiyah zu einer Kampagne gegen Alkohol oder gegen den Sextourismus auf Bali gehörten, und darüber hinaus gäbe es noch Hunderte anderer Gründe. Was aber tatsächlich getroffen wurde, ist die Wirtschaft der Insel: Mehr als die Hälfte der Erträge wird im Tourismus erwirtschaftet. Es gibt billige Unterkünfte mit Frühstück und Fünf-Sterne-Hotels, in denen für ein Zimmer 3000 US-Dollar verlangt werden, jeder Gast seinen eigenen Swimmingpool hat, und alternde Jetsetter wie Mick Jagger und Barbra Streisand gern gesehene Gäste sind. Das Bild von der Insel als friedliches

Paradies, das ohnehin nie der Wirklichkeit entsprach, ist nun vor den Augen der Weltöffentlichkeit zerstört worden. Die Motive der Attentäter bleiben unklar, aber bisher deutet nichts darauf hin, dass der Wunsch, Australien zu treffen, dahinter steckte.

Während Asylsuchende in den Lagern Australiens meuterten, um gegen ihre Lebensbedingungen zu protestieren, erging sich die Elite des Landes in Selbstmitleid. Ihre Wortführer wollten dem Rest der Welt nur allzu gern den Eindruck vermitteln, dies sei ein australischer 11. September. Aber ihr Versuch scheiterte. Der Rest der Welt horchte 72 Stunden lang auf (einen Tag länger, als wenn dasselbe in Kenia, Pakistan, Nigeria oder im Sudan passiert wäre), kurz darauf verschwand das Ereignis aus den US-Medien. Wie konnte sich John Howard, der rechts gerichtete Premierminister Australiens, nur einbilden, sein Land würde, was die Sympathiebekundungen betrifft, jemals mit dem großen Imperium konkurrieren können? Fragte sich in Canberra überhaupt jemand, wie sich die Lage in Indonesien derartig hatte zuspitzen können? Das Bild von der missbrauchten Unschuld Australiens beherrschte die Medien des Landes und die politischen Debatten. Unschuld? Australien war an jedem größeren Konflikt des letzten Jahrhunderts beteiligt. Seine Bürger dienten als Kanonenfutter zur Verteidigung des britischen (im Ersten und Zweiten Weltkrieg) und des amerikanischen Imperiums (in Korea, Vietnam, Afghanistan und zweifellos auch im Irak). Trug Australien keine Mitschuld an den Massakern, die 1965 und 1966 in Indonesien verübt worden waren? War es unschuldig, als es sich an der Besetzung Osttimors durch indonesische Truppen beteiligte, obwohl australische Journalisten, die von den Brutalitäten berichteten, von Suhartos und Kissingers Soldaten verhaftet und umgebracht wurden? Die politische Elite, die in Australien das Sagen hat, schwelgt gern in ihrer alten Identität, aber das Land hat sich in den letzten 25 Jahren bis zur Unkenntlichkeit verändert. Die Regierenden sind hinter der Entwicklung zurückgeblieben.

In Indonesien hat inzwischen eine vollständige Deregulierung stattgefunden. Das Land hielt und hält sich treu an die wirtschaftlichen Regeln, die von den internationalen Institutionen diktiert werden. Das Gesamtergebnis der Politik, die in den letzten drei Jahrzehnten gegen alle Widerstände durchgesetzt wurde, kann nun aus nächster Nähe besichtigt werden. Es ist der Zerfall sozialer, wirtschaftlicher und kultureller Strukturen: Das Gebäude Indonesien, das Sukarno errichtet hat, ist gezielt und mutwillig in die Luft gesprengt worden. Die Zukunft ist ungewiss. Auf allen großen Inseln drohen neue Tragödien. Von den Träumen des frühen Nationalismus ist Indonesien heute sehr, sehr weit entfernt. Als Sukarno Mitte der sechziger Jahre einmal von einem feindseligen westlichen Journalisten ausgefragt wurde, schrie er ihn an:

>»Ich sage Ihnen, was mich stolz macht. Innerhalb von zwanzig Jahren habe ich aus diesem Land von Sabang bis Merauke, mit seinen 7000 Inseln, die eine größere Ausdehnung haben als die Vereinigten Staaten von Amerika und auf denen Menschen mit unterschiedlichen Traditionen, Sprachen, Forderungen und Bedürfnissen leben, eine Nation gemacht! Heute sind sie alle Indonesier. Sie sprechen alle eine Sprache. Sie denken wie ich – als Indonesier. Sie fühlen wie ich – als Indonesier, die nicht zulassen werden, dass Kolonialismus und Imperialismus jemals wieder bei uns Einzug halten, in welcher Form auch immer. Ist das nicht etwas, worauf man stolz sein kann? … Begreifen Sie denn nicht, dass es im Leben Wichtigeres gibt, als reich zu werden? Leute wie Sie können sich Erfolg nur in materieller Hinsicht vorstellen. Sie denken immer nur an die Wirtschaft …«[*]

Wie wahr.

---

[*] Zitiert in Tarzie Vittachi: *The Fall of Sukarno,* London 1967.

Personenregister

Sachregister

Tariq Ali

Die steinerne Frau

Roman, 320 Seiten, gebunden mit Schutzumschlag

Aus dem Englischen von Petra Hrabak,
Gerlinde Schermer-Rauwolf und Robert A. Weiß

Am Meer von Marmara, im Jahre 1899:
Nilofer, eine junge türkische Frau, kehrt mit ihrem kleinen Kind in
den Schoß der Familie zurück, aus dem sie lange zuvor geflohen war...
Ein kunstvoll komponierter Reigen von Charakteren und Schicksalen
öffnet sich dem Leser, wobei die Geschichte von Liebe und Eifersucht,
Blutrache, hemmungsloser Leidenschaft und politischen Kämpfen in
einer mysteriösen Felsengestalt Halt findet: der Steinernen Frau.

»Ali spinnt ein Netz aus Erzählungen, das so einfallsreich und
phantastisch ist wie die Geschichten aus Tausendundeiner Nacht.«
The Times